浙江商务年鉴2023

ZHEJIANG COMMERCE YEARBOOK

《浙江商务年鉴》编辑委员会　编

ZHEJIANG UNIVERSITY PRESS
浙江大学出版社
·杭州·

图书在版编目（CIP）数据

浙江商务年鉴. 2023 / 《浙江商务年鉴》编辑委员
会编. -- 杭州 ： 浙江大学出版社，2023.12
　　ISBN 978-7-308-24427-5

　　Ⅰ．①浙… Ⅱ．①浙… Ⅲ．①商务－浙江－2023－年
鉴 Ⅳ．①F727.55-54

　　中国国家版本馆CIP数据核字（2023）第219875号

浙江商务年鉴2023

ZHEJIANG SHANGWU NIANJIAN 2023

《浙江商务年鉴》编辑委员会　编

责任编辑	马一萍
责任校对	陈逸行
封面设计	周　灵
出版发行	浙江大学出版社
	（杭州天目山路148号　邮政编码：310007）
	（网址：http://www.zjupress.com）
排　　版	杭州林智广告有限公司
印　　刷	杭州宏雅印刷有限公司
开　　本	889mm×1194mm　1/16
印　　张	30
插　　页	30
字　　数	1000千
版 印 次	2023年12月第1版　2023年12月第1次印刷
书　　号	ISBN 978-7-308-24427-5
定　　价	268.00元

1月7日，省政府新闻办举行新闻发布会，发布浙江省出台稳进提质政策体系情况。省商务厅发出"稳外贸 稳外资 促消费"政策大礼包，助力全省经济稳进提质。

1月11日，浙江省商务工作电视电话会议在杭州召开。会议总结2021年商务工作，部署2022年商务工作。省商务厅党组书记、厅长韩杰作全省商务工作报告。

1 月 14 日，省商务厅召开 2022 年全省服务贸易工作会议。

2 月 22 日，首届全球数字贸易博览会首场论坛"数字贸易赋能共同富裕发展论坛"在杭州举行。

2 月 28 日，中东欧经贸合作智库联盟成立大会暨中东欧经贸合作论坛以"线上 + 线下"相结合形式在省商务厅举行。

3月3日，省商务厅召开2022年全省外资工作会议。

3月9日，省商务厅召开2022年全省外经工作座谈会。

3月11日，省商务厅召开2022年全省电子商务工作视频会议。

3月25日，省商务厅召开2022年全省外贸工作视频会议。

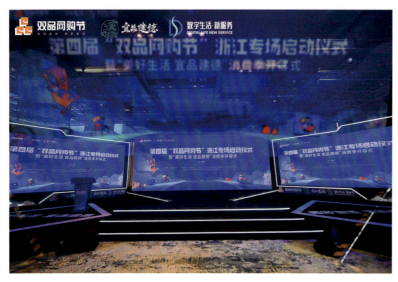

4月27日，第四届"双品网购节"浙江专场启动仪式暨"美好生活 宜品建德"消费季开幕式在杭州建德市成功举办。省商务厅、省市场监管局同步开展"数商兴农"专场活动，打造农产品网络品牌。

4月27日下午，由省商务厅主办的2022浙江服务贸易首场沉浸式云展会（动漫游戏专场）成功举办。

> 4月29日，"浙里来消费·开门焕新消费季"在杭州西湖区文三数字生活街区启动，"2022杭州数智新消费暨文三数字生活嘉年华"活动同步举办。

> 5月6日，省商务厅举办以"青春心向党 接力百年路"为主题的庆祝五四青年节暨中国共产主义青年团成立100周年座谈会。

> 5月19日，2022年全省贸易救济工作会议暨"浙"里有"援"外经贸法律服务月启动仪式在省商务厅举行。

5月31日，由省商务厅、省市场监督管理局等联合主办的数字贸易规则标准高峰论坛，在国家数字服务出口基地杭州滨江物联网小镇举办。

6月8日，2022云甬中东欧系列活动启动仪式在宁波成功举行。

6月29日，由省商务厅、衢州市人民政府主办的浙江省商务系统行业商协会助力共同富裕示范区建设启动仪式暨首场对接会在衢州市衢江区举办。

7月5日，以"两稳一促保发展　产业共建奔共富"为主题的浙江省山区26县开放平台产业对接会在衢州江山成功举办。

7月22日，全国首架拓市场商务返程包机顺利降落杭州萧山国际机场，省商务厅、宁波市人民政府与航班团组成员实现空地连线，举行全国首架拓市场商务往返包机迎接仪式。

满载而归｜全国首架拓市场商务往返包机迎接仪式

7月22日，由省商务厅、省文化和旅游厅、省市场监管局共同主办的"欢乐盛夏　浙里有礼"暑期促消费行动在杭州启幕。

〉 8月8日，商务部和浙江省人民政府在杭州共同举办"2022全国家电消费季"启动仪式。

〉 8月30—31日，以"共商油气 共享机遇 共谋发展——全球油气产业转型创新的挑战与机遇"为主题的第五届世界油商大会在舟山召开。

〈 9月1日，省商务厅在北京举办现代服务业与先进制造业融合发展跨国公司对接会。

9月2日，浙江自贸试验区国际咨询委员会及高端智库专题研讨会在北京召开。

9月14日，浙江出口商品（大阪）交易会15周年临境式代参展开幕式暨高质量促合作中日在线经贸交流会在杭州举办。

10月20—22日，第27届澳门国际贸易投资展览会在澳门金光会展中心举行，浙江省首次作为"伙伴省"应邀参展。

10 月 16 日，省商务厅组织党员干部职工集体收听收看习近平代表第十九届中央委员会在中国共产党第二十次全国代表大会上作的报告。

11 月 5 日，第五届进博会浙江省重点进口平台推介会暨浙江省交易团进口采购集中签约仪式在上海成功举行。

12 月 23 日下午，以"新时代新征程 新飞跃"为主题的第六届世界浙商大会开幕式顺利召开。省商务厅牵头举行浙商推进"两个先行"重大项目签约仪式。

首届全球数字贸易博览会专题

　　12月11—14日，首届全球数字贸易博览会（简称数贸会）在杭州举办。数贸会是目前唯一经党中央、国务院批准的以数字贸易为主题的国家级、全球性的专业博览会。本届数贸会围绕"数字贸易　商通全球"主题，聚焦数字贸易全产业链，呈现了8万平方米的专业展览展示；举办26场高层次论坛会议，发布各类重大成果110余项，全力打造全球数字贸易领域"风向标"。

＼首届全球数字贸易博览会开幕式

之江数字贸易主论坛

综合馆浙江展区

DEPA 与数字经济合作高峰
论坛

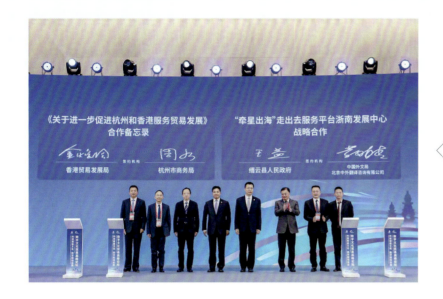

数字文化贸易高峰论坛

全球数字贸易法治高峰论坛

国家数字服务出口基地高峰论坛

编辑说明

《浙江商务年鉴 2023》（以下简称《年鉴》）由浙江省商务厅《年鉴》编辑委员会组织编纂。

《年鉴》是一部全面反映浙江省商务发展情况的资料性工具书，主要记述了 2022 年浙江省商务发展的基本概况，共设正文 15 编和索引。

第一编"特载"刊载了浙江省商务厅厅长韩杰在 2022 年全省商务工作会议上的讲话摘要。

第二编"大事记"分月份记述了 2022 年浙江商务重要发展节点。

第三编"党建"记述了浙江省商务系统党建工作的重要文件和重要活动。

第四编至第九编分别记述了浙江省国内贸易、对外贸易、投资促进、对外经济合作、电子商务、开放平台的发展情况，并提供了相关统计数据。

第十编至第十一编记述了浙江省各地市以及部分县（市、区）商务发展情况。

第十二编记述了浙江省国家级开发区、部分省级开发区和中国（浙江）自由贸易试验区的商务发展情况。

第十三编记述了浙江省商务厅下属各研究、服务单位的工作情况。

第十四编刊载了浙江省商务领域部分试点、示范等单位名单。

第十五编"附录"刊载了 2022 年浙江省出台的商务领域重要文件，重要课题研究成果，海关、外汇管理、出口退税工作情况，中国经济形势报告，2022 年浙江省国民经济和社会发展统计公报等文献资料。

本年度《年鉴》新增索引，方便读者查阅相关内容。本书索引为主题索引，涵盖除"特载""大事记""部分试点、示范等单位名单""附录"以外的正文部分；索引中文标目按汉语拼音顺序排列，索引标目后的数字表示内容所在的页码。不同条目采用相同主题词时，分别标注页码。

《年鉴》编撰的原始资料由浙江省商务厅各职能处室、下属单位，市、县（市、区）商务部门，省级有关部门，各开放平台管理机构提供。

《年鉴》中提及的浙江省各项经济贸易活动中，"对外"指对境外。若无特殊说明，文中各项经济数据涨跌百分比均指"同比"。图表中分项数据统一保留一位小数，因四舍五入可能导致个别累计数据存在差异。

目 录
CONTENTS

第一编 特 载

第二编 大事记

第三编　党　建

重要文件

重要活动

第四编　国内贸易

第五编　对外贸易

第六编 投资促进

第七编 对外经济合作

第八编 电子商务

第九编 开放平台

第十编　各地市商务工作概览

第十一编　部分县（市、区）商务工作概览

第十二编　开放平台商务发展概览

部分国家级开发区

部分省级开发区

自由贸易试验区

第十三编　省级商务研究、服务机构概览

第十四编　部分试点、示范单位名单

第十五编　附　录

重要文件摘录

重要课题研究成果

省级相关单位工作概览

形势报告

索　引

第一编

特　载

深化改革开放提振市场信心
奋力开创商务高质量发展新局面

—— 浙江省商务厅厅长韩杰在 2022 年全省商务工作会议上的讲话摘要

一、2022 年工作回顾及过去 5 年商务发展成就

2022 年，在省委、省政府的坚强领导下，全省商务系统坚持以习近平新时代中国特色社会主义思想为指引，认真学习贯彻党的二十大精神，扎实推进省第十五次党代会各项决策部署，认真落实"疫情要防住、经济要稳住、发展要安全"总要求，高效统筹疫情防控和商务发展，持续推进高水平开放，全力以赴稳外贸稳外资促消费，商务运行保持在合理区间，主要指标好于预期、好于全国、领跑东部，完成了省政府下达的各项目标任务。

——消费市场平稳复苏。全省社会消费品零售总额 3.05 万亿元，同比（下同）增长 4.3%。全省实现网络零售 2.70 万亿元，增长 7.2%。

——对外贸易快速增长。全年进出口总额 4.68 万亿元，增长 13.1%。其中，出口 3.43 万亿元，增长 14.0%；进口 1.25 万亿元，增长 10.7%。全年服务贸易进出口 5091.2 亿元，增长 12.1%。

——引进外资保持稳定。全年实际使用外资 193 亿美元，增长 5.2%。

——对外投资稳健有序。全省对外直接投资备案额 130.4 亿美元，增长 45.0%；完成对外承包工程营业额 64 亿美元。

——新业态新模式快速发展。全年数字贸易进出口 6335.5 亿元，增长 14.5%。其中，跨境电商进出口额 4222.8 亿元，增长 18.7%。

——开放平台带动作用明显。1—11 月，自贸试验区新增注册企业 2.9 万家；实际使用外资 32.7 亿美元，增长 63.6%；实现进出口 8789.4 亿元，增长 22.4%。全省开发区实际使用外资 96.9 亿美元，占全省的 53.2%。全年中欧（"义新欧"）班列开行 2269 列，增长 19.2%。

一年来，我们紧扣省委、省政府中心工作，坚持稳中求进，推动稳进提质、塑造变革、除险保安，重点推进了 8 方面工作：

（一）聚合力扎实开展攻坚

联合 35 个省级部门组建"两稳一促"攻坚专班，完善六大机制，落实落细"周监测、月晾晒、季分析"制度，全力开展稳外贸稳外资促消费攻坚行动。加强政策供给，按照"全面顶格、早出快出、能出尽出、精准高效"要求，以省政府办公厅名义出台稳外贸稳外资 10 条、暑期促消费 12 条等 6 轮政策，省级稳外贸稳外资资金增长 15%，新增安排暑期消费券省级奖补资金，有力稳住了市场预期、提振了企业信心。高规格举办外贸外资企业座谈会。强化日常调度，建设"两稳一促"攻坚在线，召开专班会议 26 次。落实督导服务，先后赴湖州、丽水开展厅市面对面服务，反馈和解决问题 94 个，约谈督查市县 49 个。

（二）拓市场稳住外贸基本盘

滚动实施拓市场百日攻坚行动，启动"千团万企"拓市场抢订单引项目行动，组织企业参加境内外专业展会 209 场。建立完善商务人员出入境便利化服务保障机制，全省商务专窗受理因私出入境证件审批量同比增长 277.2%。出台全国首个商务包机和定期航班政策文件，开通商务定期航线 86 条、商务包机 29 班次。成功在海宁试点探索免隔离闭环管理区（"闭环泡泡"），相关做法获商务部等六部门发文推广。实施外贸主体培育行动，新增有实绩外贸企业主体约 5500 家。加快培育外贸新业态，跨境电商综试区实现省域全覆盖，率先出台政策促进市场采购规范健康发展，新增温州市二手车出口试点，海外智慧物流平台累计入驻海外仓 360 个。积极扩大进口，温州瓯海区获评国家级进口贸易促进创新示范区。新增 5 个国家特色服务出口基地，杭州、宁波分列国家服务外包示范城市综合评价第四、第七。成功获批全国首个省域贸易调整援助试点。

（三）抓招商全力推动招大引强

完善内外资统筹机制，全省签约 1 亿美元以上重大外资项目 99 个、10 亿元以上省外内资项目 270 个。外资结构不断优化，认定首批外资研发中心 9 家，高技术外资占比 48.8%，较去年提升 3.3 个百分点。国家服务业扩大开放综合试点成功落地杭州。聚焦数字经济、服务业等重点领域，举办"投资浙里"跨国公司直通车系列活动 17 场。持续推动要素保障，58 个项目列入国家重点外资项目清单，11 个外资大项目获国家用地保障，数量均居全国第一。外资服务持续优化，编制全省产业招商地图，全流程跟踪服务内外资重点项目 1340 个。

（四）强举措激发消费市场活力

以超常力度挖掘消费潜力，全省累计发放消费券 60 多亿元，拉动消费 800 多亿元。积极开展促消费活动，以"浙里来消费"为主线，开展焕新消费季、消费促进月、金秋购物节、暑期促消费等主题系列活动 3600 余场，成功举办全国家电消费季启动仪式。加快布局新型消费，开展"美好生活　浙播季"直播活动 953 场。持续强化消费场景建设，全省 2 个智慧商圈、3 个智慧商店入选首批全国示范名单，开展第二批 11 条高品质步行街改造提升试点，评选夜间经济样板城市、特色城市各 6 个，指导 6 个亚运城市做好亚运支付服务环境提升工作。舟山及 9 家企业入选第二批国家供应链创新与应用示范，累计数量居全国第一。获批国家内外贸一体化试点。强化疫情期间生活必需品保供，办理全国统一通行证 2.6 万余张，发放生活物资包 700 余万份。

（五）提能级打造对外开放新高地

高标准建设自贸试验区，召开自贸试验区高质量提升发展大会，深入开展制度创新，形成十大标志性成果。油气自贸区、数字自贸区、枢纽自贸区加快建设，宁波舟山港年油气吞吐量跃升至全国第一，杭州、宁波机场获批第五航权，杭州等 6 城市纳入数字人民币试点地区，浙江数据国际交易平台上线运行。持续深化开发区整合提升，强化海关特殊监管区服务，加强平台结对赋能共建共富，实现山区县省级开发区全覆盖。首届全球数字贸易博览会"一炮打响"，参与第五届中国国际进口博览会成效显著，首次举办虹桥国际经济论坛数字经济开放与治理分论坛，"开放浙十年"成就展引发广泛关注。

（六）强合作共建"一带一路"重要枢纽

实施第二轮"丝路领航"行动计划，推动浙江本土民营跨国公司总部发展，新认定领航企业 50 家。境外经贸合作区加快建设，新认定省级境外经贸合作区 2 家。境外风险防范有序有力，开展"丝路护航"活动 15 场。中欧（"义新欧"）班列量质并举，为稳定国际供应链做出贡献。出台落实《〈区域全面经济伙伴关系协定〉（RCEP）三年行动计划》，建成宁波等 6 个"RCEP 高水平开放合作"示范区，省市县三级联动开展"RCEP 惠浙企"百场万企系列政策宣讲活动 252 场。

（七）促变革着力落实重大战略

共同富裕示范区建设扎实推进，推动商务部与省政府签署"支持浙江建设共同富裕示范区框架协议"，培育两批县域商业体系建设示范县 36

个、重点商贸流通企业10家，认定数字生活新服务第二批先行市4家、样板县21个、特色镇84个，发布电商直播式"共富工坊"首批百家典型案例。数字化改革纵深推进，"商务大脑"总体架构加快迭代，"浙江投促在线""自贸在线"等项目不断完善。长三角商务合作持续深化，印发《加快虹桥国际开放枢纽南向拓展带数字贸易创新发展区建设方案》。商务系统"碳达峰碳中和"积极推进，全省水泥散装率达85.9%，创历史新高。

（八）强能力提升商务治理能力现代化

扎实开展"六讲六做六争先"学习实践活动，各级党组织累计开展理论宣讲75次。持续推进具有商务辨识度的清廉机关建设，大力开展以案促治，严密组织廉政检视，积极营造山清水秀的政治生态。不断完善行业协会商会管理制度，形成推动行业发展的合力。推进商务领域立法，新修订《中国（浙江）自由贸易试验区条例》并施行。优化新增统筹内外资招引职能后的职责配置，加强厅属单位管理。深化干部队伍建设，举办商务主管部门主要负责人培训班，提升工作能力和水平。

一年来，各级商务部门在推进商务高质量发展实践中担当作为、奋力拼搏，涌现了一批制度创新、改革争先的优秀案例。"海外杭州"自办展模式被商务部等六部委联合发文推广。宁波精心组织7期消费促进活动，直接带动销售额超200亿元。温州境外经贸合作区建设取得新进展。湖州加快高质量外资集聚先行区建设，外资结构优化成效明显。嘉兴22个外资项目列入商务部重点专班。绍兴成功开发"一码找订单"应用，帮助外贸企业开拓国际市场。金华构建"组货人"全生命周期治理体系，市场采购贸易生态圈持续优化。衢州充分发挥四省边际区位优势，泛亚铁路冷链运营平台成功上线。舟山外贸进出口、出口增幅全省领先。台州二手车出口试点领跑全国。丽水成功举办中国农村电商大会，"丽水山播"区域品牌进一步打响。

总的来看，2022年全省商务发展的各项改革不断深化、重点工作有序推进、服务水平不断提升，商务事业取得了新发展、新提高、新突破。这些成绩，是在省委、省政府的坚强领导下取得的，是在商务部的指导支持下取得的，是在过去5年的基础上取得的，是5年来攻坚克难、不懈努力的结果，实现了十九大以来商务工作的圆满收官。

五年来，商务地位作用更加凸显。社会消费品零售总额年均增长5.7%，规模稳居全国第四。外贸进出口规模超过上海，居全国第三，出口、进口规模突破3万亿、1万亿大关。实际利用外资年均增长13.5%，总量升至全国第五。对外实际投资规模跃升至全国第二，浙江在全球产业链价值链中的地位更加凸显。我省成为全国唯一连续四年获得国务院稳外贸稳外资专项激励的省份。

五年来，商务惠民举措更加扎实。打响"浙里来消费"品牌，消费市场活力持续增强，居民人均消费支出居各省（区）第一。在全国率先实施数字生活新服务，率先体系化推进商贸流通基础单元建设。加快打造消费地标，杭州湖滨步行街成功创建国家级示范步行街，宁波老外滩步行街纳入国家试点，累计培育创建26条省级高品质步行街，建设19个夜间经济样板城市，92个国省市三级示范创建商圈。农村电商工作连续三年获国务院督查激励。

五年来，平台载体能级不断提升。自贸试验区建设取得历史性突破，在全国率先实现赋权扩区，形成制度创新成果477项。开发区整合提升成效明显，"链长制"改革试点在全国复制推广。跨境电商快速发展，年均增长54.9%。中欧（"义新欧"）班列开行6420列，年开行数量居全国第三。中国—中东欧国家博览会升格为国家级展会。

五年来，商务改革创新纵深推进。数字化改革持续深入，涌现了海外智慧物流平台、"浙里好家政"、"智慧商圈"和数字贸易"单一窗口"等一批全省最佳应用。国家级市场采购贸易试点拓展至6个。制定出台全国首个以省委、省政府名义印发的数字贸易文件。

五年来，风险防范能力明显增强。首创并不断迭代"订单＋清单"预警监测系统。妥善应对新冠疫情，建立生活必需品联保联供、跨省沟通协调和生活物资包供应机制、商贸物流重点企业联系机制，率先在全国推广"生活包"保供模式。

这些成绩，为实现商务事业高质量发展、开启新时代商务工作新征程奠定了坚实基础。这是习近平新时代中国特色社会主义思想科学指引的结果，是多年来省委、省政府坚强领导和亲切关怀的结果，是各兄弟部门、相关单位、企业、商会、协会密切配合、大力支持的结果，是全省商务系统广大干部职工埋头苦干、奋勇前行的结果。在此，我代表省商务厅，对大家表示衷心的感谢！

二、未来五年商务发展的工作要求和目标任务

党的二十大报告明确指出：我国发展进入战略机遇和风险挑战并存、不确定难预料因素增多的时期。从国内看，我们已迈上全面建设社会主义现代化国家新征程，高质量发展是首要任务。我们也要看到，世界百年未有之大变局加速演进，国际力量对比深刻调整，世纪疫情影响深远，世界进入新的动荡变革期；我国发展不平衡不充分问题仍然突出，推进高质量发展还有许多卡点瓶颈。总体上看，商务工作的发展既有不少有利条件，也面临诸多挑战，要在新时代新征程中实现新作为，就要不断增强工作的主动性和预见性。

未来五年，全省商务工作总体要求是：坚持以习近平新时代中国特色社会主义思想为指导，全面贯彻党的二十大精神，切实按照省第十五次党代会和省委十五届二次全会暨省委经济工作会议等重大会议部署要求，深入贯彻新发展理念，构建新发展格局，全方位提升对外开放水平，推动商务高质量发展，建设开放型经济强省、贸易强省、营商环境最优省，切实增强国内国际两个市场两种资源联动效应，推动国内大循环战略支点、国内国际双循环战略枢纽基本建成，为实现"两个先行"做出新贡献。

落实上述工作要求，全省商务部门要立足

"三个重要"定位，即商务工作是国内大循环的重要组成部分、是联结国内国际双循环的重要枢纽、在新发展格局当中发挥重要作用，要切实扛起"五为"担当：一是为国家试制度。抓住我国加入高标准经贸协议进程提速的重要机遇，以自贸试验区等开放平台为引领，聚焦制度型开放，加快在规则、规制、管理、标准等领域的先行先试，形成更多可复制可推广的制度经验。二是为浙江促发展。突出"消费、出口、外资"三大核心任务，全力稳住外贸外资基本盘，着力增强消费对经济发展的基础性作用，充分发挥商务工作对全省经济高质量发展的支撑作用。三是为企业营环境。打造国际一流营商环境，实施营商环境优化提升"一号改革工程"，坚持依法行政，推动服务企业的方法、手段、效率变革，推进商务领域数字赋能、要素保障、监管服务日趋完善。四是为百姓谋福祉。坚持以人民为中心的发展思想，在高质量发展建设共同富裕示范区中，构建品质消费普及普惠促进体系，发挥商务惠民作用，让更多百姓共享商务发展红利。五是为事业强保障。提高政治站位，强化党建引领，守好"红色根脉"，加强清廉商务建设，着力锻造商务铁军。

未来五年，商务发展的总体目标是：商务高质量发展取得新突破，服务构建新发展格局取得重大进展，形成更高水平开放型经济新体制，自贸试验区建设、贸易高质量发展、消费提质升级、共建"一带一路"走在前列，商贸流通、消费促进、对外贸易、内外资招引、数字贸易、对外投资、开放平台、治理能力实现新提升。重点推进八大任务。

（一）完善现代商贸流通新格局

加快推进商务领域城乡一体、市县协同、区域统筹，增强国内大循环内生动力和可靠性。积极培育现代商贸流通主体，打造具有全球竞争力的现代流通企业，引导中小商贸企业创新发展，推动电商等平台健康发展，支持平台企业在引领发展、创造就业、国际竞争中大显身手。健全现代商贸流通网络建设，完善城市、农村商业体系，加快供应链协同创新。构建现代智慧商贸物流体

系，推动商贸流通业转型升级，完善农产品流通体系，深化农村电商发展。推进内外贸一体化发展。推动散装水泥绿色低碳高质量发展。

（二）构建品质消费促进新体系

增强消费对经济发展的基础性作用。以满足居民美好生活需求为导向，健全消费促进体制机制。提升传统消费，提高基本消费品质，释放出行消费潜力，激活亲子消费、康养健身、家装改善等消费新需求。积极扩大服务消费，点亮夜间经济，推动居民生活服务业提质扩容，促进商旅文体融合发展。加快培育新型消费，推动线上线下融合发展。持续擦亮"浙江电商"和"浙里来消费"金名片。

（三）培育对外贸易竞争新优势

全面推进贸易强省建设，实现贸易高质量发展。推动外贸结构优化、质量升级，贸易市场、经营主体、贸易方式更加多元化。加快发展跨境电商、市场采购、海外仓、外综服、保税维修、离岸贸易等外贸新业态。积极扩大进口。加快服务外包转型升级，扩大技术贸易，建设特色服务出口基地，深化服务贸易创新发展试点。

（四）开创内外资统筹招引新局面

推动高水平利用外资，增强全省经济发展动力。完善招大引强工作机制，形成全省招商引资"一盘棋"。优化利用外资结构，持续提升制造业外资、高技术外资比重。扩大服务业对外开放，为我省制造业转型升级提供重要支撑。聚焦先导产业、先进技术、先发优势，招引一批具有重大牵引作用和重大影响力的优质项目。依法保护外商投资权益，营造市场化、法治化、国际化营商环境。

（五）促进国际数字贸易新突破

将数字贸易打造成我省开放发展的标志性成果。围绕数字贸易"458"系统架构，加快构建数字贸易产业、平台、生态、制度、监管五大体系，打造数字产业集聚区、数字金融创新区、数字物流先行区、数字监管标杆区，高标准建设全球数字贸易中心。

（六）拓展国际产业合作新空间

践行"地瓜理论"，深度参与全球产业分工和合作，增强全球资源配置能力。创建丝路电商合作先行区，大力培育本土民营跨国公司，持续推进"丝路领航"行动计划。健全境外投资政策和服务体系，深入开展"丝路护航"行动。推动对外承包工程创新发展，以"联盟拓市"带动浙江装备、技术、标准和服务"走出去"。

（七）推动开放平台能级新提升

实施开放平台能级提升工程，以高能级开放平台牵引高水平对外开放。更大力度推进自贸试验区提升发展，加大高水平开放压力测试，深化制度集成创新，推动四大片区差异化特色化发展。推进开发区、跨境电商综试区创新发展。办好中国—中东欧国家博览会、全球数字贸易博览会等重大展会。

（八）谋求商务治理能力新发展

推进商务领域数字化改革，推动有效市场和有为政府更好结合。着力提升风险防范能力，健全贸易摩擦应对体制机制，建立国际投资风险防范和保护机制，完善应急保供体系。在坚持"两个毫不动摇"中促进"两个健康"，用法治为各类主体保驾护航。

三、2023年商务发展工作重点

2023年是全面贯彻落实党的二十大精神开局之年，是实施"八八战略"20周年，是实施"十四五"规划承上启下关键之年，也是新一届政府的起步之年，做好全年工作意义重大。

2023年全省商务工作的总体要求是：以习近平新时代中国特色社会主义思想为指导，全面贯彻党的二十大和中央经济工作会议精神，深入落实省第十五次党代会和省委十五届二次全会暨省委经济工作会议精神，坚持稳中求进工作总基调，完整、准确、全面贯彻新发展理念，加快构建新发展格局，更好统筹疫情防控和经济社会发展，更好统筹商务发展和安全，坚持商务工作"三个重要"定位,把实施扩大内需战略同深化供给侧结构性改革有机结合起来,突出开放提升,推动商务高质量发展,全力扩内需促消费、抢订单稳外贸、拓内资扩外资、强平台提能级,推动商务领域实现质的有效提升和量的合理增长,为稳增长提供有力保障,为"两个先行"提供有力支撑。

2023年,全省商务系统重点推进八大行动。

(一)深化优政策强服务稳预期行动

在省政府"8+4"政策体系下,稳外贸政策突出市场开拓,稳外资政策突出招大引强,促消费政策突出提振信心,开放政策突出能力提升,制定实施"扩大内需和对外开放"政策包,提高精准服务水平,形成共促商务高质量发展的合力。

(二)深化扩内需促消费行动

发挥消费对经济发展的基础性作用,把激活和扩大消费摆在优先位置,全力提振消费市场信心。

一是大力培育商贸流通主体。加快培育大型连锁商贸企业,推动传统商贸企业数字化改造,培育大型龙头商贸企业5家。积极推进国家内外贸一体化改革试点,新培育300家"领跑者"企业和30个试点产业基地。持续推进创业创新,提升"之江创客"能级。

二是开展"浙里来消费"内需提振行动。打造消费市场口碑企业,大力推进"首店首发",培育一批"浙里来消费"金字招牌。发挥市场主体积极性,鼓励重点商圈、特色商街、商贸企业、品牌企业等开展联动营销活动。抓好迎新购物节、消费促进月、暑期消费季、金秋购物节四大主题促消费活动,支持亚运主题消费。举办"美味浙江"餐饮促消费活动,提振餐饮消费。持续开展"浙夜好生活"系列活动,绘制全省促消费地图。

三是优化消费供给。加大对零售、餐饮、旅游、文娱等方面的中小微商贸企业融资支持,加快接触型、聚集型消费复苏。推进老字号企业创新,举办中华老字号博览会,打响"国货新潮·品质生活"品牌。鼓励绿色消费,完善再生资源回收体系,发展"互联网+回收"等新业态新模式,培育100家绿色餐厅,巩固绿色商场创建成果。

四是创新消费场景。抓住亚运契机,建设一批国际消费街区。深化"一刻钟便民生活圈",推动便民商业设施和医疗、养老、家政等生活服务设施进社区。加快智慧商圈建设,累计认定15个以上省级示范智慧商圈,并争取部分纳入全国示范。深化高品质步行街、商业特色街建设,打造新一批夜间经济地标。持续开展钻级酒家等级评定。发布一批高质量发展示范消费场景。

五是完善商贸流通体系。健全农产品产销对接体系,加强农产品冷链物流体系建设。深化供应链创新与应用试点示范培育机制,推进供应链协同创新综合体建设。建立完善单用途商业预付卡多部门联动监管机制,做好成品油、二手车、报废汽车回收拆解、拍卖、直销,散装水泥等行业管理。

(三)深化抢订单稳外贸行动

抢抓拓市场"窗口期",全力稳住外贸基本盘,发挥出口对全省经济发展的支撑作用。

一是大力开拓国际市场。实施"千团万企"拓市场抢订单引项目行动,政府牵头与企业自行组织出国(境)拓市场团组1000个以上、企业10000家以上。办好600场境内外拓市场活动,重点举办和支持展会130场以上。进一步提升商务人员出入境便利化水平,优化证件办理、商务航班等各环节服务。强化与出口信保合作,提高信用限额需求办结率,降低履约风险。

二是加强外贸主体培育。实施新一轮外贸主体培育计划,通过梯队培训扶持等方式,不断壮大外贸主体队伍。制定实施外贸龙头企业培育"蛟龙行动",新增一批年出口超1亿美元外贸龙头企业。

三是发展外贸新业态新模式。持续推进市场采购贸易质量提升行动,招优育强外贸综合服务主体,推进海外仓全球布局,新增省级公共海外仓10个。鼓励有条件的地方在保税维修、离岸贸易等领域先行先试。

四是加快外贸优化升级。完善国际营销服务体系,鼓励企业加快设立境外展示中心、分拨中心等机构。高质量建设70个国家级外贸转型升级基地，积极申报新一批基地。鼓励加大研发投入，提升产品附加值和核心竞争力，推动更多企业由贴牌向品牌出海转变，"浙江出口名牌"累计达到900个以上。推进绿色贸易发展，培育一批低碳外贸企业。

五是积极扩大进口。用好原油进口配额，加大油气等能源资源、先进技术设备和关键零部件进口。推进进口平台创新发展，实施进口示范区和重点进口平台高质量发展项目。精心组织参加第六届进博会，办好系列进口促进活动，打造"永不落幕的进博会"。

六是深化服务贸易创新发展。加快国际旅游等传统服务贸易复苏，支持服务外包、技术贸易加快发展，推动杭州完成国家服务贸易创新发展试点任务，杭州、宁波国家服务外包示范城市实现争先进位，争创首批国家服务贸易创新发展示范区。

七是用好自由贸易协定。充分运用19个自贸协定，为浙江企业发展拓展空间。深化与RCEP市场经贸合作，加强对RCEP高水平开放合作示范区的督导，推动6个示范区围绕开拓国际市场、吸引外资、国别合作等重点，打造标志性成果。

（四）深化拓内资扩外资行动

统筹推进全省内外资招引工作，以更强决心、更优举措、更大力度吸引和利用外资，打造高质量外资集聚地。

一是完善招大引强工作机制。加快推进内外资招引体制机制改革，落实落细一把手招商、重大项目招引协调、项目流转、信息通报、考评激励等机制，建立健全内外资监测和考核体系，加强政策激励体系建设。

二是利用多种渠道吸引外资。办好"投资浙里"系列投促活动，开展全球大招商系列活动，鼓励全省各地赴欧洲、日本等开展招商，组织赴境外招商团组200个以上。开展基金招商伙伴专项行动，设立招商引资基金。推动QFLP试点提质扩面，进一步拓展外资投资渠道。迭代建设"浙江投促在线"数字化招商平台，强化精准招商。积极推进在外浙商、侨商回归投资。

三是强化重大项目和制造业外资招引。对58个重点外资项目，开展全流程跟踪服务，加强用地、用能等服务保障。力争2023年引进总投资10亿元以上重大省外内资制造业项目100个以上、总投资1亿美元以上重大外资制造业项目20个以上，制造业外资占比提升至27%以上。

四是持续扩大市场准入。以杭州获批服务业扩大开放综合试点为契机，拓展现代服务业利用外资，持续开展跨国公司与我省各市县"两业融合"合作意向对接，重点招引研发设计、现代物流等生产性服务业外资项目。支持跨国公司在浙江设立地区总部和国际贸易中心、外资研发中心等功能性机构。

五是提升外资服务水平。畅通政企沟通渠道，完善外资项目服务机制。密切与在华外国商协会、投促机构联系，开展营商服务体系建设，及时掌握外资企业诉求。

（五）推进强平台提能级行动

实施自贸试验区"八大提升行动"，推动全省各类各级开放平台产业提质、能级提升、发展提速，确保自贸试验区实现数字贸易额4700亿元、跨境人民币结算量9000亿元以上。

一是加快推动改革创新。深化与联动创新区协同发展，持续推进油气全产业链、国际贸易等领域改革，力争在贸易自由便利、跨境金融服务创新、数据安全有序流动等方面实现突破，形成一批可复制可推广的制度创新成果。

二是提升发展油气自贸区。聚焦保障国家能源资源安全，加快重大项目建设，推动大宗商品投资便利化、贸易自由化改革，争取原油储备市场化调节机制试点落地。推进长三角期现一体化油气交易市场建设，完善"中国舟山保税燃料油价格指数体系"和产能预售机制。

三是重点突破数字自贸区。加大数字贸易规则制定、服务贸易开放负面清单、知识产权保护、公平竞争等方面对标对表力度。推进浙江数据国际交易平台建设，深化数据要素市场化配置改革。稳妥有序推动数字人民币试点。

四是加快建设枢纽自贸区。以"四港联动"

为基础，争创新型离岸国际贸易中心城市，建设中国—中东欧贸易便利化示范区，推动临空经济示范区高质量发展。高标准规划建设华东国际联运港，推动宁波舟山港试点实施启运港退税政策，将金华（义乌）海铁联运铁路站纳入"启运港"退税范围。

五是持续推动开发区扩量提能。发挥开发区主阵地作用，积极组织全省百家开发区，围绕百条产业链链长制示范试点，开展百场招商活动。指导省级经济开发区申报创建，推荐省内发展质量较高的省级开发区申创国家级经济技术开发区。支持地方创建综合保税区和保税物流中心。加快推进开发区条例立法工作。

（六）实施国际产业合作提升行动

坚持"跳出浙江发展浙江"，鼓励浙江企业"走出去"，在国际供应链产业链融合发展中提升浙江价值。

一是做强对外投资主体。实施第三轮本土民营跨国公司培育"丝路领航"三年行动计划，梯度培育本土民营跨国公司队伍，壮大总部经济。鼓励企业创新并购方式，开展高质量跨国并购。支持企业境外营销网络布局，推进对外投资与对外贸易融合发展，全年争取新设境外营销网点 600个以上。

二是深化重点区域领域国际合作。重点支持与共建"一带一路"国家及 RCEP 签署国家投资合作，安全有序推进重大投资合作项目建设。积极拓展与非洲、中东欧等区域国别投资合作，精心筹备第三届中国—中东欧国家博览会。大力支持建筑业"走出去"，推动一批对外承包"小而美"民生项目。

三是打造高能级境外开放平台。布局加工制造型、科技研发型和资源利用型园区，力争新增省级境外经贸合作区 1 家以上。推动境外经贸合作区和境内经济开发区产业链合作、与境外并购产业合作园联动发展。推动捷克站、迪拜站功能提升。

四是推动中欧（"义新欧"）班列高质量发展。按照"国际化、市场化、数字化、品牌化、

特色化"方向，推进中欧（"义新欧"）班列高质量发展，进一步强化基础设施建设、体制机制创新和政策扶持力度。

（七）开展商务安全护航提升行动

以更大力度统筹发展与安全、开放与安全，有效防范化解商务领域各类风险。

一是加强贸易救济调查。深入做好经贸摩擦应对，推进国家多主体协同应对贸易摩擦综合试验区先行先试，强化贸易摩擦大案要案应对，全方位落实企业外经贸合规体系建设三年行动，完善对外贸易预警体系建设。

二是防范国际投资合作风险。妥善处置境外突发事件，引导企业暂缓赴中高风险地区开展投资合作，从源头防范风险。积极推进跨境服务体系建设，省市县联动开展"丝路护航"活动，引导企业增强风险意识、提升应对能力。

三是保障国内贸易稳定运行。强化生活必需品应急保供体系建设，优化应急商品储备，上线"浙江生活必需品保供在线"，累计培育认定生活必需品保供重点企业 1000 家以上。加强对商贸流通企业安全生产指导，协助做好加油站、商场、餐饮等商务领域安全生产工作。

四是提升企业经营风险防控能力。迭代升级"订单＋清单"预警监测系统，加强内贸、外贸、外资等领域预测预警，做到心中有"数"。密切关注新冠疫情、国际局势、自然灾害影响等风险，加强综合应对，稳定企业经营。

（八）推进自身建设提升行动

以强有力的自身建设，为商务事业发展打牢坚实基础，不断提升全省商务系统组织水平、业务水平、服务水平、干部水平。

一是着力加强党的建设。认真贯彻党的二十大精神，落实新时代党的建设总要求，坚持用习近平新时代中国特色社会主义思想凝心铸魂，推进党史学习教育常态化长效化，深入开展主题教育，引导广大干部群众忠实践行"八八战略"，坚定捍卫"两个确立"，坚决做到"两个维护"。全面实施"红色根脉强基工程"，深入实施"双建争先"工程，持续深化"做红色义工，促党建联建"活

动。认真落实党风廉政建设主体责任，全面推进商务领域公权力大数据监督，持续加强商务系统党风廉政建设，积极构建具有商务特色的亲清政商关系。

二是努力深化重大改革。深入开展营商环境优化提升"一号改革工程"，持续提升贸易投资自由化便利化水平，优化涉外企业管理服务。推进数字化改革，迭代"商务大脑"，进一步推动监测预测预警模块，实现主要领域全覆盖。配合做好"大综合一体化"行政执法改革试点工作。

三是不断强化队伍建设。继续举办商务主管部门主要负责人培训班及电子商务、服务贸易等专题培训。围绕品质消费提升、数字贸易领域制度型开放等课题，形成一批高质量研究成果。强化立法、普法、执法，提升商务依法行政水平。

在做好以上重点工作基础上，为更好地提升商务辨识度，提高商务部门地位作用，结合国家战略谋划和发展需求，着力打造三项商务标志性成果。

一是扎实推进共同富裕示范区建设。以村镇品质消费升级为主线，抓实电商兴农等工程。高质量推进县域商业体系建设，新建和改造提升一批县城、乡镇商贸综合体和乡村便利店，推动末端物流网点整合提升。大力发展农村电商，培育电商直播式"共富工坊"1500家以上，并打造一批示范项目。持续推进山区海岛县开放平台建设。

二是打造全球数字贸易中心。推动全省跨境电商产业园建设，持续推进"店开全球""品牌出海""独立站领航"系列行动，全年新增出口网店1万家以上，新增一批跨境电商出口知名品牌。做强数字贸易产业体系，实施数字贸易高质量发展重点项目计划。迭代升级数字贸易"单一窗口"，提升数字贸易便利化水平。高质量办好第二届全球数字贸易博览会。争创国家数字贸易示范区。

三是丰富"浙商行天下"平台载体。扎实推进"浙商行天下"拓市场行动，以"千团万企"拓市场抢订单引项目行动、拓市场百日攻坚、品质浙货行销天下、浙商商超计划、电商促消费促共富等活动为抓手，全力拓展国际国内两个市场。扎实推进"浙商行天下"促投资行动，大力推动"走出去"招商，宣传浙江投资环境，吸引更多国内和全球500强企业投资浙江。扎实推进"浙商行天下"强合作行动，以"广联全球""丝路领航"等活动计划为抓手，发挥驻外商务代表处、境外合作园区等平台作用，打造国际经贸合作、产能合作的桥头堡。

第二编

大事记

一月

1月1日，《区域全面经济伙伴关系协定》（RCEP）正式生效，全球人口最多、经贸规模最大、最具发展潜力的自由贸易区正式落地，中国将全面履行 RCEP 所有承诺和义务。

1月7日，省政府新闻办举行新闻发布会，发布浙江省出台稳进提质政策体系情况。省商务厅发出"稳外贸稳外资促消费"（简称"两稳一促"）政策大礼包，助力全省经济稳进提质。

1月11日，省政府召开全省招大引强工作电视电话会议。省人民政府副秘书长陈重主持会议。会上，省商务厅厅长韩杰发布了 2021 年度全省先进经济开发区和海关特殊监管区名单、全省重点招引服务大项目清单，宣布成立浙江省投资合作促进服务联盟。

1月11日，浙江省商务工作电视电话会议在杭州召开。会议总结 2021 年商务工作，部署 2022 年商务工作。浙江省商务厅党组书记韩杰作全省商务工作报告，省商务厅副厅长张钱江主持会议。

1月14日，省商务厅召开 2022 年全省服务贸易工作会议。会议通报 2021 年全省服务贸易工作情况，介绍 2022 年服务贸易重点工作。全省 11 个设区市交流促进服务贸易发展的好经验、好做法、好案例。

1月22日，国务院批复同意金华市、舟山市设立跨境电子商务综合试验区，浙江实现 11 市跨境综试区全覆盖。

1月26日，省商务厅党组召开党史学习教育专题民主生活会。会议深入学习贯彻习近平新时代中国特色社会主义思想、党的十九届六中全会精神和省委十四届十次全会精神，紧扣专题民主生活会主题，结合自身和工作实际，深入查摆问题，深刻剖析原因，严肃开展批评和自我批评，提出整改措施。会议由厅党组书记、厅长韩杰主持。

二月

2月11日，碧迪医疗大中华区副总裁李平、戴德梁行中国区董事总经理魏超英一行来访省商务厅，省商务厅厅长韩杰、副厅长石琪琪分别会见，并召开碧迪医疗项目座谈会。

2月15日，省政协副主席陈铁雄带队赴省商务厅开展专项民主监督课题"中小企业惠企助企政策落实情况"调研，共同研究推动惠企助企政策有效落地落实。省商务厅厅长韩杰主持座谈会。

2月17日，浙江省政府新闻办举行中国（浙江）自由贸易试验区建设新闻发布会。省自贸办副主任、省商务厅副厅长胡真舫就"2021 年浙江自贸试验区建设的亮点成效、推进大会以来浙江自贸试验区建设的新进展、推动形成更多高质量的标志性成果"三方面内容作主发布。

2月22日，首届全球数字贸易博览会首场论坛"数字贸易赋能共同富裕发展论坛"在杭州举行。邀请政、产、研、学界人士共同研讨数字贸易助推共同富裕示范区建设的理论与实践问题。

2月23日，浙江省商务厅组织召开首届全球数字贸易博览会湖北省及重庆市网上推介会。至此数贸会网上推介工作圆满完成。

2月28日，中东欧经贸合作智库联盟成立大会暨中东欧经贸合作论坛以"线上＋线下"相结合形式在省商务厅举行。

三月

3月3日，2022年全省外资工作会议在杭州召开。省商务厅厅长韩杰出席会议并讲话，会议着重落实全国外资工作电视电话会议要求，部署全年利用外资工作，全力推动利用外资保稳促优。

3月9日，省商务厅组织召开2022年全省外经工作座谈会。外经处总结了2021年全省"走出去"工作情况，对下一阶段重点任务进行了部署。各市商务局聚焦2022年重点工作谋划、选择地方特色工作作交流发言。

3月11日，省商务厅组织召开了全省电子商务工作视频会议。会议贯彻落实中央和省委经济工作会议、全国电子商务工作会议、省商务工作会议精神，系统总结了2021年全省电商工作取得的新进展新成效，研究部署了2022年目标任务和重点工作。

3月11日，省商务厅线上召开了2022年贸易调整援助工作会议。商务部贸易救济调查局白明处长出席会议并讲话。会议指出贸易调整援助对象、援助领域、援助方式等工作路径，并明确下一步工作方向和任务。

3月18日，新修订的《中国（浙江）自由贸易试验区条例》经省第十三届人民代表大会常务委员会第三十五次会议审议通过，将于5月1日起施行。

3月22—23日，省商务厅厅长韩杰带队赴省国贸集团和物产中大集团开展"助企开门红"活动。省商务厅一级巡视员胡潍康、副厅长高秉学随同参加。

3月25日，省商务厅召开全省外贸工作视频会议，总结交流2021年和近期外贸工作，分析研判形势，部署2022年重点工作任务。省商务厅党组书记、厅长韩杰出席会议并讲话。

四月

4月7日，浙江省商务厅、中国进出口银行浙江省分行联合成立政策性金融服务外贸产业链推进工作专门办公室，共同开展2022年政策性金融服务浙江省外贸产业链专项行动，切实保障外贸跨周期调节和稳增长工作。

4月8日，省商务厅召开2022年全面从严治党暨党风廉政建设和反腐败工作会议。省商务厅厅长韩杰、省纪委省监委派驻纪检监察组组长郑灵仙出席会议并讲话。

4月11日，省电子商务工作领导小组办公室出台《2022年全省电子商务合规建设专项行动方案》，在全省范围开展电子商务合规建设专项行动。

4月15—24日，第131届中国进出口商品交易会（简称"广交会"）线上举办。浙江参展企业5333家，共11791个展位"云"亮相，占全国出口展展位总数的19.7%，位居全国前列。

4月18日，省商务厅（省自贸办）采取线上线下相结合的方式组织召开全省商务（自贸）领域数字人民币试点工作专题会，重点围绕如何发挥数字人民币在促消费、商贸、自贸等领域、活动中的作用进行研讨。

4月27日，第四届"双品网购节"浙江专场启动仪式暨"美好生活　宜品建德"消费季开幕式在杭州建德市成功举办。省商务厅、省市场监管局同步开展"数商兴农"专场活动，打造农产品网络品牌。

4月27日，由浙江省商务厅主办的2022浙江服务贸易首场沉浸式云展会（动漫游戏专场）成功举办。省商务厅厅长韩杰、境外主办方励展博览集团项目总监玛丽安出席会议并致辞。

4月29日，"浙里来消费·开门焕新消费季"在杭州西湖区文三数字生活街区启动，同步举办2022杭州数智新消费暨文三数字生活嘉年华，省市区三级联动，合力打造新消费场景，有效促进消费持续回暖。省商务厅厅长韩杰出席活动。

五月

5月6日，省商务厅举办以"青春心向党 接力百年路"为主题的庆祝五四青年节暨中国共产主义青年团成立100周年座谈会。省商务厅厅长韩杰及厅机关有关处室、厅属有关单位负责人和青年干部参加。

5月11日，浙江省商务厅党组与中国驻瑞典大使馆第三党支部开展"学思践悟新思想 携手喜迎二十大"联学共建活动暨浙江省商务厅党组理论学习中心组"习近平经济思想"专题学习会。厅党组书记、厅长韩杰与中国驻瑞典大使馆第三党支部书记韩晓东参赞共同主持会议并讲话。

5月12日，浙江省数字贸易工作专班第一次会议在杭州召开。省商务厅厅长韩杰出席会议并讲话，15家专班成员单位相关业务负责人共同参加会议。

5月13日上午，省商务厅和省工商联联合举办以"稳外贸、拓市场"为主题的"亲清直通车·政企恳谈会"商务专场活动，推动外贸领域惠企助企政策直达企业。省商务厅厅长韩杰参加会议并讲话。

5月16日，省商务厅和浙江农商联合银行战略合作签约仪式在杭州举行。省商务厅厅长韩杰、浙江农商联合银行董事长王小龙见证签约仪式并讲话，省商务厅副厅长胡真舫，浙江农商联合银行党委委员、副行长应朝晖代表双方签署合作协议。

5月19日，2022年浙江省贸易救济工作会议暨"浙"里有"援"外经贸法律服务月启动仪式在浙江省商务厅举行。

5月26日下午，"筑巢引凤·链接全球"投资云讲堂首期开讲。省商务厅副厅长石琪琪出席活动并作了开课讲话。

5月31日，由浙江省商务厅、浙江省市场监督管理局等联合主办的数字贸易规则标准高峰论坛，在国家数字服务出口基地杭州滨江物联网小镇举办。现场，浙江省数字贸易标准化技术委员会揭牌。

六月

6月2日，省商务厅党组召开扩大会议，传达学习全省经济稳进提质攻坚行动工作推进会精神，研究部署稳外贸稳外资促消费攻坚行动。会议由省商务厅党组书记、厅长韩杰主持。

6月2日，省商务厅召开2022年第7次数字化改革专题推进会议，听取重点场景应用工作进展，研究解决存在的问题，安排部署下步工作。省商务厅厅长韩杰出席会议并讲话。

6月8日，省稳外贸稳外资促消费攻坚行动专班第一次例会在杭州召开，37个专班成员单位分管领导和业务部门负责人参加会议。省"两稳一促"攻坚专班牵头人、省商务厅厅长韩杰出席会议并讲话。

6月8日，2022"云甬中东欧"系列活动启动仪式在宁波市成功举行。商务部外贸发展局局长吴政平、省商务厅副厅长石琪琪线上致辞。来自斯洛伐克、克罗地亚、匈牙利等10个中东欧国家和省内外各地代表线上线下参会，约30万人次在线观看直播。

6月15—30日，省商务厅联合11个地市开展"电商618，'浙'样促共富"电商购物节，以电商连接消费者和浙江优质产品，助力山区26县奔共富，推进"稳外贸稳外资促消费"攻坚。

6月17日，召开全国智慧商圈、智慧商店示范创建工作视频座谈会。会议分为领导讲话、政策解读、专家授课和经验交流等四个环节。浙江省作为唯一一个省级行业主管部门介绍省市两级智慧商圈示范创建和全省智慧商圈平台应用建设成效。

6月23日，省商务厅召开2022年半年度政治生态建设暨党风廉政建设形势分析会。厅党组书记、厅长韩杰主持会议并讲话，厅领导和各处室、厅属事业单位主要负责人（党支部书记）参加会议。派驻纪检监察组到会指导。

6月29日，由省商务厅、衢州市人民政府主办，中共浙江省商务厅行业协会商会委员会、衢州市商务局、衢江区人民政府承办的浙江省商务系统行业商协会助力共同富裕示范区建设启动仪式暨首场对接会在衢州市衢江区举办。

七月

7月1日，省长王浩主持召开外贸外资座谈会，重点研究部署稳外贸稳外资工作。他强调，要坚决贯彻习近平总书记"疫情要防住、经济要稳住、发展要安全"重要指示精神，全面落实全省经济稳进提质攻坚行动工作例会部署要求，为全省经济稳进提质、实现"两个先行"开门红提供更加强劲支撑。

7月5日，以"两稳一促保发展　产业共建奔共富"为主题的浙江省山区26县开放平台产业对接会在衢州江山成功举办。省商务厅厅长韩杰出席会议，省商务厅副厅长胡真舫及衢州市副市长田俊致辞。会议立足新时代新使命，开展9场专题分享及山区26县开放平台圆桌会，携手探寻山区26县开放平台共建发展新路径。

7月6日，省商务厅与香港贸发局共同举办香港国际采购汇浙江展馆开幕仪式，旨在充分发挥香港作为重要贸易和投资通道的作用，进一步深化浙港两地经贸合作，实现合作共赢。省商务厅副厅长陈志成、香港贸发局副总裁张淑芬女士通过视频连线共同参加开幕仪式。

7月13日，浙江省对外承包工程商会三届二次会员大会暨成立十周年活动在杭州隆重举行。浙江省商务厅党组书记、厅长韩杰，厅党组成员、总经济师朱军，浙江省人民政府外事办公室一级巡视员彭波等领导出席，中国对外承包工程商会会长房秋晨通过视频致贺词。

7月22日，由省商务厅、省文化和旅游厅、省市场监管局主办的"欢乐盛夏　浙里有礼"暑期促消费行动在杭州市拱墅区农发·城市厨房盛大启幕。省政府副省长卢山出席启动仪式并巡馆，省商务厅厅长韩杰致辞，时任杭州市政府副市长胡伟参加启动仪式。

7月26日，第二届中国国际消费品博览会浙江主题馆启动仪式、合作项目签约仪式在海口举行。浙江省人民政府副省长卢山，海南省人民政府副省长刘平治出席并致辞。浙江省商务厅厅长韩杰，商务部外贸发展事务局局长吴政平，时任海南省商务厅厅长、海南国际经济发展局局长韩圣健等领导出席。

7月26日，省商务厅副厅长胡真舫会见天津市商务局局长何智能一行，双方就开发区管理、国际产业合作园建设、促消费、招商引资等进行座谈交流。厅商贸处、外资处、开发区处相关负责人参加。

八月

8月8日，商务部副部长盛秋平、流通发展司司长刘德成、电子商务司副司长蔡裕东等一行赴杭州实地调研西泠印社、胡庆余堂等老字号，并召开座谈会了解浙江省老字号企业的保护传承和创新发展情况，商务部驻杭州特派员办事处副特派员周关超、省商务厅总经济师朱军、杭州市商务局局长王永芳等陪同调研。

8月8日，商务部和浙江省人民政府共同举办"2022全国家电消费季"启动仪式。商务部副部长盛秋平、浙江省政府副省长卢山出席并致辞。商务部流通司司长刘德成、浙江省商务厅厅长韩杰、浙江省政府办公厅副主任李耀武、时任杭州市政府副市长胡伟等领导参加启动仪式。

8月10日，省商务厅会同省驻京办事处，在北京举办招商引资活动。省商务厅副厅长石琪琪介绍共同富裕示范区建设基本情况并作投资推介，省政府驻京办副主任邵千龙在活动中致辞。

8月26日，第二季"船说大运河"老字号系列活动暨"拱墅国潮夜"在杭州启动。省商务厅总经济师朱军出席活动并致辞。商务部驻杭州特派员办事处副特派员周关超，杭州市商务局局长王永芳、拱墅区区长冯晶等参加启动仪式。

8月26日，浙江省消费与流通专家委员会和浙江省促消费智库合作联盟第一次会议在杭州举行。省商务厅副厅长张钱江、浙江工商大学副校长陈衍泰参会并讲话。专委会专家代表和智库联盟成员单位代表参加会议。

8月30—31日，以"共商油气　共享机遇　共谋发展——全球油气产业转型创新的挑战与机遇"为主题的第五届世界油商大会在舟山召开。浙江省省长王浩出席开幕式并致辞。海关总署总工程师韩森，商务部党组成员、时任部长助理郭婷婷（视频），中国贸促会副会长柯良栋，中国石化联合会副会长傅向升出席会议并致辞，省政府秘书长暨军民，省自贸办主任、省商务厅厅长韩杰参加会议。

九月

9月1日，省商务厅在北京举办现代服务业与先进制造业融合发展跨国公司对接会。40余家世界500强、知名跨国公司以及10余家在北京企业与机构代表与浙江省11个地市的投促机构、开放平台代表进行了交流对接。省商务厅厅长韩杰、省人民政府驻北京办事处副主任邵千龙出席活动。

9月2日，中国（浙江）自由贸易试验区国际咨询委员会及高端智库专题研讨会在北京召开。会议以"浙江自贸试验区数字贸易规则对标对表"为主题，汇集来自国务院参事室、商务部、中国国际经济交流中心、商务部研究院、中国信息通信研究院、国家工业信息安全发展研究中心、对外经济贸易大学、浙江省发展规划研究院、浙江工商大学等单位的高端智库专家。

9月8日，"2022年浙江国际贸易（葡萄牙）展览会"在葡萄牙波尔图国际展览中心正式开幕。这是2022年省商务厅第一个境外线下货贸类自办展，同时也是中国单个省份首次在葡萄牙举办的自办类展会。

9月14日，由省商务厅主办，浙江远大国际会展有限公司、一般财团法人大阪国际经济振兴中心承办的浙江出口商品（大阪）交易会十五周年临境式代参展开幕式暨高质量促合作中日在线经贸交流会在杭州顺利举办。中国驻大阪总领事馆经济商务参赞处主任郭强、省商务厅厅长韩杰、省商务厅副厅长陈志成、商务部驻杭特派办事

处二级巡视员蔡雯，以及省外办、杭州海关、中国人民银行杭州中心支行、中国进出口银行浙江省分行、出口信用保险浙江分公司等省级单位，海宁市政府领导等嘉宾出席。

9月16日，"浙里来消费·2022金秋购物节"在杭州湖滨步行街成功举办。副省长卢山、省商务厅厅长韩杰、时任杭州市副市长胡伟、省政府办公厅副主任李耀武、商务部驻杭特办副特派员周关超，以及省文化和旅游厅、省体育局、省卫生健康委、省农业农村厅、上城区委区政府等单位领导参加。

9月19—22日，以"共商　共建　共享　合作向未来"为主题的第七届中国—亚欧博览会在乌鲁木齐市举办。浙江省受邀作为主宾省参加。浙江主宾省形象展示区以"灵韵浙疆"为主题，"品质浙货　行销天下"为口号，全方位、多角度展示浙江形象。

9月29日，浙江自贸试验区扩区两周年活动暨"大宗商品自由贸易先行"专题论坛在杭州萧山举办。省政府办公厅副秘书长李耀武，省自贸办副主任、省商务厅副厅长胡真舫，杭州片区管理委员会专职副主任陈卫菁，萧山区委副书记、区长姜永柱出席，省市级各相关单位领导，以及国内外26家企业代表参加活动。

十月

10月10日，"之江创客"2022全球电子商务创业创新大赛粤港澳赛区决赛以线上直播路演的方式圆满落幕，省商务厅副厅长张钱江出席并致辞。

10月10日，省商务厅厅长韩杰带队赴宁波市调研商务工作，召开座谈会并实地调研有关企业，指出要对标对表全年目标任务，开足马力、攻坚克难，全力以赴稳住外贸基本盘，推动招商引资量质并举和扩大居民消费，为全省大局做出更大贡献。宁波市副市长李关定、市商务局和市投资促进署负责人等参加座谈会。

10月11日，省政府批复整合设立6家经济

开发区，其中山区县开发区 4 家，分别是浙江磐安经济开发区、衢州智造新城、浙江莲都经济开发区和浙江云和经济开发区。至此，浙江省山区 26 县已实现开发区全覆盖。

10 月 20—22 日，第 27 届澳门国际贸易投资展览会在澳门金光会展中心举行，浙江省首次作为"伙伴省"应邀参展，设立伙伴省主题形象馆、浙江商品馆及地市展示区，展览总面积 1300 平方米。

10 月 24 日，省商务厅党组书记、厅长韩杰主持召开厅党组（扩大）会议，认真传达学习党的二十大精神和全省领导干部会议精神，对全省商务系统抓好贯彻落实进行研究部署。

10 月 24—26 日，省商务厅副厅长石琪琪带领省政府第 6 督查组赴丽水开展省政府稳住经济大盘督导服务"回头看"及稳外贸促消费和招大引强专项督查。省发展改革委、省科技厅、省自然资源厅、中国进出口银行浙江省分行等单位共同参加。

10 月 27 日，全省电商直播式"共富工坊"建设工作视频会议在省商务厅召开，各地市商务部门分管领导、相关处室主要负责人通过线上参加会议，省商务厅副厅长张钱江出席会议并讲话。

十一月

11 月 2—3 日，省商务厅副厅长胡真舫带省政府第 5 督查组一行赴金华开展稳外贸促消费和招大引强工作情况督查。

11 月 5 日，2022 中国浙江省重点进口平台推介会暨浙江省交易团进口采购集中签约式在上海成功举行。省商务厅经济和高新技术产业高峰对接会在上海举行。中国贸促会会长任鸿斌、浙江省人民政府副省长卢山出席活动并致辞。省商务厅厅长韩杰主持活动。

11 月 5 日，省商务厅在上海举办浙江·跨国公司交流活动。杜邦、欧姆龙、罗克韦尔自动化、拓高乐、强生等近 20 家世界 500 强、知名跨国公司代表与浙江省 11 个地市的商务投促机构代表进

行了交流对接。省商务厅副厅长石琪琪出席活动并致辞。

11 月 6 日，扩大中东欧农产品进口主题对话会在上海成功举办。塞尔维亚副总理兼财政部长西尼沙·马利、商务部副部长郭婷婷视频致辞，商务部欧洲司二级巡视员许正兵参会，省商务厅副厅长石琪琪、宁波市副市长李关定现场参会并致辞。

11 月 6 日，由省商务厅主办的第五届进博会浙江省重点进口平台推介会暨浙江省交易团进口采购集中签约式在上海成功举行。省商务厅副厅长陈志成出席活动并致辞。

11 月 12 日，省商务厅学习贯彻党的二十大精神宣讲报告会在省人民大会堂国际会议厅举行，厅党组书记、厅长韩杰结合自身对党的二十大精神的学习体悟和商务工作实际，以"服务构建新发展格局 奋力推动高质量发展 谱写新时代新征程浙江商务事业新篇章"为主题进行辅导授课。

11 月 15 日，中国（浙江）自由贸易试验区高质量提升发展大会在杭州召开，省委书记、中国（浙江）自由贸易试验区工作领导小组组长袁家军出席会议并讲话。

11 月 30 日，第五届浙江本土跨国公司成长论坛暨"丝路领航"新三年行动计划启动仪式在绍兴召开，本次论坛主题是"培育发展新动能 跨国领航向未来"。浙江省政协副主席陈铁雄、时任绍兴市委书记盛阅春出席活动并致辞，省商务厅厅长韩杰作主旨演讲。

十二月

12 月 11 日，首届全球数字贸易博览会在杭州开幕。全国人大常委会副委员长丁仲礼视频致辞并宣布开幕。省委书记易炼红致辞，省委副书记、省长王浩主持，商务部副部长盛秋平致辞。

12 月 12 日，由浙江省人民政府、商务部共同主办，省商务厅、杭州市人民政府承办的首届全球数字贸易博览会之江数字贸易主论坛在杭举行。论坛以"聚焦数字贸易新发展 聚力数字经

济新未来"为主题。商务部副部长、中国国际进口博览局局长、虹桥国际经济论坛秘书长盛秋平,浙江省人民政府副省长卢山,时任杭州市委副书记、代市长姚高员出席并致辞。

12月12日,首届全球数字贸易博览会DEPA与数字经济合作高峰论坛在杭州市国际博览中心举办。本次论坛"以规则对接、产业对接、技术对接推动数字贸易成为增长新引擎、开放新高地、合作新焦点"为主题。商务部副部长、中国国际进口博览局局长、虹桥国际经济论坛秘书长盛秋平,浙江省人民政府副省长卢山,联合国工业发展组织投资与技术促进办公室(中国·北京)主任武雅斌等出席并致辞。

12月12日,由浙江省人民政府、商务部、中央宣传部主办,省商务厅、浙江省委宣传部、浙江省文化和旅游厅承办的数字文化贸易高峰论坛在杭州国际博览中心举办。论坛以"科技赋能文化,数字驱动未来"为主题。省商务厅副厅长高秉学主持论坛。

12月12日,2022世界直播电商大会召开。大会由浙江省人民政府和商务部联合主办,杭州市人民政府和省商务厅共同承办。商务部副部长、中国国际进口博览局局长、虹桥国际经济论坛秘书长盛秋平,浙江省政协副主席陈铁雄,时任杭州市代市长姚高员出席大会并致辞,省商务厅厅长韩杰主持会议。

12月12日,由全球数字贸易博览会组委会主办,省商务厅、杭州市人民政府共同承办的国家数字服务出口基地高峰论坛在杭州国际博览中心成功举行。本次论坛以"共建共赢,创新融合"为主题。商务部副部长、中国国际进口博览局局长、虹桥国际经济论坛秘书长盛秋平,浙江省人民政府副省长卢山,杭州市委常委、副市长胥伟华出席论坛。省商务厅厅长韩杰主持。

12月13日,"之江创客"2022全球电子商务创业创新大赛总决赛暨颁奖典礼在绍兴圆满落幕。本届大赛作为首届数贸会之江数字贸易论坛之一,以"赋能双创、助推共富"为主题。浙江省政协副主席周国辉,省商务厅厅长韩杰,绍兴市政协主席魏伟,商务部驻杭特办副特派员周关超等领导,以及全球知名电商企业代表、创投机构专家、产业领袖等嘉宾出席活动并颁奖。

12月22日,省商务厅党组理论学习中心组举行"省委十五届二次全体(扩大)会议暨省委经济工作会议精神"专题学习会,传达学习中央经济工作会议精神、省委十五届二次全体(扩大)会议暨省委经济工作会议精神,主动分析研判形势,认真谋划明年工作思路,全面扛起浙江商务担当,努力在贯彻落实党的二十大精神上保持良好势头,继续走在前列。

12月23日,以"新时代 新征程 新飞跃"为主题的第六届世界浙商大会开幕式在浙江省人民大会堂召开。省商务厅副厅长陈志成参加服务浙商重大应用平台(海外智慧物流在线)推广仪式,省商务厅牵头举行浙商推进"两个先行"重大项目签约仪式。

第三编

党　建

浙江省商务厅亲清政商关系行为规范

一要强化服务意识，不推诿扯皮。要牢固树立以人民为中心的发展思想，悉心听取服务管理对象的合理诉求，在职责范围内做好服务指导工作；不得敷衍塞责、置若罔闻、相互推诿，甚至故意刁难。

二要强化勤政意识，不懒政庸政。要坚决落实《"马上做""做成了"督查督办工作机制（试行）》，对工作事项实行表格化、清单化管理，确保落细落实；不得出现不作为、慢作为、假作为，甚至玩忽职守、失职渎职。

三要强化质效意识，不浮于表面。要深化创新"三服务""九联系""百名干部联千企"等活动，深入开展营商环境优化行动；不得图形式、走过场，把到过了当做过了，把做过了当做好了。

四要强化公正意识，不厚此薄彼。要坚持公开公平公正，保障服务管理对象的知情权、参与权、监督权，确保全程公开透明；不得暗箱操作、亲疏有别、区别对待，甚至优亲厚友、利益输送。

五要强化市场意识，不干预经营。要加强商务信息共享，依法做好信息查询、披露、服务工作，促进行业经营规范有序运行；不得滥用职权，干预和插手服务管理对象生产经营、管理活动，损害其合法利益。

六要强化自律意识，不违规吃请。要严格落实"五个严禁"，自觉规范与服务管理对象的交往行为，树立公职人员良好形象；不得接受服务管理对象宴请或旅游、健身、娱乐等活动安排，违反规定出入私人会所，甚至未经批准参加企业各类庆典活动。

七要强化廉洁意识，不违规收礼。要认真执行厅党组《关于推进清廉商务建设的实施意见》及其实施方案和《关于规范廉政账户管理严禁违规收送礼品礼金实施细则》，严格自我管理，坚持廉洁从政；不得违规收受服务管理对象礼品、礼金、消费卡、有价证券或咨询费等财物，违反省纪委等三部门《关于规范省管干部操办婚丧喜庆事宜的若干规定》精神，在操办婚丧喜庆事宜中违规收受礼金或其他违反廉洁纪律的行为。

八要强化法纪意识，不侵占利益。要加强公职人员法纪教育、警示教育，强化法纪观念，严格依法行使权力、履行职责；不得由服务管理对象支付应由本人负担的费用，或以特定关系人名义向服务管理对象筹资、借款、借物等，以及发生其他可能影响公正执行公务的行为。

九要强化界线意识，不违规获利。要增强法治思维和底线思维，保持洁身自好，坚决防止"被围猎"；不得违规在服务管理对象所在的企业、协会兼职，违规安排特定关系人到企业挂名领薪，或以本人及特定关系人名义参股或者持有非上市企业的股份、证券。

十要强化监督意识，不违规用权。要认真执行厅党组《加强对"一把手"和领导班子监督"六张责任清单"》，主动接受监督，维护商务部门良好形象；不得利用公职人员身份违规谋利，对服务管理对象进行乱检查、乱摊派，向服务管理对象高息出借资金或提供特定关系的中介服务等。

本行为规范适用于厅机关和厅属事业单位在

编与非在编人员，厅属各行业协会、商会参照执行，由厅党组负责解释，厅直属机关党委负责具体操作。

本行为规范自发布之日起施行，2021 年 6 月 1 日印发的《浙江省商务厅"亲""清"政商关系行为准则》同时废止。

关于推动党史学习教育常态化长效化的实施意见

一、总体要求

全面贯彻习近平总书记关于党史学习教育的系列重要论述精神，以深入学习贯彻党的十九届六中全会和党的二十大精神为重点，以守好红色根脉的政治担当，进一步推进学史明理、学史增信、学史崇德、学史力行，更好地运用党的百年奋斗重大成就和历史经验增长智慧、增进团结、增加信心、增强斗志，推动党员干部切实增强"四个意识"、坚定"四个自信"、做到"两个维护"，坚定不移做"两个确立"的忠诚拥护者、"两个维护"的示范引领者，在忠实践行"八八战略"、奋力打造"重要窗口"、高质量推进"两个先行"的新征程中交出优异答卷，为全面建设社会主义现代化国家、全面推进中华民族伟大复兴贡献商务力量。

二、工作任务

（一）健全"两个确立""两个维护"持续强化机制

目标要求：进一步完善忠诚拥护"两个确立"、坚决做到"两个维护"的各项制度，推动广大党员干部自觉在思想上、政治上、行动上同以习近平同志为核心的党中央保持高度一致，不断提高政治判断力、政治领悟力、政治执行力，始终做到"总书记有号令、省委有部署，商务见行动"。

主要举措：

1. 严格落实党的领导制度体系。完善经常同习近平总书记重要讲话精神和党中央决策部署对标对表的制度机制，党中央提倡的坚决响应，党中央决定的坚决照办，党中央禁止的坚决不做，严格执行请示报告制度，确保党中央和省委决策部署在浙江商务领域令行禁止、一贯到底。突出政治性、导向性、系统性，完善党内政治生态评估制度，健全忠实执行党内法规的机制。

2. 不折不扣贯彻落实习近平总书记对浙江工作的重要指示批示和对商务工作重要论述。强化贯彻习近平总书记重要指示批示精神制度机制建设，每一个重要指示批示明确责任、措施、时限、清单；建立健全"回头看"、评估核查机制，每年对贯彻落实情况进行检查调研，落实问责机制。

3. 持续提高政治判断力、政治领悟力、政治执行力。通过民主生活会、组织生活会、"三会一课"、主题党日、重温入党誓词、过"政治生日"等，引导广大党员干部深刻理解"两个确立"的决定意义，牢记"国之大者"，善于从政治上认识大局、辨别是非。加强"防未病"式评估，对容易诱发政治问题特别是重大突发事件的敏感因素、苗头性现象、倾向性问题，对意识形态领域各种错误思潮、模糊认识、不良风气，保持高度警惕，做到触动敏感、反应迅速、评估及时、措施到位。

预期成效：建立一批可操作、易评估的"两个确立""两个维护"持续强化工作制度，厅党组专题学习习近平总书记重要指示批示精神落实率达到100%、贯彻重要指示批示精神情况反馈率达到100%，全厅上下进一步深化对习近平总书记的高度信赖、坚决拥护和衷心爱戴。

（二）健全学懂弄通做实习近平新时代中国特色社会主义思想深化机制

目标要求：深化理论铸魂溯源走心工程，打造学习研究、宣传阐释、实践笃行新思想的重要阵地，推动全厅党员干部以争当排头兵的政治自觉做习近平新时代中国特色社会主义思想的忠诚信仰者、坚定维护者、实践引领者。

主要举措：

1.深化"第一议题"学习制度。坚持把学习贯彻习近平新时代中国特色社会主义思想、习近平总书记重要讲话和指示批示精神、习近平总书记关于商务工作重要论述，列为厅党组和厅属各党组织集体学习的"第一议题"。落实重大决策前专题学习制度，厅党组讨论决定商务领域重大事项前专题学习习近平总书记重要讲话，领会精神实质、科学推进工作。

2.持续推动习近平新时代中国特色社会主义思想学习制度化常态化。把学习新思想作为厅党组理论学习中心组学习的基本要求，及时、深入学习习近平总书记重要著作、最新讲话精神以及相关教材，每年集中学习交流不少于4次；作为全省商务（招商）局长培训班的第一课，紧扣工作实际学深悟透；作为厅干部暑期理论读书班的中心内容，扎实推进新思想教育培训；作为提高广大干部群众尤其是青年群体思想觉悟的核心内容，通过组织"跟着总书记学"系列、"沿着总书记的足迹学思想"、"全省商务系统党课大赛"等活动，推动新思想入心入脑。

3.积极参与构建大成集智的研究体系。深入推进习近平新时代中国特色社会主义思想在浙江的探索与实践系列研究，不断推出高质量理论成果。积极参与构建习近平新时代中国特色社会主义思想大成集智理论研究体系，参与建设省级理论研共体。学习借鉴浙江省习近平新时代中国特色社会主义思想研究中心、浙江省中国特色社会主义理论体系研究中心引领作用，集聚全厅商务理论科研力量，体系化推进习近平经济思想和习近平总书记关于商务工作重要论述的研究。发挥好《浙江商务》、厅党史学习教育简报等理论发声

平台思想引领、理论辨析作用。

4.持续打好党的重要会议精神学习宣传贯彻组合拳。总结深化党的十九届六中全会和省第十五次党代会学习宣传经验做法，完善"六学联动"重点覆盖机制，确保领导干部、党组织书记、青年党员等重点学习全覆盖；完善"六讲六做"精准到达机制，建立重大主题宣讲联动机制；完善"六章研读"成果转化机制，做好党的重要会议精神研究、阐释、解读工作，全方位、多声部宣传党中央和省委会议精神。

预期成效：厅党组"第一议题"制度落实全覆盖，全厅党员新思想年度专题学习实现全覆盖，打造一批"商青新声"学习和宣讲品牌；厅每年推出高质量研究成果、在省级机关党建课题成果数量走在前列；结合"远大商务讲坛"，每年至少开展4场新思想相关专题宣讲；持续推出新思想在浙江商务领域生动实践的典型案例。

（三）健全历史认知、历史自信增强机制

目标要求：围绕深入学习党的第三个历史决议，开展党史、新中国史、改革开放史、社会主义发展史、中华民族发展史教育，深入学习浙江商务改革发展奋斗历程，让广大干部群众特别是青年群体进一步筑牢历史自信的根基，在推动商务高质量发展、竞争力提升、现代化先行中更加充满信心、奋发有为。

主要举措：

1.丰富学习教育形式。用好红色教育资源，深化"我在革命红船起航地学党史"活动，持之以恒推进党史总结、学习、教育、宣传。采取专家辅导、现场学习、集中研讨等形式开展党史、新中国史、改革开放史、社会主义发展史、中华民族发展史常态化教育，引导广大党员干部更好把握历史发展的主题主线、主流本质。将党史学习教育与开展调研、大抓落实相结合，推动学习成果转化。

2.加强专题培训。推进党的文献专题阅读学习，坚持把党史作为干部培训的必修课、常修课，学好用好具有"红船味""浙江味""新时代味"的特色教材。运用"学习强国"学习平台、"共产党

员"教育平台、"浙里学习"平台、"浙江商务"公众号等，开发微党课，打造党史学习教育线上培训精品课程。

3. 抓好党建联学工作。结合"做红色义工、促党建联建"主题实践活动，围绕红色根脉，讲好红船起航、改革开放先行和习近平新时代中国特色社会主义思想萌发与实践故事，推动党史学习教育融入主题党课、团课。组织党员志愿服务，开展"回乡调研"、党员进社村等社会实践活动。

4. 持续保护利用红色资源。围绕弘扬伟大建党精神，加强红船精神、浙江精神的研究阐释。深入做好全省商务领域红色文物、红色史料的收集整理、登记造册工作。结合"七一"、烈士纪念日等重要纪念日组织党员、干部赴革命博物馆、纪念馆、党史馆、烈士陵园、革命遗址遗迹等接受革命教育。

5. 组织开展群众性党史、新中国史、改革开放史、社会主义发展史、中华民族发展史教育活动。组织摄影、微电影、书画等主题创作，在重要纪念日开展群众性歌咏、重温红色经典歌曲等活动。

预期成效：全厅党员干部、共青团员每年至少接受一次党史、新中国史、改革开放史、社会主义发展史、中华民族发展史教育；每年举办一期全省商务系统书画摄影大赛；每年评选推出一批新思想教育培训优秀微党课；全厅党员干部的历史认知不断深化、历史自信不断增强。

（四）健全"我为群众办实事、我为企业解难题、我为基层减负担"专题实践活动迭代机制

目标要求：把深化"三为"专题实践活动作为巩固拓展党史学习教育成果的基本要求，迭代升级活动成效评估工作，引导党员干部深入践行以人民为中心的发展思想，提升服务群众、服务企业、服务基层的能力，走好新时代党的群众路线，打造新时代浙江党史学习教育金名片和具有浙江商务辨识度的标志性成果。

主要举措：

1. 及时收集掌握民情民意。深化厅领导"九

联系"服务制度，联系重点市、重点县（市、区）、开放平台、改革事项、重点项目、专项行动、商协会、两新组织和新的社会阶层人士等九个方面，带领服务小组采用实地走访与云上服务相结合的方式，通过线上问诊、蹲点调研、座谈交流等多种形式，深入基层、靠前服务，突出问题导向、效果导向，哪里困难多就去哪里服务、哪里问题突出就到哪里服务，一企一策、一事一议研究和落实帮扶措施，着力破除堵点难点痛点。

2. 攻坚急难愁盼问题。围绕认真解决外资、外贸、消费等方面基层、企业反映的重难点问题和满足人民群众对更高品质生活的追求，建立"三为"民生实事项目清单公开发布机制、抓落实机制。持续开展"百名干部联千企"活动，发挥党员干部先锋模范作用和青年干部勇于担当精神，由各处室、机关党委和团委共同负责，厅综合部门每名干部至少联系一家企业，业务部门每名干部联系 3—5 家企业，与相关企业保持常态化沟通联系，每年至少一次驻点服务，鼓励形成服务小队组团进行服务，深入一线调研，及时上报信息并形成有价值的调研报告。

3. 推动为民办实事向制度、治理、智慧跃迁。围绕健全为民办实事长效机制，纵深推进数字化改革，重塑商务治理和服务体系，用好"三服务"小管家 App 2.0 版，打造更多惠企业惠民生实事重大场景应用，推出更多用心、暖心、贴心的惠民举措。

预期成效：领导干部每年深入联系点至少 1 次，党中央、省委和商务领域各项惠企利民政策全面落地落实；每年制定"三为"项目清单，力争不少于 1 项进入省级民生实事项目清单，着力解决一批企业和群众反映的重点难点问题，力争进入民生实事最佳实践案例和民生实事典型重大场景应用，企业、基层难题取得新成效，群众满意度持续提升。

（五）健全斗争精神、奋斗精神培育内化机制

目标要求：教育引导广大党员干部总结运用好我们党积累的伟大斗争经验，涵养底线思维、

增强忧患意识，在新时代的伟大实践中不断锤炼斗争精神、奋斗精神，勇于在危机中育先机、于变局中开新局，以浙江商务的"稳"和"进"为全国大局做出新的更大贡献。

主要举措：

1. 凝聚推进中心工作精神力量。强化推进"两个先行"的使命担当，推动党员干部按照中央和省委部署，大胆探索创新，统筹考虑产业、就业、职业、收入、消费、城乡结构，进一步完善"目标、工作、政策、评价"体系，围绕品质消费促进优质服务共享，"数商兴农"缩小城乡差距，平台共建缩小区域差距，贸易提质强化基础支撑，形成一批重大标志性成果。增强迈向全新数字文明时代的闯劲拼劲，在应用的实战性、管用、实用上下真功夫、苦功夫，加快形成具有浙江商务辨识度和全国影响力的数字化改革应用成果、理论成果和制度成果。

2. 提升风险防范化解水平。全面落实总体国家安全观，统筹商务高质量发展和高水平安全，增强风险防控的前瞻性、敏锐性。完善商务领域安全风险闭环管控大平安机制，研究解决商务领域安全工作难点问题，坚决防范遏制商务领域重特大事故，为保持社会大局平安稳定贡献力量。

3. 提高闭环管控能力。运用系统观念，加快形成分析综合、放大细节、迭代深化、解决问题、整体优化、实现目标的完整闭环管控机制。打通整合党政机关职能，实现党政机关整体智治、高效协同、闭环管理。保持常态化疫情防控机制的高效运转，加强基层治理体系建设，保持社会大局平安稳定。

预期成效：具有浙江商务辨识度、全国影响力的改革发展实践成果、理论成果、制度成果不断涌现，共同富裕示范区建设标志性成果如期形成，数字化改革推出更多具有商务辨识度的标志性成果，重大风险问题防范化解率先走在前列，全厅广大党员干部敢于斗争敢于胜利的精神风貌进一步展现。

（六）健全自我革命勇气能力提升机制

目标要求：以正视问题的勇气和刀刃向内的

自觉，一体推进党的政治建设、思想建设、组织建设、作风建设、纪律建设，不断压实"七张问题清单"要求责任，持续完善一整套党自我净化、自我完善、自我革新、自我提高的制度规范体系，打造新时代模范清廉机关。

主要举措：

1. 完善以"七张问题清单"为牵引的党建统领工作机制。厅系统建立"照镜子"机制，常态梳理、查找、化解各类矛盾、风险和隐患，实现全流程闭环推进、全周期一体管理。健全"七张问题清单"责任落实机制，将问题管控力指数作为评价党建工作的关键指标和考核领导班子、领导干部的重要依据。建立基层党组织主动发现报告机制和协调解决问题机制。

2. 提升党员干部塑造变革能力。深入实施干部队伍推进现代化建设新能力提升计划，精准赋能提升党员干部专业能力，开展好新时代基层干部推动共同富裕主题培训行动。进一步明确"实干实绩实效论英雄"的选人用人导向，建立健全崇尚实干、带动担当、加油鼓劲的正向激励体系。实施"红色根脉强基工程"，推进"双建争先"工程，用好"浙里红色根脉强基"应用，打造堪当守护红色根脉重任的机关干部队伍。

3. 坚持不敢腐、不能腐、不想腐一体推进。做深做细省委"五张责任清单"和厅党组"六张责任清单"，持续加强对"一把手"和领导班子的监督。严格执行廉洁自律准则、党内政治生活若干准则、重大事项请示报告制度、领导干部个人有关事项报告制度。抓好重点领域腐败治理，坚持不懈纠"四风"树新风，完善"群众点题、部门答题、纪委监督、社会评价"工作机制。

4. 持续提升年轻干部政治能力。加强对年轻干部的党史学习教育和思想政治引领，坚持不懈锤炼忠诚干净担当的政治品格。坚持在基层和实践一线锤炼培养年轻干部，选拔重用敢担当善担当的优秀干部。完善干部为事业担当、组织为干部担当"两个担当"良性互动机制，鼓励支持年轻干部放开手脚、锐意改革、创新开拓。

预期成效：厅党组建立"照镜子"制度机制，

重大问题防范化解率达到100%，各级领导班子年轻干部配备比例全部达标，突出问题整改效果得到明显提升，风清气正的良好政治生态持续巩固，党同人民群众的血肉联系进一步密切。

三、工作要求

（一）强化责任落实

厅属各党组织要把推动党史学习教育常态化长效化作为建设马克思主义学习型政党的一项长期重要任务来抓，作为落实党建工作责任内容，纳入意识形态工作责任制。厅党组落实主体责任制，加强组织领导、统筹协调和督促检查，建立健全各项工作机制，将学史悟思、增信崇德、为民办事、勇开新局不断引向深入。领导干部要学在前、做在前，发挥示范引领作用。

（二）探索方法路径

厅属各党组织要抓牢数字化改革这一关键性牵引，将整体智治、量化闭环的理念、思路、方法、手段贯穿于党史学习教育常态化长效化的全过程。发掘利用好各方面资源，探索"67890"不同群体深入学习党史的方法路径。围绕落实"两个确立""两个维护"持续强化机制和党史学习、基层宣讲、"三为"专题实践活动，及时总结典型做法、鲜活经验、打造有效学习宣传平台，使学党史、知党史、用党史在全厅蔚然成风。

（三）注重实际成效

厅属各党组织要把巩固拓展党史学习教育成效与贯彻落实习近平总书记对浙江工作的系列重要指示批示精神以及对商务工作的重要论述紧密结合起来，聚焦商务中心工作，不断把党史学习教育成效转化为扛起"五为"担当的动力、举措和实效，不断推出具有浙江商务辨识度的重大改革发展成果，以实际行动贯彻党的二十大精神，为开创党和国家事业发展新局面贡献力量。

学习宣传贯彻党的二十大精神

省商务厅把党的政治建设摆在首位，坚持把学习贯彻习近平新时代中国特色社会主义思想作为第一议题学思践悟，召开厅党组理论学习中心组专题学习会7次。推进党史学习教育常态化长效化，出台《推动党史学习教育常态化长效化实施意见》，常态开展"党员开讲啦、人人做主讲"活动，举办全省商务系统"喜迎二十大、奋进共富路"微党课大赛和"百名支部书记讲党课"活动，持续擦亮"商青新声"青年理论宣讲品牌和"6789一起学"学研品牌。深入开展"六学六进六争先"学习实践活动，分2期举办省十五次党代会精神培训班，举办远大商务讲坛5次，先后邀请党的二十大代表、下姜村党总支部书记姜丽娟和省海港集团党委书记毛剑宏宣讲党的二十大精神。通过强化理论武装，党员干部更加坚定捍卫"两个确立"，更加坚决做到"两个维护"，更加自觉扛起"五为"担当，更加奋力推动"两个先行"。

推进机关党建

坚持把党支部建在重大任务和工作专班上，在全省经济稳进提质"两稳一促"攻坚专班和消博会、进博会、数贸会等大项任务中成立临时党支部，严格落实学习、会议、报告等制度，确保中心工作推进到哪里、机关党建就跟进到哪里。总结梳理全国首创商务包机相关案例，在省直机关工委《唯实惟先在行动》栏目进行了宣传报道。大力开展"破百难、助共富"活动，举办"浙里来消费百企惠民GO"活动，厅行业商协会各党组织常态化开展"公益服务进社区"活动，普惠于商圈消费者和辖区百姓，推动山区26县农村特色产品销售。省电子商务中心党支部开展以"电商赋能、助力共富"为主题的"双百"行动进楼宇活动，自贸区处、开发区处党支部开展的开发区"浙十年"短视频等活动影响广泛，受到各界好评。

推动基层党建

全面实施"红色根脉强基工程"，深入实施"双建争先"工程，组织厅属各党组织集中换届，31个党（总）支部按规定完成了换届选举，发展了14名预备党员，机关党建工作相关经验做法先后5次在全省、省直机关工委有关会议上作交流。持续擦亮党建联建品牌，制定发布全省首个《城市党建联建（武林商圈）工作规范》，为党建联建成员单位提供工作指引，有关做法被评为全省第十轮机关党建工作十佳创新成果。广泛开展党员过好"政治生日"活动，举办颁发"光荣在党50年"纪念章等仪式，结合"七一"表彰"两优一先"，大力营造崇尚荣誉、学习先进、争做模范的浓厚氛围。商贸处党支部被省委组织部表彰为抗击新冠疫情先进集体，省对外贸易服务中心被省直机关工委评为2022年先锋支部。结合"党员进社村、共建好家园"，厅属各党组织深入开展做红色义工活动，1200余人次参与，为基层、企业和群众解决问题、困难320多个。"开放共享激活现代社区建设新动能"的相关做法在省直机关工委"双建争先助力现代社区建设现场会"上作经验交流。

推进全面从严治党

　　紧紧围绕建设清廉机关、创建模范机关这个目标，认真做好建章立制，先后出台了《浙江省商务厅亲清政商关系行为规范》《厅机关和厅属事业单位权力事项及廉政风险清单》《厅党组与派驻纪检监察组通报会商及报备机制实施办法》等，坚持用制度管人、按制度办事、依制度用权。聚力抓好以案促治，深刻吸取林代欣案件教训，组织开展了以案促治"四个一"活动，对所属7家事业单位开展了全方位廉政检视，召开了21个监督联系网点会议。组织对6个驻外商务代表处的驻外代表和新进公务员进行集中谈话，常态化抓好党规党纪学习，做到以案为鉴、以案释纪、以案释法。

第四编

国内贸易

2022 年，浙江省社会消费品零售总额历史性突破 3 万亿元规模，达到 30467.2 亿元，增长 4.3%，高于全国 4.5 个百分点。限上汽车、石油及制品类零售额分别增长 13.7%、10.2%。限上粮油食品、日用品、饮料、中西药品类商品零售额分别增长 10.2%、4.8%、10.3%、14.2%；化妆品、新能源汽车分别增长 9.0%、113.2%。全省实现网络零售额 27042.1 亿元，增长 7.2%，高于全国 3.2 个百分点。

流通发展

【智慧商圈建设】2022 年，浙江省发布首批十大省级示范智慧商圈名单，其中杭州湖滨、武林等 2 个商圈和湖滨银泰 in77、解百商业、杭州大厦等 3 家大型商业体入选全国公示名单，入选数量均居全国第一。首创智慧商圈发展指数，对商圈进行精准画像、晾晒排名，总结提炼各商圈在数字化和应用上的典型经验，上线以"141N"为整体架构的全省智慧商圈平台应用，实现数据、技术和评价标准等方面全省统一。

【县域商业体系建设】2022 年，浙江省出台了 17 个部门联发的《浙江省加强县域商业体系建设促进农村消费实施方案》等 3 个文件，启动了全省 90 个县（市、区）的县域商业体系建设摸底调查。共评出县域商业体系建设示范县 36 个，现代商贸特色镇 105 个，商贸发展示范村 219 个，公益性农产品市场 101 个，示范企业 2 家，重点商贸流通企业 10 家。首批推进 140 余个县域商业体系试点项目，计划总投资近 200 亿元。

【省级供应链创新与应用示范创建】2022 年，浙江省开展省级供应链创新与应用示范创建工作，累计完成 17 个市县试点，实现全省设区市全覆盖，评选示范企业 282 家，获评国家级供应链创新与应用示范城市 3 个，示范企业 24 家，累计数量（除央企外）居全国第一。推进"数字供应链平台智能监测""品质浙货·一键寻源""数字供应链金融创新""供应链数字化资源云"4 个子应用建设。开展商贸物流高质量发展专项行动，华东医药等 13 家企业纳入全国商贸物流重点联系企业。宁波、湖州获批第三批全国绿色货运配送示范工程创建城市。

【建设农产品供应链全链数字化智能化生态体系】2022 年，浙江省围绕农产品冷链物流服务品质的优化提升和农产品冷链物流龙头企业培育，着力建设全省农产品供应链全链数字化智能化生态体系。从 2019 年起，4 年来争取到 5.4 亿元中央服务业资金，带动社会投资 40 多亿元，支持 300 多家农产品流通企业建设冷链基础设施，农产品流通形成全程冷链闭环生态。浙江省农产品供应链骨干企业高质量运营能力大幅提升，跨上了农产品供给现代流通体系新台阶。

【回收网络体系不断优化】2022 年前三季度全省城镇生活垃圾回收利用率 62.5%，比上年同期上升 2 个百分点。省商务厅印发《2022 年商务领域绿色流通（塑料污染治理）工作要点》《2022 年商务领域塑料污染治理重点工作清单》《2022 年商务领域生态环境保护工作目标计划清单》等一系列文件，会同省垃圾分类办赴温州、丽水等地督导分拣中心建设进度，对建设较慢的地区进行约谈。做好绿色商场创建的企业调查摸底和申报，开展线上业务培训，全年创建绿色商场 39 家，累计创建 114 家。

【加快建设高质量标准体系】2022 年浙江省发布地方标准 DB33/T 932–2022《电子商务企业管理与服务规范》；发布"现代商贸特色镇 / 商贸发展示范村评价管理规范"等 5 项团体标准；推进省级"数字家政管理与服务标准化试点项目"建设。

消费促进

【促进国潮消费】2022 年，浙江省商务厅等 18 部门在全国率先出台老字号创新发展政策，明确 5 大任务 16 项工作，重点实施"4 个一批"（认定一批老字号、推动一批老字号上市、提升一批老字号集聚区、建设一批老字号展示馆），打造品质消费新蓝海，获得主流媒体广泛报道。

【促进汽车消费】2022 年，浙江省商务厅牵头 5 部门在全国率先出台促进二手车交易发展政策，联合 15 部门出台搞活汽车流通扩大汽车消费政策，放宽主体准入、完善税票管理、取消限迁政策、扩大二手车出口。新政出台后带来交易量大幅增长，获得国务院督察室肯定："走在全国前列、可借鉴可推广。"

【"浙里来消费"主题活动】启动"浙里来消费·开门焕新消费季"，省市县联动、政企银协同、多场景造势，共同办好"消费促进月""金秋购物节"两大主题活动。活动涉及 40 个行业、100 条商业街，3600 余场活动，实现销售额近 4000 亿元。开启"杭州数智嘉年华""温享新消费""越惠悦

生活"等区域品牌。

【老字号嘉年华活动】举办第二届"船说·大运河老字号"活动，联合 6 省市商务部门及老字号协会，打造中华老字号传承创新发展国家级 IP。办好"2022 横店梦外滩—老字号嘉年华""中华老字号精品博览会"系列活动，20 多个省市 300 家老字号参展，拉动消费 3850 万元。实施老字号"走出去"战略，连续参加 5 届进博会、2 届山东老字号博览会，展示"灵动浙江"魅力。

【开展高品质步行街改造】聚焦"历史有根、文化有脉、商业有魂、经营有道、品牌有名、数字引领"，打造消费主阵地和打卡点，牵头 11 部门开展第二批 11 条省级高品质步行街改造提升试点，累计完成 1 条全国示范步行街、26 条省级高品质步行街改造提升，国家、省两级高品质步行街面貌焕然一新。

【推动夜经济集聚区建设】开展第二批夜间经济培育城市验收，宁波市鄞州区、温州市瑞安市、嘉兴市桐乡市、绍兴市柯桥区、台州市椒江区、丽水市青田县获评省级夜间经济样板城市，杭州市建德市、嘉兴市嘉善县、湖州市吴兴区、湖州市德清县、绍兴市上虞区、丽水市庆元县获评夜间经济特色城市。唱响"浙夜好生活"，打造杭州宋韵国潮之夜、宁波商港之夜、嘉兴南湖之夜、衢州共富之夜等区域夜经济子品牌，培育一批特色鲜明、业态多元、靓丽美观、文化浓郁的"夜经济"集聚区。

【推动行业治理提质增效】推动预付卡全周期治理，完成《浙江省单用途商业预付卡规范治理研究报告》，提出"建机制，修法律，强监管，数治化"等 5 条举措，形成专班方案、治理方案以及服务平台建设框架，富阳、南浔、椒江工作机制全面贯通，"三端一舱"场景启用。全面放开二手车限迁政策，推进实施异地二手车跨省通办。加快报废车老企业改造提升、规范新设企业资质认

定，现有拆解企业57家，年拆解产能110万辆，年回收报废车39.39万辆。杭州市率先出台成品油市场流通管理办法，金华开展加油站数据采集试点。建立全省加油站数字档案，实现成品油零售经营管理数字实时更新。

市场运行

【出台促消费政策】2022年，浙江省商务厅先后印发《关于构建品质消费普及普惠促进体系的意见》《促进消费复苏回暖行动方案》两个总政策，深化迭代促进暑期消费、发展体育消费、复苏旅游餐饮住宿消费、促进绿色智能家电消费等若干个靶向政策，同步推动市县配套出台235个政策文件。引导各级促消费政策与国家、省政策精准衔接，推动减税降费、减租减息、融资担保等纾困政策直达快享。

【超常举措提振消费信心】2022年，省商务厅协调省财政厅安排2亿元促消费专项资金，督促市县积极安排财政资金用于消费券、数字人民币红包发放，引导金融机构、交易平台、商贸企业积极提供配套优惠政策。全年全省发放政府消费券超60亿元，拉动消费超800亿元。创新开展"欢乐盛夏·浙里有礼"暑期促消费行动，定期发布"暑促地图"，拉动三季度全省社零额增速位居全国第一。

【推动内外贸一体化高质量发展】2022年，省商务厅出台《关于加快推进内外贸一体化发展的若干意见》，省财政安排2000万元对各地开展内外贸一体化改革进行激励。制定《浙江省内外贸一体化试点工作方案》，推动各地积极承担试点任务。分3批培育434家省级内外贸一体化"领跑者"企业和50家改革试点产业基地。实施"浙货行天下"工程，围绕"百城千企万亿销售"开展浙货拓市场和外贸优品"六进"行动。

【保障市场供应】建立全省804家重点保供企业名单库，骨干保供企业成为"11+1+N"联保联供保供主力军。2022年累计发放生活包700余万份，支援上海市生活物资4.0万吨。为生活物资类保供企业开具《民生保供企业资质证明》100余份，办理全国统一通行证26065张。以省保供专班名义印发《新冠肺炎疫情防控生活物资包保供工作指南（第一版）》和《突发封控下城市生活必需品保供预案》等3个极端情况下保供子预案，确保各级各部门组织开展保供工作有据可依。

【优化消费运行监测体系】2022年，省商务厅完善消费形势分析监测指标体系，明确消费端10余项监测指标，逐步形成"日监测、周旬统计、月晾晒、季分析"监测预警体系，相关工作受到商务部《商务参阅》表扬推广。每月对全省社零额前1000家企业销售情况进行问卷调查，充分发挥市场主体数据的时效性、先导性。

【树立生活服务业品质标杆】参与开展国家钻级酒家等级评定。积极推动预制菜产业发展，拓宽预制菜市场保供渠道。抓好"浙江有礼"餐饮文明行动，将餐饮反浪费工作纳入文明城市考核。会同文旅、市场监管部门开展"诗画浙江·百县千碗"进亚运菜品遴选活动，推动52道特色菜进入亚运会运动员餐厅。组织全省近300名餐饮从业人员参加"迎亚运"线上食品安全员培训。

统计数据

2022 年浙江省全社会消费品零售情况

月份	当月		累计		
	实绩 / 亿元	同比增长 /%	实绩 / 亿元	同比增长 /%	扣除价格因素实际增长 /%
1—2	–	–	4739.7	7.5	5.2
3	2379.3	1.7	7119.0	5.5	2.9
4	1909.8	−11.8	9028.8	1.3	−1.6
5	2355.5	−3.2	11384.3	0.3	−2.7
6	2792.2	9.3	14176.5	2.0	−1.3
7	2478.5	9.2	16655.0	3.0	−0.4
8	2504.7	8.9	19159.7	3.7	0.2
9	2618.6	7.9	21778.3	4.2	0.7
10	2963.7	6.2	24742.0	4.5	1.0
11	2939.2	2.2	27681.2	4.2	0.9
12	2786.0	5.2	30467.2	4.3	1.0

2022 年浙江省各市社会消费品零售情况

项目	累计金额 / 亿元	累计同比增长 /%
杭州市	7293.6	5.8
宁波市	4896.7	5.3
温州市	3944.1	3.6
湖州市	1594.7	2.5
嘉兴市	2342.7	3.0
绍兴市	2585.9	4.4
金华市	2965.3	2.9
衢州市	878.1	4.6
舟山市	575.2	4.1
台州市	2586.0	3.2
丽水市	804.8	4.1

2022 年浙江省限额以上社会消费品零售情况

项目		累计金额 / 亿元	累计同比增长 /%
按销售单位所在地分	城镇	11376	8.2
	乡村	478	5.7
按类值分	1. 粮油、食品类	1073.6	10.2
	2. 饮料类	155.6	10.3
	3. 烟酒类	186.9	2.8
	4. 服装、鞋帽、针纺织品类	1039.7	−0.7
	5. 化妆品类	335.4	9.0
	6. 金银珠宝类	156.2	3.7
	7. 日用品类	603.3	4.8
	8. 体育、娱乐用品类	46.3	−11.1
	9. 书报杂志类	102.8	12.0
	10. 家用电器和音像器材类	466.2	2.0
	11. 中西药品类	338.9	14.2
	12. 文化办公用品类	212.4	31.0
	13. 家具类	106.4	−3.2
	14. 通讯器材类	283.8	4.4
	15. 石油及制品类	1584.2	10.2
	16. 建筑及装潢材料类	29.7	−18.2
	17. 汽车类	4227.2	13.7
	18. 其他	117.5	10.0

2022 年浙江省核心零售企业分业态销售情况

业态分类	企业数 / 个	累计销售额 / 亿元	去年同期销售额 / 亿元	同比增幅 /%
超市	171	654.8	635.8	3.0
便利店	14	39.2	33.5	17.0
百货店	90	727.3	766.0	−5.1
专业店	232	2965.0	2914.1	1.7
专卖店	7	161.9	233.9	−30.8
购物中心	14	29.1	26.4	10.2
网上商店	34	225.8	243.1	−7.1
合计	562	4803.0	4852.8	−1.0

2022 年浙江省重要生产资料市场运行情况

种类	平均价格 /（元 / 吨）	价格同比增幅 /%	12 月销量 / 万吨	销量同比增幅 /%
成品油	8890.9	7.1	90.8	8.2
钢材	4249.4	−18.2	367.2	37.2
橡胶	4368.4	−12.8	3.7	73.8
化肥	11740.5	14.2	3.4	−15.1
有色金属	30249.0	−1.6	2.6	−29.5
水泥	412.9	−27.9	270.9	−13.7

2022 年浙江省主要生活必需品销售情况

序号	商品类别	价格情况			销售情况		
		单位	平均价格	同比 /%	单位	12 月销售	同比 /%
1	粮食（零售）	元 / 千克	6.6	9.4	−	−	−
	粮食（批发）	元 / 千克	4.8	3.1	万吨	88.9	57.0
2	食用油（零售）	元 / 升	18.9	4.3	−	−	−
	食用油（批发）	元 / 千克	15.3	12.6	万吨	3.7	45.9
3	猪肉（零售）	元 / 千克	42.1	3.5	−	−	−
	猪肉（批发）	元 / 千克	30.2	17.9	万吨	2.0	−9.9
4	鸡蛋（零售）	元 / 千克	13.5	12.3	−	−	−
	鸡蛋（批发）	元 / 千克	11.7	26.8	万吨	1.5	−19.6
5	蔬菜（零售）	元 / 千克	8.8	−6.8	−	−	−
	蔬菜（批发）	元 / 千克	5.5	−8.9	万吨	138.2	−4.6
6	水产品（零售）	元 / 千克	46.4	8.9	−	−	−
	水产品（批发）	元 / 千克	45.6	8.0	万吨	−	−
7	水果（零售）	元 / 千克	13.2	12.1	−	−	−
	水果（批发）	元 / 千克	10.7	10.3	万吨	−	−

第五编

对外贸易

2022 年，浙江省进出口 4.68 万亿元，增长 13.1%，高于全国（7.7%）5.4 个百分点。其中，出口 3.43 万亿元，增长 14.0%，高于全国（10.5%）3.5 个百分点，进口 1.25 万亿元，增长 10.7%，高于全国（4.3%）6.4 个百分点；进出口、出口、进口分别占全国总值的 11.1%、14.3%、6.9%，居全国第三、第三和第六位，份额较去年全年分别提升 0.5、0.4、0.4 个百分点。出口贡献率继续保持全国各省市首位。进出口、出口和进口增速居东部沿海主要外贸省市第二、第二、第一位。

出口稳增长

【稳外贸工作取得新进展】 2022 年，浙江省连续 4 年获得国务院稳外贸督查激励；外贸集装箱卡车封闭式管理、"代参展" 模式等一大批首创经验得到国务院文件正式推广；支持外贸企业抓订单、商务包机工作方案及 "海外杭州" 境外自办展 3 项稳外贸工作经验得到商务部等六部委联合发文推广；持续迭代升级海外智慧物流平台，商务部 4 次在国务院新闻发布会上发布推广。

【多项政策稳外贸】 2021 年底至 2022 年底，浙江省商务厅先后出台跨周期调节、金融助力外贸稳增长、助企纾困、外贸保稳提质行动方案、稳外贸稳外资十条、进一步支持稳外贸稳外资促消费等 6 轮次稳外贸政策，在东部沿海省市中居于前列。聚焦商务人员出入境、拓市场抢订单、外贸新业态发展、出口信保扩面降费、汇率避险等方面提出针对性政策举措。

【政企携手拓市场抓订单】 线上线下、境内境外展会同步联动开展，围绕重点市场、重点行业组织开展精准配对洽谈，圆满完成 3 轮攻坚工作。大力推广 "代参展" 模式，出台专门管理办法，将代参展模式视同为线下参展，按展位费 70% 进行补助。新增重点展会目录 113 场。截至 2022 年 11 月 30 日，累计组织企业参加境内外专业展会 209 场，参展企业 7377 家，接洽客户 43.72 万人次，成交金额（含意向）约 122 亿元。全国首创开通商务包机和定期航班，先后开通全国首架拓市场商务包机、年度首架外商采购包机在内的商务包机 29 班次，开通商务定期航班航线 34 条，每周固定运行 41 班次，累计保障商务人员出入境需求 1780 多人次，帮助企业达成订单金额（含意向）超 182 亿元。12 月初，根据外贸企业拓市场需求变化情况，组织启动 "千团万企拓市场增订单" 行动。

【外贸新业态新模式】 全省市场采购出口 4217.2 亿元，继续保持全国首位，增长 16.8%，通过海关跨境电商管理平台出口 1200.5 亿元，增长 1.0 倍。促进市场采购贸易方式试点规范化，制定下发全国首个省级促进市场采购贸易方式规范发展管理办法。完善外综服业态发展，组织开展 2022 年度外综服企业认定工作。组织开展 2022 年省级公共海外仓（第七批）申报工作，认定第七批省级公共海外仓（非华侨仓）15个，首批省级公共海外华侨仓2个。二手车出口量、出口金额稳居全国首位。印发实施《浙江省对外贸易主体培育行动计划（2022—2025）》，通过政策引导鼓励、梯队培训扶持、营商环境优化、加大金融支持等方式，加大主体培育力度。

【贸易救济调查】2022年，浙江共遭遇来自欧盟、美国、澳大利亚等22个国家和地区发起的贸易摩擦案件181起，涉案金额78.3亿美元。省商务厅做好经贸摩擦动态分析研究，精准帮扶企业渡难关，全力应对针对产业发起的贸易摩擦风险。全年共下发预警、立案通知65次，与各级商务部门协同对全省23028家企业进行涉案排查，26起案件获得全国最低税率、无措施结案、终止调查等结果，保住了4.2亿美元的市场份额。推进全国首个省域贸易调整援助试点工作。推进企业外经贸合规体系建设。延续举办"浙"里有"援"外经贸法律服务月活动。推进全国首个技术性贸易壁垒领域国家级工作站预警工作，完善对外贸易预警网络建设。

进口促进

【积极扩大进口】2022年，浙江省进口1.25万亿元，增长10.7%。全省进口原油大幅增长94.8%，占全省进口总值的13.9%，拉动全省进口增长7.5个百分点。省商务厅组织1.4万家企业、3.9万名采购商高质量参与进博会，累计达成进口意向采购金额76.7亿美元。中国浙江国际数字经济高峰会升格为第五届虹桥国际经济论坛"数字经济开放与治理"分论坛。

【进口示范区和进口平台建设】2022年，温州市瓯海区成功创建国家级进口贸易促进创新示范区。全省累计创成3个国家级进口示范区，数量位居全国第二位。开展省级进口示范区和重点进口平台第三批创建工作，三年累计创建12家省级进口示范区、104家重点进口平台。

贸易管理

【依法管理外贸进出口】2022年，全省（不含宁波）共核发货物出口及配额许可证51387份，货物自动进口许可证6662份，关税配额证532份，进口许可证52份；发放两用物项进出口许可证5426份，发证金额6.3亿美元；发放机电产品（自动）进口单证708份，受理机电产品国际招标建档项目504个；发放电子钥匙450份，MID码111份，加工贸易（白银）17份，调查处置贸易纠纷9件。

服务贸易

【服务贸易增长势头良好】2022年，浙江省服务贸易继续保持良好增势，首次突破5千亿关口。全年服务进出口5091.19亿元，同比增长12.12%。其中出口2388.74亿元，同比增长20.43%；进口2702.45亿元，同比增长5.68%。服务贸易整体结构显著改善。11个地市均实现服务贸易进出口正增长。其中，金华增速领跑全省，同比增长38.17%，湖州、宁波分别同比增长25.88%和20.4%。

【深化服务贸易示范平台建设】2022年，浙江省新增5个国家特色服务出口基地，至2022年底共有8个国家级基地，总量位居全国前列。杭州连续3轮入选国家服务贸易创新发展试点。省商务厅印发《浙江省数字贸易先行示范区核心区建设方案》，牵头制定并推动省长三办印发《加快虹桥国际开放枢纽南向拓展带数字贸易创新发展区建设方案》。

【探索数字贸易规则标准】2022年，浙江省商务厅牵头组建省数字贸易工作专班，建立例会、季报、信息、智库工作机制，印发数字贸易简报34期。举办数字贸易规则标准高峰论坛，揭牌成立了国内首家数字贸易领域标准化工作的专业技术委员会，发布了全国首个数字贸易标准化研究报告、数字贸易领域的全国首个标准。

【**大力发展服务外包**】2013—2022年，浙江省服务外包保持高速增长态势，年均增速高达21.36%，2022年服务外包离岸执行额达到194亿美元，占服务出口比重达到47.35%。知识流程外包占比稳步提升，占离岸服务外包比重超五成，2022年浙江省离岸ITO、BPO、KPO结构比例达到27.68∶18.61∶53.71。国家服务外包示范城市建设取得新突破，综合评价中，杭州位列全国第四，宁波位列全国第七。

【**统计工作攻坚**】2022年，浙江省商务厅率先在全国开展服务贸易统计数据下沉到县市区的工作，坚持基础理论先行，全力畅通数据源头，专班集中合力攻坚。厅领导多次与商务部、省外汇管理局开展专项对接，各市商务局上门对接超30次并多次发函，省市两级工作细节沟通百余次。经过9个月的专项研究，形成了近2万字的课题研究报告，将服务贸易、数字服务贸易切分到全省96个县市区，相关工作获商务部服贸司通报表扬。

数字贸易

【**数字贸易"单一窗口"**】2022年，数字贸易数字化综合服务平台——数字贸易"单一窗口"迭代升级。数字贸易"单一窗口"通过综合集成海关、税务、外汇、商务等部门数据信息，与商务部业务系统统一平台和浙江省国际贸易"单一窗口"实现用户体系贯通，精准实现数字贸易和服务贸易统计监测、分析研判，完善业务审批、通关便利、惠企政策、开拓市场等各贸易环节服务，促进决策科学化、管理精准化、服务高效化。

【**数字贸易市场主体培育**】连续三年发布"浙江数字贸易企业百强榜"。省商务厅联合财政部门组织实施浙江省数字贸易高质量发展重点项目计划，通过"区域＋项目清单"的竞争性遴选方式，以重点区域重点项目培育为切入点，围绕数字技术、数字产品、数字服务、数字平台四个维度，加大对主体培育、人才培养、平台建设等的

政策支持力度。协调国家服务贸易创新引导基金落地，杭州成立浙江数字贸易创新发展基金，总规模50亿元。

对外贸易展会、活动

【**参加第二届中国国际消费品博览会**】2022年7月26日，第二届中国国际消费品博览会浙江主题馆启动仪式、合作项目签约仪式在海南海口举行。浙江省积极筹备参与本届消博会，共组织85家优秀采购企业，184人前往消博会采购洽谈，在省市展区设立浙江馆，多家大型自主品牌企业亮相国际展区。省市展区中，浙江主题馆以"灵秀浙江"为主题，以"拥抱八方、荟聚浙里"为设计理念，精选18家本省品牌企业，通过"品质浙江""文化浙江""浙江新业态"3大展示板块与"浙江概况""浙江外贸""浙江外资""浙江外经""重点开放平台""自贸试验区"等6块形象展示相结合，多角度展示浙江经济社会发展总体情况以及双循环发展格局下浙江的新成效。意向合作项目签约活动中，共签约9个意向合作项目，签约金额18.2亿元，涉及投资、贸易等领域。

【**参加第131届、132届广交会**】2022年4月15日，第131届中国进出口商品交易会（简称广交会）在线上开幕。浙江省共有参展企业5333家、展位11791个，占全国出口展展位总数的19.7%，位居全国前列；共有品牌展位3109个，占全省展位总数的25.6%。浙江省交易团在专业化板块宣传推荐了部分企业，鼓励企业培育竞争新优势，多措并举促成交；联合广交会PDC举办2场"品质浙货"浙江出口名牌企业专场线上对接会，为企业展示产品、宣传品牌、开拓市场搭建更直接的渠道。10月15日，第132届广交会在线上开幕，浙江省共有5517家参展企业"云"亮相，占大会总企业数的19.84%。浙江省交易团鼓励企业加大新产品、新技术研发力度，筹划高技术含量、高附加值、创新特色和绿色环保的产品亮相大会。积极推荐企业参加广交会全球贸易推广、线上新

品首发首展首秀等各类配套活动。累计推荐重点宣传企业 103 家、国家级高新技术企业 1133 家、"中华老字号"企业 2 家、亮点宣传展品 297 件、宣传产业基地 15 个。

【举办第 28 届中国义乌国际小商品（标准）博览会】 2022 年 11 月 24—27 日，第 28 届中国义乌国际小商品（标准）博览会在义乌国际博览中心举办，展会以"新起点、新市场、新发展"为主题。本届展会由商务部、中国国际贸易促进委员会、国家标准化管理委员会、浙江省人民政府、中国轻工业联合会、中国商业联合会等联合主办，由浙江省商务厅、浙江省市场监督管理局、中国国际贸易促进委员会浙江省委员会、义乌市人民政府承办，设五金工具、建筑五金、机电机械、电子电器、日用消费品及工艺礼品、玩具、体育及户外休闲用品、文化办公等行业展区。展会亮点多，市场建设 40 周年主题展、标准主题展、供应链主题展、新能源主题展、国际友好城市展等特色展区精彩纷呈，配套活动丰富。展会采取线上线下同期举办的形式，重点邀请 300 余家优质参展企业同步开展线上推广洽谈活动。

【"云甬中东欧"系列活动】 "云甬中东欧"活动创办于 2020 年，是疫情大背景下创新服务模式、推进与中东欧经贸合作的一项重要举措，与中东欧博览会、中东欧商品云上展一道成为促进中国与中东欧国家经贸合作的重要平台。2022 年 6 月 8 日，2022 "云甬中东欧"系列活动启动仪式在宁波市举行。商务部外贸发展局局长吴政平、浙江省商务厅副厅长石琪琪线上致辞，宁波市副市长李关定出席致辞。来自斯洛伐克、克罗地亚、匈牙利、波兰、保加利亚、希腊、拉脱维亚、斯洛文尼亚、黑山、阿尔巴尼亚等 10 个中东欧国家和宁波、台州、湖州、深圳等地 160 余名代表线上线下参会，约 30 万人次在线观看直播。会后开展企业对接环节，根据中方企业采购需求与中东欧企业报名情况，共开展 4 轮 68 场次对接活动，共计 24 家中方采购商和 42 家中东欧供货商线上参

会，涵盖消费品、农产品、大宗、港航服务等。2022 "云甬中东欧"系列活动每月举办场云销售、云直播、云推介、云对接等线上线下相结合的活动，着力扩大中东欧商品进口，满足中国消费者多样化商品需求。

【举办首届全球数字贸易博览会】 2022 年 12 月 11—14 日，首届全球数字贸易博览会在杭州市举办。本届博览会是由浙江省人民政府、商务部共同主办，杭州市人民政府、浙江省商务厅、商务部贸发局共同承办的国家级、全球性的专业博览会。数贸会以"数字贸易 商通全球"为主题，汇聚了境内外 800 余家数字贸易头部企业，设立了 8 万平方米的展区，包含了综合馆和数字物流、数字品牌、数字内容、数字消费、数字技术、跨境电商 6 大数字贸易主题展馆。本届数贸会设置了 400 多个数字展位和 1400 多件数字展品。全国人大常委会副委员长丁仲礼出席开幕式，发表视频致辞并宣布博览会开幕，浙江省委书记易炼红致辞，省委副书记、省长王浩主持，商务部副部长盛秋平致辞。7 个国际组织、50 余个国家、32 位驻华使馆和驻沪总领馆嘉宾线上线下出席，11 个省市组团参会，800 余家境内外企业参展。博览会期间举办了 26 场高层次论坛会议，发布各类重大成果 110 余项，评选出 42 个数贸会先锋奖（DT 奖），意向贸易成交额达 374 亿元，投资总额约 1100 亿元，极大提振了企业开拓市场的信心。

【参加 2022 年中国国际服务贸易交易会】 2022 年 8 月 31 日至 9 月 5 日，2022 年中国国际服务贸易交易会在北京举行。浙江省交易团设置以"数动浙江 潮涌钱塘"为主题的综合展区，中心展区主要介绍浙江服务贸易"158"重点发展平台，1 个国务院服务贸易创新发展试点，5 个服务外包示范城市，影视文化、中医药服务、数字服务出口、地理信息、知识产权、人力资源等 8 个国家级特色服务出口基地。浙江中医药展区聚焦"浙派中医"，设置"科创中医药、数字中医药、国际教学中医药、中医在亚运"等特色主题板块，集

中展示浙江省新成立的两个中医药服务出口基地的各项研发和成果。9月1日，由中华人民共和国商务部、浙江省人民政府、全球服务贸易联盟共同主办，浙江省商务厅、中华人民共和国商务部外贸发展事务局承办的"2022全球展览论坛"在北京国家会议中心举行。全球展览论坛自2016年起，已经成功举办六届，本届论坛首次升级为国家级论坛。9月1日，浙江省商务厅在北京举办现代服务业与先进制造业融合发展跨国公司对接会。伊藤忠、欧力士、松下电器、塔塔集团、丹纳赫集团、法能集团等40余家世界500强、知名跨国公司以及10余家在北京企业与机构代表与浙江省11个地市的投促机构、开放平台代表进行了交流对接。

统计数据

2022年全国及主要省市进出口情况

地区	进出口		出口			进口	
	本年累计/亿元	同比增长/%	本年累计/亿元	同比增长/%	占全国份额/%	本年累计/亿元	同比增长/%
全国	420678.2	7.7	239654.0	10.5	100.0	181024.2	4.3
广东	83102.9	0.5	53323.4	5.5	22.3	29779.5	−7.4
江苏	54454.9	4.8	34815.7	7.5	14.5	19639.2	0.4
浙江	46836.6	13.1	34325.4	14.0	14.3	12511.2	10.7
上海	41902.7	3.2	17134.2	9.0	7.1	24768.5	−0.5
北京	36445.5	19.7	5890.0	−3.8	2.5	30555.5	25.7
山东	33324.9	13.8	20355.8	16.2	8.5	12969.1	10.3
福建	19828.5	7.6	12140.5	12.3	5.1	7688.0	0.9

2022年浙江省进出口分月进度情况

月份	金额/亿元			同比增长/%		
	进出口	出口	进口	进出口	出口	进口
1	4492.3	3440.8	1051.6	36.9	39.8	28.4
2	2768.3	1930.2	838.1	26.5	26.9	25.2
3	3551.4	2502.2	1049.2	25.0	28.4	16.9
4	3553.9	2636.5	917.5	19.6	23.0	11.2
5	3897.6	2929.1	968.4	17.6	21.4	8.2
6	4288.3	3183.5	1104.8	17.2	20.3	9.4
7	4475.8	3394.0	1081.8	19.3	22.6	10.7
8	4162.4	3063.6	1098.9	18.6	21.6	11.0
9	4004.3	2907.5	1096.8	17.5	20.1	10.7
10	3747.4	2683.6	1063.8	16.0	17.7	11.4
11	4149.6	2963.2	1186.5	14.7	16.0	11.0

续表

月份	金额 / 亿元			同比增长 /%		
	进出口	出口	进口	进出口	出口	进口
12	3745.2	2691.3	1053.9	13.1	14.0	10.7
2022 年累计	46836.6	34325.4	12511.2	13.1	14.0	10.7

2022 年浙江省进出口贸易方式分类情况

项目名称	当月			本年累计			
	金额 / 亿元	同比增量 / 亿元	同比增长 /%	金额 / 亿元	同比增量 / 亿元	同比增长 /%	比重 /%
进出口总额	3745.2	−82.4	−2.2	46836.6	5429.3	13.1	100.0
一般贸易	2949.1	−102.1	−3.4	36982.5	4445.7	13.7	79.0
加工贸易	253.0	−48.6	−16.1	3194.5	202.7	6.8	6.8
其他贸易	543.1	68.3	14.4	6659.6	780.9	13.3	14.2
出口总额	2691.3	−157.7	−5.5	34325.4	4216.9	14.0	100.0
一般贸易	2127.9	−151.4	−6.6	26927.6	3254.3	13.8	78.4
加工贸易	172.7	−38.9	−18.4	2239.4	150.5	7.2	6.5
其他贸易	390.7	32.6	9.1	5158.3	812.1	18.7	15.0
市场采购	320.9	22.4	7.5	4217.2	605.7	16.8	12.3
进口总额	1053.9	75.3	7.7	12511.2	1212.4	10.7	100.0
一般贸易	821.3	49.3	6.4	10054.8	1191.4	13.4	80.4
加工贸易	80.3	−9.7	−10.7	955.1	52.3	5.8	7.6
其他贸易	152.4	35.7	30.6	1501.3	−31.3	−2.0	12.0

2022 年浙江省进出口企业性质分类情况

项目名称		金额 / 亿元	同比增量 / 亿元	同比增长 /%	比重 /%
	总额	46836.6	5429.3	13.1	100.0
进出口	国有及国有控股企业	3427.4	69.0	2.0	7.3
	外商投资企业	6693.7	78.6	1.2	14.3
	外商独资企业	3712.5	110.6	3.1	7.9
	中外合资企业	2962.6	−29.0	−1.0	6.3
	中外合作企业	18.6	−3.0	−13.8	0.0
	民营企业	36661.3	5295.3	16.9	78.3
	集体企业	957.5	27.3	2.9	2.0
	私营企业	35703.7	5267.9	17.3	76.2

项目名称		金额 / 亿元	同比增量 / 亿元	同比增长 /%	比重 /%
出口	总额	34325.4	4216.9	14.0	100.0
	国有及国有控股企业	1734.9	307.6	21.6	5.1
	外商投资企业	4209.8	143.8	3.5	12.3
	外商独资企业	2245.9	104.6	4.9	6.5
	中外合资企业	1946.0	42.3	2.2	5.7
	中外合作企业	17.8	−3.1	−14.6	0.1
	民营企业	28335.7	3777.1	15.4	82.6
	集体企业	639.2	37.4	6.2	1.9
	私营企业	27696.5	3739.7	15.6	80.7
进口	总额	12511.2	1212.4	10.7	100.0
	国有及国有控股企业	1692.5	−238.6	−12.4	13.5
	外商投资企业	2484.0	−65.2	−2.6	19.9
	外商独资企业	1466.5	6.0	0.4	11.7
	中外合资企业	1016.6	−71.2	−6.6	8.1
	中外合作企业	0.8	0.1	7.6	0.0
	民营企业	8325.5	1518.2	22.3	66.5
	集体企业	318.3	−10.1	−3.1	2.5
	私营企业	8007.2	1528.2	23.6	64.0

2022 年浙江省出口主要市场情况

项目名称		金额 / 亿元	同比增量 / 亿元	同比增长 /%	比重 /%
地区	总计	34325.4	4216.9	14.0	100.0
	亚洲	12226.5	2204.9	22.0	35.6
	非洲	2642.3	386.7	17.2	7.7
	欧洲	8606.2	581.7	7.2	25.1
	拉丁美洲	3527.5	554.7	18.7	10.3
	北美洲	6335.3	305.5	5.1	18.5
	大洋洲	987.5	183.3	22.8	2.9
区域（经济）组织	欧盟（27）	6403.2	640.8	11.1	18.7
	东盟（10）	4351.8	947.2	27.8	12.7
	中东（20）	3240.8	646.5	24.9	9.4
	独联体（12）	1117.7	−34.4	−3.0	3.3
	共建"一带一路"国家（64）	11920.0	2009.0	20.3	34.7
	RCEP 国家（14）	7157.1	1293.3	22.0	20.9
	中东欧国家（17）	1334.5	158.2	13.4	3.9

续表

项目名称		金额 / 亿元	同比增量 / 亿元	同比增长 /%	比重 /%
25 个主要国家（地区）	总计	24305.4	2857.3	13.3	70.8
	美国	5717.3	204.6	3.7	16.7
	印度	1295.8	256.4	24.7	3.8
	德国	1257.9	−31.2	−2.4	3.7
	日本	1054.9	90.3	9.4	3.1
	荷兰	1008.2	209.5	26.2	2.9
	越南	962.9	169.5	21.4	2.8
	俄罗斯	941.7	75.2	8.7	2.7
	墨西哥	918.8	183.7	25.0	2.7
	英国	907.5	−38.0	−4.0	2.6
	韩国	899.7	107.5	13.6	2.6
	巴西	863.1	173.4	25.1	2.5
	印度尼西亚	860.2	215.1	33.3	2.5
	澳大利亚	7505	133.5	21.6	2.2
	阿拉伯联合酋长国	735.0	227.1	44.7	2.1
	泰国	717.0	95.6	15.4	2.1
	意大利	653.5	73.5	12.7	1.9
	加拿大	617.4	100.7	19.5	1.8
	菲律宾	612.6	171.9	39.0	1.8
	法国	609.1	34.7	6.0	1.8
	西班牙	601.6	91.1	17.8	1.8
	马来西亚	517.5	70.8	15.8	1.5
	中国香港	476.1	11.3	2.4	1.4
	波兰	457.0	41.9	10.1	1.3
	沙特阿拉伯	444.3	107.7	32.0	1.3
	土耳其	425.7	81.2	23.6	1.2

2022 年浙江省进口主要市场情况

项目名称		金额 / 亿元	同比增量 / 亿元	同比增长 /%	比重 /%
地区	总计	12511.2	1212.4	10.7	100.0
	亚洲	7166.0	778.8	12.2	57.3
	非洲	711.6	199.6	39.0	5.7
	欧洲	1633.2	128.9	8.6	13.1
	拉丁美洲	1145.6	34.2	3.1	9.2
	北美洲	940.2	113.6	13.8	7.5
	大洋洲	909.6	−40.1	−4.2	7.3

	项目名称	金额／亿元	同比增量／亿元	同比增长／%	比重／%
区域（经济）组织	欧盟（27）	1047.7	63.7	6.5	8.4
	东盟（10）	2125.5	116.1	5.8	17.0
	中东（20）	2434.4	901.5	58.8	19.5
	独联体（12）	361.6	78.8	27.8	2.9
	共建"一带一路"国家（64）	5341.3	1027.6	23.8	42.7
	RCEP国家（14）	4525.8	2.6	0.1	36.2
	中东欧国家（17）	164.9	35.1	27.0	1.3
20个主要国家（地区）	总计	9573.0	1178.5	14.0	76.5
	沙特阿拉伯	873.7	317.9	57.2	7.0
	日本	819.7	22.0	2.8	6.6
	美国	811.1	129.8	19.0	6.5
	澳大利亚	788.8	−37.8	−4.6	6.3
	韩国	704.5	−93.3	−11.7	5.6
	印度尼西亚	666.3	188.7	39.5	5.3
	中国台湾	648.6	−37.3	−5.4	5.2
	阿拉伯联合酋长国	603.1	189.4	45.8	4.8
	巴西	438.0	−78.4	−15.2	3.5
	越南	408.4	64.6	18.8	3.3
	泰国	343.4	−7.5	−2.1	2.7
	俄罗斯	343.1	103.9	43.4	2.7
	马来西亚	342.9	−108.1	−24.0	2.7
	智利	327.3	49.9	18.0	2.6
	德国	306.9	−0.5	−0.2	2.5
	伊拉克	306.2	267.9	698.7	2.4
	扎伊尔	296.0	107.0	56.6	2.4
	科威特	187.2	92.7	98.1	1.5
	新加坡	180.4	−13.5	−7.0	1.4
	法国	177.5	21.1	13.5	1.4

2022年浙江省出口主要商品情况

	项目名称	金额／亿元	同比增量／亿元	同比增长／%	比重／%
类别	总计	34325.4	4216.9	14.0	100.0
	机电产品	15326.5	1534.1	11.1	44.7
	纺织服装	5957.6	649.4	12.2	17.4
	高新技术产品	3453.6	741.2	27.3	10.1
	八大类轻工产品	5460.4	268.2	5.2	15.9
	农副产品	795.0	32.1	4.2	2.3
	农产品	388.2	46.3	13.5	1.1

续表

项目名称		金额 / 亿元	同比增量 / 亿元	同比增长 /%	比重 /%
	总计	22954.2	2798.0	13.9	66.9
	纺织纱线、织物及其制品	3631.6	316.6	9.6	10.6
	服装及衣着附件	2326.0	332.8	16.7	6.8
	塑料制品	1786.2	224.9	14.4	5.2
	电工器材	1425.4	276.9	24.1	4.2
	电子元件	1132.9	462.2	68.9	3.3
	家具及其零件	1102.1	−136.2	−11.0	3.2
	通用机械设备	991.9	67.3	7.3	2.9
	家用电器	898.2	−67.7	−7.0	2.6
	汽车零配件	865.4	89.8	11.6	2.5
	成品油	837.2	349.2	71.6	2.4
	钢材	821.1	164.8	25.1	2.4
	基本有机化学品	761.6	113.4	17.5	2.2
30 种	鞋靴	664.5	124.4	23.0	1.9
主要	机械基础件	659.7	89.4	15.7	1.9
商品	灯具、照明装置及其零件	557.4	−7.0	−1.2	1.6
	箱包及类似容器	473.1	155.2	48.8	1.4
	玩具	455.2	17.4	4.0	1.3
	纸浆、纸及其制品	447.8	110.4	32.7	1.3
	汽车（包含底盘）	379.9	200.4	111.7	1.1
	音视频设备及其零件	378.6	−3.1	−0.8	1.1
	玻璃及其制品	364.2	58.4	19.1	1.1
	手用或机用工具	328.4	21.2	6.9	1.0
	计量检测分析自控仪器及器具	257.5	29.1	12.8	0.8
	体育用品及设备	235.8	−88.3	−27.2	0.7
	医药材及药品	231.0	−266.8	−53.6	0.7
	纯电动乘用车	206.3	131.6	176.2	0.6
	木及其制品	193.7	8.1	4.4	0.6
	未锻轧铜及铜材	189.9	24.1	14.5	0.6
	陶瓷产品	176.8	16.4	10.2	0.5
	医疗仪器及器械	175.2	−17.1	−8.9	0.5

2022 年浙江省进口主要商品情况

	项目名称	金额 / 亿元	同比增量 / 亿元	同比增长 /%	比重 /%
	总计	12511.2	1212.4	10.7	100.0
类别	机电产品	1891.7	91.3	5.1	15.1
	纺织服装	135.9	−36.7	−21.3	1.1
	高新技术产品	1163.3	−69.7	−5.6	9.3
	八大类轻工产品	98.5	−9.8	−9.1	0.8
	农副产品	1202.1	157.3	15.0	9.6
	农产品	967.6	166.5	20.8	7.7
	大宗商品进口	7417.5	943.9	14.6	59.3
30 种主要商品	总计	9131.4	1095.9	13.6	73.0
	原油	1744.5	848.8	94.8	13.9
	金属矿及矿砂	1290.7	−228.1	−15.0	10.3
	未锻轧铜及铜材	889.7	218.7	32.6	7.1
	基本有机化学品	859.7	−30.1	−3.4	6.9
	初级形状的塑料	634.7	−4.0	−0.6	5.1
	电子元件	450.0	−33.6	−6.9	3.6
	成品油	368.4	92.4	33.4	2.9
	煤及褐煤	252.9	49.1	24.1	2.0
	纸浆、纸及其制品	223.7	12.9	6.1	1.8
	平板显示模组	209.7	138.6	195.1	1.7
	美容化妆品及洗护用品	197.0	−1.6	−0.8	1.6
	医药材及药品	162.7	−10.4	−6.0	1.3
	木及其制品	158.0	−2.3	−1.5	1.3
	干鲜瓜果及坚果	145.0	15.4	11.9	1.2
	天然及合成橡胶（包括胶乳）	132.6	10.7	8.8	1.1
	半导体制造设备	131.5	35.4	36.9	1.1
	水海产品	129.1	60.8	89.1	1.0
	天然气	122.0	−15.2	−11.0	1.0
	计量检测分析自控仪器及器具	117.1	14.6	14.2	0.9
	自动数据处理设备及其零部件	113.9	−42.9	−27.4	0.9
	纺织纱线、织物及其制品	113.4	−36.4	−24.3	0.9
	未锻轧铝及铝材	106.1	0.4	0.4	0.8
	粮食	104.9	22.8	27.8	0.8
	钢材	83.2	−8.4	−9.2	0.7
	通用机械设备	71.5	−0.7	−0.9	0.6
	电工器材	69.4	−1.4	−2.0	0.6
	汽车零配件	64.7	−18.5	−22.2	0.5
	纺织原料	63.1	0.1	0.1	0.5
	肉类（包含杂碎）	61.7	0.4	0.6	0.5
	食用油	60.5	8.3	15.9	0.5

2022 年浙江省及各市进出口情况

地区	进出口		出口		进口	
	累计金额 / 亿元	同比增长 /%	累计金额 / 亿元	同比增长 /%	累计金额 / 亿元	同比增长 /%
全省合计	46836.6	13.1	34325.4	14.0	12511.2	10.7
省级公司	498.8	−8.5	265.0	6.8	233.9	−21.3
各市合计	46337.7	13.4	34060.4	14.1	12277.3	11.6
杭州市	7066.0	3.6	4875.7	10.9	2190.3	−9.5
宁波市	12671.3	6.3	8230.6	8.0	4440.7	3.4
温州市	2949.6	22.4	2502.0	22.9	447.5	19.3
湖州市	1629.6	9.3	1500.1	10.6	129.4	−4.0
嘉兴市	4400.0	16.2	3213.1	14.7	1186.9	20.6
绍兴市	3691.9	23.3	3409.0	23.7	283.0	19.5
金华市	6838.7	16.3	5956.6	11.8	882.2	59.4
衢州市	612.5	24.3	401.9	27.3	210.6	19.0
舟山市	3381.8	43.6	1155.5	49.0	2226.3	40.9
台州市	2771.8	15.5	2526.7	15.0	245.2	20.9
丽水市	324.6	−1.4	289.3	0.8	35.3	−15.7

注：此表中杭州市的数据不含省级公司。杭州海关专报中杭州数据含省级公司，2022 年，杭州市进出口 7564.8 亿元，同比增长 2.7%。其中出口 5140.6 亿元，同比增长 10.6%；进口 2424.2 亿元，同比下降 10.8%。

2022 年浙江省与共建 "一带一路" 国家货物进出口情况

项目	本年累计金额 / 亿元	同比增长 /%	占全省比重 /%
进出口总额	17261.3	21.3	36.9
出口	11920.0	20.3	34.7
进口	5341.3	23.8	42.7

2022 年浙江省与 RCEP 各国货物进出口统计情况

区域	进出口累计金额 / 亿元	同比增长 /%	出口累计金额 / 亿元	同比增长 /%	进口累计金额 / 亿元	同比增长 /%
总计	11682.9	12.5	7157.1	22.0	4525.8	0.1
日本	1874.6	6.4	1054.9	9.4	819.7	2.8
韩国	1604.2	0.9	899.7	13.6	704.5	−11.7
澳大利亚	1539.3	6.6	750.5	21.6	788.8	−4.6
新西兰	187.6	5.8	100.3	17.2	87.3	−4.9
缅甸	131.2	88.8	124.9	88.2	6.3	99.2
泰国	1060.3	9.1	717.0	15.4	343.4	−2.1

续表

区域	进出口累计金额/亿元	同比增长/%	出口累计金额/亿元	同比增长/%	进口累计金额/亿元	同比增长/%
越南	1371.3	20.6	962.9	21.4	408.4	18.8
老挝	17.6	27.0	12.3	144.0	5.3	−39.8
柬埔寨	179.2	25.2	168.9	31.3	10.2	−29.5
马来西亚	860.4	−4.2	517.5	15.8	342.9	−24.0
新加坡	550.5	23.1	370.1	46.2	180.4	−7.0
印度尼西亚	1526.5	36.0	860.2	33.3	666.3	39.5
菲律宾	697.0	30.9	612.6	39.0	84.4	−8.0
文莱	83.2	6.5	5.3	29.4	77.8	5.2

2022 年浙江省出口退免税情况

单位：万元

地区	累计办理退免税		
	总额	退税	免抵调库
全省总计	32653076	24902999	7750077
宁波市	9776076	7569599	2206477
小浙江*合计	22877000	17333400	5543600
省三分局	354889	354889	0
杭州市小计	5517626	3925776	1591850
温州市小计	2161631	1615725	545906
嘉兴市小计	3627523	2589283	1038240
湖州市小计	1544349	1021770	522579
绍兴市小计	2987919	2573609	414310
金华市小计	3028326	2456834	571492
衢州市小计	383622	282322	101300
舟山市小计	485723	423870	61853
台州市小计	2491959	1854889	637070
丽水市小计	293433	234433	59000

＊指除宁波之外的浙江。

2022 年浙江省服务贸易分行业情况

项目名称	进出口			出口			进口			贸易顺差/亿元
	累计金额/亿元	比重/%	同比增长/%	累计金额/亿元	比重/%	同比增长/%	累计金额/亿元	比重/%	同比增长/%	
总计	5091.2	100.0	12.1	2388.7	100.0	20.4	2702.5	100.0	5.7	−313.7
运输	2068.6	40.6	18.0	1254.8	52.5	27.2	813.8	30.1	6.1	441.0
旅游	740.3	14.5	18.5	71.8	3.0	−13.4	668.4	24.7	23.4	−596.6

续表

项目名称	进出口			出口			进口			贸易顺差/亿元
	累计金额/亿元	比重/%	同比增长/%	累计金额/亿元	比重/%	同比增长/%	累计金额/亿元	比重/%	同比增长/%	
建筑	33.9	0.7	−2.2	22.4	0.9	16.3	11.5	0.4	−25.5	11.0
保险服务	18.9	0.4	30.2	8.6	0.4	77.9	10.3	0.4	6.3	−1.7
金融服务	126.3	2.5	7.8	105.7	4.4	2.1	20.5	0.8	51.1	85.2
电信、计算机和信息服务	1161.5	22.8	−0.9	400.0	16.8	8.8	761.5	28.2	−5.4	−361.5
知识产权使用	185.9	3.7	65.6	52.2	2.2	84.3	133.8	5.0	59.2	−81.6
个人、文化和娱乐服务	21.5	0.4	12.7	10.5	0.4	6.3	11.0	0.4	19.5	−0.5
维护和维修服务	59.9	1.2	−18.3	50.3	2.1	−13.4	9.6	0.4	−36.8	40.6
其他商业服务	598.6	11.8	10.5	341.6	14.3	30.1	257.0	9.5	−7.9	84.6
加工服务	73.4	1.4	−4.0	70.6	3.0	17.9	2.8	0.1	−83.3	67.8
政府服务	2.4	0.1	69.2	0.2	0.0	6.3	2.3	0.1	76.5	−2.1

注：该表执行商务部《国际服务贸易统计监测制度》。
数据来源：浙江省外汇管理局、商务部服务贸易统计监测系统统一平台。

2022 年浙江省服务贸易各市情况

项目名称	进出口			出口			进口		
	累计金额/亿元	比重/%	同比增长/%	累计金额/亿元	比重/%	同比增长/%	累计金额/亿元	比重/%	同比增长/%
总计	5091.2	100.0	12.1	2388.7	100.0	20.4	2702.5	100.0	5.7
杭州	2945.1	57.9	7.1	1139.5	47.7	14.6	1805.6	66.8	2.9
宁波	1425.6	28.0	20.4	849.3	35.6	26.9	576.3	21.3	12.0
温州	105.7	2.1	14.3	50.7	2.1	23.0	55.0	2.0	7.4
湖州	69.2	1.4	25.9	31.0	1.3	36.2	38.2	1.4	18.6
嘉兴	135.6	2.7	17.9	54.6	2.3	20.2	81.0	3.0	16.5
绍兴	57.5	1.1	3.8	24.3	1.0	0.5	33.3	1.2	6.3
金华	184.3	3.6	38.2	139.3	5.8	45.7	45.0	1.7	19.2
衢州	10.3	0.2	13.7	2.5	0.1	18.8	7.9	0.3	12.2
舟山	109.9	2.2	5.9	85.5	3.6	11.5	24.4	0.9	−10.1
台州	40.3	0.8	10.5	11.7	0.5	7.0	28.6	1.1	12.1
丽水	7.6	0.2	5.3	0.4	0.02	−32.4	7.2	0.3	8.5

注：该表执行商务部《国际服务贸易统计监测制度》。
数据来源：浙江省外汇管理局、商务部服务贸易统计监测系统统一平台。

2022 年浙江省服务贸易分主要市场情况（前十大市场）

国家（地区）	进出口			出口			进口		
	累计金额/亿元	占比/%	同比增长/%	累计金额/亿元	占比/%	同比增长/%	累计金额/亿元	占比/%	同比增长/%
合计	2419.1	88.9	3.8	795.1	84.9	18.3	1624.0	91.0	−2.0
中国香港	1450.8	53.3	0.7	314.0	33.5	41.3	1136.9	63.7	−6.8
美国	411.8	15.1	19.9	189.4	20.2	9.8	222.4	12.5	30.1
新加坡	299.9	11.0	−12.5	229.0	24.4	−3.5	70.9	4.0	−32.8
日本	61.0	2.2	14.2	18.2	1.9	14.8	42.7	2.4	14.0
英国	57.7	2.1	21.0	16.6	1.8	43.8	41.1	2.3	13.7
加拿大	37.1	1.4	28.1	4.8	0.5	211.4	32.3	1.8	17.8
韩国	29.9	1.1	60.8	15.5	1.7	250.1	14.4	0.8	1.5
澳大利亚	27.1	1.0	22.1	4.4	0.5	214.4	22.7	1.3	9.2
德国	26.2	1.0	−12.0	3.3	0.3	−24.7	23.0	1.3	−9.9
荷兰	17.6	0.6	1183.3	0.0	0.0	−	17.6	1.0	3285.5

2022 年浙江省服务外包分业务类型情况

产业结构分类	离岸合同额			离岸执行额		
	金额/亿元	占比/%	同比增长/%	金额/亿元	占比/%	同比增长/%
总计	1677.2	100.0	25.8	1321.4	100.0	17.4
信息技术外包（ITO）	408.4	24.4	−5.2	365.8	27.7	1.7
信息技术研发服务	384.9	23.0	−3.8	349.0	26.4	7.4
信息技术运营和维护服务	20.9	1.3	−22.9	14.7	1.1	−3.7
新一代信息技术开发应用服务	2.5	0.2	−27.4	2.0	0.2	−89.6
业务流程外包（BPO）	285.6	17.0	17.4	245.9	18.6	15.9
内部管理服务	2.3	0.1	719.2	1.5	0.1	11.4
业务运营服务	233.5	13.9	22.7	194.0	14.7	24.1
维修维护服务	49.8	3.0	−5.5	50.4	3.8	−7.5
知识流程外包（KPO）	983.2	58.6	49.0	709.8	53.7	28.2
商务服务	4.9	0.3	15.4	4.0	0.3	−11.5
设计服务	737.4	44.0	44.5	559.0	42.3	31.8
研发服务	240.9	14.4	65.9	146.8	11.1	17.3

2022 年浙江省服务外包分县（市、区）情况

序号	县（市、区）	离岸执行额/万元	同比增长/%	序号	县（市、区）	离岸执行额/万元	同比增长/%
1	滨江区	2262322	18.3	40	桐乡市	47364	18.7
2	慈溪市	1006862	19.7	41	金华开发区	38480	−4.7
3	鄞州区	959750	36.6	42	鹿城区	38020	93.4
4	北仑区	953958	39.7	43	玉环市	37784	30.0
5	钱塘区	866570	10.8	44	瑞安市	35026	−20.8
6	余姚市	588993	24.5	45	金义新区	33819	83.5
7	上城区	576323	4.4	46	平阳县	29570	25.4
8	萧山区	488780	−1.5	47	越城区	29117	−12.8
9	临平区	414715	18.9	48	龙湾区	29018	−24.2
10	安吉县	400731	44.0	49	南浔区	26093	13.5
11	富阳区	378886	18.6	50	永嘉县	25476	230.5
12	余杭区	327950	15.6	51	椒江区	23293	−19.6
13	德清县	274467	90.3	52	兰溪市	22741	−30.3
14	长兴县	262210	65.7	53	婺城区	22398	−28.1
15	镇海区	232613	17.0	54	龙港市	20245	41.6
16	定海区	224910	−10.6	55	上虞区	18975	74.7
17	临安区	204481	21.2	56	南太湖新区	18889	1.4
18	普陀区	202340	−11.7	57	武义县	18082	−1.2
19	海曙区	171660	59.0	58	临海市	17597	38.9
20	西湖区	165918	14.3	59	瓯海区	17004	22.8
21	江北区	149110	29.8	60	柯桥区	16007	−39.3
22	嘉善县	118062	31.6	61	洞头区	13948	136.7
23	秀洲区	114039	47.6	62	黄岩区	9928	−47.9
24	桐庐县	113041	78.1	63	嵊泗县	9656	2.5
25	岱山县	97974	39.1	64	象山县	9567	134.9
26	永康市	96759	7.3	65	浦江县	8337	−1.8
27	宁海县	91753	31.1	66	嵊州市	7177	253.4
28	拱墅区	89620	−61.8	67	路桥区	6817	103.6
29	吴兴区	82964	−44.6	68	东阳市	6173	−40.7
30	奉化区	78592	15.5	69	天台县	5955	1336.8
31	南湖区	75915	28.5	70	温岭市	5601	−27.3
32	建德市	73270	−19.0	71	泰顺县	5166	6.6
33	海盐县	71911	28.2	72	仙居县	4526	7.7
34	新昌县	68654	15.1	73	嘉兴港区	2788	−44.3
35	义乌市	54603	−48.2	74	诸暨市	2697	−25.5
36	海宁市	54449	18.9	75	三门县	1940	19.7
37	乐清市	53334	27.0	76	磐安县	886	19.9
38	嘉兴经济开发区	50870	22.8	77	苍南县	718	6.3
39	平湖市	47717	41.1	78	文成县	179	−68.5

2022 年浙江省知识密集型服务贸易分行业情况

项目名称	进出口			出口			进口		
	累计金额/亿元	占服贸比重/%	同比增长/%	累计金额/亿元	占服贸比重/%	同比增长/%	累计金额/亿元	占服贸比重/%	同比增长/%
总计	2112.7	41.5	6.9	918.7	38.5	18.3	1194.1	44.2	−0.5
保险服务	18.9	0.4	30.2	8.6	0.4	77.9	10.3	0.4	6.3
金融服务	126.3	2.5	7.8	105.7	4.4	2.1	20.5	0.8	51.1
电信、计算机和信息服务	1161.5	22.8	−0.9	400.0	16.8	8.8	761.5	28.2	−5.4
知识产权使用费	185.9	3.7	65.6	52.2	2.2	84.3	133.8	5.0	59.2
个人、文化和娱乐服务	21.5	0.4	12.7	10.5	0.4	6.3	11.0	0.4	19.5
其他商业服务	598.6	11.8	10.5	341.6	14.3	30.1	257.0	9.5	−7.9

第六编

投资促进

2022 年，浙江省新设外商投资企业 2910 家，合同外资 434 亿美元，实际使用外资 193 亿美元，同比增长 5.2%，占全国份额 10.2%，规模居全国第五，达全年目标的 107.2%。高技术产业（含高技术制造业和高技术服务业）实际使用外资 92.9 亿美元，占全省实际使用外资的 48.2%，同比增长 17%。服务业实际使用外资 134.7 亿美元，同比增长 2.4%，占全省实际使用外资的 69.8%。制造业实际使用外资 49 亿美元，同比增长 9.8%，占全省实际使用外资的 25.4%。其中高技术制造业实际使用外资 26 亿美元，同比增长 28.9%。香港是浙江省第一大外资来源地，实际投资金额为 151.2 亿美元，同比增长 1.9%，占比 78.3%。

稳外资工作政策体系

【**完善统筹招商工作体系**】2022 年，浙江省商务厅出台《浙江省人民政府关于进一步加强招商引资工作的指导意见》，调整设立浙江省招商引资工作领导小组，明确 17 个成员单位职责分工，推动各单位协同招商。建立信息通报、项目跟踪服务、评价激励等 3 项机制，印发《2022 年全省招商引资工作评价办法》《关于开展稳外资和招大引强专项评价激励的通知》《浙江省招商引资项目跟踪服务工作制度》等文件。每周编辑《浙江招商》简报，推广衢州、温州、嘉善等地招商经验。制定《关于推动基金招商工作的指导意见》，印发"投资浙里"基金招商伙伴专项行动方案，建立"1+1+100"基金招商伙伴体系和"五个一"工作体系，推动强化全省基金招商工作。

【**执行外资研发中心享受进口税收政策**】《关于认定浙江省第一批符合进口税收政策外资研发中心的通知》规定，作为独立法人的，其投资总额不低于 800 万美元；作为公司内设部门或分公司的非独立法人的，其研发总投入不低于 800 万美元；专职研究与试验发展人员不少于 80 人；设立以来累计购置的设备原值不低于 2000 万元的外资研发中心可享受进口税收政策。杭州明德生物医药技术有限公司、嘉兴敏惠汽车零部件有限公司等外资研发中心认定为浙江省"十四五"期间第一批符合进口税收政策外资研发中心。

【**招商引资对接交流**】印发《浙江省招商引资工作领导小组关于建立在华外国商协会常态化交流工作机制的通知》，加强与在华外国商协会和外资企业的联系和沟通，积极回应营商便利等诉求。

【**重大外资项目要素保障**】印发《关于建立浙江省重大外资项目招引落地要素保障协调机制的通知》和《关于加强外商投资企业金融支持工作的通知》，强化重点外资项目用地、能耗等要素保障和金融支持工作。

【**开展 QFLP 试点工作**】QFLP（Qualified Foreign Limited Partnership，合格境外有限合伙人）是指

境外机构投资者在通过资格审批和对其外汇资金的监管程序后，将境外资本兑换为人民币资金，投资于国内的 PE（私募股权投资）以及 VC（风险投资）市场。2022 年 3 月 21 日，浙江省人民政府办公厅正式批复同意温州市、湖州市和嘉兴市开展 QFLP 试点。省商务厅印发《温州市等合格境外有限合伙人（QFLP）试点暂行办法》，拓展基金招引外资渠道。温州市发挥温籍华商优势吸引华侨资金回归；湖州市基于绿色金融产业集聚特点加大外资利用力度；嘉兴市在嘉善县先行试点基础上，发挥南湖"基金小镇"优势，进一步拓展外资利用新通道。

投资促进展会、活动

【承接大型展会溢出效应】积极承接进博会、服贸会、投洽会等重大展会溢出效应，签约成果丰硕。第五届中国国际进口博览会期间，共签约外资项目 64 个，总投资超百亿美元。数贸会和浙商大会项目签约均超千亿。依托海口消博会和北京服贸会，举办浙江省现代服务业跨国公司对接会和现代服务业与先进制造业融合发展跨国公司对接会等活动。联合商务部投资促进局等共同举办生命健康产业跨境合作平台多国别地区专场项目对接活动，持续推动生物医药领域"国别＋细分领域"合作。

【"投资浙里"系列投促活动】2022 年，省商务厅密集开展 20 余场"投资浙里"系列投促活动，对接重点制造业跨国公司、商协会和投资机构 80 家以上。紧抓国家疫情防控措施优化机遇，谋划开展"投资浙里　商通全球"大招商活动，强化走出去招商力度。

【"浙江投促在线"数字化平台】2022 年，投资"单一窗口"迭代为"浙江投促在线"。通过绘制投资地图，实现产业定位"厘得清"；建设招商雷达模块，实现优质企业"找得准"；搭建投促平台模块，实现目标企业"走得进"；完善项目跟踪模块，实现招商项目"落得下"；加强企业服务模块应用，实现招商成果"留得住"。截至 2022 年 12 月，项目跟踪模块对 1457 个内外资大项目实现项目盯引、前期协同、建设实施、建成投产等环节的全流程跟踪服务，企业服务模块共有全省 1076 家重点外资企业在平台完成注册，协调处理企业诉求 70 余件。

统计数据

2022 年浙江省及各市外商直接投资情况

地区	企业个数 /个	同比增长 /%	合同外资金额 /万美元	同比增长 /%	实际使用外资金额 /万美元	同比增长 /%	年度目标数 /万美元	完成目标进度 /%
总计	2910	−18.0	4339798	12.7	1929978	5.2	1800000	107.2
杭州市	840	−15.1	1348919	35.8	781238	−4.4	772000	101.2
宁波市	410	−27.3	574618	−33.5	372658	13.8	325000	114.7
温州市	81	−29.6	169417	17.4	61244	12.5	50000	122.5
湖州市	165	−35.0	719137	31.5	157713	48.9	130000	121.3
嘉兴市	326	−8.4	630118	6.0	315760	3.8	295000	107.0
绍兴市	231	6.9	209631	7.9	101773	34.0	79600	127.9
金华市	679	−18.8	185984	55.5	46830	9.2	46000	101.8
衢州市	21	−16.0	118193	231.3	10470	36.4	6200	168.9

地区	企业个数 /个	同比增长 /%	合同外资金额 /万美元	同比增长 /%	实际使用外资金额 /万美元	同比增长 /%	年度目标数 /万美元	完成目标进度 /%
舟山市	59	−9.2	321788	105.8	46276	11.7	46000	100.6
台州市	67	−17.3	36620	−50.7	24143	−50.0	44000	54.9
丽水市	31	−32.6	25373	−80.3	11873	38.6	6200	191.5

注：1. 全国实际使用外资 18913241 万美元，同比增长 8.0%；按人民币计为 123268211 万元，同比增长 6.3%。
 2. 表中实际使用外资数据系商务部通报口径数据，不包括外商投资性公司在各地投资数据。

2022 年浙江省外商直接投资月度情况

月份	当月值 / 万美元	同比增长 /%	累计值 / 万美元	同比增长 /%
1	151857	8.4	151857	8.4
2	196336	−5.3	348193	0.2
3	243645	1.7	591840	0.8
4	146353	−8.3	738191	−1.1
5	161950	48.6	900141	5.2
6	305087	47.3	1205228	13.4
7	125661	21.4	1330889	14.1
8	151355	15.2	1482244	14.2
9	209289	40.4	1691533	16.9
10	79617	−8.9	1771150	15.5
11	50324	−50.5	1821474	11.4
12	108504	−45.3	1929978	5.2

2022 年浙江省外商直接投资行业分类情况

行业	项目（企业）个数			合同外资金额			实际外资金额		
	本年累计 /个	占总数比重 /%	同比增长 /%	本年累计 /万美元	占总数比重 /%	同比增长 /%	本年累计 /万美元	占总数比重 /%	同比增长 /%
总计	2910	100.0	−18.0	4339798	100.0	12.7	1929978	100.0	5.2
第一产业	3	0.1	−78.6	10187	0.2	−87.1	3580	0.2	147.9
农业	3	0.1	−66.7	10172	0.2	−86.3	3580	0.2	147.9
第二产业	350	12.0	−20.1	683838	15.8	−28.1	579666	30.0	12.0
制造业	306	10.5	−24.4	486330	11.2	−42.2	489827	25.4	9.8
纺织业	7	0.2	−58.8	9233	0.2	−62.3	12696	0.7	−44.1
化学原料和化学制品制造业	20	0.7	17.7	33704	0.8	−29.0	31710	1.6	−37.2
医药制造业	12	0.4	−53.9	12040	0.3	−89.9	38613	2.0	−30.0
通用设备制造业	34	1.2	−10.5	26603	0.6	−63.0	20969	1.1	−2.5
专用设备制造业	40	1.4	−34.4	68091	1.6	−39.2	46940	2.4	−3.5

续表

行业	项目（企业）个数			合同外资金额			实际外资金额		
	本年累计/个	占总数比重/%	同比增长/%	本年累计/万美元	占总数比重/%	同比增长/%	本年累计/万美元	占总数比重/%	同比增长/%
计算机、通信和其他电子设备制造业	47	1.6	−6.0	142278	3.3	−10.4	138646	7.2	66.8
电力、热力、燃气及水生产和供应业	27	0.9	42.1	84890	2.0	84.4	48786	2.5	106.1
建筑业	17	0.6	21.4	112620	2.6	81.6	41692	2.2	−14.4
第三产业	2557	87.9	−17.4	3645773	84.0	29.1	1346732	69.8	2.4
批发和零售业	1078	37.0	−19.7	554864	12.8	18.9	157338	8.2	−16.1
交通运输、仓储和邮政业	42	1.4	−17.7	42374	1.0	−31.6	51208	2.7	−7.8
住宿和餐饮业	49	1.7	4.3	1978	0.0	23.1	2194	0.1	181.6
信息传输、软件和信息技术服务业	315	10.8	−30.0	357526	8.2	−48.1	352386	18.3	−4.5
金融业	15	0.5	0.0	378740	8.7	245.7	51726	2.7	404.8
房地产业	19	0.7	−62.8	136120	3.1	37.5	139649	7.2	−47.0
房地产开发经营	17	0.6	−50.0	146325	3.4	309.0	124335	6.4	−49.2
租赁和商务服务业	453	15.6	−9.0	1401324	32.3	102.7	258269	13.4	47.8
科学研究和技术服务业	481	16.5	−7.1	745160	17.2	21.3	324829	16.8	37.4
水利、环境和公共设施管理业	5	0.2	−64.3	4816	0.1	−40.6	913	0.0	−84.8
居民服务、修理和其他服务业	17	0.6	54.6	23445	0.5	1088.9	1165	0.1	−50.4
教育	7	0.2	−30.0	2111	0.0	2677.6	0	0.0	—
卫生和社会工作	4	0.1	0.0	156	0.0	−99.6	6063	0.3	18.4
文化、体育和娱乐业	71	2.4	−12.4	−2888	−0.1	−107.8	353	0.0	−85.1

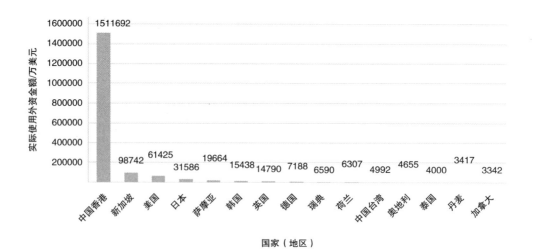

2022 年浙江省实际使用外资前十五大来源

资料来源：按商务部 2022 年 1—12 月实际使用外资情况统计。

2022 年 RCEP 国家外资来源情况

国家	企业个数 / 个	同比增长 /%	合同外资金额 / 万美元	同比增长 /%	实际使用外资金额 / 万美元	同比增长 /%
合计	333	−11.7	905289	202.1	154250	51.2
文莱	0	0.0	−498	0.0	0	0.0
缅甸	3	50.0	166	−78.8	0	0.0
柬埔寨	0	−100.0	−500	−140.9	351	−51.6
印度尼西亚	10	66.7	33579	560.4	200	0.0
日本	47	17.5	208166	347.9	31584	95.6
马来西亚	12	−36.8	299482	11000.2	447	−57.1
菲律宾	2	−66.7	23	−46.5	0	0.0
新加坡	93	−21.9	200519	−4.1	98745	33.9
韩国	114	−9.5	58184	99.9	15437	145.5
泰国	3	−62.5	2620	−44.6	4000	164.4
越南	3	50.0	1860	3409.4	119	340.7
澳大利亚	37	8.8	100380	10711.0	3344	42.0
新西兰	9	−30.8	1308	5.9	23	−84.1

第七编

对外经济合作

2022 年，浙江省新设境外企业和机构共计 785 家，对外投资备案额 130.41 亿美元，同比增长 45.04%；至年末累计设立境外企业和机构 11660 家，对外投资备案额 1119.65 亿美元，覆盖 152 个国家和地区。全年对外实际投资额 142.63 亿美元，全国排名首次位居第二。全年在共建"一带一路"的 64 个国家及港澳台地区投资备案企业达 568 家，对外投资备案额为 78.50 亿美元，占全省比重为 60.19%；全年对外投资较活跃的本土民营跨国公司主要是青山集团、振石集团、华友钴业等企业。

2022 年，浙江省对外经济合作完成营业额 64.38 亿美元，同比下降 19.47%。其中，对外承包工程完成营业额 64.00 亿美元，同比下降 19.24%；外派劳务人员实际收入总额 0.38 亿美元，同比下降 45.71%。全年在共建"一带一路"的 64 个国家及港澳台地区累计完成营业额 33.92 亿美元，同比下降 31.21%。在"一带一路"市场新签合同额 34.46 亿美元，同比增长 6.03%。亚洲和非洲是浙江省对外承包工程的主要市场，房屋、电力、工业建设等传统行业是对外承包工程的重点领域。全省共有 25 家对外承包工程企业单体完成营业额超 5000 万美元以上，占比 78.23%，浙建集团以营业额 9.62 亿美元，居全省首位。

"丝路领航"行动

【**"领航企业"实力增强**】省商务厅制订"领航企业"评价办法，认定了 50 家 2022 年度"领航企业"。浙江省领航企业平均跨国指数达 30.8%，高于中国 100 大跨国公司平均跨国指数 15.2 个百分点，对外投资额占全省比重近五成，共有 9 家企业进入"世界 500 强"榜单，10 家企业进入"中国跨国公司 100 大"榜单，107 家企业上榜"中国民营企业 500 强"榜单，连续 24 年蝉联全国首位，第二轮本土民营跨国公司三年行动计划圆满收官。

"丝路护航"行动

【**完善"护航"机制建设**】印发《关于加强境外投资备案管理工作的通知》，增加境外安全和风险防范刚性要求；制订《浙江省境外投资与合作合规管理指引》《浙江省境外经贸类突发事件应急处置管理办法》，进一步明确合规要求与责任分工。

【**常态化举办"丝路护航"活动**】聚焦境外风险、合规经营、外派人员安全等主题，组织召开全省境外风险防控工作会议，系列化、常态化举办 15 场"丝路护航"活动。组织多个国家的国别风险座谈会，对 600 多家次企业进行重点国别风险提示；组织华东院等的乌克兰项目人员 120 人成功撤离。处置 20 多起境外突发事件。

扩大国际合作空间

【**制定境外经贸合作区评价办法**】依据 2021 年度全省境外经贸合作区评价结果，认定印度尼西亚 OBI 产业园、迪拜义乌中国小商品 2 家省级境外经贸合作区，省级以上境外经贸合作区数量达 18

家。出台省境外经贸合作区评价办法，对合作区认定和评价进行进一步明确和优化。指导捷克站发挥贸易窗口作用，打造浙江名品和义乌好货在欧洲的精品市场。指导迪拜站以商贸物流为切口搭建浙江中东经贸合作平台。

【"义新欧"班列高质量发展】2022 年，全省"义新欧"班列实际开行 2269 列，同比增长 19.17%，运送标箱 18.6 万箱，同比增长 18.65%，其中义乌平台开行 1569 列，占比 69.15%，金东平台开行 700 列，占比 30.85%。省商务厅出台《关于进一步加强我省中欧（义新欧）班列统筹相关的指导意见》。推动人保等机构推出一揽子保险服务和运输险、战争险等保险产品，化解俄乌冲突带来的国际运输风险；在金华发生新冠疫情期间，协调省市各级保供专班，确保疫情期间"封场货不停"；协调吉利白俄项目，力保重点线路运输，服务政治大局和国家外交。聚焦"义新欧"班列运行监测、分析、预警和高质量发展导向等核心业务功能，开发上线了"义新欧"数字服务在线平台。

统计数据

2022 年浙江省对外经济合作情况汇总

内容	2022 年累计	比上年同期 /%
境外企业总投资额 / 万美元	1984052.8	14.2
境外企业中方投资额 / 万美元	1304074.4	45.0
境外企业实际投资额 / 万美元	1426289.7	22.1
境外投资企业数 / 个	785	—
营销网络项目 / 个	714	—
并购项目 / 个	91	—
研发项目 / 个	26	—
对外经济合作营业额 / 万美元	643827.2	−19.5
对外承包工程营业额 / 万美元	640004.0	−19.2
对外劳务合作实际收入总额 / 万美元	3823.2	−45.7
对外经济合作合同额 / 万美元	458013.2	1.6
对外承包工程合同额 / 万美元	457193.2	2.4
对外劳务合作合同工资总额 / 万美元	820.0	−81.7
外派人数 / 人	9164	—
期末在外人数 / 人	21706	—

2022 年浙江省对外直接投资前十位国家（地区）
（按累计中方投资备案额排序）

名次	国家（地区）	项目数 / 个	投资总额 / 万美元	中方投资 / 万美元
1	印度尼西亚	211	2245727.8	1889838.0
2	中国香港	2463	2090321.6	1846671.3
3	美国	1616	2819207.6	1776285.4
4	德国	447	10699275.5	720344.4
5	瑞典	30	5346032.8	702680.3
6	开曼群岛	136	10604226.2	502748.0
7	越南	372	484902.0	469787.8
8	新加坡	358	551435.0	424251.8
9	澳大利亚	231	389438.9	337535.6
10	英属维尔京群岛	83	485102.6	293097.1

2022 年浙江省境外投资行业分类情况

名称	项目数 / 个	投资总额 / 万美元	中方投资额 / 万美元
农、林、牧、渔业	3	7950.0	3975.0
农业	1	7600.0	3710.0
渔业	2	350.0	265.0
采矿业	3	33925.0	33103.9
有色金属矿采选业	2	5807.0	5804.9
非金属矿采选业	1	2049.0	1230.0
石油和天然气开采业	增资项目	26069.0	26069.0
制造业	200	1426985.7	921384.2
黑色金属冶炼和压延加工业	4	226292.1	223026.7
有色金属冶炼和压延加工业	6	334301.7	2048517
汽车制造业	20	516579.7	204080.4
橡胶和塑料制品业	21	48785.5	48807.3
其他制造业	31	44339.8	36394.8
非金属矿物制品业	4	35276.0	32288.5
家具制造业	6	27678.0	27678.0
通用设备制造业	16	23423.8	23181.4
医药制造业	10	59380.6	19236.7
计算机、通信和其他电子设备制造业	13	20630.9	14876.1
纺织业	8	11892.0	11188.0
化学原料和化学制品制造业	1	11210.0	10460.0
电气机械和器材制造业	14	10654.1	10096.4
专用设备制造业	13	8512.9	8845.7

续表

名称	项目数 / 个	投资总额 / 万美元	中方投资额 / 万美元
金属制品业	6	7625.0	7653.5
铁路、船舶、航空航天和其他运输设备制造业	4	8030.9	7220.9
纺织服装、服饰业	8	6634.0	6678.0
皮革、毛皮、羽毛及其制品和制鞋业	2	5500.0	5500.0
食品制造业	3	4600.0	4600.0
农副食品加工业	增资项目	4102.9	4102.9
仪器仪表制造业	增资项目	3067.9	3067.9
金属制品、机械和设备修理业	2	2735.0	2235.0
文教、工美、体育和娱乐用品制造业	1	2090.0	2090.0
机械制造	2	1599.4	1599.4
木材加工和木、竹、藤、棕、草制品业	2	912.5	912.5
废弃资源综合利用业	1	931.1	512.1
化学纤维制造业	1	100.0	100.0
石油加工、炼焦和核燃料加工业	1	100.0	100.0
电力、煤气及水的生产和供应业	7	16125.4	12376.4
电力、热力生产和供应业	7	16125.4	12376.4
建筑业	5	3050.0	3050.0
房屋建筑业	1	100.0	100.0
建筑装饰、装修和其他建筑业	2	2500.0	2500.0
建筑安装业	2	450.0	450.0
交通运输、仓储和邮政业	35	40231.6	18263.4
水上运输业	11	8929.4	8929.4
装卸搬运和仓储业	9	4447.3	4402.3
邮政业	1	24587.3	3000.0
多式联运和运输代理业	13	2237.5	1912.5
道路运输业	1	30.0	19.2
信息传输、软件和信息技术服务业	59	56481.7	26570.5
软件和信息技术服务业	49	37577.2	15944.7
电信、广播电视和卫星传输服务	增资项目	152.9	152.9
互联网和相关服务	10	18751.5	10472.9
批发和零售业	350	90808.9	88446.6
零售业	29	4866.8	4583.4
批发业	184	48837.1	47061.5
进出口贸易	137	37104.9	36801.7
住宿和餐饮业	1	11.2	11.2
餐饮业	1	11.2	11.2
金融业	1	0.1	0.1
其他金融业	1	0.1	0.1
租赁和商务服务业	22	105386.6	93224.6
商务服务业	21	105385.6	93223.6
资本市场服务	1	1.0	1.0

名称	项目数 / 个	投资总额 / 万美元	中方投资额 / 万美元
科学研究和技术服务业	62	126969.0	59931.9
科技推广和应用服务业	24	32930.1	17855.2
专业技术服务业	12	4843.7	3924.9
研究和试验发展	26	89195.1	38151.7
水利、环境和公共设施管理业	1	48673.0	30047.1
公共设施管理业	1	48673.0	29203.8
生态保护和环境治理业	增资项目	0.0	843.3
居民服务、修理和其他服务业	9	1773.3	1756.3
其他服务业	9	1773.3	1756.3
教育	2	14195.8	5447.7
教育	2	14195.8	5447.7
其他类	10	11485.6	6485.6
其他	10	11485.6	6485.6

注：此项统计未包含境外机构。

2022 年浙江省各市境外投资情况

地区	累计项目数 / 个	同比增长 /%	累计投资总额 / 万美元	同比增长 /%	累计中方投资额 / 万美元	同比增长 /%
总计	785	16.6	1984052.8	14.2	1304074.4	45.0
省属	6	−25.0	76137.7	3510.1	76137.7	3511.0
杭州市	296	15.6	412199.1	−46.0	248782.7	−17.9
宁波市	191	3.2	518630.2	61.2	396254.8	63.2
温州市	35	75.0	129004.5	93.7	90093.0	48.0
湖州市	43	48.3	43640.4	33.2	38452.7	20.5
嘉兴市	74	17.5	370996.7	−6.2	313351.3	108.8
绍兴市	49	75.0	33476.4	−33.7	29305.1	−15.8
金华市	39	62.5	356967.4	641.3	102769.7	114.9
衢州市	7	−22.2	259.4	−90.2	259.4	−90.2
舟山市	7	−56.3	1447.5	−54.0	1407.5	−48.3
台州市	36	20.0	24664.5	17.6	23674.0	32.1
丽水市	5	−16.7	35185.3	16.8	2143.3	−15.7

2022 年对外经济合作营业额前十位国家（地区）

名次	国家（地区）	累计营业额 / 万美元	占全省比重 /%
1	中国香港	77440	12.1
2	印度尼西亚	57848	9.0
3	秘鲁	38926	6.1
4	阿尔及利亚	35010	5.5
5	阿根廷	34268	5.4
6	刚果（金）	27046	4.2
7	马来西亚	26309	4.1
8	美国	25669	4.0
9	越南	24971	3.9
10	尼日利亚	22870	3.6

2022 年浙江省各市对外承包工程劳务合作情况

地区	营业额及收入总额（合计）/ 万美元	同比增长 /%	对外承包工程		对外劳务合作		外派人数 / 人	期末在外人数 / 人
			合同额 / 万美元	营业额 / 万美元	合同工资总额 / 万美元	实际收入总额 / 万美元		
全省	643827	−19.5	457193	640004	820	3823	9164	21706
省属	113741	−4.3	124330	113603	33	137	324	1026
杭州市	144163	−47.0	210207	144062	0	101	273	1116
宁波市	192651	2.5	63094	192197	117	454	244	434
温州市	19701	24.8	14357	19332	50	368	505	3667
湖州市	10525	−7.0	0	10303	0	222	74	150
嘉兴市	26530	0.5	7861	26474	46	57	36	29
绍兴市	22969	51.7	10111	22969	0	0	31	112
金华市	20607	−37.0	27232	20289	277	318	206	626
衢州市	0	−100.0	0	0	0	0	0	32
舟山市	91220	−11.5	0	89053	297	2167	7446	14452
台州市	1721	−80.4	0	1721	0	0	25	62

RCEP 国家对外直接投资情况

国家	项目数 / 个	中方投资备案额 / 万美元
合计	237	628707.3
印度尼西亚	27	429213.1
越南	31	74802.0
新加坡	89	39684.8
泰国	23	20856.5
日本	19	18790.8
韩国	10	15044.3
马来西亚	11	6396.8
柬埔寨	8	7055.4
缅甸	4	1249.2
老挝	1	900.0
菲律宾	4	480.6
澳大利亚	9	9933.8
新西兰	1	4300.0

注：此项统计未包含境外机构。

第八编

电子商务

2022 年，浙江省实现网络零售 27042.1 亿元，同比增长 7.2%；居民网络消费 13084.3 亿元，同比增长 6.6%。2022 年，全省实物商品网上零售额 17307 亿元，比上年增长 9.8%。

全省农村网络零售额达 11681.8 亿元，占比 43.2%（较去年同期提高 0.4 个百分点），增长 8.2%，高于全省平均水平 1.0 个百分点。山区 26 县电商发展规模稳步提升，合计实现网络零售额 2815.8 亿元，占全省总额的 10.4%，较去年同期提高 0.7 个百分点，同比增长 14.7%，高于全省平均增速 7.5 个百分点。

全省累计直播场次超 1055 万场，交易规模达 7785.2 亿元，同比增长 27.4%。全省直播电商交易规模占网络零售额比重不断提高，由 2021 年的 24.2% 上升至 2022 年的 28.8%。监测数据显示，2022 年浙江省商家在抖音平台交易规模位居全国第一，占平台总交易额的 22.2%。

实现跨境电商进出口 4222.8 亿元，同比增长 18.7%；其中，跨境电商出口 2911.3 亿元，同比增长 23.7%；跨境电商进口 1311.5 亿元，同比增长 8.8%。

农村电商

【电商进农村综合示范创建】 2022 年，省商务厅对 34 个电商进农村综合示范县全面评估、问题梳理、销号整改，按照商务部标准，均达到"做得好、真正发挥作用"等级。累计发布示范案例 20 篇，编制《浙江省电商进农村综合示范案例汇编》。

【电商资源向山区 26 县倾斜】 开展淳安、文成、柯城等重点地区直播电商专题调研，在景宁举办"山区 26 县"生态产业电商直播启动仪式。指导丽水举办农村电子商务大会，举行"数商赋能乡村振兴行动"启动仪式。赴四川、新疆阿克苏等地开展电商对口帮扶并召开电商资源对接座谈会。

【农村电商示范培育】 挖掘一批电商基础好、带动能力强的电商示范村和农村电商示范站点，截至 2022 年底，全省累计培育电子商务示范村 1171 个，农村电商示范站点 1763 个，全省电商专业村达 2643 个，电商镇达 367 个。

直播电商

【电商直播式"共富工坊"建设】 2022 年，省商务厅牵头电商直播式"共富工坊"工作，率先印发指导意见，召开浙南、浙北工作推进会，以点带面建设电商直播式"共富工坊"1199 个，发布首批百家典型案例，举办短视频大赛，工作得到省委组织部高度肯定。

【2022 世界直播电商大会】 12 月 12 日，2022 世界直播电商大会成功举办，大会以"电商数字化直播共发展"为主题，发布了《世界直播电商发展

报告（2022）》《首批百家电商直播式"共富工坊"典型案例》，举行了跨境电商产业联盟揭牌仪式，为"2022首届电商直播式'共富工坊'短视频大赛""2022年浙江省高等职业院校跨境电商创新创业能力大赛""AGI全球商业挑战赛"颁奖，并邀请知名专家、头部电商平台、MCN机构、新锐国潮品牌代表作主题分享和圆桌对话。

【举办系列线上促消费活动】举办"2022网上年货节"，超10万家商家参加，发放各类优惠券金额超100亿元，实现网络销售额1150亿元。举办"双品网购节暨非洲好物网购节"浙江专场活动，销售额近3000亿元，来自20多个非洲国家的100多款产品上线。联合23家媒体举办品牌浙货"618"促销活动，带动头部浙江品牌销售。全省开展"美好生活 浙播季"相关直播活动1091场，其中，参与直播带货的产品数量7.28万种，当场成交382万单。

【数字生活新服务】浙江省率先提出数字生活新服务行动以来，全省各地聚焦数字商贸、数字学习、数字出行、数字文旅、数字健康、数字政务等"六个数字"建设，逐步形成数字生活新服务生态体系，在激活居民消费、扩大高品质供给、优化融合线上线下消费环境等方面充分展现了数字生活新服务工作成效亮点。2022年，开展数新半年度综合评估和第二批标杆创建单位验收工作，新认定先行市4家、样板县21家，特色镇84家，支持省级专项激励项目30个。

跨境电商

【跨境电商综试区全省覆盖】2022年，金华、舟山成功获批综试区，率先实现全省域覆盖，以省政府名义印发实施方案，指导综试区快速开局起步。梳理综试区问题、成果、经验做法、重大项目、政策"五张清单"，对14个重点事项进行协调推动。

【跨境电商主体培育】推进"店开全球""品牌出海""独立站领航"三大行动，开展第二批省级知名品牌认定，组织赴深圳等地举办考察和招商活动，组织千家产业带企业参加展会，支持各地举办"亚马逊品牌出海高峰论坛"等系列活动，新增出口活跃网店2.8万家。

【加大跨境电商政策支持】抓好国家和浙江省稳经济涉及电商的政策落地，联合人行开展跨境电商政策专场宣讲活动，引导各综试区、平台推出暖心助企举措百余条。指导杭州、温州等地新修订跨境电商扶持政策。对62个省级产业集群跨境电商发展试点开展绩效评价，通过"区域＋项目"方式筛选29个重点项目。

【优化跨境电商营商环境】评选出首批省级跨境电子商务产业园39家，发布典型案例7篇。省市联动开展全省跨境电商服务季活动。举办第六届全球跨境电商峰会、温州"丝路电商"高峰论坛、宁波跨境电商发展大会等数贸会配套活动。

统计数据

2022 年浙江省各市网络零售情况

地区	网络零售			居民网络消费		
	本年累计总额 / 亿元	占比 /%	同比增长 /%	本年累计总额 / 亿元	占比 /%	同比增长 /%
全省	27042.1	100.0	7.2	13084.3	100.0	6.6
杭州	10496.3	38.8	5.5	3888.3	29.7	7.1
宁波	2999.1	11.1	6.6	1895.4	14.5	7.0
温州	2321.8	8.6	5.5	1590.3	12.2	2.9
湖州	1064.1	3.9	10.1	590.6	4.5	9.6
嘉兴	2211.4	8.2	7.5	1012.7	7.7	4.9
绍兴	921.2	3.4	7.6	896.7	6.9	10.2
金华	4223.0	15.6	6.8	1344.4	10.3	7.0
衢州	606.1	2.2	20.3	265.8	2.0	8.1
舟山	124.1	0.5	16.5	223.8	1.7	8.0
台州	1349.3	5.0	9.9	1048.2	8.0	4.6
丽水	725.7	2.7	22.8	328.2	2.5	9.8

2022 年浙江省网络零售行业分布情况

行业	各行业网络零售额及占比	
	本年累计 / 亿元	占比 /%
服饰鞋包	7307.3	27.0
家居家装	4838.9	17.9
3C 数码	4566.6	16.9
母婴用品	2068.0	7.6
美妆护肤	1721.4	6.4
食品保健	1539.0	5.7
运动户外	1336.1	4.9
生活服务	551.2	2.0
文化娱乐	493.4	1.8
机车配件	438.1	1.6
其他	2182.0	8.1
合计	27042.1	100.0

2022 年浙江省各市跨境电商进出口情况

地区	跨境电商进出口		跨境电商出口		跨境电商进口	
	累计金额 / 亿元	占比 /%	累计金额 / 亿元	占比 /%	累计金额 / 亿元	占比 /%
全省	4222.8	100.0	2911.3	100.0	1311.5	100.0
杭州市	811.4	19.2	549.0	18.9	262.4	20.0
宁波市	1004.2	23.8	556.2	19.1	448.0	34.2
温州市	522.7	12.4	428.1	14.7	94.5	7.2
湖州市	328.7	7.8	322.7	11.1	5.9	0.5
嘉兴市	192.1	4.5	140.3	4.8	51.8	3.9
绍兴市	158.1	3.7	151.5	5.2	6.6	0.5
金华市	977.2	23.1	570.4	19.6	406.8	31.0
衢州市	29.1	0.7	25.6	0.9	3.5	0.3
舟山市	29.1	0.7	7.4	0.3	21.7	1.7
台州市	129.2	3.1	120.5	4.1	8.7	0.7
丽水市	41.1	1.0	39.6	1.4	1.5	0.1

注：1. 自 2022 年 9 月起，调整跨境电商进出口额测算方法。
　　2. 本表采用内部测算数据（试行），仅供参考。

第九编

开放平台

　　2022 年，浙江省开发区开展新一轮整合提升，山区县省级开发区实现全覆盖，以开放平台建设助力"两个先行"。杭州、嘉兴、余杭、宁波 4 家经开区进入 2021 年国家级经开区全国综合排名三十强，较上年度增加 2 家，宁波保税区、杭州综保区进入 2021 年度综合保税区发展绩效评估全国综合排名 A 类。浙江自贸试验区迎来挂牌五周年、扩区两周年，"三张名片"知名度持续提升，"五大功能定位"建设稳步推进，初步建成十大标志性成果。

自由贸易试验区

【大宗商品资源配置基地建设】 获批建设国家大宗商品战略储运基地，上期所战略入股浙油中心共建长三角期现一体化油气交易市场。截至 2022 年 10 月底，油品储备能力达 4950 万吨，炼油能力达 7500 万吨 / 年。前三季度油气贸易额达 9491.1 亿元，前 11 个月保税燃料油加注量 545.1 万吨，同比增长 9.8%。

【新型国际贸易中心建设】 杭州成为全国跨境电商零售出口平台最集聚城市，宁波成为全国首个跨境电商零售进口千亿级城市。数字服务贸易额 1690.6 亿元，占全省 91.9%；跨境电商进出口额 2362.9 亿元，占全省 65.9%；市场采购出口额 3008 亿元，占全省 77.2%，同比增长 9.6%。

【国际航运和物流枢纽建设】 宁波—舟山连续两年位居国际航运中心城市十强。2022 年前 11 个月，货物吞吐量 12.5 亿吨，集装箱吞吐量 3136.8 万标箱；"义新欧"中欧班列开行 2125 列，位列全国前三；自贸试验区所在地市货邮吞吐量 84.4 万吨，跃居全国第五。自贸试验区所在地市机场货邮吞吐量 84.4 万吨，占全省 92.9%；快递业务量 149.7 亿件，占全省 73%。

【数字经济发展示范区建设】 首届全球数字贸易博览会在杭州举办，取得丰硕成果。2022 年前 11 个月，自贸试验区所在地市跨境人民币结算量达 11112 亿元，占全省 84.4%，同比增长 28%；数字贸易额达 4053.6 亿元，占全省比重 74.7%。

【先进制造业集聚区建设】 推动杭州片区数字安防、宁波片区新材料等 7 个制造业集群进入国家重点培育名单，居全国第三；实施传统制造业改造提升 2.0 版，率先在全国获批建设国家传统制造业改造升级示范区。2022 年 1—9 月，规上数字经济核心制造业增加值 1571.4 亿元，同比增长 10.6%。

【十大标志性成果】 宁波舟山港"硬核"力量进一步增强。大宗商品储运基地建设全面推进。世界一流石化产业集群初具规模。自由贸易先行区建设取得新突破。长三角期现一体化油气交易市场全面建成。全球数字贸易中心建设取得重大进展。全球数字变革策源地初见雏形。"义新欧"中欧班列迈上新台阶。数字人民币试点落地。海外仓全球布局体系初步形成。

开发区

【开展开发区整合提升工作】 以"规范统计口径、优化空间规划、创新机制体制、提升发展动能"为目标，组织开展新一轮开发区整合提升工作。整合设立 6 家省级经济开发区，省级开发区数量增至 75 家。省商务厅启动全省开发区地理空间信息精准划定工作，指导各市梳理开发区外资账号，夯实开发区统计考评基础。指导全省开发区开展"两稳一促""腾笼换鸟"等工作，一批开发区建设成绩突出集体和个人获省政府办公厅表扬。组织开展国际产业合作园考评，指导支持产业园特色化发展。

【山区 26 县省级开发区全覆盖】 衢州智造新城、磐安、莲都、云和等获批省级经济开发区，实现山区县省级开发区全覆盖。27 个山区开放平台与37 个先进开发区达成签约意向，实现山区 26 县签约结对全覆盖。启动山区 26 县开放平台共建发展专项考评、优秀实践案例评选，举办山区 26 县开放平台产业对接会、跨国公司走进山区 26 县开发区对接会，组织山区县开发区参加驻外商务代表处例会。2022 年前 11 个月，山区 26 县经济开发区实际使用外资同比增长 194.1%，固定资产投资同比增长 69.5%，规模以上工业总产值同比增长 69.7%，成为山区经济发展的重要增长极。

【助力海关特殊监管区高质量发展】 印发《关于促进全省综合保税区高水平开放高质量发展的实施意见》，出台 15 条干货举措，助力全省综保区发展。开展全省海关特殊监管区域发展专题研究，召开综保区工作座谈会、海关总署调研座谈会，收集区内企业政策需求，会同海关等部门答疑解惑。指导全省综保区分析研究发展绩效评估结果。指导衢州综保区、杭州空港综保区申建，舟山港综保区面积调整、宁波保税区整合优化等事宜。

【开发区成立 30 周年活动】 以全省首批省级开发区成立 30 周年为主题，完成标识征集、主题曲录制、宣传片制作、《浙江开发区 30 周年》编辑等活动。利用厦洽会、进博会等重大活动展会宣传推介。组织全省开发区开展"开发区·浙十年"短视频征集活动。在浙江日报、浙江之声、天目新闻等主流媒体开辟开发区、综保区宣传专栏，发行 10 期《浙江开发区》期刊，每日推送"砥砺奋进的浙江开发区"系列公众号文章。

统计数据

2022 年浙江省开发区主要指标

指标名称	单位	本年累计金额	同比增速 /%
进出口总额	亿元	22677.6	22.6
出口总额	亿元	17672.9	23.0
进口总额	亿元	5004.7	21.0
实际使用外资	亿美元	105.9	15.6

注：进出口数据为海关反馈数据，其中参照经济开发区管理单位未纳入统计。

2022 年浙江省开发区外商直接投资情况

序号	地区	实际外资/万美元	同比增长/%	序号	地区	实际外资/万美元	同比增长/%
	合计	1059117	15.6	33	浙江瓯海经济开发区	6295	97.7
	国家级开发区	704003	8.4	34	浙江淳安经济开发区	6063	123.1
	省级经济开发区	355114	33.1	35	宁波大榭开发区 *	5892	−1.1
1	宁波经济技术开发区 *	127044	31.1	36	浙江南湖经济开发区	5772	690.6
2	杭州经济技术开发区 *	93776	−5.6	37	浙江宁波南部滨海经济开发区	5761	1154.6
3	萧山经济技术开发区 *	55060	29.8	38	浙江路桥经济开发区	5253	138.5
4	嘉兴经济技术开发区 *	50565	−45.2	39	浙江温岭经济开发区	5250	31.3
	浙江乍浦经济开发区	13369	55.8	40	浙江奉化经济开发区	5184	245.5
	浙江秀洲经济开发区	6277	18.3	41	衢州经济技术开发区 *	4600	−19.1
5	柯桥经济技术开发区 *	49107	172.7		浙江衢江经济开发区	1019	217.5
6	嘉善经济技术开发区 *	43264	−6.0	42	浙江慈溪滨海经济开发区	4503	−21.0
7	平湖经济技术开发区 *	39496	−0.9	43	浙江岱山经济开发区	4501	−47.2
	浙江独山港经济开发区	11102	22.1	44	浙江百步经济开发区	3987	−28.7
8	宁波杭州湾经济技术开发区 *	38978	−17.5	45	浙江龙泉经济开发区	3905	0.0
9	桐乡经济开发区	37089	43.4	46	浙江兰溪经济开发区	3606	1026.8
10	长兴经济技术开发区 *	35753	98.6	47	浙江常山经济开发区	3553	125.6
11	湖州经济技术开发区 *	30078	123.8	48	丽水经济技术开发区 *	3340	−58.1
12	浙江海盐经济开发区	29589	14.2		浙江青田经济开发区	302	0.0
13	富阳经济技术开发区 *	27045	20.4	49	浙江象山经济开发区	3184	−33.9
14	浙江海宁经济开发区	24263	17.9	50	浙江宁海经济开发区	3005	1102.1
15	余杭经济技术开发区 *	22821	100.2	51	浙江鹿城经济开发区	2900	0.0
16	浙江吴兴经济开发区	21882	439.4	52	浙江新昌经济开发区	2609	18.6
17	义乌经济技术开发区 *	20790	37.6	53	浙江嵊州经济开发区	2357	28.8
18	杭州湾上虞经济技术开发区 *	19153	10.0	54	浙江乐清湾港区经济开发区	2066	0.0
19	浙江桐庐经济开发区	19032	−0.3	55	浙江莲都经济开发区	1997	0.0
20	浙江南浔经济开发区	18868	637.3	56	温州经济技术开发区 *	1943	−72.0
21	袍江经济技术开发区 *	18854	43.1		浙江瑞安经济开发区	1840	−49.6
22	浙江临安经济开发区	18762	21.2	57	浙江建德经济开发区	1700	−87.0
23	浙江普陀经济开发区	17537	210.9	58	浙江临海经济开发区	1700	71.6
24	浙江安吉经济开发区	14745	172.9	59	浙江乐清经济开发区	1668	−85.1
25	浙江镇海经济开发区	10842	121.3	60	浙江三门经济开发区	1665	464.3
26	浙江前洋经济开发区	10420	225.9	61	浙江武义经济开发区	1508	50.8
27	宁波石化经济技术开发区 *	9142	−24.3	62	浙江缙云经济开发区	1355	−3.5
28	浙江鄞州经济开发区	7857	255.7	63	浙江玉环经济开发区	1293	−73.3
29	浙江德清经济开发区	7621	−21.3	64	浙江浦江经济开发区	1261	48.0
30	浙江诸暨经济开发区	7535	3.7	65	浙江黄岩经济开发区	1165	−86.1
31	金华经济技术开发区 *	7003	38.3	66	浙江江山经济开发区	1143	24.5
32	浙江余姚经济开发区	6933	−1.0	67	浙江永康经济开发区	1060	−64.7

续表

序号	地区	实际外资/万美元	同比增长/%	序号	地区	实际外资/万美元	同比增长/%
68	杭州钱江经济开发区	1000	0.0	80	浙江龙游经济开发区	18	−91.1
69	浙江松阳经济开发区	865	0.0	81	浙江庆元经济开发区	7	0.0
70	浙江仙居经济开发区	815	−71.7	82	浙江景宁经济开发区	1	0.0
71	浙江上虞曹娥江经济开发区	543	0.0	83	浙江永嘉经济开发区	0	−100.0
72	浙江婺城经济开发区	537	0.0	84	浙江苍南经济开发区	0	0.0
73	浙江平阳经济开发区	342	−87.7	85	浙江龙港经济开发区	0	0.0
74	浙江云和经济开发区	303	0.0	86	浙江泰顺经济开发区	0	0.0
75	台州湾经济技术开发区*	300	−80.5	87	浙江文成经济开发区	0	0.0
76	浙江东阳经济开发区	175	−82.6	88	浙江磐安经济开发区	0	0.0
77	浙江开化经济开发区	137	1857.1	89	舟山航空产业园	0	0.0
78	浙江椒江经济开发区	76	0.0	90	浙江遂昌经济开发区	0	0.0
79	浙江天台经济开发区	50	−66.7				

注：1. 实际外资数据采用商务部口径统计。
　　2.* 为国家级经济技术开发区。

2022 年浙江自贸试验区经济运行基本情况

指标名称	单位	本年累计	同比增速/%
新增注册企业数	家	31935	−22.7
外商投资企业数	家	462	−47.4
税收收入	亿元	1225.5	9.7
进出口总额（1—11 月）	亿元	8789.4	22.4
进口总额	亿元	4701.4	24.7
出口总额	亿元	4087.9	19.9
实际使用外资金额	亿美元	34.8	37.6

注：1. 数据统计口径为浙江自贸试验区四至范围（指东西南北边界之内的范围，下同）。
　　2. 进出口总额为 1—11 月数据。

2022 年浙江自贸试验区（各片区）主要指标

指标名称	单位	舟山片区	宁波片区	杭州片区	金义片区
新增注册企业	家	6725	3957	9308	11945
外贸进出口总额（1—11 月）	亿元	2779.2	2666.5	1275.9	2067.8
实际使用外资	亿美元	2.7	11.6	18.3	2.3
油品储备能力	万吨	3198	1763.1	−	−
炼油能力	万吨/年	4000	3500	−	−
油气贸易额	亿元	8224.8	4641.2	−	−
保税燃料油加注量	万吨	602.5	−	−	−

指标名称	单位	舟山片区	宁波片区	杭州片区	金义片区
跨境人民币结算量	亿元	248	2488	7953	1552
集装箱吞吐量	万标箱	257.4	3077.8	11.6	0.0
货邮吞吐量	万吨	0.07	8.5	83.0	0.8

注：1. 新增注册企业、外贸进出口总额、实际利用外资 3 项指标数据填报口径为自贸试验区四至范围。

　　2. 油品储备能力等 7 项指标数据填报口径为自贸试验区所在地市。

　　3. 外贸进出口总额为 1—11 月数据。

第十编

各地市商务工作概览

杭州市

2022 年，杭州市社会消费品零售总额 7294 亿元，比上年增长 5.8%，增速列全国 GDP 前 11 强城市和全省双第一。实现网络零售额达到 10496.3 亿元，占浙江省网络零售额的 38.8%，同比增长 5.5%；居民网络消费额 3888.3 亿元，占全省居民网络消费额的 29.7%，同比增长 7.1%。网络零售额、居民网络消费额均继续保持全省首位。在重点监测第三方电子商务平台上共有活跃网络零售网店 14.2 万家，总数在浙江省排名第一位。全市电子商务增加值 1929 亿元，同比增长 3.0%，占全市生产总值的 10.3%。

货物进出口总额 7564.8 亿元，比上年增长 2.7%。其中：出口 5140.6 亿元，增长 10.6%；进口 2424.2 亿元，下降 10.8%。对共建"一带一路"国家出口 1588.0 亿元，增长 12.9%，占出口总额 32.6%；对 RCEP 国家出口 1153.6 亿元，增长 16.6%，占出口总额 23.7%。杭州市有进出口实绩企业 1.5 万家，有出口实绩企业 1.3 万家。

服务贸易出口额为 169.9 亿美元，同比增长 11.4%。知识密集型服务贸易出口额为 135.7 亿美元，同比增长 4.5%，占全市服务贸易出口额的比重为 79.9%。2022 年，杭州市 3 个案例入选国家文化出口基地第二批"创新实践案例"，数量居全国各大城市第一；5 个案例入选 2022 年服贸会服务示范案例，数量居全国副省级城市首位。

实际利用外资 78.12 亿美元，总量规模稳居全国第一方阵，占全国比重为 4.13%，在全国城市中排名第五，列北、上、广、深之后。累计已有 134 家世界 500 强企业来杭投资 234 个项目。2022 年高技术产业实际使用外资 45.88 亿美元，同比增长 14.21%，继续高速增长。

实现境外企业总投资额 45.5 亿美元，境外企业中方投资额 26.8 亿美元。其中新批境外投资项目 301 个，总投资 29.0 亿美元，中方投资额 16.4 亿美元。新批境外投资增资项目 61 个，增资额 10.4 亿美元。全年全市实现国外经济技术合作营业额 14.4 亿美元。全年全市对外承包工程新签合同额 21.0 亿美元，完成营业额 14.4 亿美元；劳务人员实际收入总额 101.0 万美元。

【出台促消费政策】2022 年，杭州市先后出台新能源汽车购车补贴、扶持批零住餐等 12 个促消费政策。截至 2022 年 12 月 31 日，杭州市新能源汽车购车补贴政策惠及车辆 54469 辆，各区、县（市）共实现兑付资金 2.9 亿元，直接带动新能源汽车销售额（不含税）达 134.7 亿元，撬动消费比达 46.6。

【消费场景升级】2022 年，湖滨、武林商圈入选首批全国示范智慧商圈，吴山、文三数字生活商圈入选第二批省级示范智慧商圈。瓶窑老街、严州老街获批省级高品质步行街试点。改造提升文三路数字生活街区，打造杭州数字街区消费新场景。

【多层级开展促消费活动】2022 年 4 月 29 日，省市区三级联动，"浙里来消费·开门焕新消费季——2022 杭州数智新消费暨文三数字生活嘉年华"正式启动，全年杭州各地围绕数智消费嘉年华主题推出 248 场活动。6 月起，杭州市先后 10 轮在全市范围内发放 5.5 亿元数字消费券，包括通用券和餐饮、文旅、农业专项券。消费券关联订单金额达 65 多亿元。各区、县（市）发放各类消费券 3 亿多元，带动消费近 40 亿元。"食在杭州"餐饮专项数字消费券分两期共发放 7000 万元，共核销消费券 6031.1 万元，核销率为 86.2%，消费券关联订单金额为 25983.5 万元。

【农村电商稳步发展】2022 年，杭州市农村电商销售额 188 亿元，增长 1.1%。全市培育电商村 320 个、电商镇 44 个，省级电商示范村 139 个、示范服务站 236 个。打造"网上农博"平台，网上农博杭州馆已入驻商家 1547 家，商品 4503 款，带动经营主体交易额 9027 万元。淳安县、建德市、桐庐县先后入选国家电子商务进农村综合示范县项目。开展各类电子商务相关沙龙活动，各类电商、直播电商以及村播等培训，为传统农业企业转型培训专业电商人才，全年共计开展培训 80 余场，培训 10000 余人次。落实"数商兴农"行动要求，深化电商示范村培育，推动电商直播式"共富工坊"建设，16 个典型案例入选《首批百家电商直播式"共富工坊"典型案例》。在"直播电商共富工坊"短视频大赛中，杭州市项目获得 1 个金奖、1 个银奖、5 个铜奖。

【跨境电商出口增长迅猛】2022 年，杭州综试区跨境电商出口 1013 亿元，跨境电商出口同比增长 18.8%；跨境电商进口 190.8 亿元，跨境电商进口同比下降 23.2%；杭州跨境电商进出口占本地进出口比重 16.3%；2022 年，杭州综试区跨境电商企业对企业（B2B）出口约 709.1 亿元。培育年交易额 2000 万元以上的跨境电商企业 832 家，有 355 家高新技术企业和 61 家上市企业布局跨境电商。杭州综试区内阿里巴巴国际站、全球速卖通、wholee、执御、外贸快车、集酷等本土跨境电商平台年度出口额约 4200 亿元，覆盖 200 余个国家和地区，服务中小企业 68 万家以上。杭州综试区内跨境电商零售进口平台天猫国际、考拉海购交易额约占全国一半。

【直播电商相关企业注册数量全国第一】杭州市现有综合类和垂直类头部直播平台 32 家、主播超 5 万人，直播相关企业注册量超 5000 家，数量列全国第一，带动就业超 100 万人。杭州市在首届数字贸易博览会期间，成功举办了 2022 世界直播电商大会。大会以"电商数字化·直播共发展"为主题，邀请知名专家、头部电商平台、MCN 机构、新锐国潮品牌代表作主题分享和圆桌对话，为直播电商发展搭建发布权威信息、展示发展成果、开展交流合作的重要平台，会上发布《世界直播电商发展报告（2022）》《首批百家电商直播式"共富工坊"典型案例》。

【"杭信贷"融资模式】2022 年，杭州市加大全国首创的"杭信贷"融资模式（"信保 + 担保"融资）推广，发挥政策性担保融资兜底作用，持续扩大惠及面。全年为 47 家次企业授信 4.0 亿元，放款 3.1 亿元。

【"海外杭州"自办展】2022 年，"海外杭州"利用"数字 + 实体"创新模式举办展会 16 场，976 家企业参展，展位 2151 个。"海外杭州"自办展获商务部、外交部、银保监会、移民局、民航局、中国贸促会六部门发文推广。2022 年 3 月首届举办的印度尼西亚展，是 RCEP 生效后中国首次在该区域国家自主举办的展会。在全国首创"展会 + 包机"模式，实现 311 家次企业、826 人次、近 50 个商务团参与出境参展，破解外贸企业疫情期间难以出国抢订单问题。2022 年 12 月 19—21 日，"海外杭州"迪拜展在迪拜举办。全国 10 省 30 个地市参加，参展企业 1040 家、展位 1500 个，展会面积超 3 万平方米；其中杭州组团参展企业 126 家，展位 285 个，展会面积达 7000 平方米，签订意向订单 4.5 亿美元，擦亮"杭企出海"新名片。

【杭城出口风险直播间】2022 年，杭州市与中国出口信用保险公司浙江分公司创新服务模式，通过"杭城出口风险直播间"模式开展培训 15 场次，累计覆盖超 2 万多人次。鼓励各地开展各具特点的信保形式，防范企业，特别是中小企业的出口风险，全年中信保承保企业 3373 家，通过直接赔付和海外追偿为企业挽回损失超 17.5 亿元，较上年增长 36.0%。

【外资大项目带动作用明显】2022 年，全市引进投资总额 3000 万美元以上大项目 97 个，合计投资总额 180.03 亿美元，合同外资 118.23 亿美元，占总数比重分别为 98.08% 和 86.81%。其中引进投资总额 5000 万美元以上大项目 56 个，投资总额 1 亿美元以上大项目 29 个。

【服务业扩大开放综合试点】12 月 3 日，国务院批复同意在杭州开展服务业扩大开放综合试点工作，12 月 29 日，商务部印发了《杭州市服务业扩大开放综合试点总体方案》，明确了 5 个方面 18 个大类共 97 条试点要求。杭州市发布了《杭州市服务业扩大开放综合试点实施方案》，目标到 2025 年，各项改革试点任务全面完成，探索形成一批引领全国、可复制、可推广的改革经验做法和创新实践案例，服务业扩大开放水平全面提高，形成市场更加开放、制度更加规范、监管更加有效、环境更加优良的服务业开放新格局。

【推进境外经贸合作区建设】2022 年，杭州市推进境外经贸合作区建设，做好 1 个国家级境外经贸合作区、5 个省级境外经贸合作区的建设工作，引导杭州市境外投资企业入驻园区。至年末，泰中罗勇工业园共有入驻企业 180 家，钱塘中心共有入驻企业 40 家，北美华富山工业园共有入驻企业 21 家，文莱大摩拉岛石油炼化工业园区共有入驻企业 4 家，中柬国际农业合作示范园区共有入驻企业 3 家，华立柬埔寨农业园共有入驻企业 101 家。

宁波市

2022 年宁波市实现社会消费品零售总额 4896.7 亿元，同比增长 5.3%，社零增幅列全省第二位，高于全国、全省 5.5 个和 1 个百分点。

实现网络零售额 2999.1 亿元，同比增长 6.6%。全市累计实现直播销售额 760 亿元，同比增长 34%。直播渗透率超过 25%，比去年年底提升 6 个百分点。

外贸进出口、出口和进口分别完成 12671.3 亿元、8230.6 亿元和 4440.7 亿元，分别同比增长 6.3%、8.0% 和 3.4%。进出口、出口规模继续保持全国城市第六、第五位。

服务贸易进出口总额 1717.5 亿元，同比增长 22.5%，其中出口额 1148.7 亿元，同比增长 21.3%，进口额 568.9 亿元，同比增长 25.1%。

全年批准外商投资项目数 410 个；合同利用外资 57.5 亿美元；实际利用外资 37.3 亿美元，增长 13.8%，累计实际利用外资达 679.4 亿美元。截至 2022 年底，累计有 72 家境外世界 500 强企业来甬投资 156 个项目（分支机构），投资总额 254.2 亿美元。

全年备案（核准）中方投资额 29.6 亿美元，任务完成率达到 220%。境外承包劳务合作营业额 19.2 亿美元，任务完成率达到 107.7%。"力勤资源印尼园区"成功获评省级境外经贸园区，至此宁波市省级境外园区数量达到 3 个。

【出台促消费政策】出台《关于印发宁波市促进餐饮行业纾困和发展专项资金实施细则的通知》和《关于印发宁波市新能源汽车购车补贴专项资金实施细则的通知》，分业态、分领域对受疫情影响严重、对经济带动作用大的行业企业给予支持。以市消费专班名义制定印发《关于积极发挥暑期效应加快释放消费活力的通知》，通过十条措施开展暑期消费促进活动，积极打造暑期消费亮点活动和特色品牌，形成有本地特色的促消费方案。

【开展多轮促消费活动】2022 年，宁波市合计启动 7 期消费促进活动。总体上，按照一月为一期、一周发一轮的节奏，分别在各大支付平台派发消费券。该项活动受到了社会面的广泛关注和参与，惠及 500 余万市民，参与商户总数达 20.4 万家，定向纾困企业近 1 万家。5—6 月，在"嗨购中东欧"活动中推出中东欧消费券，助力中东欧商品销售 1051.7 万元，中东欧常年馆日均人流量提升了 5 倍。12 月 16 日，为期 5 天的 2022 宁波美食节暨凉山烧烤集市在市体育中心举办，172 个展位汇聚全国各地美食，通过现场配套美食消费券，为活动集聚人气、增添助力，点燃城市烟火气。

【直播电商发展迅猛】2022 年，宁波市形成以宁波（前洋）直播中心为核心的直播电商经济产业核心集聚区，2022 年新引进直播企业 21 家，园区直播电商企业总数超过 55 家，服务品牌超过

600 多个，园区全年实现直播销售额 82 亿元，带动线上线下销售额超过 500 亿元。联合宁波本地高校、机构和头部企业，建立直播经济产业联盟，打造直播人才培育体系，全年完成直播人才培训 2000 人次。联合天猫、拼多多、抖音等电商平台，集中聚势打造"宁波优品，好货不贵"2022 双品网络直播促销节，52 家重点监测企业活动期间完成销售额 42 亿元，比去年同期增长 110%。

【培育本土生鲜电商平台】 在本土生鲜电商平台方面，宁波市培育了"海上鲜"、"美菜网"（瓜瓜农业）、"小 6 买菜"、"甬农鲜"、"益马当鲜"等多家农产品新零售平台，其中，美菜网全国累计入驻企业及商户超过 1.1 万家，全年成交额 200 亿元，同比增长 12%；"小 6 买菜"疫情期间快速崛起，在疫情保供中发挥了重要作用。

【创新稳外贸举措】 率先于全省推出涉外商务人员出入境便利化举措，全国首创商务包机支持企业"出海"抢单，已组织商务包机 2 批 8 班次，累计服务 600 余人次，完成订单额超 20 亿美元。迭代升级开展"百团千企万人"行动，首批抢单团已签订 30 亿美元意向订单。创设"代参展＋线上展＋常年展"的参展新模式，设立境外营销中心 9 家。加快推进"一站两仓"新型贸易基础设施建设，启用全省最大规模国际邮件互换中心，参与制定全国首个跨境电商海外仓团体标准，截至 2022 年底，共有 210 个海外仓、面积 328 万平方米，分别占全国的九分之一、六分之一。全力扩大进口，

梳理消费品、机电产品等 6 大类重点进口商品，"一企一策"帮扶重点进口企业。积极参加第五届中国进博会，意向成交采购额达 34.8 亿美元，连续 3 年居全国交易团第五位。加快发展数字贸易，出台数字贸易发展实施意见。宁波人力资源服务产业园入选国家首批特色服务出口基地，实现国家级特色服务出口基地零的突破。

【积极承接展会溢出效应】 在 2022 年北京服贸会上，187 家宁波企业参加线上线下交易会，展会期间签约项目、交易额同比增长 33.3% 和 10.6%。均胜集团、宁波银行、广博集团等 200 余家企业线上线下参加首届数贸会，展会期间达成签约项目、首发创新、新技术发布等 14 个。宁波市新材料大宗贸易中心项目等 3 个项目参加现场集中签约，签约金额超过 110 亿元。

【健全招商引资工作体系】 宁波市投资促进委员会正式组建，市投资促进署挂牌成立。完善内部工作机制，理顺内部机构设置与职能分工，实现各项工作有序推进。"1+12+N"招商引资工作体系加快构建，招商体制机制进一步理顺，有效推动了全市招商引资"纵横"联动。

【推动境外园区健康发展】 协调浙江天时集团与商务部经济合作局的贝宁贸易中心二期项目清算事宜。鼓励企业参评国家级、省级境外经贸园区，宁波市"力勤资源印尼园区"成功获评省级境外经贸园区，至此宁波市省级境外园区数量达到 3 个。

温州市

2022 年，温州市社会消费品零售总额 3944.1 亿元，总量居全省第三，同比增长 3.6%，增速居全省第七。全年累计实现网络零售额 2321.8 亿元，总量居全省第四。

实现货物贸易进出口总额 2949.6 亿元，其中出口 2502 亿元，同比分别增长 22.4% 和 22.9%。服务贸易实现进出口 105.7 亿元，同比增长 14.3%，增速列全省第五：其中出口 50.7 亿元，同比增长 23%；进口 55 亿元，同比增长 7.4%。

实际使用外资 6.1244 亿美元，比上年增长 12.5%，增速高于全省平均 7.3 个百分点，其中高技术产业实到外资 3.39 亿美元，同比增长 94.5%；新批世界 500 强投资项目 4 个，总投超亿美元项目 7 个，其中超 5 亿美元外资项目 1 个、超 10 亿美元项目 1 个。

新设境外投资企业 30 家，增资 6 家，并购项目 5 个，累计中方投资备案额 9 亿美元；全年国际经济合作营业额 1.93 亿美元。积极推进境外经贸合作区建设，新增境外园区 1 家，累计建立国家级园区 3 家，省级园区 3 家，省级以上境外园区数居全省第一。

【推进内外贸一体化试点】《温州市内外贸一体化试点工作方案》出台，协同推进内外贸一体化国家试点；新培育内外贸一体化产业基地 6 个，居全省第一；内外贸一体化"领跑者"企业 28 家，位居全省前列。全年实现出口转内销销售额 90 亿元。

【消费券拉动作用】2022 年，温州市开展 4 轮消费券投放活动，累计发放 6.6 亿元，直接撬动消费超百亿元。创新开通"温享大学城"定制公交，谋划出台促进暑期消费政策意见，全市消费市场持续升温。连续两年启动"百场促消费"活动，拉动消费额 185 亿元，推动全市消费市场持续升温。

【强化商贸主体培育】引育首店首发，2022 年累计落地兰博基尼等首店项目 203 个，举办嘉旭游艇等首发活动 61 场，启动"千年商港老字号"评定活动，市级以上老字号企业增至 75 家。积极拓展高端品牌集聚载体，瓯融汽车广场等一批新商贸项目启动运营，25 个新商贸项目集中签约，全年全市完成商贸业有效投资 104 亿元。

【提升商业网点能级】编制《温州市城市商业网点规划（2021—2035 年）》，五马核心商圈、南塘风貌街分别入选首批省级示范智慧商圈和省级高品质步行街试点，并入围国家夜间文化和旅游消费集聚区，瑞安忠义街获评省级高品质步行街。乐清、文成、永嘉、泰顺等县创成省级县域商业体系建设示范县。连续两年获评"中国最具竞争力会展城市"。

【打造高能级电商平台】2022 年，温州市发布《温州市促进新电商经济高质量发展三年行动计划

（2023—2025）》，致力打造温州特色新电商经济发展新高地。全市476个行政村获全国淘宝村称号，总量居全省第二。45个镇（街道）荣获全国淘宝镇称号，总量居全省第四。瓯海区眼镜小镇产业园、力西特电商产业基地获评2022年度省级电子商务产业示范基地。温州抖音电商直播基地、德赛电商直播基地、元品生态直播基地等3家直播电商基地成功入选。年交易额13亿元的温州鞋靴抖音产业直播基地启动运营。

【创建数字生活新服务样板】乐清市、文成县入围省级数字生活新服务样板县创建名单，瓯海区获评首批省级数字生活新标杆县；瑞安市、文成县获评第二批省级数字生活新服务样板县；双屿街道、莘塍街道、云周街道、昆阳镇获评2022年度省级数字生活新服务特色镇。

【"三回流"行动】精准出台外贸高质量发展12条举措和开放型经济补充意见、外贸新业态政策，深推外贸企业、货物、数据"三回流"行动。全年累计引育货代企业17家，推动全市新增出口量约100亿元；实现贸易回流近50亿元，拉动全市出口增速约2.5个百分点。

【外贸口岸效率大幅提升】累计发运中欧班列130.9列、货值4.8亿美元，完成中欧班列首列进口大麦回程班列；新增温州至越泰、俄罗斯、仁川近洋直航航线，累计拥有直航航线11条；新增温州至东京、大阪、首尔、马尼拉货机航线，已开通货机航线达6条。2022年12月，温州口岸进口整体通关时长为33.3小时，较去年同期压缩57.1%，温州口岸出口整体通关时长为0.4小时，较去年同期压缩51.3%。

【加强外资招引统筹领导】温州市委主要领导高度重视招商引资工作，出台《温州市投资促进工作领导小组成员单位职责分工》，市长挂帅担任组长，统筹领导、高位推动全市招商引资工作。制订出台《温州市进一步扩大对外开放推动外资高质量发展实施意见》《温州市支持总部企业高质量发展指导意见》《温州市重大产业项目标准（2022年版）》。成立驻北京、上海、深圳、杭州、武汉招商引智办事处，选派500名招商引智精干力量聚焦头部企业和高端人才开展"地毯式"信息排摸。

【探索招商新模式】制订《温州市招商大使选聘管理办法（试行）》，启动境外招商大使聘任工作。2022年5月，温州市发布全球招商合作伙伴公告，全面征集全球招商合作伙伴，充分调动社会各界资源参与支持招商引资工作。积极开展基金招商，自2022年3月顺利获省政府批复同意开展QFLP试点后，首个项目2022年6月成功落户，该基金总投资额5亿美元，2022年底已到位实际外资4500余万美元。

【开放平台建设成效显著】跨境电商综试区"一网通"平台成功上线投运，温州综试区获商务部"成效较好"评估。温州综保区全年实现进出口额67.2亿元，同比增长145.6%，超额完成年度目标任务。华商华侨综合发展先行区全年引进超亿元以上项目127个，其中引进超10亿元或1亿美元项目23个，超额完成年度任务。温州自贸区联动创新区制度创新便利化探索加速推进。在全国前6批复制推广258项改革经验中，温州已累计推广196项，复制推广率达76%。在省级联动创新区创新案例评选中，温州市联动创新区"数据资源法庭建设"和"立体式信用修复体系标准"2项制度创新成果获评全省联动创新区优秀创新案例，数量与杭州、宁波联动创新区并列第一。

嘉兴市

2022 年，嘉兴市实现社会消费品零售总额 2342.7 亿元，同比增长 3.0%。电子商务网络零售额 2211.4 亿元，同比增长 7.5%。居民网络消费额 1012.7 亿元，同比增长 4.9%。至年底，全市在重点监测第三方电子商务平台上有活跃网络零售网店 2.4 万家，直接解决就业岗位 6.9 万个，间接带动就业岗位 18.2 万个。

货物贸易进出口总额为 4400.0 亿元，同比增长 16.3%。其中出口 3213.1 亿元，同比增长 14.7%；进口 1186.9 亿元，同比增长 20.6%。全市有进出口实绩企业 8526 家，外综服平台服务中小微企业近 4000 家。2022 年全市民营企业出口 2257.2 亿元，同比增长 18.6%，占全市出口总值 70.3%；进口 716.2 亿元，同比增长 33.8%，占全市进口总值 60.3%。

服务贸易进出口总额 135.6 亿元，同比增长 17.9%，其中出口 54.6 亿元，同比增长 20.2%，进口 81.0 亿元，同比增长 16.5%；2022 年，全市承接服务外包合同签约金额 78.9 亿元，同比增长 19.6%；服务外包执行金额 68.7 亿元，同比增长 23.4%，其中国际服务外包执行金额 8.5 亿美元，同比增长 21.7%。

新批外商投资项目 326 个，合同利用外资 63 亿美元，同比增长 6%；实际利用外资 31.57 亿美元，总量居全省第三，同比增长 3.8%。制造业利用外资 12.83 亿美元，总量居全省第二。全市引进招大引强项目共计 138 个，其中世界 500 强投资项目 33 个，总投资（增资）超亿美元产业项目 67 个，全球行业龙头投资项目 67 个。

新批境外投（增）资备案（核准）项目 87 个，对外直接投资备案额 31.3 亿美元，同比增长 108.8%，总量居全省第二。对外承包工程和劳务合作营业额 2.7 亿美元，同比增长 0.5%，总量居全省第四。5 家企业入选 2022 年度浙江本土民营跨国公司"领航企业"名单。

【推动绿色消费】聚焦"5 大品类家用电器"和"1 个新能源汽车消费热点"，率先在全省以市政府名义出台《嘉兴市促进绿色智能家电消费若干政策》《嘉兴市促进新能源汽车消费若干政策》。全面启动 2022 嘉兴绿色消费季暨金秋购物节活动，"政企银"三方协作促进绿色消费。

【供应链创新与应用】2022 年，嘉兴市入围省级供应链创新与应用试点城市，对三大产业（新材料产业、汽车零部件产业和光伏产业）6 个项目进行专项激励。出台《嘉兴市开展供应链创新与应用专项激励实施方案》，联合市财政局印发《2022 年省级供应链创新与应用专项激励项目资金补助管理办法》，明确专项激励项目的资金补助管理工作。

【推进高品质步行街建设】月河"芦席汇"历史街区 6 月正式开街，南湖天地商业步行街获评 2022 年浙江省高品质步行街。海宁银泰智慧商圈已于 6 月完成省验收工作，认定了嘉善"银泰—万联城"等4个市级示范智慧商圈。支持首店、首发等新主体引进，浙江省首座星河cococity正式开业，近40家品牌首进嘉兴，打造消费新热点。

【发布预付卡监管工作方案】以市政府名义下发《嘉兴市单用途预付卡专项整治工作方案》，明确了各行业主管部门的职责分工，建立了单用途预付卡"一件事"全过程闭环管理工作机制，成立了市单用途预付卡专项整治工作专班。该做法获得省商务厅通报表扬和推广。单用途预付卡专项整治工作成功入选嘉兴市漠视侵害群众利益问题专项治理十佳案例。

【获评浙江省数字生活新服务先行市】2022年，嘉兴市获评浙江省数字生活新服务先行市；嘉善县、海宁市和桐乡市获评浙江省数字生活新服务样板县；新增东栅街道、大云镇等7个浙江省数字生活新服务特色镇。开展"美好生活　浙播季""网上年货节"等线上线下促消费活动，带动居民消费迭代升级。

【中国（嘉兴）跨境电子商务综合试验区建设】推进嘉兴跨境电商综试区线上综合服务平台升级2.0版本，至年底，平台已入驻企业1166家。全市有嘉兴跨境电商海关监管中心等4个海关监管场站。浙北地区首个异地货站杭州机场（嘉兴）综试区货站正式挂牌成立。中国（嘉兴）跨境电子商务综试区南湖园区成功创建省级跨境电子商务产业园。新增开展跨境电商应用企业471家，累计近2000家。至年底，全市在册海外仓90家，面积近百万平方米，其中有3个省级公共海外仓。

【全省首个海关特殊监管区域外保税维修业务落地】全省首个海关特殊监管区域外保税维修业务落户立讯智造，嘉兴市成立监管服务工作组进行

定期检查，积极指导立讯智造用足用好政策。新增省级公共海外仓1个，累计达到3个，列全省第四，省级海外智慧物流平台贯通率列全省第二。抢占新能源产业风口，通过要素保障、增量奖励、拓市支持等，推动光伏产业拓市场抢订单，2022年，光伏产品出口212.0亿元，大幅增长95.1%。

【服务贸易企业主体规模壮大】2022年，嘉兴市共有233家企业实现国际服务外包出口，同比增加16家。国际服务外包执行额在1000万美元以上的服务外包企业14家，实现国际服务外包执行额3.9亿美元，占全市总量的45.9%。其中浙江泛洋特种装配设备有限公司和顾家智能家居嘉兴有限公司的离岸执行额均超8000万美元，创历史新高。2022年新增服务外包注册企业55家，累计注册企业数824家。

【开展全球招商】建立招商队伍赴北京、上海等地开展驻点招商，2022年接洽成熟项目238个，累计签约项目36个，总投资107.28亿元。其中，总投资20亿元的电子电器制造业项目、1.2亿美元的智能传感器项目已签约落户。拓展全球化招商网络，赴重点国家"抢客商"，组建赴日本、德国、法国海外招商团组，拜访日本艾迪科总部、日本电产集团等深耕嘉兴的日资企业。

【大额对外投资创新高】2022年，嘉兴市对外直接投资额在1000万美元以上的项目有11个，备案额29.7亿美元，占比94.8%，主要集中在矿产、仓储物流、制造业、新能源等领域。其中1亿美元以上的项目5个，备案额28.5亿美元，占比90.8%。2022年投资规模最大的是振石集团在印度尼西亚的镍矿投资项目，主要从事黑色金属冶炼和压延加工业，总投资额达18亿美元，刷新嘉兴境外投资项目纪录。

湖州市

2022 年，湖州市实现社会消费品零售总额 1594.7 亿元，同比增长 2.5%。实现网络零售额 1064.1 亿元，占全省比重 3.9%，同比增长 10.1%，增速列全省第四，高于全省平均增速 2.9 个百分点；实现居民网络消费额 590.6 亿元，占全省比重 4.5%，同比增长 9.6%，增速列全省第三。实现跨境电商综试区业务 297.1 亿元，为去年同期的 1.7 倍，已完成全年任务的 135.1%。

实现外贸进出口总额 1629.6 亿元，同比增长 9.3%，其中出口总额 1500.1 亿元，同比增长 10.6%，进出口、出口增速均列全省第八。出口占全国比重 6.3‰，占全省比重 4.4%，实现"保份额"目标。实现跨境电商综试区业务量 297.1 亿元，同比增长 72.5%；市场采购累计出口金额 87.4 亿元，同比增长 6.5%。

实现服务贸易进出口总额 69.2 亿元，同比增长 25.9%，高于全省 13.7 个百分点，增速列全省第二；其中服务出口总额 31 亿元，增长 36.2%，增速列全省第二；服务进口总额 38.2 亿元，增长 18.6%，增速列全省第二。实现数字服务贸易总额 42.4 亿元，增长 29%。

实际利用外资 15.8 亿美元，同比增长 48.9%，增速居全省第一。新设立及增资外资及港澳台资项目 235 个，其中新批 165 家，合同外资 68.62 亿美元。全年新引进 10 亿元以上项目 73 个，其中总投资百亿项目 4 个，世界 500 强直投项目 4 个。

全市对外投资项目 48 个，实现境外投资总额 4.36 亿美元，其中中方投资额 3.85 亿美元，增长 20.5%，完成年度目标的 128.3%，总量和增幅均列全省第六。

【"活力新湖州·金秋十惠"主题促消费活动】2022 年，湖州市举办各类促消费活动 687 场，发放消费券 3.67 亿元，累计核销 2.25 亿元。其中重点打造了"活力新湖州·金秋十惠"主题促消费活动，通过首发创新政策、首评创新榜单、首推全域消费，为消费者打造多元化品质消费品牌，"金秋十惠"主题活动期间，全市大型促消费活动统一使用"2022 湖州商品交易会"标识和"活力新湖州浙里来消费"宣传口号，全力营造品牌促消费氛围。"金秋十惠"活动掀起湖城促消费热潮的宣传报道被新华网、央广网、人民网等多家媒体转发，打响了"活力新湖州"消费品牌。

【商贸企业主体培育】首次开展金象金牛贸易企业认定工作，浙北大厦集团有限公司获评首家金象贸易企业。推动爱山商圈、湖州吾悦智慧商圈入选省级智慧商圈培育名单，推动爱山银泰城、长兴九汇城、南浔吾悦等 7 家企业获评省级绿色商场，吴兴区、德清县获评省级夜间经济特色城市。

【直播电商发展迅猛】2022 年，全市淘宝、抖音、快手三大直播平台直播的零售额合计 120.7 亿元，较去年同期增长 20.9%，直播网零占比为 11.3%。零售量合计 2.2 亿件。从各行业参与直播的商品数来看，母婴行业遥遥领先，在三大直播平台各行业零售额占比中均在 50% 以上。积极推进网络直播等新业态发展，出台《湖州市开展"绿色直播间"示范建设工作实施方案》，重点培育 17 家直播电商基地，组织 16 家电商直播基地申报省级直播电商基地，新获评 2 家，累计达 6 家。

【强化稳外贸政策配套】出台《关于经济稳进提质的七条政策意见》《关于进一步积极助力企业拓市场抢订单补助措施》《湖州市稳外贸专项行动方案》，加大对企业国际风险防范、国际市场开拓、外贸新业态发展等方面的支持。全市全年开展外贸业务、RCEP、外贸政策宣讲等各类培训 25 场，培训企业 3200 余家次。

【"百展千企"拓市行动】开展"百展千企"拓市行动，全年重点组织和支持展会 153 个，推行境外委托参展模式，全年组织线上线下各类展会 140 场次，参加企业 1300 余家次。出台《商务出入境便利化七条措施》《助企走出去拓市场抢订单新十条措施》等政策措施，创新商务包机（包舱）赴境外开展经贸交流模式，全年组织 40 余家企业赴越南、德国、澳大利亚等国家参展及经贸交流 5 次，达成意向订单 3 亿元。全年成功举办"湖州对美经贸推介会"系列线上专题对接活动 3 次，搭建与境外客商长期对接平台，助力 55 家企业与美方采购商达成意向成交额 1000 万美元。

【推动服务贸易创新发展】2022 年，全市 7 个省级服贸发展示范基地服务外包执行额达 91.1 亿元，增长 35.7%。湖州莫干山高新区成功入选全省唯一的国家特色服务出口基地（地理信息）名单。组织 31 家企业参加服贸会、数贸会、新加坡通讯服务展、德国测量测绘展等重点国际展会，合计意向成交金额 1600 万美元。

【推进招商工作改革】构建全新招商体系机制，明确"1+8+7+N"（"1"是由市招商引资（智）工作领导小组统一领导，"8"是明确 8 大新兴产业链"链长主建"，"7"是落实 7 个区县招商引资主体"平台主站"，"N"是强化 N 种招商打法）的招商引资（智）组织架构体系，建立了以投促中心为日常单元、招商中心为特战单元的领导小组办公室，形成了以 1 个优化体系机制的通知、1 套新的考核办法、8 项工作载体和一系列服务体系机制重塑的工作举措为重点的体系机制。

【提升外资招引质效】加快高质量外资集聚先行区建设，明确考核导向、完善推进保障机制，外资项目质量提升明显。全年制造业项目实到外资占比 48.2%，高于全省平均 22.8 个百分点。推行"基金 + 股权 + 项目"招商，成功获批全省第一批全市域 QFLP 试点，积极推进 QFLP 试点建设，安吉县生命健康产业 QFLP 基金项目成功签约。

【对外投资大项目取得新进展】巨美家、隆泰医疗、天能电池、华莎驰机械、峨威医药等重点对外投资项目中方投资额达 1.9 亿美元，占全市中方投资总额的 49.4%。全市 6 家对外工程企业服务于印度 ACME 光伏太阳能电池组件项目、印度尼西亚大型镍矿项目、波兰机场通信保障印度尼西亚 JAKARTA 施工项目、德国光伏电站项目等 23 个境外工程项目，创造营业额 1.03 亿美元。印发《湖州市商务局关于进一步加强对外投资合作安全风险防范工作的通知》，指导"走出去"企业提前落实有效应对举措。

绍兴市

2022 年，绍兴市实现社会消费品零售总额 2585.9 亿元，同比增长 4.4%，居全省第四。实现网络零售总额 921.2 亿元，同比增长 7.6%，增速居全省第六；实现居民网络消费总额 896.7 亿元，同比增长 10.2%，增速居全省第一。

2022 年绍兴市进出口总值 3691.93 亿元，同比增长 23.34%，其中：出口 3408.98 亿元，同比增长 23.67%，增速居全省第三；进口 282.96 亿元，同比增长 19.51%，增速居全省第五。实现服务贸易进出口总额 57.53 亿元，同比增长 3.79%，其中：服务出口 24.27 亿元，同比增长 0.52%；服务进口 33.26 亿元，同比增长 6.31%。

实际利用外资 10.18 亿美元，总额全省排名第五，增速排名第四。引进投资总额 3000 万美元以上大项目 12 个，合同外资 10.5 亿美元，其中引进投资总额 5000 万美元以上大项目 9 个，投资总额 1 亿美元以上大项目 5 个。高技术利用外资 24091 万美元，占比 23.7%，制造业实际使用外资 35512 万美元，占比 34.9%。

2022 年全市新批境外投资企业 49 家，增资 11 家，总投资额 33476.5 万美元，中方投资额为 29305.1 万美元，列全省第七，同比下降 15.8%。共建"一带一路"国家投资比重在 2022 年显著上升，同比增长 31.8%，占全年对外投资的 65%。境外工程营业额为 22969 万美元，列全省第五，同比增长 51.7%，增速居全省第一。

【品牌活动促消费】打响"越惠悦生活"品牌，开展促消费活动超百场，全市 9 条特色商业街、12 个大型商圈、100 家以上重点企业积极参与。推出 2022"欢乐盛夏·越享生活"暑期促消费活动，围绕"政府＋企业主体"，谋划"暑期＋特色主题"活动，创新"活动＋数币"形式，深挖暑期消费潜力。

【内外贸一体化激活消费潜力】2022 年，绍兴市共实现外贸企业出口转内销 192.25 亿元。依托"越惠悦生活"等载体，开展外贸企业进商超、进步行街等各类外贸优品展 12 场。累计 47 家企业获评省内外贸一体化"领跑者"企业，"诸暨市布局袜业贸易新渠道"作为首批省级内外贸典型案例在中东欧博览会内外贸一体化馆作展示宣传。

【消费券拉动作用强劲】印发《2022 年绍兴市消费券活动实施细则》，实际共发放消费券 4.66 亿元，核销金额 4.33 亿元，核销率达 92.92%，共拉动消费 13.84 亿元。由人社、民政、体育、人行等部门分别牵头发放"越心守沪"专项消费券 2000 万元、"绍兴有爱"专项消费券 2500 万元、体育消费券 3000 万元、数字人民币专项消费券 5000 万元。区级层面，各区、县（市）推出特色消费券，安排资金约 8000 万元。

【"一码找订单"应用】 绍兴市越城区聚焦疫情形势下"企业出不去、外商进不来"的痛点难点，开发建设"一码找订单"应用，建立"一码二平台三库四统一"工作体系，打造"货码先行、数展联动"数字化代参展模式，助力外贸企业抢订单、拓市场。绍兴市"一码找订单"应用被纳入全省首批"一地创新、全省共享"名单，入选中国改革2022年度地方全面深化改革典型案例名单。

【电商发展势头强劲】 截至2022年，绍兴市累计培育电子商务示范村33个、电子商务专业村92个、淘宝村64个、淘宝镇12个，涌现出了"帅农鸟叔""珍珠奶奶"等农村电商达人；在阿里巴巴国际站和中国制造网上共有签约企业超2000家，培育省级跨境电商产业园3个、省级跨境电商出口名牌6个，跨境电商企业海外商标注册数超300个。线上建成中国（绍兴）跨境电子商务综合试验区线上综合服务平台（e企跨）1.0版本，线下实现"1+6"电商公共服务全覆盖。2022年，绍兴市新增3家省级直播电商基地，开展"2022年网上年货节、双品网购节"等3场数字生活嘉年华节庆活动。举办"诸暨樱桃网络节""新昌大佛龙井春茶直播带货大赛"等100余场"美好生活　浙播季"直播活动。

【政策支持外贸企业出海抢单】 2022年，绍兴市出台了《绍兴市推动外贸保稳提质若干政策》，给予外贸企业全方位支持，进一步坚定了企业发展外贸的信心。积极落实预兑、快兑举措，加快政策落地，全市累计兑现外贸政策资金6.4亿元。抢抓"后疫情时代"抢单窗口机遇，出台《关于支持企业抢单拓市的若干政策》，从出入境航班、展位费、邀请客商入境、出口信保及出入境便利化保障等方面给予企业超常规支持，助力企业抢订单、抢客商。顺利建成首个铁路口岸，成功开通首列中欧班列"柯桥号"，海铁联运发展实现新突破，

成功开通诸暨至宁波舟山港中小企业纾困项目海铁联运专列和诸暨至上海洋山港海铁联运班列。

【完善外资工作系列政策】 市委、市政府出台了《进一步加强招商引智工作实施办法》，对全市招商作了体系化顶层设计，成立了市招商引智工作领导小组。印发《鼓励外资企业增资扩股奖励办法实施细则》，制定《关于鼓励境外资本返程投资的指导意见（试行）》《支持稳外资工作的若干措施》，修订《鼓励支持开放型经济发展若干政策》外资部分条款。

【第五届中日韩工商大会】 2022年7月13日，第五届中日韩工商大会以"线上+线下"方式在绍兴举行。近400名中日韩工商界代表齐聚绍兴，就共享RCEP新机遇、提升中日韩经贸交流合作能级展开探讨交流。现场还进行了射频集成电路EDA分析测试平台研究与产业化项目、MEMS麦克风声音传感器芯片的研发及产业化等项目的合作签约仪式。

【境外园区获评优秀】 绍兴市浙江海亮股份（美国）工业园在省商务厅2022年度境外经贸合作区考评会中获2022年度优秀园区称号（全省共8家）。截至2022年底，海亮美国工业园区已有包括海亮在内的11家企业入驻，其中中资企业9家，有效带动中国企业"走出去"。

【多家企业入选民营跨国公司"领航企业"】 第五届浙江本土跨国公司成长论坛在绍兴成功举办。绍兴市龙盛、卧龙、三花、万丰、海亮、阳光照明等6家企业成功入选"2022年浙江省本土民营跨国公司'领航企业'名单"，自2017年浙江省在全国率先出台本土民营跨国公司培育三年行动计划以来，绍兴市上榜企业数持续保持全省第三，仅次于杭州市和宁波市。

金华市

2022 年，金华市实现社会消费品零售总额 2965.3 亿元，同比增长 2.9%，总量居全省第 4。批发业同比增长 11.9%，零售业同比增长 5.5%。实现网络零售额 4223 亿元，同比增长 6.8%，总量居全省第二。跨境电商进出口额 977 亿元，总量居全省第二。全市共培育省级电商专业村 536 个，总量持续保持全省首位。

实现货物贸易进出口 6290.3 亿元，同比增长 17.2%，规模、增速居全省第三位、第七位，其中：出口 5505.5 亿元，增长 12.9%，出口规模居全省第二位，增速居全省第九位，增长贡献率居全省第二位；进口 784.8 亿元，增长 60.5%，规模居全省第五位，增速居全省第一位。

实现服务贸易进出口总额 184.3 亿元，同比增长 38.2%，总量居全省第三，增速居全省第一，实现逆势增长。其中，服务出口 139.3 亿元，同比增长 45.7%，增速居全省第一；进口 45 亿元，同比增长 19.2%。

实际使用外资金额 4.7 亿美元，增长 9.2%。共落地 10 亿元以上制造业项目 73 个，同比增长 204%，其中 100 亿元以上项目落地 7 个。落地项目当年开工 51 个、入统 44 个，成功引进了全市首个单体投资超 200 亿元的欣旺达新能源动力电池生产基地项目及利维能等一批总投资超百亿元的重大制造业项目，实现了落地项目数量和规模的双提升。

截至 2022 年，金华市经备案、核准的境外企业和机构共 39 家，境外投资总额 35.7 亿美元，中方投资额 10.3 亿美元，较去年同期增长 114.9%。境外投资总额位列全省第四，增幅位列全省首位。

【多措并举刺激消费】2022 年金华市消费促进月 300 余场活动促进消费交易额约 61.5 亿元。举办各类直播活动 3.56 万场，实现直播带货 54.8 亿元。网上年货节、双品网购节、"618" 品牌促销等活动累计促进线上销售超 100 亿元。科学合理发放消费券。在全市发放汽车、家电、普惠、文化旅游、数字人民币等多种类别和形式消费券。发放留金、返岗消费券 5701 万元，拉动消费 1 亿元；发放各类消费券近 7 亿元，拉动消费近 145 亿元。

【实现省级产业集群试点全覆盖】以成功获批中国（金华）跨境电商综合试验区建设（简称综试区）为契机，连续三年举办全市跨境电商发展大会，推进以制造业为核心的"产业集群＋跨境电商"模式快速发展，获批 10 个省级产业集群跨境电商试点，实现省级产业集群试点全覆盖，累计培训孵化制造业企业开展跨境电商 2800 家，菁英电子商务产业园等 4 个园区获批省级跨境电子商务产业园。

【直播电商发展走在全国前列】北山口村 "e 万家共富工坊" 短视频获得全省 "共富工坊" 视频大赛银奖。入围全省首批百家电商直播式 "共富工坊" 典型案例 11 个。7 个县（市、区）入围全国 "直播百强地区"，总数位列全国第三，金华跻身全国淘宝直播十强城市，在直播电商领域开创了 4 个第一，即成立全省首个直播电商学院，发布首本国家级电商直播教材，开发全国首个电商直播专项职业能力考核规范标准，颁发全国首本"电商直播专项能力"证书。

【**大力发展外贸新业态新模式**】2022 年，全市新增外贸主体 3165 家，全市有进出口实绩企业 14310 家，增长 10.3%。兰溪欣旺达浙江锂欣产业园圆柱锂电池项目、金华开发区零跑汽车项目成功落地。实现"市场采购＋跨境电商"出口 45.4 亿美元，增长 83.81%。快速推进金义综保区大通关体系建设，积极开展"9610"出口业务，在全国率先实现阿里国际站"9710"出口全程在线通关，率先开展跨境电商数字清关业务，全市"9710"业务增长 1000% 以上，全市跨境电商进出口总量居全省第二。

【**帮扶企业拓市场抢订单**】至韩国、印度、巴基斯坦 4 趟包机累计接回 564 名客商，带动采购订单 2.61 亿美元。开展"百团千企拓市场"活动，以"政府团＋企业团"形式组织 130 家企业赴印度尼西亚、阿联酋、泰国、越南等国家参展并开展经贸洽谈，达成成交意向 29.6 亿元。累计组织 800 余家次企业参加各类重点线上线下展会，举办 11 场金华品牌丝路行活动，累计达成意向成交金额 20184 万美元。

【**金华数字贸易高峰论坛**】2022 年，金华市举办 2022 金华数字贸易高峰论坛，邀请来自全球服务贸易联盟、商务部研究院、浙江大学、数字贸易头部企业等的产、学、研专家，围绕数字产业化、产业数字化、贸易数字化等热点议题，发布《金华数字贸易年度报告（2022）》和金华数字贸易 20 强名单。深度参与 2022 浙泰数字服务贸易合作对话活动，与泰国莱姆查邦市签署数字服务贸易产业合作战略协议。与商务部研究院合作举办高水平内陆开放枢纽中心城市建设与数字贸易创新发展专题培训班，营造金华数字贸易发展干事创业氛围，提升全市数字贸易发展水平。

【**招大引强"四个一"工作机制**】建立一把手带头抓招商、深入一线抓招商、市县一体抓招商、一票否优抓招商的招大引强"四个一"工作机制，建立招大引强工作月度汇报例会制度，2022 年累计召开月度汇报会 9 次，协调解决项目落地难题 22 个，推动 16 个 50 亿元以上制造业项目签订投资协议。把重大项目招引落地情况作为全市"扛旗争先大晒拼"活动必晒内容，推动各县（市、区）"一把手"外出招商 298 次，参与协调项目 540 次。

【**新能源汽车产业集群发展大会**】12 月 9 日，以"践行中国式现代化推动战略性新兴产业融合集群发展"为主题的 2022 新能源汽车产业集群发展大会在金华市召开。浙江省支持浙商创业创新服务中心与金华市驻杭招商引才总部签约浙江省产业链招大引强试点合作协议，以"项目落地"推动产业升级、产业联动。全国政协参政议政人才库特聘专家庄聪生、中国工程院院士谭建荣及海亮集团、久立集团等行业企业嘉宾百余人参加，中国日报、浙江新闻等 60 余家媒体关注报道。

衢州市

2022 年，衢州市累计完成社会消费品零售总额 878.1 亿元，同比增长 4.6%，列全省第三。实现电子商务网络零售额 606.1 亿元，同比增长 20.3%，增速列全省第二。

实现外贸进出口总额 612.5 亿元，增长 24.3%，增幅居全省第二。其中出口 401.9 亿元，增长 27.3%，增幅居全省第二。新技术出口增长 46%，有进出口实绩企业增长至 1181 家。跨境电商进出口额 29.1 亿元。服务贸易进出口总额 10.3 亿元人民币，同比增长 13.7%。其中出口 2.5 亿元，同比增长 18.8%；进口 7.9 亿元，同比增长 12.2%。全市跨境电商企业数量突破 1000 家，海关备案企业数 400 余家。

2022 年衢州市实际利用外资 10470 万美元，同比增长 36.7%，实际外资首次突破 1 亿美元。合同外资 118193 万美元，同比增长 231.3%；新设外商投资企业 21 家，比去年同期下降 16%。对外投资总额 259.44 万美元，共有 6 家企业新批项目 8 个，涉及国家（地区）5 个。

【发挥汽车家电消费带动作用】开展汽车促消费活动，实现限上汽车零售额 87.5 亿元，增速 9.9%，占限上零售额比重约 29%，继续稳固第一权重商品地位。全年实施汽车消费补贴活动 9 次，实际补贴资金 6670 万元，实现汽车销售额 19.7 亿元。成功举办 "8·18 四省边际汽车嘉年华"，销售汽车 1245 辆，销售额 2.08 亿元，带动 8 月限额以上汽车零售额增长 19.64%。举办家电惠民消费月活动，13 家企业的 38 个门店参与活动，总销售额 8793.2 万元，较上年同期增长 80.9%，其中限额以上重点企业普农家电销售额 2962 万元，同比增长 28.9%，促进全年限上家电类零售额增长 32.2%。

【举办餐饮消费特色活动】开展 "好吃衢州" 餐饮消费月活动，实现总销售额 2750 万元，较上年同期增长 16%。组织 "品牌联农带农共富·三衢味年货节" 活动，发放 10.7 万张消费券，累计使用率达 99.4%，产品销售总额达 498.1 万元。新建或改造提升 "三衢味" 营销网点 27 个，在杭州奥体中心小莲花体育馆举办 "鲜辣衢州共富 @ 未来" 三衢味杭州亚运会、亚残运会官方供应商发布会系列活动。

【推进国家级电子商务综合示范县建设】截至 2022 年，衢州市已建设乡镇共配中心 27 个，村级站点 1000 个。龙游县打造乡村物流智达通应用，快递业务进村覆盖率从 10% 提升至 100%；衢江区依托数字生活新服务及县域商业体系建设项目，上线 "数商兴农服务" 应用。积极建设电商专业村镇，全市 65 个村（社区）、16 个乡镇（街道）入选浙江省省级电子商务专业村（镇）。累计建设 56 个省级电子商务示范村、240 个省级农村电商示范服务站（点）。创建四省边际直播产业创业街，入驻企业实现网络零售额 16.97 亿元，带动就业 1000 多人，建立四省边际 "它经济" 厂播基地，打通村播"它经济"产供销一体化发展路径。

【"政校企协"合作培养跨境电商人才】 采用"政校企协"合作模式，搭建"孵化园地＋人才飞地＋实训基地"三地发展平台。完成"衢州市跨境电商人才培养基地"项目建设，全市开设跨境电商专业或课程的院校6家，在读人数超1300名，组织首批市本级8家电商企业与衢州院校建立人才需求对接机制，新认定5家市级跨境电商实训基地，形成育才用才留才闭环机制。

【创新举措稳外贸】 探索开发外贸提档升级数字化应用平台，建立重点外贸企业30强动态监测机制。首次出台进口政策，创新推动信安国贸集团为龙头企业开展"代理进口"业务，进一步做大进口盘。采取商务包机、代参展等多种形式组织全市外贸企业参加进博会、广交会等各类重点展会125场，积极利用"闭环泡泡"免隔离接待政策，全力创造会谈条件、提振企业信心。深化跨境电商公共服务，推动柯城休闲用品、衢江特种纸、龙游五金机械、江山木门四大产业集群列入省级试点，连续两年获得省级专项激励。引入跨境电商服务资源，实现跨境电商公共服务全市域覆盖。建设提升跨境电商产业园13个，打造省级跨境电商产业园3家。

【承接数贸会展会溢出效应】 首届数贸会衢州展区以"南孔圣地　衢州有礼"城市品牌为主基调，融合了国家级文旅消费试点城市、衢州儒学文化产业园、南孔圣地文化旅游区、衢黄南饶"联盟花园"等特色亮点，融合"五百五千"工程，通过四大展示区（重大应用展示区、公共服务功能区、文旅产业创建区、乡村旅游服务区）呈现衢州文旅数字化改革内容、国家级文化和旅游消费试点城市风貌。在数贸会之江数字贸易主论坛重大项目签约仪式上，衢州市元森光电科技有限公司的元森光电产业项目，中科锂电新能源有限公司的年产8万吨磷酸铁及4万吨磷酸铁锂项目顺利签约，签约金额共33.9亿元。衢州市于12月7日举行全球首届数贸会配套活动"2022衢通四海——RCEP背景下泛亚铁路冷链运营合作论坛"，论坛上举行了四省边际开放开发桥头堡发布暨泛亚铁路冷链运营平台启动仪式。

【优化招商工作机制】 2022年，衢州市出台《关于进一步优化招商引资工作机制的补充意见》，从工作体系、招引机制、队伍建设、绩效考核等4个方面对招商引资工作机制进行优化完善，增强招商引资工作的针对性和实效性。实施制造业招商项目市县统筹联动机制，市领导牵头集体会商、统筹布局、全程跟进，一年来共统筹流转制造业项目87个（总投资1383亿元），其中3个已投产、7个已开工、5个已正式签约；市县合力引进东巨康、百豪、洲驰等7个20亿元以上光电产业项目，光电一体化产业快速形成、初现雏形。建立市级部门服务重大制造业招商项目机制，一条信息一个部门一名领导一个小组，精准服务，3批共61个部门挂联服务，其中6个已正式签约（总投资54.7亿元）、2个已通过决策（总投资20.3亿元），实现了招商项目从信息获取到转化落地的全贯通。

舟山市

2022 年，舟山市社会消费品零售总额同比增长 4.1%，实现全社会批发零售业销售额同比增长 10.0%，其中限上批发零售业销售额同比增长 11.0%。实现网络零售额 124.1 亿元，同比增长 16.5%，增速居全省第三位。

实现外贸进出口 3381.8 亿元，同比增长 43.6%。其中，出口 1155.5 亿元，同比增长 49.0%；进口 2226.3 亿元，同比增长 40.9%，进出口、出口和进口增速分居全省第一、第一和第二。全年实现服务贸易进出口 109.88 亿元，同比增长 5.81%。

实际到位市外资金 666.32 亿元。引进 1 亿元以上产业项目 114 个，其中新开工项目 56 个，取得土地（厂房）项目 65 个，推动高端新材料、高性能树脂、LNG 站线扩建等 3 个百亿级项目开工建设。

境外投资备案项目 19 个，同比增长 26.7%。投资总额 3147.6 万美元，同比下降 83.4%，中方投资额 2724.6 万美元，同比下降 85.3%。全市对外承包工程、劳务合作完成营业额 9.12 亿美元。

【深入开展供应链创新与应用】2022 年，舟山市作为全省唯一地市入选 2022 年全国供应链创新与应用示范城市，大洋世家入选全国供应链创新与应用示范企业，舟山现有供应链创新与应用国家级示范企业 2 家、省级供应链协同创新综合体 1 个、省市级供应链创新与应用示范试点企业 25 家。

【全方位开展促消费活动】2022 年，舟山市开展"消费促进月""金秋购物节""线上东海开渔节"等百余场促消费活动，带动消费 11.5 亿元，其中"双品网购节"活动两次被央视新闻报道。持续开展实施"家电下乡"，累计举办 39 场家电促销活动，总成交额 8275 万元。全市围绕商超、餐饮、出行等消费重点领域，累计发放各类消费券总金额 3300 万元，直接拉动消费约 6.4 亿元。

【实施数字生活新服务行动】组织实施 2022 年度数字生活新服务高质量发展项目计划，嵊泗电商飞地综合体项目、"山海一城　数新生活"等 2 个项目列入省项目计划，获得 380 万元省级资金支持；积极开展省数字生活新服务标杆创建工作，定海区获评第二批省数字生活新服务样板县，新增省数字生活新服务特色镇 3 家。

【推动电商主体和人才培育】举办"共同富裕，行业振兴"企业负责人直播带货答疑指导会，水产、文旅、自媒体等行业 40 余名企业总经理或负责人参会；组织开展舟山梭子蟹溯源直播培训会；举办"山货上头条——舟山产业商家培育会"，引导抖音商家合法合理合规经营，线上线下共计 2.13 万人参训；以赛促教，培育电商人才创业创新能力，舟山 2 个项目分获"之江创客"2022 全球电子商务创业创新大赛供应链赛区、农村电商赛区三等奖，创舟山市该赛事近 5 年获奖项目数量之最。

【开展"美好生活　浙播季"行动】截至 2022 年，累计开展"舟山特产带货直播""舟山海鲜专场直播"等直播活动 100 余场；推动本地电商平台和实体商业、生活服务业双向融合，围绕餐饮、体育、家居消费等领域，组织开展"宠粉狂欢节"、世界杯主题直播、"优选火锅节"等"数字生活嘉年华"活动，线上线下共同营造数字消费氛围，参与商贸企业 115 家，累计销售额超 520 万元。

【外贸政策不断强化】出台《舟山市人民政府办公室关于进一步做好稳外贸稳外资促消费的若干意见》《舟山市人民政府办公室关于进一步推进稳外贸稳外资工作的若干意见》，制定《舟山市稳外贸稳外资促消费攻坚行动方案》11 条等若干举措稳外贸。落实惠企政策，拨付外贸资金 2700 万元。

【积极开拓外贸市场】创新展会模式，建设舟山数字贸易云展会平台。拓展外贸营销渠道，培育全球营销推广平台"舟贸通"企业独立站。开设商务专窗，确定外贸白名单企业 125 家，为商务人士出入境提供便利。优化外贸展会目录 74 个，用好浙江出口网上交易会，开拓"一带一路"、RCEP 重点市场。

【积极出台稳外资专项激励政策】首次出台奖励政策，对实际利用外资 2000 万美元以上的制造业和实体产业项目给予专项资金奖励；对引进 1 亿美元以上外资制造业项目的在年度考核中给予额外加分；对已落地外资项目在要素保障、项目融资、汇兑管理等方面给予大力支持。

【巩固新能源项目利用外资主阵地】全市新能源项目实到外资 2.02 亿美元，占实际利用外资总量的52.7%。华润异质结光伏板生产和光伏发电项目、华能海上风电项目、中广核海上风电项目等一批重点新能源项目外资依约到资。

【多渠道开展招商专题活动】高规格举办第五届世界油商大会暨第十届亚洲炼油和石化科技大会，组织全球化工 50 强及知名石化企业高管举办石化产业国际合作对接会，通过一对一接洽、实地考察等方式开展招商对接。开展欧洲（外资）招商集中推介月活动，召开"小岛你好　星辰大海"、国际粮油产业等专题推介 2 场，对接霍尼韦尔、伊士曼、阿科玛等重点外资企业 6 家，拜访欧盟商会、上海德国中心等商协会 3 家，进一步拓展了欧盟来舟山投资渠道。10 月 24 日举办2022"台商走进自贸区"舟台石化产业线上峰会。开发"云看地"平台，梳理近期可供出让工业用地及厂房资源，通过全景影像、现场图片等方式线上展示，方便投资企业足不出户"云上"选地。

【助力推动远洋渔业"走出去"】引导和鼓励企业开发境外渔业资源，通过入渔配额和合资合作形式，大力开辟新渔场，建立境外渔业生产基地和综合服务基地，分别分布于秘鲁、阿根廷、安哥拉、几内亚、基里巴斯等地。

【加大境外经贸合作区的培育和建设】浙江大洋世家股份有限公司在基里巴斯建设集养殖、捕捞、冷链物流、生产加工、码头建设于一体的综合基地，带动国内 9 家企业和瑙鲁 2 家企业共 7 艘大型金枪鱼围网船、45 艘超低温延绳钓船在基里巴斯开展生产作业。

台州市

2022 年，台州市社会消费品零售总额 2586 亿元，同比增长 3.2%，其中，限上社零总额 680.8 亿元，增长 6.7%。网络零售额 1349.3 亿元，同比增长 9.9%；居民网络消费额 1048.2 亿元，同比增长 4.6%。跨境电商出口额 120.5 亿元，同比增长 39%。

货物贸易进出口总额 2771.8 亿元，同比增长 15.5%。其中出口 2526.7 亿元，增长 15.0%；进口 245.15 亿元，增长 20.9%。服务贸易进出口总额 40.1 亿元，同比增长 10.0%。其中出口 11.7 亿元，同比增长 6.7%；进口 28.4 亿元，同比增长 11.4%。离岸合同额 1.8 亿美元，执行额 1.6 亿美元，同比下降 2.6%。

新设外商投资企业 67 家，实际使用外资 24143 万美元。全年新批 36 家境外投资企业，中方投资额 23674 万美元，同比增长 32.1%。

【促消费活动密集开展】全面促进消费提振，以"浙里来消费·欢购台有惠"为主线，开展"购车狂欢节""双品购物节""欢乐盛夏"等促消费活动 62 场，共发放汽车、家电、餐饮、商超等各类消费券 3.1 亿元，拉动消费 61.2 亿元。

【加快商贸流通业发展】编制《县域商业体系建设工作方案 2022—2025》，临海、三门获评首批省级县域商业体系建设试点县，临海、玉环、三门获评省级供应链创新与应用试点城市，培育全国供应链创新与应用示范企业、国家级服务业标准化试点、省级商贸流通龙头企业各 1 家。临海紫阳古街商圈、台州南官—中盛商圈获评省级智慧商圈，路桥十里长街历史文化街评为省级高品质步行街，椒江区列入省级夜间经济试点（培育）城市。推进商贸镇村建设，9 个镇（街）和 7 个村（社）分别获评省级现代商贸特色镇和商贸发展示范村。

【开展"数商兴农促共富"专项行动】在全省率先出台《数商兴农共富建设实施方案》，建成"数商兴农共富工坊"示范点 20 个，承办浙南片区电商直播式"共富工坊"建设工作现场推进会并作经验介绍。推动县域电子商务发展，温岭、天台、临海 3 地被列入全国县市电商竞争力百佳样本，椒江、黄岩、临海、温岭获评省级数字生活新服务标杆县，新创成 14 个省级数字生活新服务特色镇（街道），共有 421 个村、52 个镇被认定为 2022 年浙江电商专业村、电商镇。

【促进跨境电商高质量发展】开展跨境电商"一店一品一站"行动，全市新增跨境电商网店 380 家，正式上线台州首家跨境电商供应链服务平台"云上台州"，并获 2022"之江创客"全球电子商务创业创新大赛跨境电商赛区决赛一等奖。

【开展"千企百展"拓市场】发布重点支持境内外

展会项目共三批 165 项，举办 "2022 中国（阿联酋）国际贸易博览会台州智造商品展"。支持 600 家企业参加百场线上展。组织参加第 131 届、第 132 届广交会线上展，意向成交金额超 2 亿美元。支持企业 "走出去"，全省首创出入境 "白名单" 动态管理，便利商务人员出入境。疫情后首次组建台州经贸团出访阿联酋，促进经贸交流。

【发展外贸新业态新模式】新增省级外综服企业、省级公共海外仓各 1 家。推动市场采购贸易试点高速增长，举办中国（台州）"一带一路" 跨国采购对接会等，全年市场采购出口 180.7 亿元，同比增长 39.5%。

【二手车出口居全国前列】2022 年，台州累计出口二手车 13696 台，实现出口额 31901 万美元、比上一年增长 440.5%，出口数量和金额均居全国 30 个试点城市首位。台州共有 17 家二手车出口试点企业，主要出口市场涉及乌兹别克斯坦、阿联酋、哈萨克斯坦、埃及、比利时、德国等近 30 个国家，新能源汽车占出口车型大类近 80%。

【台州综合保税区正式授牌】2022 年，国家级台州湾经济技术开发区（台州综合保税区）正式授牌，台州市出台《关于加快台州湾技术经济开发区高质量发展的若干意见》。率先出台《RCEP 高水平开放合作示范区建设三年行动计划》，举办浙江（台州）RCEP 经贸合作论坛暨海洋经济重大项目签约仪式，创成浙江（台州）RCEP 高水平开放合作示范区。2 家企业上榜浙江本土民营跨国公司 "领航企业"。出台《台州市推进义新欧班列组货的若干意见》，实现 "义新欧" 班列 "台州号" 组货首发并常态化开行。

【丰富精准招商 "工具箱"】对接 IDG 资本、深创投等头部基金，导入基金背后的优质资源，撬动重大产业项目招引。搭建招商项目全生命周期管理云平台，与火石创造合作建设招商大脑，实现数字赋能精准招商。编制《2022 年度台州投资环境评估报告》《未来汽车城招商手册》和《新医药健康城招商手册》。举办 "2022 台州·世界五百强医药产业投资云洽会" "台州·跨国企业投资交流会" "跨国企业走进台州" 专场活动，积极对接世界 500 强企业。2022 年，台州市共引进 10 亿元以上产业项目 33 个，其中，引进台州湾新材料产业园、比亚迪 22GWh 刀片电池、吉利智能汽车生态产业园、晶科高效太阳能电池及组件生产基地、晶科储能电池生产基地等超百亿项目 5 个。

丽水市

2022 年丽水市实现社零总额 804.8 亿元，增长 4.1%，增幅列全省第五。实现网络零售额 725.7 亿元，增长 22.8%，增幅列全省第一。其中农产品网络零售额 116.3 亿元，增长 33.3%。实现跨境电商进出口 41.1 亿元，出口额 39.6 亿元，增长 122.5%。截至 2022 年，共建成电子商务专业村 68 个，专业镇 16 个。

2022 年丽水市进出口总额 324.6 亿元，下降 1.3%。其中，出口额 289.3 亿元，增长 0.8%；进口额 35.3 亿元，下降 15.7%。服务贸易进出口总额 7.6 亿元，增长 5.3%，其中出口 0.4 亿元，进口 7.2 亿元。

2022 年丽水市实际使用外资 11873 万美元，增长 38.6%，增幅列全省第二。全市制造业实际使用外资 4977 万美元，增长 157.1%，高技术产业实际使用外资 2268 万美元，增长 280.5%，新引进总投资额 5000 万美元以上的外资大项目 2 个。

境外中方投资备案额 2143.3 万美元，下降 15.7%，增幅列全省第七。新增境外投资备案项目 5 个，其中法国欧特立项目为丽水市企业首次在法国布局，缙云涛涛车业在美国特拉华州设立销售公司，中方投资备案额投资 980 万。

【打造特色消费品牌】培育"啡藏丽水""处州万象宴"等特色消费品牌，高质量举办第二届咖啡文化节，全市开展"浙丽来消费""暑期促消费""金秋购物节""丽水味浙江行"等促消费活动超 100 场，实现销售超 20 亿元，累计发放各类消费券 2.3 亿元，核销 1.6 亿元，拉动消费 19.5 亿元，其中汽车消费补贴 6160 万元，拉动消费 12.8 亿元。

【商贸流通试点示范】松阳、遂昌入选县域商业体系试点，青田、庆元通过省夜间经济试点城市验收，新获评 4 个省级商贸特色镇、4 个商贸发展示范村、1 个公益性农产品市场、2 个省级绿色商场，累计获评丽水老字号 54 家、浙江老字号 19 家、中华老字号 4 家。

【举办第六届中国农村电商大会】2022 年丽水市高质量举办第六届中国农村电商大会、"之江创客"创业创新大赛农村电商赛区等活动。本届中国农村电商大会以"高质量发展农村电商　奋进中实现乡村振兴"为主题，围绕乡村振兴、乡村数字化建设、直播电商助力地方产业发展等主题，邀请政府、学界、商界的嘉宾探讨并充分展示中国农村电子商务市场环境和发展动态，解析农村电商与乡村振兴的促进融合方式，品牌影响力持续扩大。

【跨境电商综试区高效建设】出台跨境电商促进政策、市级公共海外仓评价办法，成立跨境电商公共服务中心，启动线上综合服务平台立项。持续推进莲都、景宁麒麟计划，举办各类培训活动超

140 场，孵化出口主体 60 余家。成功培育缙云省级跨境电商产业园，全市共有跨境电商活跃网店 1700 多家。谋划浙丽品牌跨境海拍计划，建设跨境电商独立站 10 个。

【推进特产直播电商基地建设】培育打造山里人卖山货"丽水山播"区域公共品牌，推进"1+1+N"直播电商建设，全市共建成各类直播基地 46 个，其中省级直播基地 5 个。推动建成丽水快手直播基地、龙泉宝剑快手直播基地、青田进口商品城快手直播基地、抖音青田石雕基地、抖音松阳茶叶产业带 5 个直播产业带，创建直播电商式"共富工坊"75 家。新增鹿禾、极昼等 4 家市区电商创业培训定点机构，累计培训 8000 位各类电商人才。

【持续深化外贸攻坚】丽水市商务局牵头建立"商务、海关、税务、外管、中信保"涉外五单位协作机制，累计走访企业 80 多家次。制定实施对外贸易主体培育"195"行动计划，招引落地外贸企业 69 家，全市有出口实绩企业 1069 家，培育形成庆元铅笔和食用菌、云和木制玩具、龙泉汽车配件等多个国家外贸转型升级基地。制定实施"扬帆出海"八大攻坚行动，全年组织超 420 家次企业参加各类展会，在全省率先举办"千名外商进丽水"活动。云和县获批木制玩具内外贸一体化改革试点产业基地，外贸企业出口转内销销售额达 16.8 亿元。

【服务贸易创新发展】高水平举办丽水世界摄影大会和影像产品博览会。浙江和信玩具集团有限公司的漫威、迪士尼 IP 衍生开发，龙泉"郑氏刀剑"动漫周边刀剑武器装备获得浙江省数字贸易创新应用优胜奖，丽水青田石雕产业数字化应用获三等奖。维康药业获得服贸会中医药展区"白金供应商"的荣誉称号。2022 年浙江郑氏刀剑、龙泉市盛和刀剑等动漫刀剑出口额超 5500 万元，销往 15 个国家。

【积极拓展外资招引渠道】启动产业链统筹招商机制课题研究，编制《招商政策汇编》《项目推介册》《投资指南》《招商引资合同范本》。组织参加第二十二届中国国际投资贸易洽谈会等商务部各类产业推介活动、"投资浙里"系列线上推介会等线上推介活动 33 场，举办德国隐形冠军企业协会杭州代表处考察缙云、缙云浙企智造对接会等线下招引活动 7 场。建立丽水与宁波、嘉兴省级以上经济开发区结对全覆盖、招商资源共享机制，积极与戴德梁行等中介机构开展考察交流，充实招引资源。举办全市"两稳一促"暨招商引资研讨班，加强招商干部队伍建设。

【招引模式不断创新】深化基金招引，筹建"双招双引"基金，丽水经开区运用产业基金引进了东旭光电、广芯微等大好高项目。扩面飞地招引，截至 2022 年丽水市（含市本级）租赁或购买科创飞地飞楼 12 个，吸引 140 余个优质项目入驻孵化。与上海智铂科技、浙南杂志等招商中介合作对接，成功招引中科极光等项目。推进数字化招引，深化双招双引"一张图"系统建设，新增新能源、新材料、工业互联网三条产业链资源，滚动更新产业招商云图，持续推进疫情下"云"招商。

第十一编

部分县（市、区）商务工作概览

萧山区

2022年萧山区实现社会消费品零售总额905.7亿元，同比增长9.7%，增幅排名全市第二。网络零售额1315.6亿元，总额位居全省第四、全市第三。

外贸进出口总值1092.9亿元，同比增长6.3%。其中出口872.0亿元，同比增长10.7%。进出口总额、出口总额均位居全市第一，且为历史同期最高。服务出口总额15.0亿美元，同比增长16.9%，其中承接服务外包离岸执行额7.2亿美元，数字服务贸易出口额10.1亿美元。

2022年，自贸试验区萧山区块新招引亿元以上项目9个。纳入萧山区块重点项目清单项目51个，总投资超700亿元。国内首个"多层结构＋智能化"的机场国际货站主体结构封顶，杭州大会展中心一期项目8个展厅非预留区钢结构主体全面封顶。报经国家和商务部门核准的境外投资项目37个，实现总投资额备案5.1亿美元，其中中方投资额3.9亿美元，同比增长197.2%。

【高能级活动促消费】2022年，杭州市萧山区高质量举办"浙里来消费·第十四届萧山购物节"、"寻味萧山·银泰美食节"、第二届钱潮杯动漫清廉微作品大赛暨潮涌萧山夜经济活动启动仪式等重要活动，持续打响"亚运主赛地 消费首选地"品牌。

【高额发放汽车消费补贴】2022年，萧山区商务局先后发放了燃油车购车补贴1000万元、新能源汽车购车补贴2.1亿元。其中，新能源汽车购车补贴政策拉动销售额94.0亿元，拉动全区社零增长11.4个百分点，杠杆率达1∶46。

【高品质消费场景创建走在前列】2022年，萧山区成功创建为全省首批数字生活新服务样板区。衙前镇、益农镇、新塘街道获评2022年度省级数字生活新服务特色镇，南阳街道获评2022年度市级数字生活新服务特色镇，培育创建总量位居全省第一。积极开展全区一刻钟便民生活圈等级评价工作，截至2022年底，共打造一刻钟便民生活圈197个，其中高品质一刻钟便民生活圈18个，基本型一刻钟便民生活圈179个。

【农村电商推动共富】全年全区新增省级电子商务示范村2个，农村电商示范服务站（点）7个。上榜淘宝村130个，淘宝镇17个，上榜村、镇数量均为全市第一。南沙共富工坊通过村企合作方式，充分发挥党建联建机制横向集成、纵向贯通的作用，成功入选全省首批百家电商直播式"共富工坊"典型案例。

【跨境电商高质量发展】2022年，萧山区新招引98家跨境电商企业入驻四大跨境电商产业园。空港园区全国首创的"一库两码"复合型监管场所入选省自贸试验区第一批"十大进展"以及杭州市改革试点创新案例。全省首个跨境电商品牌指导服务站在空港园区挂牌成立，服务区内涉外企业200余家。萧山园区、空港园区获评2022年省级跨境电子商务产业园，园区竞争力不断增强。

【萧山"数贸公园"落成】 2022 年 12 月，全球首届数字贸易博览会在杭州市国博中心召开，共吸引 800 余家境内外企业参展，场内外签约项目 89 个，投资总额约 1100 亿元，并在萧山区建设了面积约 900 平方米的"数贸公园"。"数贸公园"作为重要标志性景观，将成为全球数字贸易博览会留在萧山的永久印记。萧山区多家企业入选 2022 年浙江省数字贸易百强榜、2022 年浙江省数字贸易潜力榜。浙江海盟供应链管理有限公司的"国际集装箱一键订舱智能服务平台项目"获得"2022 浙江省数字贸易创新应用优秀案例"优胜奖。

【优势产业和龙头企业加速"走出去"】 萧山区商务局组织企业参加"丝路领航""浙江国际工程联盟拓市对接会""RCEP 国别投资产业对接会"等活动，助力区内能源、羽绒、化纤等优势产业和龙头企业"走出去"。区内民营企业国际竞争力、品牌影响力、全球布局力进一步增强，恒逸、荣盛等 5 家企业入选"2022 年浙江省本土民营跨国公司领航企业名单"。其中，恒逸和荣盛 2 家企业 2021 年、2022 年连续两年上榜世界 500 强企业。

【中国（浙江）自贸展示中心正式启用】 作为唯一的省级展示中心，中国（浙江）自贸展示中心在萧山区正式启用，全景式、立体化地呈现浙江自贸试验区建设的改革成效和发展活力。自贸大厦于 10 月正式挂牌，将打造全省领先的自贸综合服务功能区、全域自贸龙头企业创新项目汇聚核心试验区和全区功能性总部集聚区。

余杭区

2022年，杭州市余杭区实现社会消费品零售总额801亿元，同比增长10.2%。全区限额以上单位零售额656.1亿元，同比增长17.7%，占社零总额的81.9%。网络零售额1785.1元，同比增长17.3%，分别高出省、市10.1和11.8个百分点，规模、增速均列全市第一。实现跨境电商交易额14.1亿美元，其中跨境电商出口额9.39亿美元，同比增长23.4%。招引跨境电商企业60余家。

外贸进出口总额376.8亿元，同比增长7.5%，其中进口24.9亿元，同比增加2.5%，出口351.9亿元，同比增长7.9%。服务贸易出口总额14.6亿美元，同比增长127.2%。承接离岸服务外包合同执行额4.9亿美元，同比增长10.9%。累计新增入库服务外包企业26家，服务外包企业总数达192家。

实际利用外资10.2亿美元，新设外商投资企业109家，增加注册资本外资企业70家。办理境外投资项目备案52个，新增境外投资额1.09亿美元，规模位居全市前列。完成"一带一路"投资项目32个，涉及境外投资额7580.4万美元；完成并购项目4个，涉及境外投资额3210.33万美元。

【"数智消费 IN 余杭"暨第二届完美生活节主题促消费活动】2022年，余杭区开展"数智消费 IN 余杭"暨第二届完美生活节主题促消费活动，包括"仲夏消费月""完美生活狂欢季""活力暖冬"等子活动，活动内容有购车补贴、数字消费券、百场主题直播、汽车嘉年华展、国风大典主题跨年畅购等，展现余杭数智新消费的经济活力和商业氛围。

【推进跨境电商园区建设】推动杭州跨境电商综试区余杭园区建设，总体建筑面积14.4万余平方米，集聚开展跨境电商业务的企业1000余家。华立创客云立方、起梦跨境电子商务产业园等重点跨境电商产业园区和产业集聚区，企业入驻率均在90%以上。余杭区华立·181社区、起梦跨境电子商务产业园和乐富海邦跨境电商产业园入选杭州市跨境电商品牌出海基地，其中华立·181社区和起梦跨境电子商务产业园入选浙江省级跨境电子商务产业园名单。

【多跨协同优化外贸环境】2022年，余杭区深化与中信保浙江分公司战略合作，提高小微联保模式支持力度。与10余家金融机构联合举办"金商启航"系列活动近10场，提高企业金融管理水平。强化外贸联盟建设，与税务、海关、人民银行、外办等部门及法律、物流等领域20多家服务机构形成常态化合作机制，"一站式"协调1200余家企业进出口遇到的各类问题。与出入境部门构建联动机制，优先支持商务人员出入境证件办理，支持20余家企业近40人次便利乘坐商务包机和定期航班。

【多渠道拓展国际市场】2022年，余杭区组织企业参加进博会、服贸会、上交会、数贸会等服务贸易专业性展会、论坛,引导企业拓展多元化国际市场。加快培育杭州市服务贸易示范园区、示范企业、成长型企业,推动服务贸易优势企业在余杭区聚集。新认定服务贸易企业 26 家,累计培育杭州市服务贸易示范企业 11 家,杭州市服务贸易成长型企业 6 家。华立·181 社区获评杭州市服贸示范园区,浙江天猫技术有限公司"天猫新品牌孵化实践"入选中国服务实践案例。组织区内企业参与第五届国际工程联盟拓市对接会、浙江出口网上交易会等国家级、省级展会。截至 2022 年底,已开展境外投资业务的企业达 100 余家。华立集团荣获 2022 年度浙江本土民营跨国公司"领航企业"称号;华立海外入选浙江省"一带一路"综合服务联盟首批理事长单位。

【"双集中"签约活动】2022 年,余杭区常态化开展 4 次季度"双集中"签约活动,累计签约项目 276 个,总投资超 1770 亿元。坚持一把手招商,全区共在 7 个省 14 个市开展"敲门招商"150 余次。重启驻点招商,在北京、上海、深圳三地派遣队伍拓建招商网络,与当地企业及机构 60 余家建立常态化联系机制。2022 年余杭区集中签约了一批规模大、能级高、带动力强的重大产业项目。如国企龙头中建三局华东总部项目、中电 52 所总部基地项目等,生物医药领军企业科兴中维华东总部项目,国内制造业先进代表企业吉利科技车规级功率半导体模块项目、圣钚科技新型固态储热项目等。

【境外园区发展规模壮大】截至 2022 年底,华立·泰中罗勇工业园累计入驻企业 180 余家,带动中国企业对泰投资超 45 亿美元,解决当地就业 4.5 万余人,是在泰唯一被中国政府批准的"境外经济贸易合作区"。华富山园区累计吸引 20 余家中资企业入驻园区,带动中国对墨西哥投资超过 6 亿美元,雇佣当地员工 8000 余人。柬埔寨农业园已开发种植 2150 公顷,园区采用"自营 + 平台"模式,已吸引 66 家企业参与园区种植与经营,累计带动当地就业 3000 余人。

临安区

2022 年杭州市临安区实现社零总额 224.3 亿元，同比增长 5.5%。实现网络零售额 109 亿元，同比增长 10.6%。

实现进出口总额 321.8 亿元，同比增长 31.6%。其中出口额 227.5 亿元，同比增长 38.0%；进口额 94.2 亿元，增速 18.3%。累计实现服务贸易出口额 3.0 亿美元，同比增长 12.7%。实现跨境电商出口额 7.8 亿美元，同比增长 32.0%。累计培育 7 个省级电商镇、50 个省级电商专业村、22 个省级电子商务示范村，建成 43 个省级农村电商示范服务站。临安区获评 2021 年度产业集群跨境电商发展试点 A 级试点县、2022—2024 年度省级跨境电子商务产业园、2022 年度杭州市跨境电商品牌出海基地。

全年落地亿元以上项目 40 个，其中 10 亿元以上项目 8 个，完成新引进工业项目当年固投 23 亿元。全区引进实际利用外资 2 亿美元。

【打造夜经济集聚区】2022 年，临安区重点培育青山湖 AAAA 级景区"夜地标"，激发苕溪南北街文化艺术和公共参与"夜空间"，培育苕溪时代广场、苕溪两岸、人民广场夜商圈。苕溪时代广场、铂盛汇等夜经济集聚区初具规模，成为"网红"的新打卡地。

【挖掘餐饮文化促消费】打造"钱王""吴越""天目"三个餐饮文化品牌。组织两季"舌尖上的杭州"厨神争霸选拔赛、"天目暖锅"品牌新闻发布会等活动。组织啤酒节、汽车节、时代晚风夜市、年货节等促消费活动 52 场。

【"浙里好家政"应用场景二期迭代升级】推进浙江省数字化改革项目"浙里好家政"应用场景二期迭代升级落地临安区，正式上线浙里办 App、小程序和支付宝三端同时发布，并部署建设 18 个镇街级社区网点，在玲珑街道和清凉峰镇一街一镇先行先试。

【电商培训机构与基地建设】临安区注重发展和培育电商培训机构与基地建设，杭州大湾电子商务有限公司、杭州市临安区外贸跨境电商协会、杭州市临安区云上白牛职业技能培训学校、杭州市临安区韵泽职业技能培训学校等 4 家被列入浙江省电子商务培训机构名录；云上白牛直播基地被列入浙江省电子商务实践基地名录；区电商公共服务中心完成改造提升并投入运营。

【电子商务发展成果显著】开展 2022 年度"最美电商人"评选工作，集中展示一批如陈雨霞、陈洁等扎根乡村，助力乡村振兴的最美"电商人"；鼓励企业参评"品字标""浙江省名特优作坊"等称号，逸口食品、青峰食品、悠果食品等 9 家电商企业成功获评；推出云上白牛、团圆人、ROSEINN 玫瑰里等 4 个示范类、16 个培育类电商直播式"共富工坊"。年初举办"网上年货节""双品购物节"等活动，网销额较 2021 年同期增长超 50%。鼓励各类大型电商平台与本地品牌企业合作，开展专场培训，对流量获取、运作模式、品牌推广等进行专业辅导，为企业"零成本"增加销售渠道。

【开展"双百双千外贸拓市场"专项行动】 2022年，临安区建立外贸企业服务专班，落实企业走访调研和监测预警制度，组织"双百双千外贸拓市场"专项行动，制定"组团出海觅商机"计划，积极落实"包机""签证一站式绿色通道"和"联合自办展"等举措，线上线下联合发力，积极助力企业拓市。

【探索"区、库、港"联动模式】 2022年，临安区深化与钱江海关和舟山港的合作，实施"区、库、港"三方联动模式，全年帮助企业降低海运成本1000余万元。联合钱江海关，开展精准帮扶、指导，助力杭州华旺新材料科技股份有限公司成为2022年杭州地区第一家通过海关AEO高级认证的企业，推动"跨关区集团加工贸易监管"新政在临安首先落地。

【开发"一键找订单"应用场景】 2022年，临安区完成"一键找订单"应用场景的开发，组织企业开展操作培训，实现"浙里办"企业端和"浙政钉"政府端的应用上架，2022年上线企业达580家，帮助企业发送海外客户邮件230次，获取新客户询盘180余次。

慈溪市

2022年，慈溪全市实现社会消费品零售总额733.7亿元，同比增长4.7%，其中限额以上社会消费品零售额209.4亿元。全市限上批发业商品销售总额2530.9亿元，限上零售业商品销售总额182.6亿元，同比增长10.3%。网络零售额1016.6亿元，同比增长13.6%，位列宁波各区（县、市）第一位，全省第九位。全市实现跨境电商B2B试点出口额184亿元，新增出口试点企业82家，累计达到293家；成功创建省级公共海外仓2个，总面积7.4万平方米。

进出口总额1124.2亿元，同比下降3.1%，其中出口990.7亿元，同比下降3.6%，进口133.4亿元，同比增长0.6%。市级实现服务贸易进出口额76.7亿元，同比增长16.5%，其中出口68.8亿元，同比增长8.5%，进口7.9亿元，同比增长224.6%。

市级实际利用外资1.3亿美元，同比下降12.4%；浙商回归到位资金90.9亿元，签订投资协议亿元以上产业项目13个，总投资156亿元，其中总投资116.9亿元的新城河区块四期片区综合开发项目的落地，实现了慈溪市百亿级项目招引的实质性突破。

市级新备案境外投资企业11家，完成协议投资额5054.8万美元，比上年增长57.5%；实现对外承包劳务合作营业额6107万美元，下降18.8%。慈溪市慈兴集团连续三年获评宁波市本土民营企业跨国经营20强企业。

【优化城市商贸网点布局】2022年，慈溪市落实《慈溪市"十四五"商业网点布局规划》，上林坊仿古商业街、天元古玩街等两条街区复评获宁波市商业特色街区称号，清水湾社区获评2022年度宁波市级一刻钟便民生活圈，道林镇入围省级第二批现代商贸特色镇，太屺村入围第二批省级商贸发展示范村，爱琴海购物公园入围宁波市级首批示范智慧商圈，全市8条"精特亮"特色街区创建工作有序开展，已逐步形成布局合理、规模适度、层次分明、业态丰富的现代商业网点布局。

【加快推动电商合规发展】出台《慈溪市电子商务提质创新发展三年行动计划（2022—2024）（试行）》，引导电子商务企业规范合法经营，扶持培育一批以研发设计、品牌运营、网上营销为核心业务的新电商企业。截至2022年12月，已纳入限额以上商贸企业统计的电子商务企业共28家，实现销售额74.9亿元，其中实现零售额31.9亿元。

【探索跨境电商新通道】2022年，慈溪市与沃尔玛全球电商建立常态化合作关系，举办"沃尔玛全球电商跨境平台对接会"2场，超150家慈溪及余姚、绍兴等地企业参加。与赛亿明弘（宁波）贸易有限公司共建"长三角数字贸易综合服务平台"，通过对接欧美大型商超，集聚长三角外贸企业，打造优质商品展示区，为长三角外贸企业提供数字贸易综合服务和供应链服务，80家企业成功入选欧美商超直采供应链企业库。

【前湾驿淘互联网产业园】 2022 年，慈溪市充分发挥集聚功能，引进天猫淘宝商家运营中心、阿里国际站、中国制造网、亚马逊、eBay、抖音等主流平台服务站和服务商入驻，邀请慈溪市电子商务公共服务中心和慈溪电子商务协会入驻园区，为园区企业提供更高效、便捷的服务，带动就业人数 2000 余人次，间接带动就业人数上万人。2022 年，园区联合互联网平台及合作方一起举办小型论坛、沙龙、企业路演、政策宣讲、文娱活动等培训活动 50 余场，培训人数超 2000 人，孵化淘宝、抖音、快手账号达到 200 余家。

【"千企百展"拓市场】 2022 年，慈溪市实施"千企百展"市场开拓计划，确定 97 个境内外重点展会，落实首届数字贸易博览会、中国—东盟博览会、宁波出口商品马来西亚展览会、俄罗斯中国品牌展、第五届中国国际进口博览会等参展工作，累计组织企业参加境内外各类展位超 1000 家次。成功举办中国机电产品出口欧洲网上交易会慈溪专场对接会，组织全市 50 家外贸企业与来自德国、法国、意大利、西班牙、捷克等欧洲国家的 50 个专业买家进行了 237 场"一对一"线上视频对接会。

【探索外贸新兴市场】 2022 年，慈溪市打造"中国·慈溪对远东供货中心"，已在莫斯科搭建电商平台和直播基地，设立 5000 平方米的宁波商品选品馆以及 50000 平方米的海外仓。举办俄罗斯宁波商品展示中心慈溪专场采购说明会 8 场，累计组织企业超过 500 家次，帮助企业与俄罗斯联邦购物中心协会有限责任公司签署年供货金额达 50 亿美元的合作协议，在东南亚相关国家布局"临展 + 常年展"模式，助力企业开拓东盟市场。立足国内大循环、发力国内国际双循环，推动内外贸一体化发展，15 家企业获评省内外贸一体化"领跑者"企业，加快自主品牌国内渠道建设推进。

余姚市

2022 年，余姚市社会消费品零售总额 454 亿元，同比增长 1.1%。其中，限上社会消费品零售额 102.6 亿元，同比下降 0.3%。网络零售额 191.6 亿元，同比增长 7.7%。

外贸进出口总值 1098.1 亿元，与去年同期相比下降 7.2%。其中，出口 829 亿元，增长 4.8%；进口 267.7 亿元，下降 31.2%。服务贸易进出口总额为 72.2 亿元，同比增长 40.4%。其中，出口为 63.1 亿元，同比增长 37.8%，进口为 9.2 亿元，同比增长 97.0%。

新增备案境外企业 13 家，同比增长 117.0%；中方备案投资额 20015.6 万美元，同比增长 32.0%；境外承包工程 13113 万美元，同比增长 1.0%。境外投资和境外承包工程均完成全年指标，完成率分别为 201.6% 和 107.5%。

【促消费活动成效显著】2022 年 8 月 18 日，余姚市商务局、余姚市文化和广电旅游体育局主办的"诗画浙江·百县千碗"余姚市 2022 年地标菜评选活动顺利举行。8 月 29 日，余姚市商务局主办的 2022 余姚购物节·姚界夏季云上车展圆满落幕。本届车展创新"云展览"模式，总销售额达到 21793.9 万元，上牌车辆 1185 辆，均价突破 18 万元，各项数据均创历届购物节车展新高。

【商圈品牌服务升级】2022 年，余姚市围绕桐江桥核心商区、万达广场、五彩城开展商圈更新改造和服务提升行动，通过明确自身定位、业态调整、品牌招引等方式，克服疫情下品牌店铺点收缩影响，打造特色鲜明、主题突出的经营思路，为目标消费群体提供多样化、个性化、精准化服务。全年引入知名品牌 31 个，其中首店品牌 10 个。

【营造农村电商发展良好氛围】2022 年，余姚市联合邮政公司开展村级电子商务服务点建设工作，分派专人对服务网点日常进行管理，并定期开展设施设备检查，确保网点顺利运营。全年共计创建村级电商服务点 39 个。开展"2022 余姚电商助农有奖促销"、余姚特色农产品专场直播等活动 30 余场，累计实现农产品销售 240 余万元，其中依托网上农博云闪付平台实现农产品销售 140 余万，营造农村"触电"的良好氛围。全年共计创建电商专业村 55 个，居宁波各县市中第二位。对具有较好电商基础配套设施的电商专业村提供政策辅导、资源匹配等点对点服务。全年共计创建省级电商示范村 4 个，其中年网络零售额最高的是泗门楝树下村，达 10 亿元。

【打造特色优势产业电商平台】2022 年，余姚市聚焦特色优势产业，着力打造余姚优品展示中心，集中吸纳小家电、卫浴等优质工业产品进行展示，擦亮姚货"金名片"，当前中心共入驻产品 500 余个。进一步畅通"姚货行天下"渠道，打造数智生活直播基地，配套优品展示中心，打通姚货销售的"最后一公里"，共计实现销售额 200 余万。通过整合资源、培育及发展互联网和电子商务新型产业，为各大中小电子商务企业提供自身能级转型个性化服务，助力电商企业发展，共计培育吸引电商企业 20 家。

【境外经济合作力度加大】 2022 年浙江容百新能源科技股份有限公司加大了对韩国企业的投资力度，增资 1.42 亿美元。宁波德昌电机制造股份有限公司在越南生产基地年生产能力达 380 万台。宁波舜宇红外技术有限公司在越南投资 1000 万美元设立生产制造基地。宁波大叶园林设备股份有限公司上市企业也先后在美国、墨西哥新设贸易公司和生产基地。境外承包工程方面，浙江大丰实业上半年相继实施了印度尼西亚文化艺术中心、印度尼西亚国家馆、印度尼西亚 MOGP 项目，援赞比亚国际会议中心工程等项目，工程额达 700 万美元。宁波燎原照明集团有限公司、宁波金羽桥照明科技有限公司、宁波宏源灯具集团有限公司，不断在共建"一带一路"国家获取订单，取得工程项目。

鄞州区

　　2022 年，宁波市鄞州区实现社会消费品零售总额 899.5 亿元，同比增长 7.6%，规模居宁波市第一，增幅分别高于省、市 3.3 个百分点和 2.3 个百分点。网络零售额 466 亿元，总量位列全市第二。跨境电商 B2B 出口总额 285 亿元，同比增长 11%。

　　外贸进出口总额 2216 亿元，同比增长 5.6%。其中，出口 1667 亿元，同比增长 4.3%；进口 548 亿元，同比增长 9.6%。服务贸易进出口额 432.1 亿元，同比增长 25.6%，其中出口额 256.02 亿元，同比增长 20.35%。总额、出口额均居全市首位。

　　新增外商投资企业 84 家，合同利用外资 6.4 亿美元，实际利用外资 5.0 亿美元，增长 4.5%，总量位居全市第二。

【打造夜间经济特色区】 探索打造南部新城与东部新城两个省级夜间经济核心区，甬江东外滩、南部滨江、中部科产城、环东钱湖、姜山、滨海 6 个夜间经济集聚区，13 个镇街级特色街区为重点的"两核六区多点"的夜间经济特色区。倾力打造了品牌夜市"鄞州之夜"，2022 年推出的 3.0 版本，首日人流超 10 万，百余家品牌销售额近 300 万元，周边商铺夜间营业额翻番。

【促消费活动提能升级】 2022 年，鄞州区以"浙里来消费"为主线，结合多个促销节点，线上线下融合开展消费促进月、双品网购节、美食节、美妆节、家政节等促消费系列活动 250 余场，努力打造天天有折扣、月月有亮点的"消费嘉年华"氛围。历届规模最大的宁波美食节在鄞州举行，现场共设 68 个特装展位，104 个标准展位，宁波市内 30 余家知名酒店、老字号餐饮企业踊跃参加。主办"助力新消费　鄞创新未来"2022"鄞"夏生活季购物节，以"线上发券 + 线下消费""平台 + 商场"等模式，开展促消费活动 200 多场。

【海外仓发展走在前列】 跨境电商累计完成报关备案企业 300 余家。全区已有海外仓服务企业约 50 家，海外仓总面积达 150 万平方米，占全市的 1/3。已有 6 家省级海外仓示范企业，数量规模居全市首位。重点推动跨境电商金融服务在线平台建设，平台被列入省数字贸易示范应用项目、省级数字贸易多跨协同优秀项目等。

【直播电商势头强劲】 全区约 90% 以上电商企业已开展直播业务，直播销售额达近百亿元，占电商销售总额约 20%，并建成了 7 号梦工场直播基地、无界直播孵化基地、集盒直播基地等 3 个省级直播基地。2022 年以来，中哲直播园区、天宫直播基地、鲜 2 度直播基地、驿淘直播基地等直播基地项目加快建设，全区直播基地已有约 10 个，入驻直播企业 100 余家。

【优化小微企业营商环境】 2022 年，鄞州区出台《关于贯彻落实稳经济工作的若干政策意见》，对投保出口信用保险的企业，提高扶持比例。加大对小微企业出口信保支持力度，调整小微平台准入条件，尽可能实现符合小微企业信保全覆盖，提振企业发展信心。与鄞州海关、鄞州区税务局、中信保宁波分公司建立"4+N"跨部门协作机制，常态化开展为企业解难题、政策宣讲解读等活动，助企破难。

【扶持服务贸易企业发展】安排服务贸易专项扶持资金，分别在支持服务贸易企业的培育和引进、鼓励服务贸易企业拓展业务两方面予以支持。组织企业参加中国国际服务贸易交易会，30家企业报名参加线上线下交易会，其中港东南集团、杰艾人力资源、科友信息科技、诺丁汉大学等单位作为宁波代表团成员参加线下各项活动。组织企业参加首届数字贸易博览会，其中浙江乐德文化创意有限公司、宁波银行参加线下展。

乐清市

2022年，乐清市实现社会消费品零售总额596.6亿元，累计增速2.7%。实现限上零售业累计销售额109.5亿元，累计增速23.3%；限上批发业累计销售额915.8亿元，累计增速17.4%；限上住宿业累计销售额3.1亿元，累计增速–3.3%；限上餐饮业累计销售额14.4亿元，累计增速–5.5%。实现网络零售额274.3亿元，同比增长8.2%。

外贸进出口总额278.23亿元，同比下降0.76%。其中，出口272.26亿元，同比下降0.98%；进口6.02亿元，同比增长10.2%。服务贸易完成17.26亿元，占温州全市16.32%。

备案境外投资额2960万美元，其中新亚电子（泰国）有限公司备案投资额950万美元，其他主要为浙江正泰电器股份有限公司在柬埔寨、印度尼西亚、肯尼亚等共建"一带一路"国家的项目。

【落地多个商贸业重要项目】2022年，乐清市开展外出招引商贸业项目工作，先后引进并落地视研科技丰沃物联项目、上海佳沪集团志电科技项目、莱雅贸易珀莱雅零售项目、协伟电气借壳项目、城投集团云创等重大电商项目，并成功引进入比亚迪、蔚来等10个新能源汽车销售项目。

【开展多项促消费活动】2022年，乐清市举办了2场汽车展和1场家博会，指导全市各大商场综合体举办夏日购物节、金秋购物节等促消费活动，举办了正大广场星空露天音乐节、奥特莱斯温州啤酒节、天元广场国潮集市美食节等活动。组织发放13轮共计7600万元消费券，涵盖汽车、家电、餐饮、文化、体育、旅游等方面，总计带动销售额10.87亿元。

【推进跨境电商园区平台建设】推进温州国家级跨境电商综试区乐清片区建设，组织跨境电商企业在综合服务平台备案。2022年新增27家企业在温州海关备案，完成温州跨境电商综试区出口额7.65亿元。推进跨境电商园区平台建设。乐清京云跨境电商园招商和培育工作进展显著，已签约100多家电商企业。打造京东跨境电商园区直播基地，助力电商直播带货，组织高能格乐、中仑电气等12家企业开展跨境电商直播试点。

【推进贸易便利化】2022年，乐清市政府与温州海关签订战略合作协议，共同推进贸易便利化工作。乐清市商务局联合温州海关驻乐清办事处组建外贸企业AEO国际认证培育团队，乐清市加西亚电子电器股份有限公司和浙江创奇电气有限公司获得"海关AEO高级认证"。推进乐清市外贸综合服务平台建设，免费为中小微外贸企业提供通关、收汇、退税、物流、金融等一站式外贸服务。温州国贸云商供应链管理有限公司获评2021年省级外贸综合服务平台企业。推进乐清湾港区拼箱服务中心建设，6月，乐清市临港国际物流有限公司成立，负责全市外贸集装箱拼箱服务中心业务，达到日均10个外贸集装箱的业务量。

【**推动本土民营跨国公司培育**】引导企业推进全球资源要素整合，提升跨国经营能力和跨国经营绩效，完成入库浙江本土民营跨国公司培育企业12家，新增1家营收10亿元以上企业入库省本土民营跨国经营企业库。2022年10月在俄罗斯、泰国设立乐清市驻俄罗斯莫斯科商务代表处、乐清市驻泰国曼谷商务代表处，为助力电气等优势产业深入开拓国际市场、搭建国际商贸促进工作渠道，增加了平台和工作抓手。

瑞安市

2022 年，瑞安市社会消费品零售总额 582.9 亿元，同比增长 2.5%。累计实现网络零售额 311 亿元，实现跨境电商综试区项下出口额 8.1 亿元。荣获省级产业集群跨境电商 A 级试点、省级电子商务公共服务中心；创成省级数字生活新服务样板县、省级电商村 90 个和电商镇 10 个。获评浙江省数字生活新服务样板县、省级产业集群跨境电商发展试点 A 级试点县。

货物贸易进出口额 430.1 亿元，同比增长 16.4%，总量位居温州各县、市、区第三。其中，出口额 396.5 亿元，同比增长 20.2%，进口额 33.6 亿元。签发全省首张县级 RCEP 原产地证、落地全省首个镇街级自主打印服务点，出口增速与份额占比排名连续数月稳居全省 90 个县、市、区前十。完成市场采购贸易额 6.66 亿美元，同比增长 2 倍。

共上报审批境外投资项目 6 个，中方投资总额达 610 万美元。

【消费场景提能升级】2022 年，瑞安市忠义街成功创建省级高品质步行街，滨江大道、第吾大道成功创建温州市著名街区。瑞安市政府引导大型商业综合体、忠义街等运营方积极开展靶向招商活动，推进首店品牌集聚，引进广汽埃安、贰麻酒馆、TOPTOYS 等 28 家瑞安 “网红” 首店，举办首发首秀活动 3 场。组织老字号企业参加温州老字号嘉年华活动，刊发 “老字号新风尚” 宣传册，凤玉旗袍有限公司、清祥酒业等 8 家企业的老字号入选第六批 “温州老字号” 名单。围绕 “一轴、两廊、三心、多点” 空间布局，提升安阳、玉海等五大商圈集聚力，联动推进各商圈特色化、精品化发展，忠义街成功创成省级高品质步行街。培育 “吃、住、行、游、购、娱” 等夜间经济消费业态，重点打造云江西街、塘河夜游等月光经济重点项目，统筹推进巾子山时尚休闲创享聚业项目、南滨江双子塔等重点项目建设。

【农村电商助力特色产业发展】开展 “瑞安市国家级电子商务激励县项目”，推动农村特色产业与电商融合发展。积极畅通产销渠道，优化农特产品上行体系，举办 “瑞城好物，安心云购” 年货节、“暑期嗨购” 等系列活动，为商家和消费者搭建线上购物平台。

【跨境电商加速孵化】2022 年，瑞安市加速 “线上资源导入 + 线下园区孵化” 的全流程专业孵化模式。举办 “中国瑞安首届电商直播节”“瑞聚优品　链通全球” 瑞安跨境商品采购对接会等 24 场跨境电商活动。持续与专业培训机构合作，举办瑞安跨境电商高级研修班、新电商知识线上培训班、跨境电商人才训练营等培训活动，累计培训上千人次，孵化提升跨境电商企业 75 家，推动132 家企业开通 “9710”“9810” 出口业务。

【推进 “1+X” 数字生活新服务平台建设】2022 年，瑞安市建成集数字商城、数字优惠券、网上农博、消费地图、数字直播间等功能于一体的"瑞安 hui"平台。培育溜溜团、善康农业等本地生活服务电商平台。深入实施电商直播"十百万千"工程，举办至美瑞安年货节、暑期嗨购直播周、金秋购物节等系列直播电商活动，全市参与直播商品数达 6.0 万种，实现零售额达 20.3 亿元。

【推动市场主体转型发展】2022 年，瑞安市加快培育本土市场采购贸易主体，加大大型货代公司招引力度，依托浙南跨境集拼中心推动本地散货聚集，集拼数字化管理平台完成终验。推进内贸企业开展外贸业务，新增外贸主体 441 家。开展纾困解难专项行动，联合海关、税务、外汇等多部门开展助企纾困政策宣讲。建立全市领导干部联系重点企业机制，2022 年以来累计走访重点企业 120 家次。

海宁市

2022 年，海宁市社会消费品零售总额 521.0 亿元，同比增长 2.4%。网络零售额 652.7 亿元，总量居嘉兴市第一。跨境电商监管方式出口额突破 1.6 亿元，全市跨境电商企业 950 余家，电商专业村 12 个，专业镇 10 个，数量居嘉兴市第一。全市全年直播电商带动线上销售超 160 亿元。

实现进出口总额 740.7 亿元，同比增长 13.4%，其中：累计出口 683.6 亿元，同比下降 14.7%；累计进口 57.1 亿元，同比下降 0.1%。出口商品主要集中在机电高新、五金建材、印刷包装和家纺、经编产业。服务外包累计新增企业 8 家，服务外包合同执行金额 6.0 亿元，在岸外包执行金额 6955.3 万元，离岸外包执行金额 7851.3 万美元，服务贸易进出口额 5925.4 万美元。

新设外商投资企业 55 家，合同利用外资 6.9 亿美元，实际利用外资 4.4 亿美元。全年累计签约项目 230 个、总投资 605.3 亿元，其中引进世界 500 强项目、总投资超亿美元项目、国际行业领先企业项目共 17 个。全市共备案批准境外投资项目 15 个，备案对外投资额 2.7 亿美元。

【展会经济拉动效应明显】2022 年，海宁市共举办大型展会活动 10 个，其中：产业展有 6 个，分别是 2022 第三届中国海宁国际时尚精品袜子采购交易会、第二十九届海宁中国皮革博览会、2022 海宁家纺布艺新品订货季、2022 海宁中国·国际家用纺织品（秋季）博览会、第三届海宁潮播汇电商节和首届长三角露营装备博览会；消费展有 4 个，分别是 2022 海宁惠民团车节（两届）、2022 海宁秋季汽车博览会和海宁市秋季家装博览会。展会总面积 77 万平方米，展出面积 8.80 万平方米，参展商 6600 家次，观众（采购商）超 15 万人次，意向成交额超 28 亿元。

【培育跨境电商生态圈】6 月 23 日，海宁市第五届跨境电商创业创新能力大赛正式启动，本次大赛以"聚产业优势，创跨境强市"为主题，旨在打造"海宁优品·贸跨全球"品牌，培育跨境电子商务产业链和生态圈，更好地发挥数字贸易赋能

共同富裕的具体实践，构建国内国际双循环的新发展格局。本次大赛共有企业团队 17 组、创业团队 11 组、个人组 40 余人参加。与往届大赛相比，本次大赛呈现出参赛企业行业全、企业类型多、群体广等特点，参赛项目涵盖服饰、家居、体育用品、新材料等多个行业，参赛队伍包括大学生、电商企业、自主创业者、外贸业务员等群体。启动会上，海宁中国皮革城股份有限公司党委与海宁市跨境电商协会党支部签订战略合作协议，并为 3 名"红色"助企服务员代表发放了聘书。

8 月 12 日，海宁市跨境电商发展大会成功举办。本次大会共邀请 150 家外贸和跨境电商企业负责人参会。会上发布《"云上抢单、跨境无忧"海宁市跨境电商专项行动方案》，专项方案围绕跨境电商"店开全球""品牌出海""独立站领航"三项行动，加快传统贸易数字化转型；发布了"八个一、八个有"重点举措，涵盖跨境电商发展大会、海外仓、独立站、产业集群、品牌、人才和服务

生态圈等八个方面。会上邀请亚马逊全球开店区域负责人及海宁市跨境电商标杆企业解读新形势下跨境电商发展现状和途径，分享企业转型开展跨境电商业务的成功经验等。海宁威尔斯针织股份有限公司分享了企业转型开展跨境电商业务的经验。

【精准服务外贸企业出海】2022年，海宁市组建"出海抢单，包你回来"联络群，由市领导挂帅，统一指挥协调；建立即时联络机制，实时在线发布驻外使领馆、防疫防控等最新政策资讯并提供咨询答疑。增设"APEC旅行卡""签证办理咨询"专项业务群，开展分类精准对接服务，全力协调处置护照、签证、外事、航班以及防疫相关事宜。出台奖补政策，对于2022年6—12月企业赴境外开展参展或拜访客户等商务活动产生的机票费用，由市财政给予50%补助，为出海企业抢单企业降低出入境成本。

【强化外贸风险防范】指导企业开展各类贸易救济应对工作，定期开展培训，强化企业应对贸易摩擦能力，提升贸易救济信息利用率。根据《稳外贸百日攻坚行动方案》，2022年对中小微企业出口信用保险政府统保企业适保范围由上年度的400万美元上调至500万美元，2022年全市累计789家企业确认投保政府统保，比上年增加73家，投保出口额8.6亿美元。

【高质量招商引资】2022年，海宁市围绕打造"142"先进产业集群，出台招大引强攻坚行动方案，高规格组建攻坚行动专班，精准建立"日周月季"滚动推进、"一把手"领衔招商、"1+X"产业招商路线图等专班十大工作机制，高效统筹内外资招商，构建系统化招商格局，提前完成"项目招引600亿"的工作目标。聚焦泛半导体、航空航天、生命健康产业链上下游，举办一系列产业招商招才活动。举办2021海宁（上海）、海宁（深圳）生命健康产业对接会，旨在进一步加强政府与行业协会、生产企业的交流和联系，推动海宁市生命健康产业高质量发展，着力培育生命健康百亿级产业集群。

3个世界500强项目落户海宁，其中浙江恒逸集团有限公司于2021年入选《财富》世界500强，2022年位列第364位，投资设立海宁恒逸热电有限公司和海宁恒骐环保科技有限公司，主要从事热电项目开发和有机物回收利用，总投资总额约11.3亿元；世界500强第91位的中粮集团有限公司在硖石街道投资设立华粮锦宇实业（浙江）有限公司，总投资总额1亿元，注册资本1亿元，主要从事大宗商品供应链合作。

桐乡市

2022 年，桐乡市全年实现社会消费品零售总额 472.1 亿元，增速 3.3%。网络零售额 579.0 亿元，比上年增长 7.2%，总量居嘉兴市第二位。

货物贸易进出口总额 615.3 亿元，同比增长 20.6%，其中出口 436.6 亿元，同比增长 28%，进口 178.7 亿元，同比增长 5.7%。服务外包合同签约金额 61346.9 万元，同比上升 16.0%；合同执行金额 58430.4 万元，同比上升 13.7%。

新批境外投资企业 12 家，增资企业 1 家，累计中方投资额 26.7 亿美元，同比增长 217.4%，列全省县级市第一，创历史新高。境外工程承包额 23350 万美元，同比增长 27.2%。

【促消费攻坚专项行动持续开展】2022 年，桐乡市建立批零餐重点企业联系服务机制，对 100 多家企业开展服务大走访，助力企业恢复信心，夯实消费基础。组织开展了 50 多场"桐你来消费"系列活动，带动消费超亿元。2022 年，桐乡市在嘉兴地区率先开展"有奖发票"活动，累计发放商务领域消费券 5000 多万元，带动消费超 8 亿元。完成"五个一批"专项行动任务，各项重要指标均排名嘉兴前列。

【加快培育消费新增长点】2022 年，桐乡市深化省级夜间经济培育城市建设，打造乌镇景区、雅道休闲时尚街区、全民健身中心等夜地标，桐乡市成功创建第二批浙江省夜间经济样本城市。桐乡吾悦智慧商圈获评首批"嘉兴市示范智慧商圈"。3 个项目入选省级供应链试点激励项目；3 家企业成功获评省级内外贸一体化"领跑者"企业。

【跨境电商孵化】2022 年，桐乡市推出纯公益"桐乡麒麟阁跨境电商孵化班"，助力企业开拓跨境渠道，全年开展 4 期孵化班，共 73 家企业参加培训，累计培育 120 个跨境店铺。营造发展氛围，举办"跨境电商 B 端流量布局"等主题沙龙活动，累计超过 1000 人次参加。完善生态链条，赴南洋职业技术学院举办"优企助力，助梦前行"桐乡跨境电商人才专场校园双选会。

【多轮外贸新政出台】2022 年，在推进外贸高质量发展十项举措的基础上，桐乡市新出台三轮外贸稳进提质扶持政策，包括全力防范出口风险、鼓励企业多渠道参加展会拓市场、加大企业金融支持、加快外贸新业态及支持企业创新发展等多个方面。市级层面出台三轮外贸稳进提质扶持政策，举办了 10 余场外贸政策宣讲会，参加企业累计 600 余家。加强企业座谈走访服务，市主要领导专题召开重点外贸企业座谈会，面对面解决难题，助企纾困。在全省率先将证照联办业务延伸至出口退（免）税环节，采用"政府买单、企业免单"方式，为企业降低成本。启动成立桐乡市贸促会签证点，全年累计办理原产地证 7300 多张。

【引导外贸企业积极参保】2022 年，桐乡市引导企业积极投保出口信用保险和货物出运前保险，共有 627 家企业纳入政府联保，占全市 500 万美元以下出口企业数的 76.5%，全年累计帮助企业挽回损失 2216 万美元。密切关注外贸运行情况，及时为企业提供预警信息，全年发布预警信息 181 条。

【组织企业线上线下参展】2022 年，桐乡市将境外展全部纳入重点目录，鼓励企业以"代参展"方式参加境外展会。主办了嘉兴首场网上交易会，以包舱模式组织企业赴迪拜参展，全年累计组织 350 家次企业参加各类线上线下展会。主办浙江桐乡出口网上交易会（RCEP 专场）等网上交易会和组织 2022 中国（印度尼西亚）贸易博览会（桐乡展区）双线展等线上线下展会，两场展会收获意向订单金额超 1600 万美元。组织 4 家企业参加国内外服贸展会，发动 200 余家企业参加首届全球数字贸易博览会。

【重要海外项目建设持续推进】2022 年，振石、华友与温州永青科技共同打造的总投资金额 50 亿美元的印度尼西亚纬达贝工业园区项目已基本建成，该项目被列为省级境外经贸合作区项目；2022 年的振石华宝工业园项目，部分基础设施建设已完成，园区引进企业超 5 个。嘉兴对外投资规模最大的境外资源开发项目振石控股赴印度尼西亚投资 18.1 亿美元的硕石印度尼西亚投资有限公司项目正在建设中，主要建设内容为场地平整、基础浇筑、打桩施工等基础工程，预计 2024 年投产；华友赴津巴布韦投资 7.0 亿美元的津巴布韦前景锂矿公司项目正在建设中。

平湖市

2022年，平湖市实现社会消费品零售总额271.3亿元（含嘉兴港区），同比增长4.3%。实现网络零售额237.3亿元（含嘉兴港区），同比增长23.5%，其中农产品网络零售额7.1亿元，同比增长14.4%。

实现进出口总额911.8亿元（含嘉兴港区），同比增长10.0%，其中出口457.2亿元（含嘉兴港区），同比增长4.6%，进口454.57亿元（含嘉兴港区），同比增长15.9%。服务贸易19394.7万美元（含嘉兴港区），其中出口11716.7万美元，进口7677.9万美元。完成服务外包业务合同签约金额60581.4万元，服务外包执行金额6933.6万美元。

完成实际外资5.5亿美元（含嘉兴港区），同比下降7.7%；合同外资8.4亿美元（含嘉兴港区），同比下降5.9%。引进世界500强投资项目7个，国际行业领先企业项目7个，超亿美元项目4个，跨国公司地区总部和功能性机构3个。

全市新备案对外直接投资项目6个，其中新设项目5个，增资项目1个。完成境外直接投资970万美元，同比增长14.1%；完成境外经营业额1707.7万美元，同比增长333.4%，其中境外承包工程营业额1651.1万美元，对外劳务合作营业额56.6万美元。

【多项政策促消费】2022年，平湖市先后出台《平湖市人民政府办公室关于印发应对疫情冲击影响阶段性消费促进激励政策的通知》《商贸补充政策》《电动自行车经销企业零售奖励政策》等消费激励政策，涵盖引导企业经营稳步增长、推动电商和主辅分离企业纳统等多方面。先后举办"消费促进月""盛夏消费季""约惠五月""燃情六月"等多轮购车补贴、消费券发放活动，累计投入活动资金3500万元，直接拉动限上零售额近10亿元。

【电商发展环境不断提升】2022年，平湖市以电子商务进农村综合示范项目为重点，以改造完成后的平湖市电子商务公共服务中心为平台，不断完善农村电商服务体系。做好"金平湖"农产品区域公用品牌营销推广、三级物流体系改造提升、"网红村""淘宝村"打造等工作。出台《关于鼓励电子商务高质量发展的若干政策意见（试行）》，以电商政策助力跨境电商、直播电商发展，鼓励跨境电商企业申报跨境电商新监管模式。2022年平湖市累计开展跨境电商业务企业158家，其中新增开展跨境电商企业37家。全年举办各类培训、资源对接会等活动30余场，参与人数超2000余人。平湖抖音电商直播基地入驻企业600余家，被浙江省认定为省级电商直播基地，2022年基地实现网络零售交易额23亿元。

【重点推进"稳外贸百日攻坚"专项行动】2022年，平湖市实地走访调研服务企业277家，协调解决重点问题21个。深入推广"陆改水"模式，举办8场推介会、2场物流资源对接专场，推动新增该模式应用企业80余家。加大信保支持力度，提高一般模式投保补助限额至 500 万元，政府统保参保企业增加 11 家。主办网上交易会 2 场，一对一匹配线上洽谈 238 次；组织 150 家企业参加线下重点展会 17 个。举办线下 RCEP 专场培训 4 场，参与企业 270 余家。启动平湖市贸促会原产地签证点服务，签发一般原产地证书 1592 份。平湖市监测点被评为省级优秀监测点，箱包行业预警点被评为 2022 年度浙江省对外贸易优秀预警点。

【线上线下结合开展招商工作】线上开展"云招商"120 余次，与中介机构等开展"云洽谈"40 余次，成功签约了日本电产机床项目、德国德库威勒平湖项目、汽车马达旗舰工厂等 9 个招大引强项目。线下举办了全市高质量制造业项目集中签约活动，签约内外资项目 21 个，总投资 108 亿元；举办西瓜灯文化节经贸洽谈活动，签约 40 个重大产业投资项目，总投资 215 亿元。先后在上海成功举办汽车产业、生命健康产业、半导体、新能源新材料、高端机床等专场投资推介会 5 场，为产业链招商工作打开了新局面。

柯桥区

2022年，柯桥区全年社会消费品零售总额401.1亿元，增长4.6%。全年限额以上批发零售业销售额2140.6亿元，增长27.5%。轻纺城市场群实现成交额2501.8亿元，同比增长7.0%。网络零售总额122.3亿元，增长11.2%，轻纺城网上交易额809.1亿元，增长15.3%。跨境电商监管方式出口2.3亿美元。

自营进出口额1361.2亿元，同比增长22.4%，其中出口额1338.9亿元，同比增长23%，总量位居全市首位，出口占全国份额为5.6‰；进口额22.3亿元，同比下降4.3%。纺织品出口额1040.5亿元，同比增长20.6%，占全区出口总额的77.7%。服务贸易进出口额46.46亿元，同比增长12.8%，其中服务贸易出口额46.0亿元，同比增长13.2%。服务贸易总额占对外贸易总额的比重为3.3%。

实到外资约5.1亿美元，同比增长97.4%，创历年最高，居全市第一、全省第11位。2022年，全区累计获批（备案）的境外投资企业527家，分布于68个国家和地区。其中新批（备案）境外投资企业10家，总投资6888万美元，其中中方投资额6198万美元，同比增长311%。柯桥区企业新拓展泰国、日本等境外工程市场，实现对外承包工程实际营业额4148.7万美元。

【多项政策促消费】2022年，柯桥区实施4次汽车促进消费政策，累计撬动汽车销量超1.1万辆，实现购车金额19.6亿元；发放3000万元"柯爱有你"惠民消费券，撬动消费金额约1.2亿元。开展网上年货节专项活动，举办以"欢乐盛夏　柯爱有你"等为主题的2022柯桥城市购物节，在做好疫情防控工作的前提下，举办线上线下深度融合、商品服务同步促销、商旅文游购娱一体的系列促消费活动。2022年柯桥区获评第二批"浙江省夜间经济样板城市"，柯桥历史文化街区获评第三批浙江省高品质步行街。

【跨境电商服务体系逐步完善】2022年，柯桥区指导企业成功实现"9610"首单报关单模式申报退税业务，举办全区跨境电商监管方式出口推进会暨数字化营销培训会和第二届跨境电商直播节。新增B2B平台本地新签店铺190余个，申报获批第八批省电商培训机构及实践基地企业3家，中国轻纺城跨境电商监管中心改造提升项目列入年度省级产业集群跨境电商发展专项激励。推进柯桥区跨境电商公共服务中心建设，全年举办跨境电商培训活动43场，培训企业430余家，利用亚马逊等平台协助开店120余个，成功孵化企业41家，实现线上交易额300余万美元。

【创新外贸抱团代参展模式】2022年，柯桥区出台"2022年度境内重点展会目录"，鼓励企业开拓国际国内市场，组织630余家次企业参加纺博会、广交会、服贸会、省出口网上交易会等44场次。制定"丝路柯桥—代您出海"系列组团项目，首次通过"抱团代展、统一形象"的代参展模式组织企业境外参展，组织60家次企业抱团参加美国纽约展、拉斯维加斯展境外纺织面料代表性展会 2 场，合计展出产品 3700 余款，对接客户超 1000 人次，累计达成意向成交额 2640 万美元。举办以"丝路柯桥—赶集古镇"等为主题的柯桥外商集市 2 场，来自土耳其、韩国、埃及等 20 个国家的 130 余名外籍采购商选品直采，累计达成意向交易额 700 万美元。

【全省首个外贸共享客厅】2022 年，柯桥区打造全省首个外贸共享客厅，设置原产地证自主打印等 6 大功能区块满足企业实际需求，优化原产地证自主打印功能申请流程，实现全链线上办。累计签发一般原产地证书 7.0 万份，比上年增长 0.3%。通过法律咨询、经贸摩擦应对、商事争议解决、商事法律培训等多种方式，助力企业增强涉外经贸风险防控能力。

【"老绍兴回归工程"引进外资】实施"老绍兴回归工程"，召开乡贤大会、第五届布商大会等，全方位展示柯桥区发展环境与投资优势，推动与各投资商在高端纺织、泛半导体、生物医药、智能装备等领域开展深度合作。豪微科技、宇越新材料项目被列入国家重大外资项目，宇越新材料光学膜制造项目被列入省政府主导的重大产业项目，该项目当年实际利用外资 10108 万美元。

【对外投资多点试水】2022 年，柯桥区企业赴境外多点试水，在越南、印度尼西亚新建的境外项目总投资额分别达 4680 万美元、1150 万美元。推进外资企业"多报合一"改革工作，指导全区 1105 家外资企业完成外资年报，94 家境外投资企业完成对外直接投资统计年报报送。建立常态化联系外经外资企业机制，出台柯桥区外商投资企业投诉办事指南，指导 23 家企业上线浙江省投资促进在线平台，组织 20 家企业参与浙江省加强外资企业金融服务问卷调查。7 家外经企业获得 2021 年度促进柯桥经济高质量发展财政专项资金奖励。

上虞区

　　2022 年，上虞区实现限上社会消费品零售总额 114.3 亿元，同比增长 14.8%，居绍兴市第一位。上虞区商务局被商务部确定为商务部内贸政策直报点全国 23 个点之一。实现网络零售额 81.5 亿元，同比增长 –5.1%。

　　出口额 409.5 亿元，同比增长 35.5%，居全市第二位。服务进出口总额 6.6 亿元，同比增长 11.5%，其中：服务出口 2.1 亿元，同比增长 8.7%；服务进口 4.5 亿元，同比增长 13.6%。全年实现离岸服务外包合同签订额 4707.22 万美元，离岸服务外包执行额 2764.57 万美元，当年统计执行额 100 万美元以上企业 4 家。

　　实到外资 1.95 亿美元。新批境外投资项目 14 个，实现境外投资额 8159.6 万美元，同比增长 540%，总量居全市第三。实现境外工程营业额 6006 万美元。

【消费券拉动作用明显】 2022 年，上虞区组织区内商家积极参与绍兴 5 亿元消费券活动，共核销 1.8 亿元，拉动消费 5.7 亿元。组织开展家电 200 万元、餐饮 500 万元专项消费券发放活动，定向促进家电、餐饮领域消费，带动形成消费热点。在全市率先开展"虞爱同行"场所码扫码领消费券活动，累计发放消费券 79 万余张，发放金额 121 万多元。

【多轮活动促消费】 2022 年，上虞区组织开展汽车"以旧换新"和"购新车享补贴"活动，充分发挥大宗消费提振带动作用。"以旧换新"活动累计销售车辆 1388 辆，拉动消费 3.4 亿元；"购新车享补贴"活动销售车辆 1719 辆，拉动消费 3.1 亿元。联合上百万和城、大通购物中心等区内大型商超同时开展"购物大狂欢""商品特惠让利"等系列促销活动。组织举办第十四届浙东新商都金秋购物节、第十九届浙东新商都汽车文化博览会等活动，积极参与绍兴市"欢乐盛夏·越享生活"购物节活动，重启周五文化旅游风情街夜市，开展 A 级旅游景区"免费游"活动。

【直播电商促进传统商超餐饮企业发展】 2022 年，上虞区开展网上年货节、双品网购节等活动，组织电商企业积极参与"美好生活　浙播季"活动，引导传统商超餐饮企业拓展线上业务，加大线上销售力度。

【农村电商助力农产品销售】 2022 年，上虞区进一步完善农村电商三级服务体系建设，为广大农户搭建"云上展"平台，举办农产品线上展销，邀请"网红"主播和本土直播达人现场带货。支持大通电商开展农产品网络销售和电商扶贫等工作，全年实现线上销售额 2594.7 万元。

【鼓励外贸新业态新模式】 2022 年，上虞区市场采购贸易方式出口累计结关货值 6.54 亿美元。深入挖掘外贸潜力企业，全年新增出口实绩企业

197 家，新增出口实绩备案企业 265 家。推进 2022 年省级公共海外仓申报，其中卧龙集团越南海外仓成功获评第 7 批省级公共海外仓。区商务局对接宁波港集团，召集专班成员单位及重点企业召开"宁波港·出口型企业"工作对接会，探索打造海铁联运和危化品出港新模式。组织企业参加 131 届广交会、浙江网上出口交易会等重点展会，多元化开拓国际市场。持续组织摸排企业入境返浙包机需求，配合做好商务人员出境包机相关工作。

【优化外资企业服务】通过线上办理、现场服务、电话指导等方式，为外资企业信息报告提供服务，全年办理外资企业信息报告 80 家次，帮助企业顺利审批注册；同时实施外资企业线上年报，参加年报企业 369 家，参报率 98.9%。累计为 35 家企业外籍人员及随行家属上报来华入虞邀请函 124 人次。落实外来投资服务卡制度，为外来投资者提供医疗、旅游、居住、子女就学等方面的便利，共办理服务卡 13 张，报送子女就学信息 11 人次。

义乌市

2022年义乌市社会消费品零售总额1057.8亿元，同比增长2.3%，总量排全省各县、市、区第三位。批发业总额3774.2亿元，同比增长13.7%。零售业总额1295.0亿元，同比增长3.8%。餐饮业总额250.2亿元，同比增长8.2%。

外贸进出口总额4788.0亿元，增长22.7%。其中出口额4316.4亿元，同比增长18%，总量首次突破4000亿元，出口总量和增量列全省县、市、区第一；全年进口额471.6亿元，增速93.5%。服务贸易总额12942.4万美元，同比减少5.3%。其中出口额12942.4万美元，同比减少5.3%；服务外包额7938.6万美元，同比减少52.0%。

新批外商投资项目599个，下降17.5%；实际利用外资21055万美元，同比增长14.9%。新批境外投资项目5个，累计投资额585.5万美元，其中中方投资额585.5万美元。

【全方位提升消费能级】入库40家月度新增企业，招引品牌首店60余家。新增2家大型商业综合体、3个加油站点、5处夜间经济示范街区（示范点）。佛堂老街获评省级高品质步行街。加快推进汽车4S综合体项目建设。加快构建便民生活服务圈，累计布局十足、罗森等品牌连锁便利店近200家。投放春节暖心消费券以及汽车、家电、普惠等各类消费券2.8亿元，整体核销率超过90%，直接拉动消费近55亿元。推动绿色商场创建，2022年新创评"绿色商场"3家，全市"绿色商场"总数达到6家。

【持续推动外贸新业态新模式】2022年，义乌市推动"市场采购＋跨境电商"出口295.1亿元，增长83.8%，拉动2022年对美国出口增长32.7%，对美出口连续5年快速增长。新签约亚杰网络等贸易总部项目9个，招引深圳DPD等8家跨境电商头部企业落地义乌。修订出台2022年开放型经济扶持政策，线上线下同步宣讲，覆盖企业超5000家次，全年兑现各级外贸资金超5.5亿元。2022年前三季度率先推广"代参展"模式，四季度动员企业出境抢单，全年组织317家次企业参加境外展，设立国际标准展位421个。完成巴基斯坦、印度、韩国等4趟商务包机，接回外商564名，带来采购订单金额2.61亿美元。

【重大项目招引成效显著】2022年，义乌市举办集中签约仪式3场，共签约项目40多个，涵盖光伏、高端装备、商贸流通等重点产业板块，形成大抓招商、大抓项目的浓厚氛围。招商队伍建设突出"精干有效"，调整优化驻外招商引才人员结构，选派20名干部开展驻外招商。9月，义乌市人民政府与欣旺达电动汽车电池有限公司就欣旺达义乌新能源动力电池生产基地项目签订投资协议，签约投资额约213亿元。

【迪拜义乌中国小商品城开业】迪拜义乌中国小商品城是义乌国际商贸城首个海外分市场，于2022

年6月开业，获评浙江省级境外经贸合作区。该项目位于迪拜杰贝阿里自贸区内，由商城集团与迪拜环球港务集团（DP World）共同开发，总投资5.6亿迪拉姆（约合人民币10.7亿元），占地21万平方米，为两层"前店后仓"式的集商品展销、保税仓储、物流转口等功能于一体的大型商贸物流园，主要经营五金工具、五金厨卫、电子及小家电等行业，共有商铺1545间、仓库324间。项目借助迪拜对周边市场的辐射作用和杰贝阿里自贸区的政策优势，打造成浙江及中国出口商品在迪拜的货运分拨中心、物流转运中心和商品展销中心，成为辐射中东、北非、欧洲10亿人口消费市场的桥头堡。

东阳市

2022年，东阳市社会消费品零售总额336.3亿元，增长3.3%；全市限上社会零售额71.1亿元，同比增长9.6%，限上批发业商品销售额436.1亿元，同比增长18.0%；限上零售业商品销售额84.3亿元，同比增长15.9%。网络零售额163.4亿元，同比增长19.2%。

货物贸易进出口总额354.4亿元，同比增长11.6%。其中出口总额324.2亿元，同比增长12.5%；进口总额30.2亿元，同比增长2.4%。服务（外包）贸易实现进出口总额1.54亿美元，同比下降38.9%；服务贸易进出口总额1.45亿美元，外包执行额902.93万美元。

实际利用外资到位资金173万美元。3亿元以上产业项目签约23个，签约投资额351.6亿元。其中签约10—20亿元制造业项目4个，20—50亿元项目3个，50—100亿元项目2个，100亿元以上项目1个，共8个已落地。制造业产业项目到位资金38.89亿元。对外承包工程营业额1.89亿美元，境外投资额5371万美元，同比增长1479%，共有3家企业布局"一带一路"国家。

【政企联动促进消费】2022年，东阳市通过政企联动促消费，累计发放消费券约1.1亿元，拉动消费超30亿元。以汽车展销会、商场促销、旅游消费为主线举办2022金秋购物节。深挖夜间消费潜力，横店梦外滩夜间经济逐渐显现成果。出台一季度促消费活动方案，发放汽车、留东人员、家电等消费券6980.9万元，拉动消费18.2亿元，其中汽车消费发放补贴6387.4万元。二季度，发放消费券4125万元，其中汽车消费券1800万，家电券、文旅、住餐、小微重点等消费券各200万，数字人民币235万，普惠1290万，进一步刺激消费市场回暖。

【跨境电商综合服务平台"麒麟计划"】2022年，东阳市发挥"麒麟计划"作用，孵化企业42家，累计入驻阿里巴巴国际站共计110家，组织线上线下培训45场。亚德工贸Eraspooky"魔法梦工厂"品牌出海项目获得产业集群跨境电商发展专

项激励。建成电商专业镇7个，电商专业村20个，"省电子商务示范村"4个；组织开展第七届青年创业创新大赛暨第二届电商短视频直播大赛。

【持续扶持文化出口贸易】2022年，东阳市延续扶持政策，对服务出口奖励、重点企业或具有荣誉称号、国际资质认证、展会补助等项目予以资金扶持。组织企业参加服务外包、动漫游戏、文化影视企业等境内外各类云展会；5家重点企业和项目被认定为金华市级文化出口重点企业和重点项目。东阳欢娱影视文化有限公司、欢瑞世纪（东阳）影视传媒有限公司被认定为省级重点企业和重点项目；新丽传媒集团有限公司、千乘影视股份有限公司被认定为国家级重点企业和项目。

【创新开展基金招商】2022年，东阳市创新开展基金招商，建立多种基金投资方式。积极开展以

商招商，通过华懋（东阳）新材料成功招引总投资 20 亿元的纵目科技智能驾驶系统生产基地落户东阳。开展东阳人回归招商，2022 年落地开工东阳人在外最大实体经济东阳光集团的 50 亿元的铝电解电容器项目和喔刷年产 450 万台 POS 设备 10 亿元项目。

温岭市

2022 年，温岭市实现社会消费品零售总额 730.3 亿元，同比增长 3.3%。其中，限上单位实现消费品零售额 157.8 亿元，同比增长 5.9%；限下单位实现消费品零售额 572.4 亿元，同比增长 2.6%，居台州市第一。全市网络零售额 243.5 亿元，排名台州市第二位，同比增长 14.4%。

实现自营进出口额 389.9 亿元，同比下降 4.0%。其中，自营出口额 372.0 亿元，同比下降 3.9%；自营进口额 18.0 亿元，同比下降 6.6%。服务贸易进出口总额为 4.6 亿元，其中出口额 1.2 亿元，同比增长 149.2%；进口额 3.3 亿元，同比增长 61.9%。

新设外资企业 12 家，同比下降 14.3% 其中新批（增资）1000 万美元以上项目 2 个；实际利用外资 5464 万美元，同比增长 38.3%。备案（核准）对外投资项目 5 个，备案中方投资额 1703.59 万美元，对外承包工程营业额 750 万美元。

【商贸主体繁荣发展】2022 年，温岭市形成以银泰城、宝龙广场、新天地等多个综合体、综合商业广场为核心的商贸集聚区，拥有面积 1000m² 以上超市 42 家、综合体 26 家，商业街 12 条，镇级商贸中心 36 个。温岭市数字生活新服务样板县创建完成验收，新增省级县域商业体系建设商贸流通龙头企业 1 家。

【超常举措促进消费升级】开展"欢乐盛夏 浙里有礼"——"欢购台有惠"暑期促消费活动、"欢购温岭·券享生活"促消费活动等，共计发放消费券 4490 万元。先后举办两轮汽车促消费活动，发放消费券 1349.25 万元，累计销售车辆 2533 台，拉动汽车销售额超 5.5 亿元。

【农村电商稳步推进】2022 年，温岭市开展乡村商贸振兴"十百千"行动，组织"数商兴农共富"电商培训 46 场次，累计培训人数超 2500 人，同比增长 51.42%。开展"数商兴农"高质量直播等活动 10 场，聚焦直播全产业链创新体系，营造直播业态共富场景。提升三级物流配送体系，在农村商贸服务点增设物流快递配送功能；依托松门、新河"城乡快递服务联盟"试点，在 24 小时配送基础上，工作时效率提高 30% 以上。

【跨境电商跨越式增长】2022 年，温岭市跨境电商进出口 18.2 亿元，同比增长 39.9%，温岭跨境电商产业园和温岭跨境电商（杭州）飞地产业园建成并投入运营，举办"温岭品牌 数字出海"主题论坛暨温岭跨境电商产业园开园仪式。开展 3 期亚马逊闭环培训，联合 Shopee 设立产业带专属集货点，深挖鞋靴产业带跨境电商新潜力。完成省级第三批"泵与电机产业集群"跨境电子商务发展试点项目验收。

【政策助力稳外贸】2022 年，温岭出台《温岭市人民政府关于加快开放型经济发展的若干意见》《温岭市人民政府关于印发温岭市精准惠企助企纾困

56 条的通知》《温岭市人民政府关于印发温岭市贯彻落实国务院扎实稳住经济一揽子政策措施实施方案的通知》《温岭市人民政府办公室印发关于进一步推动工业经济稳进提质的若干措施的通知》等文件，助推外贸发展。

【多措并举助企拓市场】2022 年，温岭市启动 2022 年中国（台州）出口网上交易会（机电产品俄罗专场），筹办"走进温岭——深化央企及行业龙头与地方企业合作交流"系列活动。增设支持类展会，鼓励企业以"代参展"模式参加境外线下展，组织 114 家次企业参加 42 场次各类国际性线下展会，158 家次企业参加 30 场线上展。办理商务人士护照 266 本，106 人次出境开展商务活动。落实出口信保政策，累计在保企业达 508 家，全年收悉出口企业报损案件近 90 宗，累计赔付和协助企业追回货款金额超 1000 万美元。温岭市泵与电机产业基地入选全省第三批内外贸一体化产业基地培育名单，10 家企业入选省内外贸一体化"领跑者"企业培育名单。新界、富岭、利欧列入省跨国公司百强企业培育库。

玉环市

　　2022 年，玉环市实现线上社会消费品零售总额 61.8 亿元，同比增长 8.9%。网络零售额 98.2 亿元，同比增长 6.8%。外贸进出口总额 459.7 亿元，同比增长 22%，增速居台州市第三位；自营出口额 450.3 亿元，同比增长 23.3%。实现跨境电商出口额 22.2 亿元，居台州市第二位。

【多轮活动激发消费潜力】2022 年，玉环市紧抓春节、暑期、购置税减半等关键时间节点，打造"我在玉环过大年·红包礼""乐享玉环·购物节""乐享玉环·购车节"等系列促消费活动 4 场，激发汽车、餐饮、零售等消费潜力，直接拉动消费 4.2 亿元。以"会展+"为导向，推进会展与商贸、旅游、文化有效集成，成功举办第 15 届浙江（玉环）机械工业展览会、首届玉环国际水暖阀门展及第 19 届中国（玉环）国际机床展，累计吸引客流量超 7.9 万人次，现场成交额 9.1 亿元，达成意向订单额 13.2 亿元。流通体系优化升级。成功获评第三批省级供应链创新与应用试点城市并获得激励资金 250 万元，推进"汽摩配产业供应链数字平台"等 5 个试点项目建设，带动汽摩配、水暖阀门、家具三大特色产业全链路数字化转型。

【"一圈一街一区"建设推进】2022 年，玉环市推进以吾悦广场为中心，融入双港路、喜来登大酒店、华鸿中央首府的"一街一圈一区"改造项目，"玉环吾悦—华鸿"智慧商圈被认定为台州市首批示范智慧商圈。楚门镇和湖滨社区分别获评省现代商贸特色镇和商贸发展示范村；玉环吾悦广场获得省级绿色商场称号。

【助推"电商＋共富经济"模式】2022 年，玉环市以"电商进农村"为契机，推动共富工坊布点与电商专业村（镇）建设有机结合，通过建立品控管理、规范销售路径、整合产能优势等方式，运用短视频、直播等新载体，探寻农村电商共富路径。全年布局乡镇电商共富工坊 7 个，清港镇"文旦花开"共富工坊、沙门镇"山情海错"共富工坊、楚门镇龙王村数字共富工坊列入台州市电商直播式共富工坊案例集。

【助推"电商＋飞地经济"模式】2022 年，电商飞地杭州电商运营中心正式投入运营，招引专业跨境电商运营服务团队按需对入驻企业提供电商运营培训、企业新平台店铺开设、电商全案资源对接等服务。中心现有入驻企业 14 家，员工超 100 人，举办"TikTok 跨境商家培训 2.0""亚马逊基础特训营精讲"等培训活动 10 余场，全年销售额超 2.2 亿元，培育电商人才 80 余人。

【助推"电商＋直播经济"模式】2022 年，玉环市全面提升玉环时尚家居小镇直播基地选品、直播、培训、平台功能属性，创新打造基地、工厂双场景直播模式，实现家具、阀门产业销售转化和产业升级。时尚家居小镇获评玉环首个台州市级电商直播示范基地。全年组织电商培训 20 余场，线上线下累计培训人数超 3000 人。

【内外贸一体化接续发展】2022 年，玉环市对《关于促进新时代美丽经济建设的若干意见》中的外经贸及内外贸一体化相关政策进行修订。实施新一轮主体培育行动，全年新增出口实绩企业 209 家。助推内外贸一体化发展，玉环市的浙江内外贸一体化服务在线获评省商务系统数字化改革"示范案例"。

【服务企业开拓国际市场】2022 年，玉环市出台《2022 年度重点支持国际性展会目录》《关于支持商务人士跨境经贸交流的若干条意见》等助企拓市便利政策，并联合公安部门开辟"商务类出入境"绿色通道，办理商务出境护照 327 人次，办件量居台州市第一位。组织 129 家次企业参展第 131、132 届广交会，达成意向订单金额 5451 万美元；组织 114 家企业、237 名采购商参加第 5 届进博会，达成意向采购金额 1580 万美元。

第十二编

开放平台商务发展概览

杭州经济技术开发区

杭州经济技术开发区1993年经国务院批准成为国家级开发区，2019年4月，浙江省政府正式批复同意设立杭州钱塘新区，空间范围包括杭州经济技术开发区和原杭州大江东产业集聚区，实行"一个平台、一个主体、一套班子、多块牌子"的管理架构，拥有国家级经开区、高新区、综保区和自贸区4块国家级牌子；2021年4月，杭州市实施部分行政区划优化调整，设立钱塘区。开发区重点打造"515"现代产业发展体系（5大先进制造业，包括半导体、生命健康、智能汽车及智能装备、航空航天、新材料；1指未来产业，包括人工智能、增材制造、第三代半导体、生物技术和生命科学等产业；5大现代服务业，包括检验检测、电子商务、软件信息、科技金融、文化旅游）。2022年，地区生产总值1226.03亿元，财政总收入超230亿元，规上工业总产值达3500亿元级规模，总量位居全市第一。进出口总额1030亿元，实际利用外资10.6亿美元，制造业投资超160亿元，全区固定资产投资额542.21亿元，同比增长17.5%。其中高新技术产业投资、民间投资、制造业投资同比分别增长57.3%、16.2%和34.6%。连续三年进入全国国家级经开区前十，也是浙江省唯一进入全国前十的经开区。

【打造大招商体系】全力打造"1+10+7+X"大招商体系，形成招商引资全区"一盘棋"和"全员招商"的工作格局。"1"即实体化运作招商服务中心，统筹协调全区招商信息和资源要素集约利用；"10"为发挥10大平台招商主力军作用，聚焦招商引资和项目推进主责主业，打造全产业链招商生态圈；"7"是激活7个街道在乡贤信息、税源经济等领域的资源优势，促进项目招引；"X"为凝聚部门、国企合力，积极做好产业基金撬动、资产运营招商线索挖潜等工作。全年签约1亿元以上产业项目118个、总投资515亿元，其中，10亿（含）至20亿元以上项目14个，20亿（含）至40亿元以上项目8个；引进独角兽（准独角兽）、专精特新企业13家，招引税收千万元以上企业24家。

【拓宽招商渠道】钱塘区进一步强化招商引资"一把手"工程，区委、区政府主要领导高度重视并亲自带队，先后赴上海、深圳、重庆、长沙等地敲门招商。区领导带队招商140余家次，区级各平台外出敲门招商500余家次。2022年成功举办生物医药线上对接活动4场，推进中国健康产业投资基金入驻医药港；拜访美国辉瑞、德国西门子医疗等世界500强和行业领军企业40余家，有效推动新增项目信息600余个、盯引项目140余个，其中生物医药、智能制造、新材料等主导产业项目信息占比近70%。

【创新招商模式】借力磁吸式招商模式，锚定新业态、新模式，充分发挥"数字经济+"项目的虹吸效应。借力双联动招商模式，采用"资本＋产业＋人才"和"部门＋平台＋国资"双轮驱动。借力乡情式招商模式，充分挖掘乡贤资源，催生归雁经济，实现乡贤回归，助力产业回归。

【产业发展】打造先进制造业集群。生物医药、"芯智造"上榜省"链长制"优秀示范试点，临床试验药品数量增长73%，晶圆制造产值占全省比重超三分之一。医药港入围健康中国创新实践典型案例，大创小镇被命名为省级特色小镇。智能汽车及智能装备制造产业跃升千亿规模，吉利、广汽产值新上百亿，乘用车产量占全市95%以上。航空航天产业产值增长超80%。中策、顾家、金鱼电器上榜中国制造业500强，新增浙江制造品牌9家。夯实现代服务业基础。编制现代服务业规划，构建"5-4-X"发展矩阵。创建省级冷链骨干基地1家、冷链物流园2家，成立制造业销售公司4家。引进美丽项目10个，美丽经济营收突破千亿。金沙吾角商圈入选市级夜经济集聚培育区，金沙湖休闲商业特色街获评市级商业特色街。钱塘科学城核心区获评省现代服务业创新发展示范区。加快优化创新生态。发布《钱塘科学城发展战略规划暨"科创+"计划》，55项科研成果获全省科学技术奖励，数量位居全市前列。建成并启用钱塘知识产权公共服务中心，为企业提供知识产权一站式服务。新增发明专利授权量同比增长33.1%。R&D经费投入强度连续三年位居全市第二位，提前完成"十四五"发展规划目标任务。转型升级更进一步。启动存量工业用地企业提质增效三年行动，10余家企业获评"省制造业重点行业亩均效益领跑者"。坚持供地、供楼并行。实施数字经济三年行动计划，钱塘元宇宙新天地开园。

【项目推进】出台《工业投资推进工作机制》《产业项目推进工作机制》，探索推行招商引资项目"双签约"机制，编制《投资项目设计指导手册》，不断完善三级协调机制和三大协调例会制度，实现项目推进"三个提前""三个确保"（即提前启动征地净地、提前对接设计单位、提前对接开发建设指标，确保签约前确定设计单位、确保挂牌前完成方案设计、确保摘牌前完成施工图设计）。推行"五阶段"审批新流程（即前期指导服务、项目立项、规划许可、施工许可、竣工验收），实现基本建设项目审批时间缩短40%，2022年开工平均用时较上年压缩17.8%，位居全市前列，纳入市级考核新出让工业用地项目实现半年内开工率100%，位居全市第一。持续优化工作链，不断推动制度迭代升级。

【营商环境】商事主体登记确认制改革等3项内容被纳入杭州市国家营商环境创新试点特色改革清单，企业开办平均用时不到30分钟，在册市场主体增幅全市第二。推动全区各项营商环境指标与省营商环境数字化系统数据贯通，实现指标无感监测，登记财产、注销企业、信用体系、市场监管、市场开放等5个指标为全省标杆指标。推广企业项目审批承诺制，取消城市主干道等外线接入工程涉路涉绿涉河等8个材料，凭告知承诺书备案。建立投资项目联审中心，制定《产业项目方案联审联批制度》，为企业提供线上线下联合指导、方案会审等一站式审批服务。生物医药国际职业资格认定工作取得实质性进展，使生物医药领域海外人才在国内专业领域有了第一张"通行证"。

宁波经济技术开发区

2022 年 1 月，新的宁波经济技术开发区挂牌成立，整合了原宁波开发区、宁波保税区、北仑港综合保税区、梅山综合保税区、大榭开发区等 5 大国家级开发园区，是浙江自贸试验区宁波片区核心区，总面积 618 平方公里，与北仑区全域融合。2022 年，实现地区生产总值 2630.8 亿元，增长 4.2%，总量居全省第三，增幅高于全省、全市。6 项总量指标居全省首位，其中：财政总收入 905.35 亿元，增长 15.9%；规上工业总产值 5499 亿元，增长 8.2%，规上工业增加值 1169.2 亿元，增长 6%；限上商品销售额 19623.1 亿元，增长 9.9%；外贸进出口总额 4518.6 亿元，增长 9.2%，其中出口额 1998.2 亿元，增长 16.3%；实际利用外资 13.29 亿美元，增长 2%。实现新批境外投资项目 42 个，核准中方投资额 13.8 亿美元，实际中方投资额 5.25 亿美元，核准投资金额位列全市第一。依托港口和开放优势，宁波开发区已形成以绿色石化、汽车、装备、钢铁、能源等为主体的临港产业集群，拥有注塑机、数控机床、模具等优势传统产业体系，集聚了电子信息、集成电路、高端装备、新材料等新兴产业，基本形成龙头企业带动、上下游产业链配套齐全的发展格局。拥有一批头部企业，包括吉利、中海油大榭石化、海天、万华、逸盛、台塑、宁波钢铁、亚洲浆、申洲、群创光电等百亿企业和臻至、旭升、拓普、宏讯等国家级专精特新"小巨人"及单项冠军企业。

【招商引资】2022 年新引进百亿元以上项目 3 个、50 亿元以上项目 4 个、20 亿元以上项目 10 个、1 亿美元以上项目 6 个，招引项目总投资额达 1352.78 亿元。2022 年区领导带队赴上海、苏州等地开展上门重点招商 15 次，接待客商来访 627 批次，对内走访排摸区内企业 327 家，新引进注册企业 140 家。用好在外浙商、甬商等资源以及商会组织、本地企业在外分支机构，构建全覆盖的国内外招商网络，推动"链主"企业的上下游配套企业落户开发区。充分发挥"港口＋自贸区＋保税区"功能叠加优势，借力 QFLP（合格境外有限合伙人）试点契机，打开利用外资新路径，全年共有德悦高鹏、源星欣元等 4 家 QFLP 项目先后落地，注册资本合计 6.1 亿美元。积极推进甬江科创区、灵峰现代产业园、青峙新材料产业园等产业平台开发建设；打造"招商在线"云平台，精准掌握全区储备、在谈、签约、注册、到账、开工、投产等各阶段项目情况；丰富招商咨询专家库，对技术性强的产业及新兴经济领域项目提供科学决策，提升招商实效。

【产业发展】新增"小升规"企业 57 家，规上工业企业总数突破 1000 家，新增上市企业 2 家，培育国家级专精特新"小巨人"企业 9 家，高新技术企业突破 500 家。推进新一轮制造业"腾笼换鸟、凤凰涅槃"攻坚行动，开展重点产业链培育和对接引育活动，累计认定省、市产业链企业共同体 12 家、21 家。开展智能制造"百企提升"2.0 行动，入选国家级智能制造优秀场景项目 2 个，新增国家级和省级数字化改造提升试点各 1 项，新增省级未来工厂培育企业 1 家，数字经济核心制造业产值 617 亿元，居全市首位。推动"保税分装 + 跨境电商"等新业态落地，跨境电商进口规模夺取全国"六连冠"。加快布局油气全产业链、新能源汽车服务业产业链建设，油气产业交易额突破 5000 亿元。

【项目推进】深化重大项目"1244"统筹推进机制、"拿地即开工"等工作机制，低风险小型项目审批"最多 15 个工作日"获总理批示肯定，全年推进 160 余个总投资超过 2500 亿元的重大项目建设，完成投资 460.6 亿元，位居全市第三；增长 14.5%，位居全市第一。重点推动宁波舟山国家大宗商品储运基地、LNG 三期等一批重大项目开工。

【营商环境】对标国际一流标准，以数字化改革为牵引推进系统化、集成化营商环境改革，实现"最多跑一次""最多报一次"，推行最少审批、最优流程、最佳服务，打造市场化、法治化、国际化的最优营商环境。强化政策集成服务。全面落实国家、省、市稳经济一揽子政策，出台《北仑区（开发区）稳链纾困助企发展若干措施》，6 月底提前实现全年涉企政府补助补贴类资金 100% 兑付，在全省 90 个区（县、市）政策集成落地综合指数星级评价中获宁波市唯一的五星评价。围绕"促进产业高质量发展"和"优化要素资源配置促进稳商扩资增效"出台两个扶持办法，全力推进企业做大做强、存量提升。提高行政审批效能。积极承接市政府两批共 145 项市级管理权限和省政府 32 项省级管理权限下放，区域行政审批效率持续提升。高效落实"大走访大调研大服务大解题"活动，部署推进"千名干部进万企""稳进提质'双月'服务助企"行动，实打实解决基层和企业困难。

【国土空间总规编制】推进国土空间总规编制。"三区三线"划定成果通过自然资源部审查和批复并正式启用，划定"强港"配套区块、甬江科创区、万亩千亿产业平台、灵峰产业区块、协和产业区块、穿鼻岛区块、高精密园区、凤凰城区块、青墩城市扩展区等"十四五"重点发展区块。开展战略规划研究。聚焦港产城文融合发展核心问题，会同中规院开展"全域国土空间总体布局研究"和"梅山、峙南片区规划定位及疏港交通研究"，研究成果确立了"港口物流向东、临港产业向北、高端制造向南、城市建设向西"的总体空间框架。推进空间综合整治。统筹推进农用地整治、工业用地整治、村庄整治、生态保护修复、城镇低效用地再开发"五大整治"，全区谋划 7 个整治片区，总面积 181 平方公里。

温州经济技术开发区

温州经济技术开发区于 1992 年 3 月经国务院批准设立。2022 年实现地区生产总值约 447 亿元；规上工业总产值 1170.59 亿元，增速 24.8%；规上工业增加值 229.33 亿元，增速 17.5%。社会消费品零售总额 95.04 亿元，增速 8.5%（经开区口径）；一般公共预算收入 25.08 亿元；创新指数连续四年排名全省前十、全市第一。温州经开区先后获得全省先进国家级开发区、外贸十强开发区、产业集聚区创新驱动奖等荣誉。其中，数字经济、新能源（新材料）、生命健康、智能制造等战略性新兴产业发展势头迅猛，集聚了瑞浦能源、中国长城、多弗集团、人本集团、法派集团、长江电子、大自然钢业、正泰电器、福达合金、奔腾激光等一批央企、民营企业 500 强的重点企业，一些龙头企业的产品在细分领域市场占有率全国领先。落地百亿级项目 3 个，亿元以上产业项目超百个。规上工业企业数达 931 家，其中产值超亿元企业达 230 家，超亿元规模总量占比达 78.1%。

【招商引资】全年落地亿元以上产业项目 15 个，其中超百亿元项目 1 个、10 亿以上重大产业项目 7 个；认定总部企业 5 家，其中头部企业（含 500 强）1 家。2 个超百亿项目瑞浦兰钧新能源制造基地、伟明盛青锂电池新材料产业基地项目一期合计超 1000 亩顺利摘地，伟明盛青项目一个月内实现开工入统，总投资额 165 亿元的正泰数智零碳产业园项目、国兴 5G 制造中心总部项目签约，温州元宇宙创新中心顺利开园。瓯飞围区渔光、农光两大绿色清洁能源项目发电 9.4 亿度。

【产业发展】深化经济运行稳进提质八大攻坚行动，直达快兑奖补资金 10.58 亿元，工业经济稳中有升。开展"小升规""规做精""优上市""百日攻坚"行动，报会上市企业 7 家，排名全市第一，国家级专精特新"小巨人"企业、省雄鹰培育企业、省专精特新中小企业新增数创历史新高。聚焦"一区一廊一室一集群"建设，扎实推进自创区"八大攻坚"行动，全社会研发投入占

地区生产总值比重达 4.2%，居全市第一，入选首批国家知识产权强国建设示范区园区。瓯江实验室获批建设浙江省实验室。实施科技企业主体培育"双倍增"行动，新增国家科技型中小企业 408 家、省科技型中小企业 263 家、高新技术企业 93 家，高新技术产业增加值占比排名全市第二。推进数字经济与实体经济融合发展，新增省级数字车间 2 家、企业上云 342 家，航天云网"汽摩配行业能源数字化管理创新应用"入围工信部 2022 年工业互联网创新领航应用案例。企业发展信心持续提振，新增市场主体 5193 户，同比增长 17.4%，新设八大万亿小微企业同比增长 51.2%。

【项目推进】深化国家级相对集中行政许可权试点，入选温州市"续写创新史"十年百项改革突破案例。全面推进工业企业投资项目"一件事"改革，全面实现"拿地即领证""竣工即投产""验收即领证"，全年累计办件 32.2 万件，完成招标金额约 4.6 亿元。中国眼谷博览中心顺利开园，

中国眼谷入选 2022 年首批"科创中国"创新基地，中国眼谷小镇入选第一批浙江省未来产业先导区培育创建名单和第一批特色小镇现代产业组最佳实践案例。有效发挥金融扩投资稳增长作用，新增专项债 11 个。浙南海创城揭牌，省研究生联合培养基地落户。

【营商环境】提质优化"万名干部进万企"行动，全区 1.3 万家企业纳入"e 企管"平台，全年化解企业发展问题 560 个，综合化解率 100%。温州高新区创业服务中心连续 7 年被科技部火炬中心评为科技企业孵化器考核优秀。推行部门间涉企鉴定评估"多评合一"改革，深化"五心"红色代办品牌，全面推行"企呼我应"、企业难题"不见面""一体化"闭环服务模式，"三个一"政务服务党建品牌被省委改革办《竞跑者》刊登宣传。浙南"数智造"公共实训基地投入运营，培训技能人才 3.1 万人，新增技能人才取证 1.3 万人、高技能人才 5133 人，位列全市前茅。

【城乡建设】"精建精美"项目开工 11 个，建成 12 个，新区基础设施配套渐趋完善。应急隔离点和健康驿站提前完成市级任务并移交使用。高质量开展综合交通运输发展"十四五"规划、甬台温高速复线桥下空间利用规划等编制工作。S2 线基建基本完成，加快通海大道、新川大道、环山南路、滨海二十一路等重大项目建设，全力推进机场大道东延、空港大道、甬莞高速洞头支线、东部综合管廊等项目前期。建成高新文化广场，浙南海洋经济总部大厦竣工投用，核心区市政工程全速推进。开展城市风貌整治提升行动，加快推进双创产业新区特色产业风貌区等创建省级首批"城乡风貌样板区"。深化生态环境设施建设，东排三期、滨海湿地生态修复工程等项目建设全力推进。瓯飞垦区开发利用稳步推进，完成用海报批面积 2956 亩，提前完成年度任务。

【境外投资】成功获批省五金卫浴跨境电商产业集群发展试点和省级专项资金，超额完成境外投资年度任务，外贸态势逐渐向好。根据疫情形势，组织企业参加广交会等国内线上线下展会；鼓励企业充分利用原产地累计规则和关税优惠拓展 RCEP 市场，尝试全球布局；做好外贸企业赴境外参展及开展商务活动证件办理、商务包机等服务。2022 年境外投资完成投资总额 5093 万美元，超额完成年度目标任务，人本股份有限公司入选 2022 年浙江本土民营跨国公司"领航企业"名单。帮助企业申报办理商务邀请函 11 批次，帮助企业申请出境参加商务活动 11 批次，办理外经贸企业商务人员乘坐商务包机证明 1 次。

嘉兴经济技术开发区

嘉兴经济技术开发区创建于 1992 年 8 月，位于嘉兴市主城区，是一个城市型开发区。2010 年 3 月被国务院批准升级为国家级经济技术开发区，并与同年设立的省级嘉兴现代服务业集聚区和嘉兴国际商务区实现三区合一、合署办公。嘉兴经济技术开发区荣连续八年在全省国家级经济技术开发区考核中名列第二，在商务部 2022 年公布的国家级经济技术开发区综合发展水平考核中位列第 18 名。2022 年，嘉兴经济技术开发区实现地区生产总值（GDP）422.74 亿元，比上年增长 3.4%；完成外贸进出口总值 394.99 亿元，比上年增长 5.8%；实际利用外资 3.09 亿美元，比上年下降 22.5%。2022 年 1—12 月，完成对外直接投资额 1427.81 万美元，同比增长 159.87%。 2022 年，区财政总收入 54.90 亿元，比上年下降 27.6%；完成固定资产投资额 206.22 亿元，比上年增长 10.4%，其中工业生产性投资额 38.97 亿元，比上年增长 12.4%。全区规上工业完成总产值 744.53 亿元，同比增长 9.6%；高新技术产业实现增加值 75.48 亿元，占全区规上工业的 47.9%。嘉兴经开区的主导产业包括汽车零配件、高端食品，智能装备、生命健康和新能源新材料等。龙头企业包括采埃孚、乐高、玛氏等。

【招商引资】嘉兴经开区党工委、管委会主要领导和分管领导带队赴北京、深圳、上海、西安、杭州等地开展奔跑招商，带队参加上海进博会、乌镇世界互联网大会等活动，开展驻会招商，线上线下共计拜访客商 998 批次，接待客商 335 批次，获取项目信息 220 多条。2022 年全区新批外资企业项目 28 个，实际利用外资 3.09 亿美元。新引进注册资本 1000 万美元及以上项目 13 个，其中引进注册资本 1 亿美元及以上项目 1 个。2022 年 6 月签约了融安储能项目，该项目总投资 51 亿元，固定资产投资 36.2 亿元，总注册资本 10 亿元。其中，一期项目总投资 31.8 亿元，固定资产投资 17.5 亿元，注册资本 4.6 亿元。2022 年 8 月签约了隆基光伏组件项目，该项目用地约 400 亩，设计产能 8GW，实际产能预计可达 10GW。项目总投资约 40 亿元，注册资本 4 亿元人民币，项目预计 2024 年达到设计产能后销售额为 140 亿元。

【产业发展】2022 年嘉兴经开区工业入规 8 家，全区 224 家规模以上工业企业完成工业总产值 744.53 亿元，同比增长 9.6%，实现增加值 157.51 亿元，增长 4.8%。截至 2022 年底，全区共有规（限）上服务业企业 289 家，2022 年新增服务业小升规企业 40 家。持续推进北部区域低效用地攻坚行动，开展北部区域低效用地攻坚行动，按照"改造提升、回收盘活、兼并重组、关停退出"的方式，对列入整治清单的企业，明确整治方式、整治时间节点，全力推进；深入开展城南工业园区企业退低进高，根据市、区传统产业"两高一低"企业认定标准、产业结构调整和工业土地全域治理的要求，形成年度高耗低效企业整治清单，制定"一企一策"整治提升方案。以印染纺织等高耗能企业为整治重点，依法加快推动部分区域企业的集中腾退，推动能耗、环保、安全达不到标准以及淘汰类产能依法依规关停退出；着力推进嘉北时尚产业园转型升级，加快嘉北街道纺织服装传统制造业转型升级步伐，依托华之毅等骨干时尚产业为基础，推动一批中小型企业从制造向智造升级；加大项目招引着力盘活低效用地，根据市、区重点产业布局和发展空间，深入推进低效工业用地再开发和闲置土地处置。坚持破立并举，加大招引力度，加快地块招引。推进工业用地"退低进高、退二优二"，加快项目开工建设，提高土地利用效率。

【项目推进】2022 年经开区备案基建项目 105 个，技改项目 123 个，完成项建审批项目 100 个。重点项目开工 25 个、竣工 23 个。深化新一轮"腾笼换鸟、凤凰涅槃"攻坚行动，实施北部区域腾退百日清零攻坚行动，印发了《北部区域低效用地腾退攻坚方案》，组建攻坚指挥部，出台激励政策，新增腾退签约奖励和提前搬迁奖励，三大攻坚专班（嘉北片区攻坚专班、塘汇片区攻坚专班、厂房拆除攻坚专班）结合 2021 年度工业绩效综合评价，以刚性的倒逼手段加快低效用地腾退。2022 年全区累计整治高耗低效企业 57 家，完成市定年度目标的 285%；全区腾退土地面积 782.71 亩，完成市定年度目标的 112%，其中单块占地面积 50 亩及以上占比 56%。

【营商环境】嘉兴经开区以"一部一公司"模式推进招商体制改革，探索有效的招商人员用人机制，通过"专业人"做"专业事"的用人模式，以"实绩"论"英雄"的薪酬激励机制和末位淘汰机制等，筛选出符合项目招引需求的专业招商人才，增强项目招引实效；以更优体制、更大格局、更优服务、更快节奏，加快项目招引落地。嘉兴经开区全面落实招商项目落地专班制度，统筹招商项目签约以后的全过程服务，负责包括土地农转用、环评、能评等一系列开工前的准备工作，促使项目早落地、早开工、早建设。全面升级企业服务标准和能力，构建"24 小时不打烊、360 度无死角"的企业服务体系。2022 年，嘉兴经开区继续在嘉兴高铁南站、上海虹桥高铁站、沈海高速公路等投放广告，加强与海内外行业内有较大影响力媒体的联系合作，突出对欧美重点地区、重点行业的宣传；积极探索领英等新媒体宣传，强化目标客户和需求导向的精准度，进一步扩大知名度和影响力。12 月，顺利举办第八届国际经贸洽谈会，与海内外知名企业、中介、商会、协会、科研院所、创新中心、人才智库等单位共话合作。成功签约 24 个项目，总投资额达 271 亿元。

金华经济技术开发区

金华经济技术开发区成立于1992年，1993年核准为省级经济开发区，2010年升级为国家级经济技术开发区，2013年与原金西经济开发区成建制整合。金华开发区打造了新能源及高端装备制造产业园、健康生物产业园、中央创新城三大产业平台，培育了东晶电子、宏昌科技、今飞凯达、康迪车业、金字火腿等5家上市公司，集聚了绿源、康恩贝、万里扬、科惠医疗、花园生物等"四上"企业859家、工业企业2390家，形成了新能源及高端装备制造、数字经济、生物制药三大主导产业。2022年实现地区生产总值392.3亿元，增速4.1%；规上工业产值740.3亿元，增速22.9%；固定资产投资159.69亿元，增速14.8%；工业投资58.01亿元，增速10.4%；进出口额126.57亿元，实际利用外资7099万美元，对外投资额1463万美元；民间项目投资、社会消费品零售总额等多项指标增速居全市前三，财政总收入达85.9亿元，城乡居民人均可支配收入分别增长4%、4.1%，经济社会发展跃上了新高度。

【招商引资】2022年累计外出招商73次，共签约项目29个，签约金额224.65亿元，其中百诚、大飞龙项目自洽谈到签约历时不到一个月，刷新了金开项目签约速度；重点完成10亿元以上制造业签约项目10个，总投资163.5亿元，已落地7个；签约3000万美元以上产业项目2个，其中1亿美元以上项目1个；落地2021年签约3000万美元以上项目2个，落地率居全市前三；制造业项目到位资金40.85亿元，完成率136.17%。

【产业发展】聚焦产业转型升级，持续提升平台能级，中央创新城实现产值（营收）约340亿元，互联网乐乐小镇列入省级特色小镇创建名单；金华新能源及健康生物产业平台规上工业总产值增长66.7%，两大制造业成功上榜省开发区产业链"链长制"试点单位。不断增强创新动能，研发投入强度达3.25%，跃升至全市首位；高端装备制造业、高新技术产业、战略性新兴产业增速均列全市前三；依托"揭榜挂帅·全球引才"等平台，新引进省级以上领军人才11名，浙大研究院药学中心、浙工大研究院实验室先后建成并完成团队入驻。着力强化企业培育，新增规上企业42家；新增国家级重点"小巨人"、国家级"小巨人"数量均居全市第一；多家企业入选省未来工厂、智能工厂等试点名单；零跑汽车成为市本级第一个百亿级企业，企业全产业链产值破200亿元，今飞入选2022中国制造业企业500强。

【项目推进】2022年，完成项目立项498项；重点推进招商项目45个，其中促落地开工项目8个、促竣工投产项目37个。通过集中火力开展两轮"项目双月攻坚"行动，解决了三瑞堂、新塘坞等5个多年遗留问题，打通了德胜街等9条断头路，保障了项目用地近1600亩，完成了晴天科技、高端智造生产基地等15个项目开工，带动东莱小学等27个项目进展取得实质性突破，拉动年度投资额超30亿元；省"4+1"重大项目投资完成率、市县长项目落地率均居全市前列;市人大监督项目100%完成;寰领、零跑两大项目成功列入省重大产业项目,获用地指标奖励超百亩。

【营商环境】全面推进数字化改革,睦家园反家暴"一件事"应用、派出所综合指挥室应用平台、"未成年人校外安全综合治理应用"等一批特色成果获省市两级肯定。纵深推进"大部制""无证明城市""放管服"等改革措施,完成112个基层便民服务中心政务服务2.0信息化设备提升,推进"验收即发证"改革,行政许可事项工作居全市前列,政务服务"一网通办"办件率、达标率、"跑零次"实现率全市领先。迭代升级基层社会治理体系,创新"基层党建+社会治理""微智治"等治理模式,基层智治系统大脑受理处置事件超10万件,三江街道创建社区治理和服务创新实验区入选省级试点;睦家园社会谅解模式成功收录于新时代"枫桥经验"研究系列丛书。

【城乡建设】坚持以共同富裕为目标,扎实推进城乡融合发展。打出共富"扩中提低"组合拳,所有行政村全部完成"20+10"收入目标,总收入和经营性收入两项增速均列全市第一,经营性收入50万元以上村占54.4%。生态文明建设加速推进,湖海塘湿地生态修复工程成功争取专项中央资金4000万元;省控断面和乡镇交接断面Ⅲ类水质达标率100%,空气质量连续三年达国家二级标准。

全面推进4个未来社区和2个城乡风貌样板区建设,派溪童村成功创建全省第二批未来乡村,城市更新年度投资完成155%。圆满承办第十七届省运会,金婺大桥建成通车;涉及交通、教育、医疗、养老等领域的82项各级民生实事全部完成,群众获得感和满意度不断提升。

【山海协作】持续推进山海协作,持续向磐安、衢州、武义等山海协作地区采购农副产品,实现消费帮扶206.78万元;助力磐安投资建设曼联新能源技术产业园、鸿昌电力综合服务生产基地等合作项目,打造山海协作升级版;选派4名干部前往兰溪、浦江开展交流,推进全域组织百镇共建双向奔赴43次,达成产销、研学、文旅等共建合作项目15个,联合开展农产品推销、兴村治社名师巡回指导、学校教师师徒结对、义诊巡诊、主题党日、就业招聘等活动17场。

【开拓外贸市场】组织企业参加第132届线上广交会、第五届进博会等国际国内重大展会,鼓励企业通过出境、"线下实体展示+线上及时洽谈"的"代参展"等模式,参加英、美、德、日、东南亚等国家展会或开展商务洽谈,全年累计成交意向金额达1亿美元以上。支持乔博电动等11家企业,通过"9710"跨境电商模式实现出口,同时,提升出入境便利化服务,累计为120余家企业办理出入境白名单。

衢州经济技术开发区

2022 年，衢州经济技术开发区实现地区生产总值 369.15 亿元，按可比价格计算，比上年增长 8.1%。规上工业企业营业收入 1811.14 亿元，同比增长 17.9%；利润总额 95.96 亿元，同比下降 32%。规上工业总产值 1583.9 亿元，同比增长 16.0%，其中高新技术产业产值 915.6 亿元，同比增长 18.7%。规上工业增加值 329.0 亿元，同比增长 13.7%。2022 年全社会固定资产投资增速同比增长 49.5%，其中工业投资增速同比增长 71.6%。实现外贸进出口总额 392.67 亿元，同比增长 24.62%，占全市比达到 64.11%，其中出口总额 209.62 亿元，同比增长 28.54%，占全市比 52.15%，进口总额达到 183.05 亿元，同比增长 20.41%，占全市比 86.92%。园区目前已形成产业链完备的氟硅新材料、锂电新材料、电子化学材料、特色轻工、芯片及传感器、生物医药与大健康等产业集群。集聚巨化集团、华友钴业、仙鹤纸业、五洲特纸、牧高笛、立昂微电子、永和制冷、韩国晓星等重点企业 1100 余家。

【招商引资】2022 年，开发区聚焦主导产业，高标准招商、高门槛选商，新引进项目 43 个，协议总投资约 650.05 亿元，其中 100 亿元（含）以上项目 2 个，50 亿元（含）以上项目 3 个，20 亿元以上项目 6 个，10 亿元以上项目 13 个，亿元以上项目 42 个。全年实现到位资金 150.11 亿元，其中制造业占比 99.19%，主要华友系到位 59.19 亿（时代锂电到位 30.26 亿、巴莫 5.69 亿）、金瑞泓系到位 19.32 亿。全年累计利用外资 4600 万美元，占全市到位外资比重为 43.94%，主要晓星 BOPA 薄膜项目到位外资 4000 万美元，艾森药业到位外资 600 万美元。按照省、市产业政策，结合本地发展实际，创新招商方式，始终聚焦重点产业、重点企业、重点区域，狠抓产业链招商、以商招商、基金招商，先后签约落地吉利新能源"三电"、金瑞泓集成电路用硅片等 2 个百亿级项目，以及鹏辉储能电池、晓星薄膜、瑞泰电解液、三时纪新材料等一批延链补链强链的"大好高"项目，为衢州经济高质快速发展积蓄充沛能量。

【产业发展】2022 年规上工业企业亩均税收为 16.47 万元，亩均增加值 150.92 万元，同比增长 16.16%。新投产时代锂电等项目 28 个，新开工吉利"三电"等项目 41 个，12 个省"4+1"重大项目、6 个省集中开工项目、8 个省重点项目全部开工，完成投资额均超年度目标 150% 以上；聚焦链主企业培育企业矩阵，华友系产值同比增长 114.7%，巨化系同比增长 20.7%；推动企业登陆资本市场，新增上市过会企业 1 家（中巨芯），新增股份制企业 3 家。凯圣、志高等 7 家企业入选国家专精特新"小巨人"，全年推动企业实施数字化改造项目 70 个，硕而博、夏王、喜尔康获批省级智能工厂（数字化车间），规上工业企业数字经济核心产业产值 277.7 亿元，同比增长 48.2%。推进产业数字化，推进数字产业化。与巨化信息公司共建化工（氟硅与电子化学）产业大脑，入选省级产业大脑，并作为全市唯一成功揭榜挂帅省第一批化工产业大脑建设试点项目，获得 3 项发明专利、21 项软件著作权。成功创建省级产业大脑 1 个，未来工厂 2 家，未来工厂试点 1 家，智能工厂（数字化车间）12 家，组织 3 家企业申报工业互联网平台，7 家企业申报云上企业。培育数字经济核心产业规上工业企业 37 家，全年产业增加值 56.1 亿元，同比增速 41.5%；营业收入 345.5 亿元，同比增速 65.1%；完成数字化技术改造投资 5.13 亿元。

【项目推进】全年完成政府投资项目审批 28 个、核准项目 1 个、企业备案项目 356 个，开工项目 342 个，竣工项目 133 个。建立重大项目"一对一"服务机制。成立时代锂电项目、吉利三电项目等重点项目推进专班，长期驻扎企业集中办公，提供"一对一"即时服务。政府部门与项目企业"面对面"深入交流，研商剖析环保、融资、土地、手续办理、政策处理等具体问题，现场提出协调解决方案，明确落实推进时限和责任单位，为项目顺利推进保驾护航。全面实行挂图作战法，超前摸排可能影响项目进度的各种因素，扎实细致做好各项保障工作。对已开工项目，细化形象进度，制定制造业重点项目实施进度表；对未开工项目，促进项目加快审批，帮助企业解决现实困难，加快推动项目推进速度。

【营商环境】实施不动产历史遗留问题分类处置，牵头出台《工业企业不动产登记历史遗留问题处理方案》，解决企业实际困难。全面实现企业开办全流程"一件事"一日办结。迭代升级注销"一网服务"平台，提供简易注销、一般注销、复杂注销等三大常态注销场景，简化企业退出程序。推广"一键申报"模块应用，实现纳税人端纳税申报表由财务软件自动生成，纳税时间压缩至 90 小时以内。首创易制毒化学品审批智能秒核模式，申请材料由原先的 50 份减至 5 份，办理时间由法定 3 天压缩为 1 分钟。全面梳理惠企政策，公开类政策实现 100% 线上集成、网上兑现，70% 政策实现即申即享，全年全区兑现惠企政策 21.2 亿元。

【城乡建设】2022 年，经开区实施政府投资基础设施建设项目 128 个，全年累计完成投资约 11.8 亿元，其中投资超亿元基础设施项目 3 个（慧谷工业设计院、5GW 高效单晶电池和 3GW 高效组件项目厂房及配套设施建设工程、宾港南路延伸至 S315 省道工程）。新建城市道路 5.587 公里，建成道路面积 13 万平方米；清淤排水管网 80 公里，新增、改造雨污水管网 10 公里，新建改造供水管网 2 公里；新增公园绿化面积 2.45 公顷。

丽水经济技术开发区

丽水经济技术开发区 1993 年设立，2014 年升级为国家级经济技术开发区。近年来，丽水经开区培育形成半导体全链条、精密制造、健康医药、时尚产业、数字经济等主导产业集群，丽水特色半导体产业平台成功入选省第四批"万亩千亿"新产业培育平台，落地全市首个百亿级重大产业项目丽水东旭高端光电半导体材料项目。2022 年，丽水经开区实现地区生产总值增长 8.5%；固定资产投资和工业投资分别增长 28% 和 51.2%；规上工业总产值和规上工业增加值分别增长 16.9% 和 13.4%；财政总收入和一般公共预算收入（剔除留抵退税因素）分别增长 10.08% 和 19.9%；企业政策兑现增长 15.3%；外贸出口额增长 32.8%；R&D 经费投入强度高达 6.06%。

【招商引资】2022 年新落地各类项目 234 个，总投资额 255.89 亿元。参加 2022 年"秀山丽水，智造未来"丽水市精密智造产业（上海）推介会；签约深圳市世格赛思医疗科技有限公司宠物手术器械生产销售项目，苏州派康科技有限公司的派康骨科器械项目参加"聚才引智 沪丽共赢 2022 丽水市医疗器械产业（上海）对接会"活动；在杭州市参加"丽水市'双招双引'推介会"；参加浙江省十链百场万企系列活动之现代纺织产业链专场活动招商推介；举办半导体产业院士联合学术峰会；举办丽水经开区半导体和精密制造产业推介会；杭州中科极光项目参与市人才科技周开幕式活动签约；北京晶引项目参与省第六届世界浙商大会和首届全球数字贸易博览会活动签约。江苏联芯项目参与省政府山区 26 县高质量发展暨山海协作工程推介会活动签约。

【产业发展】2022 年新增规上企业 61 家。首先，特色半导体产业以"链长＋链主"协同机制抓产业链提升，引项目、聚科技、强生态、创特色，奋力打造全国外延片研发生产基地和世界级超高纯钽材料生产基地，超前布局第三代半导体等未来产业集群，加快创成省级高能级战略平台。在全国颠覆性技术创新大赛中，珏芯微电子高温制冷红外探测器技术拿下总决赛最高奖，并成功入选国家科技部颠覆性技术备选库；浙江晶引电子科技有限公司的超薄精密柔性薄膜封装基版生产线（COF）项目已列入浙江省重大项目及丽水市重点项目；浙江百可半导体材料有限公司列入 2023 年省产业链协同创新示范项目。其次，健康医药产业围绕集药物制剂、医疗器械、细胞产业、化学原料药、制药装备、大健康产品和医药健康服务等于一体的产业体系大力开展培育提升。经开区已成功培育出一批健康医药产业龙头及特色企业，如维康药业（丽水市首家创业板上市企业，2022 年年产值超 10 亿元）、华润三九众益制药、五养堂药业、贝尼菲特药业等；已成功创建国家高新技术企业 5 家，国家知识产权优势企业 1 家，省级知识产权示范企业 2 家，省科技型中小企业 6 家，省级企业研究院 2 家，省级高企研发中心 5 家，省级企业研发中心 2 家，博士后工作站 2 家；经开区聚力产业链补链强链固链，助推产业附加值不断向中高端迈进。2023 年，健康医药产业项目落地北京医准智能影像（国家专精特新）智能 AI 智能影像项目等 5 个亿元级产业项目。最后，精密制造产业稳步发展。经开区精密制造产业现有规上企业数为 210 家，已成功培育出一批产业龙头及特色企业，如方正电机（上市企业）、中广电器、嘉利工业等产值超 10 亿元企业，积极开展"二次创业"，获得"国家级绿色工厂""省未来工厂试点"等荣誉。已成功创建国家高新技术企业 83 家、省级科技型中小企业 242 家、省级企业技术中心 1 家、省级企业研究院 2 家、省级高企研发中心 13 家；经开区发挥"链长制"制度优势，在产业链延链补链强链上取得丰硕成果。2023 年，产业链成功引进瑞晶新能源光伏组件项目、锦卓新能源新能源锂电池项目 2 个 10 亿级新能源项目，引进煜峰滤清器空气净化器项目等 5 个亿元级精密制造项目。

【营商环境】重新组建中共丽水经济技术开发区工作委员会、丽水经济技术开发区管理委员会，建立一个平台、一个主体、一套班子"三个一"管理体制和管理、规划、招商、核算、考核"五统一"运行机制，形成扁平化管理架构。推进管理机构精简化，实行市区力量整合，推动 10 个市直部门按下沉人员力量，整合归并同类型、同领域内设机构及职能，实现机构更综合、人员更精简、运转更高效。围绕"五大产业"和"区块功能"，分片设置三个产业平台，以市场化运营公司形式开展运作，提高平台专职专营专业水准。构建"浙丽经开管家"服务体系，推出"拿地即开工、项目全程免费代办、投资项目管家、竣工即验收"等创新举措，实现企业投资项目从落地开工、建设审批、过程服务到竣工验收的全链条服务机制。

【城乡建设】城乡融合加快跃升，民生福祉持续改善。生态品质不断提高，PM 2.5 和 PM 10 平均浓度分别下降 15.4% 和 9.5%，助力市区空气质量挺进全国第七，工业固废利用处置率达 100%，创建"无废细胞"10 个。城市风貌蝶变升级，建设水阁公园、东游园等主题公园，新建改造道路 20 公里，建成生态绿廊、游园 50 万平方米，完成绿道慢行系统、城市驿站等基础设施建设，富岭社区入选省级未来社区创建名单。教育事业质变提升，深入实施教育提质行动计划，北师大丽水实验学校、南城中学等 6 个教育项目在建，完成年度投资 4.45 亿元。在校学生达 2 万人，同比增长 13.6%，创历年新高。华师大附属丽水学校入选全省首批、全市唯一"院士科普基地"。民生保障坚实有力，提前完成省市民生实事 43 件。首家企业残疾人之家建成使用，第三人民医院主体工程顺利完工，骨科医院投入运营，"浙丽保"参保率达 95.1%。

余杭经济技术开发区

2022 年，余杭经济技术开发区积极应对复杂多变的宏观发展环境，统筹疫情防控和经济社会发展，总体保持了稳进提质的发展态势。实现规上工业总产值 1141.32 亿元，增长 1.0%；实现工业增加值 317.88 亿元，增长 0.1%；全年完成制造业投资 75.42 亿元，增长 40.2%；完成地方财政收入 36.99 亿元，增长 20.09%；实现规模高新技术产业增加值 281.10 亿元，增长 0.1%；实现有效投资 166.73 亿元，增长 7.1%。制造业投资 75.42 亿元，增长 40.2%，创历年新高；实现财政总收入 91.82 亿元，同比增长 37.8%；实现地方财政收入 48.20 亿元，同比增长 37.0%。引进固定资产总投资亿元以上制造业项目 17 个，其中 10 亿元以上项目 5 个。

【产业发展】大力实施"四大计划"，125 家亿元企业产值贡献率达 92%，50 家亿元企业增幅超 10%；杭州微策生物技术股份有限公司、杭州福斯达深冷装备股份有限公司、杭州民生健康药业股份有限公司、杭州安杰思医学科技股份有限公司等 4 家企业上市过会；新增杭州慧翔电液技术有限公司、万通智控科技股份有限公司等 8 家工信部"专精特新"小巨人，汉尔姆建筑科技有限公司、浙江迪谱诊断技术有限公司等 26 家省级"专精特新"中小企业，杭州中为光电技术有限公司被认定为浙江省隐形冠军；完成杭州永创智能股份有限公司、杭州微光电子股份有限公司等 8 个项目扎根，供地 483 亩。数智变革强赋能，浙江运达风电股份有限公司入选 2022 年省"未来工厂"试点；新增杭州西奥电梯有限公司、浙江铁流离合器股份有限公司 2 家国家级绿色工厂；杭州西奥电梯有限公司被认定为杭州市链主工厂；浙江铁流离合器股份有限公司被认定为杭州市智能工厂；浙江春风动力股份有限公司入选全国首批"数字领航"企业榜单，成功揭榜工信部 2022 年度智能制造示范工厂；规上工业企业实现百分百上云、数字化应用全覆盖，重点企业数字化管理普及率达 100%、数控化率达 90% 以上。项目推进全面提速，小林高科、杭州永创智能股份有限公司、杭州倍特生物医药有限公司等"152"项目全部开工，新供浙江嘉熙科技股份有限公司、杭州科汀光学技术有限公司、杭州微光电子股份有限公司等 9 宗合计 604 亩工业用地，供地总量和速度同比明显提升；实现浙江嘉熙科技股份有限公司拿地到开工 18 天，刷新临平区制造业项目拿地到开工新纪录。

【招商引资】2022 年新引进外资总额 1.62 亿美元，完成率 124.6%，占全区引进外资总额比重 77.4%。引进固投亿元以上制造业项目 17 个，占全区引进总数 77.3%，其中 10 亿元以上 5 个，占全区引进总数 71.4%。集中签约项目 51 个，落地率超 80%。引入晶盛研发中心，进一步优化开发区半导体上下游全产业链布局；引进德诺电生理总部项目以及中以数字医疗器械产业创新中心，助力高端医疗器械产业集聚；引入徐工杭州研究院，将实现高端核心零部件及系统自主可控和技术引领，对产业发展和海内外高端人才集聚具有重要意义。

【创业创新】积极推进"红丰创新带"建设，出台大孵化器建设（早鸟计划）三年行动方案，成功申报省级孵化载体 1 家，市级孵化载体 3 家，"早鸟计划"培育企业 105 家，合作共建浙江省高端装备产业专利导航服务基地获正式批准。激活企业创新主体，杭州东华链条集团有限公司获中国专利优秀奖，杭州科汀光学技术有限公司、杭州汽轮机股份有限公司、杭州胡庆余堂药业有限公司等 7 家企业获浙江省科学技术进步奖和浙江省技术发明奖，150 家企业完成国高企申报。做优高层次人才生态，制定实施未来智造领雁工程，成立全省首个工程师协同创新中心"临里汇"，累计新增 F 类及以上特色人才 667 名，柔性引进顶尖人才 4 名、国家级领军人才 12 名，成功培育国家级海外高层次人才 3 名。

【配套建设】双林单元详细规划通过杭州市规划和自然资源局审查。根据杭州市新划分控规单元，推进东湖新城单元、东湖新城北单元、兴旺单元、兴旺北单元、山北单元控规编制，深度参与"三区三线"划定，新增规划用地空间近 6000 亩。

【城市建设有序推进】稳步有序实施好 64 个政府投资和国有产业建设项目，浙江理工大学临平校区、城西第一初级中学等教育项目相继建成交付，完成振兴西路、塘宁路、年轮公园等有机更新提升工程，不断改善城市风貌。

萧山经济技术开发区

　　2022 年，萧山经济技术开发区围绕跻身国家级开发区第一方阵目标的要求，持续推进"兵团化会战、专班化运作"工作机制，加快发展数字经济，着力稳增长、强动能、促发展。全年开发区本级实现规上工业增加值 138.23 亿元，同比增长 5.2%；固定资产投资 168.94 亿元，同比增长 51.6%，其中工业投资 52.17 亿元，同比增长 81.3%，服务业投资 116.78 亿元，同比增长 41.3%；实现限上社零额 118.96 亿元，同比增长 10.9%；实现财政总收入 141.85 亿元、一般公共预算收入 82 亿元，分别下降 4.92%、1.08%；2022 年以来完成政府采购 2612.78 万元，其中涉及中小企业的有 2218.78 万元，占比 85%。公司总资产达 919.60 亿元，净资产达 499.26 亿元。

　　【招商引资】聚焦五大兵团产业链，编制产业链作战方案，围绕链主型企业和总部经济型企业项目，全力招引上下游企业集聚，不断增强产业竞争力。2022 年以来，共招引落地亿元以上制造业项目 21 个、10 亿元以上制造业项目 7 个、10 亿元以上省外内资制造业项目 2 个、亿元以上服务业项目 14 个，实际利用外资 4.5 亿美元。包括总投资 51 亿元的吉利新能源汽车电子产业园项目、总投资 56 亿元的浙江传化益迅新材料有限公司年产 68 万吨有机硅新材料及高端精细化学品项目。

　　【产业转型】扎实推进"亩均论英雄"改革，坚持连片原则，高效推动"腾笼换鸟、凤凰涅槃"。2022 年以来，实现桥南区块连片收储低效土地超 300 亩，工业用地改变用途处置 104.61 亩，完成率达 104.6%；产业新鸟招引 20 家，完成率达100%；新增产业空间中完成建设面积 22.25 万平方米，完成率达 74%；规上工业企业税收增幅7.51%。深入实施"未来工厂"六大行动，加快发展壮大雁阵型数字企业梯队，推动企业开展数字化改造。2022 年以来，实施工业企业数字化改造

项目超 50 个，服务业数字化转型项目 14 个，大王椰智环进入浙江省工业互联网平台以及杭州市未来工厂创建培育名单。成功上线"开发区数智楼宇系统"，完成 22 幢楼宇信息录入和更新，6950 家企业详细信息分类。加快产业大脑建设，萧山"机器人行业产业大脑"成功入选省第二批工业领域行业产业大脑建设名单，为杭州市唯一入选者。

　　【项目推进】制定《开发区产业项目"开竣投"全流程服务管理制度》，推动项目早开工早投产，2022 年以来，共促动新项目开工 14 个。重大项目建设进度良好，吉利新能源汽车电子产业园项目、浙报融媒体发展中心项目一期已正式开工建设，万向创新聚能城、浙大杭州国际科创中心、电信大数据中心和智联国际生命科学科创中心等项目建设正在有序推进中。完成开发区内三区三线项目举证工作，积极争取科技城、桥南、益农区块和三江创智新城发展的空间指标。加大盘活存量用地力度，2022 年以来，共完成批而未供土地 2069 亩，供而未用土地 1276 亩，低效用

地再开发 1483 亩。加大资金保障力度，创新融资方式，成功发行全区首单 CMBS 产品（光大天风 – 萧山经开信息港资产支持专项计划）。持续推进重点区块电力配套、蒸汽管网建设和环境综合整治。临江新材料产业园萧山益农板块获得命名批复，解决园区合法性合规性、益农拓展区规划环评等一系列问题。全力支持企业进行省重大产业项目申报，2022 年传化有机硅新材料项目及超淳金刚石项目成功列入省重大产业实施类项目清单。

【"企安心"数字化改革】 根据市场化、实体化要求，打造 "1+6+N" 管理模式，国企改革方案已经区委常委会审议通过。采取货币注资、资产划拨、资产注入及存量资产增值等方式，积极做大公司资产规模，公司总资产达 919.60 亿元，净资产达 499.26 亿元。积极与评级公司对接，经开国控集团顺利获得 AAA 主体评级。推进以项目全周期服务管理为重点的 "企安心" 数字化改革，聚焦 "招商选商、亲商安商、暖商助商" 等应用场景，对产业项目实施链条化管理、闭环式推进、全过程服务。积极探索同步植入项目开竣投、人才公寓管理等应用，努力推进项目全链式管家服务和公权力行权全过程监管 "协同融合"。

【创新提升】 各类人才培育稳步推进，市级以上领军人才自主培育 13 人，"5213" 计划等人才项目落地 28 个，C 类及以上人才认定 19 人，新增职业技能等级认定试点企业 2 家，新增高技能人才 589 人。各类科技指标量质齐升，专利质押融资 5.6 亿元，商标质押融资 4300 万元，有效发明专利拥有量 2448 件，技术难题 "揭榜挂帅" 完成 16 个，新认定国家高新技术企业 88 家。此外，开发区 6 家企业荣获省级及以上科技进步奖，1 家企业荣获 "中国专利优秀奖"，3 家企业入围省级专利示范企业。浙大杭州国际科创中心一期 CMOS 平台启动器件验证芯片的流片工作。协同推进浙大杭州科创中心合成生物学孵化平台建设，借助已建成的浙大合成生物学公共平台引入产业链上下游项目。西电杭研院围绕集成电路科学与工程创新中心、国家安全创新中心、电磁空间一体化创新中心三大平台已完成 12 个实验室的搭建，组织开展产学研活动 200 余次。西安电子科技大学杭州研究院院士工作站正式授牌成立。西电数字经济产业园计划 11 月底开园，已储备产业及科研成果转化项目百余个。由浙江省农业科学院牵头建设的湘湖实验室（现代农学与生物制造浙江省实验室）落地创业谷，获批浙江省博士后工作站。欧美同学会海归小镇（杭州·数字医药）揭牌落地。杭州湾信息港创新能级持续提升，连续六年获评国家级科技企业孵化器考核 A 类优秀、全国和谐劳动关系创建示范工业园区。

富阳经济技术开发区

富阳经济技术开发区成立于 1992 年 5 月，是经浙江省人民政府批准的首批省级开发区之一。2012 年 10 月，经国务院批准，升级为国家级开发区，并定名为富阳经济技术开发区，为杭州市四个国家级开发区之一。2022 年被省政府授予"稳外资和开发区建设突出集体"称号，综合实力列全国 217 家国家级经开第 115 位。富阳经济技术开发区总面积为 106 平方公里，主要特点是"一区多园"，呈"一主两翼两新区"的空间格局，"一主"即银湖科技城，"两翼"即东洲新区、金桥鹿山新区，"两新区"为场口新区、新登新区，各园区组团开发、特色鲜明，不同业态产业在辖区内即可梯度布局。截至 2022 年底，实际经营企业共有 8405 家，其中工业企业 1618 家，规上工业企业 376 家，占全区的 53%，按集团口径，产值百亿级企业 2 家（和鼎铜业、富通集团），10 亿级企业 11 家，亿元企业 134 家。中国制造业企业 500 强 3 家（富冶集团、富通集团、富春江集团），上市企业 6 家（金固股份、中泰深冷、星帅尔电器、张小泉股份、天铭科技、润歌互动），重点上市后备企业 16 家，国家专精特新"小巨人"企业 18 家，省级专精特新企业 37 家，省智能工厂 5 家，省绿色低碳企业 2 家。2022 年，富阳经济技术开发区（简称富阳开发区）"四上企业"（规模以上工业企业、资质等级建筑业企业、限额以上批零住餐企业、规模以上服务业企业）实现营业收入 2184 亿元，比上年增长 7.7%。实现规模以上工业总产值 1102.4 亿元，占富阳区的 74.6%；规模以上工业增加值 211.9 亿元，增长 2.6%，占全区的 74.2%；高新产业增加值 160.4 亿元，增长 3.3%，占全区的 84.2%。制造业投资额 39.4 亿元，占全区的 39.9%；高新产业投资额 32.8 亿元，占全区的 34.9%。实现税收 56.5 亿元，同比下降 3.6%。全年实际利用外资 0.58 亿美元，其中制造业外资 695 万美元。

【融杭融廊】抢抓融杭融廊新机遇，凝心聚力发展银湖科技城。会同专业机构启动大走廊南翼特别合作园课题研究，梳理总部楼宇产业导入政策，截至 2022 年底，已累计注册企业 2400 余家，集聚上市培育企业 9 家，楼宇办公人员超过 1.5 万人。瞄准生物科技、信息技术、数字新零售三条赛道加快产业培育，生物科技产业集聚比格飞序等 20 余家企业，全年实现营收 9 亿元以上；信息技术产业引入了图南、巨峰等专精特新企业 30 余家，全年实现产值 40 亿元以上；数字新零售企业累计达到 100 余家，全年实现营收 45 亿元以上。

不断完善"一心三谷九园"产业空间结构布局，持续加快总部园、产业园招商和建设，共规划总部项目 120 个、总面积 2358 亩，已建成 11 个，在建 34 个，拟建 75 个、用地 1360 亩。

【产业转型】围绕高质量发展这一主线不动摇，进一步聚焦主导产业、优化空间布局、加快腾笼换鸟，推动园区产业重整、空间重构、环境重生，被省政府授予"稳外资和开发区建设突出集体"称号。东洲新区有机更新行动扎实推进，近江、望江区块的自主改造方案紧密对接中，泰林生物年底前搬迁过渡厂房，龙盛工贸、欣立电器新上项目拟通过"退二优二"就近安置。场口新区青江畈区块全面启动开发，星帅尔光伏项目正进行施工准备工作，着力建设以新能源装备为主导的高端制造业平台。新登新区支持和鼎、中策等企业做大做强，推动中铝、江丰等项目做优做特。金桥园区围绕产城人文融合发展，积极做好与万马、昶恒的洽谈招引，签约落地总投资超50亿元的路特斯总部能源项目。鹿山新区加快海通管桩地块腾笼换鸟工作，必润等项目陆续进场施工。

【招商引资】坚持把招商引资作为"一号工程"和"生命线工程"，聚焦重点项目、突出靶向发力，全力推动招商引资实现提质增效。全年累计招引产业项目67个、总投资186亿元，其中高新产业项目51个、总投资170亿元。紧盯"链主型"和平台型、央企国企和上市公司项目，全力抓好"大好高"项目，已引进10亿元以上项目6个，抢抓吉利控股集团战略项目签约契机，持续深化与吉咖智能、智芯科技等一批重点项目的洽谈工作。聚焦生物医药、高端装备等重点产业链上下游，针对性建链、补链、强链，富海生物、高品自动化、航驱汽车、省商业集团等一批优质项目顺利推进，支撑"五年倍增计划"的准上市、准独角兽项目库稳步做大。

【项目推进】坚持规划引领、项目带动，牵头编制地铁沿线、金桥园区等规划布局谋划，深化细化银湖核心区等重要节点区域城市设计，同步衔接各片区单元控规；紧盯落地抓前期、节点抓建设、投产抓保障，压茬推进110个产业项目和119个政府投资项目。产业项目方面，全年征地779.6亩，拆迁农户244户、主体企业32家、承租企业331家，政策处理955.4亩，累计腾出可开发利用产业用地空间2774亩；已完成土地出让54宗1501亩，其中工业用地43宗1097亩（平台外工业用地7宗136亩）；开工建设项目24个，竣工投产33个。同时，进一步完善投后管理，牵头完善工业用地"标准地"复核验收、企业跨区迁移"拦水坝"制度。政府投资项目方面，九龙大道西段大中修、320国道（金家岭至沪瑞线）沿线提升改造、东洲高速入城口迎亚运景观提升等33个项目开工，东望路大修、新登镇城墙与城河三期、高桥幼儿园等42个项目竣工，全年完成基础设施投资75.5亿元。

【营商环境】以"组团联企"服务为抓手，深入开展"企业服务月"、重点企业座谈会等活动，累计走访企业1027家次，解决问题907个，全年办结各类备案159件，环评预审等其他事项69件，项目规划审批396件。及时做好助企纾困、稳企惠企各项工作，共向银湖科技城企业兑付扶持资金3104万元，其中1700万元为预兑付；开发区集团免除253户小微企业6个月的物业租金，减免租金达1356万元。加快开发区基础设施配套和公共服务设施配置，完成亚运交通线路和场馆周边环境整治任务，受降溪二期整治等9个迎展项目如期建成；9所学校、20个安置房项目加快推进，受降卫生院搬迁地块、场口第四人民医院、银湖公租房、银湖43–1安置房等项目完成前期工作，地铁接驳公交、园区电力配套、管网建设不断优化，银湖10号地块与省交投集团多轮谈判，固化商务成果。

宁波石化经济技术开发区

　　宁波石化经济技术开发区是国务院确定的全国七大重点发展的石化基地之一，前身为1998年成立的宁波化学工业区。2006年3月升级为省级开发区。2010年12月，经国务院批准升格为国家级经济技术开发区。园区先后被认定为国家级新材料产业基地、国家新型工业化产业示范基地、国家化工新材料高新技术产业化基地、国家循环化改造示范试点园区。2017年成为全国第一批"绿色园区"。2021年被列为全国首批七个碳排放评价试点产业园区之一，并被浙江省列入开发区产业链"链长制"绿色低碳试点单位和产业链"链长制"示范试点单位。2019年至2021年，连续三年亩均效益位居浙江省国家级经济技术开发区第一名。园区被省经信厅认定为2022年度制造业五星级园区和浙江省高质量发展示范园区。园区一直位居中国化工园区榜单前三强。目前，园区以炼油为龙头，延伸烯烃、芳烃产业链条，重点发展下游合成树脂、高端合成新材料等产品，建设成为国内领先的产业规模大、产业链条完整、产品种类丰富、配套设施齐全的专业石化园区。2023年1月6日获宁波市人民政府批复，规划面积调整为42.25平方公里，主要纳入远离城镇居民的泥螺山围垦一期区域，并划定了规划范围线、化工产业发展控制线和安全控制线。2022年，园区规上工业企业共计112家，实现规上工业总产值3248.4亿元，增长36.4%，实现规上工业增加值782.9亿元，同比增长12.8%。园区2022年石化产业规上工业产值为3153.9亿元，占全市石化产业规上工业总产值的60.4%。宁波石化经济技术开发区入选省制造业五星级园区和省制造业高质量发展示范园区。

【招商引资】积极应对国内外市场环境动荡和疫情多发散发的形势，全年落地项目6个，总投资额约47.45亿元人民币。6个项目分别是：总投资25亿元的20万吨/年的新和成蛋氨酸项目；总投资15.76亿元的巨化科技15万吨/年特种聚酯切片新材料项目；总投资35283万元的爱敬5万吨/年苯酐及4万吨/年特殊品种增塑剂技改项目；总投资15346万元的金海晨光7万吨/年抽余液综合利用和3.5万吨/年间戊树脂联合装置项目；总投资8500万元的阳光交通有轨机车雨刷总成系统和高分子镀膜雨刷器生产项目；总投资7700万元的诺力昂聚合物技改扩能项目。

【产业发展】本年新增规上企业3家，年度规上工业总产值超历史新高，当年增量高达867亿元。园区已建成镇海炼化2700万吨/年炼油和220万吨/年乙烯、中金石化200万吨/年芳烃、逸盛600万吨/年PTA、LG甬兴75万吨ABS等大中型项目。目前，石化区拥有千亿级企业1家、百亿级企业5家，其中炼油、乙烯、芳烃、石油焦、丙烯、ABS、环氧丙烷等规模水平位居国内前列。到2022年底，园区已培育国家级高新技术企业35家，获批国家级单项冠军企业（产品）3家，获评工信部专精特新"小巨人"企业5家，省级专精特新中小企业3家。企业建有省级企业技术中心和高新技术研发中心 17 家，恒河材料获批国家级技术中心；建有省级企业研究院 4 家，其中 1 家获评省级重点研究院；建有院士工作站 7 家。

【项目推进】全年 55 个重点产业项目，除 17 个前期项目和储备项目外，8 个项目已投产，22 个项目正在抓紧建设。46 个重大基础建设项目中续建项目 9 个，已完工 5 个，其余项目正在全力推进；计划新开工项目 13 个，已开工 9 个；新增项目 6 个，已完成招标发布 3 个，其余项目正在深化设计及立项报批；前期项目 18 个，均按计划有序推进。园区所有项目均建立联系专员制度，明确推进"时间表""任务书"，每月专题听取项目进度、破解制约问题，确保项目早落地、早开工、早见效。

【营商环境】全面完成"区政合一"改革，管委会内设机构于 2022 年 6 月 1 日正式挂牌，整合成立 3 局 2 中心，进一步精简了机构、完善了岗位，厘清了职责关系与边界，与镇海区形成了协调、融合、联动的一体化发展格局。探索实践联合执法整治，按照"一体运转、统一指挥、条块结合、协作配合"的原则，成立由公安、综合行政执法、交警等组成的联合执法大队，聚焦治安形势、道路交通、园区环境等方面，深入开展违停清理、违章整治、规范送餐等专项行动，以联合执法促园区公共管理水平有效提升。石化区将营商环境优化提升作为"一号改革工程"，全力打造投资最便利、服务最高效、干部最担当、保障最有力、生态最健康的营商环境，以"办事不用求人，办事依法依规，办事便捷高效，办事暖心爽心"的标准，主动当好"店小二"，全力帮助企业。

嘉善经济技术开发区

　　1993 年嘉善经济技术开发区经浙江省人民政府正式批准设立，2005 年 12 月经国务院重新审定，核准面积 18.2 平方公里。2010 年嘉善县提出嘉善经济技术开发区整合提升工作方案，于同年 7 月 27 日经浙江省政府批复，嘉善经济技术开发区完成整合提升工作，整合提升后总规划面积 130.98 平方公里。2022 年开发区完成地区生产总值 726 亿元，同比增长 10%，其中工业总产值 395.01 亿元，完成实际利用外资 4.3 亿美元，进出口总额 467.19 亿元。2022 年完成规上工业总产值 1793.3 亿元，固定资产投资 379.6 亿元，实现税收收入 114.68 亿元。三大主导产业分别为计算机通信设备制造、通用设备制造业和电气机械和器材制造业，龙头企业有日善电脑、晋亿实业、富通通信技术等。

【招商引资】开发区坚持高水平对外开放，全年签约落地项目 107 个项目，总投资额 706.8 亿元。坚持以创新引领高水平对外开放、促进高质量发展。深化"基金＋股权＋项目"、产业链招商等招商模式，放大 QFLP 投资基金试点效应。瞄准三大主导产业，精准招引世界 500 强、行业龙头企业，打造"专精特新"企业矩阵。聚焦创新第一动力、人才第一资源。扩大与复旦、中科大等头部院所交流合作，鼓励格科、兰钧等重点企业与其共建联合研发实验室，加快复旦研究院、兰钧研究院项目建设，打造高端创新资源集聚强磁场。深入实施"祥符英才"计划，研究制定开发区人才专项政策，探索建立"基金引才"等多种引才模式，形成"引育留用"生态闭环。

【产业发展】2022 年开发区"四上"企业共 1000 家，其中规上工业企业数量达 622 家，全年完成规上工业产值 1798 亿，其中高新技术企业产值 1511 亿。嘉善经开坚持高质量产业发展，在构建现代产业体系上作示范，聚焦强龙头、补链条、聚集群，推动产业体系迭代升级、工业投资量质齐升。主导产业梯度培育，强芯扩链，壮大数字经济核心制造业，以先进封测为牵引，招引培育一批设备、耗材、材料项目，并延展至制造和设计，打造集成电路产业全链条金名片；聚链成群，裂变新能源新材料产业。大力实施制造业"两化"改造，推动装备制造、木业家居、纺织服装引进新工艺、新设备，焕发新活力。坚决打好"腾笼换鸟、凤凰涅槃"攻坚战，确保新签约、新腾退、再利用面积均不少于 1000 亩。加快"高耗低效"企业整治提升，确保 2 个国控断面平均水质均达到 III 类考核标准，光伏、储能等力争取得新成效。

【项目推进】2022 年开发区审批项目 563 个，重点项目开工率 92.31%。为重大项目提供"合伙人"式服务，善睿、变格等重大项目实现新开工，禾芯部分投产，兰钧跑出了不到 16 个月通线、通线当月产值破亿的"经开区奇迹"，相关做法得到李军市长批示肯定。成功举办嘉善县重大项目集中开工活动，启动建设国开区数字经济产业园，建筑面积超 100 万平方米，为产业链配套小微企业、"专精特新"企业搭建平台。

【**营商环境**】深化"最多跑一次"改革，全面推进企业和公民全生命周期"一件事"便利化服务，为优质项目开辟绿色通道，推动高频事项流程再造，持续构建高效便捷营商环境。

【**城乡建设**】开发区深入实施以人为核心的新型城镇化和乡村振兴战略，积极构建新型城乡关系。完善现代化基础设施。围绕"二区二城一园一绿廊"空间发展布局，分批次启动台升大道、之江路等一批市政道路改造提升，加快形成三横四纵道路框架。拉通嘉善塘、丁诸航道、白水塘绿道，并与中心城区贯通。实施电力等基础配套工程，提升园区承载能力，实现功能、配套、面貌全面提升。打造品质化美丽新城。坚持规划先行、配套先行，实施连片开发、有序开发，倾力打造"上海之窗·智慧科学城""嘉善东部新城"两大城市功能板块，力争枫南未来社区 A 期全部开发，幼儿园、安置房等配套全面启动。同时，咬定工业园区"4+10"布局，推动阳光睦邻中心、远方物流大厦等配套项目尽快开工，加快构建"15分钟"生活圈。建设活力化未来乡村。制定开发区农用地片区发展规划，以农房集聚、农田流转为基础，以农业产业化、项目化为手段，加快中荷循环农业科创示范中心等项目建设。积极联动大云，加快串联云澜湾到"湖墩大米"、巧克力小镇到"这一季"果园等"农业＋旅游"线路，共同打造"农旅样板区"。

平湖经济技术开发区

平湖经济技术开发区成立于 1996 年 8 月，2000 年 7 月经省政府批准为省级经济开发区，2013 年 1 月经国务院批准，升格为国家级经济技术开发区。2004 年起，平湖经开与钟埭街道合署办公，实行"区街合一、以区为主"的管理体制，下辖 3 个行政村和 9 个社区，区域面积 65 平方公里，其中开发区核心区面积 27.5 平方公里。2022 年实现地区国民生产总值 215.05 亿元，同比增长 3.1%，完成外贸进出口总额 230.96 亿元，同比增长 6.7%；完成实际利用外资 2.10 亿美元，同比增长 7.1%；完成对外投资 30 万美元。完成固定资产投资 82.34 亿元，同比增长 7.5%；实现规上工业产值 644.61 亿元，同比增长 4.7%。财政总收入达到 34.05 亿元，一般公共预算收入达到 17.32 亿元。平湖经开区形成以高端机床为主的智能制造、整车及汽车零部件、生物食品等多个高能级产业集群，并汇集起尼得科电产、津上精密、日清食品、三菱化学、美国嘉吉、蒂森克虏伯、德西福格、德玛吉森精机等一大批世界 500 强企业及国际行业龙头，长城汽车整车项目及研发中心、航天平湖产业基地等百亿级标杆性项目相继落户。

【**招商引资**】持续拓展信息渠道，创新招引方式，举办了浙江·平湖（上海）汽车产业专场推荐会、2022 浙江平湖（上海）高端机床暨智能制造产业推荐会并赴日本开展招商引贸，通过基金招商成功引进金兆新材料、臻驱电控两个行业龙头项目，线上签约电产机床、德库威勒项目，以商引商签下汽车马达旗舰工厂项目，2022 年签约落地项目 33 个，总投资 66.97 亿元。重点聚焦汽车、机床、光电通信、生命健康、新能源、新材料等产业，加快"建链、延链、强链"，突出"创新制胜""上市潜质"导向，招引一批产业链关键环节企业和上下游重点配套企业"锻链聚群"。深化"一把手招商"机制，围绕产业发展整合招商资源，进一步向招商引资一线倾斜。加强招商员"内功"修炼，通过专题培训、参展推介、实战实训等多渠道多方式，加强团队行业认知、信息搜集与分析能力，加紧补齐招商团队甄别、服务项目的经验短板，大力培育一批懂产业生态、投资规划、产业布局、协调整合的复合型招商人才。深入拓展中介招商、以商引商、敲门招商、基金招商等招引路径，深化产业中介、行业协会、商会等机构一手项目信息挖掘。围绕产业链、供应链"沿链索骥"，在举办推介会、行业展会基础上，更加主动实施敲门招商、上门毛遂自荐。

【**产业发展**】新增规上工业企业 18 家，合计 254 家规上工业企业实现营收 677.41 亿元，同比增长 5.2%。精准实施产业升级攻坚。围绕驱动电机、高端机床、高端食品，以"整零协同"做强汽车产业，集群发展壮大机床产业和食品产业，打造三条百亿产业链。大力推进高能级汽车产业生态园、光机电小镇、新能源汽车产业链"链长制"建设，持续推进高新技术产业增量提质，高新技术产业产值突破 509.03 亿元。实施大企业培育三年行动计划，支持民营企业转型升级，建立上市后备企业和专精特新、隐形冠军、单项冠军、雄鹰企业、瞪羚企业等五类企业梯度培育库，新认定国家专精特新"小巨人"企业4家，省专精特新企业2家。推进落实科技企业"双倍增"行动，全年新认定高新技术企业34家、省科技型中小企业63家。加速形成包含众多科技园区、科技创新企业、科技创业平台的"大孵化器"载体。樱园、华舟总部竣工投用，智创园二期、骏宏、衡谱加快推进，威优总部大厦启动建设，嵌入科创大街最后一块"拼图"。

【项目推进】2022年报批内外资项目62个、开工项目76个、竣工项目32个。建立主要领导牵头推进机制。围绕项目立项、规划、设计、开工、竣工的全流程，健全相适应的交办督办、信息沟通、推进例会、破难协调等一揽子制度，千方百计推动项目早开工、早投产、早见效。在制度机制框架下，强化条块联动，组团式服务、快节奏推进、高效率破难，紧扣既定目标，全力提速项目推进。落实项目推进全流程服务。招商引资项目签约后，项目推进科负责外资项目"一对一"全流程服务，助推项目建设进入"快车道"。建立"项目经理制"，提供全程代办服务，一个项目明确一位项目经理跟踪服务，倒排时间节点，加快项目落地、建设、投产、达产。

【营商环境】优化营商环境，打响经开服务品牌。产业项目全体班子联挂。将规上工业、服务业企业划分为16个网格组，班子成员牵头联挂，定期走访，听信息、强服务、促管理，落实企业全生命周期服务。构沟通桥梁，举办欧美俱乐部及日资企业系列活动，推动以商引商，支持企业扩大投资、提高产能。加快企业服务数字化改革。实施"E企通"企业云平台更新，通过每天推送企业、第三方机构产品和服务，促成园区企业合作，助力内循环。

【城乡建设】高标准开展空间研究，持续推进乡镇级国土空间规划编制，完成"三区三线"划定。开展高品质景观空间微更新、重要节点交通提升等专项研究，完成钟埭社区、永兴社区未来社区实施方案。高水平推进项目建设。启动园区路网提升三年行动，提升、拓展新明路、昌盛路等15条道路，完成35个路口标准化改造。持续推进筑巢行动，推进樱园、智创园二期等33.5万平方米标准厂房建设，钟溪汇公寓竣工，人才公寓三号一期结顶。推进3154套安置房工程建设，小桥人家顺利竣工，北墅东区主体完工。深化高水平管理，兴钟路获评省级街容示范街，沈家弄村入选省首批未来乡村，沈家弄村、钟埭村成功创建省级美丽宜居示范村。

长兴经济技术开发区

长兴经济技术开发区地处长三角中心腹地，苏、浙、皖三省交界，是长三角国家重大战略西核心区。2022 年 6 月，长兴开发区（园区）整合提升后，原开发区、南太湖、高新区这三个区块由独立运作变为一个整体，规划面积约 78.5 平方公里。2022 年，长兴经济技术开发区成功创建省级高能级战略平台、开发区产业链"链长制"绿色低碳试点单位，荣获浙江省亩均效益领跑者等称号。在国家级经开区综合考评中争先进位，进入全国百强国家级开发区。全年完成税收收入 64.6 亿元，同比增长 8.8%；完成规上工业产值 870 亿元，同比增长 35.6%；完成固投 100.5 亿元，同比下降 15.3%；完成工投 61.2 亿元，同比下降 10.4%；完成自营出口 106 亿元，同比增长 16%；完成合同外资 5.5 亿美元，实到外资 1.8 亿美元。

【招大引强】长兴经开区打造智能汽车及关键零部件标志性产业链，培育发展新能源、智能装备、生物医药和数字产业为主的"1+4"产业集群。围绕智能汽车及关键零部件标志性产业链，发挥吉利项目产业集聚效应和上检汽车检测中心配套功能，组建吉利产业链协同发展行动专班，重点招引链上企业，打造"万亩千亿"新产业平台。深度聚焦主导产业，推行"2+345+ 低碳绿色"标准，并按照湖州市"2+8"高能级平台项目准入标准逐步向"2+456"提标，完善产业链上的新项目、技改项目、科技人才项目准入评审机制，选优"增量"、提升"存量"。全年新增签约亿元以上项目 47 个，总投资 370.3 亿元，其中 3 亿元以上项目 29 个，其中总投资 102 亿元的奔驰 Smart 高端新能源整车项目顺利签约；已签约固投亿美元以上项目 2 个，其中 1 个为美国纳斯达克上市企业。

【项目推进】全年完成开工项目 39 个、竣工项目 37 个。有 78 个在建项目，其中 29 个项目超时序进度；吉利高端新能源汽车、拓普汽车配件、科佳新能源汽车模架等新签约重大项目正在前期准备；总投资 67 亿元的捷威新能源锂电池项目实现当年开工当年主体结顶。总投资 3.2 亿元的乔路铭项目成为全县首个"拿地即开工"创新改革项目。对"六未"项目分类进行分析研判，制定"一企一策"销号方案。2022 年"六未"销号项目任务数 72 个，完成销号 56 个，销号率达 77.7%。

【产业发展】长兴经开区有规上工业企业超 500 家，拥有国家级制造业单项冠军示范企业 3 家、专精特新"小巨人"企业 16 家，主导产业集聚度达到 76.8%。发挥吉利、桐昆、超威、诺力等大企业龙头作用，带动上下游企业融通发展，加强产业协同和技术合作攻关，培育一批产业生态主导企业和核心零部件企业，构建龙头引领、中坚强大、活力充沛的企业发展生态。健全完善"微成长、小升高、高壮大"培育机制，增强创新主体实力，增加发展动能。2022 年，毓恬冠佳、三众汽车部件、火凤凰线缆等 19 家企业上规。新增盛世华骏、安力智能、吉尼亚等 5 家太湖科技板挂牌企业，完成爱朵、柏力优、吉尼亚等 8 家股改工作。全年新申报国家高新技术企业 30 家，研发费用投入 20.91 亿元，同比增长 24%。实施技改项目 103 个，完成技改投入 28.87 亿元。通过小微企业园、孵化器等平台，加速培育科技小微企业投产达产、做大做强，新认定省科技型中小企业 89 家，新认定县科技型小微企业 23 家，完成国家科技型中小企业评价 216 家。睿璞汽车开展的"适用于城市人员和货物移动的智能多用途平台"项目获国家重点研发计划政府间重点专项项目支持。

【重点基础设施建设】2022 年，长兴经开区共计实施重点基础设施建设项目 23 大项，全年建设计划总投资约 1.89 亿元。统筹好资源要素，加强对接沟通，建好用活铸造产能、排放总量、厂房土地等资源要素库，积极配合涉审职能部门做到重点项目的要素指标应保尽保、应保快保，提升后续审批过程中要素保障效能。主动靠前高效服务，强化落实"项目签约即移交"运行机制。完善

重大产业项目审批绿色通道，对重大项目实行联席审批一揽子服务、零距离服务、全过程跟踪服务；同时，将投资审批服务延伸至运营证照办理服务上，定期走访关注已投产运营项目的日常涉审事项。累计在批项目 82 个，完成全流程审批项目 48 个（其中 34 个列入当年开工计划项目）。全年完成亿元以上腾笼换鸟项目签约 14 个，总投资 133.95 亿元，盘活低效闲置用地 1420 亩。

【商贸港口】在电子商务指标上，2022 年跨境电商任务 18 亿元，完成 20.3 亿元；国内电商任务 8 亿元，完成 11.2 亿元。在现代物流方面，水路集装箱完成 133260 标箱，增幅 43.95%。铁路集装箱完成 15.8 万标箱，增幅 7.84%。在总部经济方面，2022 年，总部楼宇实现销售收入 319.72 亿元，税收 4.37 亿元。太湖资本广场完成税收 17.91 亿元，其中综合类 12.67 亿元，限售股 4.87 亿元，车船税 0.37 亿元。长兴跨境电商产业园获评国家级示范物流园区、浙江省 5A 级电商产业基地（湖州首家）、省级电商示范园区、省级跨境电商产业园，全年累计争取补助资金 380 万元。

杭州湾上虞经济技术开发区

　　杭州湾上虞经开区位于杭州湾南翼，地处上海、杭州、宁波三大城市圈中心，紧邻嘉绍跨江大桥。经开区从 1998 年建区起步，前身为浙江上虞精细化工园区，2006 年经国家发改委核准为省级开发区并更名为浙江杭州湾上虞工业园区，2013 年升格为国家级开发区。2019 年初，杭州湾上虞经济技术开发区和省级上虞经济开发区全面整合，目前经开区规划面积 175 平方公里，落地企业 1565 家，规上工业企业 311 家，集聚上市挂牌企业 45 家。2022 年，开发区完成地区国民生产总值超 640 亿元，同比增长 18%。外贸进出口 251 亿元，实际利用外资 1.94 亿美元。财政总收入 54.83 亿元，固定资产投资 150.31 亿元。已构建以新材料、高端装备、生物医药三大主导产业和半导体装备及材料、新能源汽车及零部件两大战略性新兴产业为核心的"3+2"产业体系。新材料产业集聚企业 126 家，形成高分子新材料、半导体材料、新能源材料三大特色板块。高端装备产业培育了卧龙电驱、国祥股份、白云浙变、浙江蓝能等一大批行业竞争力强、核心优势明显的龙头企业。生物医药产业培育了新和成、美诺华、雅本化学、康龙化成等一大批行业特色明显、发展潜力巨大的产业链优势企业。半导体装备及材料产业打造半导体核心零部件产业园、辅材产业园。新能源汽车及零部件产业拥有卧龙采埃孚、世纪华通、春晖智控等行业优势企业。2022 年，经开区成功创建国家生态文明建设示范园区（生态工业园区），全国化工园区排名跻身前 10 强，获评浙江省制造业五星级园区和高质量发展示范园区，氟精细化工成功入选国家中小企业特色产业集群。

【招商引资】2022 年经开区累计完成签约项目 28 个，总投资超 470 亿元，百亿元级项目时光新能源意向落地。投资 50 亿元以上项目 4 个，分别为皇马开眉客的年产 33 万吨高端功能新材料项目和新时代中能新能源材料及电池梯次利用项目，卧龙智慧新能源装备产业化项目以及新和成尼龙新材料产业一体化项目，10 亿元以上项目 8 个，5 亿元以上项目 5 个，形成项目数量、质量同步提升的良好态势。经开区坚持招商选资与二次创业"两头并进"，既盯住"3+2"主导产业引进链主型企业，重点盯引北上广深、苏杭甬等地的溢出项目和世界 500 强、行业头部企业、细分行业领军企业、隐形冠军企业，同时也发挥龙盛、晶盛、闰土、卧龙、新和成等现有龙头企业"二次创业"积极性，形成互促并进的良好局面。经开区抢抓"融杭联甬接沪"契机，按照"月有活动、季有论坛"目标，切实把新材料发展论坛、生物医药论坛、中国工业园区绿色发展大会等办出特色、办出水平、办出影响力；加快推动浙澳合作产业园项目落地，积极引进境外优质资本及项目，做好外资扩增量、稳存量、提质量各项工作。

【产业发展】2022 年，经开区累计拥有规上工业企业 311 家，其中新增规上工业企业 27 家，经济总量突破 2150 亿元，实现规上工业增加值 400 亿元。主导产业发展迅速。经开区围绕自身特色，形成了新材料、高端装备、生物医药三大主导产业，新材料产业产值增速10.2%；高端装备产业产值增速30%；生物医药产业产值增速28.2%。

【项目推进】围绕投资量、工作量、实物量进度超时序要求，落实项目推进"八大机制"，持续推进重点项目"赛马晾晒""挂图作战"，每半月实施挂图作战、晾晒比拼，项目推进工作取得显著成效。2022年，经开区审批项目243个，累计总投资1555亿元的182个产业项目、38个政府投资项目实现应开尽开，全年新入库项目58个；60个项目顺利投产，新增释放产能115.7亿元。经开区实施推进6个"市县长工程"项目、11个省"4+1"重大项目和8个集中开工项目。

【营商环境】搭建国科控股中试基地、天大研究院、产业协同创新中心、半导体装备和材料联合创新中心等创新平台，全面建强"研发设计—小试—中试—放大生产"全链条创新链，打造政产学研用一体创新样板。重点打造以"产业大脑+未来工厂"为核心的数字经济系统，培育数字经济核心产业，探索中小企业数字化改造。2022年，经开区数字经济核心产值实现293.6亿元，占全区比重91.7%，同比增长34.3%。创新减污降碳管理体系，开发数字孪生计算模型，建立企业生产过程碳排放核算体系和污染物排放体系。全国首创异味评价系统，生态环境公共满意度提升25%以上。搭建资源信息共享平台，促成危废资源化利用2.66万吨，节省处置费用5332万元，减少碳排放2700吨。全力推进招才引智，实施多元引智育才工程和人才礼遇优待工程，持续深化"人才+团队"运作模式。2022年，经开区入选省"鲲鹏计划"顶尖人才1名，新增引育国家级海外引才计划人才20名、省级海外引才计划6人、国家级特支计划2人、省级特支计划1人。

柯桥经济技术开发区

绍兴柯桥经济技术开发区前身是绍兴柯桥经济开发区，是 1993 年 11 月经省政府批准成立的第一批省级经济开发区。2012 年 10 月，经国务院正式批准升格为国家级经济技术开发区。历经三次整合提升，2019 年规划面积调整为 198.7 平方公里，区域范围包括齐贤、安昌、马鞍、钱清、柯桥、华舍等六个街道。开发区已拥有全国生产规模最大、产业链最完整、市场销量最大和设备最先进的大纺织产业集群，基本形成了 PTA（化纤）、纺织印染、新材料（薄膜、碳纤维）、金属制造（装备机械、汽车核心配件）和环保能源等五大主导产业。2022 年开发区综合排名全省第五、全国第三十六位，稳进国家级开发区"第一方阵"，并成功入选省级高能级战略平台培育名单，获评浙江省开发区亩均效益领跑者、浙江省开发区产业链"链长制"示范试点单位，为柯桥区建设"国际纺都、杭绍星城"做出积极贡献。辖区内入驻企业达 4 万多家，现已拥有规模以上工业企业 780 家，其中上市企业 14 家，国家高新技术企业 378 家，省级以上研发机构 104 家。2022 年，柯桥经济技术开发区实现规上工业总产值 1845 亿元，同比增长 3.5%；限上批零销售额 1466 亿元，增长 23.77%；固定资产投资 202 亿元，其中工业投资 160 亿元；规上工业增加值 412 亿元；财政总收入 110 亿元；自营出口 1084 亿元。

【招商引资】围绕"1+3"支柱性产业，深入实施"老绍兴回归工程"，着力推进以商引商、基金招商和产业链精准招商，全年签约引进宝武碳纤维、建信佳人新材料、长鼎光学膜等重大产业项目 18 个，其中 100 亿元以上项目 2 个，总投资达 378.5 亿元，完成实到外资 1.6 亿美元。全市首个全职落户院士团队创业项目迈亚塔有益菌研究院成功揭牌，两大高能级研究院重庆医科大学绍兴柯桥医学检验技术研究中心、天津工业大学绍兴柯桥研究院落地运营加速推进；成功举办第七届海创大赛，18 强项目中 17 个为博士领衔，12 个项目已完成注册，第六届大赛项目已落户 15 个，超额完成指标任务；全年累计引进落户高质量人才科技项目 38 个，其中估值 1 亿元以上项目 7 个，累计完成产业化人才项目 4 个，供地 137 亩。

【项目推进】以"重大项目攻坚年"为抓手，清单式推进 63 个重点项目建设，全年新落户亿元以上项目 18 个，开工入库项目 19 个，累计完成有效投资 78 亿元，现代产业项目、政府性投资项目、扩大有效投资三项竞赛持续保持优胜。宝万碳纤维、宇越光学膜、旗滨新材料三个百亿项目全面动工，跨域集聚五大印染组团全面收官；亚运重点配套上方山大道及羊山区块环境综合提升工程、镜水北路提档工程全面完工，上方山大道西延工程施工进场；安居工程 K-34、L-41 地块限价房进入收尾，总投资 40 亿元的羊山拆迁安置房完成桩基施工。柯北科创新城约 3000 亩有机更新加速启动，总投资约 30 亿元、总建筑面积约 45 万平方米的浙江绍兴人才创业园扩建项目柯桥杭州湾科创中心即将完成土地摘牌；民营科技园新建结顶 26 万平方米，引进落户人才科技项目 44 个；加速浙江绍兴外国高端人才创新集聚区提升，吸引入驻外国人才 37 人，集聚区平台中意联合人才国际科技合作基地成功获评 2022 年省级国际科技合作基地，系全市唯一；柯桥区科技园成功创建省侨界创新创业基地；蓝印时尚广场、勤业未来城商业综合体建设蓬勃发展，成功引入万达广场、开元酒店等高品质新业态。

【营商环境】坚持"一盘棋"思想，统筹抓好用地、资金等资源要素保障，全力破解项目人才发展难题。宝万碳纤维、宇越光学膜、建信佳人新材料成功申报省重大产业项目，合计争取土地奖励指标 1934 亩，占全省 1/8。组建经开区控股集团公司，成功升级主体信用等级至 AA+，完成实到融资 185 亿元；积极推介东昌、阳嘉龙等经营性土地出让，累计完成做地 650 亩，完成年度目标的 162%；出让物流商业地块、羊山安置地块等经营性用地 4 宗，合计土地出让金 17.2 亿元。扎实推进科技城产业发展基金设立，计划总规模达 50 亿元；服务对接企业融资近 14 亿元，累计兑现各类人才政策资金 2201 万元；申报国家级自主申报创业类、创新类人才 66 名，入选建议名单 5 名，申报省级创业类、创新类人才 54 名，6 名创新人才进入答辩，4 名创业人才进入尽调走访；申报省领军型创新创业团队 3 个，其中大爱生物团队进入最终答辩，系全区唯一。

袍江经济技术开发区

绍兴袍江经济技术开发区位于杭州湾南岸、绍兴市北部，是绍兴全面融入长三角一体化发展和杭绍甬一体化示范区建设的桥头堡。经开区成立于 2000 年 7 月，2010 年 4 月经国务院批准升格为国家级经济技术开发区，2019 年 11 月与滨海新区合署。2020 年 10 月，袍江经开区整合提升方案获浙江省政府批复同意，从原来的 3 个街道扩大到绍兴滨海新区的 10 个街道和越城区的 7 个镇街，整合提升后，行政区域面积为 538.6 平方公里。绍兴综合保税区于 2022 年 3 月 3 日正式封关运作。2022 年，袍江经开区完成地区国民生产总值 1271.04 亿元，同比增长 4.0%，规上工业总产值 1623 亿元，外贸进出口额 835.18 亿元，实际使用外资 18855 万美元，财政收入 137 亿元，固定资产投资 882 亿元，工业投资 164 亿元。开发区聚焦集成电路、生物医药、高端装备三大主导产业，成功创建集成电路产业链链长制。

【招商引资】围绕集成电路、生物医药及高端装备等三大主导产业，实行全员、全域、全过程招商，创新实施"隔离招商"，2022 年新招引 10 亿元以上项目 27 个、总投资 735 亿元。头部企业、链主型企业招引取得重大突破，成功引进比亚迪功率半导体、万向钱潮汽车零部件数智产业、数字经济产业合作园 3 个百亿级重大项目。

【产业转型升级】2022 年，经开区"四上"企业共 2191 家，其中，规上工业企业 693 家。近年来，袍江经开区在省委、省政府、市委、市政府的坚强领导下，一方面，"腾笼换鸟"、重塑血肉，对大批污染型企业进行"减量腾退"，为引入新赛道开路；另一方面，不断开辟新的产业土壤，精心培植"万亩千亿"新产业平台，走出了一条新旧动能转换的袍江实践之路。经过 4 年奋战，累计腾退工业用地约 1 万亩、腾空工业厂房约 500 万平方米，成为全国最大面积的"退二优二"实践地；规模以上工业企业从 2003 年的 169 家增加到 2022 年的 693 家，总产值从 70.36 亿元增长到 1605.41 亿元，利润总额从 4.99 亿元增长到 60.67 亿元。袍江经开区核心区块是全市"腾笼换鸟"的主战场，经开区坚持把印染化工企业按期搬迁作为重中之重，市级跨区县调度，开发区加速推进。至 2022 年 7 月，47 家印染企业全部平稳退出。对 35 家化工企业实施重点突破，灵活运用城市更新基金和政府专项债，支持推动全市最大石化企业三圆石化跨域提升。为使搬迁企业能在袍江经开区继续转型发展，专门出台"砺鹰计划"，鼓励企业以总部经济、楼宇经济、研发中心等形式留下来，并实行"一企一领导"区领导挂联服务、"一企一政策"个性化政策清单，已有 20 家企业将在袍江"二次创业"。

【集成电路产业链发展】袍江经开区以集成电路产业发展为切入口，围绕建立健全"九个一"工作机制，高质量打造集成电路产业链"链长制"，通过全产业链协同发展、闭环推进，实现招商引资与项目落地同轴共转，规划建设与投资服务同频共振，创新策源与生态构筑同向发力，经开区发展动能持续提升、整体形象不断跃升，现代产业体系加速形成。2022年集成电路产业链共引进集成电路产业项目11个，协议投资额超300亿元，其中50亿元以上项目4个。创新机构和平台5家，高层次人才11名，产值（营收）达501.4亿元。主要聚焦链主型企业和专精特新企业两个方面持续优化产业链条。链主型企业围绕三大行业龙头企业。一是中芯系列项目。中芯集成2022年全年产值突破40亿元，2023年5月10日在上海证券交易所科创板正式上市。二是长电绍兴项目。定位国内最先进封测基地，全力保障长电集成项目试产、量产。长电先进封装工厂成功入选省级"未来工厂"；2022年产能达到每月5000片，产值约4.5亿元。三是豪威系列项目。加快芯测项目建设进度，正加紧设备搬入调试，有望2023年三季度试产。专精特新企业方面，主要深入挖掘细分领域，打造一批掌握独门绝技的"单打冠军""配套专家"。截至2022年底，最成半导体项目、美新半导体项目完成建设投运，中日韩半导体材料产业园项目、盛吉盛二期项目全面启动建设，计划2024年投产；科迪华项目开启试生产，2023年一季度开始出货，预计全年产值将达7000万美元。中芯集成龙头带动效应彰显，比亚迪项目、工业富联项目等纷纷落地，将使绍兴集成电路产业在工艺制程、产业规模上实现质的跨越。

【项目推进】全年审批项目198个，开工项目175个，竣工项目64个。建立项目全生命周期管理服务机制，在全市率先实行工业项目"带方案出让"，实现"拿地即开工"，助推项目快落地、快开工，如比亚迪项目土地摘牌当天项目用地规划许可证、不动产权证、工程规划许可证、施工许可证"4证齐发"，从签约到拿地开工仅用时89天；全球最大的年产4万吨钠创新能源一期项目5个月内完成签约投产。

【营商环境】着眼于发挥开发区和行政区的双重优势，袍江经开区与越城区采取"政区协同、统筹发展、各有侧重"体制架构，开发区主要负责规划建设、招商引资及行政审批等"头部"职能，越城区全面履行兜底职能，并建立招商引资、规划建设、经济工作等联席会议工作机制，2022年先后出台了工业用地、产业项目、政府投资项目全生命周期管理服务办法，推动项目共建、要素共争、资源共享。

义乌经济技术开发区

2021 年 5 月，经浙江省人民政府批准同意，将原国家级义乌经济技术开发区和省级义乌信息光电高新技术产业园区进行整合，设立新的义乌经济技术开发区（义乌信息光电高新区技术产业园区），规划面积 108 平方千米，涵盖义乌市佛堂、苏溪、上溪、大陈、义亭、赤岸、稠城、福田、江东、稠江、北苑、后宅、廿三里、城西 14 个镇（街道）。2022 年，义乌经开区拥有规模以上企业 737 家、国家高新技术企业 362 家；招引企业实现规上工业总产值 965.96 亿元，同比增长 76.4%；光电光伏产业全年实现出口交货值 292 亿元，同比增长 200% 以上。

【招商引资】义乌经开区努力克服疫情不利影响，聚焦主导产业，创新开展"两线"（线上、线下）招商方式，精准实施"强链延链补链"靶向招商，2022 年，签约引进了总投资 213 亿元的欣旺达新能源动力电池项目、总投资 113 亿元的正泰高效 N 型光伏电池、高效光伏组件和分布式电站项目等 17 个亿元以上项目，其中 100 亿元以上 3 个。

【产业发展】义乌经开区基本形成了新能源光伏、汽车及装备制造和半导体显示三大标志性主导产业集群，并着力培育高端芯片、生命健康（医疗器械）两大新兴产业。新能源光伏行业集聚了光伏组件全球排名最前列的晶科能源、晶澳太阳能、天合光能、东方日升、正泰集团，以及光伏电池全球排名最前列的爱旭太阳能，光伏电池产能高达 83GW，光伏组件产能高达 65GW，稳居全国第一方阵，正进一步丰富和强化产业链规模及前沿技术；汽车及装备制造行业集聚了世界 500 强吉利集团的发动机、新能源整车、专用混动变速器等项目以及赵龙特种车、世宝方向机等项目，总投资 213 亿的欣旺达项目成为金华史上制造业

投资规模最大项目，形成 160 万台发动机、70 万台变速器、20 万辆特种车、10 万辆新能源整车、50GWh 新能源动力电池的生产规模；半导体显示行业集聚了全球第二大 LED 芯片生产商华灿光电、国内领先 LED 封测生产商瑞丰光电及 LED 综合制造商木林森等，并积极向新型显示领域升级拓展。高端芯片行业成功落地了滤波器、碳化硅功率芯片等项目。未来 3—5 年，项目全部达产后，新增年产值可达 1200 亿元以上。

【项目推进】义乌经开区坚持专班化推进、清单化落实，千方百计做好要素保障，全力全速推进签约项目落地见效。2022 年，完成 18 个项目供地，推动 17 个项目开工、11 个项目实现投产。专班化推进项目落地成效显著，欣旺达项目仅用 40 余天完成 30 余项前期准备工作以及 175 万平方米土石方工程，一期 910 亩实现开工；同时，通过专班攻坚强力打通项目落地堵点难点，正泰、夏能等项目完成摘牌。

【营商环境】义乌经开区深入践行"三服务"，制定出台企业服务沟通协调"133"工作机制和"三

服务"工作闭环管理机制，推动企业服务标准化、规范化和制度化，累计走访企业、项目 600 余家次，收集解决困难、问题 100 多个，深入推进行政审批提速增效，为落地项目营造无障碍施工环境，爱旭太阳能、瑞丰光电、晶澳科技、清越光电等一大批重点项目都实现了"当年签约、当年开工、当年投产"。2022 年，义乌经开区协调帮助光伏企业解决陆运出口运力紧张等问题，为晶澳科技专设光伏专列 12 列以上，单月就可新增 500 标箱运力。

【城乡建设】义乌经开区坚持规划引领，不断加大基础建设投入，着力以产城融合发展推动营商环境优化。积极推动省级美丽园区、省级低碳园区、省级循环化改造示范试点园区创建工作，城市功能不断完善。建成总部经济园、万达广场、文化广场等高端楼盘汇集的中心区，儿童公园、状元里小学正式投用，加快推进育才学校、高新区小学和人才社区建设，城市配套功能不断完善。苏溪核心区"五横六纵"的主路网已形成，与城区主干道实现了"无缝对接"，集供水、污水处理和中水回用等功能于一体的苏福水厂和武德水厂已正式投用，有效保障了企业用排水需求。高标准建成智汇大厦等重大产业项目配套住房项目，出台重大产业项目配套住房团购实施办法。2022 年建成锦都吉家人才房，将为企业提供近 1500 套住房，让企业人才实现安居梦。2022 年底，园区核心企业员工已近 2.5 万人，未来 3 年将突破 5 万人。

台州湾经济技术开发区

台州湾经济技术开发区于 2021 年 6 月 17 日升级为国家级经济技术开发区，2021 年 12 月 9 日，经国务院批复设立台州综合保税区。经开区规划总面积约 129 平方公里，其中，核心区规划面积 72.95 平方公里，辐射带动临海经济开发区 54.9 平方公里、医化园区椒江区块 1.233 平方公里。2022 年经开区完成国民生产总值 51 亿元（仅计算头门港区块）；完成外贸进出口额 97.48 亿元，同比增长 15.35%；实际使用外资 400 万美元；规上工业增加值 95.43 亿元，同比增长 9.33%；高新技术企业产值 299.85 亿元，同比增长 14.15%。经开区有汽车和医药化工两大支柱性产业，其中汽车产业以吉利汽车为龙头，围绕新能源汽车及上下游产业，聚力打造新能源汽车全产业链，逐步实现锂电池材料、锂电池组装、新能源汽车开发与制造的完整产业链布局。医药化工拥有华海药业、瑞博制药、天宇药业、联化科技、奥翔药业、永太科技等龙头企业。

【招商引资】2022 年新落地项目 8 个，其中 10 亿以上项目 4 个（永太福瑞达、本立科技原料药及中间体项目、万洋装备智造产业项目、城发装配式建筑构件），亿元以上项目 4 个（红狮水泥、强广、久大、华南化工收购金桥化工），总投资 1251 亿，达产后预计产值 2572 亿元。围绕项目引进落地全流程简化程序、优化服务，营造良好营商环境，永太福瑞达项目从取得用地至开工建设，仅用了 120 天，跑出了台州湾经开区项目开工建设的"新速度"。经开区优越的营商环境得到企业家较高评价，很多企业家自发成为经开区的"招商专员"。

【产业发展】2022 年新增小升规企业 14 家、高新技术企业 12 家、省级科技型中小企业 22 家、国家科技型中小企业 45 家、省级以上研发机构 9 家（6 家省级研发中心、1 家省级企业研究院，2 家省级重点企业研究院）。CDMO 制度创新成效明显，朗华制药自 6 月份投产以来，完成产量 6.5 吨，实现产值 6500 万元，创造利润 2500 万元，瑞博、联化、奥翔等企业也将陆续开展 CDMO 业务。吉利豪情向新能源汽车转型的第一款车型"雷神"上市，联盛化学在创业板成功上市，化工园区完成扩区。

【项目推进】2022 年开工项目 28 个、竣工项目 28 个。组团观摩抓推进，深度关注重大项目推进，充分发挥领导联系项目作用，邀请联系领导、部门负责人和企业负责人建立项目推进观摩群，请领导观摩项目推进全过程，进一步推动项目建设提标提速提效。建立项目清单问题和销号制度，紧盯时间节点，帮企业找问题、推进度，针对痛点、难点问题，成立项目攻坚团队，并联合市级各部门共同行动、快速解决，解决一个问题销号一个问题，通过踏踏实实抓落实促进企业项目大干快上。"腾笼换鸟"抓推进，全面梳理经开区企业用地效率，并约谈低效用地企业，一方面鼓励企业转型升级推倒重建，提升土地亩均产出，另一方面鼓励企业兼并重组，积极推动经开区土地资源的充分利用，释放发展新空间。

【营商环境】 探索建立投资项目全生命周期管理信息系统。对接专业的互联网系统开发公司，针对投资项目对接洽谈落地开工投产全流程开发集成化信息管理系统。重点聚焦招商引资工作的薄弱环节，理顺招商项目招引全流程、各环节工作责任和重点任务，紧扣信息收集、信息研判、信息移交、项目决策、项目签约、项目落地、项目投产七个阶段，实行招商引资项目系统化、精细化、动态化的全生命周期服务和管理。健全完善"基金＋基地＋产业链＋供应链金融"招商引资新模式。总结与梧桐资本共建数字科技产业园的经验，深入探索这一新型招商引资模式的应用。依托市政府百亿产业引导母基金，寻找国内专业领域知名基金公司，通过基金共组、基地共建，引入产业链条上的链主型企业，导入上下游企业，争取在生物医药领域取得新突破。探索厂房代建、设备融资租赁、供应链金融等服务，打通壁垒，健全完善的服务链条，打造企业成长的良好生态。探索以市场化方式招引外资项目。

【城乡建设】 以白沙湾、金沙湾为两翼，临港新城建设"比翼齐飞"框架全面拉开。在白沙湾区块，蓝色海湾项目通过省级验收，总投资约9亿元的白沙湾公园项目基本建成，成为省内首个碧水白沙旅游胜地。在金沙湾区块，北洋大道以西河道景观和老北洋坝景观项目完成施工，生态绿廊、智选假日酒店加快建设。首个城市综合体吉利汽车广场建成投用，首个职业教育学校吉利技师学院正式开学。围绕"世界级原料药绿色生产基地样板区"和"医化园区转型升级示范区"发展目标，全方位打好污染防治攻坚战，相关经验被国家长江办、省长江办推广介绍。顺利完成国务院安委办危化重点县2022年二轮专家指导服务，全年未发生较大以上安全生产事故，安全生产双重预防机制数字化建设得到应急管理部肯定。

【港口设施建设】 全年完成港口吞吐量926.1万吨，同比增长51%。进港航道一期工程开工建设，口岸开放和综合保税区基础设施项目全面建设完成，符合上级验收条件。头门港—宁波舟山港集装箱内支线正式开通，开启了头门港集装箱运输时代。

乐清经济开发区

浙江乐清经济开发区东濒乐清湾，南临七里港，北接乐清市城市中心区，西联柳白经济圈，现已发展成为浙江省先进制造业重要基地、乐清海峡两岸经济合作实验区建设重要平台。开发区于 1993 年 11 月经省人民政府批准设立，是浙江省首批 19 个省级开发区之一。2014 年，乐清经济开发区形成"一区六园"的发展格局，规划面积扩展到 158 平方公里。2022 年开发区进一步深化整合提升，授权后可使用面积约 141.92 平方公里。2022 年开发区完成地区国民生产总值总额 1501.95 亿元，同比增长 3.8%。外贸进出口额 214.62 亿元，实际使用外资 1668 万美元，固定资产投资额 391.98 亿元。目前，乐清开发区形成了电工电气、高端装备、数字经济核心制造业三大主导产业，产业集聚度高达 81.9%。近年来，乐清开发区先后获得国家小型微型企业创业创新示范基地、国家新型工业化产业示范基地等荣誉，浙江省省级循环化改造示范试点园区、省首批美丽园区示范园区、省级产业链"链长制"示范单位、省级高新技术产业园区、省制造业高质量发展示范园区、省级绿色低碳工业园区等荣誉奖励。2020 年乐清开发区在浙江省开发区综合考评中跃居省级开发区第一名。

【招商引资】2022 年，开发区全年超亿元项目签约 63 个，其中超 10 亿元项目 19 个，百亿项目 3 个；落地亿元以上产业项目 55 个，高质量项目完成 7 个。通过"线上＋线下"、内外合作、多点协同不断盘活招商资源，创新招商创新。一是驻点招商。充分发挥北京、上海、深圳、武汉驻点招商攻坚干部作用，通过上门招商、举办小型招商恳谈会、排摸目标企业产业链上下游项目等形式，精准招引一批龙头型、链主型和科技领先型重大产业项目。二是委托招商。筹划开展委托乐清异地商会招商试点工作，发挥在外乐商和在外商会的力量，搭建乐清自身中介招商平台，拓宽招商引资渠道。三是一把手招商。市领导带队赴珠海、银川、安徽、江苏、杭州、绍兴柯桥等地进行考察，组团攻坚了浙江中能生物基新材料项目、英诺赛科第三代半导体项目、东方雨虹新材料生产基地等高质量项目。四是云招商。开展云推介、云洽谈、云会商、云签约、云服务，确保疫情期间招商引资引税不断链、不断线，实现意华光伏关键零部件生产基地建设项目、温州捷宝科技有限公司年产 500 万套 5G 智能全光谱光源项目等超 10 亿级项目云签约。

【产业发展】开发区 2022 年期末实有"四上"企业数量 2430 家，同比增长 13.71%，其中规上工业企业 1808 家，同比增长 23.24%，受 2022 年疫情影响，"四上"企业利润总额为 95.5 亿元，同比下滑 21.98%。开发区多措并举积极推进产业转型升级。一是优化产业布局。重点围绕智能电气等产业升级和功能提升，推进重大科研平台和服务平台落地，加快提升"智造"创新策源功能，辐射带动全域高质量发展。二是强化数字赋能。加快推进"两化"深度融合，全面开展机器换人、工厂物联网、"互联网＋"建设，打造"发、输、变、配、用"电气产业链。开发区现拥有国家智能制造项目 2 个、全省首批"未来工厂"正泰电器、省数字化车间 / 智能工厂 13 家等。三是推动绿色赋能。积极助力电气产业和新能源产业融合发展，塑造智能电网、光伏、储能等领域新动能新优势，重点推进正泰高效光伏电池组件项目、宁德龙光年产 20 万套新能源汽车储能设备建设项目等的加速落地；继续推动绿色制造体系不断深化，探索发展低碳金融新业态，用好用足工业"气候贷""碳均英雄贷"等绿色低碳信贷产品，助力产业绿色化转型。同时，乐清经济开发区着力推动补链强链优链工程，以智能电气为核心主业，依托正泰、德力西、天正等龙头企业创新发展态势，加快发展电气产业链高端制造、智能制造、绿色制造、服务型制造，全面打造完整的智能电气千亿产业集群生态链。

【项目推进】 开发区全年实现供地项目开工 57 个，新增智能化技改项目 310 个，竣工投产 54 个。核心区重大项目加速推进。一是红旗集团电力金具有限公司年产 1250 万只铁路金具生产流水线与厂房建设项目。总投资 20.73 亿元，总用地约 266.5 亩，新建智慧工厂和数字化车间，达产后年主营业务收入达 20 亿元，年缴税收 1 亿元。二是智慧矿山系统及高端智能化项目。总投资 22.43 亿元，总用地约 120.71 亩，新建研发楼、生产车间及配套设施，达产后年主营业务收入达 10 亿元，年缴税收 0.55 亿元。开发区通过专班运作模式对重点项目实行保姆式服务，形成"一个项目、一名领导、一个班子、一抓到底"的工作格局，强化重大项目建设动态管理和跟踪服务机制，参与重大项目方案设计、前期审批、过程跟踪等各环节，切实做到对接、协调、跟踪、服务四到位。同时建立重点签约项目推进时间表，对滞后项目"亮灯警告"加大进展督查力度，保障项目攻坚落地。

【营商环境】 2022 年，开发区深入推进赋权管理，构建形成责权分明、高效适用的体制机制，不断优化开发区营商环境。通过进一步全面梳理与市级政府、乡镇、街道关系，突出开发区管委会经济管理和投资服务主责主业，建立和完善开发区与属地镇街之间的协调配合机制，除安全生产监督管理职责外，开发区范围内其他各类社会事务由属地镇街按区域分别负责。同时形成了一套完善的工作机制。一是建立由市委、市政府、职能部门、镇街、开发区共同参与的联席例会制度，二是建立开发区街道捆绑联动考核机制，三是进一步保障工作经费的落实。另外，园区认真贯彻落实全市关于"万名干部进万企"助企服务活动要求，为区内企业提供一对一"保姆式"服务，并筹备建立企业服务中心，整合现有资源为企业提供财税、法律、工商、知识产权等"一站式"服务，构建完整的企业服务链。

桐乡经济开发区

桐乡经济开发区成立于 1992 年 7 月，1993 年 11 月入选浙江首批省级经济开发区，总规划面积为 152.34 平方公里，总体空间架构以桐乡经济开发区为核心区，延伸推进振东新区和高桥新区，辐射带动梧桐工业园区、临杭经济区和崇福经济区。2017 年 8 月，与高桥街道实施"区街合一"。区街总人口 14 万人，其中户籍人口 7.2 万、新居民人口 6.8 万人。2022 年，桐乡开发区实现地区生产总值 252.42 亿元，同比增长 4.3%；规上工业总产值 800.7 亿元，同比增长 18%；完成实缴税金 43 亿元，固定资产投资 112 亿元，均实现正增长。2022 年，桐乡经济开发区跻身"中国省级开发区高质量发展百强榜单"第 18 位，获评省"稳外资和开发区建设成绩突出集体"。桐乡经济开发区围绕高端装备制造业、前沿新材料产业、数字经济产业和现代服务业等主导产业，形成"一区四园五中心"产业功能布局，目前入驻制造业企业 500 多家，其中外资企业 200 余家。区内规上企业 242 家、亿元企业 93 家，境内外上市企业 10 家。

【招商引资】把精准招商作为经济工作的首要战略，细化产业招商方向，从三方面创新招商方式。一是围绕主导产业，精准推动"招大引强"工作，始终围绕三大主导产业，紧盯上市公司、行业隐形冠军、专精特新"小巨人"等，高标准、高要求引进一批行业龙头企业。二是发挥链主型企业优势，深化以商引商工作，发挥合众新能源、宇视科技、巨石集团等链主型企业优势，排摸其供应链企业情况，积极做好对接，引进一批优质项目，做好产业链的延链补链强链。三是加大双线招商力度，强化线上洽谈招商。打好招商"组合拳"，灵活运用"线上线下"双线招商工作模式。用好中介招商、基金招商、展会招商等方式，拓宽招商渠道，广泛获取招商线索，展现优势亮点，吸引项目落户。为常态化应对疫情下的招商工作，建立专门视频洽谈室。全年共新引进项目 32 个，总投资约 415 亿元，包括百亿元项目 1 个、10 亿元以上项目 5 个、超亿美元项目 5 个、世界 500 强项目 1 个。

【产业发展】2022 年全年新增规上企业 14 家，总量达到 242 家（其中亿元企业 93 家），48% 的规上企业实现工业产值同比增长，规上工业全年利润 41.3 亿元。扎实推进高耗低效企业整治和"腾笼换鸟"工作，规上工业亩均产值、税收、利润分别为 723 万元、37.7 万元、33.9 万元，质效提升明显。振石、巨石、华友、桐昆等一批行业龙头企业不断加快市场拓展步伐，坚持"走出去"和"引进来"并重，产业地位得到进一步巩固。合众汽车公司实现产值过百亿大关，辖区汽车产业链逐步完善并不断延伸，全年新增汽车汽配相关企业 12 家，新增产值约 80 亿元。聚焦数字经济发展，2022 年实现数字经济工业增加值 30 亿元，同比增长 21.9%。持续完善配套服务和"店小二"式服务工作，助力企业进一步做大做强，推进经济社会高质量发展。

【项目推进】秉持"快一天也好"理念，持续深化"最多跑一次"改革，全年审批项目 94 个，开工项目 79 个，竣工项目 69 个，振石华风项目成功申报 2022 年度第一批省重大产业项目。紧扣"实质性开工、结构性封顶、设备安装、投入运营"四个关键节点，完善项目绿、蓝、黄、红四色管理和分类推进制度，根据项目性质和管理内容制定全流程管理进度表，确定每个项目推进工作计划和时间节点，做好一项一册台账，确保按计划全面完成各项指标。"一区四园五中心"产业功能布局不断完善，其中高铁产业新城建设有序推进，全面推进快速路网建设；数字经济双创中心 C 区块已顺利结顶；视觉物联创新中心一期已完成竣工验收投入使用。不断完善高端装备制造、前沿材料、智慧安防等产业链群，智能汽车产业生态渐趋完备，总投资超 200 亿元的时代锂电材料项目正式奠基。

【营商环境】大力弘扬新时代企业家精神，支持企业家创业创新，努力营造重商、亲商、安商、富商良好环境。持续深化"最多跑一次"改革，强化部门联动，简化优化审批流程，深入推进"拿地即开工""竣工即投产"。做强数字经济小镇、科创园等创新平台，努力打造成为吸引创业创新人才集聚的"黑土地"。积极探索创新模式，大力引进和培育高新技术企业、科技型企业、研发机构和各类高端人才，全年新增国家级高新技术企业 39 家，省级科技型企业 52 家，5 家企业入围专精特新"小巨人"名单；引育各类高端人才 326

人、科技人才项目 48 个，入选国家级海外引才计划 21 人，继续位列嘉兴各平台第一名，新增国家万人计划创业人才 2 人，为桐乡历史上首次有人才获评。不断加快数字化改革进程，数字园区平台投入运行，276 个应急监测点月均收集数据 320 万条，有效防范了环境污染事件和安全生产事故，助推经济稳进提质。

【城乡建设】持续推进"万亩千亿"产业园区征迁，签约攻坚行动取得新突破。扎实开展两年"双攻坚"行动，以"周六文明创建日"为载体，推动全员参与全国文明城市创建，完成发展大道"白改黑"等重点项目 57 个。持续深化"污水零直排区"建设，扎实推进"三高一低"企业整治提升工作，有序推进工业园区有机更新，全年腾退低效用地 1057 亩、小微企业入园 97 家。开展农村生活污水提标改造、碧水河道建设等工程，交界断面水质考核良好，人居环境稳步提升。联动推进"三改一拆"、美丽乡村、美丽城镇建设等工作，成功创建工业特色型美丽城镇省级样板镇。开展生活垃圾分类再提升工作，完成生活垃圾分类省级示范项目验收。"活力高桥"文体建设卓有成效，新建高桥街道伯鸿城市书房等一批文体阵地。强村富民实践持续深入，构建共富工坊、共富大棚等一批共富示范单元，所有村年经常性收入达到 180 万元以上。乡村振兴走深见效，引进现代农业项目 5 个。

温岭经济开发区

浙江温岭经济开发区地处浙江省台州市温岭市东部沿海地区，1994 年 8 月，经省政府批准为省级经济开发区，批准规划面积为 4.16 平方公里。2022 年 9 月整合后总面积为 79.82 平方公里，主要包括核心区块、东部区块和上马工业园区。自 2018 年以来连续三年居省级经济开发区综合指数前十，整体发展水平居西南片区前五位。2022 年开发区完成地区生产总值 783.27 亿元，同比下降 12.1%。外贸进出口额 189106 万美元，实际使用外资 5463 万美元，无对外投资额。财政收入 63.47 亿元，固定资产投资 245.53 亿元，工业投资 155.35 亿元，规上工业总产值 733.47 亿元，高新技术产业产值 455.48 亿元。泵与电机产业以利欧浙泵、东音科技等龙头企业为主导，新引进新界泵业等一批行业龙头，产业链正从制造向创造、产品向品牌、速度向质量转变，已集聚成为全球重要的泵业产业集群。机床装备产业以北平机床、三和数控等为主导的产业链已涵盖母机、核心功能部件、传动系统部件等多个链条，引进华中数控，填补了产业链在数控系统方面的空白，落户省高档数控机床创新中心，增强了机床产业发展底蕴，正朝着中高端方向发展。汽摩配产业链已有巨跃齿轮、德利众等一批骨干企业，新引进钱江摩托等行业龙头，推动传统汽摩配向新能源汽车零部件供应转型，着力发展成整车制造一体的产业链体系。新兴产业聚集聚力激光电子信息、新能源等新兴产业，加快引进各类头部企业和配套企业，已集聚热刺激光、浙江联永、晟强新能源等一批优质新兴企业，全力打造新兴产业高地。

【招商引资】2022 年，开发区签约落地钱江摩托、华中数控等 8 个产业项目，总投资额约 89 亿元。截至 2023 年 5 月，钱江摩托已到位资金 21824 万元，森林联合已到位资金 37362 万元。一是优化运行机制。在疫情防控常态化形势下，通过创新交流方式，充分利用互联网、手机等平台，及时与企业取得联系，将面对面交流变为屏对屏沟通，以"云签约"等方式与贵安能源、山东瑞兴激光、上海艾伽盾进行线上签约，确保疫情期间招商工作不落下。深化落实"一对一"项目服务流程，制定单个项目落地全流程作战图，落实"一周一碰头"等工作机制，倒排时间节点，倒逼工作不松劲。二是优化营商环境。由于招商引资政策出台已有 5 年，面对新形势，原有的政策已不能够满足经济新常态下招商引资工作需要，为进一步加大招商、安商力度，根据相关政策文件，结合温岭经济开发区招商实际情况，对原有政策进行整合、修改、完善，修订完成《温岭经济开发区优化工业用地供给专项奖励实施意见》，为下一步招大引强提供坚实要素保障和政策支持。

【产业发展】2022 年，开发区新增规上企业 17 家，亩均税收 19.9 万元，亩均增加值 76.77 万元。精耕细作数字化园区建设，联合杭州齐圣科技有限公司，打造了温岭东部新区中小企业孵化园以及温岭东部转型示范园两个重点项目。项目创新使用"SaaS+"模式，建设集十余项独立管理能力于一体的"智慧 +"综合管理服务平台，其中包含了新媒体运营管理、大数据管理、第三方服务管理、智慧党建管理等多项数字化应用，通过服务平台的智慧化管理，有力推动管理效能持续提升、资源配置全面优化，加速了行业的迭代更新，推进园区产业转型升级。

【项目推进】全年新入库工业性项目 37 个，新开工项目 39 个，竣工项目 12 个。新界泵业高效节能泵及控制系统项目，规划用地 780 亩，总投资 32.2 亿元，其中一期用地 419.4 亩，总投资 19.1 亿元，该项目以数字化设计、智能化生产、绿色制造、数字管理、安全管控为基础，引进自动化装配生产线等国内外先进设备和工艺，推动泵从关键零部件到整机安装、包装、储运生产全过程自动化、智能化，形成网络化协同、个性化定制、服务化延伸等新模式，打造引领智造发展的未来工厂。实行项目精细化管理，开展企业审批免费代办服务，凡符合代办范围的项目，均由工作人员主动代办项目从开工到落地的每一项审批工作，全面提高企业项目落地效率。实行"分期验收"办法，针对项目工期长、体量大的特点，在符合分期竣工验收的前提下，组成专班工作小组，实施分期竣工验收流程。同时，项目建设过程中，联合多部门进行现场办公，针对实际问题，定人、定时、定责予以解决。

【体制机制创新】在温岭区域率先推行"拿地即开工""竣工即投产"等系列审批制度，其中利欧园林项目作为首个"拿地即开工"项目，打破了耗时两个月的繁琐审批程序，钱江正峰动力项目则在完成工程竣工验收后，当日就领取到不动产权属证书，成为台州首个实现"竣工即投产"的企业投资项目。

【平台功能拓展】全力打造高端产业创新平台，落地省高档数控机床技术创新中心，开展高档智能数控系统、精密超硬刀具等关键技术攻关；谋篇布局环龙门湖科创带，系统谋划科研片区、创新转化中心、中试基地等 6 个先行区块。全力创建企业高能级研发平台，新增海天机械省级重点农业企业研究院，推动林龙焊接、三和数控、甬岭数控建成省级高新技术企业研究开发中心。

瓯海经济开发区

瓯海经济开发区位于温州市瓯海区，整合提升后总面积为 24.30 平方公里，布局建设为"一区四园多点"的总体格局，其中，"一区"为省级平台浙江省瓯海经济开发区；"四园"为东片、南片、西片和中片发展园区；"多点"为特色小型园区（包括小微园），整合后总面积为 24.30 平方公里。瓯海经济开发区于 1994 年 8 月经浙江省人民政府批准为省级经济开发区。目前，已形成眼镜、服装、锁具、鞋革、汽摩配、电气机械等主导产业，森马集团跻身"中国企业 500 强"，"瓯海眼镜"获批国家地理标志商标，经开区先后获评"国家外贸转型升级专业型示范基地""国家级广告产业园区"等称号。

2022 年，经开区入选浙江省第一批循环化改造园区名单，瓯海生命健康省级高新技术产业园区获批创建，中国（温州）数安港盛大开园，瓯海眼镜小镇通过国家 AAA 景区复核。2022 年，完成地区国民生产总值 693.80 亿元，同比增长 2%。外贸进出口额 336.656 亿元，实际利用外资 4973 万美元，固定资产投资 23.6 亿元，规上工业总产值 551.75 亿元，高新技术产业产值 257.67 亿元。

【招商引资】积极贯彻落实"大招商招大商"，全面排摸梳理范围内的土地、厂房空间资源，及时更新掌握工业用地利用情况，结合园区产业定位、现状产业分布、区位条件等要素，深化基金招商、以商招商模式，全力谋划落地亿元重大项目。2022 年，瓯海经开区共签约 10 个项目，其中 7 个项目已落地，总投资额达 39.68 亿元。

多渠道招商健全完善产业链条，充分发挥"六大"全球招商引智中心外出招商的先发优势，"内外脑"研判联动优势，坚持以资本招商为主线，构建平台招商、飞地招商、以商招商等多渠道的"招式链"，以资本招商"精准""高效"的特点和优势，深挖大项目、行业龙头，促进与浙大温研院、华中大温研院、上大温研院等高能级平台合作，完善"三镇一港一园"产业平台打造，延伸拓展产业合作，推进裂变强链项目和关键配套补链项目招商。

多形式活动提升区域产业关注度，开展第二十届中国（温州）国际眼镜展暨第三届中国（瓯海）眼镜小镇采购节活动，参展眼镜企业达 300 余家，通过"线上直播 + 线下展会"相结合的方式，立体化展示各类眼镜产品，以直播带货方式开拓电商市场，进一步扩大互动覆盖面，缩短生产端到消费端的距离，推动企业获取双重红利。活动线上参与直播人数达 162.1 万人次，线下吸引访客 2000 余人次，快速提升瓯海眼镜小镇关注度与影响力。

【产业发展】紧盯经济增量，深入挖掘潜力企业，以企业亩均数据、用工数据作参考，持续分析研判升规潜力企业，深入推进小升规、防下规工作。2022 年，瓯海经开区规上企业新开数量 52 家。

强化"链长制"引领产业转型升级，围绕传统产业转型升级和新兴产业集聚发展，优化全链路发展生态，深入落实产业链"十个一"工作机制，有效推进补链、延链、强链工程。通过"链长"挂帅，"链办"牵头，遴选链主、链群企业，依托"三镇一港一园"、小微园、工业园区等产业平台，集聚主导产业，优化政策支持，精准招引强链补链项目，吸附一批高关联度的配套产业，有效完善产业链路发展。落实以来，获评产业链"链长制"特色示范试点单位，截至 2022 年，瓯海经开区眼镜产业链共有眼镜规上工业企业 63 家，全年实现产值 34.6 亿元，同比增速 7.4%。现有亿元眼镜企业 9 家，已成立浙江省眼镜质量检验检测中心，并与 SGS 检测集团开展项目合作，形成国内外检验检测全链条配套。

推行二级市场新政规范产业发展导向，严格实施全区工业用地二级市场管理办法，建立企业入园备案制度，推广"厂房管家"应用，确保厂房出租、转让备案 100% 录入平台。截至 2022 年，累计办理出租备案企业 93 家，涉及面积 16.15 万平方米；办理转让 11 家，涉及面积 6.5 万平方米，将 160 余家不符合产业导向及入驻标准的"低小散"企业挡在门外。

【项目推进】锚定"大抓项目、抓大项目"的目标，坚持"一切围着项目转、一切顶着项目干"，对照"时间表""作战图"，倒排工期、压茬推进，争进度、抢工期，全力协调解决项目推进过程中遇到的问题。同时，依托科研院所、产业平台等产业集聚区块，充分发挥前期招商工作效益，明确

园区功能布局，提前做好要素保障。2022 年，瓯海经开区全年审批项目 122 个、开工项目 120 个、竣工项目数量 111 个。

【营商环境】建立企业用地需求排序机制，强化企业用地保障。基于意向用地企业行业类型、用地需求、亩均税收、用电量、产值等情况进行综合评价赋分，同时深入开展低效用地整治工作，提高空间利用效率，为企业用地需求提供保障。2022 年，完成低效工业用地项目整治 170 亩、低效工业厂房整治 4.74 万平方米，全面收集排摸优质企业用地需求 60 余个，最终梳理拟推荐 10 家优质企业优先用地。落实"合同钉"平台，推进涉公合同合法性审查。积极运用"合同钉"场景应用，紧盯合同起草、审查、签订环节，关口前置有效防范缔约风险，多重审核警示法律风险，制度保障推进闭环管理，有效实现因合同质量问题引发行政复议和行政诉讼案件零纠错、零败诉。创新"助企日记"制度，细化优化网格设置。全体网格人员按照"每日记录 + 每周总结 + 例会分析"模式，将企业的"急难愁盼"记在纸上、放在心上、带到会上。2022 年协助企业申报"首次小升规连续增长奖励""战新企业奖励""困难中小企业纾困资金"等各类奖补 393 家次，奖金合计 5969.93 万元；为 533 家企业送去抗原试剂、口罩和 4 万颗退烧药，以解企业燃眉之急。

瑞安经济开发区

瑞安经济开发区紧依瑞安市区，区域总面积为 101.12 平方公里，形成核心区、塘下片、江南片的"一区两片"的功能布局。2022 年瑞安经济开发区实现进出口总额 319.8 亿元，实际利用外资 1840 万美元，财政收入 44.19 亿元，税收收入 45.79 亿元，固定资产投资 282.79 亿元（工业投资 90.18 亿元），规上工业总产值 1022.11 亿元（高新技术企业产值 777.44 亿元）。瑞安经济开发区主要形成新材料产业、汽摩配产业、智能装备产业三大主导产业，主导产业产值占比 71%。新材料产业 2022 年产值约 328.5 亿元，以全球聚氨酯制品材料主要产销企业华峰集团为龙头。汽摩配产业 2022 年产值约 229 亿元，拥有中国汽车零部件百强企业瑞立集团，国内专业汽车悬架系统方案提供者戈尔德，国内汽车座椅骨架总成及零配件行业领先者雅虎、上汽集团及长安汽车零部件供应商迅达等一批龙头企业。智能装备产业 2022 年产值约 167.8 亿元，拥有全国控制阀前三企业力诺流体，以及国内单张式手提袋制袋机行业市场占有率第一企业正博、国内轻小型起重设备行业领导者八达机电等一批国家级重点专精特新"小巨人"企业。2022 年，瑞安经开区被认定为省级高新区，获评省稳外资和开发区建设成绩突出集体、省级园区循环化改造示范试点优秀单位、制造业四星级园区、温州市绿色低碳园区，智控装备小镇获评浙江省创建特色小镇考核优秀等级、省级特色小镇数字变革最佳实践案例，机械装备小微园获评省四星级小微企业园区。

【招商引资】瞄准"高大上 + 链群配"，创新推行基金招商、产业链招商等模式，核心区签约落地华峰高性能可降解新材料、华瓯海上风电等亿元以上产业项目 13 个，项目投资金额总计为 178.4 亿元。其中，华峰 60 万吨/年高性能可降解新材料项目为瑞安首个百亿级单体制造项目，总用地 689.5 亩，总投资约 118 亿元。聚焦"头部、总部、瑞商回归"，实行"1+3"企业服务工作体系，落地荣飞科技有限公司等总部回归项目 7 个。

【产业发展】大力实施"企业培育"工程，定制"一企一策"成长计划，全区全年净升规企业 90 家，新增国家制造业单项冠军示范企业、国家专精特新（重点）"小巨人"企业 10 家，新增上市挂牌签约企业 1 家、报会企业 2 家，通力科技成功上市，创历年最好成绩。大力实施"效益论剑"工程，持续强化"腾笼换鸟、凤凰涅槃"攻坚，完成低效工业项目整治 1542.68 亩，规上工业亩均增加值达到 141.1 万元/亩。大力实施"智造赋能"工程，新增国内首台（套）产品 2 个，实现"零的突破"，新增国家级绿色工厂 6 家、省级智能工厂（数字化车间）5 家、省级高新技术企业研发中心 11 家，获评省级工业互联网平台创建 1 家，技改投资 61 亿元，同比增长 22.9%，瑞明工业入选省级先进制造业和现代服务业融合发展试点。大力实施"聚才引智"工程，新增孵化面积超 10 万平方米，落地亿元以上创新型重大科技项目

16 个，新增高新技术企业 87 家、省科技型中小企业 59 家。

【项目推进】健全项目开工、续建、竣工梯次推进管理制度，深化"一张效果图、一张作战图、一个倒计时牌、一个状态牌"的"两图两牌"赛马比拼机制，核心区全年审批吉尔康鞋业有限公司年产 320 万双中高档时尚休闲鞋产业化建设项目、浙江力冠机械有限公司年产 100 台一体化数码标签印刷机建设项目等 57 个项目，开工南滨东单元 02-43 号地块商业项目、浙江博伦博乐服饰有限公司年产 2200 万套儿童内衣生产基地建设项目等 30 个项目，竣工验收浙江名瑞机械有限公司年产 2000 台智能装备生产线项目、浙江长城换向器有限公司年产 5000 万只节能环保型碳换向器及 1.5 亿只其他换向器厂房建设项目等 42 个项目。其中总投资 23.7 亿元的瑞立汽车零部件智造项目，为省 152 工程项目、省重大产业项目，该项目已完成部分主体施工；总投资 11.205 亿元的浙江长城换向器有限公司年产 30000 吨酚醛树脂新材料及年产 5000 万只节能环保型碳换向器产业化项目，为省 152 工程项目、省重大产业项目，该项目已竣工投用。

【营商环境】纵深推进"一件事"改革，全面深化一对一服务"代办帮办"，通过提前服务、并联审批、全程跟踪，重塑项目落地流程，实现"拿地即开工、竣工即投产、验收即达产"。总投资 6.05 亿元的名瑞机械有限公司年产 2000 台智能装备生产线项目从拿地到竣工试产仅耗时 14 个月，比一般项目快 12 个月以上，创造了经开区项目建设的"新速度"。总投资 5 亿元的浙江博伦博乐服饰有限公司年产 2200 万套儿童内衣生产基地建设项目实现当天拿地、当天开工、当天入统。纵深推进数字化改革，全省首创"碳照灯"数字化特色场景，参照"驾照式"积分管理模式，实行"5 优先 +2 预警"政策导向，构建小镇企业治理新模式，获评省特色小镇"数字变革"领域最佳实践案例；建成投用瑞安市智慧化工园区系统，打造集智慧安全、智慧应急、智慧封闭、智慧环保、智慧能源等核心应用于一体的智慧园区数字化平台，助推瑞安经开区化工园区在 2022 年省化工产业大脑的亩均效益模块中取得全省亩均税收排名第二的好成绩。

【城乡建设】空间布局持续优化，完成瑞安市东山西单元控规（海塘安澜、人才保障房地块）、瑞安市东山西单元控规（海塘安澜地块）、瑞安市滨海三单元控规修编（商业综合体、化工园区地块）编制，并出具规划成果。生态环境持续优化，核心区新建污水管网超过 3.1 公里，建成省级"污水零直排区"。交通网络持续完善。核心区完成围海大道、滨江大道等 4 条道路建设（提升）工程，道路总长 5.62 千米。城市功能持续提升。加快推进海塘安澜丁山二期、阁巷围区工程等工程，建成投用滨江城防东延伸一期 A 段工程。

永嘉经济开发区

　　永嘉经开区规划面积由原 11.58 平方公里拓展到 20.24 平方公里，形成"一区四园"的总体格局，即高质量打造永嘉经济开发区，联动建设东瓯智能制造产业发展园、乌牛物联智造产业发展园、滨江高新产业发展园、永临时尚产业发展园四个产业发展园。永嘉经开区具有独特的"3+3+N"特色产业体系，设立泵阀、鞋服、教玩具、生命健康、新能源、数字经济等六大产业链，共有 5425 家工业企业，其中规上工业企业 445 家。泵阀产业是永嘉经开区的龙头产业。永嘉经开区拥有泵阀及相关配套产业 3200 多家，产品 3000 多种，占全国的 80%，是全省山区 26 县中唯一单体制造业产值超 400 亿的集群。2022 年，泵阀产业列入全省首批产业集群新智造试点，并入选浙江省内外贸一体化改革试点基地，泵阀产业链"链长制"工作被评定为省级产业链"链长制"试点单位。2022 年永嘉经开区实现规上工业总产值 316.03 亿元，占县域规上工业总产值比重 67.99%，增速 12.7%；规上工业增加值 64.83 亿元，增速 5.7%，占全县规上工业增加值比重 74.12%；规上高新技术企业 195 家，占县域高新技术企业数比重 76.17%；规上高新技术企业增加值 46.60 亿元，增速 3.7%；规上工业营业收入 293.52 亿元；进出口总额 49.54 亿元，占全县比为 48.36%，实际使用外资 1.14 亿元。

【招商引资】以"大平台、大项目、大企业"为工作导向，强化产业链精准招商，打造"一链一图"，探索落实"链长制"九个一工作机制，推动横向产业链做宽、纵向产业链做深，激发内生动力。与温州经济技术开发区开展开放平台合作共建，立足自身产业基础和产业发展需要，精准对接重点产业、优势产业，开展产业项目共招共建。积极配合做好浙江省山区 26 县开放平台产业对接会、跨国公司走进浙江省山区 26 县开放平台产业对接会筹备工作，强化永嘉经开区宣传，优化招商工作人员配置，不断提升招商引资工作效率和服务水平。

【产业发展】坚持创新驱动、数字赋能、开放联动，以泵阀产业为核心，全力打造全球泵阀智造先进基地。制定泵阀产业"链长制"试点创建方案和泵阀产业链规划方案，初步形成覆盖广、专业强、服务优的"浙江泵阀行业供应链协同平台"，12 月泵阀产业链"链长制"工作被评定为省级产业链"链长制"试点单位。高度重视"小升规""防退规"企业培育工作，下沉企业对重点培育对象实行"一库一表一专班"全流程追踪和动态管理，110 家企业纳入"小升规"培育库重点培育，全年实现"小升规"72 家，新增省隐形冠军 9 家、国家级专精特新"小巨人"7 家，数量居 26 县第一。

【项目推进】牢固树立"抓项目就是抓发展"的理念，全力以赴推动项目落地再上新台阶。2022 年永嘉经开区亿元以上制造业项目落地 10 个，其中 10 亿元以上项目 2 个。比亚迪新能源动力电池生产基地项目 2022 年 11 月落地经开区林福工业区，总投资 65 亿。同时，永嘉经开区依托县投促招商联席会议和项目全生命周期管理制度，积极做好 8 个乡镇已签约项目的跟踪服务工作。

【营商环境】高度重视"万名干部进万企"以及"三服务"等工作，切实帮助企业解决难题。根据全县关于应对新冠疫情帮助市场主体纾困解难 33 条措施》《永嘉县贯彻落实扎实稳住经济一揽子政策实施方案》，3 个工业片由副主任以上级别领导带队，深入企业，积极开展为企业解难题服务，着力解决企业生产经营中的痛点难点，用心竭力做好帮扶企业工作。

【基础配套建设】针对工业园区配套设施不完善、实体经济集中度不高、产业企业低小散等问题，永嘉经开区发包专项债融资建设工业园基础配套设施。2022 年成功申报 5.38 亿元永嘉经开（高新）区基础设施配套工程专项债项目，完成了部分工业园区雨污水管网的会审、五星路的前期工作、青峰路停车场的招投标工作，完成了浦北路堡二段、礁下段和张堡东路的初步设计会审、规划选址和土地预审，完成了园区客厅、安康路的初步设计会审。

【工业全域治理】聚焦聚力工业治理体系和治理能力现代化，以 4 个实施细则为指引，助力持续深化工业全域治理。针对东瓯工业园区试点 2-3 区块，制定了"一企一策"方案，明确牵头部门、整改内容，积极推进林垟区块老旧工业园区连片改造。2022 年 7 月，成功举办全市工业全域治理现场会，并结合试点经验制定出台老旧工业区提升三年行动方案。同时，全力整治厂房出租乱象，根据《工业全域治理工业厂房出租管理细则》，引导出租企业和租赁企业签订"双合同"，明确工业厂房最小出租面积、租赁企业行业准入、规上企业比例等要求以及负面清单，结合能耗双控，将存在高耗低效企业以及存在欠薪、安全等风险的"低散乱"企业"拦在门外"。依托 3D 模型数字孪生系统，打造工业全域治理应用，工业全域治理试点区域 3D 模型数字孪生系统，形成"工业园区一张图""厂房出租一张图"等十张图。

德清经济开发区

浙江德清经济开发区是湖州市"2+8"平台之一，2019年4月经省政府批复整合设立，2020年1月正式挂牌运行，位于德清县东部，包括新市、钟管、禹越、新安四个区块，规划面积8.89平方公里。2022年，德清经开区完成规上工业产值425.6亿元，同比增长2.2%；完成税收22.9亿元；完成固定资产投资65.4亿元，同比增长18%，其中，工业投资47.3亿元，同比增长12.4%，高新投资33.2亿元，同比增长22.5%；实现外贸出口75.5亿元，同比增长12.4%，全年实到外资12578万美元。目前共有规上企业415家，产值超10亿元工业企业4家，主板上市企业6家。成立以来，德清经开区先后荣获6项省级荣誉：获评全省第二批美丽园区示范；电子信息装备制造产业链获批全省首批产业链"链长制"试点；数字园区"云治理"中枢入选浙江省"第二届县域高质量发展创新案例"；入选2022年度省级标杆工业园区"污水零直排区"培育名单；获批2022年浙江省级绿色低碳工业园区；省级循环经济示范试点通过验收达到良好等级。

【主导产业】德清经开区批复运行后，围绕高新材料、高端装备、电子信息三大主导产业，加大精准选商引资力度，产业发展呈现集聚化、高新化、智能化发展态势，列入湖州市"2+8"平台后，进一步聚焦工程机械和光电通信两大主导产业链，以数字化改革、产业链"链长制"试点为抓手，积极探索机制体制创新，着力培育提升标志性产业链，与县内湖州莫干山高新区、莫干山国际旅游度假区形成三大平台错位发展格局。

【经济指标】对比德清经开区成立之初，核心区块新市片区主要经济指标方面，规上工业产值由2019年的141亿元增长至突破200亿元，增幅42.1%；固定资产投资由18.8亿元增长至30.2亿元，增幅60.6%，其中工业投资由10亿元增长至17.7亿元，增幅77.0%，高新投资由7.5亿元增长至14.1亿元，增幅88.0%，民间投资由11.7亿元增长至17.8亿元，增幅52.1%；外贸进出口额由15.3亿元增长至34亿元，增幅超100%，全年实到外资由2044万美元增长至6243万美元，增幅超200%。

【项目推进】2022年，开发区签约亿元以上项目21个，比2019年增长50.0%，其中3亿元以上项目13个，增长550%；亿元以上在库工业项目由34个增加至58个，增长71%，竣工数由8个增加至18个，创历史新高；规上企业数从2019年的116家增长至126家。

【科技创新】高新技术企业数由16家增加至36家，省级科技型企业由63家增加至139家，均超额实现倍增；省级以上人才认定由仅1人增长至8人；研发经费突破4亿元，R&D占比突破4%。

【营商环境】德清经开区（新市镇）城市形象建设有序推进，园区道路交通、住房保障等基础配套日益完善，平台承载能力不断增强。围绕园区改造盘活存量，通过政府收储整治的方式，盘活原乐安木材市场、华润雪花、升大石材等三大地块低效用地 933 亩，平均容积率从 0.5 提升到 2.3 以上，引进亿元以上项目 22 个，总投资 57.8 亿元，全部达产后亩均税收从不到 2 万元提升至 50 万元，入选全市"腾笼换鸟、凤凰涅槃"典型案例。围绕营商环境优化提升"一号改革工程"，"专班 + 专员"助企联络机制持续深化，服务质效显著提升，从快从实兑现助企纾困"政策包"，2022 年全年发放和争取各类奖补资金 6000 万元，"政府用心做好围墙外的事，企业安心做好围墙内的事"生态越来越好。围绕数字经济创新提质"一号发展工程"，大力推动数字产业化、产业数字化，加快企业智能化改造建设，全力推动数字化车间建设，南方水泥入选省级工业互联网创建平台，兆龙互连、大匠智能入选省级数字化车间，"经开智库"深圳飞地被认定为全市唯一的省级数字经济飞地示范基地。围绕地瓜经济提能升级"一号开放工程"，以科技创新驱动和产业国际合作为方向，聚焦智能信息技术和高端装备制造产业链合作，浙江中德（德清）产业合作园成功入选浙江省国际产业合作园创建培育名单。与山区 26 县的丽缙高新技术产业园区和壶镇镇签署了合作共建意向书，将合作开展联合招商活动，共同打造山海协作新样板。

平阳经济开发区

1994 年 8 月，平阳经济开发区经浙江省人民政府批准设立，国家核准面积为 8.28 平方公里。2021 年，通过进一步整合提升，形成平阳经济开发区"一核三区"，规划面积 103 平方公里，区域范围包括鳌江现代服务核、新兴产业发展区、优势产业发展区、特色产业发展区等 4 个片区。同年 2 月，省科技厅、省发改委同意平阳创建智能装备制造省级高新技术产业园区，规划面积为 11.22 平方公里，依托平阳经济开发区构建"一区两园"空间布局，以"区中园"形式开展省级高新技术产业园区创建工作。开发区形成以原平阳经济开发区、滨海新兴产业园、万全现代产业园、鳌江机电科创园、中部塑包提升园、水头皮革提升园、腾蛟文化创意园等为重要区块的"一区六园"格局，面积达到 96.5 平方公里。近年来，按照全省开发区（园区）整合提升要求，推进平阳经济开发区由"一区六园"整合为"一核四区"，即东部新兴产业核心区、北部先进制造发展区、鳌江现代服务发展区、中部优势产业发展区、西部特色产业发展区，总面积达 95.45 平方公里。2022 年开发区完成地区国民生产总值总额 650.32 亿元，增速为 23.42%，外贸进出口额 129.97 亿元，财政收入 33.50 亿元，实际使用外资 362 万美元。

平阳动力小镇创建获 2021 年度考核优秀，小镇创建走在全省前列；宠物小镇入选省级内外贸一体化改革试点产业基地培育名单。平阳经济开发区成功入选省级公共海外仓，为全市唯一；获 2022 年省级开发区产业链"链长制"示范试点单位，成为 2022 年温州唯一一个入选的"链长制"示范试点单位；获山区 26 县开放平台共同富裕十大案例"优秀实践案例"单位，为全省 5 个开放共建平台优秀案例之一；在首次温州全市省级产业平台工业经济比拼获得全市第一的佳绩；获得 2022 年度省级制造业四星级园区称号。

【招商引资】开发区坚持招商引资生命线工程，不断创新招商模式，通过聘请招商大使、"屏对屏"云招商、"一把手"招商等方式，积极推进"双招双引"工作。重点巩固深化"一把手"招商机制和成效，特别是县委、县政府主要领导带队赴深圳、杭州等重点城市开展了"一把手"招商，实现全年新增落地亿元以上产业项目 27 个，其中新招引 500 强等高质量项目和新引进 10 亿元以上省外产业项目均达 5 个；新入选省重大产业项目 5 个，新落地省"152"项目 4 个。

【产业发展】开发区深入开展新一轮制造业"腾笼换鸟、凤凰涅槃"攻坚行动，现有工业企业 5010 家，其中规上工业企业数共 707 家，占全县比重为 90.29%；高新技术企业 193 家。2022 年实现规上工业总产值 606.0 亿元，同比增长 24.64%，占全县规上工业总产值比重为 93.18%；规上工业增加值 103.01 亿元，同比增长 16.88%，占全县规上工业增加值比重为 93.17%；实现固定资产投资 275.63 亿元，占全县比重为 90.5%。进出口总额呈逆势而上，实现进出口总额合计 132.3 亿元人民币，累计同比增长 30%。

【项目推进】2022 年全年亿元以上开工项目 20 个，竣工项目 13 个。开发区坚持储备项目抓落地，新建项目抓开工，在建项目抓进度，竣工项目抓投产。一方面加快项目招引落地，结合"正威专班"经验，优化招商服务，持续"招大引强"战略；另一方面快速推进新建项目，按计划时间表倒逼项目节点有序推进。

【营商环境】开发区党工委建立"清单＋例会＋督办"统筹协调体系，将省、市、县各类考核要求列入重点指标清单，将省重点建设项目、"152"工程项目、重大招商引资项目列入重点项目清单，将各项阶段性重点工作计划列入重点工作清单，将各部门谋划的亮点工作列入亮点工作打造计划表，形成"三清单、一亮点"框架体系。通过工作例会，月度经济形势和重点工作分析会，及时了解掌握工作动态，对进度滞后、未达到预期目标的事项进行督查督办，以督查督办为抓手，形成压力传导，督促相应业务科室和工作人员加快推进，形成事事有着落、件件有落实的工作体系；深化投资项目"拿地即开工"极简审批，为企业落户发展提供全方位服务、全生命周期管理。如新瓷电器项目，实现从土地摘牌到开工建设一天完成"八证联办"，跑出了平阳审批加速度，点燃了市场主体热情。

岱山经济开发区

浙江岱山经济开发区位于舟山群岛中部，岱山县境内，创建于 1992 年 12 月，1994 年 8 月经批准被列为省级经济开发区。园区规划总面积 80.6 平方公里，核心区块 19.77 平方公里，是舟山海洋产业综合发展先行区。2022 年，岱山经济开发区完成地区国民生产总值 90 亿元，外贸进出口额 64.85 亿元，实际使用外资 9003 万美元，固定资产投资 37.1 亿元，其中工业投资额 17.6 亿元。实现税收收入 7.42 亿元，同比增长 23.2%。共完成土地招拍挂 11 宗，出让土地 268 亩。开发区依托舟山绿色石化基地产业外溢效应，聚焦石化产业建链、延链、强链、补链，打造国际一流的特色石化产业集群。积极谋深谋细石化产业链，加速打造智能装备制造、新材料、生产性服务业、传统产业转型升级四大产业板块，形成了以石化产业配套、新材料研发为主线的发展模式。已成功打造新材料产业园、石化循环经济产业园、绿色石化装备运维技术产业园及中科院宁波材料所岱山新材料研究和试验基地等平台项目，产业集聚效应初显。

石化循环经济产业园以卓然（浙江）集成科技有限公司为链主，以集成创新带动产业链供应链上下游协同创新，构建高端石化产业生态社区，打造国内重要的石化装置全产业链基地，固耐重工、鲁阳节能、凯隆分析仪、康吉森自控科技等 10 余家知名企业已完成注册。绿色石化装备运维技术产业园，以浙江鼎盛石化工程有限公司为链主，以舟山绿色石化基地对石化设备研发、设计、安装、运维等的巨大需求为基础，吸引一批先进的生产性服务企业来岱集聚发展，打造生产性服务业集群，山东岱圣建设、天津江达扬升等一批全国知名生产性服务业品牌企业已落户。新材料产业园已引进润和催化、佳瑶新材料、智瑞新材料等 10 余家核心企业，同时以中科院宁波材料所岱山新材料研究和试验基地为平台，通过政企产学研融合创新，逐步实现前沿新材料的国产化。已有 7 个项目入驻中试基地。

【招商引资】2022 年内引进总投资 20 亿元以上重大产业项目 1 个；10 亿元以上重大产业项目 1 个；1 亿元以上产业项目 9 个。2022 年，开发区主要紧盯浙石化、卓然、瑞程等行业龙头企业，通过以商引商、产业链招商、宣传推介等多种方式，大力开展项目招引工作。联合岱山社会事务组，梳理石化产业链重点招商引资企业。积极协助卓然公司举办"'聚链制造'2022 岱山产业链会议"，邀请浙石化、沈阳鼓风机等 20 余家产业链龙头及高端制造企业参会。同时依托中国科学院宁波材料所、瑞程石化，引进高科技新材料制造业落地岱山。

【产业发展】2022 年开发区新入规 6 家企业，规上工业总产值 160.2 亿元，其中高新技术产业产值 59.8 亿元。汽船配产业是岱山传统优势产业，2022 年汽船配产业总产值 23.8 亿元。龙头企业岱美股份产品主要包括遮阳板、座椅头枕和扶手、顶棚中央控制器和内饰灯等，其中遮阳板产品占据全球最大市场份额。已建成岱山汽船配内饰密封件产业创新服务综合体，集聚各类创新资源，为岱山汽船配产业创新发展提供全链条服务，推动岱山汽船配产品创新和产业升级，引导相关企业和相关产业向着高附加值、高技术含量方向发展。岱山经济开发区规上船舶修造企业 14 家，注册资本金额超过 75 亿元。2022 年船舶修造行业总产值 63.9 亿元。近年来，开发区船舶企业紧跟国家海洋强国战略部署，聚焦高技术船舶制造，油化船、超低温冷藏船、多功能海事服务船以及豪华游轮修理。代表性企业宁兴船舶与高校研究机构合作成立研发中心，致力于船舶轻量化、船用水性石墨烯防腐涂料、氢能源在船舶上的应用以及无人艇等方面的研究。岱山经济开发区海洋生物类规上企业 5 家，近年来通过延伸产业链、增大附加值来提升产品竞争力，2022 年度总产值 6.7 亿元。代表性企业浙江舟富食品有限公司从事水产食品精深加工、即食食品加工、军用食品加工等业务，神舟十二号升空携带的 120 余种航天食品中，有 23 类主副食品为舟富公司生产。2022 年建成投用蟹文化产业园，规划总建筑面积 23.7 万平方米，将围绕海产品贸易及加工打造江浙沪乃至全国最具规模的现代化国际海产品集散交易市场。

【项目推进】园区抱着"能提前的压缩提前，能谋划的及早谋划"的态度，形成储备一批、开工一批、完工一批、投产一批的时间列表。2022 年共有新建、续建、完工企业投资项目 13 项，其中 7 个项目为新开工项目，润和催化、维保园区、鑫月新材料等项目分节点开始建设，捷胜、岱盛等项目竣工并投产。

【营商环境】紧紧围绕项目招引签约、项目落地转化、项目投产达效全过程构建营商环境。建立县属各部门服务保障开发区工作任务清单制度，形成"开发区围绕产业转，部门围绕开发区转"的良好局面。设立企业服务中心，向园区企业提供"一站式"审批服务。中心大厅实行"2+6+X"窗口办理模式，即 2 个综合受理窗口、6 个企业投资项目常驻窗口、X 个其他涉企审批窗口。充分发挥"一站式"行政审批服务中心作用，2022 年为 55 家企业提供全程代办服务 89 项。

【绿色石化服务业创新发展区创建】一是链式布局，擘画发展路径。紧盯浙石化、卓然、瑞程等石化龙头企业，摸清链首企业关系图谱和供应链脉络，针对性匹配国内意向企业。现已成功引进石化产业"链主型"企业 47 个、石化维保企业 20 余家、新材料企业 10 余家，启动数智化研发课题 10 个。二是集群发展，激活聚变效应。围绕主导产业和新兴产业，着力推进重点平台建设，加快打造新材料产业园、石化循环经济产业园、绿色石化装备运维技术产业园等发展主阵地，加速形成资源集约、区域集聚、服务集成的产业集聚区。三是协同推进，强化要素保障。出台《浙江岱山经济开发区关于加快促进石化装备运维产业集聚发展招商政策》，精准匹配绿色石化全产业链现代服务体系需求。坚持以产兴城、以城促产，推进星浦未来社区及其周边配套设施建设，全面实施产业园区建设和城市更新工程，全力打造产业优先、布局合理、功能完善的"产城融合"示范园区。

中国（浙江）自由贸易试验区舟山片区

　　中国（浙江）自由贸易试验区舟山片区是中国（浙江）自由贸易试验区的先行片区，实施范围119.95平方公里，占浙江自贸试验区50%的面积，也是中国唯一由陆域和海洋锚地组成的自贸试验区。2017年4月1日浙江自贸试验区挂牌成立，全域设在舟山，2020年9月，经国务院同意，浙江自贸试验区扩展至杭州、宁波、金义等区域。浙江自贸试验区舟山片区区位优势独特、港口岸线资源丰富、产业基础雄厚，重点推动油气全产业链投资便利化和贸易自由化，全面提升以油气为核心的大宗商品全球配置能力。浙江自贸试验区舟山片区的战略定位是以制度创新为核心，以可复制可推广为基本要求，建设成为东部地区重要的海上开放门户示范区、国际大宗商品贸易自由化先导区和具有国际影响力的资源配置基地。挂牌以来，舟山片区立足国家战略，围绕"一中心三基地一示范区"建设，在油气全产业链建设等全新领域，大胆探索实践，取得了显著成效。

【持续优化体制机制】舟山片区全面加强党的领导，将自贸试验区工作作为"一把手"工程，进一步优化完善自贸区工作运行机制，强化顶层设计和高位推动，优化督查考核、工作协调、统计分析、项目攻坚等工作机制，进一步巩固优化了全市"一盘棋"工作推进机制。舟山市委、市政府主要领导每两月召开一次自贸试验区工作推进会，研究部署重大项目、重大改革等重大事项；分管市领导根据工作分工，不定期召开专题会议和工作调研，第一时间协调解决改革创新涉及的跨层级、跨部门、跨领域等重点难点问题。对标省委、省政府明确的发展目标，聚焦打造具有舟山辨识度的九大标志性成果，抓好工作闭环管理和量化管控，印发年度自贸试验区重点任务清单和专项组工作任务清单，并纳入全市五大会战重点任务每月晾晒通报，全市上下形成了实干争先、奋勇拼争的浓厚改革氛围。

【编制片区五年发展规划（2022—2027）】系统总结自贸试验区挂牌五年改革创新成效，凝练形成十方面全国领先的重大标志性成果，得到省委主要领导批示肯定。结合制度创新工作，汇总形成"放宽民营炼化领域投资准入，建成全国规模最大、全球领先的炼化项目"等5周年20项重大标志性改革创新成果。坚持胸怀"国之大者"，全力打造大宗商品资源配置新高地，赋予自贸试验区新优势。聚焦石化产业延链补链、破解油气贸易瓶颈、放大大宗商品储运基地溢出效应等未来五年发展面临的重大问题，深入分析产业基础和市场预期，对标先进地区查找差距，谋划提出未来发展路径和改革创新方向，制定《中国（浙江）自由贸易试验区舟山片区发展规划（2022—2027）》，提出到2027年，建成具有国际影响力的大宗商品资源配置基地，形成以"两个亿吨级、三个万亿级、三个千亿级"为重点的更宽领域、更高能级的十大标志性成果，为高质量发展明确了攻坚目标和努力方向。

【推进重大项目提速提效】以重大项目建设为重点，大抓项目、抓大项目，加快储能蓄势、提速发展。按照"开工一批、推进一批、建成一批、谋划一批、招引一批"的要求，梳理大宗商品储运基地、黄泽山油储二期、中石化 LNG、碳景光电信息材料等 63 个重点实施项目，逐个制定推进时间表和路线图，通过专班推动、专题协调、专项督导、量化管控等形式，全面高效推动项目规划编制、政策处理、报建报批、要素保障、工程建设等各项工作。全年 63 个项目累计完成投资 502 亿元，浙石化 140 万吨乙烯及综合配套项目、中化兴中保税燃料油扩建、小干岛国际海事服务产业园等 21 个项目建成投产，浙石化高性能树脂、金塘—册子原油管道、新奥 LNG 三期接收站等 16 个项目顺利开工，一塑聚苯乙烯等 55 个项目全面赶超时间和投资进度，超额完成年度计划任务，推动全市上下形成实干争先、比学赶超的项目攻坚态势。

【深化国际油气交易中心建设】持续深化与上期所"期现合作"，长三角期现一体化交易市场建设取得新突破，产能预售交易实现升级发展，"稳价订单"交易创新业务落地实施，浙油仓单在上期所成功挂牌交易，累计完成线上油气交易额 1219.3 亿元，增长 90%。优化完善中国舟山低硫燃料油价格体系，先后发布中国舟山低硫燃料油保税船供买方报价、卖方报价、舟山仓储综合价格、锚地气象指数、可用商业库容，舟山价格指数影响力持续增强。

【深化国际石化基地建设】浙石化 4000 万吨 / 年炼化一体化项目全面建成投产，第三套乙烯项目顺利纳规投产，形成 4000 万吨 / 年炼油、420 万吨 / 年乙烯、1180 万吨 / 年芳烃（包括 880 万吨 / 年对二甲苯）的生产能力，炼化产业规模跃居全国第一，世界一流。全年实现炼油 3702 万吨，实现石化基地工业产值 2297.8 亿元，增长 65.3%，占全市规上工业总产值 67.3%。全面加速石化拓展区建设，加快石化中下游产业延链补连，德荣化工乙烯裂解副产品综合项目、浙优科技催化剂项目等建成达产，天然气制氢、成品油管道工程（舟山—宁波段）、上海卓然 20 万吨 / 年高性能树脂新材料等一批重点项目加快推进。

【深化国际油气储运基地建设】积极推进 16 个重点油气储运项目建设，统筹推动解决项目纳规、港规调整、土地指标等问题，全年新增油品库容 155 万立方米，累计油气库容达到 3707 万立方米。黄泽山二期、东白莲等项目顺利建成，新奥 LNG 三期、金塘油储基地、六横 LNG 接收站、黄泽山—鱼山海底管道等项目加快推进。持续加强与国家能源局对接汇报，成功争取新一轮国家原油储备项目纳规，积极争取国家储备原油借还动用改革试点。

【深化国际海事服务基地建设】全力攻坚船加油提升工程，跃居全球第五大船加油港。衢山临时锚地正式投用，累计建成 5 个供油锚地，23 个供油锚位，新增锚地气象浮标 2 个，锚地气象海况监测实现全覆盖。"加大船、加大单"实现新突破，新增 1 艘浙沪跨港供油船，完成 53 艘供油驳船监控视频改造，形成 95 艘"白名单"专业船队规模，全年完成船加油 602 万吨，增长 9.1%。积极争取推动符合条件的地方加油牌照升级。全力推进海事服务产业发展，制定出台《自贸试验区国际海事服务产业高质量发展实施意见》，引进海事服务企业 171 家，累计集聚海事服务企业 600 家，头部企业 47 家，实现海事服务总产出 410 亿元，增长 12.2%。小干岛海事服务产业园一期建成投运，全球排名第二的船供企业润通航运公司正式入驻。

【深化大宗商品跨境贸易人民币国际化示范区建设】持续推动油品贸易跨境人民币结算便利化试点和高水平贸易投资结算便利化等政策扩面增量，扩大优质企业名单；常态化推进贸易外汇收支便利化、资本项目外汇收入支付便利化等业务扩容提质。积极探索铁矿石、大豆、粮油、船舶修造等相关企业使用人民币计价、结算，推动货物贸易项下跨境人民币结算。成功争取本外币合一银行结算账户体系试点落地。

【推进大宗商品储运基地建设】组建市、县工作专班，全力协调推动项目政策处理、报批报建和规划编制等各项工作，四个启动项目全速推进，主体工程正式开工。积极研究争取大宗商品交易中心落地，形成舟山方案上报国家发改委。积极开展铁矿石及有色金属产业规划，深化产业溢出效应研究，全面开展大宗商品贸易企业招商，累计招引落地铁矿石企业 580 家。

【推进区域能源消费结算中心建设】推动中石油全国低硫燃料油结算中心、中石化浙江区域成品油自采业务、浙石化成品油批发贸易结算等落地舟山；新增 3 家燃料油非国营贸易进口资格市场主体。累计争取浙石化原油进口允许量 4000 万吨，成品油出口配额 328 万吨，低硫燃料油出口配额 16 万吨。实现大宗商品贸易额 9231.42 亿元，增长 5.1%；油气贸易额 7761.23 亿元，增长 7%。

【全力推动农贸中心建设】加快定海粮油园区扩区强链，形成 5.01 平方公里园区布局，被商务部纳入大豆离岸现货市场首批实物交收地试点。紧扣大豆、玉米精深加工"双核驱动"，加快推动产业项目集聚，良海粮油 15 万吨小包装项目、省直属粮库三期 15 万吨仓储项目建成投运，华康股份 200 万吨玉米精深加工项目开工，中储粮 50.4 万吨仓储物流项目、瑞泰粮食物流园项目加快推进。全

年实现进口粮食中转物流量 2500 万吨，约占全国 18%。大洋世家舟山优品园项目年底完工，中农发明珠工业园舟渔制品公司正式迁入远洋渔业基地。

【迭代建设舟山特色数字化改革应用】以数字化改革为牵引，全力推动数字化应用在自贸试验区各领域实践，实现了浙里自贸省市贯通。舟山市油品仓储监管系统正式上线，涵盖全市 20 家第三方油品仓储企业 550 个油罐 1400 万立方米库容。国际船油加注智能监管服务系统完成驾驶舱升级，调度服务和监管能力全面提升。智慧化一站式口岸监管服务平台上线试运行，船舶进出境、保税油加注"一表申报"和驾驶舱开发加快推进。国际海事服务在线应用完成态势感知、船舶交易、海上高德、船员服务、船供超市 5 个场景建设。海事服务电商平台完成系统开发，项目一期上线试运行。保税商品登记系统顺利上线运行。

【举办各类会展推介活动】搭建油气产业合作平台，加强与国际油气贸易等大宗商品领域企业合作交流，成功举办第五届世界油商大会，大会及配套活动共吸引了 1300 余位国内外嘉宾参会，在石化、氢能、铁矿石等方面形成了一批新的合作意向，进一步拓展了浙江自贸试验区油气全产业链开放发展新机遇。加强粮食等农产品产业招商引资，在第五届中国国际进口博览会期间，举办舟山国际粮油产业推介会，重点推介舟山国际粮油产业，充分发挥浙江自贸试验区大宗农产品资源配置优势，共同探讨国家粮食安全和国际农产品贸易，其间与前海联合交易中心、中国食品土畜进出口商会等签订合作协议。

中国（浙江）自由贸易试验区宁波片区

浙江自贸试验区宁波片区规划面积 46 平方公里，全部集中在宁波市北仑区，分为大榭片、梅山片、综保片。辖区拥有宁波经济技术开发区、大榭开发区、宁波保税区、北仑港综合保税区和梅山综合保税区等 5 个国家级开发区，以及宁波舟山港的北仑港区、穿山港区、大榭港区和梅山港区四大国际集装箱码头。立足全省自贸试验区"一区多片"总体布局，坚持优势互补、错位发展、整体联动，宁波片区承担国际航运和物流枢纽、国际油气资源配置中心、国际供应链创新中心、全球新材料科创中心、全球智能制造高质量发展示范区的战略功能定位。根据宁波片区总体要求和功能定位，强化产业集聚和辐射带动，注重资源共享和统筹布局，形成"核心区 + 联动区 + 辐射区"一体化发展格局。2022 年，宁波片区所在北仑行政区实现地区生产总值 2630.8 亿元，增长 4.2%，高于全省 1.1 个百分点；实际利用外资 14.09 亿美元，增长 28.5%；进出口总额 4518.6 亿元，增长 9.2%；规上工业企业研发费用支出 112.8 亿元，增长 11%。

【完善港口设施建设】推进杭甬高速复线、象山湾疏港高速、六横公路大桥等一批港口基础设施建设，加快宁波西枢纽规划建设。梅山港区 10 号集装箱码头竣工验收，梅山港区年集装箱吞吐超 1000 万标箱，宁波舟山港成为全球唯一拥有双"千万箱级"单体集装箱码头的港口。2022 年，宁波舟山港完成货物吞吐量 12.5 亿吨，连续 14 年位居全球第一；完成集装箱吞吐量 3335 万标准箱，稳居全球第三；集装箱航线实现新突破，航线总数达 300 条，较 2021 年末新增国际航线 13 条，其中"一带一路"航线达 120 条，为畅通全球物流链、稳定全球供应链提供保障。

【加速提升港航服务能力】大力发展港航物流、航运金融、海事服务等港航功能，出台国际航行船舶保税液化天然气（LNG）加注办法，宁波舟山港有望成为全球第三大 LNG 加注港。做大做强六六云链、大宗易行等大宗商品数字贸易平台，

引进我国最大液化石油气（LPG）贸易企业马森能源，建成国内首家 LPG 物联网销售平台，形成具有全球影响力的 LPG 宁波价格指数。蓝水母等一批港航服务平台招引集聚，全球首个船舶在线交易平台浙江船舶交易市场"拍船网"宁波中心启动运营。海铁联运辐射范围继续扩大，23 条海铁联运班列已辐射至 16 个省、自治区、直辖市，全年集装箱海铁联运业务量首超 145 万标准箱，同比增长超 20%。宁波舟山连续两年位列全球航运中心城市综合实力前 10 强。

【深化智慧口岸建设】推动数字强港建设，梅东集装箱码头、大榭招商国际码头创建数智码头样板，谋划推动"智序港城"管理服务一件事数字化改革，实现数字人民币在船代、货代、报关报检等口岸业务中的应用。创新口岸查验监管，持续推进"提前申报""两段准入""船边直提""抵港直装"等新型监管通关模式，落实远程"非接触式"

港口国监督检查常态化机制，推出集卡、登轮、空港数字防疫智控体系。

【深化跨境贸易投资高水平开放试点建设】13项创新政策惠及企业266家，业务规模达338.5亿美元，改革成效领跑上海临港、广东南沙、海南洋浦等全国首批4个试点地区（业务规模位居全国4个试点第一）。推动QFLP和QDLP试点，开设全国首个余额管理制QFLP账户（民生银行宁波北仑支行），落地浙江省首个QDLP基金（蓝吉股权投资基金），累计引进4个QFLP项目，为利用外资打开了新通道。

【推动新型离岸国际贸易发展试点】全面实施国家和省市离岸贸易支持政策，积极争创新型离岸国际贸易中心城市。离岸贸易单笔业务办理时间从3个工作日压缩至15分钟。1—10月，宁波片区141家企业办理新型离岸国际贸易业务金额达109亿美元，其中，北仑区新型离岸国际贸易涉外收支总额72.03亿美元，占全市66.1%。

【实现跨境电商创新发展】打造跨境电商"一站两仓"公共服务平台体系，推动中国（宁波）跨境贸易数智枢纽港项目开工建设，启用全省最大规模国际邮件互换中心。探索"保税分装＋跨境电商"新业态、"直播电商＋跨境产品"新模式，培育外贸竞争新优势。参与制定全国首个跨境电商海外仓团体标准，截至2022年12月，共有210个海外仓、面积328万平方米，分别占全国的1/9、1/6。跨境电商综试区考核评估位居全国"第一档"。扩大中东欧进口全国领先优势。1—12月，对中东欧国家投资规模达到4.3亿美元，自中东欧国家进口111.5亿元，同比增长47.5%，占全国比重提高到5.39%，较2021年提高1.91个百分点。

【重大储运项目开工建设】截至2022年底，油品储存规模达到1672万吨，液化天然气接收能力达到600万吨/年。浙江LNG接收站二期工程已建设完毕，扩建3座16万立方米的LNG储罐，年

加工能力增加至600万吨。总投资90亿元的600万吨/年的浙江LNG三期项目、百地年200万立方米丙烷地下洞库项目加快建设。全省首个LNG保税仓已正式运营，进一步夯实全省天然气转口贸易发展基础。大宗初级产品储运项目正加快推进，项目建成后可新增500万吨储运规模。

【油气贸易规模稳步提升】2022年，全市大宗商品（金属、化工、石油、煤炭）限上批发零售业销售额3.16万亿元，油气贸易额4641亿元。液体化工品保税仓库保税与内贸货物"同罐共储"、铜精矿保税混矿业务等制度创新得到海关总署认可与支持。镇海区探索宁波—印度尼西亚新能源材料进口新模式，开辟全国首条氢氧化镍进口航线，加快打造新能源材料集散交易中心。

【油气产业集群不断壮大】引进国内最大液化石油气贸易总部马森能源、国际贸易数字平台大宗易行，做大做强六六云链、铝拓网等石化全链条数字化平台，完成全省首笔基于区块链技术的数字仓单质押融资业务。金田铜业（集团）股份有限公司、远大能源化工有限公司、宁兴液化储运有限公司等三个大宗商品进口供应链平台入围第三批浙江省重点进口平台企业，推动形成油气、有色金属、黑色金属等大宗贸易特色产业链集群。

【加快推进重大项目建设】重点打造绿色石化、汽车制造、高端装备等世界级产业集群和标志性产业链，加快建设镇海炼化绿色石化基地扩建、大榭石化五期、百地年200万立方米LPG地下洞库等绿色石化大项目，加快建设拓普新能源汽车、海天数控机床、甬矽芯片封测等汽车制造、高端装备大项目。

【加快打造新材料科创中心】中科院海西创新研究院等科创平台强化新材料研究攻关，万华宁波高性能材料研究院"材料测试实验室"获国际检测结果互认，国家级制造业创新中心宁波国家石墨烯创新中心获工信部批复（全国第3家、浙江

首家），磁性材料、工业互联网等 5 个产业集群入选国家培育计划。

【蝉联国家单项冠军第一城】截至 2022 年底，全市拥有国家级单项冠军企业累计 83 家，数量居国内城市首位；国家级专精特新"小巨人"企业数量累计 283 家，数量位居全国前列。累计创建国家级工业互联网平台 5 个、省级工业互联网平台 43 个，获得国家级工业互联网领域奖项 29 个。

【口岸营商环境持续优化】2022 年宁波口岸进出口整体通关时间继续压缩，出口通关排名跃居全国沿海主要口岸第一，进口通关排名继续保持第二，海港口岸被评为"海运集装箱口岸营商环境"最高星级。获批宁波国际商事法庭（最高法院批复），设立国际海商事争议解决中心（中国贸促会联合 6 家单位发起），宁波国际商事海事多元化涉外纠纷解决机制加快构建。搭建完成自贸区数字驾驶舱 1.0 版，打造"一图感知、一键到达、一屏掌握"的宁波片区数字展厅。

【制度集成创新不断突破】落地数字人民币、首批国家知识产权强市建设等 11 个国家级改革试点，引领全市开放型经济迈上新台阶。9 项制度创新成果被国务院、国家部委复制推广，形成一批制度创新"宁波经验"：3 项制度创新成果被国务院推进政府职能转变和"放管服"改革协调小组办公室发文推广（宁波片区海事一船多证一次通办审批机制、海关优化转关监管模式、金融局易跨宝金融服务模式）；7 项改革创新成果获得国家部委肯定，其中，宁波"绿岛"治污模式、梅山湾"创新＋低碳"绿色发展模式等 3 个案例被生态环境部发文全国推广，宁波边检站原创的口岸防疫数字化场景应用"中国边检登轮码"获国务院交通运输部《港口疫情防控指南》全国推广。跨境电商网购保税进口包裹出区嵌入式监管等 3 项创新成果获海关总署备案试点。宁波海事法院"三合一"审判改革经验案例上报商务部，争取成为全国复制案例。"外汇金管家""易跨保"等 18 项改革创新成果获评浙江自贸区最佳案例，28 项改革成果入选浙江自贸区标志性成果。

【数据流动规则体系探索前行】编制《中国（浙江）自由贸易试验区宁波片区打造数字自贸区三年行动计划（2022—2024 年）》；开展数据跨境流动分级分类监管，研究制定数据出境安全评估流程方法，推动宁波片区试点企业、固定电脑开展跨境数据自由流动。

中国（浙江）自由贸易试验区杭州片区

中国（浙江）自由贸易试验区杭州片区于 2020 年 9 月 24 日正式揭牌。杭州片区功能定位为"两试验两示范"，旨在打造全国领先的新一代人工智能创新发展试验区、国家金融科技创新发展试验区和全球一流的跨境电商示范中心，建设数字经济高质量发展示范区。杭州片区实施范围为 37.51 平方公里，包括钱塘区块 10.10 平方公里（含杭州综合保税区 2.01 平方公里）、萧山区块 16.09 平方公里和滨江区块 11.32 平方公里。其中，钱塘区块由杭州综合保税区、大创小镇、东部湾总部基地等组成，重点发展数字贸易、跨境电商、生命健康、智能制造、跨贸金融、研发检测、保税贸易、保税服务等产业；萧山区块由萧山经济技术开发区和杭州空港经济区组成，重点发展科创金融、智能制造、总部经济、临空物流、临空服务、跨境电商、生命健康等产业；滨江区块由物联网小镇、互联网小镇组成，重点发展数字经济、金融科技、人工智能、数字识别（安防）等产业。

2022 年杭州实现数字贸易额 2462.6 亿元、服务贸易额 2945 亿元、跨境人民币结算量 7953 亿元，分别占全省总量的 38.9%、57.8%、54.8%；自贸片区四至范围内实现外贸进出口额 1397.3 亿元、税收收入 396.3 亿元、实际利用外资 18.26 亿美元，以仅占全市 0.22% 的面积贡献了全市 18.5% 的外贸进出口额、18.3% 的税收收入和 3.4% 的实际利用外资。

【本外币合一银行账户体系试点成效显著】自 2021 年 7 月 26 日在杭州开展本外币合一银行结算账户体系试点以来，杭州片区组织工商银行等 4 家试点银行的 51 个银行网点开展本外币合一银行结算账户业务，截至 2022 年底，累计开立试点规则下的账户超 2.59 万户，办理人民币资金收付业务超 2.8 万亿元，外币资金收付超 145.1 亿美元。2022 年 12 月 12 日，浙江省本外币合一银行结算账户体系试点范围由杭州扩大至宁波、温州、金华、台州、舟山 5 个地区，实现了自贸试验区全覆盖。

【"全球数字变革策源地"打造】2022 年，杭州自贸区落地浙江省数据交易平台，上线并实质运营杭州国际数字交易平台，累计交易规模突破 10 亿元。设立全省首个数据安全实验室，探索数据出境安全评估。落地"数字人民币试点"，抢抓筹办亚运窗口期，率先推进数字人民币在亚运场馆落地应用，钱包开设数、交易笔数和金额、线下场景数在全国新获批城市中名列前茅。跨境支付服务网络覆盖全球 90% 以上国家（地区），服务市场主体占比 70% 以上，为国家构建新型跨境支付体系贡献力量。

【科技创新显著增强】2022 年，杭州市新增白马湖、湘湖、天目山三家省实验室，至此，自贸试验区、联动创新区所在区省实验室已达 6 家，占全省的 60%。超重力离心模拟与实验装置、超高灵敏极弱磁场和惯性测量装置等 2 个国家大科学装置加速推进，助推杭州在 2022 年全球创新指数报告中排名跃升至全球第 14 位。2022 年 5 月 20 日，基于自主创新的昇腾 AI 基础软硬件平台建设的杭州人工智能计算中心落地滨江区块。7 月 18 日，中国（浙江）智能计算产业创新园在浙江自贸试验区杭州联动创新区未来科技城揭牌，浙江"脑机"交叉研究院项目、京东方产业基金项目、石原子科技总部项目、之科云启科技总部项目等数个智能计算战略合作项目落地。钱塘区块元宇宙产业园开园，围绕数字孪生、人工智能等元宇宙核心底层技术，以及游戏、社交、教育等元宇宙新型应用场景，引进培育一批创新型中小企业。萧山区块依托机器人小镇，推进人工智能与数字经济建设，赋能产业数智化升级，打造高标准高质量产业集群。北航杭州创新研究院、浙大杭州国际科创中心、海康威视省智能感知技术创新中心等一批高水平研发机构落地杭州建设，支撑了覆盖基础层、技术层和应用层，贯穿从核心技术研发、智能产品制造到行业智能化应用的人工智能完整产业生态。

【杭州自贸区实施产业链链长制】智能物联、生物医药、高端装备、新材料和绿色能源等五大产业链均由市主要领导和分管领导担任链主。坚持项目为王，五大产业链均有全球、全国行业龙头企业项目落地，如世界 500 强拜耳项目落地联动创新区，与顺丰达成华东区域总部、数字产业化项目等战略协议，2022 年新招引落地项目 93 个，总投资额 586.02 亿元，其中外资项目 15 个，总投资额 212.16 亿元。

【制度集成创新实现新突破】2022 年，杭州自贸区聚焦跨境电商、生物医药、临空经济、知识产权、智能制造等五大领域开展制度集成创新，累计形成 137 项制度创新成果。全国首创"海关未来工厂保税仓库"智慧监管等模式获批全国首批知识产权服务出口基地，首创的空港数字防疫智控体系向全国复制推广。7 项入选 2022 年第一轮全省自贸试验区制度创新案例。落地全省首个生物医药产业园基础设施公募 REITs 项目、首单包含数据资产的知识产权证券化产品等成果。先行先试的企业外联 App 等创新已向全省自贸试验区复制推广。同时，学习借鉴上海自贸区优秀经验，成为全国第一个复制入境特殊物品安全联合监管机制的自贸片区。

【自由便利环境得到新提升】2022 年，杭州自贸区通过多项举措提升自由便利的贸易环境。创新数字综保平台、跨境电商进口退货监管在线、供应链魔方等数字化服务场景，形成推动贸易自由便利的数字化服务矩阵；落地全省首条第五航权国际货运航线，启动全省首个航空电子货运试点，稳定 18 条国际航空货运专线，与省内机场实现异地货站联动，探索空空转关等便利模式，保障跨境货物高效便捷进出；推出 18 条跨境贸易便利化举措，形成杭甬"2+2+X"合作协调机制，出口海关通关时间比杭州关区同比压缩 75.48%，跨境贸易自由便利排名进入"全国标杆"行列。

【服务业扩大开放】2022 年 12 月 20 日，国务院批复同意在杭州开展服务业扩大开放综合试点，杭州成为浙江首个试点城市。随后不久，商务部印发《杭州市服务业扩大开放综合试点总体方案》，进一步推动市场准入放宽、监管模式改革及市场环境优化，支持杭州片区打造全球数字贸易中心，探索建立数字交易规则、标准，支持以市场化方式推进 eWTP 全球布局，高标准建设滨江物联网产业园、国家数字服务出口基地建设。2022 年，杭州自贸区发挥 eWTP 秘书处作用，eWTP 商业试点落地墨西哥，助推全市布局 108 个跨境电商海外服务点，283 个海外仓覆盖主要贸易国。

【亚马逊卖家培训中心落地】2022 年 12 月，亚马逊全球开店亚太区首个也是唯一一个卖家培训中心正式在杭州落地，预计到 2024 年亚马逊杭州公司员工将达到 450 人，未来三年线上线下培训人次超百万，并围绕中心逐步形成亚马逊跨境电商出海生态圈。截至年底已举办 28 场活动，覆盖学员 4000 余人。

【首条第五航权全货运航线开通 】2022 年，杭州机场开通美国纽约—杭州—韩国首尔—美国纽约国际货运航线。该航线是浙江省引入的首条第五航权全货运航线，标志着杭州成为国内继北京、上海、广州、深圳、郑州、西安等重点口岸之后，又一开放航空运输市场第五航权的城市。杭州机场也从此开启"跨国公交"的空中带货新模式。

【保税物流中心功能突破】2022 年，杭州保税物流中心（B 型）充分发挥自贸试验区先行先试优势，在海关的支持下，通过设立复合型监管场所，突破了保税物流中心围网内不得开展"9610"业务和邮快件业务的限制，实现了一库两码（两个关区代码）多功能，创新力度大，样本意义突出，对全国海关特殊监管区域以及保税监管场所具有极强的可借鉴性。

【服务跨境电商发展】2022 年，杭州跨境电商综试区着眼于跨境电商发展的痛点、难点问题，出台了"暖心助企·产业共富" 15 条举措，联合监管部门、区县市、平台、服务商、商协会组建 10 支以上政企服务小分队，走进跨境电商产业带企业，点对点帮助企业排忧解难，协调解决物流费减免、供应链融资担保、保税仓租赁等问题共 300 多个。

【培育跨境支付企业】培育连连、PingPong、珊瑚支付等全国第三方跨境支付收款的领军企业，专做东南亚市场的珊瑚支付，全程与银行系统直连，2022 年跨境资金结算额达 890 亿元；连连支付会同美国运通出资成立的连通公司获批全国第二块银行卡机构清算牌照，连连支付获泰国、新加坡两国数字支付牌照，PingPong 获得由卢森堡颁发的卢森堡 EMI 电子货币机构牌照。在杭本土跨境电商支付机构服务全国 150 万卖家，2022 年度完成资金结算额近 6000 亿元。

中国（浙江）自由贸易试验区金义片区

2020 年 9 月 24 日，浙江自由贸易试验区扩展区域挂牌；10 月 26 日，浙江自由贸易试验区金义片区建设动员大会召开，自贸试验区金义片区正式成立。金义片区实施范围为 35.99 平方公里，包括义乌商城区块、义乌陆港区块和金义新区区块。对标国际先进规则，以供给侧结构性改革为主线，以制度创新为核心，以构建现代化经济体系为导向，着力打造世界"小商品之都"，建设国际小商品自由贸易中心、数字贸易创新中心、内陆国际物流枢纽港、制造创新示范地和"一带一路"开放合作重要平台，成为国内国际双循环战略枢纽的重大平台。挂牌以来，金义片区围绕"1+5"功能定位，立足特色优势，奋力改革突破，发展质效明显提升，以占全市 3‰的面积，贡献了全市 33.4% 的外贸进出口总额、43.8% 的实际使用外资总额、14.5% 的新增市场主体、7.9% 的税收收入，成为引领金华高水平内陆开放的重要引擎。2022 年金华市外贸重点指标保持平稳较快增长，其中进出口额、跨境人民币结算量、海铁联运业务量分别同比增长 16.3%、109%、26.5%；外贸综合实力跃居全国外贸百强城市第 18 位。

【制度创新红利充分释放】对标国际先进规则，持续深化制度创新压力测试，193 项国家和省级改革试点任务成功落地，其中 145 项取得阶段性成果；76 个省级以上试点或赋权事项获批；涌现出小商品数字自贸应用等 43 个全国或全省"首单""首例""首家"；市场采购贸易方式出口预包装食品检验监管新模式成功上报国务院争取全国推广；市场采购组货人管理制度入选长三角自贸试验区制度创新案例；12 项成果入选省级最佳制度创新案例；2 项成果入选省级最佳集成性制度创新成果；9 项成果在全省复制推广。贸易自由方面，迭代推进市场采购 2.0 改革，市场采购贸易组货人管理制度引领全国，市场采购出口连续 8 年保持高速增长；推进国家进口贸易促进创新示范区建设，全市进口增速保持全省首位；探索发展 RCEP 转口贸易，实现全国首单"市场采购＋物流中心进出境货物"集拼转口业务、"大宗商品＋日用消费品"新型易货贸易落地。投资自由

方面，开展涉企行政合规激励试点，创新涉外商事海事法律服务模式，设立全国首家县级国际商事法律服务中心。资金自由方面，获批开放金融服务改革创新试点，市场采购联网自助结汇做法得到国家外汇管理局肯定；获批中非跨境人民币结算中心（浙江）、数字人民币试点城市。运输自由方面，多式联运"一单制"、提（运）单物权化实现常态化运作，义乌海铁联运全程提单比例达 55% 以上，单量和占比均居全国第一。人员往来自由方面，外国人来华工作和居留许可"一件事"办结时限压缩 80%、申请材料减少 50%，成为全国改革样本。

【外贸新业态新模式活力强劲】跨境电商创新发展，获批中国（金华）跨境电子商务综合试验区，成立全省首个自贸区跨境电商消费维权中心；与全球 40 余个跨境电商平台合作，全市各类跨境电商账户超 16 万个；全市跨境电商进出口规模

居全省第二，出口规模居全省首位；打通跨境电商"海陆空"出口全通道，全市快递业务量稳居全国第一。服务体系迭代升级，全国首创小商品数字自贸应用，累计服务在线交易超 400 亿元，获评全省最佳应用；上线外国人服务管理应用，累计为 50 万余名外国人赋码建档，推动涉外警情同比下降 26%。数字监管效能提升，首创出口退税备案单证数字化管理，将"到港提货退税"改为"离岸即可退税"，该做法在全省复制推广。

【内陆开放大通道加快拓展】"义新欧"班列提质增效，开通"铁公铁""铁海铁"等跨境多式联运通道，线路增至 22 条，首次实现与海铁联运班列"整列中转""国际中转"；2022 年班列开行 2269 列，增长 19.2%，开行量居全国前三。"义甬舟"通道建设加快推进，上线"第六港区"数字服务平台，义乌到宁波集装箱运输时效提升 50% 以上；扎实推进华东国际联运港、义乌（苏溪）国际枢纽港建设，招引落地普洛斯、顺丰等一批总投资 450 亿元物流项目。海外仓布局体系初步形成，累计培育、合作海外仓 224 个，覆盖五大洲 52 个国家；迪拜义乌中国小商品城开业运行，辐射近 10 亿人口。

【产业发展蓄势赋能】创新要素加速集聚，设立 G60 科创走廊首个产业协同创新中心，高规格举办"上海—金华周"活动和双龙科创论坛。招大引强强力突破，49 个重大支撑性项目累计完成投资 312.25 亿元；新签约合同外资 3000 万美元以上项目 12 个，投资总额 258 亿元，投资 15 亿美元的纽顿新能源汽车开工建设。产业平台体能升级，围绕"2+4+X"产业集群，全面构筑"十大制造业平台"，搭建区域级"5G＋工业互联网平台"，接入企业 2.4 万家；东阳新材料、金义新区信创等入选省"万亩千亿"产业平台。

【积极融入全球经济合作】推动 RCEP 落地见效，获批浙江（义乌）RCEP 高水平开放合作示范区，制定并出台全省首个地方性 RCEP 行动纲要，2022 年，全市对共建"一带一路"国家出口 2158.8 亿元，规模居全省第二。对非合作引领全省，中非经贸论坛成功升格为省部合作项目，成为国家级对非交流活动的重要平台之一；2022 中非经贸论坛期间成功签约一批浙非合作重大项目，签约总额达 579.78 亿元；2022 年，全市对非出口 879.4 亿元，规模居全省首位，占全国对非出口总值的 8.0%。

第十三编

省级商务研究、服务机构概览

浙江省散装水泥发展中心

2022 年全省水泥散装率 85.88%，同比提升 0.50 个百分点，创历史新高，居全国各省区第二位。受基础设施建设下行周期影响，水泥、预拌混凝土和预拌砂浆均出现小幅下降态势，但好于全国总体情况。其中，水泥产量 1.29 亿吨，同比下降 4.30%，高于全国 6.5 个百分点。散装水泥供应量 1.11 亿吨，同比下降 4.55%。预拌混凝土产量 3.00 亿立方米，同比下降 10.30%，产量居全国各省区第四。预拌砂浆产量 1847.90 万吨，同比下降 7.51%，产量居全国各省区第三。

【散装水泥综合经济效益明显】2022 年全省散装水泥行业共节约标准煤 582.58 万吨，节省水泥用量 1399 万吨，减排粉尘 111.52 万吨、二氧化碳 894.48 万吨（其中推广使用散装水泥减碳 499.32 万吨，推行行业清洁生产减碳 228.84 万吨，推广使用预拌砂浆减碳 166.32 万吨）、二氧化硫 0.37 万吨，综合利用工业固体废弃物（粉煤灰、废渣）5400 万吨；创综合经济效益 49.93 亿元。

【专用车辆交通安全事故减少】2022 年浙江省散装水泥专用车辆累计出险 13647 次，比去年同期减少 1098 次，下降 7.4%；累计受伤 696 人，比去年同期减少 10 人，下降 1.4%；累计死亡 42 人，比去年同期减少 2 人，下降 4.5%。直接经济损失比上年同期减少约 329.8 万元，间接经济损失同比减少约 104.9 万元。

【"浙运安"系统获评最佳应用】以散装水泥专用车辆共治系统为主的"浙运安"被省数字政府建设服务专班评为 2021 年度最佳应用，同时省政府办公厅将散装中心数字化改革工作成效以专报形式上报国办。2022 年，散装水泥发展中心聚焦数字化改革，迭代升级专用车辆交通安全整体智治

场景应用，于 9 月份完成（一期）项目建设终验，正式启动（二期）项目建设。

【推进行业除险保安】开展全省散装水泥行业"安全生产月"活动、安全生产"宣传月"活动，实施散装水泥安全生产大检查和"回头看"专项行动。组成 3 个督查组专门赴 11 个地市、22 个县，对数据仓显示红色、橙色预警的 46 家企业，点对点督促指导安全台账、安全制度、驾驶员培训情况、专用车辆状况、车辆右转弯盲区警示系统安装等问题，帮助企业安全生产风险隐患，推动国务院安委会安全生产 15 条措施和浙江省 25 条落地见效、长效常态。

【完成首批预拌砂浆行业清洁生产改造】根据《浙江省预拌干混砂浆行业清洁化生产实施方案的通知》，散装水泥发展中心协调各部门、相关专家推动全省各地预拌砂浆企业清洁化生产，截至 2022 年 11 月，预拌砂浆行业首批清洁生产改造共有 95 家企业完成验收。

【启动预拌混凝土行业清洁生产迭代升级工作】散装水泥发展中心联合省建设厅、环保厅等开展编

制迭代升级混凝土企业清洁化生产验收方案工作，启动新一轮混凝土企业清洁化生产，为加快推广应用先进成熟的清洁生产技术工艺，降低污染物排放强度，为基于技术进步清洁生产高效模式提供政策支持。同时，积极配合省环保厅出台了《关于进一步加强预拌混凝土行业生态环境保护执法监管推动行业高质量发展的通知》文件，为混凝土清洁生产迭代升级创造了政策支撑和执法依据。

【完善行业清洁化生产的标准体系】《轻型干混砂浆移动筒仓成套设备》团体标准立项完成标准化建设，针对混凝土企业特点，探索研究清洁生产重点要素（如雨污分流设计、废渣循环利用等）统一标准。

【出台预拌砂浆行业高质量发展指导意见】2022年，省商务厅联合省建设厅、省市场监管局等4厅局名义出台国内首个产业政策文件《关于推动浙江省预拌砂浆行业高质量发展的指导意见》，从产业发展秩序、优化产业布局、规范市场行为、倡导良性竞争、推动绿色发展、健全保障体系等6个方面、22条具体举措为统筹推动浙江省砂浆行业高质量发展提供政策保障。

【丰富活动载体】11月10日，省散装水泥发展中心在东阳花园村举办浙江省首届散装水泥行业产需对接会，吸引中天建设、浙江三建、三和水工等全产业链200余家企业、230多名代表参加，现场设置展位32个，签约15个项目，共计4.2亿元。12月8—9日，在绍兴职业技术学院组织开展浙江省第二届预拌砂浆职业技能竞赛，来自全省11个地市共18支队伍、54名选手参赛，进一步提升行业专业技术水平，锤炼行业工匠精神。

浙江省商务研究院（浙江省世界贸易研究咨询中心）

2022 年，浙江省商务研究院围绕厅党组中心工作，立足当好厅党组领导全省商务发展的参谋助手这一角色定位，充分发挥智库作用，扎实做好各项重点工作。全年共形成研究报告 180 多篇、最终成果 170 多万字，获省领导批示 47 个，其中省主要领导批示 7 个；国办录用 3 篇，省政府信息平台、浙江宣传等多级录用 28 篇。

【推动理论与商务工作深度融合】 做深做实习近平新时代中国特色社会主义思想相关对外开放内容的研究。整理汇编 40 余篇习近平同志在浙江时期关于对外开放论述，完成省级课题"习近平对外开放重要论述在浙江的探索与实践"，搭建对外开放领域思想理论库。完成党建引领浙江开放平台发展助推共同富裕示范区建设、加强对浙江社会组织党建工作指导研究等研究成果；围绕浙江省第十五次党代会精神，结合商务中心任务和重点工作，诠释"五为"的理论内涵和实践路径。

【深度参与省委省政府决策】 做好省领导年度重点课题及若干子课题，认真落实省委、省政府领导关于今后五年外贸外资发展和高水平对外开放、对外开放现代化先行、"义新欧"班列舆情、海外利益安全指标体系、"商务（贸易）大脑"以及元宇宙等重要指示，积极做好易炼红书记交办的"地瓜理论"研究。

【积极参加"两稳一促"专班工作】 配合厅综合处做好运行分析，在浙江商务杂志开设"两稳一促地方交流"栏目。快速响应开展经济稳进提质攻坚、县域商业体系、数字消费券、首店经济等专题研究；在全国首创构建消费高质量指标评估体系，持续开展消费市场景气指数研究，协助编制构建品质消费普及普惠促进体系；深度参与全省关于加强招商引资工作和基金招商工作的指导意见等多项系列重要文件制订工作；配合贸发处做好"稳外贸"工作，修改完成两篇课题报告，形成 28 篇上报材料，完成领导讲话稿 14 篇以上。针对性开展"出口订单转移"等研究，研究成果被国办、省委国安办、省府办多级录用。

【深化拓展商务重点领域研究】 做好省自贸办决策咨询，服务全省自贸区发展工作。组织召开浙江自贸试验区国际咨询委员会及高端智库专题研讨会，研究探讨浙江自贸试验区数字赋权文件。配合厅办公室开展数字商务厅工作，编著商务数字化改革汇编。推动数字贸易"单一窗口"建设，在全省率先对"未来市场"的概念进行界定。配合做好日常应急保供、消费督查、助企纾困政策、消费数据统计分析等工作，配合开展预付卡研究，完成省单用途商业预付卡规范治理研究课题。开展中东欧经贸合作相关研究，全方位总结全省中东欧经贸合作亮点，跟踪研究俄乌局势对中东欧经贸带来的影响。全面梳理发达国家碳达峰碳中和相关经验，"双碳"背景下浙江省与共建"一带一路"国家低碳合作发展研究被收录在《浙江省参与"一带一路"建设发展报告 2022》，成为"一带一路"研究智库联盟标志性成果之一。

【"三服务"助力地方共同富裕】 服务全省加强自贸试验区建设，研究提出推动全域自贸发展的对策建议。服务杭州市开展新型消费中心城市研究及数字贸易示范区申报；服务宁波开展中国—中东欧国家经贸合作示范区 5 周年白皮书和十佳示范案例研究；服务温州开展境外并购产业合作园的对策研究；服务文成、临海等 8 个县市（区）县域商业体系建设申报；服务舟山、诸暨开展商业网点规划研究；服务舟山、衢州开展市场运行监测分析；服务衢州建设外贸高质量指标体系；服务越城区开展内外贸一体化试点工作研究；服务义乌经开区等深化整合提升；与海盐经开区联合撰写并发布《海盐经济开发区发展 30 周年白皮书》。

【有序开展商务运行监测】 常态化做好服务贸易运行监测工作，完成月度、季度、年度分析报告。配合做好年度、月度、旬度等市场运行分析以及国庆等节假日消费市场监测。做好商务预报信息媒体发布；做好全省市场监测监督，加强对上报数据的逐级审核，优化样本企业结构，平衡样本企业区域布局，确保各市业态类型覆盖率达到 100%。市场运行监测工作多次在商务部通报中受到表扬。

【参与国家级展会的重大活动筹备】 成功举办首届全球数字贸易博览会主论坛、DEPA 与数字经济合作高峰论坛、中国（浙江）—V4 集团绿色合作论坛、"数字贸易赋能共同富裕发展论坛"等全省性会议。央视、新华社、中新社等 40 多家国内主流媒体现场参加会议，会后形成 320 多篇原创报道，网络转载超 9500 篇。推动浙江商务系统首次在"浙江宣传"微信公众号发文。

【充分发挥省级智库平台作用】 积极筹备民建浙江省委会和浙江省商务厅共建"数字贸易研究智库"揭牌活动，围绕数字贸易理论规则、实践发展等方面开展数字贸易课题研究。组建中东欧经贸合作智库联盟，围绕推动中国—中东欧国家经贸合作开展联合研究；积极筹划组建浙江省消费与流通专家委员会和浙江省促消费智库合作联盟，召开第一次会议，为全省促消费出谋划策；以省国际经济贸易学会、省新时代自贸港研究院为载体推动与全国高端智库、高等院校合作交流，有序开展课题认领、征文活动、年会筹备等工作。

【加强研究成果对外宣传力度】 召开 "2022 年课题研究成果交流发布会"，发布《浙江数字贸易发展蓝皮书》、数字贸易指数等标志性成果。先后发布 2022 浙江开放指数、《浙江自贸试验区扩区两周年评估报告》、《2022 国际经贸规则与浙江开放蓝皮书》等重大成果。有序开展《浙江商务年鉴（2022）》出版工作，获评省级优秀年鉴；完成编印《浙江商务》杂志 12 期，共发行 36000 册；编报《浙江商务（研究建议）》40 余期，其中浙江省商务研究院执笔或参与的研究成果 30 余期。全面完成编志工作，《浙江通志·国际投资志》获《浙江通志》编纂成果转化应用优秀案例；获评全省 25 个规划编制工作先进集体之一。在主流媒体刊发理论稿、信息稿等超 100 篇（条），全院接受浙江卫视、浙江日报、浙江之声等主流媒体采访 20 余次。

浙江省对外贸易服务中心

浙江省对外贸易服务中心立足"全省外贸决策的有力执行者、推动者、全省外贸发展的有效助手和参谋"定位,认真贯彻落实厅党组关于稳外贸防风险、共同富裕等工作部署,围绕年度重点工作和目标任务,强化党建引领,聚焦主责主业,推进业务高质量发展与内部有序管理齐头并进。

【外贸运行监测工作】 迭代完善"极速版""聚焦版""全面版"监测体系,开展 2021 年度商务运行监测及"极速版"重点联系企业年度考核验收和通报工作,分别于湖州吴兴、台州临海组织开展两期全省商务运行调查监测系统培训,更新 2022 年度重点联系企业名单,将商务部样本企业扩容至 4000 家。组织召开两次商务运行调查监测工作座谈会,收集并听取监测点工作困难与诉求,形成《关于全省商务运行调查监测工作情况汇报》。组织推动做好"极速版"企业定期问卷调查工作,全年通过监测体系累计发布月度常态化问卷 12 份、"极速版"问卷 23 份。

【提高数据分析质量】 2022 年全年编撰印发《浙江省外贸"订单＋清单"监测预警分析报告》12 期、分析报告专报 12 期、地市分析报告 20 余篇,完成订单外转、俄乌冲突影响、长三角及外省疫情影响、台风影响等专题调查报告 80 余篇,获国务院领导批示 1 篇、省领导批示 7 篇、国办录用 2 篇、省级录用 34 篇;整理 2021 年撰写的监测分析材料并编印《2021 年度对外贸易监测分析材料汇编》,厅主要领导批示肯定。

【推出《外贸研究》半月刊】 2022 年 5 月成立学术委员会,每周召开工作例会,议定重点主题;委员会成员围绕主题撰写分析材料。截至 2022 年 12 月,共印发《外贸研究》18 期、200 余篇分析材料,合计开展 31 次省外贸中心学术委员会周例会,发布 16 次优秀文章分析投票。

【系统运维保障】 组建新海关系统研发工作团队,对新版海关系统从数据性、功能性、拓展性上进行测试,梳理迭代更新需求。加快推进新老海关系统目录同步,确保数据准确性。通过新老海关系统数据查询结果比对,做好新海关系统查询结果验真工作。做好"订单＋清单"监测预警管理系统、全省商务运行监测系统、商务部外贸企业直报信息系统、浙江省对外贸易公共服务平台、贸易救济精准服务平台、海外物流智慧平台等系统运维保障,2022 年 6 月顺利完成各系统整体迁云工作,11 月完成"订单＋清单"系统大屏 2.0 开发。

【服务对外贸易发展工作】 配合厅贸发处做好每月月底数据晾晒工作,对 11 个设区市和 90 个区县的出口占全国份额变化率、出口增速、进口增速 3 个指标进行排名,编制进出口数据五色清单;做好海外仓等项目申报审核工作,审核海外仓材料 60 余份,复评 19 家省级公共海外仓,新增省级公共海外仓 15 个,新增省级海外公共华侨仓 2

个；做好全省 59 个国际营运平台、260 个境外营销中心、51 个国家外贸转型基地的系统管理和数据填报及 5 家国家外贸转型基地 2022 年复评工作；完成 2021 年度"浙江出口名牌"的评审工作，认定 363 家浙江出口名牌企业，有效出口名牌企业达 890 家，创历年新高，开展 2022 年"浙江出口名牌"的评审工作，完成 385 个品牌申报材料的初审和复审。对接杭州海关、电子口岸，做好自主品牌出口的统计工作。

【服务对外贸易管理工作】配合厅贸管处在日常监测和数据支撑基础上，建立进口监测工作机制；就热点突发事件做好应急分析、加强进口形势预判，全年完成分析稿件 20 余篇。做好重点外贸企业和头部外贸企业的企业库建设，截至 2022 年底，各地方商务主管部门通过企业库上报走访企业信息 2702 条，涉及企业 2642 家，帮助解决企业困难 2269 次。

【服务贸易救济工作】配合贸易救济局承办"浙"里有"援"外经贸法律服务月启动仪式并开展法律服务月活动；全年参与编印《浙江省贸易救济信息动态》93 期；参与编印《2021 年浙江省案件盘点》；开展 2022 年度浙江省外经贸企业贸易合规情况自检工作，完成相关总结报告；参与《浙江省贸易调整援助总体方案》编写和贸易调整援助试点方案专家评审会等相关工作。

【服务服贸工作】配合服贸处做好数贸会筹办工作。协调部省市专班会议、省市专班会、厅内专班会百余次；完成成果预筹、成果发布等项目统计 40 个；做好数贸会疫情防控，保障安全办会。会后，向 350 余家单位、企业及机构发出感谢信。

【服务对外联络工作】配合外联处推动 RCEP 落地实施。做好全省全年 RCEP 工作方案制定；举办 8 场活动和专题培训、涉及人数达 3 万余人次；承建全国首个省级 RCEP 企业服务平台，已累计服务企业 3.14 万余家；深入参与制定 RCEP 高水平开发合作示范区建设指导意见以及评价办法，开展申报创建调研及指导，推进开展指标评审、现场评审等工作，共认定 6 个浙江省 RCEP 高水平开放合作示范区。

【服务电商工作】配合电商处完成 62 县（市、区）2021 年度工作自评审核及年度考核分级推荐、2022 年度专项激励项目申报统计、下发企业电商调查问卷，参与撰写跨境电商发展分析等材料。

【服务招商引贸工作】加强与有关贸易机构对接，积极联络境内外商协会，赴上海对接中国欧盟商会、美中贸易全国委员会、德国工商业大会、上海浙江商会、上海进出口商会等境内外商协会；走访东方国际（集团）有限公司、上海复星寰宇国际贸易有限公司、上海均和集团有限公司等上海重点外贸企业；对接境外电商平台，与美国 Wish 和德国 OTTO 集团等重点境外电商平台开展交流对接，筛选推荐浙江省外贸企业通过电商平台出海，获韩杰厅长批示肯定。

【服务地方商务工作】开展萧山区、绍兴市 RCEP 有关服务。举办萧山区 RCEP 惠企系列培训重点企业专场；指导绍兴做好 RCEP 高水平开放合作示范区申报项目申报材料准备、撰写及现场评审答辩有关工作。完成嘉兴、衢州、富阳、西湖、柯桥、嘉善、嵊州等 7 个市县中小外贸企业拓市场外贸新业态新模式培育项目。完成材料审核 500 余份，涉及项目超 800 个，涉及补助资金 1500 余万元。完成商务部中小外贸企业拓市场系统 30 个市县项目审批工作，涉及项目 1000 余个。

【服务企业主体】依托"订单＋清单"系统，加强预警响应、及时回应企业诉求。全年开展预警响应服务 2 万余家次，企业诉求办结完成率高达 99.95%。做好国际物流服务。做好《重点物资运输车辆通行证》（重点进出口货物及配套物资车辆通）办理工作。对接中远海运，做好恒林家居、巨美家等 12 家重点保障企业的纾困；举办国际海运物流纾困暨社媒助力拓市场资源对接会。辅导企业有序出口防疫物资。做好出口防疫物资白名单申报。根据国内新冠抗原检测试剂及退热药需求快速增加的情况，落实商务部要求摸排省内企业抗原检测试剂的国内上市情况，共报送企业 43 家，针对退热药情况共报送企业 4 家。新建 400 热线客服团队，整合原订单填报、海外仓、贸易救济预警点、中小申报等各类咨询服务。全年为企业提供一对一电话及在线咨询 1000 余次。

浙江省投资促进中心（浙江省驻外商务机构服务中心）

　　2022年，原浙江省国际投资促进中心更名为浙江省投资促进中心，为浙江省商务厅所属公益二类事业单位，机构规格为正处级，挂浙江省驻外商务机构服务中心牌子。主要职责是负责宣传推广全省投资环境、投资政策、重点产业，参与拟定招商引资战略、规划、指导意见，开展内外资项目招引与境外投资合作服务，组织举办招商推介与投资促进活动，构建国内外投资促进服务网络，协助处理外商投诉调解等。

【招引项目促投资】2022年，浙江省投资促进中心协助厅机关审核入库省级以上重点跟踪服务项目近1500个，签约项目830个，其中签约制造业项目645个，计划总投资超13000亿元。签约省外内资项目340个，计划总投资超8000亿元；签约外资项目150个，计划总投资315亿美元。重点跟踪服务商务部国家重点外资项目58个，计划总投资452亿美元。中心全年有效招引和推进项目50余个，其中新落地项目11个，在推1亿美元（10亿元）以上项目15个，10亿美元（100亿元）以上项目4个，创新研发中心或区域总部项目9个。重点推进的项目涵盖生命健康、先进制造业、半导体、海洋经济、绿色低碳、数字经济、航空航天等产业领域。

【打响"投资浙里"品牌】举办"投资浙里"跨国公司直通车系列活动，包括"筑巢引凤·链接全球"投资云讲堂、"振信心·稳外资"政企恳谈会和"招商导航·纵横聚力"项目对接3个板块，策划13场主题活动，省级有关部门、各地市、大型跨国公司等700余人次参加活动。2022年累计举办活动30余场，协助做好进博会期间浙江省配套投促活动、首届数贸会开幕式跨国公司嘉宾邀请和项目签约、第六届世界浙商大会项目签约、2022消博会暨浙江开放平台与跨国公司对接会、浙江省先进制造业国际合作交流会、浙江省现代服务业与先进制造业融合发展跨国公司对接会等活动和流程，波音、埃克森美孚、默克、三菱、三星等欧美日韩近600家跨国公司和行业龙头企业参加活动，参会人员达4000多人次。初步形成以"投资浙里"为品牌、以重要国内外经贸合作活动为舞台的系列配套投促活动。

【服务地市招引工作】邀请来自山区26县的70余家投促机构，200余人次投促人员参加投资推介活动，为企业拓宽对接渠道。围绕地市招引产业，量身定制项目数据库，导入项目资源50余个。

【全流程服务外资企业】全程跟进德国默克扩大投资项目，用4个月时间成功招引项目落地杭州；帮助总投资额3亿美元的联众医疗项目10个工作日申领到营业执照，注册资本达5000万美元。持续跟进服务韩国大邱生命健康总部项目，推动第一批22家企业顺利拿到营业执照，协助项目方对接美妆小镇等资源。积极用好投诉调解机制，端口前移，将投诉调解转变为上门协调服务，反映和协调解决外资企业遇到的问题。做好全产业链人力资源服务工作，协助办理外国人有关办证事宜。2022年9月，原浙江省国际投资促进中心荣获由中国国际投资促进会颁发的2022年度"杰出投资促进机构奖"。

【加快提升数字化改革】 协助厅外资处迭代开发"浙江投资单一窗口"全省招商项目跟踪服务系统，梳理形成6张重点信息清单，完善项目签约、推进、落地、归属等实时信息更新机制，做好重大外资项目落地跟踪服务；协助建立全省11个地市、100多个县（市、区/功能区）投促、商务部门的联络员队伍，开通项目信息直报系统，审核各地市上报省级以上重大项目1500多个，梳理上报优化需求100余项。加快政务新媒体矩阵建设，打造"浙江国际投资"宣传主阵地，突出工作特色和亮点，优化栏目设置，丰富宣传内容，扩大受众范围。

【抢抓机遇做强企业主体】 推介跟踪一手对外投资项目25个，聚焦绿色低碳、生命健康、智能制造、生物医药、能源矿产等浙江省"腾笼换鸟"重点产业，帮助浙商企业全球布局。如协助联众医疗与其德国合作伙伴成立合资公司，共同研发搭建面向欧洲市场的医疗影像诊断平台，开展对欧投资；协助浙江金棒运动器材、临海双美医疗对接印度尼西亚投资部，提供海外项目选址咨询与实地考察支持，助企抢抓东南亚投资红利；为浙能锦江安排与白俄罗斯自然资源和环境保护部、白俄罗斯驻沪总领事的线上洽谈，直接对接总投资额7450万美元的城市固体废物处理承包工程项目。

【助力国际交流枢纽建设】 新增印度尼西亚、巴林、土耳其、刚果（金）等国家的部门和机构30家。接待马来西亚驻沪总领馆投资领事一行来访，沟通交流合作机制；线上参加以色列、白俄罗斯、东盟产业园区、俄罗斯各州等地举办的投资推介

会议，深入了解共建"一带一路"国家投资环境；挖掘与共建"一带一路"国家多领域合作机遇，聚焦"国别环境""境外营销布局""产业对接"等差异化对外投资主题，搭建"走出去"高效活动对接平台。配合厅外经处举办印度尼西亚、泰国"丝路护航"RCEP国别投资系列活动，协助厅外经处邀请非洲、中东、东南亚投资促进机构参加工程承包网上交易会，配合厅贸发处举办了中东、中亚、欧洲地区网上交易会。

【开展RCEP政策宣讲】 通过"浙江投促"微信公众号发布42期"RCEP国别投资信息每周一览"，推介RCEP协定国有关营商法规、投资项目、贸易采购、劳务派遣、税收条例、风险预警、协定进展等各类投资贸易信息，增强了企业利用RCEP协定开拓国际市场的意识，为企业深入开展国际产业链供应链合作提供了全方位、多维度的参考依据和动态研判，受到了企业的广泛关注和好评。持续研究RCEP区域最新投资趋势，配合厅RCEP工作专班做好相关工作，密切关注中国加入CPTPP、DEPA等自贸协定进展与对外投资影响。创新RCEP落地服务模式，配合义乌市创建RCEP高水平开放合作示范区需求，为义乌真爱集团提供"RCEP"仓储物流园创建方案设计、流程咨询与配套服务，获得了企业感谢及肯定。

【服务开放平台建设重点工作】 切实履行浙江省境外经贸合作区发展联盟秘书处职能，配合厅外经处完成2021年度境外经贸合作区考评会、完成《浙江省境外经贸合作区评价办法》修订工作，更新迭代省级园区各项工作指标，积极推动浙江省境外园区数字化管理平台上线；完成数据统计、专题调研、园区调查问卷等工作，推动对外投资数字化、绿色发展。坚持服务省内地市及企业统筹安全与发展，平稳安全开展对外投资。协助义乌市举办境外投资风险防范培训会，为全市近百位"走出去"企业海外人员就海外不同风险级别应对方法和经验、境外厂区安防措施、应急处置方法以及外派人员安全实务等方面进行了务实高效

的培训，获得了企业的高度好评。

【构建投资促进全球网络】完成驻海外的 6 个代表处和驻京、驻沪 2 个国内代表处的建设提升工作，启动驻粤港澳大湾区代表处的筹备工作，实现重点经贸合作区域全球覆盖；完成驻新加坡、德国代表处人员轮换，顺利完成美国、南非 2 个办事处的首代出国手续报备，实现人员到岗到位。积极履行中心对内对外联络职能，共计接待来访、陪同会见、拜访等 100 余次，客商 800 余人；驻海外代表处新增联络客商 185 家；新签合作备忘录 3 份；充实客户资料库，整合归总重点活动客户联络信息，加大会后投资意向跟踪力度，增强客户黏性。

【发挥驻外职能推进投资】2022 年，驻外机构参加境外经贸交流活动 70 余场，协助筹备浙江省重要经贸活动 30 余场，累计配合邀请客商 200 余家，积极促成或推进浙江省与境外的重点项目合作 11 个，调研和服务企业 110 家；及时收集、报送动态类经贸信息近 1000 条，项目信息 22 条，起草调研报告 8 篇，汇编《境外疫情舆情信息》3 期，编发《驻外简讯》20 余期。驻德代表处派人陪同外交部特使团出访中东欧八国，圆满完成任务，受到外交部的肯定。

【完善制度优化驻外管理】协助修订并严格落实《浙江省驻外商务代表处管理办法（暂行）》和《浙江省驻外商务代表处考核办法（试行）》，制定印发《浙江省驻外商务代表处财务管理实施细则》，规范财务审批、联络和信息报送、出差审批、工作计划等事项；协助开展驻外月度和季度工作例会；做好北京、上海 2 个办事处的经费保障和管理工作；协调推进驻外代表处合作共建事项。

浙江省自由贸易发展中心

　　浙江省自由贸易发展中心是浙江省商务厅直属公益二类事业单位，主要承担自由贸易区建设投资便利与贸易自由的服务、开展自由贸易试验区制度创新研究、自由贸易试验区试点经验的复制推广、统计发布自由贸易试验区相关公共信息、组织实施自由贸易试验区和自贸区联动创新区建设情况的第三方评价评估、自贸区建设的对外宣传联络、开展自由贸易试验区舆情监测分析、开展自由贸易协定的研究咨询宣传、开展商务系统培训和商务认证等职能。

【"全链条"式服务推进制度创新】协同片区区块通过深度调研、讨论座谈、专家评选等方式，共梳理形成 117 项制度创新案例，为各片区区块明确创新重点和方向提供了重要参考。全年服务省自贸办组织两次省级评选，并首次开展集成性创新评选和联动创新区评选，共评选出 20 项最佳制度创新案例、12 项最佳集成性成果和 12 项联动创新区优秀案例。服务出台制度创新复制推广文件，在全省推进制度创新成果复制推广，并通过培训推广形式复制推广相关制度创新案例，在各片区开展复制推广培训，覆盖 300 余人次。服务省自贸办（自贸区处）向商务部申报 8 项改革试点经验；根据调研和评估形成电碳税、知识产权改革等 9 篇制度创新专报，报送给国务院自由贸易试验区工作部际联席会议办公室，其中 2 篇专报被省府办作为国办专报信息上报；服务自贸区处对评选出的优秀案例在新闻联播、中国商务新闻、浙江新闻联播、浙江之声等主流媒体全方位开展宣传。

【建设"自贸在线" 2.0 版】"自贸在线"平台是省自贸办推动数字治理和片区数字化改革的重要平台。

2022 年，新增工作任务管理、项目通报、考核评价等功能，全方位服务省自贸办"六机制"数字化高效协同。打通接入各片区 41 个数字化场景驾驶舱，并共享进出口申报、保税油加注等 4 项实时数据。利用平台归集自贸试验区企业库、案例库、课题库、图片视频资料库等各类数据 132 万条。

【培训业务创新发展】2022 年共承办了 10 期援外培训项目，全年开班数比 2021 年翻番，参训学员 369 人，覆盖 33 个发展中国家。其中包括电子商务、国际市场开拓、小商品贸易、自贸试验区等浙江特色商务主题项目共 7 个，占比大幅提升到 70%。协助厅人事处持续做好全省商务、招商局长培训班培训工作，并承接商务云校运维服务。组织沪苏皖等省外对标学习 4 场，省市县自贸条线 100 余人次参加。服务舟山、宁波、杭州等片区培训 10 余次，覆盖 500 余人次。全年协助自贸区处累计开展 24 期 3T 自贸沙龙，省市县自贸条线超 1000 人次参加。

【全面落实基础服务】提供月度《数据手册》。规范统计，修订完善《统计实施方案》。全年服务 3

场新闻发布会，运营"浙江自贸"微信公众号、视频号等，新建成自贸试验区官网，推进自贸区展示中心正式开馆，形成"1+1+3+N"的全方位宣传矩阵（即 1 会 1 馆 3 平台 N 个宣传产品）。服务 2022 年自贸试验区提升发展大会、省自贸办主任办会议、全球数字贸易博览会等重大会议活动；服务推进自贸试验区 5 年行动方案撰写；服务开展自由贸易先行区、航空枢纽建设、数智治理等自贸试验区重大任务研究，开展保税维修、新型离岸贸易、新型易货贸易等外贸新业态新模式的研究工作，助力片区试点开展和重大任务落实推进。

【构建合作生态联盟】构建人才交流合作生态，与海港集团、浙油中心建立人员挂职合作机制。与浙江财经大学经济学院、浙江越秀外国语学院、杭州师范大学阿里巴巴商学院开展人才培养合作基地；构建与重点企业、平台合作生态，与上海钢联、省社科院、省规划研究院、浙江省公共政策研究院等开展咨询合作，与长龙航空、浙油中心、电子口岸公司等建立了长期的交流合作机制；构建服务培训的合作生态，广泛链接省内外高校、联动各政府部门、挖掘各地企业实践经验，已与 33 所省内外高校、6 个商协会、51 家企业等建立了长期的合作关系。

浙江省电子商务促进中心

浙江省电子商务促进中心于 2015 年 3 月成立，是浙江省人民政府批准设立的省级电子商务促进服务机构，隶属于浙江省商务厅。中心通过提供商务大数据探索应用、构建电商服务资源对接体系、搭建互联网创业创新平台、推动浙江电商标准和品牌服务输出、参与电商国际化进程，打造电子商务"数据中心、理论中心、服务中心、合作中心"，为浙江建设"国际电子商务中心"和"新型贸易中心"提供有力支撑，助力浙江省"数字经济"建设。2022 年，省电商中心紧紧围绕商务中心工作，以党建为统领，践行"五为"担当，加强工作谋划、完善业务体系、健全工作机制、强化服务支撑，积极为全省电商稳健发展贡献力量。

【开展电商专题服务】2022 年，中心累计调研走访基层商务部门、电商企业 90 余家，提供电商专家、产业链路、资源要素对接、数据咨询答疑以及数据服务等 2000 余次；组织专家服务团，赴新昌、磐安、余杭等地开展地方特色产业电商发展专题服务 5 次。与厅相关业务处室加强沟通，做好智慧政务服务平台日常管理支撑服务，全年累计办理各类业务总量 103737 件，同比增长 2%，农产品关税配额证增设了企业端并实现无纸化报关，创建"智慧平台工作 QQ 群"，保障 100 多家企业咨询问题与办理业务顺畅。

【加强数据统计监测能力】拓宽数据监测范围，加强与第三方数据机构、电商服务商的合作，建立省级电商直播基地数据监测机制，加大对直播电商等新模式的数据监测。推进跨境电商统计试点工作，与厅电商处、厅数改办、杭州海关、电子口岸杭州数据分中心、技术公司等沟通对接，推进跨境电商全口径监测平台建设；加强重点样本企业监测，优化跨境电商统计模型，推进跨境电

商统计试点工作。加强统计系统建设，做好商务大脑、商务数据仓、电商数据信息系统等数据归集和维护工作。做好全省电商月度统计监测与分析，提高监测频次，对重点网店主体交易情况开展周监测，完成"618""双 11""双 12"等重大网购节数据监测与分析；配合商务运行监测，做好春节、五一、中秋、国庆等节假日网络零售市场监测工作。协助厅财务处，对接省内重点电商平台开展东西部协作电商数据统计。

【提升数据应用服务水平】2022 年，浙江省实物商品网络零售额占社零比重 56.8%，同比增长 9.8%，高于全国增速 3.6 个百分点，高于全省社零增速 5.5 个百分点，拉动社零增长 5.3 个百分点，为全省消费稳增长做出积极贡献。中心编制《2021 年浙江省电子商务发展报告》，撰写《我省网络零售增速放缓原因分析与对策建议》《电商统计工作现状及对策建议》《电商高质量发展对消费现代化的贡献》等 10 余篇分析报告，为地方商务主管部门提供一对一数据分析指导服务 1700 余次。

【推动跨境电商产业发展】全国首个跨境电商海外仓团体标准《跨境电子商务海外仓运营与管理服务规范》正式公布实施，为企业建设和运营管理跨境电商海外仓建设提供了标准化、规范化指引。培育跨境电商主体，在金华、柯桥、越城等地区推出独立站培育系列活动，开展跨境电商服务季，提供品牌出海、仓储物流、金融服务、跨境支付、人才培育等跨境电商全产业链服务资源对接和支持。着力推动浙江跨境电商产业带和供应链优势与深圳跨境电商运营人才和运营能力优势相结合，加强与深圳、广州等地行业协会、重点企业的对接，组织温州、衢州、义乌等市、县（市、区）商务部门赴深圳考察学习，持续推进浙深跨境电商合作交流，加大跨境电商优质服务商和服务项目招引，一批重点服务商来浙考察对接、落地服务。

【推进"直播＋产业带"公共服务活动】通过峰会、直播节等形式，推动直播电商与地方特色优势产业、专业市场、品牌工厂、大型商超等场景结合，加大电商拓市。与电商优质服务商合作，争取"双百"行动惠企服务支持，推出浙江省电商公共服务线上"双百助企行"21 期，对接服务企业 300 余家。

【推进"数商兴农"工程】结合国家电子商务进农村综合示范、县域商贸体系建设等工作，组织"数商兴农"浙江专家服务团赴桐庐、云和、温岭、平湖等地开展精准服务，聚焦农特产品供应链短板、农村电商生态欠完备、人才短缺等问题助企纾困，通过专题会议、训练营、座谈会、沙龙培训、资源对接会等活动形式，在省内 40 个市、县（市、区）开展近 70 场电商公共服务下基层活动，累计服务企业 1000 余家，达成对接签约项目近 30 个。联合相关部门和各大电商平台，引导支持各地加大预制菜产业培育和区域特色预制菜"家宴"打造，推进区域特色农产品"进城上网"和农村电商提质增效。

【"之江创客"全球电子商务创业创新大赛】浙江省首届电子商务创业创新大赛于 2016 年启动，2018 年更名为"之江创客"全球电子商务创业创新大赛，2019 年、2021 年新增了海外、国内赛区。大赛是由中国国际电子商务中心指导，浙江省商务厅联合中共浙江省委组织部、中共浙江省委宣传部、中共浙江省委网信办、浙江省发展改革委、浙江省教育厅、浙江省科技厅、浙江省财政厅、浙江省人力社保厅、共青团浙江省委员会共同打造的全球电商"双创"领域的标杆赛事，致力于为创业团队构建涵盖创业培训、项目辅导、融资对接、政策指导等在内的电商"双创"服务促进体系，助推优质"双创"项目成长。2022"之江创客"大赛作为首届全球数字贸易博览会配套活动，历时 4 个月圆满完成 8 个分赛区决赛（农村电商、跨境电商、供应链、西南、粤港澳、欧洲、中东、北美赛区）和总决赛及颁奖典礼。大赛共征集项目 1200 余个，总决赛暨颁奖典礼线上观看人数首次突破千万，大赛影响力进一步提升。大赛先后获厅分管领导、主要领导、省分管领导、商务部领导的肯定批示。浙江省电子商务促进中心作为大赛的承办单位，主要负责大赛的赛程赛制设计、项目征集、评委专家资源整合、领导嘉宾邀请、主办单位等相关单位协调、活动实施落地等相关工作。

浙江省消费促进中心

　　浙江省消费促进中心前身是省外经贸大楼管理处，于1987年9月经浙江省编制委员会批准成立，规格为正处级。2021年8月更名为浙江省消费促进中心，现核定编制14人，下设综合科、消费促进科、服务保障科、资产管理科、膳食管理科5个科室。主要承担省级消费公共服务平台的建设运营，负责相关数据的统计、监测、分析和研究工作；参与制订全省商务领域促进消费政策，承担相关政策实施和推动的辅助工作；开展与全省商务消费举报投诉相关的协调服务工作；承办浙江省商务厅主办的与消费促进相关的展览、交流等活动；负责厅机关日常后勤服务保障相关工作。

【积极拓展促消费渠道】与高校、国企、商协会、抖音双引擎签订战略合作协议，通过校、企、事业单位的有效对接，资源共享、优势互补，为促进消费工作提供牵引和专业资源，推动消费工作良性发展；共建消费专家智库，与省商务研究院共同牵头建立消费专家智库，邀请专家和行业精英共同为消费促进工作出谋划策，为相关政府部门、企业对消费趋势、消费政策等方面的研究和决策提供服务；与市县对接，以"助企发展、惠及民生、共促消费"为目标，整合优势资源，共同探索消费促进新路子；协助厅内要处室做好"两稳一促"消费专班相关工作；派员参加海南消费品博览会、上海中国进口博览会、杭州首届数字贸易博览会等相关会务保障工作。

【严格落实新冠疫情防控措施】关注疫情变化，严格按照厅疫情防控要求，全力做好疫情防控和后勤保障工作；严格落实大院疫情防控各项措施，抽派人员协助厅机关核酸检测采样工作。每日安排中心工作人员充实到2个门岗和车库值班（全年共380人次），协助物业人员对进入大院人员进行测温戴口罩、扫场所码登记以及做好公共区域消杀工作；抽调工作人员，积极协助相关处室参加全省"四类物品"疫情防控措施的落实情况开展排查督查行动。

【强化安全生产制度落实】加强大楼内大型设备设施的日常维护，对电梯、空调、消防监控等设备设施运行状态进行跟踪监控，更换食堂监控系统；严格落实《2022年浙江省"安全生产月"活动方案》要求，坚持日常安全隐患排查，在节假日及重大活动前对电器线路等设施设备开展安全大检查；组织厅机关和厅属各事业单位人员进行消防疏散演习。全年共组织安全检查15次，组织中心和食堂、物业团队人员消防培训2次，组织消防演习2次，近360余人参加。

【完成后勤服务保障工作】严格落实餐饮管理制度，严把食材、食品质量关、安全关，加强食材出入库管理，坚持"厉行节约、反对浪费"行动；完成食堂阳光智慧系统和部分设备设施的改造升级；积极推动地方特色产品进省直机关活动；做好"义新欧""窝里快购"、理发室和洗衣室等延伸服务工作。加强立体停车库管理，做好大型设备设施的日常维护；全年服务保障了厅机关各项会议共 1000 余场次；提升机关办公环境改造工作；督促指导物业公司开展垃圾分类工作；加强公车管理，规范做好公车使用台账；从严从紧规范资产管理；配合厅财务处完成了厅机关 2021 年行政事业单位国有资产报表工作和中心 2021 年行政事业单位国有资产报表工作；配合厅办公室做好办公用房调整和改建，完成各类物资采购和部分固定资产核销报废工作。

浙江省国际经济贸易学会

　　浙江省国际经济贸易学会成立于 2009 年 4 月，由浙江省商务厅主管，省民政厅和省社科联监督指导，专门从事国际经济与贸易研究与交流，2019 年被评为 5A 级社团组织，秘书处设在浙江省商务研究院。2022 年，浙江省国际经济贸易学会围绕开放型经济中心工作，积极开展课题研究、科研交流、决策参考、信息宣传、人才培训等工作，提高学会服务政府决策、服务会员发展的综合能力，取得了良好成效。

【课题研究】2022 年，学会承担了省商务厅年度对策类课题的认领、评审等组织工作。上报的课题主题明确，紧跟实际，紧紧围绕全省商务发展大局，研究浙江全面深化改革和开放型经济发展中的重大理论和现实问题，具有较强的现实意义与参考价值。本年度共收到 214 份认领表、155 项课题成果，经过专家评审，确定 132 项课题成果符合要求，准予结题；评选出优秀课题 50 项，课题数量质量皆创新高。

【学会年会】2022 年，学会论文征集数达到了 101 篇的历史新高。学会邀请知名专家学者评选优秀成果，并在年会上予以表彰。学会秘书处对学会学术年会评选表彰的优秀论文进行收集整理，汇编《国际经济贸易研究报告集》，供学者参考交流、领导决策参阅。

【开展学术交流】2022 年 11 月，第六届浙江省社会科学界学术年会分论坛 浙江省国际经济贸易学会第四届会员代表大会暨"构建新发展格局 推进共同富裕"论坛在线上顺利召开。来自省内外的知名专家，全省各大高校、科研院所等单位的 220 余名代表参与本次会议。年会开展共 5 场论坛交流，其中主旨演讲 1 场，平行分论坛交流研讨 4 场，有近 40 名专家学者发表主旨演讲或展开研讨交流。学会论坛已经成为省内政、学、企各界沟通交流的重要平台，此外，学会专家多次参加省政府、省商务厅举行的开放型经济专题研讨会，为政府决策提供参考。

浙江省新时代自贸港研究院

　　浙江省新时代自贸港研究院是浙江省商务厅主管、浙江省商务研究院和浙江大学经济学院联合组建的专业智库，于 2020 年 5 月正式挂牌成立。浙江大学副校长黄先海担任院长，省级相关部门、省内外科研院所及高校、自贸试验区相关企业等单位代表担任理事。

【积极承接自贸课题】2022 年，受省自贸办委托，研究院持续跟踪总结浙江自贸试验区扩区两年来取得的阶段性成就，编制形成《中国（浙江）自由贸易试验区扩区两周年建设成效评估报告》，于 2022 年 9 月 29 日浙江自贸试验区扩区两周年活动暨"大宗商品自由贸易先行"专题论坛会上发布。落实国际经贸规则、产业发展及未来路径等重点课题研究，形成《中国（浙江）自由贸易试验区数字贸易对标对表研究》《中国（浙江）自由贸易试验区产业发展现状及未来发展路径研究》等系列研究成果，助力完善浙江自贸试验区"四梁八柱"体系建设。

【开展自贸创新研究】全年共形成研究报告 40 多篇。其中，与浙江大学经济学院联合撰写的《突破"不会用、用不了、不敢用、负作用"四重障碍，高水平运用 RCEP 规则助推高质量发展》被社科要报录用，获得党和国家领导人批示；《浙江自贸试验区对标 DEPA 等国际高标准经贸规则有关情况》《北京冬奥会数字人民币场景应用经验对杭州亚运会的借鉴意义》获得省委领导批示；《充分发挥数字人民币对数字消费的促进作用》《新加坡数字经济发展经验对我省的启示》《补齐四大短板推进我省海事服务全产业链高质量发展的建议》获得省政府领导批示。在《浙江经济》上发表《借鉴新加坡自由港发展经验　助力浙江自贸试验区打造改革开放

金名片》《中国申请加入〈数字经济伙伴关系协定（DEPA）〉对浙江的启示》2 篇文章。2022 年 3 月，院长黄先海领衔编纂的《中国战略性新兴产业发展：机制、路径与政策》正式出版。黄先海、陆菁、周禄松分别成功申报国家自然科学基金《数字化变革、数据要素化与经济高质量发展》、国家高端智库《对标高标准国际经贸规则，发挥好自由贸易港、自贸试验区先行先试作用》、浙江省社科联《浙江自贸试验区数字贸易规则对标研究》等专项项目。

【组织召开自贸试验区专题会议】组织召开浙江自贸试验区国际咨询委员会及高端智库专题研讨会等 5 次专题会议。9 月赴北京举办浙江自贸试验区国际咨询委员会及高端智库专题研讨会，以"浙江自贸试验区数字贸易规则对标对表"为主题，汇集来自国务院参事室、中国国际经济交流中心等 9 位高端智库专家，为深入推进数字领域高水平开放提供了强大智力支持。研究院作为长三角自贸试验区智库合作联盟的首批成员，配合省自贸办举办长三角自贸试验区联盟第二次工作会议、长三角自贸试验区制度创新"聚焦数字经济高质量发展，全力打造数字自贸区"专题论坛，为加强自贸试验区理论创新和实践创新提供发展方案和政策措施。研究院积极参与国家级展会重大活动筹备，推动首届全球数字贸易博览会之江数字贸易主论坛顺利举办。

第十四编

部分试点、示范单位名单

2022 年全国供应链创新与应用示范城市和示范企业名单（浙江）

示范城市	舟山市
示范企业	大洋世家（浙江）股份公司
	久立集团股份有限公司
	宁波宁兴控股股份有限公司
	宁波太平鸟时尚服饰股份有限公司
	诺力智能装备股份有限公司
	浙江菜鸟供应链管理有限公司
	浙江泰普森控股集团有限公司
	浙江中非国际经贸港服务有限公司

首批省级供应链创新与应用示范城市和示范企业名单

示范城市	舟山市
	长兴县
	永康市
示范企业	华东医药股份有限公司
	杭州长安民生物流有限公司
	百世物流科技（中国）有限公司
	浙江虎哥环境有限公司
	浙江泰普森控股集团有限公司
	杭州九阳小家电有限公司
	浙江海盟供应链管理有限公司
	网赢如意仓供应链有限公司
	仟金顶网络科技有限公司
	宁波国际物流发展股份有限公司
	宁波赛尔集团有限公司
	物产中大（宁波）物流有限公司
	浙北大厦集团有限公司
	湖州纳尼亚实业有限公司
	诺力智能装备股份有限公司
	德华兔宝宝装饰新材股份有限公司
	浙江青莲食品股份有限公司
	浙江晶科能源有限公司
	虹越花卉股份有限公司
	浙江浙农茂阳农产品配送有限公司
	浙江福泰隆连锁超市有限公司
	浙江金士敦供应链管理有限公司
	衢州早田农业科技开发有限公司
	浙江宗泰农业发展股份有限公司
	舟山港综合保税区商品交易结算所有限公司
	浙江中非国际经贸港服务有限公司

全省首批县域商业体系建设示范县（市、区）、示范企业和商贸流通龙头企业名单

示范县（市、区）	杭州市萧山区
	杭州市桐庐区
	湖州市长兴县
	湖州市吴兴区
	温州市文成县
	温州市乐清市
	台州市三门县
	台州市临海市
	绍兴市越城区
	金华市永康区
	衢州市衢江区
	衢州市龙游县
	丽水市松阳县
	丽水市遂昌县
	舟山市普陀区
示范企业	中国邮政集团有限公司浙江省分公司
	浙江供富冷链发展集团有限公司
商贸流通龙头企业	杭州联华华商集团有限公司
	驰骋控股集团股份有限公司
	浙江海港超市连锁有限公司
	永康市校园如海贸易有限公司
	台州三和连锁超市有限公司

浙江省第三批内外贸一体化"领跑者"企业和改革试点产业基地培育名单

浙江省第三批内外贸一体化"领跑者"企业	物产中大金属集团有限公司
	浙江国贸云商控股有限公司
	浙江省土产畜产进出口集团有限公司
	物产中大元通实业集团有限公司
	物产中大国际贸易集团有限公司
	浙江省医药保健品进出口有限责任公司
	杭州巨星科技股份有限公司
	中航国际矿产资源有限公司
	杭实国贸投资（杭州）有限公司
	久祺股份有限公司
	杭州安旭生物科技股份有限公司
	杭州捷尔思阻燃化工有限公司
	思创医惠科技股份有限公司
	浙江省化工进出口有限公司
	浙江新锐医药有限公司
	中国电建集团华东勘测设计研究院有限公司
	汇孚集团有限公司
	杭州杭钢对外经济贸易有限公司
	杭州胜驰机械有限公司
	中国航空技术杭州有限公司
	林德亚太工程有限公司
	杭州永创智能设备有限公司
	浙江亚通焊材有限公司
	巍联实业（浙江）有限公司
	浙江吉利控股集团有限公司
	英飞特电子（杭州）股份有限公司
	杭州曼容豪世家居股份有限公司
	杭州工联进出口有限公司
	浙江省第一水电建设集团股份有限公司
	富瑞浦集团有限公司
	万向钱潮股份有限公司

浙江省第三批内外贸一体化"领跑者"企业	达利（中国）有限公司
	奥展实业有限公司
	杭州中艺实业股份有限公司
	杭州一楠五金工具有限公司
	浙江信凯科技集团股份有限公司
	杭州五星铝业有限公司
	华立科技股份有限公司
	浙江华正新材料股份有限公司
	杭州柯力达家纺有限公司
	双枪科技股份有限公司
	浙江米居梦家纺股份有限公司
	杭州宝晶生物股份有限公司
	浙江楠宋瓷业有限公司
	杭州协合医疗用品有限公司
	浙江永杰铝业有限公司
	杭州九阳小家电有限公司
	百合花集团股份有限公司
	杭州科利化工股份有限公司
	杭州可靠护理用品股份有限公司
	浙江南都电源动力股份有限公司
	杭州鑫富科技有限公司
	杭州福斯特应用材料股份有限公司
	杭州宇中高虹照明电器有限公司
	杭州天恒机械有限公司
	浙江天杰实业股份有限公司
	杭州千芝雅卫生用品有限公司
	温州市瑞星鞋业有限公司
	浙江金瑞五金索具有限公司
	温州市硕海进出口有限公司
	华迪钢业集团有限公司
	夏梦·意杰服饰有限公司
	浙江康德莱医疗器械股份有限公司
	温州市朗盛国际贸易有限公司
	温州市通用锁具有限公司
	温州市远华企业有限公司
	浙江亨达光学有限公司
	华联机械集团有限公司
	温州市冠盛汽车零部件集团股份有限公司
	安德利集团有限公司
	浙江创奇电气有限公司
	浙江科瑞普电气有限公司
	加西亚电子电器股份有限公司

续表

浙江省第三批内外贸一体化"领跑者"企业	奥光动漫股份有限公司
	浙江鸿一箱包皮件有限公司
	浙江环球滤清器有限公司
	浙江胜华波电器股份有限公司
	浙江伯特利科技股份有限公司
	奇特乐集团有限公司
	佩蒂动物营养科技股份有限公司
	浙江三星机电股份有限公司
	浙江帅帅电器科技有限公司
	浙江宇狮包装材料有限公司
	豪中豪健康科技有限公司
	温州鸿升集团有限公司
	浙江动一新能源动力科技股份有限公司
	宁波旷世智源工艺设计有限公司
	维科控股集团股份有限公司
	宁波旷世居家用品有限公司
	宁波康大美术画材集团股份有限公司
	宁波联达绞盘有限公司
	百隆东方股份有限公司
	浙江野马电池股份有限公司
	宁波家联科技股份有限公司
	宁波杜亚机电技术有限公司
	宁波灏钻科技有限公司
	宁波金鼎紧固件有限公司
	宁波先锋电器制造有限公司
	宁波友谊铜业有限公司
	得力集团有限公司
	浙江挪客用品有限公司
	先登高科电气有限公司
	浙江全美服装科技集团有限公司
	浙江三一装备有限公司
	浙江久立特材科技股份有限公司
	湖州太平微特电机有限公司
	湖州福美达纺织有限公司
	湖州新利商标制带有限公司
	浙江正导电缆有限公司
	湖州领先丝带有限公司
	湖州霍普生物科技有限公司
	浙江鼎力机械股份有限公司
	浙江华源颜料股份有限公司
	浙江兆龙互连科技股份有限公司
	浙江联诚氨基材料有限公司

浙江省第三批内外贸一体化"领跑者"企业	天能电池集团股份有限公司
	浙江威泰汽配有限公司
	浙江省长兴丝绸有限公司
	长兴博泰电子科技股份有限公司
	浙江利帆家具有限公司
	浙江兆新纺织科技股份有限公司
	浙江王金非织造布有限公司
	浙江东方基因生物制品股份有限公司
	浙江博泰家具股份有限公司
	大康控股集团有限公司
	浙江峰晖竹木制品有限公司
	浙江万昌家具股份有限公司
	浙江东陵商贸有限公司
	嘉兴敏慧汽车零部件有限公司
	嘉兴市富达化学纤维厂
	卫星化学股份有限公司
	浙江新力光电科技有限公司
	博创科技股份有限公司
	浙江威能消防器材股份有限公司
	嘉兴敏胜汽车零部件有限公司
	浙江银海不锈钢制品有限公司
	嘉兴山蒲照明电器有限公司
	恩龙实业（嘉兴）有限公司
	嘉兴艾比特贸易有限公司
	浙江港龙新材料股份有限公司
	兴意金工科技（浙江）有限公司
	浙江豪庭灯饰有限公司
	浙江双箭橡胶股份有限公司
	振石集团华美新材料有限公司
	财纳福诺木业（中国）有限公司
	斯贝克电子（嘉善）有限公司
	浙江裕华木业股份有限公司
	浙江中航来宝精工科技有限公司
	浙江秦山电缆有限公司
	丹佛斯微通道换热器（嘉兴）有限公司
	浙江天开实业有限公司
	丹佛斯动力系统（浙江）有限公司
	合盛硅业股份有限公司
	浙江欧迪恩传动科技股份有限公司
	平湖石化有限责任公司
	嘉兴新诚达时装有限公司
	浙江依爱夫游戏装文化产业有限公司

续表

浙江省第三批内外贸一体化"领跑者"企业	浙江卡迪夫电缆有限公司
	平湖市小太阳童车股份有限公司
	九娅贸易
	港龙织造科技
	民生医药
	古越龙山绍兴酒
	新艾迪服饰
	绿容食品
	精工钢结构
	实在纺织
	陛利纺织品
	科锦贸易 / 力博贸易
	诺重纺织品
	新和成特种材料
	金科胶粘制品
	新时代中能循环科技
	友谊菲诺伞业
	晨辉光宝科技
	新和成生物化工
	露笑科技股份
	越隆缝制设备
	万安科技股份
	耐特袜业
	信胜科技股份
	全兴精工集团
	万事兴电器
	盛泰服装
	森歌电器
	锦菲电子科技
	万丰奥特
	斯菱汽车轴承
	浙江耐司康药业有限公司
	浙江润华机电有限公司
	金华万得福日用品股份有限公司
	金华市金顺工具有限公司
	皇冠投资集团
	浙江诺和机电股份有限公司
	浙江派尼尔科技股份有限公司
	浙江金梭纺织有限公司
	巨江电源科技有限公司
	东阳市巍华制冷材料有限公司
	浙江花园生物高科股份有限公司

	浙江海森药业股份有限公司
	冀发集团有限公司
	浙江仁派服饰有限公司
	浙江天派针织有限公司
	浙江棒杰数码针织品有限公司
	浙江爱旭太阳能科技有限公司
	天合光能（义乌）科技有限公司
	义乌市科美家用电器有限公司
	义乌华鼎锦纶股份有限公司
	浪莎针织有限公司
	浙江中国小商品城集团股份有限公司
	浙江立久佳运动器材有限公司
	浙江安胜科技股份有限公司
	浙江中坚科技股份有限公司
	浙江安德电器有限公司
	浙江星月实业有限公司
	浙江康利铖机电有限公司
	浙江荣亚工贸有限公司
	华丽电器制造有限公司
	浙江尚厨家居科技股份有限公司
浙江省第三批内外贸一体化"领跑者"企业	浙江天泰机械有限公司
	浙江嘉益保温科技股份有限公司
	浙江武义中茂工艺品制造有限公司
	浙江柯蓝工贸有限公司
	浙江蓝贝工贸有限公司
	浙江丽莱内衣有限公司
	华鸿画家居股份有限公司
	浙江锦华新材料股份有限公司
	牧高笛户外用品股份有限公司
	浙江金维克家庭用品科技有限公司
	华友新能源科技（衢州）有限公司
	舟山新诺佳生物工程有限责任公司
	浙江龙源四方机械设备制造有限公司
	舟山晨光电器有限公司
	浙江融创食品工业有限公司
	浙江海士德食品有限公司
	浙江海正药业股份有限公司
	浙江九洲药业股份有限公司
	顺毅股份有限公司
	浙江乐普药业股份有限公司
	浙江海翔药业股份有限公司
	浙江宏鑫科技股份有限公司

续表

浙江省第三批内外贸一体化"领跑者"企业	浙江肯得机电股份有限公司
	八环科技集团股份有限公司
	浙江安露清洗机有限公司
	欧路莎股份有限公司
	富士特有限公司
	浙江宏元药业股份有限公司
	临海亨达工艺制品有限公司
	浙江联盛化学股份有限公司
	浙江永强集团股份有限公司
	浙江钱江摩托股份有限公司
	富岭科技股份有限公司
	浙江跃岭股份有限公司
	浙江豪贝泵业股份有限公司
	台州市洛克赛工具有限公司
	浙江铭振电子股份有限公司
	浙江正裕工业股份有限公司
	浙江班尼戈智慧管网股份有限公司
	台州艾迪西盛大暖通科技有限公司
	菲时特集团股份有限公司
	台州芮迪阀门股份有限公司
	浙江双友物流器械股份有限公司
	浙江超前通信科技股份有限公司
	浙江圣达生物药业股份有限公司
	浙江仙居君业药业有限公司
	浙江文信机电制造有限公司
	巨能摩托车科技有限公司
	浙江德明汽车部件有限公司
	浙江新云木业集团有限公司
浙江省第三批内外贸一体化改革试点产业基地	钱塘智慧城智能制造内外贸一体化基地
	钱江经济开发区智能制造产业内外贸一体化基地
	浙江省温州市瓯海区内外贸一体化改革试点产业基地（锁具）
	宁波市海曙区汽车零部件进出口制造基地
	瓯海区内外贸一体化改革试点产业基地（服装）
	中国（平阳）宠物小镇
	瑞安市汽车及零部件产业基地
	永嘉县内外贸一体化改革试点产业基地（泵阀）
	永嘉县内外贸一体化改革试点产业基地（教玩具）
	温州市鹿城区鞋类基地
	湖州市南浔区电机产业内外贸一体化改革试点产业基地
	湖州市安吉县绿色家居产业内外贸一体化改革试点产业基地
	浙江嘉兴市海盐县内外贸一体化改革试点产业基地（紧固件）
	浙江省内外贸一体化改革试点产业基地（毛针织）

浙江省第三批内外贸一体化改革试点产业基地	平湖服装产业
	生物医药产业基地
	店口铜材精密制造产业基地
	义乌光伏产业基地
	永康电动工具产业基地
	浙江省内外贸一体化改革试点产业基地（兰溪纺织）
	武义县电动工具内外贸一体化改革试点产业基地
	东阳磁性电子高新技术园
	温岭市泵与电机内外贸一体化改革试点产业基地
	椒江区医药化工产业内外贸一体化改革试点产业基地
	云和县木制玩具产业基地

2022 年度浙江省第二批直播电商基地名单

所在城市	基地名称
杭州市	现代优选直播电商基地
	遥望直播电商产业园
	财通直播文化产业园
	星汇直播基地
宁波市	宁波民和电商直播基地
	宁波智尚国际服装产业园直播基地
	鄞州大学生创业园直播基地
	宁波抖音电商直播基地
温州市	浙瓯直播基地
湖州市	顾奈直播基地
	悦米直播基地
	水晶晶南浔直播基地
嘉兴市	飞逊电商直播基地
	濮院轻纺城直播基地
绍兴市	华东国际珠宝城珍珠产业电商直播基地
	星达汇直播基地
	浙江多看看直播基地
金华市	恒大电商直播基地
	佳钓尼网红垂钓直播基地
	美联荟直播基地
衢州市	中国 TOP 直播电商产业园龙游基地
	江山市直播电商基地
台州市	星星直播
	执到宝传媒
	杰毅直播
丽水市	丽水数字经济双创园

浙江省第三批进口贸易促进创新示范区和
重点进口平台名单

第三批浙江省进口贸易促进创新示范区

序号	所在地市	示范区名称
1	杭州市	上城区
2	温州市	温州综合保税区
3	绍兴市	越城区

第三批浙江省重点进口平台

序号	平台名称	企业名称	平台种类	属地
1	速云跨境供应链数字化综合服务平台	浙江速云供应链科技有限公司	进口交易平台	温州瓯海区
2	浙江省粮油食品进出口股份有限公司进口平台	浙江省粮油食品进出口股份有限公司	进口供应链平台	省属
3	中航国际矿产资源有限公司进口供应链平台	中航国际矿产资源有限公司	进口供应链平台	杭州上城区
4	杭实国贸投资（杭州）有限公司进口供应链平台	杭实国贸投资（杭州）有限公司	进口供应链平台	杭州上城区
5	中国诚通国际贸易有限公司进口供应链平台	中国诚通国际贸易有限公司	进口供应链平台	杭州拱墅区
6	华立·全球供应链进口平台	华立集团股份有限公司	进口供应链平台	杭州余杭区
7	浙江纳德科学仪器有限公司进口供应链平台	浙江纳德科学仪器有限公司	进口供应链平台	杭州余杭区
8	宁波联邦昌运国际贸易有限公司进口供应链平台	宁波联邦昌运国际贸易有限公司	进口供应链平台	宁波保税区
9	远大能源化工有限公司进口供应链平台	远大能源化工有限公司	进口供应链平台	宁波大榭开发区
10	宁波金田铜业（集团）股份有限公司进口供应链平台	宁波金田铜业（集团）股份有限公司	进口供应链平台	宁波江北区
11	宁波宁兴液化储运有限公司进口供应链平台	宁波宁兴液化储运有限公司	进口供应链平台	宁波镇海区
12	舒马赫·泊啤汇进口平台	温州舒马赫商贸有限公司	进口供应链平台	温州瓯海区
13	海库电商跨境管理（ECM）平台	海库（温州）供应链管理有限公司	进口供应链平台	温州综合保税区

续表

序号	平台名称	企业名称	平台种类	属地
14	温州市易贸通供应链管理有限公司进口供应链平台	温州市易贸通供应链管理有限公司	进口供应链平台	温州综合保税区
15	行云集团—行云货仓进口供应链平台	温州市云仓供应链管理有限公司	进口供应链平台	温州综合保税区
16	东菱商贸进口供应链平台	浙江东菱商贸有限公司	进口供应链平台	嘉兴南湖区
17	日善电脑配件（嘉善）有限公司进口平台	日善电脑配件（嘉善）有限公司	进口供应链平台	嘉兴嘉善县
18	绍兴中芯集成电路制造股份有限公司进口平台	绍兴中芯集成电路制造股份有限公司	进口供应链平台	绍兴越城区
19	浙江绍兴三圆石化有限公司进口平台	浙江绍兴三圆石化有限公司	进口供应链平台	绍兴越城区
20	浙江海亮股份有限公司有色金属进口平台	浙江海亮股份有限公司	进口供应链平台	绍兴诸暨市
21	浙江德瑞供应链管理有限公司进口供应链平台	浙江德瑞供应链管理有限公司	进口供应链平台	金华金义综合保税区
22	兰溪市博远金属有限公司进口平台	兰溪市博远金属有限公司	进口供应链平台	金华兰溪市
23	舟山新诺佳生物工程进口供应链平台	舟山新诺佳生物工程有限责任公司	进口供应链平台	舟山定海区
24	浙江大菱海洋食品进口供应链平台	浙江大菱海洋食品有限公司	进口供应链平台	舟山定海区

2022 年度浙江省开发区产业链"链长制"示范试点、试点增补单位名单及开放平台共建发展"优秀实践案例"名单

开发区产业链"链长制"示范试点增补单位

序号	开发区名称	产业链名称
1	杭州经济技术开发区	新材料产业链
2	诸暨经济开发区	智能视觉产业链
3	海盐经济开发区	电子信息产业链
4	平阳经济开发区	装备制造产业链

开发区产业链"链长制"试点增补单位

序号	开发区名称	链长制名称
1	鹿城经济开发区	时尚鞋业产业链
2	永嘉经济开发区	泵阀产业链
3	开化经济开发区	绿色硅材料产业链

开放平台共建发展"优秀实践案例"

序号	开发区名称	"优秀实践案例"名称
1	宁波经济技术开发区	共建山海协作"保税飞仓"升级版，推动两地优势互补合作共赢
2	绍兴袍江经济技术开发区	山海协作再升级，产业飞地奔共富
3	平阳经济开发区	山海联姻，平台共建，全域深化"共富路"
4	泰顺经济开发区	探索"双向飞地"新模式，助力区域一体化发展
5	慈溪滨海经济开发区	"产业飞地"率先开工，项目快速落地见效

2022 年省级公共海外仓（第七批）名单

	宁波捷时进出口有限公司美国加州雷德兰兹仓
	无忧达（宁波）物流科技有限公司美国加州波莫纳仓
	湖州诺力智能装备股份有限公司越南隆安仓
	宁波乐歌人体工学科技股份有限公司德国科隆仓
	宁波邀森电子商务股份有限公司加拿大多伦多海外仓
	宁波瑞元利亨贸易有限公司美国佐治亚比福德仓
	浙江华立海外实业发展有限公司墨西哥新莱昂仓
第七批省级公共海外仓（非华侨仓）	杭州百佳荟对外贸易集团有限公司尼日利亚拉各斯仓
	浙江菜鸟供应链管理有限公司美国加州洛杉矶仓
	绍兴卧龙电气驱动集团股份有限公司越南海城仓
	浙江金仓物流科技有限公司英国伯明翰仓
	杭州傲飞斯科技股份有限公司美国佐治亚亚特兰大仓
	温州紫讯信息科技有限公司美国纽约康梅克仓
	浙江新秀箱包营销有限公司柬埔寨金边仓
	杭州亚贤科技有限公司肯尼亚内罗毕仓
首批省级公共海外华侨仓	宁波商仓供应链有限公司美国加州安大略仓
	中基天时（宁波）创新科技有限公司罗马尼亚布加勒斯特仓

2022 年省级夜间经济样板城市和特色城市名单

省级夜间经济样板城市

序号	所在地市	区（县、市）名称
1	宁波市	鄞州区
2	温州市	瑞安市
3	嘉兴市	桐乡市
4	绍兴市	柯桥区
5	台州市	椒江区
6	丽水市	青田县

省级夜间经济特色城市

序号	所在地市	区（县、市）名称
1	杭州市	建德市
2	嘉兴市	嘉善县
3	湖州市	吴兴区
4	湖州市	德清县
5	绍兴市	上虞区
6	丽水市	庆元县

第三批浙江省高品质步行街名单

序号	步行街名称
1	杭州瓶窑老街
2	杭州严州古城步行街
3	宁波水街
4	宁波韩岭街区
5	温州印象南塘风貌步行街
6	嘉兴南湖天地商业步行街
7	绍兴迎恩门风情水街
8	绍兴柯桥历史文化街区
9	金华义乌佛堂老街
10	台州路桥十里长街历史文化街

第二批浙江省数字生活新服务先行市、样板县、特色镇名单

先行市、样板县名单

先行市	宁波市
	嘉兴市
	绍兴市
	金华市
样板县	温州市瑞安市
	温州市文成县
	湖州市吴兴区
	湖州市安吉县
	嘉兴市嘉善县
	嘉兴市海宁市
	嘉兴市桐乡市
	绍兴市越城区
	绍兴市新昌县
	金华市婺城区
	金华市浦江县
	衢州市柯城区
	衢州市龙游县
	衢州市江山市
	衢州市开化县
	舟山市定海区
	台州市椒江区
	台州市黄岩区
	台州市临海市
	台州市温岭市
	丽水市遂昌县

特色镇名单

地区	县（市、区）	镇（乡、街道）	创建领域
杭州市	上城区	丁兰街道	数字商贸、数字政务、数字乡村
	拱墅区	上塘街道	数字商贸、数字文旅
	西湖区	西溪街道	数字商贸、数字文旅
	滨江区	西兴街道	数字出行、数字政务
	萧山区	新塘街道	数字商贸
		衙前镇	数字政务、数字乡村
		益农镇	数字商贸、数字政务、数字乡村
	余杭区	仓前街道	数字文旅、数字健康、数字政务
		闲林街道	数字文旅、数字健康
		五常街道	数字商贸、数字文旅、数字政务
	临平区	塘栖镇	数字商贸、数字文旅
	富阳区	万市镇	数字政务、数字乡村
	临安区	天目山镇	数字商贸、数字文旅、数字乡村
	桐庐县	富春江镇	数字文旅、数字乡村
	淳安县	千岛湖镇	数字商贸、数字文旅
	建德市	寿昌镇	数字商贸、数字文旅、数字政务
宁波市	江北区	慈城镇	数字商贸
	北仑区	小港街道	数字商贸
	鄞州区	邱隘镇	数字政务
		横溪镇	数字商贸、数字政务
温州市	鹿城区	双屿街道	数字政务
	瑞安市	莘塍街道	数字文旅
		云周街道	数字商贸
	平阳县	昆阳镇	数字商贸
湖州市	吴兴区	飞英街道	数字商贸、数字文旅
		埭溪镇	数字商贸、数字政务
	南浔区	善琏镇	数字商贸、数字文旅、数字政务
		旧馆镇	数字商贸
		双林镇	数字商贸、数字文旅、数字政务
	德清县	乾元镇	数字文旅、数字商贸
		洛舍镇	数字商贸、数字政务
	长兴县	洪桥镇	数字文旅
		水口乡	数字文旅
		雉城街道	数字商贸
	安吉县	杭垓镇	数字商贸
		报福镇	数字文旅
嘉兴市	南湖区	东栅街道	数字商贸
	嘉善县	大云镇	数字文旅
	平湖市	当湖街道	数字商贸
	海盐县	百步镇	数字商贸

地区	县（市、区）	镇（乡、街道）	创建领域
嘉兴市	海宁市	海洲街道	数字商贸、数字出行
		长安镇	数字商贸、数字健康
		许村镇	数字政务、数字商贸
绍兴市	越城区	北海街道	数字政务
		富盛镇	数字文旅
	柯桥区	柯桥街道	数字商贸、数字文旅、数字政务
	上虞区	曹娥街道	数字商贸、数字文旅、数字政务
	诸暨市	安华镇	数字商贸
	嵊州市	三江街道	数字商贸、数字政务
	新昌县	七星街道	数字商贸
		南明街道	数字商贸
金华市	婺城区	白龙桥镇	数字政务
	兰溪市	兰江街道	数字商贸
		上华街道	数字文旅
	义乌市	北苑街道	数字商贸
		赤岸镇	数字商贸
衢州市	柯城区	府山街道	数字商贸
		石室乡	数字商贸
	龙游县	东华街道	数字商贸
	开化县	芹阳办事处	数字商贸
		华埠镇	数字商贸
舟山市	普陀区	虾峙镇	数字文旅
		东极镇	数字政务
	岱山县	高亭镇	数字商贸
台州市	椒江区	洪家街道	数字商贸
	黄岩区	沙埠镇	数字文旅
	路桥区	横街镇	数字商贸
		路桥街道	数字商贸
	临海市	大田街道	数字商贸
		东塍镇	数字商贸
	温岭市	泽国镇	数字商贸
		城东街道	数字商贸
		箬横镇	数字商贸
		城西街道	数字政务
	玉环市	玉城街道	数字学习
	天台县	平桥镇	数字商贸
	仙居县	下各镇	数字商贸
	三门县	亭旁镇	数字文旅

续表

地区	县（市、区）	镇（乡、街道）	创建领域
丽水市	缙云县	壶镇镇	数字商贸
	景宁畲族自治县	九龙乡	数字商贸
		红星街道	数字商贸、数字文旅
		东坑镇	数字商贸
		英川镇	数字商贸
		澄照乡	数字商贸

续表

地区	县（市、区）	镇（乡、街道）	创建领域
	缙云县	壶镇镇	数字商贸

2022 年浙江商务数字化改革优秀基层案例名单

序号	应用名称	牵头单位
1	"来者可追"智慧招商系统	西湖区投资促进局
2	数字自贸综合应用系统	高新区（滨江）商务局
3	预付卡全周期治理应用	富阳区商务局
4	宁波市"数智菜篮子"	宁波市商务局
5	温州鹿城市场采购贸易联网信息平台	鹿城区商务局
6	货物贸易内外贸智能协同应用	平湖市商务局
7	南浔区单用途预付卡应用	南浔区商务局
8	"一码找订单"应用	越城区商务局
9	再生资源智慧管理应用	越城区商务局
10	小商品数字自贸应用	义乌市商务局
11	浦江数字生活地图平台	浦江县经济商务局
12	中国（衢州）跨境电商综试区线上综合服务平台应用	衢州市商务局
13	国际船油加注智能监管服务应用	舟山高新技术产业园区管理委员会
14	椒江区付省心系统	椒江区商务局
15	龙泉剑瓷商城数据平台	龙泉市经济商务局、龙泉市青瓷宝剑产业局

2021 年度国家级经开区综合发展水平考核评价综合排名前 30 名单（浙江）

排名	名称
9	杭州经济技术开发区
17	宁波经济技术开发区
18	嘉兴经济技术开发区
21	萧山经济技术开发区
30	宁波杭州湾经济技术开发区

第二批浙江跨境电商出口知名品牌名单

序号	出口品牌名称	企业名称（中文）	地区
1	NOOA	杭州圣特电子商务有限公司	杭州市
2	PULI	杭州翔天供应链管理有限公司	杭州市
3	DANA XU	杭州川越丝绸进出口有限公司	杭州市
4	SCM	山臣家居（浙江）有限公司	杭州市
5	PROTEGE	杭州南博贸易有限公司	杭州市
6	IMOU	杭州华橙网络科技有限公司	杭州市
7	Verage	杭州维丽杰旅行用品有限公司	杭州市
8	MOTPK	杭州傲迪凯智能家居有限公司	杭州市
9	musshoe	浙江杉迪进出口股份有限公司	杭州市
10	MAIDESITE	杭州南得智能科技有限公司	杭州市
11	Timber Ridge	浙江泰普森数字科技有限公司	杭州市
12	CloudStyle	浙江云端时代科技有限公司	杭州市
13	YFFUSHI	浙江云端时代科技有限公司	杭州市
14	Simplee	杭州森帛服饰有限公司	杭州市
15	Featol	杭州申纺电子商务有限公司	杭州市
16	SUNKISS	浙江珍琦护理用品有限公司	杭州市
17	Hellozebra	杭州临安笛影贸易有限公司	杭州市
18	HUIMO	杭州文通工艺家具制造有限公司	杭州市
19	Touchat	建德市佳锦进出口有限公司	杭州市
20	KATVR	杭州虚现科技股份有限公司	杭州市
21	Elemuse	杭州星聚电子商务有限公司	杭州市
22	SUNBEAUTY	杭州桑美实业有限公司	杭州市
23	FREE SOLDIER	杭州统御国际贸易有限公司	杭州市
24	ZSCM	桐庐正华文化用品有限公司	杭州市
25	labebe	杭州环宇集团有限公司	杭州市
26	EZVIZ	杭州萤石网络股份有限公司	杭州市
27	Cokunst	宁波宁化通国际贸易有限公司	宁波市
28	seago	宁波赛嘉电器有限公司	宁波市
29	PAWHUT	遨森电子商务股份有限公司	宁波市
30	Hidrotek	宁波灏钻科技有限公司	宁波市
31	YOURLITE	宁波优耐特进出口有限公司	宁波市
32	Market Union	宁波凯越国际贸易有限公司	宁波市
33	RICHEN	宁波丽辰电器有限公司	宁波市

续表

序号	出口品牌名称	企业名称（中文）	地区
34	BIG TREE	宁波金瑞国际贸易有限公司	宁波市
35	SKP	宁波天翔汽车部件有限公司	宁波市
36	mysoft	宁波佳达进出口有限公司	宁波市
37	syloon	宁波赛龙进出口有限公司	宁波市
38	Jar Melo	宁波咕咚创意科技有限公司	宁波市
39	SnapFresh	宁波惠贝宝科技有限公司	宁波市
40	RITFIT	宁波睿特菲体育科技有限公司	宁波市
41	COSIEST	宁波蜜獾网络科技有限公司	宁波市
42	Air Choice	宁波东曜电器有限公司	宁波市
43	Lifeplus	宁波东曜电器有限公司	宁波市
44	UTRUST	慈溪市优创电器有限公司	宁波市
45	TWINSLUXES	浙江双宇电子科技有限公司	宁波市
46	tenwin	宁波天虹文具有限公司	宁波市
47	VENTION	宁波福茂威迅进出口有限公司	宁波市
48	JUYI	巨一集团有限公司	温州市
49	MeatyWay	佩蒂动物营养科技股份有限公司	温州市
50	BLUE SKY	温州蓝天能源科技股份有限公司	温州市
51	Xinya	新亚电子股份有限公司	温州市
52	CLNONWOVEN	浙江朝隆纺织机械股份有限公司	温州市
53	HUALIAN	华联机械集团有限公司	温州市
54	DINGYE	浙江鼎业机械设备有限公司	温州市
55	Desai	德赛集团有限公司	温州市
56	Cobbe	卡贝科技股份有限公司	温州市
57	MAXGE	美高电气科技有限公司	湖州市
58	Smug	恒林家居股份有限公司	湖州市
59	Trunsun solar	浙江贝盛绿能科技有限公司	湖州市
60	cxsilk	浙江省长兴丝绸有限公司	湖州市
61	FORNiCE	湖州福美达纺织有限公司	湖州市
62	Dowinx	安吉雷萨家具有限公司	湖州市
63	JIN FA FANG ZHI	长兴金发纺织股份有限公司	湖州市
64	Longwin	安吉县龙威家具有限责任公司	湖州市
65	WEITAI 威泰	浙江威泰汽配有限公司	湖州市
66	WANG JIN	浙江王金非织造布有限公司	湖州市
67	SL ELEVATOR	安川双菱电梯有限公司	湖州市
68	ZHAO XIN	浙江兆新纺织科技股份有限公司	湖州市
69	Ginza Travel	浙江银座箱包有限公司	嘉兴市
70	HAD	海宁恒安达商贸有限公司	嘉兴市
71	Coolmore	嘉兴海发进出口有限公司	嘉兴市
72	TOPICK	浙江金蝉布艺股份有限公司	绍兴市
73	NICETOWN	绍兴永升化纤有限公司	绍兴市
74	AMMSUN	绍兴市上虞区天圣休闲用品有限公司	绍兴市

序号	出口品牌名称	企业名称（中文）	地区
75	nate	绍兴市耐特驱动科技有限公司	绍兴市
76	SUNNY GUARD	嵊州市恒丰工艺品有限公司	绍兴市
77	NEU MASTER	浙江普莱得电器股份有限公司	金华市
78	Eraspooky	浙江亚德工贸有限公司	金华市
79	FEIJIAN	浙江飞剑工贸有限公司	金华市
80	Coofix	金华市海杰进出口有限公司	金华市
81	Voraus	浙江瀚运五金有限公司	衢州市
82	KLY	浙江康乐游休闲用品有限公司	衢州市
83	UNIV	浙江尤尼威机械有限公司	衢州市
84	valiant power	浙江福锐特电力科技有限公司	衢州市
85	Sam-uk	台州市卓信塑业有限公司	台州市
86	SeeSa	市下控股有限公司	台州市
87	KENDE	浙江肯得机电股份有限公司	台州市
88	JMEXSUSS	临海市嘉茂灯饰工艺有限公司	台州市
89	PRT	浙江正裕工业股份有限公司	台州市
90	TALOS	塔罗斯科技股份有限公司	台州市
91	Insurfinsport	浙江英飞实业有限公司	台州市
92	TZCH	台州市长虹灯具厂	台州市

2022 年 "浙江出口名牌" 名单

总序号	地市序号	地市	所属市县	新增/复核	企业名称（中文）	企业名称（英文）	申报类别	申报品牌名称（中文）	申报品牌名称（英文）
1	1	省属	省属	复核	浙江省土产畜产进出口集团有限公司	ZHEJIANG NATIVE PRODUCE & ANIMAL BY-PRODUCTS I/E GROUP CO., LTD.	轻工工艺	–	DUNSIL
2	2	省属	省属	复核	浙江省土产畜产进出口集团有限公司	ZHEJIANG NATIVE PRODUCE & ANIMAL BY-PRODUCTS I/E GROUP CO., LTD.	农副产品	凯胜	Kaisheng
3	3	省属	省属	复核	浙江省土产畜产进出口集团有限公司	ZHEJIANG NATIVE PRODUCE & ANIMAL BY-PRODUCTS I/E GROUP CO., LTD.	轻工工艺	–	EEI
4	1	杭州市	滨江区	新增	杭州萤石网络股份有限公司	HANGZHOU EZVIZ NETWORK CO., LTD.	其他类	萤石	EZVIZ
5	2	杭州市	富阳区	新增	富阳通力机械制造有限公司	FUYANG TONGLI INDUSTRIAL CO., LTD.	机械电子	易普	EAGLE PRO
6	3	杭州市	拱墅区	新增	浙江国贸轻工业品贸易有限公司	ZHEJIANG FAIRTRADE E-COMMERCE CO., LTD.	轻工工艺	敦煌	TUN HUANG
7	4	杭州市	建德市	新增	浙江新安化工集团股份有限公司	ZHEJIANG XINAN CHEMICAL INDUSTRIAL GROUP CO., LTD.	化工医药	新安	Wynca
8	5	杭州市	钱塘区	新增	百合花集团股份有限公司	LILY GROUP CO., LTD.	化工医药	Lilychem	Lilychem
9	6	杭州市	钱塘区	新增	杭州九阳小家电有限公司	HANGZHOU JOYOUNG HOUSEHOLD ELECTRICAL APPLIANCES CO., LTD.	机械电子	九阳	Joyoung
10	7	杭州市	钱塘区	新增	浙江惠松制药有限公司	ZHEJIANG HUISONG PHARMACEUTICALS CO., LTD.	化工医药	惠松	huisong
11	8	杭州市	钱塘区	新增	杭州协合医疗用品有限公司	HANGZHOU SINGCLEAN MEDICAL PRODUCTS CO., LTD.	化工医药	欣可聆	singclean
12	9	杭州市	萧山区	新增	杭州奔马化纤纺丝有限公司	HANGZHOU BENMA CHEMFIBRE & SPINNING CO., LTD.	纺织服装	BENMARPET	BENMARPET

续表

总序号	地市序号	地市	所属市县	新增/复核	企业名称（中文）	企业名称（英文）	申报类别	申报品牌名称（中文）	申报品牌名称（英文）
13	10	杭州市	萧山区	新增	杭州之江有机硅化工有限公司	HANGZHOU ZHIJIANG SILICONE CHEMICALS CO., LTD.	化工医药	飞诺太克	FINOTECH
14	11	杭州市	萧山区	新增	杭州新九龙厨具制造有限公司	HANGZHOU XIN JIULONG KITCHEN TOOLS CO., LTD.	机械电子	九龙	JIULONG
15	12	杭州市	萧山区	新增	浙江祥邦科技股份有限公司	ZHEJIANG SINOPONT TECHNOLOGY CO., LTD.	其他类	祥邦	sinopont
16	13	杭州市	余杭区	新增	杭州新坐标科技股份有限公司	HANGZHOU XZB TECH CO., LTD.	机械电子	XZB	XZB
17	14	杭州市	余杭区	新增	杭州赛凯生物技术有限公司	SAFECARE BIOTECH (HANGZHOU) CO., LTD.	化工医药	赛凯	safecare
18	15	杭州市	西湖区	新增	杰华特微电子股份有限公司	JOULWATT TECHNOLOGY CO., LTD.	其他类	JW JOULWATT	JW JOULWATT
19	16	杭州市	西湖区	新增	杭州瑞江化工有限公司	HANGZHOU RUIJIANG CHEMICAL CO., LTD.	化工医药	–	Silcone
20	17	杭州市	临平区	新增	杭州海的动力机械股份有限公司	HANGZHOU HIDEA POWER MACHINERY CO., LTD.	机械电子	海的	HIDEA
21	18	杭州市	上城区	复核	杭州海兴电力科技股份有限公司	HEXING ELECTRICAL CO., LTD.	机械电子	海兴	HEXING
22	19	杭州市	滨江区	复核	三维通信股份有限公司	SUNWAVE COMMUNICATIONS CO., LTD.	其他类	三维	Crossfire
23	20	杭州市	滨江区	复核	浙江大华技术股份有限公司	ZHEJIANG DAHUA TECHNOLOGY CO., LTD.	机械电子	大华	DAHUA
24	21	杭州市	滨江区	复核	浙江富瑞浦建材进出口有限公司	ZHEJIANG FURUIPU BUILDING MATERIAL IMPORT AND EXPORT CO., LTD.	其他类	富瑞浦	Frap
25	22	杭州市	富阳区	复核	浙江金国股份有限公司	ZHEJIANG JINGU CO., LTD.	机械电子	金国	Jin guo
26	23	杭州市	建德市	复核	浙江建业化工股份有限公司	ZHEJIANG JIANYE CHEMICAL CO., LTD.	化工医药	建业	JIANYI
27	24	杭州市	临安区	复核	浙江万马高分子材料集团有限公司	ZHEJIANG WANMA POLYMER MATERIALS GROUP CO., LTD.	其他类	萬馬牌	Wanma card
28	25	杭州市	临安区	复核	杭州宇中高虹照明电器有限公司	HANGZHOU YUZHONG GAOHONG LIGHTING ELECTRICAL EQUIPMENT CO., LTD.	机械电子	宇中高虹	Woojong
29	26	杭州市	临安区	复核	杭州可靠护理用品股份有限公司	HANGZHOU COCO HEALTHCARE PRODUCTS CO., LTD.	轻工工艺	可靠COCO	COCO
30	27	杭州市	桐庐县	复核	杭州泛亚卫浴股份有限公司	HANGZHOU PANASIA SANITARY WARE CO., LTD.	其他类	泛亚	panasia
31	28	杭州市	萧山区	复核	杭州中泰实业集团有限公司	HANGZHOU ZHONGTAI INDUSTRIAL GROUP CO., LTD.	轻工工艺	ZHT	mechanism

续表

总序号	地市序号	地市	所属市县	新增/复核	企业名称（中文）	企业名称（英文）	申报类别	申报品牌名称（中文）	申报品牌名称（英文）
32	29	杭州市	萧山区	复核	柳桥集团有限公司	LIUQIAO GROUP CO., LTD.	纺织服装	柳桥	Liuqiao
33	30	杭州市	余杭区	复核	南方中金环境股份有限公司	NANFANG ZHONGJIN ENVIRONMENT CO., LTD.	机械电子	FCNP	FCNP
34	31	杭州市	余杭区	复核	浙江华正新材料股份有限公司	ZHEJIANG WAZAM NEW MATERIALS CO., LTD.	机械电子	华正新材	HUAZHENG NEW MATERIAL
35	32	杭州市	余杭区	复核	杭州豪盛机电工贸有限公司	HANGZHOU UNI-HOSEN ELECTROMECHANICANL TOOLS CO., LTD.	其他类	GUDCRAFT	GUDCRAFT
36	33	杭州市	西湖区	复核	艾康生物技术（杭州）有限公司	ACON BIOTECH (HANGZHOU) CO., LTD.	化工医药	艾科	On call
37	34	杭州市	临平区	复核	杭州天元宠物用品股份有限公司	HANGZHOU TIANYUAN PET PRODUCTS CO., LTD.	其他类	tianyuan petstar	tianyuanpet
38	35	杭州市	临平区	复核	众望布艺股份有限公司	ZHONGWANG FABRIC CO., LTD.	纺织服装	众望	z-wovens
39	36	杭州市	上城区	复核	浙江中烟工业有限责任公司	CHINA TOBACCO ZHEJIANG INDUSTRIAL CO., LTD.	其他类	利群	Liqun
40	1	宁波市	余姚市	新增	浙江和惠照明科技有限公司	ZHEJIANG HOWELL ILLUMINATING TECHNOLOGY CO., LTD.	机械电子	HOWELL	HOWELL
41	2	宁波市	余姚市	新增	宁波邦首电器有限公司	NINGBO BANGSHOU ELECTRIC CO., LTD.	机械电子	邦首	BANG
42	3	宁波市	余姚市	新增	宁波好伙伴电器有限公司	NINGBO GOODFRIENDS ELECTRIC APPLIANCE CO., LTD.	机械电子	GF图标	GF图标
43	4	宁波市	余姚市	新增	宁波一象吹塑家具有限公司	YIXIANG BLOW MOLDING FURNITURE (NINGBO) CO., LTD.	其他类	一象	YIXIANG
44	5	宁波市	北仑区	新增	宁波丽辰电器有限公司	NINGBO RICHEN ELECTRICAL APPLIANCE CO., LTD.	机械电子	乐焰	RICHEN
45	6	宁波市	北仑区	新增	宁波美乐雅荧光科技股份有限公司	NINGBO MERRYART GLOW-TECH CO., LTD.	轻工工艺	美乐雅	merryart
46	7	宁波市	北仑区	新增	宁波运宝电器有限公司	NINGBO UNIBONO APPLIANCE CO., LTD.	机械电子	运宝	Unibono
47	8	宁波市	象山县	新增	宁波戴维医疗器械股份有限公司	NINGBO DAVID MEDICAL DEVICE CO., LTD.	其他类	戴维	David
48	9	宁波市	象山县	新增	浙江钰烯腐蚀控制股份有限公司	ZHEJIANG YUXI CORROSION CONTROL CORPORATION	其他类	钰烯	YUX
49	10	宁波市	江北区	新增	宁波欧达光电有限公司	NINGBO OSDA SOLAR CO., LTD.	其他类	欧圣达	OSDA SOLAR
50	11	宁波市	鄞州区	新增	宁波创盈进出口有限公司	NINGBO CREATE VALE IMP & EXP CO., LTD.	其他类	厨房用具	cooking utensils

续表

总序号	地市序号	地市	所属市县	新增/复核	企业名称（中文）	企业名称（英文）	申报类别	申报品牌名称（中文）	申报品牌名称（英文）
51	12	宁波市	余姚市	复核	浙江帅康电气股份有限公司	ZHEJIANG SHUAIKANG ELECTRIC STOCK CO., LTD.	机械电子	帅康	SACON
52	13	宁波市	余姚市	复核	宁波大华电器有限公司	NINGBO DAHUA ELECTRICAL APPLIANCE CO., LTD.	机械电子	神力	SHEN LI
53	14	宁波市	高新区	复核	赛尔富电子有限公司	SELF ELECTRONICS CO., LTD.	机械电子	赛尔富	SELF
54	15	宁波市	北仑区	复核	宁波恰人玩具有限公司	HAPE INTERNATIONAI (NiNGBO) LTD.	轻工工艺	哈佩	Hape
55	16	宁波市	北仑区	复核	宁波万航实业有限公司	NINGBO WONH INDUSTRIES CO., LTD.	机械电子	WONH	WONH
56	17	宁波市	北仑区	复核	宁波宏协股份有限公司	NINGBO HONGXOE CO., LTD.	机械电子	宏协	HONG XIE
57	18	宁波市	北仑区	复核	宁波美博进出口有限公司	NINGBO MASCUBE IMP.&EXP.CORP.	轻工工艺	FANS	FANS
58	19	宁波市	北仑区	复核	宁波拓普集团股份有限公司	NINGBO TUOPU GROUP CO., LTD.	机械电子	拓普	TUOPU
59	20	宁波市	北仑区	复核	宁波萌恒工贸有限公司	NINGBO MH INDUSTRY CO., LTD.	纺织服装	TWO BIRDS	TWO BIRDS
60	21	宁波市	慈溪市	复核	月立集团有限公司	ZHEJIANG YUELI ELECTRCAL CO., LTD.	机械电子	月立	YUELI
61	22	宁波市	慈溪市	复核	宁波立奇电器有限公司	NINGBO LIQI ELECTRICAL APPLIANCE CO., LTD.	机械电子	立奇	LIQI
62	23	宁波市	慈溪市	复核	浙江双羊集团有限公司	ZHEJIANG SHUANGYANG GROUP CO., LTD.	机械电子	双羊	SOYANG
63	24	宁波市	慈溪市	复核	宁波爱佳电器有限公司	NINGBO AIJIA ELECTRICAL APPLIANCES CO., LTD.	机械电子	爱佳	AIJIA
64	25	宁波市	慈溪市	复核	宁波东曜电器有限公司	NINGBO KONWIN ELECTRICAL APPLIANCE CO., LTD.	机械电子	—	Air Choice
65	26	宁波市	慈溪市	复核	宁波市龙嘉摩托车有限公司	NINGBO LONGJIA MOTORCYCLE CO., LTD.	机械电子	龙嘉	LONGJIA
66	27	宁波市	宁海县	复核	东方日升新能源股份有限公司	RISEN ENERGY CO., LTD.	机械电子	东方日升	risen
67	28	宁波市	宁海县	复核	宁波美琪工具有限公司	NINGBO MEIQI TOOL CO., LTD.	其他类	美加	MEIJIA
68	29	宁波市	江北区	复核	宁波精达成形装备股份有限公司	JDM JINGDA MACHINE (NINGBO)CO., LTD.	其他类	宁波精达	JDM
69	30	宁波市	江北区	复核	赛特威尔电子股份有限公司	SITER WELL ELECTRONICS CO., LIMITED	机械电子	赛特威尔	SITER WELL
70	31	宁波市	江北区	复核	爱柯迪股份有限公司	IKD CO., LTD.	机械电子	爱柯迪	IKD
71	32	宁波市	鄞州区	复核	宁波东方电子有限公司	NINGBO EAST ELECTRONICS LIMITED	机械电子	—	EAST
72	33	宁波市	鄞州区	复核	宁波新禾轻股股份集团有限公司	NINGBO SINCERE	轻工工艺	爱麒	All For Paws (Afp)
73	34	宁波市	鄞州区	复核	浙江一舟电子科技股份有限公司	ZHEJIANG SHIP ELECTRONIC TECHNOLOGY CO., LTD.	其他类	一舟	SHIP

续表

总序号	地市序号	地市	所属市县	新增/复核	企业名称（中文）	企业名称（英文）	申报类别	申报品牌名称（中文）	申报品牌名称（英文）
74	35	宁波市	鄞州区	复核	宁波汉浦工具有限公司	NINGBO HANPU TOOLS CO., LTD.	机械电子	浦立	PULY
75	36	宁波市	奉化区	复核	宁波亚德客自动化工业有限公司	NINGBO AIRTAC AUTOMATIC INDUSTRIAL CO., LTD.	机械电子	亚德客 AirTAC	亚德客 AirTAC
76	37	宁波市	海曙区	复核	宁波欧陆创意家居有限公司	FREESTYLE OUTDOOR LIVING CO., LTD.	轻工工艺	—	JARDINA
77	38	宁波市	北仑区	复核	宁波前程家居股份有限公司	NINGBO FUTURE HOUSEWARE CO., LTD.	轻工工艺	凌柯生活	LINKLIFE
78	1	温州市	龙湾区	新增	华迪钢业集团有限公司	HUADI STEEL GROUP CO., LTD.	建材合金	华钢	HUAGANG
79	2	温州市	瓯海区	新增	浙江迪亚服饰有限公司	ZHEJIANG ORANGE D'OR GARMENTS CO., LTD.	纺织服装	博俊·杰尼	bootyjeans
80	3	温州市	瓯海区	新增	温州市金福锁业有限公司	WEN ZHOU JINFU LOCKS CO., LTD.	轻工工艺	宝得来	PODDEDLY
81	4	温州市	乐清市	新增	浙江创奇电气有限公司	ZHEJIANG CHUANGQI ELECTRIC CO., LTD.	机械电子	创奇	CHAC
82	5	温州市	乐清市	新增	浙江佳奔电子有限公司	ZHEJIANG JIABEN ELECTRONICS CO., LTD.	机械电子	佳奔	JIABEN
83	6	温州市	乐清市	新增	红光电气集团有限公司	HOGN GUANG ELECTRTCAL GROUP CO., LTD.	机械电子	红光	HOGN
84	7	温州市	乐清市	新增	新亚电子股份有限公司	XINYA ELECTRONIC CO., LTD.	机械电子	新亚	XINYA
85	8	温州市	瑞安市	新增	温州瑞明工业股份有限公司	WENZHOU RUIMING INDUSTRY CO., LTD.	其他类	瑞明	RUIMING
86	9	温州市	瑞安市	新增	浙江锦佳汽车零部件有限公司	ZHEJIANG JINJIA AUTOMOBILE PARTS CO., LTD.	其他类	锦佳	JINJIA
87	10	温州市	永嘉县	新增	超达阀门集团股份有限公司	CHAODA VALVES GROUP CO., LTD.	机械电子	超达	CHAODA
88	11	温州市	龙港市	新增	诚德科技股份有限公司	CHENGDE TECHNOLOGY CO., LTD.	其他类	诚德包装	CHENGDE
89	12	温州市	鹿城区	复核	温州市润新机械制造有限公司	WENZHOU RUNXIN MANUFACTURING MACHINE CO., LTD.	其他类	润新	RUNXIN
90	13	温州市	瓯海区	复核	浙江朝隆纺织机械有限公司	ZHEJIANG CL NONWOVEN MACHINERY CO., LTD.	机械电子	昌隆	CLNONWOVEN
91	14	温州市	瓯海区	复核	温州市通用锁具有限公司	WENZHOUTONGYONG LOCKS CO., LTD.	轻工工艺	TONYON	TONYON
92	15	温州市	瑞安市	复核	浙江环球滤清器有限公司	ZHEJIANG UNIVERSEFILTER CO., LTD.	机械电子	HK	HK
93	16	温州市	瑞安市	复核	浙江胜华波电器股份有限公司	ZHEJIANG SHENGHUABO ELECTRIC APPLIANCE CORPORATION	机械电子	胜华波	shenghuabo
94	1	湖州市	吴兴区	新增	浙江杰诚威林产品有限公司	JESONWOOD FOREST PRODUCTS(ZJ)CO., LTD.	其他类	杰诚威	JESON WOOD
95	2	湖州市	南浔区	新增	湖州福美达纺织品有限公司	HUZHOU FORNICE TEXTILE CO., LTD.	纺织服装	福美达	FORNICE

续表

总序号	地市序号	地市	所属市县	新增/复核	企业名称（中文）	企业名称（英文）	申报类别	申报品牌名称（中文）	申报品牌名称（英文）
96	3	湖州市	安吉县	新增	安吉万宝智能家居科技有限责任公司	ANJI WANBAO INTELLIGENT HOME TECHNOLOGY CO., LTD.	轻工工艺	万宝	KILLABEE
97	4	湖州市	长兴县	新增	浙江加力仓储设备股份有限公司	ZHEJIANG JIALIFT WAREHOUSE EQUIPMENT CO., LTD.	机械电子	加力	JIALIFT
98	5	湖州市	长兴县	新增	长兴金发纺织股份有限公司	CHANGXING JINFA TEXTILE CO., LTD.	纺织服装	金发纺织	JINFAFANGZHI
99	6	湖州市	长兴县	新增	浙江锦诗纺织科技有限公司	ZHEJIANG JINGSHI TEXTILE TECHNOLOGY CO.,LTD.	纺织服装	–	JSHION
100	7	湖州市	吴兴区	复核	浙江贝盛绿能科技有限公司	ZHEJIANG BEYONDSUN GREEN ENERGY TECHNOLOGY CO., LTD.	其他类	创盛	Trunsun solar
101	8	湖州市	安吉县	复核	安吉县盛信办公家具有限公司	ANJI SHENGXING OFFICE FURNITURE CO., LTD.	轻工工艺	盛信	shengxing
102	9	湖州市	安吉县	复核	浙江强盛家具有限公司	ZHEJIANG QIANGSHENG FURNITURE CO., LTD.	轻工工艺	强盛	qiangsheng
103	10	湖州市	安吉县	复核	浙江洁美电子科技股份有限公司	ZHEJIANG JIEMEI ELETRONIC AND TECHNOLOGY CO., LTD.	机械电子	洁美	Jiemei
104	11	湖州市	安吉县	复核	大康控股集团有限公司	DAKANG HOLDING CO., LTD.	轻工工艺	大康	DAKANG
105	12	湖州市	长兴县	复核	浙江利帆家具有限公司	ZHE JIANG LIFAN FURNITURE CO., LTD.	轻工工艺	利帆	LF
106	13	湖州市	长兴县	复核	浙江盛发纺织印染有限公司	ZHEJIANG SHENGFA TEXTILES PRINTING AND DYEING CO., LTD.	轻工工艺	盛彩	SHENGCAI
107	14	湖州市	德清县	复核	浙江兆龙互连科技股份有限公司	ZHEJIANG ZHAOLONG INTERCONNECT TECHNOLOGY CO., LTD.	机械电子	兆龙	ZHAOLONG
108	15	湖州市	德清县	复核	浙江华源颜料股份有限公司	ZHEJIANG HUAYUAN PIGMENT CO., LTD.	化工医药	华源颜料	HYROX
109	1	嘉兴市	南湖区	新增	博创科技股份有限公司	BROADEX TECHNOLOGIES CO., LTD.	其他类	光电子器件	Optoelectronic Devices
110	2	嘉兴市	南湖区	新增	嘉兴敏惠汽车零部件有限公司	JIAXING MINHUI AUTOTIVE PARTS CO., LTD.	机械电子	敏实	MINTH
111	3	嘉兴市	秀洲区	新增	德沃康科技集团有限公司	DEWERTOKIN TECHNOLOGY GROUP CO., LTD.	机械电子	–	DewerrOKin
112	4	嘉兴市	嘉善县	新增	浙江福莱新材料股份有限公司	ZHEJIANG FULAI NEW METERIAL CO., LTD.	其他类	–	Fulai
113	5	嘉兴市	嘉善县	新增	嘉兴星程电子有限公司	JIAXING XINGCEHNG ELECTRONICS CO., LTD.	轻工工艺	星程	XINGCHENG
114	6	嘉兴市	平湖市	新增	浙江宝绿特环保技术工程有限公司	ZHEJIANG BORETECH ENVIRONMENTAL ENGINEERING CO., LTD.	其他类	宝绿特	BoReTech

续表

总序号	地市序号	地市	所属市县	新增/复核	企业名称（中文）	企业名称（英文）	申报类别	申报品牌名称（中文）	申报品牌名称（英文）
115	7	嘉兴市	海宁市	新增	海宁市力佳隆门窗密封条有限公司	HAINING LIJIALONG PILE WEATHER STRIP CO., LTD.	轻工工艺	力佳隆	Pile weather strip、FOAM SEAL
116	8	嘉兴市	南湖区	新增	浙江良友木业有限公司	ZHEJIANG LAYO WOOD INDUSTRY CO., LTD.	其他类	大艺树地板	ARTREE FLOORING
117	9	嘉兴市	港区	新增	合盛硅业股份有限公司	HOSHINE SILICON INDUSTRY CO., LTD.	化工医药	合盛硅业	Hoshine Silicon
118	10	嘉兴市	南湖区	复核	浙江亚特电器股份有限公司	ZHEJIANG YAT ELECTRICAL APPLIANCE CO., LTD.	机械电子	亚特	YAT
119	11	嘉兴市	秀洲区	复核	麒盛科技股份有限公司	KEESON TECHNOLOGY CORONATION LIMITED	轻工工艺	奥格莫森	Ergomotion
120	12	嘉兴市	嘉善县	复核	浙江众成包装材料股份有限公司	ZHEJIANG ZHONGCHENG PACKING MATERIAL CO., LTD.	轻工工艺	众	"ZHONG" brand
121	13	嘉兴市	嘉善县	复核	斯贝克电子（嘉善）有限公司	SPEAKER ELECTRONIC (JIASHAN) CO., LTD.	机械电子	德国美高	SE AUDIOTECHNIK
122	14	嘉兴市	嘉善县	复核	浙江高格家居科技股份有限公司	ZHEJIANGGLORY HOME FURNISHINGS CO., LTD.	其他类	高格	GLORY
123	15	嘉兴市	平湖市	复核	浙江银座箱包有限公司	ZHEJIANG YINZUO CASES AND BAGS CO., LTD.	轻工工艺	银座	Ginza Travel
124	16	嘉兴市	平湖市	复核	浙江欧迪恩传动科技股份有限公司	ZHEJIANG ODM TRANSMISSION TECHNOLOGY CO., LTD.	机械电子	欧迪恩	ODM
125	17	嘉兴市	平湖市	复核	浙江依爱夫游戏装文化产业有限公司	ZHEJIANG EMF COSPLAY CULTURE INDUSTRY CO., LTD.	纺织服装	伊佳林	IKALI
126	18	嘉兴市	海宁市	复核	浙江晨丰科技股份有限公司	ZHEJIANG CHENFENG TECHNOLOGY CO., LTD.	机械电子	晨丰	–
127	19	嘉兴市	海宁市	复核	浙江港龙新材料科技有限公司	ZHEJIANG GANGLONG NEW MATERIAL CO., LTD.	纺织服装	–	GLP
128	20	嘉兴市	桐乡市	复核	桐昆集团股份有限公司	TONGKUN GROUP CO., LTD.	纺织服装	桐昆	TONGKUN
129	21	嘉兴市	桐乡市	复核	浙江中鼎纺织股份有限公司	ZHEJIANG ZHONGDING TEXTILE CO., LTD.	纺织服装	中鼎	ZHONGDING
130	22	嘉兴市	桐乡市	复核	浙江嘉澳环保科技股份有限公司	ZHEJIANG JIAAO ENPROTECH	化工医药	嘉澳	JIAAO
131	1	绍兴市	上虞区	新增	永农生物科学有限公司	YONGNONG BIOSCIENCES CO., LTD.	化工医药	永农	YONON
132	2	绍兴市	上虞区	新增	浙江恒洋伞业有限公司	ZHEJIANG HENGYANG UMBRELLA CO., LTD.	轻工工艺	恒洋	HENG YANG
133	3	绍兴市	诸暨市	新增	浙江镨美科智能刺绣设备有限公司	ZHEJIANG PROMAKER INTELLIGENT EMBROIDERY EQUIPMENT CO., LTD.	机械电子	镨美科	PROMAKER

续表

总序号	地市序号	地市	所属市县	新增/复核	企业名称（中文）	企业名称（英文）	申报类别	申报品牌名称（中文）	申报品牌名称（英文）
134	4	绍兴市	诸暨市	新增	浙江铭仕兴新暖通科技有限公司	ZHEJIANG MINGSHI XINGXIN HVAC TECHNOLOGY CO., LTD.	建材冶金	铭仕兴新	Mingshi Xingxin
135	5	绍兴市	新昌县	新增	国邦医药集团股份有限公司	GUOBANG PHARMA LTD.	化工医药	国邦	GBG
136	6	绍兴市	越城区	新增	浙江佳人新材料有限公司	ZHEJIANG JIAREN NEW MATERIALS CO., LTD.	其他类	佳人	JIAREN
137	7	绍兴市	诸暨市	复核	浙江信胜科技股份有限公司	ZHEJIANG XINSHENG TECHNOLOGY CO., LTD.	机械电子	信胜	SINSIM
138	8	绍兴市	诸暨市	复核	全兴精工集团有限公司	QUANXING MACHINING GROUP CO., LTD.	机械电子	全兴精工	QUANXING
139	9	绍兴市	诸暨市	复核	浙江越隆缝制设备有限公司	ZHEJIANG YUELONG SEWING EQUIPMENT CO., LTD.	机械电子	越美	YUEMEI
140	10	绍兴市	诸暨市	复核	浙江金海高科股份有限公司	ZHEJIANG GOLDENSEA HI-TECH CO., LTD.	轻工工艺	金海	GOLDENSEA
141	11	绍兴市	柯桥区	复核	墙煌新材料股份有限公司	WNDERFUL-WALL NEW MATERIALS CO., LTD.	建材冶金	墙煌	Alucosuper
142	12	绍兴市	新昌县	复核	浙江捷昌线性驱动科技股份有限公司	ZHEJIANG JIECANG LINEAR MOTION TECHNOLOGY CO., LTD.	机械电子	捷昌	JIECANG
143	13	绍兴市	越城区	复核	浙江古纤道绿色纤维有限公司	ZHEJIANG GUXIANDAO POLYESTER DOPE DYED YARN CO., LTD.	化工医药	–	GXD
144	14	绍兴市	越城区	复核	浙江耀锋动力科技有限公司	ZHEJIANG YAOFENG POWER TECHNOLOGY CO., LTD.	机械电子	–	ELEPAQ
145	15	绍兴市	上虞区	复核	浙江锋龙电气股份有限公司	ZHEJIANG FENGLONG ELECTRIC CO., LTD.	机械电子	锋龙	FLYLONG
146	16	绍兴市	上虞区	复核	浙江康隆达特种防护科技股份有限公司	ZHEJIANG KANGLONGDA SPECIAL PROTECTION TECHNOLOGY CO., LTD.	纺织服装	–	GPE
147	17	绍兴市	诸暨市	复核	浙江万安科技股份有限公司	ZHE JIANG VIE SCIENCE & TECHNOLOGY CO., LTD.	机械电子	万安	VIE
148	1	金华市	金义新区	新增	金华卓远实业有限公司	JINHUA VISION INDUSTRY CO., LTD.	机械电子	–	imax
149	2	金华市	金义新区	新增	金华市托普光学仪器有限公司	JINHUA TOPOPTICAI INSTRUMENT CO., LTD.	轻工工艺	托普	TOPOPTICAL
150	3	金华市	东阳市	新增	浙江金象科技有限公司	ZHEJIANG KIN-SHINE TECHNOLOGY CO., LTD.	机械电子	–	–
151	4	金华市	兰溪市	新增	兰溪市博远金属有限公司	LANXI BOYUAN METAL CO., LTD.	建材冶金	浩泰	HAO TAI

续表

总序号	地市序号	地市	所属市县	新增/复核	企业名称（中文）	企业名称（英文）	申报类别	申报品牌名称（中文）	申报品牌名称（英文）
152	5	金华市	兰溪市	新增	浙江众鑫环保科技集团股份有限公司	ZHEJIANG ZHONGXIN ENVIRONMENTAL PROTETION TECHNOLOGY GROUP CO., LTD.	轻工工艺	快乐海洋	Joyfulocean
153	6	金华市	永康市	新增	浙江飞祥杯业有限公司	ZHEJIANG FLY CUP CO., LTD.	轻工工艺	飞祥	FLY CUP
154	7	金华市	永康市	新增	永康市海力实业有限公司	YONGKANG HAILI INDUSTRIAL CO., LTD.	机械电子	捷拉夫	Giraffe Tools
155	8	金华市	永康市	新增	浙江信源电器制造有限公司	ZHEJIANG XINYUAN ELECTRIC APPLIANCE MANUFACTURE CO., LTD.	机械电子	-	SENCAN
156	9	金华市	武义县	新增	浙江英诺迪工贸有限公司	ZHEJIANG INNOADIR INDUSTRY&TRADE CO., LTD.	轻工工艺	英诺迪	innoadiR
157	10	金华市	武义县	新增	浙江保康轻毂制造有限公司	ZHEJIANG BAOKANG ELECTRIC APPLIANCES CO., LTD.	其他类	-	-
158	11	金华市	武义县	新增	浙江周立实业有限公司	ZHEJIANG ZHOULI INDUSTRIAL CO., LTD.	机械电子	-	ZMONDAY
159	12	金华市	武义县	新增	武义县双力杯业有限公司	WUYI SHUANGLI CUP CO., LTD.	轻工工艺	-	somode
160	13	金华市	武义县	新增	浙江程鹏工贸有限公司	ZHEJIANG CHENGPENG INDUSTRY &TRADE CO., LTD.	轻工工艺	飞鹏	FEIPENG
161	14	金华市	武义县	新增	浙江恒泰工艺礼品股份有限公司	ZHEJIANG HENGTAI CRAFTS MANUFACTURING CO., LTD.	轻工工艺	-	H&T
162	15	金华市	义乌市	新增	浙江棒杰数码针织品有限公司	ZHEJIANG BANGJIE DIGITAL KNITTING CO., LTD.	纺织服装	-	BAJ
163	16	金华市	义乌市	新增	浙江颜雪化妆品有限公司	ZHEJIANG USHAS COSMEICS CO., LTD.	其他类	菲珀	FEBBLE
164	17	金华市	义乌市	新增	义乌市文渊文具有限公司	YIWU WENYUAN STATIONERY CO., LTD.	轻工工艺	斯沃德	SWORLD
165	18	金华市	金义新区	复核	浙江真爱时尚家居有限公司	ZHEJIANG TRUELOVE FASHION HOME TEXTILE CO., LTD.	纺织服装	心爱	inlove
166	19	金华市	金义新区	复核	浙江好易点智能科技有限公司	ZHEJIANG HOOEASY SMART TECHNOLOGY CO., LTD.	轻工工艺	-	Homey
167	20	金华市	金义新区	复核	浙江普莱得电器股份有限公司	ZHEJIANG PRULDE ELECTRIC APPLIANCE CO., LTD.	机械电子	普莱得	Prulde
168	21	金华市	开发区	复核	浙江脉链冠科技有限公司	ZHEJIANG MERIT-CROWN TECHNOLOGY CO., LTD.	机械电子	皇冠	CROWN
169	22	金华市	开发区	复核	金华永和氟化工有限公司	JINHUA YONGHE FLUOROCHEMICAL CO., LTD.	化工医药	耐氟隆	Niflon

续表

总序号	地市序号	地市	所属市县	新增/复核	企业名称（中文）	企业名称（英文）	申报类别	申报品牌名称（中文）	申报品牌名称（英文）
170	23	金华市	开发区	复核	浙江闪铸三维科技有限公司	ZHEJIANG FLASHFORGE 3D TECHNOLOGY CO., LTD.	机械电子	闪铸科技	FLASHFORGE
171	24	金华市	婺城区	复核	浙江润华机电有限公司	ZHEJIANG RUNVA MECHANICAL & ELECTRICAL CO., LTD.	机械电子	润华	Runva
172	25	金华市	婺城区	复核	浙江开创电气股份有限公司	KEYSTONE ELECTRICAL(ZHEJIANG) CO., LTD.	机械电子	博球工具	BOQIU TOOLS
173	26	金华市	东阳市	复核	横店集团得邦照明股份有限公司	HENGDIAN GROUP TOSPO LIGHTING CO., LTD.	机械电子	得邦	TOSPO
174	27	金华市	东阳市	复核	冀发集团有限公司	JIFA GROUP CO., LTD.	机械电子	冀发	JIFA
175	28	金华市	兰溪市	复核	浙江鑫兰纺织有限公司	ZHEJIANG XINLAN TEXTILE CO., LTD.	纺织服装	鑫兰	XINLAN
176	29	金华市	兰溪市	复核	浙江金梭纺织有限公司	ZHEJIANG JINSUO TEXTILES CO., LTD.	纺织服装	金梭牛仔	JINSUO DENIM
177	30	金华市	永康市	复核	浙江飞神车业有限公司	ZHEJIANG FEISHEN VEHICLE INDUSTRY CO., LTD.	其他类	飞神	FEISHEN
178	31	金华市	永康市	复核	浙江金拓机电有限公司	ZHEJIANGJINTUO MECHANICAL & ELECTRICAL CO., LTD.	其他类	喽克特	MaKetec
179	32	金华市	永康市	复核	永康市堂胜工贸有限公司	YONGKANG TANGSHENG INDUSTRY CO., LTD.	轻工工艺	探路者	STREET RANGER
180	33	金华市	永康市	复核	浙江雄泰家居用品股份有限公司	ZHEJIANGXIONGTAI HOUSEWARE CO., LTD.	轻工工艺	雄泰	Shinetime
181	34	金华市	永康市	复核	浙江卡罗特工贸有限公司	ZHEJIANG CAROTE INDUSTRY&TRADE CO., LTD.	轻工工艺	卡罗特	CaROTE
182	35	金华市	永康市	复核	永康市华鹰衡器有限公司	YONGKANG HUAYING WEIGHING APPARATUS CO., LTD.	其他类	大红鹰	DAHONGYING
183	36	金华市	浦江县	复核	浙江浦江梅花锁业集团有限公司	ZHEJIANG PUJIANG PLUM-BLOSSOM LOCK INDUSTRY (GROUP) CO., LTD.	轻工工艺	梅花	Blossom
184	37	金华市	武义县	复核	浙江武精机器制造有限公司	ZHEJIANG WUJING MACHINE MANUFACTURE CO., LTD.	机械电子	-	-
185	38	金华市	武义县	复核	浙江伯是购厨具有限公司	ZHEJIANG BESCO COOKWARE CO., LTD.	轻工工艺	伯是购	BESCO
186	39	金华市	武义县	复核	华丽电器制造有限公司	HUALI ELECTRICAL APPLIANCE MANUFACTURING CO., LTD.	机械电子	凯诺	KANO
187	40	金华市	武义县	复核	浙江裕融实业股份有限公司	ZHEJIANG MAYANG INDUSTRIES CO., LTD.	机械电子	-	-
188	41	金华市	武义县	复核	浙江洋铭工贸有限公司	ZHEJIANG YOUMAY INDUSTRY AND TRADE CO., LTD.	建材冶金	洋铭	YANGMING

续表

总序号	地市序号	地市	所属市县	新增/复核	企业名称（中文）	企业名称（英文）	申报类别	申报品牌名称（中文）	申报品牌名称（英文）
189	42	金华市	武义县	复核	浙江保康电器有限公司	ZHEJIANG BAOKANG ELECTRIC APPLIANCES CO., LTD.	轻工工艺	–	ONDENI
190	43	金华市	义乌市	复核	浙江王斌装饰材料有限公司	ZHEJIANG WANGBIN DECORATIVE MATERIAL CO., LTD.	轻工工艺	–	W+wangbin
191	1	衢州市	智造新城	新增	浙江森拉特暖通设备有限公司	ZHEJIANG SUNLIGHT HEATING EQUIPMENT CO., LTD.	建材冶金	温暖先生	Mr.Warm
192	2	衢州市	智造新城	新增	浙江通天星集团股份有限公司	ZHEJIANG TONG TIAN XING GROUP CO., LTD.	其他类	通天星	TTX
193	3	衢州市	智造新城	复核	衢州龙威新材料股份有限公司	QUZHOIU LONGWEI NEWMATERIAL CO., LTD.	化工医药	龙威新材	LWNM
194	1	舟山市	普陀区	复核	中国水产舟山海洋渔业有限公司	CHINA AQUATIC PRODUCTS ZHOUSHAN MARINE FISHERIES CORPORATION	农副产品	明珠	–
195	1	台州市	椒江区	新增	泰田集团股份有限公司	TAITIAN GROUP CO., LTD.	机械电子	泰田	TUTA
196	2	台州市	黄岩区	新增	台州市卓信塑业有限公司	TAIZHOU ZHUOXIN PLASTICS CO., LTD.	轻工工艺	–	Sam-uk
197	3	台州市	黄岩区	新增	汇宝科技集团有限公司	PRECIOUS SCIENCE AND TECHNOLOGY GROUP CORPORATION LIMITED	机械电子	汇宝	PRECIOUS
198	4	台州市	路桥区	新增	浙江铭岛铝业有限公司	ZHEJIANG MINGDAO ALUMINIUM CO., LTD	建材冶金	铭岛铝业	GKO
199	5	台州市	临海市	新增	浙江荣鑫智能仪表股份有限公司	ZHEJIANG ROXYNE SMART METERS CO., LTD.	机械电子	荣鑫	Roxyne
200	6	台州市	温岭市	新增	浙江奥利达气动工具股份有限公司	ZHEJIANG AUARITA PNEUMATIC TOOLS L.L.C.	机械电子	奥利达	Auarita
201	7	台州市	温岭市	新增	台州贝力特机械有限公司	TAIZHOU BEILITE MACHINERY CO., LTD.	机械电子	贝力特	BEILITE
202	8	台州市	玉环市	新增	浙江永和智控科技有限公司	ZHEJIANG YORHE INTELLIGENT CONTROL TECHNOLOGY CO., LTD.	建材冶金	永和	Yorhe
203	9	台州市	天台县	新增	浙江天鸿汽车用品股份有限公司	ZHEJIANG TIANHONG AUTO ACCESSORIES CO., LTD	其他类	–	Tianhong
204	10	台州市	仙居县	新增	台州太阳风橡胶有限公司	TAIZHOU TAIYANGFENG RUBBER CO., LTD.	其他类	太阳风	SUNF
205	11	台州市	台州湾新区	新增	浙江杭博电动工具有限公司	ZHEJIANG HANGBO POWER TOOLS CO., LTD.	机械电子	博瑞	BORAY

续表

总序号	地市序号	地市	所属市县	新增/复核	企业名称（中文）	企业名称（英文）	申报类别	申报品牌名称（中文）	申报品牌名称（英文）
206	12	台州市	椒江区	复核	浙江海翔药业股份有限公司	ZHEJIANG HISOAR PHARMACEUTICAL CO., LTD.	化工医药	海翔	HISOAR
207	13	台州市	椒江区	复核	浙江九洲药业股份有限公司	ZHEJIANG JIUZHOU PHARMACEUTICAL CO., LTD.	化工医药	九洲	JIUZHOU
208	14	台州市	黄岩区	复核	浙江天雁轮毂股份有限公司	ZHEJIANG TIANYAN HOLDING CO., LTD.	轻工工艺	TY	TY
209	15	台州市	黄岩区	复核	浙江高澳卫浴有限公司	ZHEJIANG GAOAO SANITARY WARE CO., LTD.	轻工工艺	高澳	GAOAO
210	16	台州市	路桥区	复核	浙江荣鹏气动工具股份有限公司	ZHEJIANG RONGPENG AIR TOOLS CO., LTD.	机械电子	荣鹏	RONGPENG
211	17	台州市	路桥区	复核	台州信溢农业机械有限公司	TAIZHOU SUNNY AGRICULTURAL MACHINERY CO., LTD.	机械电子	法美特	Farmate
212	18	台州市	路桥区	复核	浙江大农实业股份有限公司	ZHEJIANG DANAU INDUSTRIES CO., LTD.	机械电子	大农	DANAU
213	19	台州市	临海市	复核	浙江万盛股份有限公司	ZHEJIANG WANSHENG CO., LTD.	化工医药	—	WSFR
214	20	台州市	温岭市	复核	浙江格凌实业有限公司	ZHEJIANG GREENCO INDUSTRY CO., LTD.	机械电子	格凌	GREENCO
215	21	台州市	温岭市	复核	浙江劳士顿科技股份有限公司	ZHEJIANG LAOSHIDUN TECHNOLOGY CO., LTD.	机械电子	劳士顿	LAOSHIDUN
216	22	台州市	温岭市	复核	新界泵业（浙江）有限公司	SHIMGE PUMP INDUSTRY (ZHEJIANG) CO., LTD.	机械电子	SHIMGE	SHIMGE
217	23	台州市	温岭市	复核	浙江泰福泵业股份有限公司	ZHEJIANG TAIFU PUMP CO., LTD.	机械电子	泰福	TAIFU
218	24	台州市	温岭市	复核	浙江蒙贝泵业股份有限公司	ZHEJIANG HAPPY PUMP INDUSTRY CO., LTD.	机械电子	蒙贝	HAPPY
219	25	台州市	温岭市	复核	浙江飞越机电有限公司	ZHEJIANG VALUE MECHANICAL & ELECTRICAL PRODUCTS CO., LTD.	机械电子	飞越	VALUE
220	26	台州市	温岭市	复核	浙江东音科技有限公司	ZHEJIANG DOYIN TECHNOLOGY CO., LTD.	机械电子	东音	DONGYIN
221	27	台州市	温岭市	复核	台州市大江实业有限公司	TAIZHOU DAJIANG IND.CO., LTD.	机械电子	大江	DAJ
222	28	台州市	温岭市	复核	温岭甬岭水表有限公司	WENLING YOUNIO WATER METER CO., LTD.	其他类	甬岭水表	Younio water meter
223	29	台州市	玉环市	复核	浙江宏倍斯智能科技股份有限公司	ZHEJIANG HOMEBASE INTELLIGENT TECHNOLOGY CO., LTD.	建材冶金	宏倍斯	Homebase
224	30	台州市	玉环市	复核	浙江华龙巨水科技股份有限公司	ZHEJIANG VALOGIN TECHNOLOGY CO., LTD.	建材冶金	—	V&G
225	31	台州市	玉环市	复核	浙江万得凯流体设备科技股份有限公司	ZHEJIANG WANDEKAI FLUID EQUIPMENT TECHNOLOGY CO., LTD.	建材冶金	万得凯	WDK
226	32	台州市	玉环市	复核	浙江达柏林阀门有限公司	ZHEJIANG DOUBLE-LIN VALVES CO., LTD.	建材冶金	达柏林	DOUBLE-LIN
227	33	台州市	玉环市	复核	浙江双环传动机械股份有限公司	ZHEJIANG SHUANGHUAN DRIVELINE CO., LTD.	机械电子	—	—

续表

总序号	地市序号	地市	所属市县	新增/复核	企业名称（中文）	企业名称（英文）	申报类别	申报品牌名称（中文）	申报品牌名称（英文）
228	34	台州市	玉环市	复核	浙江中捷缝纫科技有限公司	ZOJE SEWING MACHINE CO., LTD.	机械电子	中捷	Zhejiang Top Export Brand
229	35	台州市	天台县	复核	浙江明丰实业股份有限公司	ZHEJIANG MINGFENG INDUSTRIAL CO., LTD.	其他类	明丰	Manful
230	36	台州市	仙居县	复核	浙江车头制药股份有限公司	ZHEJIANG CHARIOTEER PHARMACEUTICAL CO., LTD.	化工医药	车头	Charioteer
231	37	台州市	三门县	复核	浙江永源机电制造有限公司	ZHEJIANG JONWAY MACHINERY &ELECTRIC MANUFACTURE CO., LTD.	机械电子	易路安	Eluan
232	38	台州市	三门县	复核	浙江绿岛科技有限公司	ZHEJIANG LUDAO TECHNOLOGY CO., LTD.	轻工工艺	绿岛及图	Ludao and map
233	39	台州市	台州湾新区	复核	浙江文信机电制造有限公司	ZHEJIANG WENXIN MECHANICAL&ELECTRICAL CO., LTD.	其他类	文信机电	WENXIN MECHANICAL& ELECTRICAL
234	1	丽水市	莲都区	新增	瓯宝安防科技股份有限公司	OUBAO SECURITY TECHNOLOGY CO., LTD.	轻工工艺	瓯宝	OUBAO
235	2	丽水市	龙泉市	新增	浙江三田滤清器有限公司	ZHE JIANG SANTIAN OIL FILTER CO., LTD.	机械电子	-	-
236	3	丽水市	龙泉市	新增	浙江三田汽车空调压缩机有限公司	ZHEJIANG SANTIAN A/C COMPRESSOR CO., LTD.	机械电子	三吉	SANKICHI
237	4	丽水市	开发区	新增	浙江德明汽车部件有限公司	ZHEJIANG DEMING AUTOMOBILE PARTS CO., LTD.	其他类	艾迪欧	ADIOU
238	5	丽水市	缙云县	新增	浙江嘉宏运动器有限公司	ZHEJIANGJIAHONG SPORTS EQUIPMENT CO., LTD.	其他类	阿文特	Aventon
239	6	丽水市	龙泉市	复核	浙江能福旅游用品有限公司	ZHEJIANG NENGFU TOURIST PRODUCTS CO., LTD.	轻工工艺	能福	NF
240	7	丽水市	缙云县	复核	浙江金棒运动器材有限公司	ZHEJIANG JINBANG SPORTS EQUIPMENT CO., LTD.	机械电子	金棒	JBSPORT
241	8	丽水市	缙云县	复核	浙江天喜厨电股份有限公司	ZHEJIANG TIANXI KITCHEN APPLIANCE CO., LTD.	机械电子	天喜	TIANXI

2022 年度浙江省外贸综合服务企业认定名单

类型	地区	名称
示范企业	一达通	浙江一达通企业服务有限公司（杭州市滨江区）
		宁波一达通企业服务有限公司（宁波市鄞州区）
		温州一达通企业服务有限公司（温州市鹿城区）
		嘉兴一达通企业服务有限公司（嘉兴市秀洲区）
		义乌一达通企业服务有限公司（金华市义乌市）
	省属企业	浙江国贸云商控股有限公司（杭州市上城区）
	杭州	浙江融易通企业服务有限公司（杭州市拱墅区）
		版通数字科技（杭州）有限公司（杭州市西湖区）
		浙江畅购天下电子商务有限公司（杭州市钱塘区）
		浙江物产安橙科技有限公司（杭州市萧山区）
		浙江保宏境通供应链管理有限公司（杭州市萧山区）
		杭州百佳荟对外贸易集团有限公司（杭州市余杭区）
		杭州环宇集团有限公司（杭州市富阳区）
	宁波	宁波宁兴贸易集团有限公司（宁波市海曙区）
		宁波宁化通国际贸易有限公司（宁波市海曙区）
		宁波宁电南方国际贸易有限公司（宁波市江北区）
		宁波美联外贸服务有限公司（宁波市北仑区）
		宁波联合集团进出口股份有限公司（宁波市北仑区）
		浙江新景进出口有限公司（宁波市北仑区）
		宁波中基惠通集团股份有限公司（宁波市鄞州区）
		宁波世贸通国际贸易有限公司（宁波市鄞州区）
		宁波华艺进出口有限公司（宁波市鄞州区）
		宁波凯邦外贸服务有限公司（宁波市鄞州区）
		宁波市群安进出口有限公司（宁波市余姚市）
		余姚市华伦进出口有限公司（宁波市余姚市）
		宁波市慈溪进出口控股有限公司（宁波市慈溪市）
		宁波峰亚进出口有限公司（宁波市宁海县）
		宁波市宁海县国际贸易有限公司（宁波市宁海县）
		宁波中瑞进出口有限公司（宁波市象山县）

续表

类型	地区	名称
示范企业	温州	温州陆港国际贸易有限公司（温州市鹿城区）
		温州市土产畜产品对外贸易有限公司（温州市鹿城区）
		温州外贸工业品股份有限公司（温州市鹿城区）
		温州意通国际贸易有限公司（温州市龙湾区）
		温州市龙湾对外贸易有限公司（温州市龙湾区）
		温州国贸云商供应链管理有限公司（温州市乐清市）
	嘉兴	浙江汇信实业股份有限公司（嘉兴市秀洲区）
		嘉兴国贸云商供应链管理有限公司（嘉兴市南湖区）
		浙江嘉欣丝绸股份有限公司（嘉兴市南湖区）
	湖州	湖州市对外贸易股份有限公司（湖州市南浔区）
		德清中非经贸港服务有限公司（湖州市德清县）
		浙江华凯供应链管理有限公司（湖州市长兴县）
	金华	浙江库川供应链服务有限公司（金华市武义县）
		浙江东园进出口有限公司（金华市东阳市）
		浙江开亚国际供应链有限公司（金华市义乌市）
		浙江金士敦供应链管理有限公司（金华市义乌市）
		浙江省国贸供应链服务有限公司（金华市义乌市）
		浙江聚达供应链服务有限公司（金华市义乌市）
		浙江巴米智联科技股份有限公司（金华市义乌市）
		浙江丰贸进出口股份有限公司（金华市义乌市）
		义乌市宏宸进出口有限公司（金华市义乌市）
	台州	浙江城发云贸国际供应链有限公司（台州市椒江区）
		浙江省黄岩进出口公司（台州市黄岩区）
		温岭市进出口有限公司（台州市温岭市）
成长型企业	杭州	浙江众融企业服务有限公司（杭州市拱墅区）
		浙江融易通进出口有限公司（杭州市萧山区）
	温州	温州国际经济技术合作有限公司（温州市鹿城区）
	嘉兴	嘉善国鼎进出口贸易有限公司（嘉兴市嘉善县）
		浙江花神丝绸进出口有限责任公司（嘉兴市桐乡市）
	湖州	湖州国贸云商供应链管理有限公司（湖州市南浔区）
		浙江安吉宁兴云外贸服务有限公司（湖州市安吉县）
	金华	浙江德瑞供应链管理有限公司（金华市金东区）
		浙江嘉宝物流股份有限公司（金华市兰溪市）
	台州	浙江中非国际经贸港服务有限公司（台州市椒江区）
	丽水	丽水翰海进出口有限公司（丽水市云和县）

类型	地区	名称
试点企业	杭州	杭州乐链网络科技有限公司（杭州市钱塘区）
		杭州海仓科技有限公司（杭州市钱塘区）
		杭州雪润进出口有限公司（杭州市临平区）
	宁波	宁波大洲进出口有限公司（宁波市海曙区）
	湖州	湖州市劲行供应链管理有限公司（湖州市吴兴区）
		浙江华凯保税仓储有限公司（湖州市吴兴区）
		湖州杰诚威进出口有限公司（湖州市吴兴区）
	金华	浙江长地供应链管理有限公司（金华市浦江县）
		浙江众拓供应链管理有限公司（金华市义乌市）
	舟山	浙江自贸区汇通外贸综合服务有限公司（舟山市定海区）
	台州	台州市海猫科技有限公司（台州市椒江区）
		台州思图进出口有限公司（台州市仙居县）
	丽水	丽水外综服供应链管理有限公司（丽水市莲都区）

2022 年度浙江本土民营跨国公司"领航企业"名单

地市	企业名称
杭州市	浙江吉利控股集团有限公司
	万向集团公司
	华立集团股份有限公司
	杭州海兴电力科技股份有限公司
	杭州联络互动信息科技股份有限公司
	浙江荣盛控股集团有限公司
	杭州巨星科技股份有限公司
	浙江日发控股集团有限公司
	浙江恒逸集团有限公司
	杭州东华链条集团有限公司
	浙江大华技术股份有限公司
	金帝联合控股集团有限公司
	顾家集团有限公司
	浙江健盛集团股份有限公司
	亿帆医药股份有限公司
	杭州启明医疗器械股份有限公司
	贝达药业股份有限公司
	杭州泰格医药科技股份有限公司
	万通智控科技股份有限公司
	赞宇科技集团股份有限公司
宁波市	宁波均胜电子股份有限公司
	百隆东方股份有限公司
	博威集团有限公司
	宁波华翔电子股份有限公司
	乐歌人体工学科技股份有限公司
	东方日升新能源股份有限公司
	狮丹努集团股份有限公司
	宁波金田铜业（集团）股份有限公司
温州市	青山控股集团有限公司
	正泰集团股份有限公司
	人本股份有限公司
	佩蒂动物营养科技股份有限公司

地市	企业名称
湖州市	诺力智能装备股份有限公司
	恒林家居股份有限公司
	浙江泰普森实业集团有限公司
嘉兴市	浙江华友钴业股份有限公司
	振石控股集团有限公司
	福莱特玻璃集团股份有限公司
	闻泰通讯股份有限公司
	浙江海利得新材料股份有限公司
绍兴市	浙江龙盛集团股份有限公司
	卧龙控股集团有限公司
	三花控股集团有限公司
	海亮集团有限公司
	万丰奥特控股集团有限公司
	浙江阳光照明电器集团股份有限公司
金华市	浙江甬金金属科技股份有限公司
	红狮控股集团有限公司
台州市	浙江华海药业股份有限公司
	利欧集团股份有限公司

第十五编

附　录

浙江省人民政府办公厅
关于积极发挥暑期效应加快释放消费活力的意见

各市、县（市、区）人民政府，省政府直属各单位：

根据我省经济稳进提质攻坚行动部署要求，为进一步释放暑期消费活力，加快消费回补，经省政府同意，提出如下意见。

一、丰富暑期产品供给

鼓励餐饮、旅游、影剧院、健身、文化、培训、娱乐等领域企业适当延长营业时间。结合宋韵文化、诗路文化等主题，针对性开发适合暑期消费的产品和服务项目，推出针对学生、家庭、游客等不同消费群体的超值套餐、联票套票、满减满送等折扣优惠活动。鼓励银行业金融机构开发适合暑期消费的信贷产品。（责任单位：省商务厅、省委宣传部、省教育厅、省文化和旅游厅、省地方金融监管局、省体育局、浙江银保监局，列第一位的为牵头单位，下同。以下工作均需各市、县〔市、区〕政府落实，不再列出）

二、优化暑期消费场景

鼓励商业综合体、商业街区、文化场所、A级旅游景区等在符合相关规定和保障安全的前提下，优化空间布局，合理利用空闲场地，增加亲子游乐设施，举办文艺表演、开设小型集市等，提升消费体验。（责任单位：省商务厅、省文化和旅游厅、省市场监管局）

三、举办系列展销和赛事活动

鼓励各地举办暑期欢乐购、美食节、文化和旅游消费季（月、周）、音乐节、创意集市、博览会等活动，拓展浙江智造、品质浙货、浙江老字号、山区26县农优产品、"内外贸三同"产品、文创产品、历史经典产品等商品销售渠道，全省举办促销活动200场以上。鼓励各地承办体育赛事，2022年第三季度完成计划竞技赛事95场以上。（责任单位：省商务厅、省经信厅、省文化和旅游厅、省体育局）

四、大力发展夜间经济

鼓励各地打造特色鲜明、业态多元、亮丽美观的地标性夜间经济生活集聚区，支持夜食、夜购、夜游、夜娱、夜健身等夜间经济生态多元发力，营造全天候、全时段、全领域消费氛围。（责任单位：省商务厅、省文化和旅游厅）

五、活跃乡村社区消费氛围

鼓励各地开展电影、戏曲进社区、进乡村活动，利用各类集市、庙会、夜市等开展专场展销活动。鼓励县乡增开、增密乡村公交班次，延长末班运营时间。（责任单位：省文化和旅游厅、省委宣传部、省建设厅、省交通运输厅、省农业农村厅）

六、落实疗休养和带薪休假制度

鼓励各级工会尽快启动、尽早开展职工疗休养活动，落实带薪休假制度，促进休闲消费。（责任单位：省总工会）

七、支持发放消费券

鼓励各地围绕餐饮、旅游、休闲等暑期消费重点领域，出台专项消费券、数字人民币红包等促消费支持政策，引导金融机构、交易平台、商贸企业、生产厂家等提供配套支持。省级财政根据各设区市2022年第三季度消费券核销情况给予奖补支持。（责任单位：省财政厅、省商务厅、省文化和旅游厅、省体育局）

八、适当放宽活动审批

在确保安全前提下，鼓励各地适度放宽促销广告、展销活动审批和临时外摆限制，允许利用外围广场搭建集市，增加"烟火气"。（责任单位：省建设厅、省商务厅、省市场监管局）

九、抓好已出台扶持政策落地

各地、各部门对已出台的促进餐饮、住宿、旅游、零售等服务业恢复发展的扶持政策措施，要建立政策落实清单，尽早尽快兑现，切实帮助企业降低经营成本、解决融资需求、提供稳岗扩岗支持，增强企业发展信心和活力。（责任单位：省发展改革委、省财政厅、省人力社保厅、省农业农村厅、省商务厅、省文化和旅游厅、省国资委、省地方金融监管局、人行杭州中心支行、浙江银保监局）

十、强化消费宣传引导

引导树立正确消费观，培育健康理性消费观念，杜绝虚荣、攀比、盲从等不良现象。鼓励节约适度、绿色低碳消费，促进可持续消费。（责任单位：省委宣传部、省商务厅）

十一、加强监管指导

各地在制定政策过程中要进行公平竞争审查，充分听取相关平台经营者、商家和消费者的意见。严格保障消费券发放平台的选择合法性、公平性，促进资源优化配置，提高财政资金使用效率，保障消费者合法权益。优化消费券发放方式，加强信息公开，运用法律手段坚决打击利用虚拟定位异地使用、拆单使用消费券和虚构消费事实等套现行为，引入黑名单机制，加强信用惩戒。（责任单位：省市场监管局、省发展改革委、省公安厅、省商务厅）

十二、保障暑期消费安全

按照"放得开、管得住"要求，高效统筹疫情防控和经济社会发展，坚决防止疫情防控简单化、一刀切和"层层加码"。落实安全生产措施，鼓励保险业机构开发适合暑期特点的保险产品。持续深化"放心消费在浙江"行动，积极营造安全、放心、满意、诚信的消费环境，让消费者敢消费、愿消费。（责任单位：省卫生健康委、省商务厅、省文化和旅游厅、省应急管理厅、省市场监管局、省体育局、浙江银保监局）

浙江省人民政府办公厅

2022 年 7 月 10 日

（此件公开发布）

浙江省商务厅等 16 部门
关于进一步搞活汽车流通扩大汽车消费的通知

各市、县（市、区）商务局、发展改革委（局）、经信局、公安局、财政局、自然资源局、生态环境局、建设局、交通运输局、农业农村局、文化和旅游局、市场监管局、税务局、体育局、人民银行、银保监分局：

为认真贯彻落实《商务部等 17 部门关于搞活汽车流通扩大汽车消费若干措施的通知》（商消费发〔2022〕92 号），根据省委、省政府工作部署，现就进一步搞活汽车流通，扩大我省汽车消费市场有关事项通知如下：

一、支持新能源汽车购买使用

（一）促进新能源汽车跨区域自由流通

加强汽车领域反垄断监管执法，全面落实公平竞争审查制度，开展破除地方保护和市场分割专项行动，集中清理含有地方保护和市场分割的政策措施和做法，维护相关经营者和消费者合法权益，营造公平竞争市场秩序。（责任单位：省市场监管局）

（二）丰富新能源汽车产品供给

鼓励整车和零部件企业加快电动化、智能化、网联化、共享化转型升级，支持整车企业加强与产业链上下游配套企业深化合作，组织开展整零协同对接，推动开展协同创新和技术攻关，引导支持整车企业向农村地区优惠提供更多新能源汽车车型。（责任单位：省经信厅、省发展改革委、省农业农村厅、省商务厅）

（三）积极支持充电设施建设

贯彻落实《民用建筑电动汽车充电设施配置与设计规范》，保证新建住宅的新能源车位足额配套建设；结合未来社区和老旧小区综合改造工作，加快推动公共充电基础设施改造建设；加强高速服务区和国省道沿线的充电基础设施建设，推进高速公路快充网络有效覆盖。鼓励各地创新扶持方式，加大对充电基础设施建设、智能化改造及运营服务等支持力度，积极探索与服务质量、充电效率相挂钩的充电基础设施运营奖补政策，引导运营商合理设定服务价格。（责任单位：省能源局、省建设厅、省交通运输厅、省财政厅）

二、加快活跃二手车市场

（一）支持二手车经销业务

对从事新车销售和二手车销售的企业，经营范围统一登记为"汽车销售"，按有关规定做好备案。商务部门要及时将备案企业信息推送至公安机关、税务部门。自 2022 年 10 月 1 日起，对已备案汽车销售企业从自然人处购进二手车的，允

许企业反向开具二手车销售统一发票并凭此办理转移登记手续。（责任单位：省市场监管局、省公安厅、浙江省税务局）

（二）完善二手车发票管理

自 2023 年 1 月 1 日起，对自然人在一个自然年度内出售持有时间少于 1 年的二手车达到 3 辆及以上的，汽车销售企业、二手车交易市场、拍卖企业等不得为其开具二手车销售统一发票，不予办理交易登记手续，有关部门按规定处理。公安、税务部门共享核查信息，税务部门充分运用共享信息，为有关企业开具发票提供信息支撑。（责任单位：浙江省税务局、省公安厅）

（三）促进二手车商品化流通

汽车销售企业应当按照国家统一的会计制度，将购进并用于销售的二手车按照"库存商品"科目进行会计核算。财政部门抓好落实，做好准则制度宣传培训工作。（责任单位：省财政厅、浙江省税务局）

（四）便利二手车转让登记

自 2022 年 10 月 1 日起，已备案汽车销售企业申请办理小型非营运二手车转移登记时，公安机关实行单独签注管理，核发临时号牌。汽车销售企业购入并用于销售的二手车不占用号牌指标。（责任单位：省公安厅、省交通运输厅）

三、促进汽车更新消费

（一）加快老旧车辆淘汰更新

鼓励有条件的地市开展汽车以旧换新活动。研究制定新一轮老旧营运柴油货车淘汰补助政策，引导鼓励地市提前淘汰国四及以下老旧营运柴油货车。（责任单位：省交通运输厅、省发展改革委、省财政厅、省生态环境厅、省商务厅）

（二）完善报废机动车回收利用体系

依据机动车保有量，编制报废机动车回收拆解行业产能发展规划。对《报废机动车回收管理办法实施细则》施行前已取得资质的企业，如因新冠疫情影响无法按期重新完成资质认定的，可

延期到 2023 年 3 月 1 日。（责任单位：省商务厅、省公安厅、省生态环境厅）

（三）加大报废机动车回收企业建设用地支持

做好报废机动车回收拆解企业在用地方面的政策指导和服务保障，支持符合条件的建设项目申报省重大产业项目，按规定给予新增建设用地计划指标奖励，对已批在建项目按规定要求使用土地。（责任单位：省自然资源厅）

四、推动汽车平行进口持续健康发展

允许企业对进口车型持续符合国六排放标准作出承诺，在环保信息公开环节，延续执行对平行进口汽车车载诊断系统（OBD）试验和数据信息的有关政策要求。协助平行进口汽车企业落实国家强制性产品认证管理规定，为平行进口汽车企业在强制性产品认证和信息公开方面提供服务。（责任单位：省生态环境厅、省市场监管局、省公安厅）

五、发展汽车文化旅游消费

支持汽车运动赛事、汽车自驾运营地等建设项目用地需求。对自驾车旅居车营地的特定功能区，使用未利用地的，在不改变土地用途、不固化地面的前提下，可按原地类管理。积极筹备举办长三角汽摩运动大会系列赛。（责任单位：省自然资源厅、省体育局、省文化和旅游厅）

六、丰富汽车金融服务

鼓励金融机构优化汽车消费金融产品和服务，加大对汽车消费信贷支持力度。鼓励保险机构优化新能源汽车保险业务。鼓励金融租赁公司加强与汽车厂商合作，大力发展厂商租赁业务，通过厂商租赁业务模式为汽车消费者提供更多金融服务。（责任单位：人行杭州中心支行、浙江银保监局）

本通知自发文之日起施行。

浙江省商务厅
浙江省发展和改革委员会
浙江省经济和信息化厅
浙江省公安厅
浙江省财政厅
浙江省自然资源厅
浙江省生态环境厅
浙江省住房和城乡建设厅

浙江省交通运输厅
浙江省农业农村厅
浙江省文化和旅游厅
浙江省市场监督管理局
中国人民银行杭州中心支行
国家税务总局浙江省税务局
浙江省体育局
中国银行保险监督管理委员会浙江监管局

2022 年 9 月 19 日

浙江省商务厅等 18 部门
关于促进老字号传承创新发展的实施意见

为贯彻落实《商务部等 8 部门关于促进老字号创新发展的意见》精神，进一步挖掘老字号潜力，加大我省老字号保护与支持力度，促进老字号焕新升级，根据省政府工作要求，特制定本意见。

一、总体目标

立足新发展阶段、贯彻新发展理念、构建新发展格局，建立健全老字号保护传承和创新发展的长效机制，推动老字号国潮消费，促进老字号持续健康高质量发展，助力助推我省高质量发展、竞争力提升、现代化先行和共同富裕示范。

"十四五"期间基本形成有效推进浙江老字号保护传承和创新发展的工作体系。老字号的保护和传承得到有效加强，创新能力不断提升，发展环境进一步优化。老字号对浙江经济发展、文化繁荣的贡献度不断提升，老字号品牌形象与文化特色进一步凸显，人民群众认同感和满意度显著提高。到 2025 年，累计培育浙江老字号 500 家以上，并通过动态管理提高品牌质量；推动一批老字号企业上市，实现资产证券化；支持建设各类老字号展示馆、博物馆 100 个；引导建设和提升一批以老字号为主要特色的街区。

二、主要任务

（一）加大保护力度，筑牢品牌根基

1. 推进老字号保护法治建设。修订完善浙江老字号认定办法，建立动态管理工作机制，推动老字号名录管理。普法宣传中纳入老字号保护主题，加大依法保护老字号的社会关注度。指导法律服务机构为老字号企业提供专业法律服务，支持老字号企业依法维护自身合法权益。鼓励各地市出台老字号保护相关规章制度。（责任单位：省司法厅、省商务厅，按职责分工负责，下同）

2. 加强老字号知识产权保护。健全老字号名录共享机制，强化老字号商号注册保护。引导老字号在境内外注册商标，支持老字号企业商标、商号一体化保护。支持老字号企业开展海外知识产权保护，鼓励各国家级知识产权保护中心、快维中心积极参与老字号维权协作，提供快速维权援助通道。严厉打击侵犯老字号企业字号权、商

标权、知识产权和制售假冒伪劣产品的不法行为。（责任单位：省商务厅、省市场监管局）

3. 加大老字号文化遗产保护。建立老字号历史文化遗产保护目录，符合条件的技艺、工艺纳入非物质文化遗产保护体系；鼓励老字号企业申报非物质文化遗产生产性保护基地。将老字号网点保护和建设纳入相关规划，符合条件的老字号原址核定公布为文物保护单位、历史建筑，落实相关保护措施。旧城改造中注重对老字号的原址保护，尽可能保留原有商业环境。（责任单位：省自然资源厅、省建设厅、省文化和旅游厅、省文物局）

（二）健全传承体系，维系文化脉络

4. 壮大老字号人才队伍。鼓励各高校、中等职业院校和技师学院与老字号企业共同培养各类适用人才，加强校企合作，为老字号产业创新发展提供人才支撑。鼓励老字号企业专业技术人员申报相应系列（专业）职称，探索开展老字号特有职业（工种）的职称评定、职业技能认定，将老字号企业传承人、特殊岗位骨干纳入各类高级别人才的认定、评定。（责任单位：省人力社保厅、省商务厅）

5. 传承老字号技艺工艺。支持老字号企业建设符合传统工艺要求的生产、加工、配送基地，加大用地保障。支持老字号企业开办各类技艺传习馆，加强技艺传播、传承。支持中医药老字号企业开办中医诊所，符合条件的按程序纳入医疗保障定点管理。对已经失传和濒临失传的老字号技艺工艺加大研发保护力度，推动技艺恢复和传承。（责任单位：省自然资源厅、省商务厅、省卫生健康委）

6. 弘扬老字号文化精髓。鼓励老字号企业和社会组织建设老字号展示馆、博物馆，将其作为老字号历史文化教育基地和对外文化交流基地，在规划用地等方面提供便利，鼓励向公众免费开放。建设老字号数字博物馆，运用数字化技术保存、展示老字号文化。鼓励老字号企业保留富有优秀传统文化特质的仪式、技艺、物件。（责任单位：省委宣传部、省商务厅、省文化和旅游厅、省文物局）

7. 活化老字号文化资源。在做好疫情防控前提下，筹办"老字号嘉年华"，支持各地结合地方特色民俗，开展形式多样的展览展销和文化体验活动。支持老字号技艺传承人参加非物质文化遗产传承人和非物质文化遗产项目保护传承相关培训。（责任单位：省商务厅、省文化和旅游厅）

（三）建立创新机制，激发创新活力

8. 打造老字号创新策源地。链接优势产业，加强数字赋能，建立以企业为主体、市场为导向、产学研深度融合的创新体系；探索与先进制造、物流、设计、科创、文创企业形成优势互补、融合共进的新型老字号创新模式；鼓励在景区、商业中心、交通网点以集合店、特色店、概念店等形态，引导老字号集聚抱团发展，建设一批老字号集聚（街）区；打造老字号国潮产业园、文创空间等多样性老字号创新赋能平台。（责任单位：省经信厅、省科技厅、省商务厅、省文化和旅游厅）

9. 促进老字号产品与服务创新。深入挖掘老字号传统文化和独特技艺，支持创作富含时尚元素、符合国潮需求的作品，延伸老字号品牌价值。鼓励老字号企业提供现场设计、私人定制等个性化服务；加大传统老字号与现代服务业的融合，丰富服务手段，提升服务质量。加大地域历史文化纪念品、礼品开发力度，丰富老字号文旅产品供给，依托历史经典产业老字号企业，开发具有浙江文化辨识度的品牌产品。鼓励老字号餐饮企业积极参与打造"诗画浙江、百县千碗"美食品牌。（责任单位：省委宣传部、省经信厅、省商务厅、省文化和旅游厅）

10. 升级老字号工艺与技术。支持老字号企业设立各类研发机构，加快技术改造，推进智能化进程，增强自主创新能力。鼓励老字号企业与科研院所、高等院校合作，促进科技成果转移转化。推动行业龙头老字号企业开展职业技能等级认定试点工作，争取申报成为社会培训评价组织。鼓励地方产业特色职业（工种）申报专项职业能力考核规范开发。（责任单位：省科技厅、省人力社保厅）

11. 拓宽老字号经营渠道。加大对老字号数字化改革的支持力度，引导老字号企业创新营销模式，线上线下融合发展。鼓励老字号企业拓展智能消费新领域、营造消费新场景。支持电商平台设立老字号品牌专区，开展老字号主题推介。支持老字号发展线下连锁经营、特许经营，完善物流配送，提升营运效率，加速老字号焕新升级。（责任单位：省商务厅）

（四）优化发展环境，增强发展动能

12. 深化老字号产权改革。支持老字号企业产权按照法律规定、市场规则，有序进退、合理流动。妥善处置老字号企业商标所有权和经营权分离问题，房产所有权和土地使用权分离问题。支持专业机构对字号、商标开展价值评估，鼓励商标注册人依法向老字号企业转让商标或作价入股。支持老字号企业通过产权制度改革，引进战略投资者，优化股权结构。（责任单位：省市场监管局、省国资委）

13. 引导老字号体制机制改革。引导国有老字号企业充分发挥混合所有制改革突破口作用，在市场竞争中不断释放活力，增强核心竞争力。鼓励老字号企业深化体制改革，建立现代企业制度，完善企业激励、决策和用人机制，支持老字号企业建立职业经理人制度，提高企业专业化经营水平。（责任单位：省发展改革委、省经信厅、省商务厅、省国资委）

14. 支持老字号企业优化重组。鼓励经营业务相近或有产业关联的老字号企业、现代企业，跨地区、跨行业、跨隶属关系重组整合，打造老字号企业集团。支持大中型企业依法控股、收购、兼并老字号企业，优化整合，拓展老字号品牌影响力。鼓励社会资本依法参与老字号重组，实现老字号品牌和高效率运作企业的优势互补。（责任单位：省经信厅、省商务厅、省国资委、省地方金融监管局）

15. 优化老字号金融服务。深入实施"凤凰行动"，推进老字号资产证券化，促进老字号企业股改规范、治理提升。支持金融机构开发适合老字号的金融产品，鼓励符合条件的社会资本发起设立老字号发展基金，引导各类基金和创投机构对发展潜力大的老字号加大资金、管理和技术投入。（责任单位：省地方金融监管局）

16. 鼓励老字号走出国门。充分利用服务贸易创新发展引导基金，按照市场化原则，引导符合条件的代表性领域老字号企业开展服务贸易，推动老字号优质服务走向国际市场。探索在共建"一带一路"国家举办展会，支持符合条件的老字号企业参加境外专业展会，积极宣传推广老字号品牌。（责任单位：省商务厅）

三、保障措施

（一）加强统筹协同

切实把推动老字号保护传承和创新发展工作放在突出重要位置，建立由省商务厅牵头、相关部门共同参与的促进老字号发展工作机制，协同推进老字号创新发展工作。健全协会组织功能，建立老字号创新发展专家咨询平台，广泛吸纳有关政府部门、学术机构、高等院校等专业人才，共同推动老字号健康发展。（责任单位：省商务厅）

（二）实施动态管理

统筹推进中华老字号、浙江老字号认定，规范浙江老字号认定条件、认定程序、退出机制，建立健全浙江老字号名录和档案。开展浙江老字号经营情况和信用情况评估，实施诚信红黑名单制度，并纳入浙江省公共信用信息平台。（责任单位：省发展改革委、省商务厅、省市场监管局）

（三）加大政策支持

各级商务部门合理使用省商务促进财政专项资金，统筹推进老字号创新发展；充分发挥政府产业基金引导作用，撬动社会资本支持老字号企业焕新升级。加大税收政策支持，按规定减免困难浙江老字号的税费。鼓励市、县（市、区）加大老字号财政扶持力度，依法落实相关税收政策。合理放宽临街老字号店铺外观装潢装修限制、户外营销活动限制。（责任单位：省财政厅、省建设厅、省商务厅、省税务局）

（四）加强宣传推广

鼓励各类媒体拍摄老字号纪录片、微电影，制作老字号丛书、画册，充分利用新媒体拓宽宣传渠道，扩大宣传范围。做大做强中国中华老字号精品博览会，积极组织老字号企业参加省内、国内外各种展览展销活动，持续扩大老字号品牌影响力。（责任单位：省委宣传部、省商务厅）

浙江省商务厅
中共浙江省委宣传部
浙江省发展和改革委员会
浙江省经济和信息化厅

浙江省科学技术厅
浙江省司法厅
浙江省财政厅
浙江省人力资源和社会保障厅
浙江省自然资源厅
浙江省文化和旅游厅
浙江省人民政府国有资产监督管理委员会
浙江省地方金融监督管理局
浙江省住房和城乡建设厅
浙江省卫生健康委员会
浙江省市场监督管理局
浙江省医疗保障局
国家税务总局浙江省税务局

2022 年 6 月 6 日

2022 年全省电子商务合规建设专项行动方案

为深入贯彻党中央、国务院关于推动平台经济规范健康持续发展的决策部署，推进落实《电子商务法》等法律法规，紧密结合《浙江省电子商务条例》出台契机，引导电商企业规范合法经营，营造良好的网络消费环境，推动全省电商产业持续健康发展，2022 年在全省范围开展电子商务合规建设专项行动。

一、工作目标

进一步巩固浙江"电商强省"地位，以推动全省电商行业高质量发展为主线，坚持规范和发展并重，以防范为着力点，多部门多主体联动，通过培训、学习研讨、行政指导等多种形式开展活动，不断提升电商企业合规经营意识和能力，营造良好的行业发展环境和线上消费环境，为打造"重要窗口"、高质量发展建设共同富裕示范区贡献电商力量。

二、主要内容

（一）聚焦电商平台，突出平台企业责任落实

坚决贯彻落实中央和省委关于平台企业反垄断和反对不正当竞争的决策部署，压实电商平台企业的合规主体责任，督促电商平台企业加强对内部制度的合规性审查；指导电商平台企业进一步提升社会责任意识，强化对平台内商家的管理服务，不断优化平台运行规则。

（二）聚焦电商业态，突出社会热点问题整治

推进电子商务发展新业态新模式分析研判，强化直播电商、跨境电商等新业态在商品质量、信息发布、税收合规等问题的依法依规整治。坚持示范引领和模式创新，探索具有浙江特色的电商新业态新模式培育。

（三）聚焦电商主体，突出电商从业者合规经营

以线上合规建设法律服务为重点，规范、指导广大电商从业人员开展合规经营。充分发挥各级商协会行业自律作用，探索建立分行业分领域电子商务从业规范标准。

三、重点工作任务

（一）解读宣传《浙江省电子商务条例》

一是编制条例解读材料。采用名词解释、图片展示、案例等形式对条例立法背景、重要意义、主要内容、基本要求以及法规的特点亮点热点进行编撰、制作相关手册、印制条例单行本；二是

编写优秀案例集。适时向各地、各企业征集遴选一批电商平台合规等典型案例，通过剖析典型案例引导省内电商平台合规发展。

（二）贯彻落实《浙江省电子商务条例》

开展"浙江省电商条例专项宣传贯彻活动"，结合省电商促进中心"双百行动"，通过制作宣传海报、宣传小视频、H5等宣传内容在广播、电视、新媒体等传播媒介进行普及，全方位开展条例培训和宣传工作，提高条例关注度、知晓度。

（三）组建全省电商合规讲师团

召集省内税务、法律等相关领域专家组建成立全省电商合规讲师团，赴各地走访调研，深入企业开展条例培训讲座、法律咨询活动，在交流过程中了解企业关注与迫切需要解决的要点并解答相关问题。

（四）召开全省电商合规主题沙龙

定期（每两月或每季度，分不同领域）举办重点电商企业合规学习研讨会、座谈会等相关主题活动，召集省内头部主播、中小主播代表、电商平台、MCN机构、跨境电商等企业代表参与座谈交流和学习，邀请网信办、市场监管、税务等政府部门专家现场解读相应领域合规风险及应对措施。

（五）制定《全省电商企业合规建设工作指引》

省商务厅牵头指导相关高校、律所等的专业人士，研究拟定电商企业合规建设工作指引，在整个电商合规风险的基础上，以跨境电商、直播电商等各领域为切口专项实施，推动电商企业规范经营，重塑治理体系。

（六）建立完善全省电商企业分类评价指标体系

省商务厅牵头指导相关协会、研究机构，充分发挥行业协会、大专院校的力量，组织专家学者进一步修订完善评价范围、评价标准，对电商行业按直播电商、跨境电商等业态模式分门别类，根据每一类别行业特点及实际情况制定规范化、指标化的评价体系，每年对省内重点电商企业进行评估打分，分级认定五星级、四星级企业。对认定为五星级的重点企业，在政策享受、活动参与上予以重点倾斜。

浙江省促进市场采购贸易方式规范发展暂行管理办法

第一条 为全面贯彻落实国务院和省政府稳住经济一揽子政策措施，落实国务院办公厅关于加快发展外贸新业态新模式的意见，落实商务部办公厅关于市场采购贸易创新提升专项行动的工作要求，适应市场采购贸易方式试点由发源地义乌1地向全省5地、全国39地复制推广的实际，促进全省市场采购贸易方式规范健康发展，保持我省市场采购贸易方式试点先发优势，制定本暂行管理办法。

第二条 市场采购贸易方式，是指在经认定的市场集聚区采购商品，由符合条件的经营者办理出口通关手续的贸易方式。市场采购贸易方式单票报关单的货值最高限额为15万美元。

第三条 试点地区要健全市场采购贸易工作机构，配备专职工作人员。要积极研究业务流程便利化，创新监管模式，强化信息化建设。对于出台的相关政策和创新举措，要及时向上级主管部门报告备案，要按年度或根据工作需要向上级部门报告运行数据。

第四条 试点地区要适应市场采购贸易比较依赖现场洽谈、现货展示、现场成交等特点，协调相关部门做好境外采购商入境工作，不断发展壮大市场采购贸易经营者队伍。要从市场采购贸易实际需要出发，不断创新细分并科学归类市场采购贸易经营者，丰富供货商、采购商、代理商、组货人等市场采购贸易经营主体。

第五条 从事市场采购贸易的经营主体，应当向市场集聚区所在地商务主管部门办理市场采购贸易经营者备案登记；应按照商务部等8部门《关于同意在浙江省义乌市试行市场采购贸易方式

的函》、商务部等7部门《关于加快推进市场采购贸易方式试点工作的函》、商务部等7部门《关于加快推进市场采购贸易方式试点工作的函》的规定开展经营活动，服从相关监管部门的监督指导，严格遵守《海关总署2019年第221号公告》《国家税务总局2015年第89号公告》《国家外汇管理局发布关于支持贸易新业态发展的通知》等相关管理规定。

第六条 试点地区应积极引导市场采购经营主体出口当地特色产品，提升本地产品出口比例，关注市场采购贸易对当地出口、产业、外贸转型升级，市场集聚壮大，品牌建设，外向型经济发展等的带动作用。市场采购贸易经营者应以供货商出售商品价格为依据，如实申报出口商品价值，并对其代理出口商品的真实性、合法性承担责任。试点地区商务部门要牵头各相关部门建立市场采购出口价格监管机制，共同防范不实贸易风险。

第七条 试点地区要围绕市场采购贸易生态各环节，制定支持市场采购贸易方式发展的政策措施。要根据实践中的制度创新成果，不断完善市场采购贸易监管信息平台功能，提升管理水平；要适应市场采购贸易订单小额化特征，完善仓储等硬件设施，为经营者提供组货拼箱等条件；要适应物流之变，积极构建"海陆空"、"义新欧"、海外仓等物流立体通道，为货物顺利出口创造有利条件。

第八条 省级商务部门要加强对全省市场采购贸易试点的协调和指导。要加强政策协调，及时了解和关注试点地区的具体工作举措；要按照年度和工作需要，对试点地区享受政策支持的企

业和商户加强监督检查；要加强运行监测，对试点地区月度和年度数据进行检查和分析，强化对数据异常主体的治理，维护全省市场采购贸易秩序；要加强政策激励，按年度开展省级示范企业和示范商户评选工作；要加强工作交流，定期按试点地区组织参观学习；要加强省际交流，组织学习兄弟省市相关经验。

第九条　全省商务部门要加强与市场采购贸易相关管理部门的沟通与协作，争取相关部门工作支持，共同研究解决试点创新过程中遇到的新情况新问题，确保市场采购贸易生态各环节协调运转，切实提高市场采购贸易便利化水平，促进全省市场采购贸易方式健康发展。

第十条　各试点地区要督促辖区市场采购贸易主体规范经营，督促市场采购贸易经营者严格落实市场采购贸易出口商品在市场集聚区所在地主管海关办理出口通关手续的规定，及时制止在省内异地试点市场揽收货柜到属地买单出口等行为。对涉及经济违法犯罪的线索，要及时移交相关部门处理。

浙江省对外贸易主体培育行动计划（2022—2025）

为贯彻落实国务院和省委、省政府关于推进外贸高质量发展的工作要求，加快培育国际竞争新优势，推进国内国际双循环，培育和壮大外贸发展队伍，推动我省外贸高质量发展迈出新步伐，特制定本行动计划。

一、指导思想

以习近平新时代中国特色社会主义思想为指导，全面贯彻党的十九大和十九届历次全会精神，深入贯彻落实党中央、国务院及省委、省政府有关推进"十四五"外贸高质量发展决策部署，扎实做好"六稳""六保"工作，以构建外贸新发展格局为主题，以发展和壮大外贸进出口队伍为主线，积极培育新外贸主体，持续增强外贸中坚力量，发展国际贸易总部企业，全力挖掘外贸新增长点，为全省打造国内国际双循环战略枢纽，高质量建设共同富裕示范区提供动力支持。

二、发展目标

发挥外贸主体培育在构建新发展格局、推进外贸高质量发展中的强基固本作用，通过政策引导、梯队培训、营商环境优化、加大金融支持等方式，力争到 2025 年底，新增有外贸实绩的企业 2 万家，新增年进出口额 1000 万美元以上的外贸企业 2000 家，新增年进出口额 1 亿美元以上外贸龙头企业 200 家。

全省外贸企业主体规模持续壮大，国际竞争优势进一步凸显，全省外贸主体队伍建设再上新台阶。

三、工作举措

（一）推进企业实现外贸"零"突破

1. 挖掘未开展外贸业务企业出口潜力。推进企业开展备案登记，指导各地商务部门每年联合发改、经信、市场监管等部门对未开展对外贸易经营者备案登记的所有制造业企业、批发零售企业、电商企业、专业市场重点企业、商户开展外贸业务意向排摸。对有意向开展外贸业务的企业，点对点、分批次鼓励其开展对外贸易经营者备案登记。对已开展对外贸易经营者备案登记、但近三年无进出口实绩外贸企业和外资企业开展全面排摸和梳理，了解企业未开展外贸进出口业务的原因和存在的问题、困难。对有进出口潜力或通过省外代理出口的企业理出清单，制定一对一帮扶方案和措施，引导企业开展自营进出口业务，实现外贸业务回归。（责任单位：省商务厅、省发改委、省经信厅、省市场监管局）

2. 鼓励内外贸一体化融合发展。支持各地搭建平台，支持以内销为主的商品市场、生产企业通过加强与跨境电商平台及专业服务商、境外商协会对接、抱团参加线上线下国际展会等方式开拓国际市场，加快转型步伐。进一步降低门槛，积极推动国内国际标准转化和国内国际质量认证结果互认，鼓励第三方认证机构国际化发展。支持发展同线同标同质产品，扩大适用范围至一般消费品、工业品等领域。推动有实力外贸企业多渠道拓展内销市场，引导更多国内采购商积极采购出口转内销优质产品。帮助企业深度融入国际产业链、价值链、供应链，更好统筹利用国内国际两个市场两种资源，增强外贸企业发展后劲和抵御市场风险能力。（责任单位：省商务厅、省科技厅、省经信厅、省市场监管局、杭州海关、宁波海关、省贸促会）

3. 提升出口产品本地化比例。搭建对接交流平台，引导和鼓励流通型出口龙头企业与本地制造业企业开展深度对接，提高采购本地出口产品比重。鼓励尚未进入国际市场的浙江制造产品开展出口业务。积极推动二手车出口和自贸试验区内保税区外保税维修工作，促进外贸创新发展。（责任单位：省商务厅）

4. 引导国内企业拓展跨境电商业务。积极支持传统外贸企业、重点电商企业、内贸企业、制造业企业拓展业务范围，利用搜索引擎、电商平台、社交媒体、自建网站等线上渠道发展跨境电商业务、拓展境外终端市场。重点对省出口名牌企业逐一进行排摸，推动有条件的企业发展跨境电商业务；对已开展跨境电商业务的，支持自建独立站，加快培育一批传统外贸与跨境电商新业态相互融合、平台拓展与自建独立站等多渠道组合的新型外贸主体。（责任单位：省商务厅）

5. 发展壮大市场采购贸易主体。充分发挥市场采购贸易方式试点地区优势和集聚效应，加大宣传和支持力度，加快创新步伐，引导市场主体积极参与市场采购贸易，扩大市场采购贸易主体规模，探索发展"市场采购＋跨境电商""市场采购＋海外仓""市场采购＋'义新欧'班列"和"市场采购＋外贸综合服务平台"等新型贸易方式，

不断壮大市场采购主体规模，带动外贸出口。（责任单位：省商务厅）

6. 培育发展外贸进口企业。积极实施扩大进口战略，加大进口政策支持，鼓励企业开展进口贸易，引导进口创新示范区及重点进口平台创新发展，择优实施一批高质量发展项目。发展进口贸易供应链服务企业，重点培育为中小微进口企业提供进口清关、保险、外汇、仓储、融资等"一条龙"服务的外贸综合服务企业、清关公司，打造一批进口贸易供应链服务平台。优化跨境电商零售商品进口清单、扩大进口类别，做大跨境电商零售进口规模。鼓励各地出台进口促进政策，积极培育壮大进口贸易主体，扩大中东欧商品进口。（责任单位：省商务厅、杭州海关、宁波海关）

7. 加大外向型企业招引力度。各地结合主导产业、发展重点等，通过组织召开外贸型企业招商会，推介会等，进一步加大对外贸型企业，特别是加强对出口型外资企业、制造业企业的招引力度。充分发挥北京、上海及其他驻外招商机构作用、招引及培育一批国际高端品牌配套企业。发挥浙商优势，把在省外的优秀外贸制造业企业招引回浙，实现浙商外贸回归。同时将外贸企业的招引情况列入各地招商引资考核任务及主体培育考核的重要内容，增强外贸发展后劲。（责任单位：省商务厅、省发展改革委、省经信厅、省工商联）

（二）推进小微外贸企业上规升级

8. 引导外贸企业线上线下融合拓市。大力实施"浙货行天下"工程，发挥展会拓市场主抓手作用，整合我省驻外商协会、知名展会公司、跨境电商、直播电商等优势展会资源，创新办展参展模式，拓宽线上参展渠道，大力发展数字化营销。探索国内国际展、跨境线上线下融合办展、境外代参展等新模式。鼓励各地加大参展政策支持，减轻企业负担，增强企业参展拓市信心。（责任单位：省商务厅、省财政厅、省贸促会）

9. 发展和培育专精特新外贸企业。鼓励外贸

企业培育自主出口品牌、加大研发投入和技术创新力度，探索将企业外贸高质量发展指标纳入专精特新企业认定指标体系。加大政策支持力度，发展和培育一批工艺技术精深，产品、技术和服务具有创新性、先进性，特色化和品牌化，有较高技术含量，较高的附加值和显著的经济、社会效益的外贸企业，推进外贸企业高质量创新发展。（责任单位：省商务厅、省经信厅、省科技厅）

10. 支持海外仓企业发展。鼓励引导重点外贸企业合理布局、发展建设海外仓。培育一批在信息化建设、智能化发展、多元化服务、本地化经营方面特色鲜明的代表性海外仓。加大海外智慧物流平台（海外仓服务在线）推广应用力度，进一步完善平台功能和服务，构建覆盖全球、协同发展的新型外贸数字物流服务网络，打造优化国际供应链布局的智慧载体，切实帮助外贸企业解决物流痛点，助力外贸企业转型发展。（责任单位：省商务厅、杭州海关、宁波海关、省交通运输厅）

11. 加强外贸人才队伍梯队建设。实施招才引智计划，鼓励各地将外贸人才纳入人才招引考核体系。支持省内相关普通高校、职业院校加强国际贸易相关学科专业建设，加强对报关、跟单、物流、营销等外贸领域实用型人才培养。各地商务、人社部门要以外贸岗位所需的职业技能和素质为导向，积极组织辖区内外贸企业开展外贸技能相关的脱产、脱岗培训，帮助外贸人员熟练掌握外贸技能，进一步扩大外贸人才专业队伍。（责任单位：省人力社保厅、省教育厅、省商务厅）

12. 引导外贸企业数字化转型。鼓励生产型外贸企业应用数字化技术手段转变业务模式、组织架构、运营流程和管理体系，提升与生产制造、研发协同水平，提高市场反应、开拓能力。鼓励工贸一体企业加快开展智能化、个性化生产，形成大数据支撑、网络化共享、智能化协作的外贸产业链供应链体系。鼓励流通型外贸企业建立客户订单数据库，实现营销数据、客户行为轨迹、销售数据等的归集，实现订单精细化运营。（责任单位：省商务厅、省经信厅）

（三）培育国际贸易总部企业

13. 建立重点外贸企业"直通车"制度。将年进出口额 1 亿美元以上重点企业纳入省级外贸重点联系企业库，建立外贸"直通车"制度，对纳入的企业，会同相关部门开辟绿色通道，出台相应的优于一般企业的便利化措施和服务，通过定人定责，定期走访，及时掌握和解决企业在从事进出口业务过程中碰到的问题和困难，进一步优化外贸主体发展环境。（责任单位：省商务厅）

14. 推广企业集团加工贸易监管新模式。顺应加工贸易企业发展需求，引导和鼓励省内总部企业开展企业集团加工贸易监管模式，以"企业集团"为单元，以信息化系统为载体，对企业集团加工贸易业务实施整体监管新模式，从而实现同一集团内加工贸易企业间生产要素的自由流通和资源共享，降低企业制度性交易成本，帮助企业借助加工贸易保税制度更好地面对国际国内市场，进一步激发市场主体活力。（责任单位：杭州海关、宁波海关、省商务厅）

15. 支持外贸龙头企业"品牌出海"。支持外贸龙头企业在稳定欧美传统市场的基础上，通过国际产能合作、扩展境外营销网络，开展商标国际注册；收购国际品牌，开展自主品牌宣传推广，支持在各国成立中国品牌促进组织和跨境知识产权服务机构，发展扩大自主出口品牌出口规模，打造具有影响力的区域国际品牌，抢占以共建"一带一路"国家为重点的新兴市场，实现企业由传统的贴牌加工为主向自主品牌出口为主的转型发展。支持为外贸龙头企业申请马德里国际商标注册时提供中英文对照整理、全程一对一对接服务，充分依托浙江知识产权在线"网上办、掌上办、寄递办、预约办"等有效手段，方便申请人足不出户办理商标申请相关业务。（责任单位：省商务厅、省市场监管局）

16. 鼓励发展国际贸易总部经济。各级商务部门会同相关部门对辖区内引进的世界 500 强企业、外贸龙头企业、总部型企业开展排摸调查，了解企业进出口实绩及国际营销总部所在地，分类制定推进计划和方案。鼓励世界 500 强企业通过设立国际营销总部、物流中心、结算中心等功能性机构，在我省扎根发展。引导外贸龙头企业和总部型企业将外贸业务归集总部运营，发展壮大国际贸易总部企业，提升企业国际化经营能力。（责任单位：省商务厅）

17.加强国际营销体系建设。鼓励和支持外贸龙头企业以合作、自建等方式，在共建"一带一路"国家等重点市场建立营销网络和服务保障体系，开展仓储、展示、接单签约、批发、零售及售后服务。开展国际营销公共服务平台培育工作，鼓励和推动汽车等行业品牌龙头企业建设国际营销服务网点，开展售后云服务、备品备件保障、远端诊断检测维修等服务。（责任单位：省商务厅、省发展改革委）

四、保障措施

（一）加强组织引导

18.加强统筹协调。全省外贸工作领导小组统筹负责浙江省对外贸易主体培育行动计划的制定、落实、重大事项的协调推进等工作。领导小组办公室（省商务厅）负责分解落实重点工作任务，组织跟踪督查。省各有关部门要按照职责分工，细化相关政策，并抓好组织实施。各市、县（市、区）政府是本地区外贸主体培育工作的责任主体，要完善工作机制，制定具体工作实施方案，明确目标任务，落实发展措施，确保培育工作取得实效。（责任单位：省外贸工作领导小组成员单位）

19.完善考核体系。将外贸主体培育工作纳入省各有关部门和各市、县（市、区）年度目标责任制考核体系，将各市新增进出口实绩企业数等相关培育指标列入考核内容，并定期通报外贸主体培育工作开展情况。加强考核督查结果在省商务促进专项资金分配中的应用，对工作表现突出的市、县（市、区）给予一定倾斜。对工作推进不力的，按有关规定进行约谈督查。（责任单位：省外贸工作领导小组成员单位）

20.抓好宣传引导。各地、各部门要充分运用各种媒体，全方位宣传外贸主体培育相关政策措施和重大意义，积极宣传地区外贸主体培育的典型经验，优秀外贸企业的成长经验、转型发展的典型做法，形成全社会共同关注和支持外贸主体培育工作的良好氛围，提振外贸企业发展信心。（责任单位：省外贸工作领导小组成员单位）

（二）强化政策支撑

21.出台外贸主体培育政策。建立外贸主体培育政策与产业政策、金融政策、财政政策协调机制。统筹用好中央外经贸资金和省商务促进专项资金，加大对外贸主体培育的支持力度。支持各市、县（市、区）出台叠加和配套外贸主体培育政策，激发主体活力，优化外贸主体培育政策环境，鼓励企业做大做强外贸业务。（责任单位：省商务厅、省财政厅）

22.推进外贸主体培育平台建设。鼓励各地以培育新外贸主体为目标，利用现有各类创业孵化基地、众创空间、小微企业创业创新基地、行业协会、跨境电商平台等各类资源，加强外贸主体培育平台建设。建立培育外贸主体平台的长效机制，鼓励各平台通过开展外贸全流程培训、"一对一"业务指导、通关代理服务等，帮助企业实现外贸业务零的突破。（责任单位：省商务厅、省科技厅）

23.加大出口信用保险支持。鼓励各地进一步扩大短期出口信用保险政府统保平台保障范围，争取尽快实现出口额在500万美元以下企业全覆盖。进一步优化短期出口信用保险承保和理赔条件，鼓励政策性保险机构发挥行业"领头羊"作用，商业保险公司做好良性互补，适当提高风险容忍度，加大对出运前风险的保障力度，进一步降低保险费率，持续扩大短期出口保险的承保规模和覆盖面，提升外贸企业风险防范能力。鼓励各地进一步提高出口信用保险补助比例，放宽享受出口信用保险补助政策门槛，不得设置附加条件，充分发挥出口信用保险拓市场、防风险作用。（责任单位：浙江银保监局、出口信用保险浙江分公司、省商务厅、省财政厅）

24.加大对外贸企业金融支持。引导银行结合外贸企业需求创新保单融资等产品，联合各金融机构探索建立统一的"浙贸贷"融资服务平台，充分发挥政府性融资担保机构作用，为单户融资金额不超过人民币 1000 万元的外贸小微企业提供融资增信支持。建立外贸企业金融"白名单"制度，对年进出口额规模在 1000 万美元以上资信良好的外贸企业，争取 2025 年在外贸领域整体投放规模较 2021 年提升 20%。推广浙江省金融综合服务平台、跨境金融区块链服务平台等运用，进一步扩大出口信用保险保单融资、应收账款融资规模，探索进口融资新模式，加大汇率避险服务指导力度，推动政府性融资担保支持小微企业汇率避险政策落地。鼓励银行有针对性开展远期结售汇业务，提升外贸企业应对汇率风险能力。加快推进人民币在跨境贸易和投资中的使用，推动更多外贸企业开展跨境融资业务，降低融资成本。（责任单位：省地方金融监管局、人行杭州中心支行〔省外汇管理局〕、浙江银保监局、进出口银行浙江省分行、国家开发银行浙江省分行、省担保集团、省商务厅）

（三）优化营商环境

25. 开展外贸业务差别化培训。鼓励各地出台外贸企业培训工作计划，依托外贸主体培育平台建立常态化外贸培育机制，设立外贸企业培训专家库，聘请专业人员和导师，针对外贸企业起步、发展、壮大不同阶段及管理、业务、生产、跟单四大岗位，以及 RCEP 等国际自贸协定规则应用等，开展外贸企业精细化、差别化、个性化巡回宣讲培训，帮助外贸企业相关人员及时掌握相关外贸技能和知识，实现外贸业务从无到有、从小到大、从大到强的突破。（责任单位：省商务厅）

26. 深化外贸"放管服"改革。对标国际先进规则优化营商环境，加强部门间外贸管理的协同配合，形成工作全力。推动加大 AEO 企业培育力度，深入推广进出口货物"提前申报""两步申报""两段准入""先放后检"、多元化税收担保、跨境电子商务零售进口退货中心仓等海关监管改革新措施，优化通关流程，稳固整体通关时间压缩成效在合理区间。积极争取进出口贸易、自贸区贸易准入等方面先行先试，持续提升贸易便利化水平，全力保障产业链、供应链、物流链稳定。（责任单位：省商务厅、杭州海关、宁波海关、省市场监管局）

27. 提升企业国际贸易摩擦应对能力。深化浙江贸易救济"1234"工程，以"457"工作机制推进国家多主体协同应对贸易摩擦综合试验区先行先试工作，鼓励指导外贸企业妥善应对贸易摩擦案件，维护自身权益。充分发挥"浙"里有"援"法律服务系列活动和全省外贸预警网络作用，提高企业应对和防范贸易风险意识和能力。注重运用贸易救济调查，切实维护产业安全。开展具有浙江特色的贸易调整援助制度建设，助力稳定产业链和供应链。加强贸易政策合规和企业合规建设，加快实施企业外经贸合规体系建设三年行动计划，培育百家合规先行企业，提升合规竞争力。（责任单位：省商务厅）

28. 搭建国际经济交流合作平台。开展对外贸易畅通行动，充分发挥我省驻外经贸代表机构、境外商协会、海外侨商在贸易促进、信息交流、应对摩擦等方面作用，推进完善与各国友好省州合作机制建设，丰富合作层次，促进产业对接、贸易对接。支持各地和重点外贸企业与伙伴国深度合作，培育国际合作集群，帮助外贸企业与国际组织、商协会、采购商搭建外贸产业对接会、商务洽谈会等贸易交流平台，巩固和增进我省与共建"一带一路"国家等贸易伙伴的经贸合作。支持企业开展商标和专利的国外注册保护，进入国际技术联盟、标准论坛及专利联盟，参与国际技术标准制定和国内技术标准海外推广，获得相关的安全、环保等方面的认证。（责任单位：省商务厅、省外办、省经信厅、省市场监管局、省贸促会）

浙江省做好外贸跨周期调节稳定外贸增长的实施意见

为落实《国务院办公厅关于做好跨周期调节进一步稳外贸的意见》（国办发〔2021〕57号）文件精神，做好外贸跨周期调节，稳定外贸企业发展预期，保持外贸在合理区间运行，推动进出口协同发展，大力培育外贸新增长点，实现外贸促稳提质，特制定本意见。

一、挖掘进出口潜力

（一）深入发挥海外仓带动作用

积极利用服务贸易创新发展引导基金等，按照政策引导、市场运作的方式，促进海外仓高质量发展。拓展延伸海外仓服务功能，探索"海外仓+"多模式多业态联动，降低企业经营成本和风险，保障外贸产业链供应链稳定。完善海外智慧物流平台建设。（责任单位：省商务厅、省发展改革委、省财政厅、人行杭州中心支行〔省外汇管理局〕、浙江银保监局、进出口银行浙江省分行、出口信用保险浙江分公司）

（二）持续加大开拓市场力度

滚动开展拓市场攻坚行动。面向传统市场和新兴市场举办系列境外自办展。充分利用广交会、服贸会、进博会、消博会、东盟博览会、数贸会等重要展会抢订单拓市场。持续提升浙江出口网上交易会的精准性、适配度和覆盖面，推广境外代参展等新模式。（责任单位：省商务厅、省贸促会）

（三）提升进口规模和质量

组织参加第五届进博会。高水平举办第三届中国—中东欧国家博览会，积极扩大对中东欧进口。组织参加中国国际消费品博览会。举办2022浙江国际进口商品海淘汇。开通大宗商品进口通关"绿色通道"，推广大宗资源类商品进口"两段准入"通关模式应用。挖掘消费品进口潜力，支持有条件的城市新开跨境电商零售进口业务，促进水果、肉类、冰鲜水产品、食用水生动物等农产品进口。（责任单位：省商务厅、省财政厅、杭州海关、宁波海关）

（四）全面承接RCEP政策红利

实施浙江省落实RCEP三年行动计划。加强政策宣讲培训，帮助企业深化对关税减让的理解运用，引导企业依法合规享受优惠关税政策。支持有条件的地区探索建设RCEP高水平开放合作示范区。（责任单位：省商务厅、省贸促会、杭州海关、宁波海关）

二、保障外贸产业链供应链稳定畅通

（五）进一步缓解国际物流压力

继续提供国际物流订舱服务，组织中小微外贸企业与航运企业开展线上线下供需对接。保障产业链链主企业和关键核心企业生产急需物资的运输需求。创新"舱箱贷""铁路运输单证融资"等基于物流的融资模式，建设外贸企业"物流服务+在线融资"应用场景。支持有条件的港口开展"船边直提、运抵直装"。（责任单位：省交通运输厅、省财政厅、省商务厅、省经信厅、人行杭州中心支行〔省外汇管理局〕、浙江银保监局、出口信用保险浙江分公司、省海港集团）

持续加强国际海运领域监管，依法打击违法违规收费、哄抬运价等行为。（责任单位：省市场监管局、省发展改革委、省商务厅）

中欧（"义新欧"）班列全年开行 2000 列，有序布局境外物流分拨中心。（责任单位：省商务厅、杭州铁路办事处）

（六）全面拓展外贸创新发展试点

开展跨境电商"店开全球""品牌出海""独立站领航"行动，加强生产型、供应链型卖家主体培育。跨境电商进出口规模增长 30% 以上。（责任单位：省电子商务工作领导小组各成员单位）

推动市场采购贸易高质量发展。推动实施外贸综合服务企业地方标准，发挥外综服企业促进中小微外贸企业发展的作用。创新保税维修方式，支持在自贸区、综保区内开展保税维修业务。支持创新发展离岸贸易、易货贸易。深化进口贸易促进创新示范区和重要进口平台建设，积极争取新一轮国家试点。（责任单位：省商务厅、浙江省税务局、省市场监管局、人行杭州中心支行〔省外汇管理局〕、浙江银保监局、杭州海关、宁波海关）

（七）进一步推动外贸转型升级

高质量建设 70 个国家外贸转型升级基地，申报新一批基地。建设农业国际贸易高质量发展基地。加强自主品牌建设，"浙江出口名牌"累计达到 900 个以上。发展绿色贸易，培育低碳外贸企业，支持条件成熟的地区先行先试。暂免征收加工贸易企业内销税款缓税利息至 2022 年底，支持加工贸易企业有序转移。（责任单位：省商务厅、省发展改革委、省经信厅、省农业农村厅、浙江省税务局、杭州海关、宁波海关）

（八）深化贸易主体培育提升

实施新一轮外贸主体培育行动，建设对外贸易主体培育平台，全年新增外贸主体 1 万家以上，新增有外贸实绩的企业 5000 家。研究认定一批具有国际竞争力的国家级和省级贸易双循环企业。集聚一批融合生产研发、贸易成交和金融结算的贸易总部企业。扩大外资企业出口。（责任单位：省商务厅、省经信厅、省市场监管局）

（九）提升贸易自由化便利化水平

加强进口物品新冠肺炎疫情防控、生产经营单位从业人员管控，加强核酸检测阳性物品应急处置。安全、有序推进中资企业海外员工新冠病毒疫苗加强免疫的"应接尽接"工作。（责任单位：省经信厅、省市场监管局、省商务厅、省卫生健康委）

落实跨境贸易便利化专项行动，巩固压缩通关时间各项成果，降低进出口环节合规成本。落实出口退税政策，进一步压缩办理正常出口退税的平均时间，扩大出口退税备案单证数字化管理试点范围，持续优化税收营商环境。加快推进自贸区贸易投资便利化改革创新试点。（责任单位：省口岸办、浙江省税务局、杭州海关、宁波海关、省商务厅）

（十）加快推进贸易调整援助

探索构建符合浙江经济特色的预警、援助、评估和监督全链条贸易调整援助体系，推动建立多部门协调机制。扩大全省贸易调整援助试点地区，支持各市县结合当地实际、创新构建贸易调整援助实施路径，提高援助的及时性和有效性。发挥好现有政策资金作用，探索金融多元化渠道支持贸易调整援助。（责任单位：省商务厅、省经信厅、省财政厅、省人力社保厅、省农业农村厅、国家开发银行浙江省分行、进出口银行浙江省分行、出口信用保险浙江分公司）

（十一）稳定外贸领域就业

落实失业保险稳岗返还、社保补贴等减负稳岗扩就业政策，将 2021 年失业保险稳岗补贴政策受理截止时间延长至 2022 年 3 月 31 日。加强外贸企业用工监测，做好企业用工服务保障。（责任单位：省人力社保厅、省经信厅、省财政厅、浙江省税务局、省商务厅）

三、发挥金融推动外贸增长作用

（十二）巩固提升出口信用保险作用

进一步扩大短期出口信用保险覆盖面。在依法合规、风险可控前提下，进一步优化出口信保承保和理赔条件，强化产品联动，支持内外贸一体化发展。加大对中小微外贸企业、出运前订单取消风险等保障力度，加大对美和"一带一路"沿线、RCEP 成员国以及中东欧等我省重点出口市场支持力度。进一步降低短期险费率和资信费用，对符合条件的企业，费率下降 10%，标准资信报告平均费用下降 15%，小微统保平台费率下降 10% 以上。各地对企业出口信用保险保费扶持不低于 50%，对小微统保平台保费全额扶持。（责任单位：浙江银保监局、省商务厅、省财政厅、出口信用保险浙江分公司）

（十三）强化贸易融资支持

推动外贸金融服务数字化转型，深化浙江省金融综合服务平台、海外智慧物流平台、"订单 + 清单"系统联动，打造汇集企业融资、风险保障、专业咨询等功能的一站式服务平台。加大对外贸新业态的金融支持力度，积极开展应收账款、订单、出口退税、短期险保单等质押融资。加大对外贸全产业链整体支持力度，进出口银行浙江省分行 2022 年外贸产业信贷投放总量不低于 800 亿元。优先安排央行再贷款等低息资金支持小微外贸企业保单融资。优化"政府 + 银行 + 信保 + 担保"模式。落实小微企业和个体工商户支付手续费降费让利政策，力争 2022 年让利 8 亿元。实施好两项直达工具的接续转换，将普惠小微企业贷款延期还本付息支持工具转换为普惠小微贷款支持工具，普惠小微企业信用贷款支持计划纳入支农支小再贷款管理，以更可持续的方式促进小微外贸企业融资扩面增量。（责任单位：人行杭州中心支行〔省外汇管理局〕、浙江银保监局、省地方金融监管局、省商务厅）

（十四）提升汇率避险能力

落实落细政府性融资担保支持小微企业汇率

避险政策。开展汇率避险三年行动，全面深入开展"汇及万家"汇率避险宣传，发挥海外智慧物流平台引流作用，切实提升外贸企业汇率避险意识和水平。力争 2022 年小微企业收付汇金额套期保值增幅高于全省企业套期保值平均增幅。（责任单位：人行杭州中心支行〔省外汇管理局〕、省财政厅、省商务厅、浙江银保监局、省担保集团）

（十五）积极稳妥推进人民币跨境贸易结算

扩大优质企业贸易投资便利化试点范围，开展"跨境人民币首办户增长行动"，力争 2022 年全省跨境人民币结算量突破 1.2 万亿元。鼓励银行机构为外贸新业态市场主体提供经常项下跨境人民币收付服务。发挥跨境金融服务平台作用，加大外贸企业外汇融资支持力度，持续提升在线贸易融资业务规模。（责任单位：人行杭州中心支行〔省外汇管理局〕）

四、加强组织实施

（十六）优化政策支持体系

统筹用好惠及外贸企业的各项政策，打通政策落地"最后一公里"，切实提升外贸企业获得感。及时开展政策成效评估，做好政策储备，根据需要适时推出必要新举措。（责任单位：省出口专班各成员单位）

（十七）提高专班运作实效性

项目制清单化推进专班重点任务，研究外贸发展面临的堵点难点痛点，切实帮助外贸企业解决问题、渡过难关。完善外贸监测预警体系，密切跟踪、科学研判形势变化，加强通报督查工作。（责任单位：省出口专班各成员单位）

（十八）构建外贸数字化治理模式

迭代升级"订单 + 清单"监测预警系统，探索打造"贸易大脑"。建设海外智慧物流平台等一批标志性场景应用，推进外贸领域系统、数据、业务和服务的集成创新，打造一站式服务平台。（责任单位：省出口专班各成员单位）

浙江省落实区域全面经济伙伴关系协定
三年行动计划（2022—2024）

为加快全面对接《区域全面经济伙伴关系协定》（RCEP）经贸新规则，抢抓 RCEP 生效实施机遇，全方位、多维度深化我省与其他 RCEP 国家的经贸合作，以高水平开放推动浙江高质量发展，奋力打造"重要窗口"，特制定本行动计划。

一、发展目标

全面拓展和深化与其他 RCEP 国家的经贸合作，双方之间合作机制更加健全，要素流动更加自由，资源配置更加高效，市场融合更加深入，合作平台更加广阔，营商环境更加良好，积极打造 RCEP 高水平开放合作示范区，与其他 RCEP 国家的经贸合作走在全国前列。

到 2024 年，浙江省与其他 RCEP 国家货物贸易总额力争达到全省总额的 28%，承接其他 RCEP 国家服务外包执行额突破 30 亿美元；对其他 RCEP 国家投资设立企业三年累计达到 300 家以上，中方投资额 100 亿美元以上；实际利用其他 RCEP 国家外资三年累计突破 35 亿美元。

二、重点任务与举措

（一）大力发展货物贸易

1. 扩大优势产品出口。建立 RCEP 国别商品减税对比清单，深化企业对 RCEP 重点国别关税减让表的理解掌握。巩固纺织、鞋服、箱包等传统产品出口优势，打造日用消费品生产、供销基地。鼓励和引导企业提前进行贸易布局和产业链、供应链优化调整，扩大汽车及零部件、电子信息、智能装备、工程机械等机电产品、高新技术产品出口占比。（责任单位：省商务厅、省贸促会、杭州海关、宁波海关）

2. 积极扩大进口。培育 RCEP 国家进口细分市场，发挥国家级及省级进口创新示范区及重点进口平台作用，增加优质日用消费品进口，丰富进口消费品供给。创新内外贸市场融合机制，搭建 RCEP 国家进口商品对接交流平台，拓展进口商品分销渠道，加快内外贸一体化融合发展。深度参与进博会，加强与其他 RCEP 国家参展商的对接合作，加大高端消费品、高新技术产品及装备等进口。（责任单位：省商务厅、省贸促会、杭州海关、宁波海关）

3. 用活原产地规则。针对 RCEP 背对背原产地规则，建立辐射全国的生产资料和中间产品大市场。结合 RCEP 原产地信息化系统建设，推动提升企业通关便利化水平。加强企业尤其是小微企业关于原产地证书申领程序、业务流程等方面的培训，切实用好原产地区域累积规则，指导企业合理进行产业布局。全面推广原产地证书

"智能审核"，推进原产地证书签证智能化、标准化、规范化，为企业提供优惠原产地规则利用指导、企业原产地合规与管理等咨询服务。（责任单位：省贸促会、杭州海关、宁波海关、省商务厅）

（二）促进服务贸易发展

4. 深化服务贸易合作。推进落实服务贸易准入前国民待遇和负面清单管理制度，加大制造业研发、航空物流、教育等重点领域开放力度，深入研究 RCEP 国家服务具体承诺表。加快建设专业性公共服务平台，为企业开展跨境服务贸易提供信息与咨询服务。鼓励发展国际教育培训产业，鼓励与 RCEP 国家加强人才培养合作，招收 RCEP 国家优秀学生来我省高校接受学历教育。深化与 RCEP 国家高等教育机构合作，开展学术交流、学分互认、中外合作办学、合作研究等项目。推进学历证书和职业资格证书"双证互通"试点，探索引进外资职业技能培训机构。（责任单位：省发展改革委、省商务厅、省教育厅、省人力社保厅、省贸促会）

5. 打造全球数字贸易中心。拓展数字贸易重点领域，推进服务贸易数字化转型，发展数字技术贸易、数字内容产业、数据及衍生品流通交易等。以参与全球贸易规则制定、展示数字经济发展成果为目标，以专业化、数字化、场景化、国际化和线上线下联动为特色，高标准举办全球数字贸易博览会。打造数字贸易生态圈，壮大数字贸易主体，做优领军企业，培育独角兽企业，拓展浙江制造"卖全国""卖全球"数字化营销渠道。加强与其他 RCEP 国家数字领域合作，以数字贸易领域相关省级专业标准化技术委员会为依托，积极参与浙日韩数字贸易规则谈判与制定，推动建立适应发展方向的数字贸易监管体系。积极争取数字人民币试点。（责任单位：省商务厅、省发展改革委、省经信厅、省科技厅、省市场监管局、省地方金融监管局、省贸促会、人行杭州中心支行）

（三）培育贸易新业态新模式

6. 推动跨境电商创新发展。大力培育跨境电商进口交易平台、展贸平台、供应链平台和促进服务平台等新业态，探索跨境电商转口贸易等新模式，探索创新"保税+"业态模式，培育保税仓直播销售模式。加快建设跨境电子商务综合试验区。培育和壮大外贸综合服务企业，为企业提供与跨境电商相关的报关、退税、结汇等外贸综合服务。支持电子世界贸易平台（eWTP）全球化布局，鼓励电商平台扩大日韩、东盟等地海外试点，探索海外站点与国内站点数据共享、监管互认、执法互助合作机制建设。（责任单位：省商务厅、省委网信办、省大数据局、省贸促会、杭州海关、宁波海关、省邮政管理局）

7. 支持海外仓建设布局。以海外智慧物流平台建设为依托，加快和优化在其他 RCEP 国家的海外仓布局，发挥海外仓"蓄水池"作用，夯实双方贸易发展基础；深化省级公共海外仓建设，支持企业在重点国家和地区建设物流仓储配送中心、全球售后公共服务中心，促进海外仓共建共用共享。鼓励电子商务企业通过跨国并购、股权投资和战略联盟等形式，融入海外电子商务零售体系。完善国际营销网络体系和跨境电商综合服务体系，探索"海外仓+保税仓"的联动布局模式，推进跨境电商与跨境物流等深度融合。（责任单位：省商务厅、省发展改革委、省贸促会、杭州海关、宁波海关、省邮政管理局）

（四）深化双向投资合作

8. 拓展双向投资新领域。拓展区域双向投资新领域。推动与其他 RCEP 国家在商贸、物流、邮政快递、大健康、能源、检测认证和中介服务等领域开展双向投资，支持装备制造、建筑、电力、水利、矿产开发、农业等领域企业"走出去"。加大力度支持相关产业技术的基础研究，构建安全自主可控的技术体系，促进产业链供应链创新链跨国合作。开展农业技术合作、农业机械化合作，扩大对东盟农业种植、畜牧饲养及产品加工等领域投资。（责任单位：省商务厅、省发展改革委、省科技厅、省农业农村厅、省市场监管局、省工商联）

9. 推进落实外商投资国民待遇。落实好缩减外商投资准入负面清单工作，给予其他 RCEP 国家投资国民待遇。深化外商投资项目审批便利化，清理调整与 RCEP 投资规则不相适应的投资管理措施。建立健全外商投资服务体系，加强外商投资合法权益保护。（责任单位：省发展改革委、省商务厅、省市场监管局）

10. 加大招商引资力度。探索建立针对 RCEP 国家的外资招商项目库和企业库，加大对日韩、新加坡等 RCEP 国家在汽车、信息技术、新材料、交通运输、文旅健康等产业的招商引资力度。加快在其他 RCEP 国家建立投资促进代表处，鼓励发展市场化、专业化的中介招商、委托招商，在 RCEP 国家选聘投资促进顾问。加强与东盟、日本、韩国行业协会及华人华侨商会对接联系，推动 RCEP 区域开展全方位投资促进合作，拓展引资渠道。（责任单位：省商务厅、省外办、省贸促会、省工商联）

（五）建设经贸产业合作平台

11. 加快国际产业合作园等平台建设。培育 RCEP 区域内商品采购、产业技术、投资促进高端合作平台，加强与其他 RCEP 国家间经济、文化、服务、旅游全方位交流合作。发挥浙江中韩（衢州）产业合作园、温州韩国产业园、浙江中日（平湖）产业合作园等面向日韩外资招商平台作用，推进重点培育汽车（整车、关键零部件）、高端装备、电子信息等先进制造业，及生命健康、时尚产业等新兴产业。谋划建设浙江—RCEP 跨国产业飞地与境外产业园，聚焦家具、纺织等传统产业领域，与越南、柬埔寨、泰国、印度尼西亚等国家建立制造产业合作飞地，鼓励和支持劳动密集型产业有序落户飞地园区。探索设立 RCEP 高水平开放合作示范区，争取有关政策在台州、温州、义乌等地先试先行。（责任单位：省商务厅、省发展改革委、省经信厅、省贸促会、省文化和旅游厅、省外办、杭州海关、宁波海关）

12. 用好经贸交流平台。支持行业协会、产业联盟、学术机构等社会组织与其他 RCEP 国家相关机构开展交流合作，支持企业利用好中国—中东欧博览会、浙洽会、进博会等重点贸易平台，

加强与其他 RCEP 国家的商务推介和招商引资工作。探索创新交易会模式，深化培育境外展会平台，支持企业抱团赴境外参展，积极打造境外区域品牌展，推动扩大区域品牌展规模。（责任单位：省商务厅、省经信厅、省科技厅、省贸促会、杭州海关、宁波海关）

（六）构建贸易物流大通道

13. 提升货物通关效率。在杭州、宁波、金华、舟山等口岸，对抵达海关监管作业场所且完整提交相关信息的 RCEP 国家原产易腐货物和快件、空运货物、空运物品，实行 6 小时内放行便利措施。对符合要求的进境农产品检疫审批申请实施即报即审，做好便利政策的服务指导。积极培育 AEO 高级认证企业，支持企业申请 AEO 认证。加快国际贸易"单一窗口"2.0 版建设，推动"单一窗口"功能向跨境贸易全链条拓展。（责任单位：杭州海关、宁波海关、省商务厅、省海港集团、省机场集团）

14. 打造国际航运和物流枢纽。发挥宁波舟山港枢纽地位，加强日韩、东盟、澳新等航线组群，推动与其他 RCEP 国家港口间的紧密衔接，发展多元化跨境物流，形成以宁波舟山港为枢纽港的航线网络布局。推动港口国际航线网络建设，支持宁波等地发展至重点市场的集装箱直达快运航线，依托海铁联运、公海联运网络，构建多式联运服务体系。支持杭州市、宁波市、嘉兴市建设航空货运枢纽机场，通过"集货仓＋全货机"模式创新，提升全货机航线国际通达能力，拓展省内机场国际货运航线网络。（责任单位：省交通运输厅、省口岸办、省发展改革委、省商务厅、浙江边检总站、民航浙江安全监管局、省海港集团、省机场集团）

（七）着力拓展对日合作

15. 扩大农产品、机电产品、纺织服装出口。指导农产品出口企业和生产基地用好中日关税减让承诺，促进冻鱼片、虾蟹等水海产品，土豆、番茄等保鲜蔬菜、冷冻蔬菜，柑橘等水果，果汁果酱、调味品等食品对日出口，巩固农产品出口领先地位。针对首年关税即降为零的 2034 种、5

年内关税减让显著的 2725 种出口商品，以电子电器、机械设备、电气设备、金属制品和纺织服装等为重点，建立出口重点商品和企业清单，改善出口商品结构，加大市场开拓力度。（责任单位：省商务厅、省农业农村厅、杭州海关、宁波海关、省贸促会）

16. 扩大中间品和高新技术产品、消费品进口。促进 RCEP 区域内中间品交换与流动，以汽车零部件、化学品等为重点，加大从日本中间产品进口和项目引进。针对首年关税即降为零的 2070 种进口商品和 5 年内关税降幅较大的 5048 种商品，扩大水产品、食品、医药、美妆等日用消费品和精细化工、液压传动、轨道信号设备等高新技术产品进口。（责任单位：省商务厅、省农业农村厅、杭州海关、宁波海关、省贸促会）

17. 加强产业链供应链精准招商。以日本关东、关西以及中小企业聚集区为重点，聚焦日本世界 500 强、行业领军企业和技术先进型中小企业，开展新一代信息技术、高端装备、高端化工、新能源新材料等产业靶向招商。依托综合保税区，发展航空器、船舶、海工装备和电子产品保税维修业务，打造保税维修再制造基地。加快推进与日本医药物流、消毒中心、社区养老服务项目合作，引进特色康养产品制造项目。（责任单位：省商务厅、省经信厅、省发展改革委、省民政厅、省卫生健康委、省贸促会、省药监局）

（八）打造一流营商环境

18. 推进新基建建设。加强新一代数字基础设施建设，深化推进 IPv6 规模部署，加快建设新型国家互联网交换中心。加强研发设计、批发零售、产品维修、运营维护以及整体解决方案等生产性服务创新与出口，支持与其他 RCEP 国家在 5G 网络、数据中心等新型基础设施领域合作，支持企业承揽电力、交通、能源、数字通信等基础设施建设。（责任单位：省经信厅、省委网信办、省发展改革委、省通信管理局）

19. 强化知识产权保护。完善知识产权保护体系，建立涉 RCEP 的重点产业、重点领域的涉外知识产权风险防控体系和纠纷应对指导机制，

推进省内知识产权运营服务中心建设。建设面向 RCEP 国家的知识产权运营公共服务平台，与其他 RCEP 国家相关机构合作，为国内外企业及个人提供知识产权保护、运营等服务。加强知识产权海关保护。加强对知识产权侵权行为的刑事打击力度，完善知识产权刑事附带民事的制度设计以及审理规则，引导企业通过调解、仲裁等方式，高效解决知识产权纠纷。推进各地开展知识产权证券化项目，推进知识产权金融创新。（责任单位：省市场监管局、省商务厅、省版权局、省公安厅、省法院、省检察院、省地方金融监管局、人行杭州中心支行、杭州海关、宁波海关、省贸促会）

20. 完善人才支撑体系。探索建立与国际接轨的全球人才招聘制度和吸引外国高技术人才的管理制度。加大新型贸易高端人才引进力度，构建政、校、企多方联动新型贸易专业人才培养体系，确保符合条件的人才充分享受居留和出入境、落户、子女入学、医疗服务等方面优惠政策。积极探索外国人工作、居留许可"一件事"办理。（责任单位：省人力社保厅、省科技厅、省教育厅、省公安厅、省外办、浙江边检总站）

21. 创新国际争端解决机制。支持与其他 RCEP 国家开展法律事务合作，促进仲裁、调解、公证、鉴定等法律服务多元化，支持市场主体依法协议选择商事纠纷解决方式。鼓励与东盟国家国际知名仲裁机构开展交流合作，增强我省仲裁机构国际商事仲裁服务能力，提高解决国际商事纠纷的影响力和竞争力。（责任单位：省司法厅、省法院、省检察院、省市场监管局、省贸促会）

三、保障措施

22. 加强组织领导。在省外贸工作领导小组的基础上，成立包括发改、经信、商务、交通、国资、公安、海关、市场监管、科技、财政、税务、人行、贸促等部门的 RCEP 工作专题小组，形成省级部门、各地政府合力推进的工作机制。加强对浙江省落实 RCEP 三年行动计划实施总体

工作部署及重大事项、关键政策和改革创新、宣传推广等协调推进。（责任单位：省外贸工作领导小组成员单位）

23. 强化培训宣传。充分发挥省内智库作用，借助国内知名智库开展 RCEP 规则"一国一策"跟踪与研究，加强 RCEP 协定宣传、培训和运用，普及 RCEP 原产地累积规则等重要规则知识，指导企业用好《"十四五"期间自贸协定享惠指南》。（责任单位：省委宣传部、省商务厅、省贸促会、杭州海关、宁波海关）

24. 提升风险防控能力。完善涉外知识产权风险预警和纠纷应对指导快速响应机制。锁定重点与 RCEP 国家经贸往来的企业，通过"订单＋清单"监测预警系统，对企业布局 RCEP 市场进行全面摸底，及时把握动态。审慎防范国际新形势的技术新贸易壁垒，积极应对其他 RCEP 国家发起的贸易救济调查。规范企业境外投资经营行为，防范化解境外疫情、政治、安全、环境等各类风险。（责任单位：省商务厅、省发展改革委、省外办、省贸促会）

浙江省展览业发展三年行动计划（2022—2024 年）

为贯彻落实《国务院关于进一步促进展览业改革发展的若干意见》《浙江省国民经济和社会发展第十四个五年规划和二〇三五年远景目标纲要》《浙江省数字化改革总体方案》等文件精神，促进浙江省展览业高质量发展，制定本行动计划。

一、总体要求

坚持以习近平新时代中国特色社会主义思想为指导，准确把握新发展阶段，深入贯彻新发展理念，加快构建新发展格局，围绕浙江"新时代全面展示中国特色社会主义制度优越性的重要窗口"和共同富裕示范区定位，以"数字化、市场化、专业化、品牌化、国际化、生态化、标准化"为导向，构建区域布局更合理、产业结构更优化、功能作用更完善、数字业态更繁荣、窗口示范更突出的新时代展览业体系，全力建设会展强省，打造全球数字展览高地。

二、主要目标

到 2024 年，我省会展场馆室内展览总面积达到 120 万平方米；展览业基础设施完成投资约 650 亿元，拉动相关产业投资约 5850 亿元；展览业三大核心指标进入全国前五；形成有国际竞争力的会展产业链，数字展览优势明显，初步建成分工合理的展览业城市发展格局。

三、重点任务和举措

（一）优化展览空间布局

1. 构建区域发展格局。科学规划我省展览业区域布局，纳入国土空间规划体系。唱好杭甬"双城记"，推动杭州和宁波展览业重大基础设施建设，建设具有一定世界影响力的国际展览城市，打造"双核驱动"的浙江省域展览城市发展新格局。至 2024 年，形成以杭州、宁波国际会展中心城市为引领，义乌、温州、台州、嘉兴、绍兴等区域会展中心城市和中国特色展览城市为中坚，永康、嵊州、温岭、余姚、宁海、慈溪、海宁、德清、玉环、武义、桐乡等特色县域会展城市为支撑的三级金字塔式稳健发展结构。

2. 推进场馆硬件建设。杭州、宁波、温州、绍兴、台州等城市要加快新场馆建设步伐，优化城市空间布局。积极规划亚运会场馆的后续利用。到 2024 年，全省建成面积 15 万平方米以上的场馆 2 个以上，面积 10 万平方米以上的场馆 5 个以上，设区市实现展览场馆全覆盖，专业展览场馆成为我省高质量发展建设共同富裕示范区的重要物理展示空间。

3.完善展览场馆配套。加快完善重点会展场馆周边交通、住宿、餐饮、娱乐、商场、停车场、办公等配套服务设施。杭州大会展中心要在大会展、大交通、大商务三大核心功能配套建设基础上，着力做好大物流、大自贸等配套建设的衔接工作。高起点、高标准、高质量、高效率、高层次打造产城融合、产城一体的杭州会展新城。到2024年，高标准打造2—3个展览产业园，系统推进展览总部基地建设，提升我省展览业空间集聚水平。

4.拓展场馆服务功能。加强数字技术与场馆建设、管理的有机融合，提升场馆便利化水平。开发面向未来的会展场馆数字化运营管理系统，打造具有国际示范引领作用的浙江会展场馆数字化样板。做好安保体系建设，降低安保成本。借鉴国内国际场馆方舱医院等避险场所建设经验，做好国有展览场馆重大突发公共事件避险场所功能建设。到2024年，50%以上的专业场馆要具备重大突发公共事件避难场所功能，50%的会展场馆完成数字化改造和绿色生态提升。

（二）提升展会项目品牌

5.打造一批国际品牌展会。对标广交会、进博会、服贸会，高质量举办全球数字贸易博览会、中国—中东欧国家博览会等国家级涉外展会。推动中国国际茶叶博览会、中国义乌国际小商品(标准)博览会等品牌展会规模化、国际化发展。建立健全党政机关展会进入和退出机制，探索党政机关展会动态清单管理和科学评估制度。到2024年，打造10个以上在国际上具有较大影响力的品牌展会，吸引5—10个国内外品牌展会落地，重点培育面积5万平方米以上的数字经济展会。

6.做强一批特色品牌展会。发挥我省先进制造业大省的产业优势、市场优势，围绕特色优势产业和先进制造业，培育提升专业展会。到2024年，系统提升20个在国际上有一定知名度、在国内有较大影响力的专业展会品牌力。

7.提升一批重点消费展会。发挥展览业流量经济特征，系统提升展览业对消费经济的拉动作用。大力发展中高层次消费导向性展会，推动形成国内国际双循环发展格局。到2024年，围绕数字、汽车、文化、旅游等消费市场，打造20个服务双循环、规模较大、影响力较强、线上线下结合的品牌消费类展会。

8.扶持一批创新境外展会。大力推动我省各级政府和企事业单位利用5G、跨境电商、社交电商、直播电商、区块链、云计算、元宇宙等前沿信息科技，整合我省驻外商协会、知名展会公司、跨境电商、直播电商等优势展会资源，面向共建"一带一路"国家持续推进跨境展会业态创新。鼓励我省现有境外品牌展会打造线上展会平台，探索跨境线上线下融合办展新模式。持续举办浙江出口网上交易会、浙江服务贸易云展会等一批线上品牌展会。

9.开展一批品牌展会认证。完善会展标准体系，推进会展业标准化建设，重点推动我省数字会展、绿色会展等标准落地及推广。研究出台《浙江省品牌展会等级评估认定办法》。到2024年，认定60个浙江省品牌展会，建立浙江省品牌展会项目库，实现所有设区市品牌展会全覆盖。鼓励我省品牌展会进行ISO质量体系认证、UFI认证、商务部展会认证等国内外认证。

10.培育一批融合发展展会。强化展览业和我省重点产业、展览业和城市融合发展，推动我省数字企业发展数字展览新业态、新服务、新模式，完善我省数字展览服务产业链。到2024年，完成第一批展览、会议、节庆、赛事融合发展示范项目和第一批"会、商、旅、文、体、科"联动示范项目认定。

（三）增强数字展览效能

11.推进数字展会新基建。贯彻省数字化改革部署，抢抓数字会展历史机遇，发挥我省数字治理和数字领军企业优势，着力投资数字会展基础设施，推进数字会展技术和装备研发，全面推进数字会展应用，打造全球数字会展发展先行示范区。加大政府数字展览服务购买力度，加强数字会展主体建设。到2024年，重点培育3—5家数字会展龙头企业。

12.创新在线展会服务。促进展览业和电子商务、跨境电商、社交电商、直播电商等产业的深度融合。加快发展新型在线展会业态，丰富在线展会的数字应用场景，提升在线展会闭环生态系统。探索创办浙江省数字会展发展高峰论坛，提升我省数字展览企业集聚水平和协同能力。

13. 加大展览科技创新。鼓励和引导展览设备技术、软件技术、服务技术、安防技术、低碳环保技术等创新研发。到 2024 年，在展览业培育认定首批 10 家高新技术企业、创新型企业。

14. 完善数字展览政务。建设浙江展览业数字管理平台，加强网上统计、报备、核准等办事功能。开展数字展览、数字场馆与数字城市建设对接试点。到 2024 年底，建成浙江展览大数据统计分析监测平台和浙江数字展览展示平台，实现商务与文旅、交通、公安、市场、卫生、质监、海关等展览相关职能部门信息共享和一站式政务服务。

（四）壮大展览市场主体

15. 推进企业集团式发展。支持有条件的城市组建服务功能完善的会展集团，完善产业链条，最大限度发挥流量经济的驱动效应。适时组建浙江省国际会展集团，使之成为"重要窗口"建设的重要实施平台。到 2024 年，全省组建产业链完整的大型会展集团 5 个以上，规模以上会展主营企业达到 50 家以上。

16. 引进国际龙头企业。加强与国际会展龙头企业合作，引进国际展览行业优质资源。鼓励我省展览龙头企业通过合资、合作、收购、兼并等方式与国外展览公司开展合作，拓展国内外市场。到 2024 年，在浙江省设立分支机构或地区总部的国际会展龙头企业达到 5 个以上，合作举办展览项目面积 30 万平方米以上。

17. 培育会展精英企业。发挥浙江省民营经济发展的特色优势，培育一批小、专、精的会展隐形冠军企业。到 2024 年，全省举办展览面积 5 万平方米以上的展览企业达到 30 个以上，成为 UFI 会员和 IAEE 成员的中小企业达到 20 个以上。

（五）提升展览服务水平

18. 探索展览绿色化。贯彻落实碳达峰、碳中和战略，率先探索浙江展会碳中和体系建设，实现展览业绿色发展、生态发展、可持续发展。积极推动浙江省地方标准《绿色展览运营管理规范》在全省落地实施。鼓励嘉兴、丽水等地在长三角生态绿色一体化发展示范区、"大花园建设"框架下积极探索展览业绿色化的特色方案。到 2024 年，设立 5 个展览碳中和试点场馆，实现碳中和的展览项目达到 20 个以上。

19. 创新展览标准化。发挥我省作为全国首个标准化改革试点省份的先发优势，积极推进展览标准化工作，提升我省展览业的话语权和掌控力。到 2024 年，围绕数字会展、绿色会展等重点工作，编制完成 10 个以上展览业相关标准，建成 5 个标准化场馆和 20 个以上省级标准化试点项目。

20. 推进区域一体化。发挥我省相关城市牵头长江三角洲城市经济协调会会展专业委员会的优势，建立长三角展览业合作机制。积极研究承接进博会和虹桥国家会展中心溢出效应，适时谋划举办长三角一体化题材的重点展览项目。鼓励长三角展览企业联合办展、错峰办展，探索"一展多地、多地一展"的新型展会模式。积极推动我省展览相关项目纳入长三角重点合作项目清单。支持嘉兴探索长三角会展一体化创新试验区建设。到 2024 年，认定一批长三角一体化展会项目。

（六）实施国内外合作工程

21. 推进国内合作。加大与国家相关部委、国家级行业协会的合作，争取更多国家级展览资源。到 2024 年，依托杭州会展新城、宁波国际博览中心等谋划 2—3 家国家级协会总部服务区，争取 5 个以上战略性产业和八大万亿产业相关展会落户我省，争取与上海、北京、广州等地合作，引进 10 个以上国际知名品牌展会落户。

22. 加强国际合作。加快实施"走出去"战略，融合"两个主体、两个市场、两种模式"，提升在境外特别是共建"一带一路"国家的办展能力。加强同全球性、地区性国际组织和会展类国际组织的合作，定期开展我省和国外展览业发达地区和城市间的交流，加强我省展览业的国际营销宣传。到2024年，建设2个以上国际展览业交流合作平台，缔结5对以上展览业国际合作友好省州（城市）。

23.优化对口合作。发挥会展业在对口支援、东西部协作、山海协作等方面的创新平台作用。适时组织浙江企业赴对口地区举办名优特色产品展。到2024年，认定20个对口支援展览合作项目。

四、保障机制

24.加强组织领导。建立完善省级统筹协调机制，加强对我省展览业发展的战略研究、政策制定、行业管理和服务保障等工作，及时协调解决会展业发展中的重大关键问题，推动行业高质量发展。完善省清理和规范庆典研讨会论坛活动工作领导小组运作机制，从严管理党政机关办展。指导全省各地组建国际或地区性会展业协会，建立浙江省展览业专家库，探索展览业重要事项咨询制度。

25.强化政策扶持。研究制定关于推动展览业高质量发展的实施意见。进一步优化提升扶持政策，实施省级展览业政策与市级展览业政策错位支持，省级政策重点支持"重要窗口"展示、重大平台建设、重大项目推进、重大国际合作和国内外营销，市级政策重点支持招大引强、品牌培育、设施提升、平台拓展、升级提质、人才培训等，实现叠加效应，努力形成展览业政策合力。

26.优化产业环境。探索实行展览活动一网通办，提升政府主导型展会的审批和备案效率。强化疫情下企业举办展会的政策指导，防范市场风险，降低会展企业办展各类成本。加大展会知识产权保护力度，鼓励展会注册商标，维护展览业正常秩序。发挥数字会展优势，完善我省展览业统计监测制度和指标体系，定期发布《浙江省展览业发展报告》，形成展览业统计监测浙江样板。积极发挥展览业协会的行业自律、协调、服务作用。

27.加强人才培养。建立会展人才培养、引进、激励机制，并纳入省人才规划。支持展览从业人员参加国内外知名会展机构的培训，持续举办浙江省会展高级人才研修班。支持高校开展各层次会展教育，支持组建浙江省会展产教融合集团，构建会展政、产、学、研协同发展机制。谋划举办国际会展策划创意大赛。

浙江省人民政府关于进一步加强招商引资工作的指导意见

各市、县（市、区）人民政府，省政府直属各单位：

为进一步提高我省招商引资工作水平，推动招大引强，扩大有效投资，助力构建新发展格局，现提出如下意见。

一、总体要求

（一）指导思想

以习近平新时代中国特色社会主义思想为指导，以数字化改革为引领，以项目看发展论英雄，着力创新招商机制、做强招商平台、建强专业队伍、优化招商服务，加快形成内外资统筹、省市县联动、线上线下融合的全省"一盘棋"招商工作体系，为高质量发展建设共同富裕示范区、争创社会主义现代化先行省做出更大贡献。

（二）工作目标

1. 项目引进实现新突破。"十四五"期间，重点围绕数字经济、生命健康、新材料、海洋经济等新兴产业，从省外引进总投资超10亿元的内资产业项目500个，其中超20亿元项目200个、超50亿元项目100个、超100亿元项目20个，累计引进省外内资10000亿元。

2. 利用外资实现新增长。"十四五"期间，累计实际利用外资1000亿美元，引进总投资超1亿美元项目500个，其中超10亿美元项目50个、超50亿美元项目取得突破；引进世界500强项目100个，其中高技术产业外资占比超三分之一。

3. 开放平台实现新跨越。"十四五"期间，中国（浙江）自由贸易试验区（以下简称自贸试验区）、经济开发区等重大项目承载地作用更加明显，自贸试验区走在全国前列，经济开发区、高新技术产业开发区（以下简称高新区）各有2家进入全国前十强，经济开发区产业链"链长制"实现全覆盖，省级新区带动作用更加明显。经济开发区规上亩均税收达到37万元以上，规上亩均工业增加值达到180万元以上，规上工业增加值占全省比重超75%。

二、重点任务

（一）明确重点招商方向

围绕推动传统产业高端化、智能化、绿色化，大力招引汽车及零部件、现代纺织和服装等领域技术创新项目；聚焦做优做强战略性新兴产业，打造"互联网+"、生命健康、新材料三大科创高地，建设海洋强省，推动实现碳达峰碳中和目标，大力招引信息技术、生物技术、高端装备、新能源及智能汽车、绿色环保、航空航天等产业链"链主型"项目；聚焦培育新增长点，大力招引第三代半导体、类脑芯片、柔性电子、量子信息、物联网等未来产业关键环节项目。以总部经济为主导、楼宇经济为载体，大力招引生产性服务业、品质化生活服务业项目。聚焦乡村振兴，大力招引农业农村高质量发展项目。根据全省产业布局和错位发展原则，编制全球招商地图。（责任单位：省发展改革委、省经信厅、省农业农村厅、省商务厅，各市、县〔市、区〕政府按职责分工负责。列第一位的为牵头单位，下同。以下均需各市、县〔市、区〕政府落实，不再列出）

（二）强化重大项目谋划

结合国家和省"十四五"规划和重大战略，立足本地产业资源优势，围绕创新驱动发展、产业生态打造、城市能级提升，筛选重点领域细分赛道。瞄准世界 500 强、中国 500 强、知名跨国公司、隐形冠军企业、"专精特新"企业、"卡脖子"技术项目、总部型项目、外资研发中心等，谋划一批重大产业盯引项目，建立项目库，引进一批投资规模大、效益好、产业带动强的"大好高"项目。强化重大项目盯引，省市县协同建立一个项目、一位领导、一套班子、一套方案攻坚机制，专班运作，加快项目签约落地。建立重点产业专家智库，为项目谋划、研判提供智力支持。（责任单位：省商务厅、省发展改革委、省经信厅、省农业农村厅、人行杭州中心支行〔省外汇管理局〕）

（三）创新精准招商方法

深化展会招商，积极承接中国国际进口博览会、中国国际服务贸易交易会等重大展会溢出效应，努力把展商变成投资商；办好中国—中东欧投资贸易博览会、全球数字贸易博览会、世界互联网大会、世界浙商大会等重大活动，搭建投资合作平台。强化中介招商，深化与国际知名中介、投资机构等合作。开展资本招商，更好发挥产业基金作用，撬动重大产业项目招引。开展以企引企，提升服务、拓展市场、完善生态，吸引上下游企业集聚，充分发挥海内外浙商人脉资源优势，实现以商引商。强化"双招双引"，推进项目招引和人才招引深度融合。以数字化改革为引领，推进云招商，加快"营商导航"、投资"单一窗口"等应用场景建设，提升招商精准度和成功率。（责任单位：省商务厅、省台办、省经信厅）

（四）突出开放平台招商

依托自贸试验区、经济开发区、高新区、省级新区等发展平台，推广产业链"链长制"，招引高质量延链、补链、强链项目。发挥自贸试验区、综合保税区制度创新高地优势，积极招引引领性项目。着力推进山区 26 县产业平台建设，实施"双链长制"，开展飞地招商。强化内外联动，创新发展国际产业合作园、境外经贸合作区、境外并购产业合作园，推进全球产业精准合作。（责任单位：省商务厅、省发展改革委、省经信厅、省科技厅）

（五）完善全球招商网络

聚焦欧洲和美国、日本、韩国等重点地区和国家以及我国港澳台等地区，借力驻外使领馆、侨商会、海外联络处、中介机构、海外浙商网络等，进一步完善海外招商工作网络体系。瞄准以北京、上海、深圳为龙头的环渤海、长三角、珠三角地区，发挥政府驻外办事机构、浙江商会组织以及浙江大企业在外分支机构的作用，构建全覆盖的国内招商网络。通过政策引导和贡献奖励等方式，进一步激发全球招商网络工作主动性。（责任单位：省商务厅、省外办、省政府驻京办、省政府驻沪办、省侨联、省工商联）

（六）建强专业招商队伍

加强招商工作力量，按照专业化、市场化、国际化原则，打造一支作风过硬、熟悉产业政策、懂得谈判技巧的专业化招商队伍。加强招商人员培训，支持招商人员赴创新资源富集地区挂职。探索实施招商雇员制、专员制等更加灵活的用人机制和薪酬制度，吸引高端人才加盟。（责任单位：省商务厅）

三、工作机制

（一）建立一把手招商机制

坚持招商引资一把手工程，各地一把手作为招商引资主要责任人，要亲力亲为研究部署、带队招商、参与重大项目洽谈。各地要建立主要领导听取招商项目进度工作机制，协调解决重大项目招引过程中遇到的困难和问题。坚持招商引资"一线工作法"，对重大产业项目的落地、投产、运营，有针对性地提供个性化、专业化、全过程服务。完善重大招商项目集体决策机制，加强对重大优惠政策的监管，实施重大项目全过程绩效评价。（责任单位：省商务厅、省发展改革委、省财政厅）

（二）建立重大项目招引协调机制

加强省级部门协同、省市县联动、地方部门横向协作，实现项目信息共享，对重大产业项目招引中的困难和问题实行分级分类协调。项目问题和政策需求清单经当地政府审核后，由各设区市投资促进部门按月报送省招商引资工作领导小组办公室（以下简称领导小组办公室）。建立重大招商引资项目省领导直通车制度。利用国务院稳外资协调机制，强化重大外资项目要素保障。（责任单位：省商务厅、省经信厅、人行杭州中心支行〔省外汇管理局〕）

（三）建立项目流转机制

树立全省合作招商、信息共享的理念，鼓励各地共享符合全省产业发展导向但本地暂不具备落地条件的有效投资信息，由领导小组办公室根据全省产业布局，有序推荐给相关市、县（市、区），鼓励山区26县及其产业飞地优先承接。对项目成功跨设区市流转并落地的首谈地，在招商引资年度工作考评中给予加分。（责任单位：省商务厅）

（四）建立信息通报机制

实行招商引资周信息、月评选、季通报制度，每周发布招商引资工作动态，每月评选典型案例和最佳实践，每季度对各设区市的实际使用外资、落地重大项目实绩进行通报，营造"比学赶超"招商氛围。对省级重点招商引资大项目实行全流程跟踪服务，对进展情况进行通报。（责任单位：省商务厅、省发展改革委）

（五）完善考评激励机制

建立科学考评指标体系，按有关规定对各设区市重点考评大项目招引数量、质量和实际使用外资额等，对省级部门重点考评产业项目谋划、重大产业项目招引服务等。对招商实绩突出的集体和个人，按有关规定予以褒扬。（责任单位：省商务厅、省发展改革委、省经信厅）

四、保障措施

（一）强化要素保障

强化财政、金融、政府产业基金等支持力度，鼓励和引导银行、创投、保险基金等参与各类专项产业基金和重大产业项目。支持符合条件的重大产业项目优先纳入省重大产业项目库，特别重大或列入省市县长项目工程的引领性项目可申请支用预留用地计划指标，优先保障用林、用能、主要污染物排污权等要素。出台商务接待标准指引，按规定保障必要的招商工作经费。（责任单位：省自然资源厅、省财政厅、省生态环境厅、省地方金融监管局、人行杭州中心支行〔省外汇管理局〕）

（二）优化招商环境

各地要保持招商政策连续性和稳定性，不得因政府换届、干部调整弱化招商引资工作。深化"放管服"改革，全面加强知识产权保护，完善投诉调解机制。推进信用体系建设，维护市场公平竞争，促进要素资源在更大范围内畅通流动和充分竞争，构建亲清政商关系。建立招商引资容错机制，做好外商投资安全审查工作。（责任单位：省发展改革委、省商务厅）

浙江省人民政府

2022年1月18日

（此件公开发布）

浙江省商务厅等 4 部门
关于加强外商投资企业金融支持工作的通知

各市、县（市、区）商务（投促）部门，人民银行，各银保监分局，外汇局：

　　为深入贯彻落实国务院 33 条、省 38 条关于稳外资系列政策举措，扎实推动外资稳存量、扩增量、优结构，不断优化营商环境，更好服务"两个先行"建设，现就加强外资企业金融支持有关事项通知如下。

一、优化外资企业金融服务

（一）加大对外资企业的信贷支持力度

　　运用再贷款、再贴现、普惠小微贷款支付工具等政策，引导金融机构加大对外资企业信贷支持，鼓励扩大首贷、信用贷投放，结合"连续贷＋灵活贷""担保＋信贷""保险＋信贷"等方式，持续减费让利，差异化定制金融产品和服务，进一步提升金融服务的渗透力、覆盖率，持续强化服务的精细化、多元化水平。进一步加大政策性金融服务对重点外资企业的信贷投放和支持力度。

（二）做好受困外资企业的金融纾困工作

　　进一步优化承保理赔条件，发挥保险服务的风险管理和保障作用。对因疫情影响导致还款暂时困难的外资企业，要视情况合理给予贷款延期、展期或续贷安排，不得盲目抽贷、断贷、压贷，不得随意下调企业信用等级和授信额度。

（三）提升企业汇率避险意识和水平

　　深入实施《浙江省全面深化汇率避险服务三年行动方案（2022—2024 年）》，推动政府性融资担保支持汇率避险政策增量扩面。建立汇率避险未办户、汇率避险首办户和宣传指导不满意企业三张名单，深化汇及万家宣传、外汇联络员暖心助企指导和企业互助帮扶交流三项机制，优化业务在线办理方式，加大产品和服务创新力度，深入开展减费让利专项行动，加强银行专业队伍和基层网点建设，针对外资企业特点丰富汇率避险产品。

二、提升贸易投资便利化水平

（一）提升外资企业贸易投资跨境人民币结算便利化水平

　　指导银行机构及时将优质外资企业纳入跨境人民币业务优质企业名单。银行可凭优质企业提交的《跨境人民币收／付款说明》或收付款指令，直接为其办理货物贸易、服务贸易跨境人民币结算，以及资本项目人民币收入在境内的依法合规使用。跨国企业将境内外资企业人民币利润所得用于境内再投资，可直接划转至被投资企业或股权转让方账户，无需开立新账户。

（二）实施新型离岸国际贸易结算便利化举措

鼓励银行机构为新型离岸国际贸易提供结算便利化举措。支持外资企业按照规定条件和程序申请开展含离岸转手买卖业务的经常项目资金集中收付和轧差净额结算业务。

（三）简化非金融外资企业境外融资手续

支持非金融外资企业多笔外债共用一个外债账户。支持在线申请办理外债登记。新借外债企业可以使用存续外债账户。存续外债企业可合并不同外债账户，统一收付外债资金。

（四）支持优质外资企业自主借用外债

支持经国家或地方相关部门认证的高新技术和专新特精外资企业不受净资产规模限制，可在500万美元额度内自主借用外债。

（五）开展本外币一体化资金池试点

进一步便利大型跨国企业资金跨境划转和使用，适度调整外债和境外放款额度，提升外资企业跨境融资效率。

（六）便利国内外汇贷款购汇偿还

对于国内外汇贷款专户中具有出口背景和真实购汇需求的国内外汇贷款，支持在外汇局备案后购汇偿还。

三、加强外资企业金融服务对接

（一）建立统筹联动机制

各地商务（投促）负责会同人民银行、银保监、外管等部门，建立跨部门横向协同联动机制，形成工作合力。要加强政策宣传解读，及时收集、回应、解决金融服务诉求，保障重点外资项目落地实施，给予重点外资企业多元化、全方位的金融支持，推动各项稳外资金融政策精准直达企业。

（二）加强金融服务对接

引导督促金融机构加大外资企业和外资项目的服务对接力度，常态化开展对接活动，将金融服务内容与公共服务、外贸外资企业服务融合，丰富对接形式与服务内容，提升服务质效。

（三）推动服务落地见效

缩短服务链路，实现需求收集、对接、受理、审核、反馈等一站式高效集成服务。依托浙江投资"单一窗口"企业服务模块，广泛收集外资企业金融服务需求，实行动态收集、即时推送，及时对接。在外资企业中加大"贷款码"宣传力度，实现外资企业贷款需求与银行金融服务之间的精准对接。

四、做好典型经验推广总结

（一）报送信息成果

各地商务（投促）、人民银行、银保监、外汇管理等部门应密切跟踪各项政策落实情况，及时报送经验做法、成效、建议。各市商务（投促）部门负责汇总本地区每季度开展外资领域对接活动和金融服务情况，于季后10日内报送浙江省商务厅，抄送人民银行杭州中心支行、浙江银保监局、省外汇管理局。

（二）加强评价激励

外资企业金融服务有关工作和成效，将列入全年稳外资工作的考核评价内容。优秀经验做法将在全省复制推广。对成效突出的部分设区市将推荐纳入中央财政支持普惠金融发展示范区奖补政策。

（三）加强工作保障

各地商务（投促）、人民银行、银保监、外汇管理等部门要提高认识，完善运行机制，加强工作保障。要加强服务团队建设，明确1名分管领导和1名联系人分别负责本部门外资企业金融服务工作的牵头和具体对接，加强部门内部工作统筹和部门间协同，做好对接活动等经费保障。

浙江省商务厅
中国人民银行杭州中心支行
中国银保监会浙江监管局
国家外汇管理局浙江省分局

2022 年 7 月 18 日

中国（金华）跨境电子商务综合试验区实施方案

一、总体要求

（一）特色定位

1. 聚焦"产业集群 + 跨境电子商务"融合发展。发挥市场和制造业优势，按照一地一特色原则，推动小商品、五金工具、户外园林工具等产业集群建立海外网上营销渠道，打造全球跨境电子商务网商集聚中心。

2. 聚焦"物流枢纽 + 跨境电子商务"融合发展。发挥"三大通道"建设优势，促进义甬舟大通道、"义新欧"班列和网上丝绸之路深度融合发展，打造全国服务成本最低的物流中心。

3. 聚焦"开放平台 + 跨境电子商务"融合发展。发挥自由贸易试验区、跨境电子商务综合试验区等开放平台叠加优势，深化政策创新和服务供给，打造政策环境最优的创新中心。

（二）发展目标

力争到 2022 年底，全市实现跨境电子商务出口额 650 亿元以上、跨境电子商务零售进口额 100 亿元以上。到 2024 年，全市实现跨境电子商务出口额 1000 亿元以上、年均增速 20% 以上，跨境电子商务零售进口额 200 亿元以上、年均增速 50% 以上；建成公共海外仓服务体系 100 个，面积 200 万平方米以上。

（三）空间布局

坚持特色凸显、优势互补、错位发展的原则，按照"一区二带三核多园"的发展模式，打造金华跨境电子商务完整产业链和生态圈。"一区"，指金华全市域范围为中国（金华）跨境电子商务综合试验区；"二带"，指金兰永武发展带和义东浦磐发展带；"三核"，指金义综合保税区、义乌综合保税区、义乌保税物流中心（B 型）；"多园"，指以金华市域内各县（市、区）特色产业园区为基础的跨境电子商务线下产业园。

二、主要任务

（一）建设两大平台

1. 建设线上综合服务平台。建设中国（金华）跨境电子商务线上综合服务平台，将服务功能推广到全市域，探索实现海关、税务、外汇管理、商务、市场监管、邮政管理等部门数据交换，提高通关效率，降低通关成本，为跨境电子商务企业和个人提供一站式服务。

2. 建设线下跨境园区平台。按照全市覆盖、一县一园的原则，高起点高标准规划建设一批产业特色鲜明、功能配套健全的跨境电子商务产业园区，有效承接线上平台功能，促进跨境电子商务线上平台和线下园区联动发展。

（二）培育三大主体

1. 培育出口主体。以小商品、五金工具、箱包、户外运动等特色产业集群为抓手，持续实施市场主体培育计划，引导制造业企业开展跨境电子商务业务。加快培育一批具有品牌影响力、年销售额超 10 亿元的本土跨境电子商务龙头企业。聚焦先进地区，加大对国内知名跨境电子商务头部企业的招引力度。

2. 培育进口主体。加快金义综合保税区二期和义乌综合保税区建设，推动跨境进口业务发展，承接中国国际进口博览会溢出效应，接轨上海虹桥进口商品展示交易中心，探索发展新业态，延伸消费前端。建设金义进口商品直营中心，培育网络消费市场和线下消费市场，创新全球进口商品采购与分销、线上与线下融合发展模式。

3. 培育服务主体。加快生态园区建设，打造一批创业孵化基地和众创空间，招引一批运营策划等服务配套企业，引导一批本地服务企业拓展跨境电子商务服务，打造跨境电子商务生态供应链。

（三）实施四大行动

1. 实施店开全球行动。加大与国际知名跨境电子商务平台合作，鼓励企业入驻平台开展业务，加快平台产业园落地，巩固和扩大欧美市场占有率。发挥第三方平台在金服务机构功能，对接日韩跨境电子商务平台，拓展东南亚市场。深化与非洲头部电子商务平台战略合作，积极开拓非洲市场。

2. 实施品牌出海行动。开展搜索引擎数字化营销专项行动，提升企业数字化营销水平。支持企业强化品牌营销，鼓励在成熟市场建设海外品牌精品馆。鼓励有条件的企业实施跨国并购，兼并国外知名品牌，实现从金华贴牌到金华名牌的飞跃。

3. 实施独立站领航行动。以全市出口名牌企业为主，鼓励企业自建垂直型平台和独立站，积极拓展新渠道，构建多元销售体系，拓展私域流量，提升渠道和用户的核心竞争力，提高品牌出海利润率和抗风险能力。

4. 实施海外仓建设行动。引进国内优质公共海外仓资源，鼓励企业发展集仓储、干线运输和配送于一体的综合服务能力，服务体系覆盖主要出口市场和"一带一路"节点枢纽城市。

（四）推广五大模式

1. 推广新业态融合发展模式。完善跨境电子商务发展监测办法，联合第三方电子商务平台，促进市场采购和跨境电子商务融合发展，探索建立相关认定标准。

2. 推广跨境电子商务零售出口模式。拓展跨境电子商务邮件和商业快递通关服务能力，推进

金义航空物流园建设，积极破解陆空转关瓶颈，做大做强跨境电子商务零售出口业务，吸引数据回流。

3. 推广跨境电子商务B2B直接出口监管模式。探索创新跨境电子商务B2B直接出口（9710）业务，规范发展清单模式，做大跨境电子商务B2B业务规模。

4. 推广跨境电子商务出口海外仓监管模式。做大跨境电子商务海外仓出口规模，优化退税服务，进一步为出口企业提供便利化退税服务。

5. 推广跨境电子商务零售进口模式。发挥双综保区优势，积极争取《区域全面经济伙伴关系协定》（RCEP）日用消费品等列入跨境电子商务零售进口业务正面清单，补齐跨境电子商务进口短板。

（五）健全六大体系

1. 完善培训服务体系。按照一地一中心的标准提升跨境电子商务公共服务中心功能，为中小企业提供一键式综合服务，提升中小企业拓展跨境电子商务业务的能力水平。分阶段制定孵化目标，开展培育行动，加强督促推进，有效发挥跨境电子商务公共服务中心功能。

2. 完善税务服务体系。鼓励引导跨境电子商务企业合规发展。对跨境电子商务企业出口货物，符合条件的可按规定适用出口退（免）税政策。依托跨境电子商务线上综合服务平台，及时落实跨境电子商务零售出口增值税、消费税无票免税和企业所得税核定征收政策，降低出口企业成本，促进外贸新业态发展。

3. 完善人才服务体系。办好浙江国际电子商务博览会、全国高校跨境电子商务产教融合高峰论坛等活动。筹建跨境电子商务行业联盟，加强与政府部门、企业、高校的合作交流，积极参与跨境电子商务国际标准制定。鼓励在金高校（职校）开设跨境电子商务专业，开展跨境电子商务职业技能等级评定，建设跨境电子商务线上人才港。

4. 完善统计服务体系。进一步完善和发挥电子商务统计监测系统功能，建立全市跨境电子商务头部企业库，鼓励企业逐月申报数据，定期开

展动态分析，提供决策咨询服务。创新发展跨境电子商务统计方法，进一步完善《义乌市跨境电子商务数据认证与管理办法》，逐步复制推广到全市域。

5.完善金融服务体系。完善跨境电子商务数据认证体系，拓展跨境电子商务线上综合服务平台在线支付结算、在线融资、在线保险等服务功能，为具有真实交易背景的跨境电子商务交易提供完备便捷、风险可控的一站式金融服务，提升企业备案率和使用率。引进第三方支付机构，创新发展跨境电子商务供应链金融。

6.完善物流服务体系。争创国家中欧班列枢纽节点城市集结中心，促进"义新欧"班列常态化运邮，打造长三角地区铁路运邮中转中心。鼓励新设国际货运专线，建设义乌航空口岸国际货运站，提升发运时效，优化信息跟踪服务，降低航空运输成本。加快打造西向欧洲、南向东盟、东向日韩、北向俄罗斯的复合型多式联运通道，布局班列境外服务网络，在重要节点城市建设海外物流分拨中心。

中国（舟山）跨境电子商务综合试验区实施方案

一、总体要求

（一）产业定位

以助力传统外贸企业转型为引导，做大做精跨境电子商务 B2B 产业集群；以模式创新为内核，推动跨境电子商务进口业务健康发展；以人才培育和龙头企业孵化为抓手，推进跨境电子商务资源集聚与整合；以最优营商环境为支撑，构建具有特色的跨境电子商务生态圈，把舟山建设成为具有海洋经济特点的跨境电子商务发展窗口。

（二）发展目标

通过"两平台、六体系、八举措"建设，加快培育跨境电子商务市场主体，构建便捷高效的服务体系，形成高质量的特色产业集群。力争到 2025 年，建设 2 个以上跨境电子商务产业园，打造 3 个以上跨境电子商务产业集群，引育 20 家以上跨境电子商务龙头企业，累计培育跨境电子商务企业 300 家以上，跨境电子商务进出口额年均增长 30% 以上，打造舟山跨境电子商务完整的产业链和生态圈。

（三）功能布局

舟山全市域范围为中国（舟山）跨境电子商务综合试验区，以建设市级跨境电子商务综合产业园为轴心，采取"一园一区多点"空间布局。"一园"即市级跨境电子商务综合产业园，集聚跨境电子商务进出口龙头企业；"一区"即市级跨境电子商务进口产业集聚区；"多点"即县级跨境电子商务产业分园。

二、主要任务

（一）打造两大平台

1. 打造线上综合服务平台。建设中国（舟山）跨境电子商务线上综合服务平台，提高通关效率，降低通关成本，为全市跨境电子商务企业提供一站式服务。完善平台监管与服务功能，探索实现海关、税务、外汇管理、商务、市场监管、邮政管理等部门数据交换。

2. 打造线下产业园区平台。按照"一园一区多点"原则，以舟山本地产业结构布局为基础，高起点高标准规划建设一批产业特色鲜明、功能配套完善的跨境电子商务产业园。强化政策扶持，吸引跨境电子商务企业和人才入驻园区，打造集孵化、研发、运营、营销、设计于一体的综合服务载体。

（二）构建六大体系

1. 构建信息共享体系。建立信息交换共享机制，实现监管部门、地方政府、金融机构、第三方支付平台、电子商务企业、物流企业之间的信息互联互通。为备案企业提供全程无纸化、电子化、自动化管理和服务，切实提高跨境贸易便利化程度。

2. 构建风险防控体系。建立健全多部门联动、跨区域管理的跨境电子商务风险联控机制。强化对业务关键环节的风险监控，有效防范非真实贸易的经济风险，以及数据存储、支付交易、网络安全等技术风险和产品安全、贸易摩擦、主体信用等交易风险。建设和维护跨境电子商务网络安全，落实信息安全等级保护制度，推进跨境电子商务网络安全监测和预警体系建设。

3.构建业务创新体系。利用大数据、云计算等数字技术，对各类平台商品交易、物流通关、金融支付等数据进行分析处理运用，为跨境电子商务发展提供大数据服务。探索跨境电子商务 B2B 模式出口统计方法，确立 B2B 订单、物流单、支付单三单对碰模式，实现快速统计核验。

4.构建物流仓储体系。依托综合信息服务平台，构建互联互通的物流智能信息系统、衔接顺畅的物流仓储网络系统、优质高效的物流运营服务系统，实现物流供应链全程可验可测可控。推进"快递出海"工程。

5.构建信用监测体系。建立健全跨境电子商务企业诚信数据库，建立各监管部门互评互认的企业信用评价系统和个人信用系统，对开展跨境电子商务业务的经营企业、支付机构实行信用评级。实施信用负面清单管理，通过事前严格准入，事中加强全面查验、严密监管，保障跨境电子商务良好发展环境。

6.构建金融服务体系。提升跨境电子商务金融服务水平。鼓励金融机构、非银行支付机构与跨境电子商务综合服务企业之间开展合作，为跨境电子商务交易提供在线支付结算、在线融资、在线保险等金融服务；支持和鼓励保险机构为跨境电子商务企业提供个性化、场景化的保险业务，不断创新和丰富保险服务品种。

（三）落实八大举措

1.提升跨境电子商务企业运营能力。建立跨境电子商务综合运营中心，引进省内外优秀跨境电子商务专业运营机构，助力企业健全管理制度，引导企业运用数字营销、3D 展示、虚拟参观等技术，提升中小企业拓展跨境电子商务业务的能力水平。

2.引育跨境电子商务市场新主体。以跨境电子商务线下产业园为主体，建立企业招引中心，加快引进一批全国性跨境电子商务平台并支持其在舟山设立区域总部、分拨中心、物流中心或服务中心。建立共享孵化中心，完善公共办公区、共享直播间、共用摄影棚等硬件设施。建立行业

交流中心，举办跨区域资源对接会、产业高峰论坛等交流活动。

3.打造传统外贸升级转型企业。以行业龙头企业为基础，制定一企一策的跨境电子商务转型升级方案，打造一批集设计生产加工、跨境电子商务运营、海外仓物流于一体的新型外贸企业。强化跨境电子商务经营者的品牌意识，推动品牌运营国际合作，制定并实施促进企业品牌国际化的扶持政策，孵化一批有全球知名度的自有品牌。

4.实施内外贸融合发展行动。创新内外贸融合市场机制，搭建内外贸发展载体，实现内外贸两个市场互促、互动和互通。优化跨境电子商务商业模式，建设保税备货、直购进口等多项业务并重，线上线下联动的进出口商品展销综合体，打通国外优质商品国内销售渠道。

5.探索跨境电子商务全模式海关监管。推行涵盖跨境电子商务企业备案、申报、征税、查验、放行、转关等环节的全程通关无纸化作业，提高通关效率，降低通关成本。在跨境电子商务 B2B 方式相关环节的技术标准、业务流程、监管模式和信息化建设等方面进行探索创新，推动开展"9610""1210"等跨境电子商务零售进出口业务以及"9710""9810"等跨境电子商务 B2B 业务。

6.推动跨境电子商务出口海外仓退税服务便利化。进一步为出口企业提供便利化退税服务，加快"9810"方式出口货物退税进度，加速企业资金周转。

7.打造跨境电子商务人才集聚区。引入专业培训机构，推行定制式、公司式等孵化模式，进一步完善跨境电子商务人才培训机制，积极搭建人才对接平台，为企业输送创新型人才和技能实干型人才。鼓励符合条件的跨境电子商务人才落户舟山。

8.推动金融政策创新。积极探索跨境电子商务供应链金融、电商出口信用保险保单融资、大数据信用融资等金融产品和服务，逐步扩大"跨境电子商务＋海外仓"项下风险承保规模和融资规模。鼓励跨境电子商务企业使用人民币计价结算，有效规避汇率风险。

浙江省推进外经贸企业合规体系建设
三年行动计划（2022—2024 年）

为加强外经贸领域风险防范，提升外经贸企业合规竞争力，加快推动开放强省建设，制定本行动计划。

一、总体目标

到 2023 年，我省外经贸企业合规体系建设能力得到全面提升，合规工作走在全国前列。中国（浙江）自由贸易试验区率先形成覆盖外经贸企业的合规机制和培育路径，风险防控水平进一步增强。外经贸合规组织体系健全、管理体系完善、制度体系完备、工作流程规范的先行企业达到 100 家。率先建立适应外经贸发展需求的合规人才培养机制，培育形成外经贸企业合规竞争新优势。

二、合规内容

外经贸企业合规是指我省企业跨境经营管理行为符合外经贸领域法律法规、国际条约、商业惯例、监管规定、行业准则、道德规范等要求。重点开展以下领域合规工作：

（一）企业出口合规

引导企业建立健全出口管制内部合规制度，通过信息化系统构建出口管制合规管控体系，包括合规风险评估、合规资源、合作伙伴及产品管理信息化，合规筛查自动化，合规管控平台一体

化等，避免违规事项发生。（责任单位：省商务厅、省科技厅、人行杭州中心支行〔省外汇管理局〕，各设区市政府。列第一位的为牵头单位，下同）

（二）境外经营合规

建立我省企业境外经营合规管理指引，引导企业遵守境外经营行为发生地法律法规、监管规定以及行业准则，重点包括对外货物和服务贸易、境外投资、对外承包工程、境外日常经营等行为，督促企业健全合规管理体系。（责任单位：省商务厅、省发展改革委、省外办、省国资委、省贸促会、人行杭州中心支行〔省外汇管理局〕，各设区市政府）

（三）境外上市合规

引导境外上市企业合法合规经营，注重网络数据安全、跨境数据流动、涉密信息管理、反洗钱、反商业贿赂、反垄断、反不正当竞争、行业性监管政策等合规。做好境外上市公司突发事件应对处置工作。（责任单位：省地方金融监管局、省委网信办、省商务厅、省市场监管局、人行杭州中心支行〔省外汇管理局〕、浙江证监局，各设区市政府）

（四）跨境电子商务合规

建立跨境电子商务合规指引，提升企业应对

境内外贸易风险能力。建立跨境电子商务专业智库和服务联盟,实施跨境电子商务品牌出海专项行动。推动我省企业参与国家和国际跨境电子商务标准制定,提升标准话语权。(责任单位:省商务厅、省市场监管局、人行杭州中心支行〔省外汇管理局〕、杭州海关、宁波海关,各设区市政府)

三、主要举措

(一)分类分层,探索培育先行企业

以行业龙头优质企业、高新技术企业、出口前100强和进口前50强自营进出口企业、本土前50强跨国公司为重点,培育一批合规先行企业。企业培育名单实行年度动态调整。(责任单位:省商务厅、省市场监管局、省地方金融监管局、浙江证监局)

(二)关口前移,强化合规预警处置

加强国际税收、跨境支付、跨境金融、出口管制与经济制裁、海关事务、知识产权、数据保护、跨境电子商务、贸易救济、反商业贿赂等领域国际经营风险预警,提供应对指导和服务。提升重点行业、优质企业合规风险防控和应对能力。强化突发合规事件处置属地责任,提供前期咨询、事中指导和后期评估等服务。(责任单位:省商务厅、省经信厅、省税务局、省市场监管局、省地方金融监管局、省贸促会、人行杭州中心支行〔省外汇管理局〕、杭州海关、宁波海关,各设区市政府)

(三)数字化引领,搭建合规服务平台

强化数字赋能,依托"订单+清单"监测系统,联合律师事务所、信息技术服务企业等第三方机构建立合规业务平台,发布全球经贸规则和预警信息,开展企业远程测评和诊断。搭建合规风险识别产品对接平台,发布外经贸企业合规指引,创新开展小微企业合规服务。(责任单位:省商务厅、省发展改革委、省外办、省国资委、省市场监管局、省地方金融监管局、人行杭州中心支行〔省外汇管理局〕,各设区市政府)

(四)加强培训,提升合规能力水平

启动合规引领新航程专项培训,联合专业机构、研究机构常态化开展合规人才专业知识和实践技能系列培训。开展重点行业、重点领域、重点企业合规检查。(责任单位:省商务厅、省发展改革委、省外办、省国资委、省市场监管局、省地方金融监管局、省贸促会,各设区市政府)

(五)创新举措,加强合规人才培养

提升律师事务所等专业机构服务外经贸企业合规体系建设的能力和水平。实施外经贸企业合规人才培育工程,提升合规人才专业化水平。引导普通高校、职业院校与企业合作,培养符合经贸新规则要求的合规管理人才和高素质技术技能人才。(责任单位:省司法厅、省教育厅、省民政厅、省人力社保厅、省商务厅)

四、保障措施

(一)建立工作机制

加强部门协同、省市联动,统筹推进外经贸企业合规体系建设。各设区市、省级有关部门要进一步完善配套政策和保障措施,按照职责分工抓好工作落实。省商务厅要会同省级有关部门加强工作指导,确保各项措施落地见效。

(二)加强政策支持

各地、各有关部门要加大对外经贸企业合规体系建设的工作引导和政策支持力度,对合规建设先行企业给予资金、人才等要素支持。加强省内合规风险应对专业机构建设,建立对外贸易、跨境投资合作、外汇管理等涉外领域专家库。

(三)建立评估机制

建立企业合规绩效评估监测系统,推动各地、各有关部门开展分领域、分区域企业合规评估,发布监测报告。建立外经贸企业合规经营指数指标体系,发布年度外经贸企业合规体系建设报告。加强舆论引导,加大合规宣传普及力度,营造企业重合规的氛围。

做大做强"四链"发展省域国际贸易枢纽

习近平总书记指出，构建新发展格局，实行高水平对外开放，必须具备强大的国内经济循环体系和稳固的基本盘。构建新发展格局要求在以国内大循环为主体的同时，更好发挥开放的作用，发展省域国际合作和竞争新优势；要提升国际大循环，以国内大循环牵引国际大循环，国际大循环促进国内大循环，在高水平对外开放上形成良性循环。发展省域国际贸易枢纽是畅通经济循环的内在要求和必然选择。做大做强产业链、贸易链、物流链、服务链，发展省域国际贸易枢纽是浙江推动更高水平对外开放，打造国内国际双循环战略枢纽的重要抓手，有利于更好地联通国内国际市场，更好地利用两个市场两种资源，推动经济高质量发展。本文从发展省域国际贸易枢纽与构建新发展格局的内在关系出发，围绕产业链、贸易链、物流链、服务链"四链"梳理浙江发展省域国际贸易枢纽的主要成效和发展经验，构建了发展省域国际贸易枢纽的"四链"指标体系，分析"四链"存在的短板和问题，研究提出浙江做大做强"四链"，发展省域国际贸易枢纽的重点举措，为推进高水平对外开放，畅通国内国际双循环提供浙江经验。

一、"四链"与发展省域国际贸易枢纽的关系

发展省域国际贸易枢纽是持续扩大高水平开放，进一步打造国际合作和竞争新优势的必然选择。国际贸易枢纽普遍为全球或区域商贸要素高度聚合、商贸环境开放宽松、法律环境公正严密、金融和航运及配套服务业高度发达、本土跨国公司总部密集、国际跨国公司地区总部数量众多、对外贸易辐射全球、零售服务吸纳国际、商贸经济总量全球居前、人文环境等国际化程度高的城市或区域。发展省域国际贸易枢纽，有利于稳定外贸外资基本盘，更好地利用国内国际两个市场、两种资源，提高在全球配置资源的能力，推动产业转型升级，实现更大范围、更宽领域、更深层次的对外开放。

发展省域国际贸易枢纽是促进畅通国内大循环，以国际循环提升国内大循环的效率和水平的重要渠道。发展省域国际贸易枢纽，通过集散配置全球商品、要素资源，联通国内大市场和国际大市场，有利于加速建设现代流通体系，提升全球产业链供应链现代化水平，提升整体流通效率，降低成本，促进出口和进口、内贸与外贸协调发展，促进形成统一国内大市场。丰富消费供给，促进消费品质提升，推动国内消费升级，有利于增强消费对经济发展的基础性作用，推动形成宏大顺畅的国内经济循环，在满足国内需求的同时，推动国内产品不断开拓全球市场，提升国内产品的国际竞争力，形成全球资源配置的良性循环。

目前学界对"国际贸易枢纽"尚未形成统一的说法。结合国际贸易的实践，从贸易链、产业链、物流链、服务链"四链"角度，我们认为，国际贸易枢纽需具备以下几个特征：

（一）"贸易链"是发展省域国际贸易枢纽的重要基础

"贸易链"主要指贸易主体集聚，产生一系列的贸易活动，形成能力强且有韧性的贸易链条。国际贸易枢纽的贸易主体应呈现多元化的特征。由传统国际贸易企业为主向跨国公司集聚、中小企业参与的多样化主体发展。全球价值链分工模式下，跨国公司通过垂直一体化和离岸外包连接全球生产网络。数字技术的发展使得跨境沟通、结算、物流协调更加便利，推动更多中小企业参与国际贸易，数字跨国公司日渐成为重要贸易主体。集聚更多的贸易主体，是发展省域国际贸易枢纽的重要基础。

（二）"产业链"是发展省域国际贸易枢纽的重要支撑

产业链是指各个产业部门之间，基于一定的技术经济关联，并依据特定的逻辑关系和时空布局关系形成的链条式关联关系形态。当前全球产业链面临新一轮重构，区域化、近岸化、本土化、短链化趋势凸显，国际贸易枢纽要求把握新一轮产业革命机遇，在区域内形成具有全球竞争力的较为完备的产业链供应链体系，提升产业链的韧性，能很好地抵御产业链供应链断链断供风险，形成以我为主的全球资源要素配置能力，有效应对"断链""卡脖子"的冲击，并以此支撑可持续发展的国际贸易枢纽能力。另外，国际贸易枢纽下的产业链，将由最终产品贸易向以中间产品贸易、最终产品贸易和服务贸易相结合的方式发展，产业重心从有形商品向无形的商品和服务贸易拓展。现代信息技术的发展提升了服务可贸易性，推动数字内容服务贸易新业态、新模式快速发展。发展省域国际贸易枢纽，更加稳固安全的产业链以及新经济业态的发展是重要支撑。

（三）"物流链"是发展省域国际贸易枢纽的重要通道

物流链是由功能互补的物流节点设施、集疏运体系、相关产业及物流企业有机组成的物流链条。国际物流供应链是完成国际贸易的必要条件。传统国际贸易主要依赖海上运输，港口是其最为重要的枢纽。当前，随着贸易新业态新模式的不断产生，国际贸易对物流枢纽的能力也提出了新的要求。国际贸易枢纽要求强化海港、陆港、航空港、信息港的一体化立体式高效联动发展，多式联运高效衔接和转换，提升集散配置和辐射带动能力，为畅通国际循环提供至关重要的通道。

（四）"服务链"是发展省域国际贸易枢纽的重要保障

服务链主要指贸易、产业发展以及物流畅通所涉及的所有服务，包括外贸融资服务、跨境金融服务、外贸风险防范服务、外贸企业要素保障以及法律认证、代理清关、税务等专业服务。国际贸易枢纽以高水平开放的贸易体制为基础，各环节有极强的国际贸易执行能力，快捷、高效、安全地完成贸易活动。这需要综合、专业、高效的服务体系，形成全链条链式服务，成为国际贸易枢纽的重要保障。

综上所述，发展省域国际贸易枢纽，按照"四链"融合的理念，统筹推动贸易稳进提质，核心是贸易链，产业链、物流链和服务链为贸易链上集聚更多主体提供支撑。贸易链与产业链相互作用、相互促进，"产贸融合"是持续动力，吸引高端产业，形成外贸主体集聚优势，推动贸易高质量发展；物流链、服务链是维持贸易链和产业链畅通的保障。"四链"间要体系化推进、特色化打造、规范化管理、数字化迭代，最终目标是做大做强贸易主体，辐射带动省外生产者和贸易商，形成强大的省域国际贸易枢纽。

二、浙江发展省域国际贸易枢纽的"四链"建设成效

（一）主要成效

1. 贸易规模占全球贸易份额 2% 以上，初步建成国际贸易枢纽。从规模总量看，如果将浙江省作为一个经济体在全球进行比较，2020 年，浙江省货物出口超过新加坡位列全球第 14 位，位居加拿大之后，国际市场份额占比达 2.1%；浙江省出口规模接近社零规模，为全球经济稳定增长做

出了巨大贡献。2020年浙江省贡献了相当于全国约一半的外贸增量，2021年，浙江全年货物贸易进出口总值跨上4万亿元新台阶，超过上海，跃居全国前三（见图1），占全国份额的10.6%。贸易主体由传统国际贸易企业经营为主向跨国公司集聚、中小企业参与的多样化主体发展转变。2021年，全省进出口实绩企业数量首次突破9万家，占比超过全国实绩企业总数（56.7万家）的1/6，年进出口额1000万美元以上的外贸企业9665家，年进出口额1亿美元以上外贸龙头企业879家，较2012年分别增加81.6%、76.2%、110%。民营企业外贸主力军地位突出，2021年民营企业进出口3.14万亿元，对浙江外贸增长贡献率达76.0%。浙江作为全国市场采购和跨境电商策源地，积极培育外贸新业态。市场采购试点是始于2011年的义乌国际贸易综合改革的重要成果。2021年义乌市场采购出口3659.2亿元，同比增长21.7%，增幅为2013年以来最高。2018年9月国家商务部等七部委正式同意温州（鹿城）轻工产品交易中心开展市场采购试点，温州市场采购贸易在全域联动下，2021年实现试点出口43.28亿美元。2020年，新增浙江绍兴柯桥中国轻纺城、浙江台州路桥日用品及塑料制品交易中心、浙江湖州（织里）童装及日用消费品交易管理中心3个市场采购贸易方式试点。跨境电商规模5年增长近10倍。2021年全省实现跨境电商进出口3302.9亿元，同比增长30.7%，规模居全国第二位。2020年浙江服务进出口占全国份额7.1%，排名超越江苏，位居全国第四。两大国家级服务外包示范城市争先进位，杭州服务外贸执行额位列示范城市第二位，宁波首次挺进全国外包合同额前十位。

2.区域特色产业集聚，国际贸易深度融入国际产业链供应链。浙江产业链供应链体系较为完备，区域特色产业集群特征明显。截至目前，浙江共有国家外贸转型升级基地70家，占全国总数的12.1%，居全国首位。国家外贸转型升级基地分布覆盖浙江全省11个市，涉及49个县（市、区），主要集中在纺织服装、鞋类、箱包、汽车零部件、生物医药等浙江出口优势产业。截至2021年底，浙江已累计培育2个国家级进口贸易促进创新示范区、9个省级进口贸易促进创新示范区和80个重点进口平台。浙江省进口商品中超过七成供生产所需，包括大宗商品、原材料、机电和高新技术产品，特别是煤炭、黑色金属、化学原料等进口占比超过五成，为保持浙江省产业链供应链的稳定提供有力支撑。开放平台实现产能合作和产业联动，2021年浙江自贸区聚焦油气领域深入开展差异化改革探索，形成了龙头企业引领、产业链完善、辐射带动突出的万亿级油气产业集群，在全球油气领域打响了"无中生油"的浙江品牌。开发区以"链长制""双链长制"为抓手，畅通产业链上下游，全面构建现代化产业体系。2021年，全省经济开发区实现进出口总额18502.9亿元，同比增长3.8%，占全省进出口总额的44.67%。

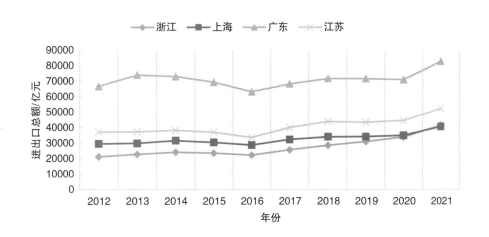

图1 2012—2021年主要省份外贸进出口总额

3. "四港"联动现代物流体系加快形成，国际贸易枢纽作用进一步发挥。海港优势全球领先。2021年宁波舟山港货物吞吐量达到12.2亿吨，年集装箱吞吐量达到3108万标箱，成为继上海港、新加坡港之后全球第三个3000万级集装箱大港，连续12年保持全球货物吞吐量第一。"陆港"体系初步形成，初步形成以铁路货站、公路物流园区、内河港、"义乌港"等为主要内容的陆港体系。2021年中欧班列"义新欧"（金华、义乌双平台）累计开行1904列，成为全国开行线路最多、满载率最高的中欧班列。空港发展潜力大，2021年全省机场货邮吞吐量为12.85万吨，其中宁波机场货邮吞吐量达到11.27万吨。2021年杭州萧山国际机场旅客吞吐量为2815.8万人次，位列2021年中国内地机场旅客吞吐量前十位。2022年1月，浙江省成功引入首条第五航权全货运航线，萧山国际机场开启"跨国公交"货运模式。信息港基础布局全，国家交通运输物流公共信息平台实现互联全球港口30个，共享90%以上的集装箱船舶动态数据。建设智慧物流云平台，打造一站式集约操作环境，利用丰富的物流数据资源为用户提供全面数据支撑，构建"物流数据枢纽港"。

4. 贸易发展环境进一步优化，初步形成服务国际贸易枢纽的良好生态。以数字化改革为引领，上线"义新欧"数字服务在线、国际集装箱"一件事"等场景应用，其中海外智慧物流平台成功打造全省唯一由国务院领导提出要求建设的数字化应用场景，为海外仓企业和外贸企业提供4大类19种服务。平台获评2021年度浙江省改革突破奖铜奖。杭州、宁波、温州、湖州、绍兴、金华已纳入数字人民币试点城市。外综服试点取得一定成效，"十三五"期间，认定30家省级外综服示范企业、9家成长型企业和16家试点企业，形成一批优秀外贸综合服务的示范型企业、成长型企业和试点企业，融易通、世贸通、金土敦、中非国际经贸港等一批优秀外贸综合服务企业。展会服务影响力持续扩大，中国—中东欧国家博览会升格为全省首个国家级机制性涉外展会，宁波成为国内最大的中东欧商品常年展示交易中心。

举办40场第四届中国国际进口博览会配套活动，意向采购金额71.9亿美元。中国义乌进口商品博览会，已成为国外日用消费品进入中国市场首选展贸平台之一。浙江生物医药特殊物品出入境公共服务平台成为全国唯一集海关出入境检验检疫、海关公用型保税库、冷链供应链于一体的公共服务平台。应对风险防控成效显著，上线浙江省贸易救济精准服务平台和"浙"里有"援"外经贸法律援助呼叫中心。连续13年开展外经贸法律服务月活动，2021年已成立100余家预警点，预警点基本覆盖全省各块状经济区、传统优势行业及新兴产业。在全国率先探索省域贸易调整援助制度建设试点，先行先试开展多主体协同应对贸易摩擦综合试验区工作。出台多项外贸政策，从金融稳外贸、汇率避险、跨周期调节、RCEP市场开拓等方面多点发力。

（二）主要经验

1. 贸易创新促进贸易高质量发展。新业态新模式是我国外贸发展的有生力量，也是国际贸易发展的重要趋势。浙江始终注重培育外贸新业态新模式。其中，跨境电商是发展速度最快、潜力最大、带动作用最强的外贸新业态。截至目前，共获批设立12个跨境电商综试区，率先实现省域全覆盖。浙江省首创"六体系两平台"跨境电商发展框架，整体发展水平和创新能力处于全国前列。浙江始终注重数字贸易的发展，创新发展省域数字贸易"单一窗口"，纵深推进义乌国际贸易综合改革、鹿城等市场采购贸易方式改革、杭州服务贸易创新发展试点改革等，实施市场采购贸易创新提升专项行动，在全国率先开展公共海外仓培育工作，推动传统贸易向高质量发展转变。浙江积极助力外综服发展，出台全国首个外综服地方标准，注重培育和发展外贸综合服务示范企业、成长型企业和试点企业。

2. 产贸融合加快产业转型升级。产业是外贸发展的基础，浙江注重从生产源头抓起，以产业升级引领外贸发展，依托产业集群，集聚各方资源在更广领域、更深层次参与国际市场竞争，引导产业向价值链高端延伸，推动机电和高新技术产业快速发展，将产业优势转化为外贸优势。浙江结合块状经济和民营企业优势，因地制宜，发展以一般贸易为主的外贸方式，一般贸易比重达78%左右，高出全国约17个百分点。一般贸易出口产品的国内增加值更高，对产业带动能力更强，对经济增长的促进作用更为显著。同时结合区域特色产业集群优势，注重外贸转型升级基地建设，推动浙江外贸转动力调结构、巩固提升传统优势。近年来，浙江结合跨境电商优势，发展省域"产业集群+跨境电商"模式，开展产业集群跨境电商发展试点工作，各试点在传统外贸、生态体系打造、跨境供应链构建、数字化监管服务创新等方面，形成了一批典型的经验做法，推动了产业数字化转型和外贸高质量发展。

3. 四港联动发展省域现代物流体系。浙江结合全省"海陆空网"综合优势，以海港为龙头、陆港为基础、空港为特色、信息港为纽带，推动现代物流体系建设，促进交通运输从"综合并行"向"有机融合"转变。宁波舟山港结合自身优势，以油气产业作为传统服务突破口，以保税燃料油加注为重点，积极发展港口物流。义乌充分利用国际贸易综合改革试点等政策红利，大力推进"义新欧""义甬舟"两条国际贸易大通道双向开放。杭州萧山国际机场不断加大与货运航空公司合作力度，搭建全货机网络通道，注重临空产业发展。积极探索"互联网+口岸"新服务，促进海港、陆港、空港、信息港"四港"联动发展，支持全球智能物流枢纽建设，推动海上丝绸之路指数、快递物流指数等成为全球航运物流的风向标，注重发展省域全球供应链的硬核力量。

4. 数字赋能推进贸易治理与服务现代化。浙江始终注重商务领域数字化改革，聚焦"152"跑道，以"订单+清单"预警监测系统为基础，谋划系列多跨场景，迭代完善外贸大脑、浙里自贸、浙里数贸等综合集成应用。浙江实施展会拓市场行动，高规格举办中国—中东欧国家博览会、浙洽会，精心组织参加疫情后首次"线上+线下"融合举办的第130届广交会等，服务企业开拓国际市场。浙江以通关便利化为重点，完善机制建设，

省商务厅分别与海关、外管、国税等主要涉外部门建立了对口联系机制，共同建立"高效、快速、便捷、低成本"的货物流通秩序。及时出台"两稳一促"政策，建立全省重大外资项目全流程跟踪服务系统，为企业开展精准服务。

三、发展省域国际贸易枢纽的"四链"指标体系

根据发展省域国际贸易枢纽的特征以及构建指标体系系统性、独立性、可操作性等基本原则，结合浙江的实际特点，按照"四链"的理念，选取了贸易规模、贸易结构、贸易主体、产业基础、产业平台、产业创新、基础设施、政务环境、通关效率、金融服务和风险防范11个二级指标，36个三级指标（见表1）。

发展省域国际贸易枢纽是一个动态的发展过程，随着"四链"的发展而不断深化，从较低水平发展到较高水平。考虑数据的可得性，本文选取2017—2021年的数据，采用层次分析法进行分析。通过测算，结果见表2。

通过对发展省域国际贸易枢纽的整体评价可知，浙江在发展省域国际贸易枢纽方面已具备了一定的基础。总体来看，近五年，"四链"基本保持平稳发展的态势。贸易链得分从2017年开始一直呈现总体上升趋势，并且在近两年中得分最高，说明在发展省域国际贸易枢纽中，贸易链的实现程度最高，同时也是国际贸易枢纽的核心。产业链在2017—2019年之间呈现上升态势，但2020年转为下降，2021年又转为上升，但得分不及2019年。浙江省产业链体系较为完备，聚集了较多的贸易主体，但受全球缺"芯"影响存在断链风险，造成产业链指标得分波动，虽受外部环境影响较大，但仍带动浙江省外贸体量增加和贸易结构的优化，对发展省域国际贸易枢纽形成了强大的支撑作用。物流链、服务链在2017—2019年呈现上升态势，但受疫情影响，物流链近两年呈现下降趋势，而服务链近两年由下降转为上升，且2021年得分为近五年最高。

表 1 浙江发展省域国际贸易枢纽指标体系

一级指标	二级指标	三级指标
贸易链	贸易规模	1. 货物贸易占全国的份额
		2. 对外贸易依存度
	贸易结构	3. "一带一路"市场出口占比
		4. 机电和高新技术产品出口占比
		5. 服务贸易占全国比重
		6. 新型国际贸易占国际贸易比重
		7. 数字贸易进出口额
	贸易主体	8. 外贸备案企业数量
		9. 前 100 强外贸企业进出口额占浙江比重
		10. 民营企业出口占比
		11. 有全球影响力的数字贸易平台企业数
产业链	产业基础	12. 新增世界 500 强投资企业数
		13. 世界 500 强浙江本土企业数
		14. 数字经济核心产业增加值占 GDP 比重
		15. 二三产比重
	产业平台	16. 开发区规上工业增加值占比
		17. 境外经贸合作区数量
		18. 跨境并购产业合作园数量
		19. 国际产业合作园数量
	产业创新	20. R&D 经费支出及其占 GDP 的比重
		21. 高新技术产业增加值占规模以上工业比重
		22. 品牌企业和实施"浙江制造"标准企业销售占比
		23. 新产品产值率（规上工业）
物流链	基础设施	24. "义新欧"班列数占全国中欧班列份额比重
		25. 海运国际（地区）集装箱航线
		26. 海运直航集装箱吞吐量
		27. 空运国际（地区）通航点
		28. 国际航线数（空运）
服务链	政务环境	29. "订单＋清单"系统建设情况
		30. 营商环境便利度
	通关效率	31. 整体进口时间
		32. 整体出口时间
	金融服务	33. 银行结售汇量
		34. 跨境人民币结算量
	风险防范	35. 贸易摩擦案件数
		36. 贸易摩擦涉案金额

表 2　浙江发展省域国际贸易枢纽一级指标结果

一级指标	指标值				
	2017 年	2018 年	2019 年	2020 年	2021 年
贸易链（0.25）	0.193	0.205	0.214	0.241	0.245
产业链（0.25）	0.217	0.239	0.249	0.238	0.242
物流链（0.25）	0.218	0.230	0.233	0.208	0.177
服务链（0.25）	0.143	0.194	0.207	0.203	0.224

四、从当前国际贸易形势看，"四链"的不足和短板

世界百年未有之大变局深度演化，影响浙江省对外贸易的内外部环境深刻变化。从国际看，形势更趋错综复杂，不稳定不确定因素显著增多。新冠疫情、俄乌冲突冲击全球经济，全球供应链瓶颈仍未缓解，通胀压力上升、大宗商品价格上涨、能源紧缺、运力紧张，主要经济体货币政策趋紧，全球经济和贸易增速下降。2022 年 4 月世界贸易组织（WTO）下调了 2022 年全球货物贸易量增速预期，由 2021 年 10 月预测的 4.7% 下调至 2.5%。根据联合国贸易和发展会议（UNCTAD）3 月数据显示，2022 年全球经济增长预期从 3.6% 下调至 2.6%。国际经贸规则主导权争夺更加激烈，贸易投资壁垒日益增多，贸易摩擦加剧。全球产业链供应链面临重构，多元化、区域化和本土化趋势明显，增加了贸易发展的不确定性。同时，和平和发展仍是时代主题，开放合作、互利共赢仍是长期趋势。新一轮科技革命和产业变革加速，数字全球化发展强劲，贸易的数字化发展推动了贸易多样性的发展，改变了贸易的生产和交付模式，催生了诸多新业态新模式，为贸易增长提供了新空间。

从国内看，经济发展面临需求收缩、供给冲击、预期转弱三重压力，外贸发展面临的形势依然复杂严峻，新冠疫情影响仍在持续，全球供应链瓶颈尚未缓解，芯片等重要原材料短缺持续困扰外贸企业，外贸产业链供应链受到一定影响。随着疫苗普及，发达经济体转向"与病毒共存"策略，全球对中国商品和服务的需求出现一定程度下降。要素成本持续上升，资源环境约束加剧，传统竞争优势逐渐弱化。同时，我国经济基本面长期向好，外贸产业基础雄厚，产业链供应链韧性足，新业态新模式加快发展，创新转型步伐提速。2021 年，我国外贸全球份额创历史新高，达到了 15%，外需市场前景广阔，为稳住浙江省对外贸易提供有力支撑，国内消费加快升级，内需市场的活力和后劲将持续释放，超大规模市场优势逐步显现，对优质进口商品和服务的需求不断增加。中国成功签订《区域全面经济伙伴关系协定》（RCEP）等高标准经贸规则，加快推进商品和要素流动型开放向规则等制度型开放转变，为国际贸易投资创造了良好环境。

从省内看，习近平总书记赋予浙江高质量发展建设共同富裕示范区的重大历史使命，为浙江省在新征程上推动高水平开放、实现贸易高质量发展提供了战略指引。浙江经济外向度高，拥有较为完整的产业体系，科技和产业创新步伐加快，法治化、国际化、便利化营商环境日益完善，贸易投资便利化程度逐步提高。"一带一路"建设、长江经济带发展、长三角区域一体化发展等重大战略交汇叠加，为浙江参与全球合作和竞争拓展了新空间、增添了新动能。经济发展阶段的变化将引发对外贸易发展的趋势性变化。预计到 2027 年，浙江省人均 GDP 将超过 2.5 万美元，相当于德国 1992 年的水平，参照德国相应阶段的发展特征，未来浙江对外贸易发展将延续量涨质升态势。1987 至 1997 年，德国货物贸易增长 81.4%，占 GDP 比重保持在 43% 左右，高科技产品出口比重由 12% 提升至 14.7%。

在日趋复杂的国际贸易发展环境下，浙江省

在"四链"方面还存在一些不足：

1.产业链的主导力、控制力，供应链安全水平有待提升。一是产业基础技术对外依赖度高。核心芯片、工业软件、控制系统受制于人，核心零部件、关键元器件、基础原材料依赖进口。截至 2020 年，十大产业链关键核心技术（产品）断链断供风险 449 项，包括同准备份 125 项、降准备份 212 份、国际备份 47 项、攻关备份 65 项。二是创新发展质量有待继续提升。仍以要素驱动发展为主，战略性新兴产业占比不够高，在国家制造业创新中心数量、拥有发明专利数量上与广东、江苏还有一定差距。三是产品质量对标国际存在差距。缺少一批具有产业链主导力的链主企业和战略反制能力的"撒手铜"技术产品。四是供应链公共服务体系欠完善。目前浙江省供应链公共服务主要依托省现代供应链发展联盟，应急式组建的联盟方式还不完善，难以适应浙江省供应链创新大发展和广泛基层服务的快递响应要求。

2.外贸竞争优势有待提升，内外贸一体化发展亟待破题。一是高新技术出口产品竞争力不够强。仍处于全球产业链供应链中低端，在国际竞争中处于相对不利地位。2021 年浙江省高新技术产品出口占比仅为 9%，远低于全国 29.1% 的比重。二是进口商品结构不够优。对产业高质量发展带动较弱，补链强链型产品进口比重低。机电产品占进口额比重仅为 16.4%，低于全国的 46%。高新技术产品进口额占比为 11%，低于全国 30.6%、江苏 39.1%、上海 29.5% 的比重。三是龙头外贸主体不够足。浙江省外贸主体普遍规模较小、竞争力不强，进出口额 6000 万元以下的企业占比 9 成，制造型外资企业出口规模不大，缺乏世界 500 强规模的链主型龙头企业（如深圳比亚迪）、拥有关键核心技术的领军企业（如深圳华为）。四是内外贸一体化不够实。产业布局缺乏全球谋划，无法根据国内国际两个市场需求进行主动调整实现切换。浙江省内贸企业熟悉国内市场，却对国际市场缺乏认知；外贸企业对国内市场不了解，无法充分发挥其核心竞争优势实现以内促外。

3."四港"联动在高端航运服务、港城融合等方面还有待改进。一是宁波舟山港对标新加坡港、上海港，在规模设施、在高端航运服务、绿色发展等方面存在明显短板。宁波舟山港由于海河、海铁联运起步较晚、杭甬运河通而不畅、下游业务延伸发展不足、受上海虹吸效应影响等原因，在高端航运资源集聚方面缺乏吸引力。二是义乌陆港对标杜伊斯堡港，在现代物流体系、港城融合等方面有待完善。义乌陆港由于其人工调度作业机制低效、铁路网络不够完善等原因，海铁联运线路发展受限，虽有中欧班列支撑，但距离义乌"国际陆港"目标甚远。杜伊斯堡港"以港兴城"，而义乌陆港还尚未形成对周边地区的辐射带动作用。三是萧山国际机场对标美国孟菲斯国际机场，在专用设施、集疏运体系等方面存在不足。萧山国际机场相较孟菲斯机场在货机停机坪面积、货运专用设施建设和客货分离方面仍需进一步加强，应加大完善基础设施力度，加速推进萧山机场三期工程及货运仓储中心建设。四是服务"四港"互联互通的信息平台尚未整合。目前各港都有相对独立的信息平台，相互之间开放程度较低，支撑"四港"联动融合的信息一体化水平亟待加快提升。

4.外贸企业金融、法律等服务能力有待进一步完善。一是贸易融资准入门槛高，融资对象单一。在很多贷款业务中，银行会谨慎选择信誉较好的大型外贸企业进行贸易融资支持，而很多中小企业很难达到银行准入要求。49.3% 的企业表示贸易融资产品太少，不能满足企业融资要求。供应链金融的法律体系还不健全，信用评价体制还不完善，服务模式较单一，核心企业供应链管理意识薄弱。二是涉外法律人才缺乏，企业应诉意识亟待增强。目前拥有"二反一保"应诉经验的律师基本集中在北京、上海等地，外贸行业高水平涉外法律服务人才缺乏，在国际法律服务市场上竞争力较弱。且应诉需要大量的人力和物力，而且耗时久，部分涉案中小企业存在着"怕麻烦，宁愿丢市场""觉得没能力打洋官司"等心理。三是知识产权合规风险不容乐观。浙江省 2019 年和 2020 年连续两年对 267 家浙江企业国际化经营合规风险状况进行排查，发现 81% 的企业既没有建立合规管理体系也未曾做过合规管理工作，尤其中小企业面临的合规风险敞口巨大。

五、做大做强"四链"发展省域国际贸易枢纽的主要举措

坚持稳字当头、稳中求进工作总基调，坚持体系化推进、特色化打造、规范化管理和数字化迭代，以外贸促稳提质为主题，围绕全力稳住外贸基本盘、加快外贸创新发展两条主线，聚焦贸易链、产业链、物流链、服务链四个方向，每方面提出六条举措，形成做大做强"四链"，发展省域国际贸易枢纽的"1246体系"。"1"指贸易大脑；"2"指两条主线，即全力稳住外贸基本盘、加快外贸创新发展；"4"指四个方向，即贸易链、产业链、物流链、服务链；"6"指四个方面的六条举措。最终通过发展省域国际贸易枢纽的"1246体系"，统筹国内外发展，加快建设国际贸易枢纽，推进高水平对外开放，畅通国内国际双循环。

（一）做大做强"贸易链"，培育壮大市场主体

1. 开拓多元化国际市场。开展"浙货行天下"等行动，拓展国际国内市场，推动消费结构、产业结构、社会结构优化互促。抢抓 RCEP 机遇，着力拓展对日农产品、机电产品、纺织服装出口，扩大中间品和高新技术产品、消费品进口。支持行业协会、产业联盟、学术机构等社会组织与国外相关机构开展交流合作，支持企业利用好中国—中东欧博览会、浙洽会、进博会等重点贸易平台，加强商务推介和招商引资工作。创新展会模式，深化培育境外展会平台，支持企业抱团赴境外参展，积极打造境外区域品牌展，推动扩大区域品牌展规模。

2. 培育提升外贸主体。挖掘未开展外贸业务企业出口潜力，开展外贸业务意向摸排。鼓励出口优势企业通过上市、股改、兼并等方式实现进一步壮大，以资产或品牌为合力点，培育一批抗风险能力强的出口领军企业。重点扶持科技含量

高、辐射带动性强、发展前景好的出口企业，加大资金、项目、市场开拓等方面的支持力度。做精做强配套企业，创新培育一批外贸综合服务企业，优化管理服务机制，实施外综服便利化措施。鼓励中小微企业与龙头企业建立稳固协作关系，打造中小外贸企业集聚发展平台。推动民营企业开拓市场，大力培育本土跨国公司，稳步提高民营企业进出口占全省外贸的份额。集聚一批融合生产研发中心、贸易成交中心和金融结算中心的贸易总部企业。鼓励总部在省内的企业通过外贸业务和订单从市外分支机构回流等方式加快拓展外贸业务，培育外贸领军企业、高成长企业、隐形冠军企业。

3. 推进进口贸易发展。发挥国家和省进口贴息政策引导作用，支持先进技术、设备和关键零部件进口。支持新型研发机构成为先进设备和技术进口主体，大力推进研发设计等相关的生产性服务进口。依托中国（浙江）自由贸易试验区、各类海关特殊监管区等功能平台，开展油品、铁矿砂、液化天然气等大宗商品进口业务。全力打造进口促进平台，打造若干具有国际影响力的进口商品展销平台和进口商品世界超市。深度参与进博会，加强与境外参展商的对接合作，加大高端消费品、高新技术产品及装备等进口，办好海淘汇、青田进口博览会等一系列进口促进活动，提升配套活动质量，放大溢出效应。

4. 大力发展贸易新业态。以全省域综试区建设为主抓手，以主体培育和渠道建设为重点，推进跨境电商供应链便捷化、贸易便利化和服务优质化，更好发挥跨境电商助力外贸稳进提质的重要作用。大力发展转口贸易、新型离岸贸易、易货贸易、"两头在外"保税维修等贸易新业态。加快海外仓建设，进一步提升海外仓综合服务能力。放大市场采购贸易效应，探索建立与市场采购贸易方式相适应的贸易流程、主体信用、外商管理和知识产权保护等工作机制。加快数字贸易发展，发展省域数字贸易全产业链，加强国际一流数字经济企业招引，集聚一批具有国际影响力的数字贸易企业。

5. 建设重大贸易平台。发挥自贸试验区各片区的特色，发挥舟山片区优势，提升大宗商品进口规模；发挥宁波片区优势，扩大新材料、智能制造装备进出口；发挥杭州片区优势，做大数字贸易、服务贸易、人工智能贸易；发挥金义片区优势，深化义乌国际贸易综合改革试验区建设，复制推广国际贸易综合改革成果和经验，高水平建设世界小商品之都。设立 RCEP 高水平开放合作示范区，争取有关政策在台州、温州、义乌等地先试先行，扩大对 RCEP 的市场份额。以开发区"双链长制"为核心，加大制造业外资企业招引力度，稳步提高外资企业出口比重。充分借助广交会、进博会等国内重点进出口展会开展组展招商工作。

6. 推动内外贸一体化发展。推进内外贸产品"同线同标同质"工作，支持企业对标国际先进标准拓展"三同"产品，带动国内相关产业加快提质升级，优化供需结构。鼓励有条件的大型商贸企业、重点商品交易市场加强资源整合配置，优化国际营销体系，拓展外贸业务。引导有较强创新力和国际竞争力的外贸企业多渠道拓展内销市场，推动国内国际"两个市场"联动互促、顺滑切换。完善外贸企业拓内销支持体系，深化综合保税区增值税一般纳税人资格试点和内销选择性征收关税试点，支持加工贸易企业拓展国内市场。鼓励行业协会商会制定发布内外贸一体化产品和服务标准，提升市场专业化服务能力。

（二）做大做强"产业链"，提升产业发展韧性

1. 提升产业竞争优势。推动传统产业产品技术、工艺装备、能效环保、质量效益和安全水平与国际同行业先进对标。改造提升传统产业，巩固纺织、鞋服、箱包等传统产品出口优势，引导纺织服装、箱包等传统劳动密集型产业由加工制造为主向研发、设计、营销延伸，向高端化、品牌化、个性化定制等方向发展，引导机电等优势出口行业向中高端攀升，不断提高出口档次和附加值。培育壮大新兴产业，围绕生物医药、人工智能、高端装备制造等领域，吸引国内外高端产业、核心配套环节和先进要素等在浙江集聚发展。提升农产品精深加工能力和特色发展水平，扩大高附加值农产品出口。

2. 大力发展油气全产业链。积极引进油品贸易国际战略投资者，引入纽约、伦敦等经验丰富的交易所作为战略投资者，招引油品贸易相关的中央企业、民营企业等在浙江自贸试验区集聚。加快推进石化炼化产业转型升级，招引落地一批高端石化中下游项目，发展下游精深加工产业链。提升油品流通领域市场化配置能力，支持自贸区适度开展成品油出口业务、搭建成品油内贸分销网络，探索完善成品油流通领域事中事后监管模式。推动大宗商品期现市场联动发展，在风险防范措施完善的前提下，允许境内外行业内企业进入自贸试验区大宗商品现货交易市场开展交易业务，建设国际能源贸易与交易平台。

3. 加强"卡脖子"技术攻坚。将创新作为外贸发展的第一动力，深化外贸领域科技创新、制度创新、模式和业态创新，强化知识产权保护，推动外贸质量变革、效率变革、动力变革，增强对外贸易综合竞争力。推进外贸领域生产技术、物流技术、营商网络拓展、会展方式创新等方面的科技创新。抓住浙江数字经济快速发展机遇，依托浙江省应用场景的优势，激活数据要素潜能，促进数字技术与贸易发展深度融合，不断壮大外贸发展新引擎。加大外贸企业研发投入，特别是高技术中间品和零部件，提升自主生产的能力。

4. 加强自主品牌建设。加强自主品牌建设，构建品牌产品、品牌企业、品牌产业、区域公共品牌培育体系，提升品牌建设能力，引导外贸企业从贴牌生产向研发设计、自有品牌、收购知名品牌等多元经营战略转化，提高自主品牌产品出口比重。进一步扩大"品字标"等品牌影响力和市场竞争力。深入推进"浙货行天下"工程，不断丰富出口产品国内营销渠道，发挥标准引领作用，围绕建设自主可控的先进制造业体系，促进产业链上下游产品技术标准对接，以先进标准支撑和引领产业发展。

5. 大力实施标准化战略。促进国内国际标准

互认，对标国际标准和国外先进标准，发展企业标准、团体标准、地方标准。支持企业、科研机构等在空白领域探索研究先进适用标准，积极参与各类国际性专业标准组织，加快制定一批国际标准。提高浙江标准与国际标准的一致性程度，推动在海外推广应用。充分发挥浙江省数字贸易标准化技术委员会的作用，对标全球经贸规则，及时掌握国内外数字贸易领域规则与标准化发展情况，研究制定数字贸易标准体系，形成一批数字贸易规则与标准的研究成果。

6. 推动贸易和投资协调发展。推动外资与本土产业融合，支持新一代信息技术、生物医药、人工智能等新兴产业创新型企业的引进，引导外资主动融入和参与浙江省产业链、供应链、价值链构建。鼓励外资更多投向中高端制造、高新技术、传统制造转型升级、现代服务等领域，发挥国家级新区、国家级开发区产业聚集和开放平台优势，带动产业升级和贸易质量效益提升。推进对外投资合作，创新发展对外工程承包，带动装备、技术、标准、认证和服务"走出去"。

（三）做大做强"物流链"，发展省域国际物流枢纽

1. 发挥宁波舟山港"硬核"力量。深化国际港口合作，发挥宁波舟山港枢纽地位，加强日韩、东盟、澳新等航线组群，有序推进与瓜拉丹戎港、瓜达尔港等合作项目，维护海上国际物流供应链稳定畅通。推动港口国际航线网络建设，支持宁波等地发展至重点市场的集装箱直达快运航线，依托海铁联运、公海联运网络，构建多式联运服务体系。深化长江经济带港航物流合作，打造宁波舟山港在长江中下游的转运中心以及与长江沿线主要港口的快速通道。加强长三角港航物流和航运服务合作，优化与上海以航运物流服务为主的合作，深化与苏皖长江下游港口在集装箱、大宗散货江海联运、海铁联运等业务方面的合作。

2. 深化"义新欧"中欧班列建设。深度参与"一带一路"国际物流供应链体系构建，持续创新经营模式，拓展供应链服务。拓展"义新欧"海外集货点布局，推进马德里、杜伊斯堡等主要节点城市建设海外物流分拨中心，大力发展回程班列，打造全流程双向物流体系。推动浙江省企业加快国际化布局，积极推广"义新欧班列＋企业号"运营模式。推动班列运输与进口市场培育协同发展，大力拓展"保税＋进口""保税＋转口"贸易模式，做强日本、韩国、东南亚等国家和地区转口货物贸易业务。拓展"义新欧"班列多元化服务，开通公共班列、冷链班列和公铁联运新线路，发展先进装备制造等"运贸一体化"。利用宁波舟山港过境中转优势探索开展海铁、公铁、空铁联运等全程多式联运运输模式。

3. 推进长三角南翼空港建设。支持杭州市、宁波市、嘉兴市建设航空货运枢纽机场，通过"集货仓＋全货机"模式创新，提升全货机航线国际通达能力，拓展省内机场国际货运航线网络。加密拓展国内外航线，开发培育至西北、西南和东北等中远程国内城市的航线，拓展更多至欧洲、美洲、大洋洲、非洲等重点城市的国际航线，积极开发"一带一路"重点区域城市货运航线。强化空陆铁多式联运，加快机场综合交通中心建设，完善多种交通方式的零距离换乘，支持萧山机场、栎社机场探索航空中转业务。争取高层级航权开放，探索航权开放机制创新。构建以航空运输为重点、智能制造为主导、航空服务为配套的临空产业体系，高水平建设临空经济示范区。

4. 数字化赋能促进四港联动建设。加快建设四港联动智慧物流云平台、江海联运在线、"义新欧"数字化服务在线等国际物流数字化平台。构建智慧港航物流新型基础设施体系，完善海陆空运输、口岸服务、分拨运转、保税仓储、快递配送等功能，推进物流全产业链要素数字化智能化运营。强化杭州 eHUB 物流核心枢纽作用，将杭州片区建设成为全球物流骨干网络的核心节点，实施宁波舟山港"一证通"制度和共享锚地举措，打造智能物流示范园区。完善多式联运枢纽体系，推动浙北高等级航道网、海河联运枢纽等智能设施建设，优化海河联运内河航道网络，构建便捷、高效、低价的江海联运通道。加强航运服务高能级平台建设，推进港航物流大数据中心建设，建成四港联动智慧物流云平台。

5. 提升口岸便利化水平。优化监管证件办理程序，减少进出口环节审批监管事项。优化口岸通关流程和作业方式，创新海关税收征管模式，提高口岸物流服务效能，提高查验准备工作效率，加快发展多式联运，加快鲜活商品通关速度。提升口岸管理信息化智能化水平，加强国际贸易"单一窗口"建设，以宁波舟山港为重点推进全省口岸监管一体化。加强口岸通关和运输国际合作，降低进出口环节合规成本，建立口岸通关时效评估机制，促进口岸营商环境更加公开透明。

6. 深入推进供应链创新与应用。加快培育一批万亿级、千亿级的产业供应链体系，建成一批具有国际影响力的供应链协同创新综合体，打造一批全国领先的供应链平台。加快布局境外供应链网络，以海外智慧物流平台建设为依托，推进RCEP国家、"一带一路"沿线国家的海外仓布局，支持企业在重点国家和地区建设物流仓储配送中心、全球售后公共服务中心，促进海外仓共建共用共享。培育"链主"型企业平台，支持跨境电商供应链"链主"型企业进一步整合资源。依托浙江自贸试验区，建设大宗商品和农产品全球供应链。加快流通业数字化转型，鼓励批发、零售、物流企业提升供应链协同能力。

（四）优化外贸"服务链"，营造良好发展环境

1. 深化商务领域数字化改革。强化数字化理念、思维和方法，将数字化改革全面融入日常工作。加快推进管用好用的改革场景，深化建设浙里双循环、数字贸易服务在线、海外仓服务在线、商务运行监测体系等系列重点场景应用。加快"义新欧"数字化服务在线、国际投资"单一窗口"、单用途预付卡监管、贸易风险预警及应对等应用场景建设，力争形成制度成果，撬动相关领域改革。注重数字安全，切实防范数字化改革应用场景建设中可能出现的企业数据安全隐患和带来的行政风险问题。

2. 积极对接高标准国际经贸规则。对标CPTPP等高标准国际经贸规则，扎实推进规则、规制、管理、标准等制度型开放，在投资、服务贸易、知识产权等领域加强改革探索。完善同日、韩、东盟等周边国家和地区经贸合作机制。加强企业尤其是小微企业关于原产地证书申领程序、业务流程等方面的培训，切实用好原产地区域累积规则，指导企业合理进行产业布局。全面推广原产地证书"智能审核"，推进原产地证书签证智能化、标准化、规范化，为企业提供优惠原产地规则利用指导、企业原产地合规与管理等咨询服务。

3. 积极防风险促合规。迭代升级"订单＋清单"监测预警系统，不定期对企业布局高风险国家市场进行摸底，密切关注新冠疫情、国际政局变动等风险，加强综合应对，稳定企业经营。审慎防范国际新形势的技术性贸易壁垒，积极应对贸易救济调查。规范企业境外投资经营行为，防范化解境外疫情、政治、安全、环境等各类风险。增强应对汇率风险的能力，支持中小微外贸企业开展外汇套保业务，降低企业汇率避险成本。落实《加快推进企业外经贸合规体系建设三年行动计划》，提升浙江省外经贸企业合规意识和处置应对能力。组建浙江省消费智库合作联盟，成立浙江省消费专家委员会。

4. 加强知识产权保护。完善知识产权保护体系，建立重点产业、重点领域的涉外知识产权风险防控体系和纠纷应对指导机制，推进省内知识产权运营服务中心建设。建立健全知识产权全链条保护法律服务机制，加强涉外知识产权法律制度、事务技能宣传培训，提升贸易主体自我保护的意识和能力。指导企业有效规避涉外风险，妥善应对涉外纠纷。跟踪浙江省外贸企业海外知识产权纠纷，加强纠纷应对指导服务。发挥仲裁、调解作用，多元化解知识产权纠纷。

5. 加强贸易金融支持。加强外贸融资服务，研究金融服务转口贸易、易货贸易、数字贸易新业态新模式，深入对接浙江外贸主体培育提升计划，梳理一批重点外贸企业，开展"清单式"管理。创新外贸金融产品服务。推动供应链金融规范、发展和创新，加强供应链金融配套基础设施建设，提升供应链金融服务能力和风险控制水平。强化出口信用保险作用，创新保单融资产品，继续实施"浙贸贷"等"信保＋担保"融资模式，扩大保单融资规模，强化中小微企业支持。稳步推进合格境外有限合伙人（QFLP）试点，探索开展合格境内有限合伙人（QDLP）试点。支持浙江自贸试验区按规定探索开展境内贸易融资资产对外转让业务试点，拓宽浙江自贸试验区内企业境外融资渠道。深入推进贸易收支便利化试点，进一步推广跨境人民币结算。

6. 优化财税政策。丰富和完善财政政策，用好财政资金和政府投资基金等，引导和带动社会资金，加大对贸易创新发展和绿色转型支持，加强对中小微企业的政策支持，加快外贸公共服务平台建设，优化进出口关税结构。优化退税流程，简化出口退税证明开具，完善出口退税分类管理，增加办理退税提醒等服务功能，提升出口退税申报平均办理效率，压缩正常出口退税的平均办理时间，缓解企业资金压力。争取将作为国际船舶燃料的天然气纳入保税政策范围，明确保税天然气监管程序及操作流程。积极争取免征浙江国际油气交易中心在交易过程中产生的印花税。

课题组组长：韩　杰

课题组副组长：张钱江、陈志成

课题组成员：丁书锋、刘　玲、陈频频、
　　　　　　　周禄松、倪　瑛、周　慧

未来五年浙江省促进商务高质量发展的
"四个重大"课题研究

近五年，浙江始终坚持内外联动，利用国内国外两种资源，开拓国内国外两个市场，成为经济全球化的重要参与者、受益者和贡献者。面对"百年未有之大变局"，浙江要以"重要窗口"的使命担当，加快构建更高水平的开放型经济新体制，全力促进形成强大国内市场。本文总结了过去五年的成就，通过国际比较，总结了先进国家的经验，分析了国内外形势，以用好"两个市场、两种资源、两类规则"为战略方向，研究提出未来五年商务高质量发展的思路举措，为推进高水平对外开放，畅通国内国际双循环提供浙江经验。

一、过去五年的主要成就

（一）围绕供给侧结构性改革推进高质量发展，经济内循环基础不断夯实

1. 消费主引擎作用逐步形成。五年来，浙江积极促消费、扩内需，充分发挥消费对经济循环的牵引带动作用。2021 年全省社会消费品零售总额 29210.5 亿元，是 2016 年的 1.4 倍，年均增长 4.3%；网络零售额 25230.3 亿元，是 2016 年的 2.4 倍，网络零售额相当于社会消费品零售总额的 86.4%，较 2016 年提高 39.5 个百分点。深入实施数字生活新服务行动，共认定 2 个先行市、14 个标杆县（市、区）、81 个特色镇。消费平台不断夯实，累计培育省级高品质步行街 16 条，认定首批夜经济样板地 13 个。消费环境持续优化，2021 年举办消费促进活动 3500 多场，各地发放消费券逾 15 亿元，拉动消费 2300 多亿元。作为消费帮扶牵头部门，整合电商资源助推东西部扶贫协作，2020 年浙系主要电商及网商累计销售对口地区农产品达 250 亿元，带动增收人数超 30 万人。

2. 现代流通体系建设高效推进。五年来，城乡一体的现代流通体系建设加快推进，全省累计评定 73 个现代商贸特色镇、165 个商贸发展示范村，认定 62 家公益性农产品市场，新增 13 个"5+10+15"便民生活服务圈。供应链创新与应用试点示范加快建设，杭州、宁波入选全国供应链示范城市，15 家企业入选全国示范，数量居全国首位。农村电商加快发展，全省累计培育电商示范村 900 个，示范服务站 1400 个，主要快递品牌进村率实现 100%，34 个县（市、区）列入国家电子商务进农村综合示范县，城乡互联全面推进。以"十城百店"工程 2.0 版重要举措建立健全"疆果东送、浙产西进"流通网络，开展长三角农产品产销对接洽谈暨对口地区农产品推介会，湖北、四川、新疆、吉林省扶贫产品浙江行等活动，拓宽了对口地区农产品销售渠道，五年共举办对口地区农产品产销对接、展销等活动 15 场。

（二）国际地位不断提升，国际循环竞争优势明显

1. 外贸大省地位更加巩固。2020 年在疫情冲

击下，浙江进出口仍保持了 9.6% 的增速，居沿海省市第一；2021 年全年外贸进出口、出口、进口额分别突破 4 万亿、3 万亿和 1 万亿元，进出口、出口额增速创近十年新高，进出口规模首次升至全国第三位，出口占全国的份额保持稳定。连续四年（2018—2021 年）获得国务院稳外贸稳外资专项激励，是全国唯一。出口占全球比重已达 2.2%，接近社零规模，相当于再造了一个"海外浙江"，为全球经济稳定增长做出了巨大贡献。2021 年，全省进出口实绩企业数量首次突破 9 万家，占比超过全国实绩企业总数（56.7 万家）的 1/6。浙江的跨境电商综试区覆盖率、市场采购出口规模、外贸综合服务企业行业地方标准、海外仓服务、二手车出口规模、新型离岸国际贸易外汇试点业务量均系全国第一或全国首创。

2. 双向投资格局持续优化。五年来，浙江始终坚持积极主动参与全球价值链布局，2021 年，全省实际使用外资 183.4 亿美元，增长 16.2%，占全国比重从 2016 年的 10.1% 提升至 10.6%；新设投资总额超亿美元大项目 150 个，是 2016 年的 2.2 倍。对外投资大省地位稳定，产业链全球合作进一步加强，对外并购项目五年累计 671 个，投资规模稳居全国前三。支持本土民营跨国公司并购海外技术、品牌、渠道等优质资源，涌现了吉利、青山、均胜、万向、海亮等一大批本土民营跨国企业。2021 年，境外投资企业 673 个，境外企业中方投资额 89.9 亿美元。在"一带一路"国家对外直接投资备案额 54.1 亿美元，对 RCEP 国家投资项目 166 个。

3. 开放平台能级不断提升。五年来，开放平台的作用日益凸显。2017 年国务院正式批复设立中国（浙江）自由贸易试验区，2020 年浙江自贸试验区在全国率先实现赋权扩区。2021 年，全省自贸试验区新增注册企业 4.3 万家，增长 54.5%；实际使用外资 25.3 亿美元，增长 73.1%。2021 年，全省经济开发区实际使用外资 92.0 亿美元，增长 3.6%。2021 年商务部新认定 105 家国家外贸转型升级基地，其中浙江省（含宁波）新增认定基地 10 家，新增数与山东并列第一。截至目前，浙江共有国家外贸转型升级基地 70 家，占全国总数的 12.1%，居全国首位。

（三）持续改革创新破除制度性障碍，国内国际双循环环境不断优化

1. 国际产能合作进一步深化。五年来，国际经贸合作以点带面实现新突破。建设中国—中东欧国家经贸合作示范区，全省域拓展中国—中东欧国家经贸合作。深入建设"一带一路"重要枢纽，新布局柬埔寨华立农业园，捷克站经贸合作平台功能显现。加强长三角国际经贸风险防范等合作，深化长三角油气交易市场期限联，嘉善 QFLP 试点（合格境外有限合伙人境内股权投资）正式落地。2021 年，新增国际产业合作园培育试点 9 个。

2. 现代物流体系进一步畅通。五年来，四港联动不断加强。宁波舟山港承担了长江沿线地区 43% 的外贸进口铁矿石和长三角 99.7% 的外贸原油接卸，已经成为全球最大的铁矿石、原油中转分拨基地，以及全国重要的大宗商品储运基地。2021 年，宁波舟山港年集装箱吞吐量首破 3000 万标准箱，成为全球第三个 3000 万级集装箱大港，连续 12 年保持全球货物吞吐量第一。"义新欧"中欧班列成为全国开行线路最多、满载率最高的中欧班列。2021 年"义新欧"中欧班列（金华、义乌双平台）累计开行 1904 列，经海关监管进出口集装箱 15.7 万标箱，同比分别增长 36.1% 和 35.95%。空港、信息港发展潜力巨大。2021 年杭州萧山国际机场旅客吞吐量 2815.8 万人次，位列 2021 年中国内地机场旅客吞吐量前十位。

3. 系统性制度创新进一步推进。"浙江经验"在全国复制推广，外贸大脑、浙里自贸、浙里数贸、浙里消费等商务领域数字化改革综合集成应用迭代完善。推动内外贸一体化改革试点，评选内外贸一体化"领跑者"企业 166 家和 25 个试点产业基地，举办出口转内销活动 400 多场，创建绿色商场 75 个。五年来，自贸试验区累计形成特色化、系统性制度创新成果 296 项。贸易救济工作和"外贸预警服务平台"建设不断取得新突破，覆盖浙江主要进出口企业的浙江外经贸运行调查

监测系统更加完善。

4.国际交流活动进一步丰富。中国—中东欧国家博览会升格为全省首个国家级机制性涉外展会，宁波打造的国内最大的中东欧商品常年展示交易中心。2021年高规格举办第二届中国—中东欧国家博览会暨消博会、浙洽会，进口采购成交意向金额达107.8亿元，签约项目97个。精心组织6481家企业参加疫情后首次"线上＋线下"融合举办的第130届广交会，展位数居全国第一。作为唯一主宾省参与2021服贸会，签约项目61个，意向贸易投资额23.2亿美元。义乌的中国义乌进口商品博览会，已成为国外日用消费品进入中国市场首选展贸平台之一。

二、国际历史经验比较借鉴

根据世界银行标准，浙江省已于2017年成功迈进高收入经济体行列，2021年人均GDP为11.3万元(约1.7万美元)，相当于日本(1986年)、德国(1987年)、韩国(2004年)、美国(1984年)的水平。以年均增长6%。测算，2027年人均GDP约17.5万元(超过2.5万美元)，相当于日本(1990年)、德国(1992年)、韩国(2011年)、美国(1992年)的水平。在各个经济体人均GDP从1.7万美元向2.5万美元迈进的进程中，表现出四个典型特征。

（一）居民消费增长明显加快，最终消费率始终保持在60%以上

随着经济由低收入向中等收入阶段，再到高收入阶段发展，居民消费率、消费增速都将呈现先降后升的趋势。世界银行数据显示，低收入地区、中等收入地区、高收入地区居民消费率分别在75%左右、55%左右和60%以上。以日本、德国、美国为例，在人均GDP从1.7万美元迈向2.5万美元过程中，最终消费率均在64%以上(见表1)。韩国调整了"出口第一主义"的策略，扩大国内消费市场，推动最终消费率从2004年的63.98%提高到2011年的65.57%(见表2)。中国的消费支出占GDP比重在2011—2020年间平均为53.3%，与世界银行发布的发达国家最终消费

表1　日、德、美最终消费率（人均GDP从1.7万美元迈向2.5万美元）

年份	最终消费率/%		
	日本	德国	美国
1984	–	–	77.45
1985	–	–	78.44
1986	66.36	–	79.14
1987	66.29	78.22	79.36
1988	64.99	77.48	79.26
1989	64.79	76.61	79.02
1990	64.71	75.44	79.78
1991	–	74.72	80.35
1992	–	75.24	80.46

数据来源：世界银行官网。

表2　韩国最终消费率

年份	2004	2005	2006	2007	2008	2009	2010	2011
最终消费率/%	63.98	65.18	66.40	65.92	66.58	66.33	64.64	65.57

数据来源：世界银行官网。

支出占 GDP 比重 80% 以及发展中国家 70% 以上的数据相比仍有较大的差距。目前浙江省最终消费率约 50%，未来还有很大的增长空间。

（二）消费结构升级显著加快，娱乐医疗等服务型消费支出明显增加

居民消费结构升级的趋势主要按照"衣食—住行—康乐"的路径进行，服务消费代表消费升级的最终趋势。在人均 GDP 达到 1.7 万美元后（2021 年浙江 GDP 为 1.7 万美元），发展型、享受型、服务型消费增加，食品、衣着等生存型消费占比逐步降低。以美国为例，1984—2009 年，美国衣食行消费占比下降，住房娱乐消费比重缓增，教育保健消费比重大幅快速增长。从服务性消费内部构成看，住、行在美国居民支出中占比最大。从增长速度看（见图 1），服务性消费支出中教育服务增长最快，1984—2009 年年均增长 5.2%。此外，家庭服务、医疗保健、居住、个人保险和养老服务、通讯、娱乐服务等项目的年均增速均高于平均水平，而外出就餐、交通服务和衣着加工服务增速低于平均水平。日本也呈现出相同的趋势，食品支出在 20 世纪 80 年代下降了 10 个百分点，教育娱乐和医疗保健支出则增加了 5 个百分点。2021 年，全体居民恩格尔系数为 27.7%，在八大类消费支出中，其他用品和服务、教育文化娱乐、医疗保健三类支出增速位居前三，同比增长 34.8%、30.4% 和 27.8%，消费结构正在优化升级。

（三）对外贸易延续量涨质升态势，国际贸易结构根本性调整的希望在于加快服务贸易发展

在这期间（指人均 GDP 从 1.7 亿美元迈向 2.5 万美元的过程中，下同），各国对外贸易对经济的贡献保持稳固。日本尽管经历了经济衰退，但仍然稳定在 15—16% 左右。德国货物贸易占 GDP 的比重呈现先升后降的趋势，但基本稳定在 40% 以上。全球竞争重点正在从货物贸易向服务贸易转型，服务贸易已成为发达国家经济发展的动力引擎。在这期间，韩国服务贸易进出口额均增加了 2 倍以上；德国服务贸易进出口额增加了 1.6 倍，服务贸易占 GDP 的比重保持在 8% 左右（见表 3），但此后实现了快速发展，目前已达到 18%。以韩国为例，自 2001 年起，韩国大力发挥各政府职能部门作用，制定和完善相关促进政策，2003 年提出实现服务业高附加值化方针，2004 年取消阻碍服务业市场发展的 43 项政策限制，2005 年制定了通信、广告、教育、医疗等 26 个现代服务业部门发展规划，2006 年底公布《加强服务业竞争力综合措施》，2008 年制定三阶段服务贸易

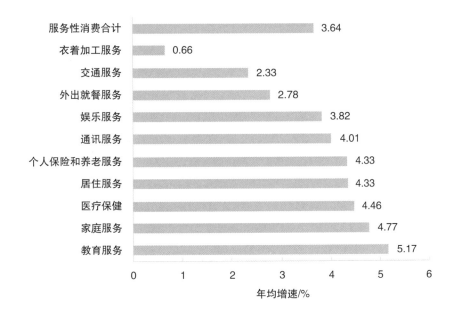

图1 1984—2009 年美国居民服务性消费支出年均增速

表 3 德国服务贸易占 GDP 比重情况

年份 / 年	1987	1988	1989	1990	1991	1992
占 GDP 比重 /%	8.08	7.92	8.22	8.33	8.23	8.10

数据来源：世界银行官网

促进体制。这期间，韩国服务贸易进出口增速远超世界平均水平，2004—2007 年每年均保持了两位数的正增长，2007 年增长最快，达到 1579.57 亿美元，同比增长 24.4%，4 年年均增速近 20%。拉动就业增长明显，韩国服务业就业者占就业总人数比重 2005 年为 65.2%，2006 年为 66.0%，2007 年达到 66.7%，约为制造业（17.6%）的近 4 倍。

（四）培养大型跨国公司，全球产业链供应链布局加速调整

从 20 世纪 80 年代起，日本、韩国等发达国家鼓励跨国企业对外投资，将中低端加工贸易环节转移到中国等国家，绕开贸易壁垒，布局全球产业链。在这期间，日本企业以建立全球化生产基地为目标，在企业内部进行国际化分工，开始在先进国家投资大型工厂；韩国企业开始寻求更为开放的国际化道路，加大了海外投资力度。日、韩跨国公司积极开展以寻求技术为目的的对外直接投资，整合利用全球科技资源，最大限度地获取国外技术集聚所产生的外溢效应，以提升自身的创新能力和技术水平。如日本汽车为进入美国市场，在南加州设立大量的研发与设计中心，仅丰田公司就在加州设立了四家技术机构。韩国三星、现代等企业集团通过在日本、美国等地设立研发中心、并购拥有先进技术的企业等途径获得了大量的世界先进技术，从而实现了从模仿到创新的技术发展道路。

三、国内外形势

（一）百年变局叠加世纪疫情，对外开放环境日趋复杂多变

1. 变中存机，三大趋势共构全球发展主基调。一是和平与发展仍是时代主题，对外开放面临总体稳定的国际环境。从经济基础看，一大批新兴市场国家和发展中国家依托后发优势快速崛起，全球经济均衡化、多极化发展更加明显。从政治环境看，虽然霸权主义、极端主义以及地缘政治冲突等风险此起彼伏，但世界各国人民和平发展的共同愿景没有改变，在气候变化、贫困问题、传染病防控等方面，各国逐渐形成广泛共识，人类命运共同体理念更加深入人心。从国际治理看，世界贸易组织、国际货币基金组织和以美元为主导的国际货币体系虽较难适应新时期各国经济发展需要，但作为国际经济治理体系的核心地位短期内不会改变。二是经济全球化深入发展大势不可逆转，但进入模式调整和动力转换期。首先，全球经贸规则呈现碎片化、区域化特征，发展中国家与发达国家在数字贸易、绿色标准、知识产权保护以及监管等领域难以达成共识，WTO 改革面临诸多困难，CPTPP、RCEP、DEPA、USMCA 等高标准自贸协定相继形成，对全球产业链、供应链、价值链格局产生了深远影响。其次是经济全球化动力源发生深刻改变，以降低经营成本为目的的跨国公司投资开始减弱，而以技术创新、营商环境、供应链体系以及市场规模为特征的新型禀赋优势将成为推动新一轮贸易投资布局重塑的主要动力。最后，全球产业分工呈现精细化、复杂化新趋势，随着互联网和现代信息技术的高速发展，垂直专门化分工向服务贸易、数字贸易等新型分工模式拓展；全球产业链体系逐渐呈现出多要素支撑、多区域协作、多市场共享、高水平协同的新特征，并继续向产业链相互依存、供需体系深度融合、金融体系彼此嵌套的复杂格局演变。三是新一轮科技革命和产业变革加速推进，不断催生新业态、新模式和新需求。以人工智能、大数据、区块链、物联网等新技术新应用为代表的信息技术，将彻底改变传统社会生产函数，加快新型工业化进程。同时科技革命呈现多领域协同突破、交叉汇聚的新特点，移动互联网、新能源、新材料、生物技术、绿色技术等多个领域融合发展，持续孕育新兴增长点，为大量发展中国家提供"换道超车"新赛道。

2. 变中存忧，三大风险增大对外开放不确定性。一是世纪疫情多点暴发、持续蔓延。一方面，新冠疫情致使各国失业率攀升、需求萎缩、金融市场动荡，贸易保护主义相继抬头，逆全球化思潮泛起。为尽快恢复经济增长，各国开始放松疫情防控政策，采取非常规的财政政策和量化宽松政策，为全球经济长期复苏留下巨大隐患。另一方面，疫情冲击使各国对产业链安全性重视程度显著提高，各主要经济体力图实现产业链重新布局，我国产业发展外部环境趋于严峻。二是中美将进入长期战略竞争。美国遏制中国经济发展的企图短期内不会改变，一方面继续对我国进行关键技术封锁、关键企业打压、关键产品禁运，促使我国部分产业向周边国家转移；另一方面则提出印太经济框架等战略，在芯片、大容量电池等未来高新技术产业领域强化技术保护、投资限制和出口管控，构建以美国为主导，日韩、东盟、印度相串联的产业链、供应链体系，成为影响我国产业链布局、供应链安全和价值链攀升的重大不确定性风险。三是俄乌冲突加剧世界政治动荡。在经济方面，俄乌冲突呈现长期焦灼态势，加剧了全球能源、粮食和芯片危机，全球通货膨胀进一步恶化，全球供应链体系严重受损。在政治方面，部分国家恶意煽动引导，欧洲安全稳定局势受到威胁，波兰、捷克等国对华态度发生转变，中国与中东欧国家经贸合作短期受阻，不排除未来以美国为首的西方国家加大对俄制裁力度，间接损害我国经济利益。

（二）内外需增长进入结构调整期，形成强大国内市场具有广阔潜力和空间

1. 外需拉动效应减弱，内需增长潜力巨大。2021 年我国贸易总额占全球 13.5%，货物贸易进出口总额达到 39.1 万亿，其中出口额 29.7 万亿，已经连续五年保持世界货物贸易第一大国的地位。但一方面，印度、越南、印度尼西亚等国加速崛起，特定产业比较优势已发生深层次变化，加之美国、日本等国将持续推动贸易脱钩和市场结构重塑，外需对我国经济的拉动作用瓶颈效应开始凸显。另一方面，我国拥有 14 亿人口的超大规模内需市场，有着全球规模最大、成长最快的中等收入群体，内需潜力亟待拓展和挖掘。2021 年我国人均 GDP 已达到 1.25 万美元，全年社会消费品零售总额 44.1 万亿元，最终消费支出对经济增长的贡献率为 65.4%，拉动国内生产总值增长 5.3 个百分点，广阔的国内市场孕育着大量消费升级需求，也将成为我国经济持续增长的着力点。

2. 市场基础坚实，扩大内需具备多重实现路径。一是国内消费升级步伐持续加快。一方面前沿科技助推新型消费发展，大数据、人工智能、虚拟现实等新技术蓬勃兴起，打造出更加丰富的新型消费产品和服务供给。另一方面，消费模式和消费内容发生重大变化，2021 年全国网上零售额达 13.1 万亿元，同比增长达 14.1%，线上消费规模持续扩大，直播电商、短视频带货等新模式快速发展，消费内容也从传统衣食住行升级至教育、医疗、文娱、旅游、健身等服务性消费领域，信息消费、绿色消费等新型消费的出现也为扩大内需提供了广阔多元的市场基础。二是新一轮城镇化与乡村振兴将成为扩大内需的重要动力。2021 年底，我国县城及县级市城区人口占全国城镇常住人口的比重已达到 30% 左右，但县城的公共设施固定资产投资和人均消费支出仅为城市的 1/2 和 2/3 左右，县城基础设施的不断完善以及县城居民消费水平的持续提高将成为未来我国拉动内需增长的重要力量。与此同时，乡村振兴战略加快推进，现代农村产业体系助推农民收入稳步提升，农村地区教育、医疗、养老等公共服务需求呈扩大态势，城乡一体化的内需体系不断完善，城乡要素双向流动更加畅通，农村地区将成为未来我国扩大内需的新阵地。三是国内统一大市场建设将有序推进。区域间制度规则更加统一、要素流动更加畅通、设施建设更加完善、市场壁垒逐渐消除、消费环境持续改善、市场容量加速拓展，国内超大规模市场的内需拉动效应开始显现。

（三）浙江高质量发展建设共同富裕示范区，畅通国内国际循环迎来战略契机

1.国家战略支撑有力，共同富裕建设成效显著。《中共中央、国务院关于支持浙江高质量发展建设共同富裕示范区的意见》印发以来，浙江省已初步构建"1+7+N"重点工作体系和"1+5+n"重大改革体系，2021年，全省人均 GDP 达到 11.3万元，城乡居民人均可支配收入分别为 68487 元和 35247 元，连续 21 年和 37 年居全国各省区首位。积极推进开发区平台建设，以共同富裕为导向的新一轮投资带动效应明显；县域商业体系建设、数字生活新服务等重点工作取得积极进展，国际消费中心城市加快建设，社区商业、农村消费基础设施建设不断完善，消费新模式、新业态、新场景高品质呈现，商品和服务供给质量进一步提升。扎实推进共同富裕建设过程蕴含大量增长机遇、改革机遇和创新机遇，有利于释放内需潜力、促进供给侧结构性改革，将为浙江省构建新发展格局、促进经济高质量发展提供强劲动力。

2.模式创新活跃，数字化改革红利全面释放。2021 年浙江省数字经济核心产业增加值达 8348亿，实现数字贸易进出口额 5279.0 亿元。全球数字贸易中心产业体系、平台体系、生态体系、制度体系、监管体系逐渐完善。5G、人工智能、云计算、大数据、物联网等数字技术研发与应用体系趋于成熟，成功培育数字安防、数字金融、大数据等 19 个类别相生相促的数字贸易企业生态链。"数字贸易服务在线"等平台发挥重要作用，跨境电商、直播电商、市场采购贸易等新业态、新模式快速成长，数字贸易成为推动浙江高质量发展的新引擎。营商环境持续优化，智慧交通、智慧教育、智慧医疗、政务服务等领域应用场景不断丰富，浙里办等数字平台系统集成，政务服务模式迭代升级、公共服务效率显著提升，为"投资浙里"创造巨大吸引力。数字化改革将进一步激发浙江省体制机制创新活力，全面助推生产方式、生活方式、治理方式三大领域实现新飞跃。

3.对外开放加速推进，双循环战略枢纽地位逐步形成。长三角一体化发展促使区域内科创产业、协同开放、基础设施、生态环境、公共服务等领域一体化向纵深推进，"一带一路"重要枢纽地位加快形成，2021 年，宁波舟山港集装箱吞吐量突破 3000 万标准箱、"义新欧"中欧班列开行1904 列、全省进出口额突破 4 万亿元。中国（浙江）自由贸易试验区赋权扩区取得重大进展，围绕"五大功能定位"，已初步建设成为具有国际影响力的"以油气为核心的大宗商品资源配置基地"、具有较高标准的"新型国际贸易中心"、具有较强辐射力的"国际航运和物流枢纽"、具有引领性的"数字经济发展示范区"和具有地方特色的"先进制造业集聚区"，制度创新能力、产业项目带动力、资源要素承载力全面提升。义甬舟开放大通道区域辐射力显著增强，东向依港出海，"一带一路"国际航线突破 100 条；西向依陆出境，开辟"中欧班列 + 海铁 + 海运"多式联运新通道，义甬舟开放大通道"百项千亿"项目工程顺利启动实施。浙江省已形成构建开放型经济新体制的良好基础，国内国外两个市场、两种资源的利用统筹能力逐步增强，双循环战略枢纽地位加快形成。

4.体制机制高效灵活，民营经济实现跨越式发展。浙江民营经济是浙江经济最大特色，有为政府与有效市场高效协同，市场主体优势、市场业态优势、市场分布优势持续彰显，民营经济增加值从 2016 年的 3.08 万亿元增加到 2021 年的4.92 万亿元，经济比重逐年稳步提升。进入新时期以来，浙江省民营经济总量规模、发展质量、创新活力、社会贡献度不断提高，成为浙江省稳定经济大盘、突破前沿科技、推动经济增长的中坚力量。

四、战略方向

我们将完整、准确、全面贯彻新发展理念，充分发挥商务部门在服务构建新发展格局中的重要作用，深入推进共同富裕示范区建设和数字化改革，以三大战略方向为抓手，促进浙江省商务高质量发展：

用好国内国际两个市场，实现市场深度融合，打造国际贸易枢纽。充分挖掘14多亿人的国内市场，激发消费潜力、促进消费升级，构建内贸流通新体制，发挥消费对增长的基础作用。开拓近60亿人的海外市场，深入实施市场多元化战略。畅通内外两个市场，实施内外贸一体化，创建内外贸融合发展平台，支持流通企业走出去，引导境外消费回流，促进国内外市场联动融合发展。

用好国内国际两种资源，实现资源高效配置，打造高质量相互投资复合地（高质量复合型投资地）。在合理开发、有效利用省内各种资源要素、发挥资源最大效能的同时，坚持高水平"引进来"和大规模"走出去"并重，引资和引技引智并举，对外投资与装备、技术、标准、服务输出并行，推动对外开放由简单买卖型向相互投资复合型转变，推动服务业和制造业开放双轮驱动，不断提高浙江省在全球范围内配置各类资源、集聚创新要素的能力和效率。

用好国内国际两类规则，实现规则有机衔接，打造高水平对外开放新高地。抓住国际经贸规则加速重塑的重要契机，充分发挥浙江自贸试验区等高能级开放平台作用，对标国际高标准经贸规则，加大压力测试，形成更多的可复制可推广的制度经验，打造一流的营商环境，形成有利于培育新的国际比较优势和竞争优势的制度安排。

五、思路措施

（一）拓展对内对外开放新空间

1. 持续推动"一带一路"枢纽建设。加快建设中国—中东欧"17+1"经贸合作示范区，不断创新芯片、机械设备、新能源汽车等重点产业投资合作机制，拓展数字经济、医疗健康、服务贸易等新兴领域合作。推动"义新欧+"战略，提升组货统筹协调力度，扩大进口货物贸易规模。加快

"一带一路"境外服务系列站建设，持续推进"丝路明珠"工程，完善捷克站功能，加快迪拜站建设，探索在非洲等地建站。提升宁波舟山港国际化水平，构建通达共建"一带一路"国家的航运物流运输网络，打造国际航运物流枢纽。

2. 建设义甬舟开放大通道。以浙江自贸试验区和宁波舟山港为龙头，以数字化改革畅通金融、监管政策等堵点，加快宁波舟山港、义乌陆港数字化转型，推动义乌建设"第六港区"，全面提升"四港联动"效率。以金华—义乌都市区为支点，深耕国际贸易陆上桥头堡，挖掘义乌进口贸易促进创新示范区制度创新潜力，依托铁路口岸、航空口岸全面开放，打造内陆国际物流枢纽。以沿线开发区为载体，构筑国际产能合作经济走廊，瞄准战略性新兴产业加强国际合作，创建一批新的国际产业合作园。

3. 融入长三角区域发展。推动建立信用示范、规则相同、标准互认、协调统一的长三角一体化市场体系。加快建设漕河泾开发区海宁分区等跨省开放平台建设，推动产业链协同发展。加强长三角区域自贸试验区联动发展，进一步发挥长三角自贸试验区联盟平台优势，在油气跨港区供应、通关一体化、国际贸易投资资源共享等方面强化合作，实现联动开放。全面接轨上海，充分发挥进博会溢出效应，促进优质外资项目招引落地、优质订单高效承接。

4. 打造中日韩小循环。高质量运用RCEP原产地累积规则，深挖日韩市场潜力，促进优质消费品进口，扩大优势产品出口规模，不断减少中日韩三方市场壁垒。发挥浙江中韩（衢州）产业合作园、温州韩国产业园、浙江中日（平湖）产业合作园等国际产业园作用，强化集成电路、化工新材料、电子通讯、新能源汽车等产业招引力度，拓展产业链合作空间。加强数字贸易领域合作，以浙江省数字贸易标准化技术委员会为依托，探索构建区域性数字贸易规则，推动数据交互、业务互通、监管互认、服务共享、数字确权等数字贸易领域规则谈判与制定。

（二）构建统一大市场，打造以国内双循环为主体的内需体系

1. 激发"新中产"消费潜力。把扩大中等收入群体规模、形成橄榄型社会结构作为构建强大国内市场的基盘。加快供给侧结构性改革，增加医疗、教育、文化、娱乐的优质消费供给，引导"新中产"消费升级，释放中等收入群体消费潜能。完善消费基础设施建设，积极发展"智慧商圈""智慧街区"，打造一批高品质步行街。推动线上线下融合消费双向提速，加快推广农产品"生鲜电子商务＋冷链宅配""中央厨房＋食材冷链配送"等服务新模式。

2. 促进消费提质升级。持续促进衣食住行等传统消费品质提升，进一步培育壮大绿色消费、定制消费、信息消费、健康消费等各类消费新业态新模式，通过补贴等形式促进新能源汽车、节能家电、可降解包装等绿色低碳消费。积极发展在线教育、在线医疗、文化娱乐等数字服务消费，充分发挥数字人民币对数字消费的促进作用。规范发展体育健身、健康养生、文化旅游等消费业态，增加养老育幼服务消费，提供多层次医疗健康服务。打造"互联网＋生活性服务业"创新引领区，推进全省数字生活新服务重点场景、生活服务平台建设。完善大宗商品消费政策，保持市场健康稳定发展。

3. 完善现代商贸流通体系。积极培育现代商贸流通主体，推动商贸流通网点建设，构建现代智慧商贸物流体系，培育具有全球竞争力的跨境物流企业。提升城市商业水平，发展智慧商圈、"一刻钟"便民生活服务圈。推动县域商业体系提质升级，优化农村商业网点布局，不断畅通城乡商品双向流通脉络，实现冷链物流运输体系市县镇村多级覆盖，利用数字技术推动农村商贸流通转型升级。

（三）集聚国际贸易总部，打造国际贸易枢纽

1. 稳住外贸基本盘。多渠道支持外贸企业开拓国际市场，在疫情等特殊情况下开通定期包机航班，通过"线上洽谈＋线下展示＋远程交易"的模式吸纳国际订单。开拓 RCEP 市场，着力拓展对日农产品、机电产品、纺织服装出口，扩大中间品和高新技术产品、消费品进口。推动加工贸易创新发展，扩大外资企业出口，提升高新技术产品出口比重。促进进口贸易创新发展，培育新一批进口贸易促进创新示范区和重点进口平台。

2. 培育提升外贸主体。挖掘未开展外贸业务企业出口潜力，开展外贸业务意向摸排。鼓励出口优势企业通过上市、股改、兼并等方式实现进一步壮大，培育一批抗风险能力强的出口领军企业。重点扶持科技含量高、辐射带动性强、发展前景好的出口企业，加大资金、项目、市场开拓等方面的支持力度。做精做强配套企业，创新培育一批外贸综合服务企业，优化管理服务机制，实施外综服便利化措施。鼓励中小微企业与龙头企业建立稳固协作关系，打造中小外贸企业集聚发展平台。

3. 培育外贸新业态新模式。以全省域综试区建设为主抓手，以主体培育和渠道建设为重点，推进跨境电商供应链便捷化、贸易便利化和服务优质化，更好发挥跨境电商助力外贸稳进提质的重要作用。大力发展转口贸易、新型离岸贸易、易货贸易、"两头在外"保税维修等贸易新业态。放大市场采购贸易效应，探索建立与市场采购贸易方式相适应的贸易流程、主体信用、外商管理和知识产权保护等工作机制。发挥国家服务贸易创新发展试点，争取新增中国服务外包示范城市、国家数字贸易示范区和服务业扩大开放综合试点。探索高标准数字贸易规则，打造全球数字贸易中心，高标准举办全球数字贸易博览会。

4. 推动内外贸一体化发展。推进内外贸产品"同线同标同质"工作，支持企业对标国际先进标准拓展"三同"产品。鼓励有条件的大型商贸企业、重点商品交易市场优化国际营销体系，拓展外贸业务。引导有竞争力的外贸企业多渠道拓展内销市场，推动国内国际"两个市场"联动互促、顺滑切换。完善外贸企业拓内销支持体系，深化综合保税区增值税一般纳税人资格试点和内销选择性征收关税试点，支持加工贸易企业拓展国内

市场。鼓励行业协会商会制定发布内外贸一体化产品和服务标准，提升市场专业化服务能力。

（四）维护产业链稳定，打造高质量复合型投资地

1. 提升外资质量。聚焦新一代信息技术、生物医药、人工智能等先导产业，招引一批具有重大牵引作用和重大影响力的大项目、好项目，推动产业补链延链强链工程。引导外资投向前瞻性、战略性产业，有序推进电信、互联网、教育、文化、医疗等领域相关业务开放。发展绿色经济、数字经济，引导外资更多投向数字转型、节能环保、生态环境、绿色服务等产业，参与新型基础设施建设。引导外资投向现代农业领域，提升农业领域利用外资水平。

2. 创新招商引资工作体系。依托国际投资"单一窗口"，完善投资服务体系，迭代招商引资工作机制。对外商投资企业再投资融资需求、参与国有企业混合所有制改革等方面给予支持。围绕吸引外资典型经验和做法等开展宣传推广。拓展基金招商合作伙伴机构，建立基金招商产业目标清单，发挥政府产业基金引导作用，激发社会资本招商活力，扩大基金招引外资渠道，推动基金招商数字化转型。

3. 创新对外投资方式。健全以备案为主的境外投资管理制度，引导企业有序对外投资。创新发展对外承包工程，鼓励以联盟拓市和"投建营"一体化等方式开拓海外市场，积极参与第三方市场合作，带动装备、技术、标准和服务走出去。健全境外投资政策和服务体系，发挥境外投资服务联盟作用，创新"走出去"有关金融产品与服务，提高金融支持境外投资能力，推动资产评估、法律服务、会计服务等生产性服务业国际化发展，更好服务企业对外投资合作需要。

4. 培育具有全球影响力的跨国公司。培育一批具有全球资源配置能力的跨国企业，鼓励企业做大做强总部经济，提高国内总部的战略统筹能力、资源整合能力、核心要素能力，增强对全球价值链和国际分工的控制力，构建以本土功能总部为主、本地国际双备份的全球产业链。帮助企业适应国际形势和经贸规则变化，提高国际经营的科学决策水平和风险防控能力，加强合规经营。支持本土企业开展跨国投资并购，获取海外自然资源和品牌、技术、人才、渠道等战略资源，整合价值链，探索通过投资打通国内产业链的堵点、痛点。

（五）构建双循环平台载体，打造高水平对外开放新高地

1. 自贸试验区制度创新。对标新加坡和国内先进自贸试验区（港），不断提升制度创新系统集成度、复制推广性、改革含金量和产业带动性。扎实推进油气领域"一中心三基地一示范区"建设，争取新一轮配额支持，吸引一批具有全球资源配置功能的市场主体和总部机构。扎实推进数字自贸区建设，争创国际级数字贸易先行示范区，加快对标 CPTPP、DEPA 等先进国际经贸规则，进一步完善跨境服务贸易开放、数据安全有序流动、数字贸易便利化等方面体制机制建设，形成新一轮赋权清单。

2. 推进开发区创新发展。深化开发区整合提升，梳理开发区发展空间，组织开展全省经济开发区综合评价工作，实施开发区"亩均效益"评价，推进国家级经开区"双碳"工作，根据考评结果进行分类指导，推动国家级平台在全国争先进位。深化开发区产业链"链长制"工作，探索产业链"双链长制"发展路径，高效运转"九个一"工作机制，推进产业链转型升级，促进生产性服务业和制造业融合发展，构建开发区现代产业体系。加快推进《浙江省开发区条例》立法进程，为浙江省开发区建设提供法治保障。

3. 打造 RCEP 高水平开放合作示范区。探索搭建中日韩两国双园贸易支撑平台，在日韩设立自由化程度更高的"两国双园"。依托义乌国际贸易综合改革试点，打造 RCEP 进口货物集散中心，发挥"义新欧"海铁枢纽作用，拓展 RCEP 国家至欧盟、中东的转口通道，形成进口制度优势，做强进口转口枢纽地位。充分释放 RCEP 等自贸协定政策红利，大力推广原产地证书线上申请、智能审核、自助打印等政策。

（六）推动治理体系治理能力现代化，优化国内国际双循环发展环境

1. 深化商务领域数字化改革。强化数字化理念、思维和方法，将数字化改革全面融入日常工作。加快推进改革场景，深化建设浙里双循环、数字贸易服务在线、国际集装箱一件事等系列重点场景应用，力争形成制度成果，撬动相关领域改革。注重数字安全，切实防范数字化改革应用场景建设中可能出现的企业数据安全隐患和带来的行政风险问题。

2. 营造一流的营商环境。深化"放管服"改革，对标世行方法论优化营商环境，制定优化营商环境"10+N"行动改革 2.0 版本，打造市场化、法制化、国际化、便利化营商环境。统筹营商环境改革和惠企服务，维护企业合法权益，完善海外知识产权维权援助机制。加大贸易便利化改革力度，高质量建设数字口岸，建立便捷高效的企业通关环境，加快国际贸易"单一窗口"建设，实现货物通关、支付结算、贸易监管、政务服务全功能全覆盖。

3. 积极防风险促合规。迭代升级"订单＋清单"监测预警系统，不定期对企业布局高风险国家市场进行摸底，密切关注新冠疫情、国际政局变动等风险，加强综合应对，稳定企业经营。审慎防范国际新形势的技术性贸易壁垒，积极应对贸易救济调查。规范企业境外投资经营行为，防范化解境外疫情、政治、安全、环境等各类风险。增强应对汇率风险的能力，支持中小微外贸企业开展外汇套保业务，降低企业汇率避险成本。指导被列入美国"实体清单"的企业评估对产业链供应链的影响，加强合规体系建设。

课题组组长：韩　杰
课题组副组长：陈志成
课题组成员：丁书锋、陈芳芳、刘　玲、
　　　　　　乐　宁、周禄松、倪　瑛、
　　　　　　李　涵、周慧琦

浙江省外贸金融体系建设研究

党的二十大报告指出，我国已成为 140 多个国家和地区的主要贸易伙伴，货物贸易总额居世界第一，要推进高水平对外开放，加快建设贸易强国。从高水平扩大开放角度看，随着中国正式提出申请加入 CPTPP，中国经济深度融入全球经济，开放型经济的发展对涉外金融的服务提出了更高要求。以外贸金融发展为切入点，有利于助推提升整个涉外金融体系的建设和经济高水平对外开放能力。

一、浙江外贸金融体系建设的情况

（一）建设意义

1. 高质量发展建设共同富裕示范区的需要。2021 年 6 月，《中共中央、国务院关于支持浙江高质量发展建设共同富裕示范区的意见》正式发布，提出要在高质量发展中扎实推动共同富裕。随着 RCEP 生效、我国对外开放程度不断提升，浙江高质量发展共同富裕示范区要求浙江省开放型经济发展再上新台阶，构建涉外金融体系的必要性日渐凸显。涉外金融是指国家与地区之间通过政治、经济、文化的相互联系而产生的资金周转活动，既贯通于外贸、外资、外经等国际经济交流合作的各个领域，又包含金融业本身的对外开放和国际合作等内涵。

2. 推动外贸高质量发展的需要。2021 年浙江省进出口总额达 4.14 万亿元，同比增长 22.4%，其中出口额 3.01 万亿元，同比增长 19.7%，进口额 1.13 万亿元，同比增长 30.3%。2021 年浙江省外贸依存度 56%，较全国平均水平高 20 个百分点，主要城市中宁波市外贸占 GDP 的比重高达 84.9%。按照 GDP 支出法计算，货物贸易净出口占了 GDP 的 25.6%。同时全省 9 万家外贸企业直接和间接带动的就业约有 2300 万人，充分显示外贸在拉动 GDP 增长、带动就业、促进消费、稳定市场主体等方面具有不可替代的作用。设计科学合理的外贸金融体系的良性运转将更好引导浙江省未来开启整个涉外金融体系谋划工作，发挥金融助力稳外贸的积极作用，打造全国外贸金融发展示范高地。

3. 实现金融业创新与外贸高质量发展深度融合、相互促进的需要。浙江外贸产业的进一步发展，需要各类金融机构发挥特色优势，强化跨行跨业跨境合作，借助生态力量提升综合服务能力。近年来，浙江省金融业蓬勃发展，贷款规模增长速度和资产质量指标居于全国前列，形成一批以中国进出口银行浙江省分行、中国出口信保浙江分公司等为代表的在各自领域内充分发挥作用、在系统内处于领先位置、风险处于相对低位、与外贸行业联系紧密、自我革新意识强、有能力也有动力担当探索外贸与金融深度融合发展重任的"排头兵"。同时，浙江金融业创新优势显著，不断涌现出优秀的非银行支付机构，政策性出口信用机构和商业信用机构实现良性融合发展。因此，参考金融服务"三农"、小微、科技等板块成功经验，有必要专门打造外贸金融体系，促进外贸与金融良性循环、健康发展。

（二）发展现状

1.政策密集出台，精准滴灌程度需进一步提升。2022年5月16日，印发《浙江省对外贸易主体培育行动计划（2022—2025）》，提出要加大出口信用保险支持，加大对外贸企业金融支持等。5月26日出台《浙江省贯彻落实国务院扎实稳住经济一揽子政策措施实施方案》，提出要深化金融支持稳外贸稳外资等。5月27日印发《浙江省外贸保稳提质行动方案》，提出要进一步实现出口信保扩面降费，扩大外贸产业链贷款规模。9月29日，《浙江省人民政府办公厅印发关于进一步支持稳外贸稳外资促消费若干措施的通知》指出要持续推动政府性融资担保汇率避险政策增量扩面。通过出台一系列金融支持外贸发展的政策，丰富外贸企业融资渠道，降低外贸企业融资成本。但目前针对浙江外贸具体结构、主体、市场等特点还未形成一套完整的外贸金融支持体系，需要持续研究、释放政策效能。

2.信贷投放扩大，覆盖规模领域需进一步拓展。针对小微外贸企业特点，研发小额度、多频次、快放款、轻担保的专项产品，如用好出口信用保险项下国际贸易融资业务白名单政策，解决小微企业融资授信和担保不足问题，2022年1—9月，为企业提供短期险保单融资增信支持超207.5亿元，同比增长55%。推动政策性银行和地方中小法人银行加强政策性转贷款合作，让低成本的政策性资金惠及更多小微企业，新增小微外贸政策性贷款26亿元。指导银行机构做好对发展前景良好但暂时受困外贸企业的延续服务，不盲目惜贷、抽贷、断贷、压贷。对遇到困难的中小微企业、中小微企业主和个体工商户，名单制实施延期还本付息政策。中小微企业资金力量弱于大企业，对外贸特定领域、特定企业需进一步加大支持力度。

3.融资成本降低，助企纾困力度需进一步加大。出台《加大中小微企业出口信用保险支持力度专项行动》，加大对中小微外贸企业的帮扶力度，进一步降低短期险费率、资信费用以及小微统保平台费率。指导政策性出口信用保险落实短期出口信用保险减费让利要求，1—9月，辖内出口信保公司对当期签单和续转的、符合降费条件的保单平均下调保险费率16.7%，资信报告降费17.6%，小微统保平台降费17%，其中涉及山区26县费率降幅普遍超过38%。人保财险浙江省分公司提供保单贸易融资金额约6.3亿元，有效为中小微出口企业解决了融资贵、融资难问题，切实降低企业成本。截至2022年9月末，中国进出口银行浙江省分行发放外贸产业贷款平均利率2.81%，较去年同期下降34个bps，较全省1—8月人民币对公贷款平均利率低1.64个百分点。总体来看，浙江省助企纾困成效较明显，但需要进一步提升服务获得感和满意度，帮助更多企业纾困解难。

4.风险服务优化，避险产品需进一步丰富。1—9月，浙江信保累计帮助浙江省外贸企业挽回损失近3.8亿美元，其中直接赔款金额约1.05亿美元，最大程度保障浙江省外贸企业正常生产经营。此外在前期试点的基础上，浙江省推广小微外贸企业出口信用保险政府统保试点成果，落实"一对一"签单模式，力争在企业自愿条件下实现应保尽保。同时适当提高出口信用保险风险容忍度，加大对主要出口市场、新兴市场、RCEP的承保力度和政策倾斜，短期出口信用保险在扩大覆盖面的同时，对符合条件的企业逐步实现平均降费10%。整体来看，浙江省出口信保服务不断优化，但避险产品可以进一步丰富，为外贸企业提供更多选择。

5.业务不断创新，创新探索需进一步深入。浙江省以跨境电商、海外仓等为抓手，大力推广"浙跨保"综合服务方案，支持外贸新业态新模式以及服务贸易发展。2022年1—9月，浙江信保累计承保支持跨境电商出口金额约11.4亿美元；持续为海外仓投资企业提供海外投资风险保障，合计承保金额约2171万美元；加大国际运输等服务贸易的承保支持，合计承保金额约1551.7万美元。全省新型离岸国际贸易跨境收支额253亿美元，同比增长27%。支持银行机构依托区块链、物联网等新技术，开展外贸供应链金融服务，如推动浙商银行舟山分行通过仓单通平台无缝对接浙江国际油气交易中心交易系统，利用物联网技术扩大仓单交易和融资业务量，实现仓单在线签发、转让、质押、融资等功能。目前已落地全国首单基于区块链跨链的全流程在线油品仓单融资业务。浙江省外贸新业态不断拓展，要求外贸金融业务不断创新，为外贸新业态增长不断提供新动能。

6.探索数字赋能，数字化水平需进一步提升。推动金融综合服务平台与省商务厅"海外智慧物流平台"对接协作，第一阶段试点建设海外仓在线融资模块，为供倉用仓企业提供资金保障，该模块于2022年1月正式投入运行。积极参与外贸金融体系和外贸金融数字化服务平台建设研究，探索发挥进出口数据赋能和前端引流作用，为外贸金融数字转型打下坚实基础。全力推广企业"信步天下"App，为浙江省企业提供国别、行业专业数据及保单一站式查询、风险预警等各类服务，目前，"信步天下"App应用企业超过1.7万家，累计注册用户超过2.0万个。目前跨部门、跨行业、跨领域的数据壁垒依然存在，需要加强外贸金融体系数字化运营体系建设，实现金融、贸易、物流、海关数据开放共享。

二、总体思路和主要目标

（一）指导思想

以习近平新时代中国特色社会主义思想为指导，全面贯彻落实党的二十大和省第十五次党代会精神，紧紧围绕外贸稳增长和贸易高质量发展，以建设外贸强省为目标，以改革和开放为抓手，加快推动浙江外贸产业与金融业深度融合，实现做大做强外贸产业与深化发展现代金融业的相互促进、有机统一。坚持政府引导与市场主导相结合、总体谋划与分步实施相结合、系统推进与重点突破相结合、制度创新与数字推动相结合、开放发展与风险防控相结合，复制推广义乌国际贸易综合改革试点金融专项改革成果，构建国际先进的外贸产业链金融服务体系，打造全球最优外贸金融服务中心，争取并建成国家级外贸金融改革示范区，形成金融外贸创新体系新高地和外贸

金融服务主体集聚地，为加快建成国际贸易枢纽、共同富裕示范区提供金融保障。

（二）主要目标

1.外贸金融体系更加健全。通过高水平对外开放，引进服务于外贸的国际金融机构，包括商业保理、融资租赁、证券、期货、保险、基金、资产管理等，培育一批本土型民营金融机构，支持已有的金融机构做大做强。服务于外贸的国有、民营、外资金融机构优势各自发挥、主体不断壮大、金融监管服务有力，外贸金融体系的组织、政策支持、融资、配套服务、风险保障、支付结算、科技支撑、数据安全、金融制度、金融开放等体系不断完善。

2.国家级外贸金融改革示范区创建基本完成。推进数字人民币、本外币合一银行账户体系、离岸贸易、贸易投资、人民币结算中心等试点，集成现有各金融、外贸数字化平台，深化外贸金融数字化服务平台建设，推进省级外贸金融体系试点，谋划在省内外贸大市开展国家级外贸金融改革试点。

3.外贸金融服务创新规模和质量不断提升。实现开放经济金融生态环境大幅改善，金融服务改革开放不断深化。力争到2027年，形成一批具有国际竞争力的外贸龙头企业和金融机构，外贸出口占全国份额达到15%以上，人民币跨境结算量逐步提高，出口信用保险渗透率达到30%，发展外贸业务的金融机构数量增长50%以上，形成一批在国际上有影响力的外贸金融服务品牌。

三、构建浙江外贸金融体系建设的九大体系

（一）建设外贸金融组织体系

1.构建多元互动组织体系。坚持政府引导、监管支持、机构创新，构建有利于促进金融行业多元化发展和外贸产业转型升级，有利于各类金融机构与外贸产业主体彼此依存、相互促进的外贸金融保障体系和组织体系。建立政策性、国有、股份制、民营、外资等各类金融机构、各种金融

主体广泛连接、相互促进、具备内生动力的金融组织体系，加大金融业引进外资力度，孵化形成各类主体相互促进、循环往复、螺旋上升的良性外贸金融生态系统。

2. 建立常态化协同机制。在政府部门牵头指导下，巩固"政府＋银行＋保险＋担保＋证券"合作机制与协同体系，发挥政策性金融与商业性金融支持合力，深化专项合作，持续推动"外贸企业发展贷款""浙贸贷""汇率避险担保""政策性银行转贷款"等创新金融支持模式，集合多方力量，共同发挥金融助力稳外贸的积极作用。

（二）健全政策支持体系

1. 打通政策落实堵点难点。聚焦服务薄弱环节，出台支持外贸金融发展系列政策。如研究梳理外贸企业和外贸金融服务的具体内涵、明确统计口径和重点监测指标等；配套专项费用，对金融机构服务外贸企业金融创新予以扶持与奖励。

2. 建立外贸金融支持政策的供需对接机制。依托外贸金融数字化服务平台，广泛汇集企业需求，金融机构从需求端入手开展金融产品创新、业务拓展、服务优化、风险识别、需求触达等工作，实现金融政策精准滴灌。同时，建立全链条闭环机制，汇集企业政策反馈情况，帮助金融业优化提升。

3. 积极争取国家相关政策支持。以打造国家级外贸金融改革示范区为试点，选择一批符合国际通行做法的创新型政策开展先行先试，形成适应浙江外贸产业转型升级发展要求、促进金融行业纵深发展、有利全方位服务外贸产业、有效应对内外部环境变化的政策支持体系。争取国家相关部委对浙江省国家级外贸金融综合改革示范区试点建设批复，实现对浙江建设先进外贸金融体系顶层设计与执行落地有效衔接。

（三）丰富企业融资体系

1. 支持金融机构开拓创新。在全面梳理外贸业态及发展特点的基础上，鼓励和引导金融机构加大开拓创新力度，完善融资支持体系。推动授信管理体系迭代升级，探索设立外贸产业、外汇交易的专项授信额度，增加对企业过往经营业绩、

信用画像、公共数据等运用。鼓励外贸企业积极利用境外银团贷款资金，并参与多层次资本市场建设，通过境内外上市募集、境内外债券发行等方式加大直接融资比重，通过股权融资减轻企业债务负担。

2. 分级分类提供延伸服务。针对小微企业特点，研发小额度、多频次、快放款、轻担保的专项产品，提升小微企业融资效率和获得感。针对海外仓、跨境电商、市场采购、数字服务贸易、离岸贸易、转口贸易等外贸新业态新模式，创新融资和对接模式，探索在自贸试验区内开展境内贸易融资资产对外转让试点和跨境电商供应链金融服务、新型离岸国际贸易跨境资金结算便利等服务。针对外贸产业链特点，推动大型骨干外贸企业与银行进行深度嵌入，为供应链产业链上下游企业提供延伸支持。针对走出去企业，加强境外企业全球授信、融资产品体系创新和建设，健全"一带一路"国家本地货币融资功能。针对贸易总部特点，加大浙商在浙江贸易总部建设支持力度，推动建设以浙江为国际订单接单中心、国际结算中心、国际融资中心建设，形成一批国际贸易总部企业，逐步打造国际贸易枢纽。

（四）优化配套服务体系

1. 职能部门开展制度建设。构建外贸金融制度体系，参与外贸金融体系建设的相关职能部门在其管理范畴内开展外贸金融制度体系建设，将现有制度和新设制度整合梳理，形成一套相对完整的制度体系。

2. 探索外贸专营机构改革，在综合保税区、自贸试验区设立外贸金融专营支行、跨境金融服务支行，提升专业能力，更加贴近市场。集成国际金融中心外贸金融最优及便利做法，引入国外先进金融服务机构，结合各地外贸优势和特点，谋划在省内外贸大市开展国家级和省级外贸金融改革试点。

（五）强化风险保障体系

1. 持续扩大出口信用保险覆盖面。加大政策宣传力度，优化承保和理赔条件，加强出口信用风险保障力度。加强重点产业链供应链保险协同，

深度开展链式承保服务。建设集海外信用风险预警、风险跟踪、风险处置以及保险赔付、追偿减损于一体的出口信用风险管控体系。

2. 建立全面风险防控体系。帮助外贸市场主体有效抵御国际贸易过程中的各类不利情形。包括：（1）不可抗力自然风险，如因疫情、自然灾害导致的生产经营停滞、物流不畅等风险；（2）政治风险，如因政治原因带来的我国在境外的国有、民营资产冻结、没收和经营接管风险，制定资产安全应急预案，研究分散境外资产风险的有效办法；（3）市场和商业风险，如利率风险、汇率风险、股票价格风险和大宗商品价格风险等。

（六）完善支付结算体系

1. 完善跨境本外币支付体系。进一步完善囊括银行、境内持牌的支付机构跨境本外币支付结算体系，鼓励境内持牌的支付机构与金融机构依法合规开展业务合作。

2. 扩大跨境人民币试点范围。进一步扩大优质企业跨境人民币贸易投资便利化试点范围，积极探索自贸试验区跨境人民币创新使用，鼓励外贸企业使用人民币对外结算，推动跨境人民币结算在本外币结算中的占比逐步提高。鼓励在浙银行法人机构加入 CIPS 人民币跨境支付系统。

3. 丰富企业币种选择权。强化企业合理选择结算币种、规避国际政治风险意识，鼓励银行丰富汇率保值领域"一带一路"新兴市场币种与产品，丰富企业选择权。

（七）搭建科技支撑体系

1. 坚持科技赋能。充分发挥浙江"数据强省"优势，建设外贸综合服务平台，结合海关、动产融资服务平台、银行保险、跨境物流平台等渠道信息，通过科技力量有效整合金融服务、外汇结算、海关进出口、公共服务、税务等各类数据，建立支持外贸金融发展的科技服务体系，在获得企业授权前提下向金融机构开放数据库，帮助政府和金融机构提升服务触达、数据分析、风险研判能力。

2. 建设外贸金融数字化服务平台。打通省内主要数字化外贸金融服务平台，实现外贸综合服务平台、海关电子口岸、金融综合服务平台、跨境金融服务平台等现有平台，分步实施、分步建设，通过几轮迭代升级逐步建成统一外贸金融数字平台，为企业服务、公共决策提供数据基础，实现接口互通、数据共享。

（八）构筑数据安全体系

将数据作为与传统要素并列的新生产要素，依据"保密性、完整性、可用性"的原则，构筑体系化、智能化的数据安全体系，为安全应用快速赋能，对安全资源进行统一管理，保障数据全生命周期（包括数据生产、使用、存储、传输、披露、销毁等等）的安全和处理合规。形成各机构间统一的数据共享、交换安全标准和保密规定。

（九）构建金融业开放体系

1. 总结借鉴国内试点经验。复制、推广国内自贸区、自由贸易港、金融改革创新试点的成功经验，如上海自由贸易试验区金融改革开放、海南自由贸易港贸易、投资与跨境资金流动便利领域的探索、深圳金融综合改革试点等，持续推动金融业服务外贸主体及实体经济的能力不断提升。

2. 注重国际经验比较研究。深化对国际先进经验、国际惯例、通行做法的学习研究，鼓励省内金融机构开展与全球性外资金融机构的业务合作、经验交流，汲取跨国金融机构先进经验，提升自身服务能力。积极借鉴国际金融支持外贸及国际金融中心建设的成功经验，如伦敦完善金融基础配套设施建设与服务，纽约强化人才支撑推动金融创新，东京结合日元国际化进程增强国际金融中心地位等，鼓励银行保险机构加强同境外同业机构合作，提升跨境服务能力，推动浙江省外贸金融体系建设持续完善。深入研究国际通行跨境交易流程。挖掘流程节点中的外贸企业实际需求，依据需求引领原则不断开拓创新，打破传统业务模式桎梏，解决外贸企业现实困难，推动浙江金融行业提升对外开放水平，构建对外开放体系。

课题组组长：胡潍康、陈志成
课题组成员：张晓雯、许云皓、周 丞、
　　　　　　李林伶、陆 强

充分发挥数字人民币对数字消费的促进作用

2022 年 4 月 2 日，央行公布，已于 3 月 31 日召开数字人民币研发试点工作座谈会，明确有序扩大试点范围：增加天津、重庆、广州、福州、厦门、浙江省承办亚运会的 6 个城市等作为第三批试点城市。浙江省应紧抓新一批数字人民币试点扩容新机遇，以亚运会为牵引，充分挖掘数字人民币对数字消费的促进作用，积极探索应用场景创新，打造具有浙江特色的试点样板，为我国数字人民币试点建设增添新亮点、新元素。

一、数字人民币是促进数字消费提质升级的"助推器"

近年来我国以网络购物、网络娱乐、数字文化等为代表的数字消费新业态新模式迅猛发展。目前我国数字人民币是零售型央行数字货币，主要用于满足国内零售支付需求，对浙江省进一步扩大升级数字消费释放内需潜力具有重要意义。

（一）有利于催生数字消费新业态

数字人民币支持双离线交易，具有"支付即结算"特性。这意味着数字人民币不仅大幅度降低了传统法定货币发行兑换成本和支付结算体系整体费用，也为消费者提供了便捷高效的零售支付服务。目前商户支付结算体系的整体费用率约 0.3% ~ 0.6%，使用数字人民币交易后将显著降低商户的经营成本，提高资金要素使用效率，推动传统商户（商圈）在支付体系中嵌入数字人民币基础设施建设，促使产生更多在线音乐、游戏等线上和智慧商店、智慧餐厅、VR 虚拟购物等线下数字消费新形态。另外，数字人民币体系突出银行账户松耦合特征，只需本人手机号码即可在"数字人民币"App 注册并开通最低权限四类钱包账户，利用"碰一碰""扫码付"等功能，能够有效激活老年、低学历人群等边缘群体数字消费意愿，挖掘乡镇农村为代表的下沉市场数字消费潜力。

（二）有利于创新定向消费新模式

数字人民币能够通过加载不影响货币功能的智能合约实现可编程性，促进数字消费定向模式创新。在提高扶贫资金、民生款项、消费补贴以及产业补贴等的发放精准性的基础上，数字人民币可定向引导资金流入电商扶贫、资金补贴、红包消费等新兴数字消费领域，数字人民币对数字消费的促进作用将更为高效直接。

（三）有利于打造数字消费新环境

如表 1 所示，区别于传统的第三方互联网支付，数字人民币主要定位于现金类支付凭证 M0，以国家信用为支撑，具有无限法偿性和"小额匿名、大额可控"的特点。数字人民币钱包持有主体可通过子钱包实现支付场景的条件支付和个人隐私保护等功能，拓展隐私敏感型企业及个人的数字消费活动。同时，针对数字消费与传统消费在商业模式和监管方式等方面的痛点难点，数字人民币可以通过央行大数据分析中心，实现对可疑账户和可疑交易的识别，推动数字消费市场健康有序发展。

表 1 数字人民币与其他支付方式对比

支付方式	定位性质	信用背书	安全性	隐私保护	取现手续费	交易效率	清结算模式	离线支付
数字人民币	M0	国家信用	无限法偿性	可控匿名	无	较高	支付即结算	双离线
第三方支付（微信、支付宝等）	M1	企业信用	存在小概率破产风险	一定程度匿名	有	高	需通过网联/银联清算	仅支持单离线
现金	M0	国家信用	无限法偿性	完全匿名	无	较低	支付即结算	双离线

二、国内数字人民币试点经验借鉴

两年来，我国数字人民币试点建设已在批发零售、餐饮文旅、政务缴费等领域形成一批涵盖线上线下、可复制可推广的应用模式。截至 2021 年底，数字人民币试点场景超过 808.51 万个，累计开立个人钱包 2.61 亿个，交易额 875.65 亿元。

（一）推动民生消费多领域开花

深圳作为第一批数字人民币试点城市之一，截至 2021 年末已陆续推出 264 个形式多样的试点活动，受理商家超 30 万家，初步建立起数字人民币生态体系。苏州成功落地全国首个有线电视数字人民币支付平台。雄安新区已落地全国首笔海关数字人民币缴纳风险保证金业务，创新搭建法院"账户＋钱包"资金管理体系新模式。上海建成全国首个数字人民币医疗支付统一平台。长沙落地全国首个数字人民币全场景全流程纳税缴费、燃气缴费交易等场景。数字人民币在冬奥会进行全景式使用，覆盖了 40 多万个场景，涵盖了食、住、行、游、购、娱、医等七大重点领域需求。据《2022 数字人民币与互联网融合发展研究报告》显示，自 2022 年 1 月美团开通数字人民币全场景支付通道并上线数字人民币民生消费补贴以来，已累计带动各类民生消费 64 亿元。

（二）积极实施数字普惠金融服务

成都打造数字人民币电子商务扶贫场景，推出数百个具有数字人民币功能的"云农通"服务点。西安围绕农村地区产业优势和地域特色，打造"数字人民币特色产业示范县"，全市 1300 多个惠农服务站"惠农通"机具支持数字人民币收付功能。大连加大在农业产业链条数字化转型升级、数字人民币示范村建设等领域的推进力度。

（三）结合区域特色打造综合示范应用场景

深圳面向香港居民展开数字人民币跨境支付测试工作，通过香港手机号匿名开立五类数字人民币钱包，经测试成功验证后，可用于小额消费，购买商品时仅需出示付款码即可通过 POS 机完成支付。海南探索跨境进口电商支付场景，跨境进口电商在实名认证基础上进一步完善订购人和支付人一致性校验，下单后选择"数字人民币支付"即可，实现从消费者到平台间的结算闭环。

三、启示与思考

亚运会是继北京冬奥会后，数字人民币再一次在我国大型国际性运动赛事舞台亮相。在省数字人民币试点工作领导小组指导下，省商务厅应紧抓此次试点扩容新机遇，成立数字人民币试点工作小组，率先推进数字人民币在数字消费重点场景应用。

（一）夯实数字消费新基建，打造数字体验消费圈

加快推进数字人民币信息化基础设施建设，加速 5G 网络全覆盖，构建以区块链、大数据、物联网等为核心的数字人民币基础设施体系。结合浙江省智慧商圈建设，推动杭州湖滨步行街等西湖周边特色街（区）创建"数字人民币特色应用示范街"，打造"西湖印象"综合应用场景。鼓励滨江高新技术产业园、余杭未来科技城等园区接入数字人民币建设，打造数字人民币参与数字消费闭环生态。

（二）创新数字消费新方式，赋能"智慧亚运"场景应用

围绕亚运会场景建设，在杭州、宁波、温州、湖州、绍兴、金华等六市推出一系列数字人民币特色产品和服务。将数字人民币支付系统改造纳入亚运会商圈支付环境改造内容，在机场、港口、酒店、银行网点等重点区域铺设数字人民币金融机具，打造数字人民币产品集中展示和数字消费体验区，满足亚运红线区域内相关人员的衣、食、住、行、购等数字消费需求。创新推广智能手环、智能手表等智能穿戴支付设备，支持短期来华涉亚运境外人士以手机号注册开通数字人民币钱包，在赛会期间为相关人员提供便捷服务。

（三）扩大数字消费新需求，挖掘"数智生活"场景应用

将数字人民币融入试点地区居民日常生活中，拓展数字商贸、数字学习、数字出行、数字文旅、数字健康、数字政务等六大领域数字消费场景。在杭州文三数字生活街区、湖滨步行街率先开展数字人民币体验推广活动，通过数字人民币发放红包消费券等形式，构建数字化消费促进新模式。利用人工智能、人机交互等技术，推动银泰百货、世纪联华等试点城市大型商场、商超支持数字人民币，创新发展 AR 虚拟试穿、VR 虚拟购物等体验式数字消费新场景，在杭州"湖滨—武林"、宁波"老外滩"等重点商圈打造全场景覆盖特色街区。支持新零售企业如阿里、网易、银泰"喵街"等将数字人民币应用到线上购物场景，推动线上订单、线下配送服务支持数字人民币预付、货到付款功能。鼓励直播带货等新业态探索与数字人民币结合。

（四）激活数字消费新空间，搭建"数商兴农"场景应用

以欠发达地区银行机构助农服务点等平台为依托，强化硬件发放与使用引导，切实提高偏远地区群体、老年群体数字支付能力和数字消费能力。结合"数商兴农"和国家电子商务进农村综合示范县建设，利用数字人民币智能合约技术，配合地方政府发放数字消费券、扶农产品销售等一系列刺激经济发展政策举措，将数字人民币应用到农产品销售、文旅康养、民俗消费等惠农服务场景，助力乡村振兴和共同富裕。

（五）培育数字消费新特色，探索自贸试验区场景应用

依托自贸试验区开放平台，探索建立针对跨境电商、市场采购等新型贸易业态的数字人民币钱包体系，支持以"义新欧"班列、进口商品直购中心、义乌国际商贸城等为代表的境内商贸采购、进口商品零售、贸易保险服务等场景使用数字人民币便捷支付。结合企业云化工程，支持油气产业、生物医药、智能装备等领域龙头企业改造数字人民币支付设施设备，探索推动数字人民币在大宗商品交易结算、港航物流等场景试点应用，鼓励试点地区争创数字人民币综合应用示范区。

课题组组长：张钱江

课题组成员：刘　玲、周禄松、黄　丽（执笔）

探索"元宇宙"在新消费领域应用
推动浙江省消费提质升级

在需求收缩、供给冲击、预期转弱的三重压力下，发展新消费有利于畅通国内大循环、促进产业再升级、推动消费转型升级。而元宇宙作为整合多种新技术而产生的虚实相融的新型互联网应用和社会形态，重塑了资源配置方式，催生出新的生产和生活方式，在推动浙江省新消费发展过程中大有可为。

一、浙江省新消费发展为元宇宙应用提供了成长土壤

新消费是互联网、大数据和云计算等现代技术与消费融合的产物，以传统消费提质升级、新兴消费蓬勃兴起为主要内容。浙江省高度重视新消费发展，《浙江省国内贸易发展"十四五"规划》《浙江省消费升级"十四五"规划》等规划文件均明确提出强化数字赋能，促进新消费发展。

（一）新消费规模稳步扩大

浙江省数字经济优势突出，拥有新消费领域全球最大的独角兽企业、电商平台、新零售企业和最优的数字消费生态体系，新消费规模持续较快增长。从产业增加值角度看，2021年，浙江省规模以上工业新消费领域产业增加值为3254亿元，同比增长10.9%；规模以上服务业新消费领域行业营业收入达13265亿元，同比增长16.8%。从网络零售额数据看，2021年，全省实现网络零售25230.3亿元，同比增长11.6%，占全国网络零售额的1/5，交易规模仅次广东省，居全国第二。从电商直播规模看，2021年1—10月，浙江省直播电商交易额达6092亿元，占全国直播电商交易额28.4%，规模位居全国首位。

（二）新消费内容个性多元

元宇宙等新兴消费理念与消费层次密切相关。浙江省中高端消费快速增长，品质消费显著提升，智能尝新、悦己为先、新潮运动、共情体验、国风国潮等成为新的消费热点。其中，通讯器材、3C数码、可穿戴设备等元宇宙相关硬件商品增速较快。统计数据显示，2021年，浙江省限额以上单位通讯器材零售额同比增长19.5%，可穿戴智能设备同比增长92.4%，均快于全部商品零售额增速（13.9%）。从全省分行业网络零售数据看，3C数码等元宇宙相关网络零售额达3981.3亿元，占全省网络零售额的15.8%。

（三）新消费模式迭代升级

2020年，浙江省在全国范围内率先提出实施数字生活新服务行动，配套出台数字生活新服务"十大行动"，推进生活性服务业数字化，构建"互联网＋"新消费生态体系。《2021年度数字生活新服务指数》报告显示，浙江省数字生活新服务水平位于全国省（区）第一名，数字生活基础设施、供给端数字化、需求端数字化等分项指标均位居前列。同时浙江省商贸企业积极拥抱互联网，大力发展直播、数字商业、C2M等新业态新模式，为元宇宙发展提供了良好的产业生态。

（四）新消费场景不断拓展

近年来，浙江省先后印发《浙江省商圈服务大提升行动方案》《浙江省推动高品质步行街建设实施方案》等系列文件，严格落实《浙江省数字商贸建设三年行动计划》，鼓励企业积极运用数字化应用场景拓市场促消费，成功创建省级示范步行街 16 条、省级智慧商圈 10 个、省级夜间经济样板城市 13 个，消费场景建设走在全国前列，品质化、数字化、信息化水平不断提升。各大商圈、步行街深入推进智慧商务、智慧设施、智慧服务、智慧营销、智慧环境、智慧管理等场景应用创新。

二、"元宇宙"概念在浙江省新消费领域的应用情况

元宇宙作为消费领域的新概念，在拓展消费内容、创新消费模式、丰富消费场景上提供了新的切入点。目前国内外主要在游戏、社交、NFT、VR/AR 等领域进行布局，但仍处于探索阶段。浙江省积极探索元宇宙技术在线上线下场景中的应用，不断提升中高端消费品供给能力，已在元宇宙赛道上"抢先起跑"。浙江省元宇宙布局情况见附表。

（一）推动新消费场景的打造

一是打造元宇宙内容业态的数字街区。元宇宙涉及大场景、大设备和大空间，街区不仅可以提供物理空间，还可以自带话题、人流量和媒体传播，具备"网红气质"，可以转化为购买力、消费力，实现产品高溢价。如西湖区文三数字生活街区聚焦元宇宙等数字场景，引入网易 MR 全息沉浸综合体、气味元宇宙等项目，打造互动式消费空间，提升消费者体验感参与感，目前杭州亚运会吉祥物裸眼 3D 形象首秀已在街区上演，让亚运会吉祥物"破屏出圈"。

二是打造具有元宇宙元素的智慧商圈。智慧商圈以互联化和物联化的方式全面动态感知、分析和整合商圈数据，六大场景应用创新中，天然地拥有元宇宙基因。目前元宇宙在智慧商圈的应用，主要体现在数字孪生与营销引流方面。如湖滨智慧商圈推出杭城首个 AR 平行世界，开启线上直播与线下互动的"平行宇宙"。武林商圈通过 AR 技术改造，手机扫描街景即可形成虚拟信息叠加现实场景的元宇宙体验空间。

三是利用元宇宙技术形成立体虚拟商场。商场或专业市场已经从实体商场过渡到线上线下市场共生局面。未来通过搭建商场 3D 模型、构建线上消费空间，可摆脱疫情对线下实体购物中心的影响，实现在家也可"云"逛商场。元宇宙技术打造的商场突破以往陈列式、平面化的消费模式，更加注重立体化的购物体验，目前在浙江省企业平台已经应用落地。如 3D 版天猫家装城，以实景复刻 3D 还原样本房，让消费者可以"云"逛家装，购物转化率较行业平均水平提升了 9 倍，同比正常引导成交客单价提升超 200%。

四是提供虚拟场景和内容的数字展会。VR 可直接向用户显示虚拟图像，AR 可在真实世界叠加虚拟信息层，满足用户对于沉浸式、拟真体验的要求。阿里巴巴在 2021 年云栖大会会展展区设置元宇宙主题区，虚拟形象生成与驱动技术、VR "云逛展"等服务，引发民众体验热潮。网易伏羲沉浸式活动系统"瑶台"则是搭建了真实感、沉浸感、互动性更强的线上会议场景，已用于国际学术会议、线上展会等众多场景。

（二）推动新消费内容的延伸

一是带动元宇宙底层硬件产品的消费。VR/AR 是元宇宙萌芽期最主要的底层技术，VR 头显、VR 一体机、AR 眼镜等设备也将是初期最主要的消费级硬件产品。根据 IDC 数据显示，2021 年全年全球 AR/VR 头显出货量达 1123 万台，同比增长 92.1%。浙江省企业积极布局 AR 行业，如阿里巴巴领投国内知名消费级 AR 眼镜制造商 Nreal，合作研发不断加深，将为消费者提供体验感更好的硬件设备。

二是带动传统产品的消费。元宇宙主要将实物产品、消费场景等进行数字化复刻，通过产品感知、场景自由切换等方式给予消费者独特的购物体验。如杭州凌迪数字科技有限公司推出全球首个时尚产业链 3D 数字化服务平台，让消费者

可在虚拟世界中感知服装色彩、材质等，并通过自由切换展销场景，赋能传统服装产品消费。阿里巴巴推出"淘宝 VR 购物 Buy+"计划，联合商家推出 3D 商品库，消费者可在移动端选择全景模式进行购物。

三是带动多元化服务消费。在餐饮服务领域，元宇宙技术主要通过数字化布景和互动等吸引消费，如科技餐厅"望文三"，让顾客体验裸眼视觉中的虚拟现实氛围，同时可自由切换用餐场景。在文化娱乐服务领域，元宇宙主要通过将内容数字化、场景虚拟化以及在社群空间中创造新的内容价值吸引消费者。如网易推出的网络游戏《逆水寒》中，开放了多人联居的虚拟社区模式"栖云集"，用户购买"网络虚拟地块"进行消费。在展览服务领域，元宇宙主要通过 VR/AR 技术汇聚数字化图像，给予参观者沉浸式观展体验。如浙江美术馆推出"中国历代绘画大系"先秦汉唐宋、元画特展，通过 VR、AR、动态捕捉等科技手段，赋予传世古画新的艺术生命，吸引众多观众打卡。在医疗服务领域，利用元宇宙技术可实现虚拟面诊、透视监测等，为远程医疗服务提供了可能。如杭州心景科技有限公司专注于 VR 医疗服务，聚焦虚拟现实、人工智能等技术提供精神心理康复等解决方案。

四是引起虚拟化数字藏品消费热潮。在虚拟消费品领域，非同质化代币（NFT）凭借着独特标识、永久存证、不可复制以及不可篡改的属性吸引了消费者的注意。2021 年全球 NFT 交易量为176.9 亿美元，同比增长 214 倍。浙江省主要结合国潮、体育赛事等发布 NFT 数字藏品，如支付宝发布的敦煌飞天系列数字藏品皮肤、杭州亚运会官方发布的 3D 版数字火炬，一经上线立刻售罄。

（三）推动新消费的模式更迭

一是人、货、场互动性强加深消费者认知。元宇宙技术可构建三维数字空间，将消费者、商品和相应场景深度链接，重塑消费新模式。如浙江省数字商贸多场景服务平台已从 1.0 阶段的"超级屏店"升级至 2.0 阶段的"屏的全场景覆盖"，构建起全场景客流运营互动系统，更好地服务消

费者购物、导航、咨询了解等需求，提升消费转化率。

二是虚拟形象影响消费决策。虚拟形象可实现全天候全方位服务，摆脱了传统服务人员的时空局限性。同时虚拟偶像因较真人偶像具有完全可控、技能可被赋予、价值时效长等特点，已被应用在营销导购服务领域。如浙江省打造了数字商贸多场景服务平台，利用数字虚拟人提供沉浸式导购服务，实现了场景和内容体验的升级；阿里巴巴签下国内首个超写实数字人 AYAYI，成为天猫超级品牌日的数字主理人，实现虚拟直播带货。

三、相关思考

尽管元宇宙的应用仍然处在初级阶段，但上海、武汉、广州等都在规划或政策中提出要积极推动元宇宙发展。浙江省要抓住发展主动权，加快区域性先行试点，挖掘多元化消费需求，打开浙江省数字消费新空间。

（一）加快区域性先行试点，扩展消费场景入口

一是鼓励元宇宙新消费业态的健康有序发展。将元宇宙新消费纳入数字经济或服务业发展相关政策，建立相关产业基地进行全链条布局，推动建立产业基金加快技术成果转化，并鼓励有基础有条件的地区积极利用相关政策先行探索。二是鼓励利用元宇宙技术打造线下沉浸式消费空间。支持文三数字生活街区加快元宇宙新消费项目招引落地，结合 AR 礼券、主题活动推广等营销活动，提升消费吸引力。三是支持多元融合实现新型"云逛街"。依托 5G、VR/AR 等技术搭建云消费平台，支持企业上"云"，结合店铺场景、消费场景、产品体验等，搭建商业街的数字孪生体，打造虚拟化沉浸式消费体验。四是打响"云展会"品牌。搭建线上云批发、订货会、地区展和特色商品展等功能场馆，结合"网上浙年货""浙里来消费"等数字节庆活动，利用元宇宙相关技术搭建"云消费"场景，并引导相关商家设

计满足个性化形象需求的虚拟偶像并进行直播带货，形成消费吸引力。

（二）挖掘多元化消费需求，提供更多优质消费内容

一是扩大新消费人群需求。根据 Z 世代、新中产、独身人群等消费群体的多样化需求培育消费细分市场，结合元宇宙概念在文旅、医疗健康、展览会议等领域加强创新。整合数字生活新服务在购物、餐饮、出行、旅游等方面的场景，运用人工智能、虚拟现实等技术，打造虚拟呈现、智能交互的"数字生活地图"，满足多元化消费需求。二是探索数字藏品交易平台建设。支持杭州文化产权交易所搭建数字藏品流转交易平台，与相关企业、平台等合作引入更多优质数字藏品，推动数字藏品交易规范化发展。支持浙江展览馆、浙江美术馆等展馆依托现有文化艺术资源优先建设一批数字化复原和展示藏品，带动周边销售。三是结合亚运场景推出更多消费内容。设计研发亚运会吉祥物等相关周边文化数字藏品，结合元宇宙 VR/AR 等技术打造个性化现场互动视频体验。

（三）构筑数字商贸新优势，推动消费便利化

一是持续推进传统商贸"云"化改造提升。加强新型消费基础设施建设，推广 5G、云计算、大数据等技术在商贸领域的应用，鼓励有条件的综合体、商品市场、大中型市场、连锁店等场所利用元宇宙技术进行"人、货、场"云化改造，开

展营销推广、品类管理等数字化建设，提升消费者服务水平。二是融入智慧商圈建设打造未来市场。支持武林、湖滨等商圈利用元宇宙技术开拓商圈智慧管理场景，建立人流、物流 3D 模型，挖掘应用相关数据。打造一批智慧化高品质消费集聚平台，支持运营管理方搭建链接多街区、多商圈的智慧化服务平台，推动街区、商圈资源共享。三是积极推动数字人民币试点落地。探索数字人民币在新消费领域的应用，支持义乌等地采用"VR 购物 + 数字人民币"，应用 VR 技术实现实体店铺线上化，推动数字人民币嵌入消费的支付链条。

（四）加强数字监管能力建设，打造良好消费环境

一是减少元宇宙概念泛化和炒作。理性看待元宇宙给新消费带来的机遇，警惕任何打着元宇宙旗号、实则进行违法犯罪的行为，加大对游戏挖矿诈骗、参与代币发行融资、虚拟货币炒作等非法活动的监管密度。率先开展元宇宙行业标准制定探索，制定完善相关服务规范，引导行业规范化标准化发展。二是强化监管科技应用实践。积极运用大数据、区块链等技术提升数字监管能力，深化"技防 + 人防"监管体系建设，加强元宇宙相关产业、金融系统等监管力度，织密金融风险监测预警网，营造安全消费环境。三是加强消费者权益保障保护。重视消费者在元宇宙与新消费领域遇到的新情况、新问题，并作出补充规定，保护消费者合法权益。

附：

浙江省布局元宇宙领域的主要企业

领域	企业名称	主要布局情况说明
电商	阿里巴巴	主要通过全息构建、全息仿真、虚拟融合、虚实联动四个层级并行发展接轨元宇宙，已建立全息店铺、布局虚拟人等
数字内容	网易	已在 VR、AR、云游戏、虚拟人、虚拟会议场景等元宇宙相关领域进行布局
	完美世界	在引擎研发、商业引擎应用、3D 建模与渲染等核心技术方面拥有独特优势，并积极推动 VR、AR 等元宇宙技术在游戏研发中的应用
	觉泵（上海）多媒体有限公司（杭州分公司）	可提供元宇宙空间制作、数字人 IP 定制、虚拟—现实链接、品牌 NFT 铸造等服务
	杭州凌迪数字科技有限公司	通过 3D 设计、构建元宇宙空间进行产品展销、打造品牌虚拟人等方式将元宇宙与服装时尚产业深度结合

领域	企业名称	主要布局情况说明
数字支付（NFT）	华媒控股	控股杭州产权文化交易所，平台以文化为载体、以金融为核心，在数字藏品领域具有先天优势，如已发布越窑青瓷"百朵向阳花开"数字藏品
	浙文互联	通过虚拟数字人（偶像）孵化，养成基于浙文元宇宙基础世界观的形象载体；通过电竞赛事预测，打造年轻粉丝社群，积累元宇宙基础流量池；通过数字藏品承接虚拟数字人的衍生应用，打造元宇宙消费平台
VR/AR 网易	杭州易现先进科技有限公司	专注于人工智能、增强现实技术研发，拥有浙江省增强现实领域唯一的省级工程技术研究中心，拥有网易洞见、网易影见等 AR 产品平台
	杭州光粒科技有限公司	聚焦消费级 AR 智能产品研发
	杭州灵伴科技有限公司（Rokid）	将先进的 AI 和 AR 技术与行业应用相结合，为不同垂直领域的客户提供全栈式解决方案，其 AI、AR 产品已在全球 70 余个国家和地区投入使用
	杭州气味王国科技有限公司	VR 数字气味行业应用方案提供商，追寻气味底层的"共性物质"，期望建立全面而缜密的"数字气味词典"。已完成对该库中的 1300 种基础气味编码，并通过核心技术实现了气味的数字化、网络化传输和终端播放
	杭州盖视科技有限公司	专注于增强实时视频技术的开拓与产品化，拥有 INCHANTXR 直播系统等产品
	杭州心景科技有限公司	采用虚拟现实、动作捕捉、人工智能、大数据与传统精神心理及脑功能临床治疗康复相结合的方法，先后与浙江省精神卫生中心、浙江省康复医学会等合作，形成了催眠放松减压、肢体运动康复、儿童注意力训练及老年认知训练等临床康复训练产品
	杭州一隅千象科技有限公司	可将真实空间虚拟再造，使用户能够在完全沉浸式的房间级环境中，在无须佩戴任何设备的前提下实现裸眼混合现实交互
	杭州李未可科技有限公司	打造了名为"李未可"的 AR 科技潮牌及同名虚拟 IP 形象
	杭州傲雪睿视科技有限公司	致力于轻薄 VR 头显开发
	杭州炫眼信息科技有限公司	专业从事三维数字孪生引擎、AR/VR/MR 等定制与开发

课题组组长：张钱江

课题组成员：刘 玲、孟祖凯、范 蕊（执笔）

2022 年浙江省数字消费券发放情况及思考

今年来，全省各地结合稳经济一揽子政策，较大力度发放数字消费券，有效促进了消费回补、提振了市场信心，但也暴露出一些问题。后期，在消费券发放工作中应注重公平普惠、聚焦主导产业、丰富发放形式、强化统计评估、加强审计监管，更好发挥消费券的带动作用。

一、发放情况及成效

（一）发放情况

截至 2022 年 7 月 31 日，全省累计发放消费券 50.57 亿元，其中市本级发放 15.50 亿元，占比 30.65%；90 个县（市、区）均发放了消费券，累计发放金额 35.07 亿元，占比 69.35%（见表1）。从发放时间看，全省一季度发放 19.59 亿元，二季度发放 21.22 亿元，特别是各地在 6 月和 7 月集中发放消费券，两月发放金额分别为 10.81 亿元和 9.76 亿元，共占 1—7 月发放总额的 40.7%，消费券成为推进"两稳一促"攻坚行动的重要政策工具。

（二）成效评估

全省各地以提振人气、拉动社零、助企纾困为主要目的密集发放消费券，有效带动了消费市

表 1　2022 年全省消费券发放情况（截至 2022 年 7 月 31 日）

地区	消费券发放金额/亿元	市本级消费券发放情况		县区级消费券发放情况	
		金额/亿元	占比/%	金额/亿元	占比/%
杭州	9.67	2.85	29.47	6.82	70.53
宁波	6.60	3.53	53.48	3.07	46.52
温州	5.37	0.03	0.56	5.34	99.44
嘉兴	5.20	2.12	40.77	3.08	59.23
湖州	3.25	1.00	30.77	2.25	69.23
绍兴	6.93	4.60	66.38	2.33	33.62
金华	8.24	0.85	10.32	7.39	89.68
衢州	1.61	0.06	3.67	1.55	96.33
舟山	0.26	0.06	23.08	0.20	76.92
台州	1.96	0.40	20.41	1.56	79.59
丽水	1.48	0.00	0.00	1.48	100.00
总计	50.57	15.50	30.65	35.07	69.35

注：数据来自各市、区、县商务微信公众号及各地报送情况。

场回暖复苏，1—7月全省消费券拉动消费近640亿元。受此带动，1—7月，全省实现社会消费品零售总额16654.9亿元，较同期增长3.0%，高于全国（−0.2%）3.2个百分点，增速居沿海主要省市首位。

1. 普惠型消费券不限制参与商家和使用群体，受众广泛，有效提升了消费人气，提振了消费信心，留住城市"烟火气"。如杭州市本级于6月17日、6月24日、7月8日、7月22日发放四期共2.85亿元通用数字消费券，累计核销2.83亿元，直接拉动消费43.24亿元，有效激发了居民消费热情，带动6—7月全市社零止跌回升。宁波市于2月28日、4月28日、6月3日开展了三期消费券发放活动，市、区两级共投入财政资金6.06亿元，截至6月29日，累计核销5.33亿元，带动消费47.05亿元，享受优惠人次超1200万。

2. 专项型消费券以汽车、家电等权重商品为主要适用品类，撬动杠杆率高，短期内有效拉动了社零增长、带动消费市场回暖。如金华市自5月起开展"战疫情抢发展双月攻坚"活动，上半年累计发放汽车、家电等消费券7.06亿元，拉动消费144.59亿元，1—6月全市社零总额较同期增长3.3%，增速居全省第三，高于全省平均1.3个百分点。其中上半年发放汽车消费券2.73亿元，实现限上汽车零售额211.25亿元，同比增长18.71%，拉高全市限上社零4.6个百分点。

3. 定向型消费券致力于扶持受疫情冲击较大的住宿、餐饮、零售、文旅等行业，有效帮助企业渡过难关、加速行业复苏。如绍兴市自1月16日起分四轮发放消费券，使用范围为本地购物中心、大型商超、连锁便利等商贸企业，首批消费券共核销3.4亿元，拉动消费约11.7亿元，推动一季度批发业增长26.9%，居全省第一。丽水市开展"浙丽来消费美好生活消费季"活动，助力餐饮、零售、文旅等行业复苏回暖，1—7月累计发放消费券1.48亿元，拉动消费12.74亿元，1—7月全市社零总额较同期增长4.04%，居全省第三，限上餐饮业营业额较同期增长17.0%，居全省第二。

二、经验总结

（一）从使用时限看，使用时限越长消费券核销率越高

杭州市第一期消费券于6月17日20时发放价值1亿元的200万个券包，于6月24日20时结束，使用时长7天，核销率72.5%，直接带动消费11.75亿元。第二期消费券于6月24日20时发放价值1.85亿元的370万个券包，有效期限至7月3日20时，使用时长9天（包含两个周末），核销率78.7%，高于第一期6.2个百分点，直接带动消费22.2亿元。

（二）从发放平台看，多平台发放核销率高于单一平台

宁波市由云闪付平台发放第一期、第二期消费券2450万元和1.265亿元，核销率分别为86%和95%。第三期由支付宝、云闪付、抖音三大平台同步轮转派发1.5亿元消费券，发动明星大咖和本地达人助力，共核销1.48亿元，核销率高达98.6%，带动消费11.4亿元。

（三）从消费品类看，汽车消费补贴、家电消费券杠杆率高于普通券

实践表明，汽车消费补贴撬动作用最强，杠杆率约为1∶30，家电消费券杠杆率次之，杠杆率约为1∶10。例如，温州市第二季度累计核销通用券5556万元，带动消费2.37亿元，杠杆率仅为1∶4.3；核销家电数码券1693万元，带动消费1.5亿元，杠杆率为1∶8.9；核销汽车消费补贴9482万元，带动消费29.09亿元，杠杆率高达1∶30.7。

（四）从面值特征看，大面额且可叠加使用能提高消费意愿，但满减力度越大杠杆率越低

例如，衢州市市县联动陆续投放多轮消费券，开化县"三衢暖心悦享开化"消费券设置"满50减15""满100减35"等多种面值，满减力度大且可以叠加使用，大大提高了居民用券意愿，前两期共发放消费券1150万元，产生交易111823笔，带动消费2772.7万元，杠杆率为1∶3.8。

（五）从消费群体看，中青年是使用数字消费券的主力军

全省各地消费券大多在线上平台发放，5—7月全省 1000 家重点批零企业调查问卷结果显示，数字消费券使用群体年龄分布集中在 20—50 岁。其中 7 月问卷结果显示，30—40 岁、20—30 岁、40—50 岁人群占比分别达到 60.3%、15.1%、8.4%。从数字消费券使用效果情况来看，25—35 岁的青年群体更敢于消费，消费券杠杆率更高；随着年龄的增长，消费心理更加理性和谨慎，消费者很少浪费，消费券核销率更高。

三、几点思考

部分地市的消费券发放和使用也出现了一些问题，如过分侧重于社零数据的提升而普惠不足、对浙江省重点产业的支撑力度不够、消费券使用监管不到位等。后期，在消费券发放工作中应注意以下五个方面。

（一）适用产品上，重点扶持浙江制造优质商品

依托"浙里来消费"系列活动，充分挖掘消费券对实体产业的牵引作用，实现"以券促产"良性循环。组织和发动淘宝、京东等平台多触点、多形式向全国推介浙江丰富的地域好物，不断扩大浙江制造优质产品社会知晓面和品牌影响力。

（二）覆盖领域上，侧重文旅、住餐、生活服务行业

进一步发挥消费券助企惠民和纾困解难两大功能，针对餐饮、影院、休闲娱乐、生活服务等受疫情影响较大的线下接触型消费，多渠道发放定向消费券。同时，踩准重大节庆节点，适时推出跨市使用、全省通用的文旅消费券，鼓励景区推出免门票、半价票等活动，持续推动暑期文旅市场回暖。

（三）发放形式上，多措并举扩大受益群体覆盖面

多元化、多渠道发放消费券，优化数字消费券领取、核销流程，并增强消费券的适老性，发放部分纸质消费券，方便老年群体领用。适当延长消费券使用时间，结合"首日效应"和"周末效应"叠加产生更强的拉动效果，可将消费券发放时间调整到周五，使用期限包含两个周末，以达到最佳效果。

（四）统计评估上，切实提高消费数据分析利用

充分发挥浙江省大数据和算法算力优势，深入分析评估不同行业、不同类别消费券的使用成效，根据核销率、杠杆率动态决定下一批次的投放金额，实时调整发放方式。探索利用区块链技术发放消费券，实时追踪每一张消费券的使用情况，保证券尽其用。研究设立消费券数据汇总平台，强化消费券发放和使用情况统计。

（五）活动监管上，加强用券流程管理与成效审计

健全消费券发放预算和结余财政资金退回机制，建立消费券管理法规制度体系，切实管好用好政府消费券。加强信息公开，保证发券过程公平、透明、可回溯，同时建立反馈与投诉渠道，及时处理"假消费、真套现"等违规行为，提升用户与商户的体验感和获得感。

课题组组长：张钱江
课题组成员：张希明、陈应子、汤 群（执笔）、钟 芮、李清宇

入世二十年浙江贸易摩擦形势及趋势研究

我国自 2001 年加入世界贸易组织（WTO）以来，对外贸易规模和国际市场份额不断攀升，为国民经济持续增长做出了积极贡献。在此期间，浙江抓住了前所未有的历史机遇，实现了对外贸易和经济社会的跨越式发展，浙江的企业也开始大步迈向世界。

但外贸的发展并非一帆风顺，特别是近年来，逆全球化思潮泛起，国际格局深刻演变，贸易摩擦此起彼伏，新形势下外贸的"稳"和"进"面临更多挑战和变数。习近平总书记在深圳经济特区建立 40 周年庆祝大会上的讲话指出："越是开放越要重视安全，统筹好发展和安全两件大事"，而日趋严峻复杂的贸易摩擦形势充分体现了贸易"安全"和"发展"当前面临的内外挑战。

一、我国面临的贸易摩擦形势日益严峻复杂

随着各经济体间贸易投资合作更加深入，贸易量大幅增长，为保护本土产业发展，各国政策向内倾斜，贸易摩擦随之发生。2002—2021 年，我国遭遇国外发起的贸易摩擦原审案件共 1857 起（不含 337 调查）。根据 WTO 数据统计，截至 2021 年底，我国连续 27 年是遭遇反倾销调查最多的世贸成员、连续 16 年是遭遇反补贴调查最多的世贸成员。到目前为止，中国仍是全球最大的贸易救济调查的对象。

我国遭遇贸易摩擦主要呈现三方面特点：

1. 数据表明随着我国出口金额逐年上升，贸易摩擦数量及金额也快速增加。加入 WTO 后，中国对外开放进入了一个新的阶段，在全球贸易格局中占据越来越重要的地位，出口额从 2002 年的 2.7 万亿元逐年增至 2020 年的 17.9 万亿元。2021 年，中国货物贸易出口 21.7 万亿元，同比增长 21.2%；贸易顺差 4.4 万亿元，扩大 20.2%。根据 WTO 数据，2021 年中国出口国际市场份额达 15.1%，创历史新高，货物贸易第一大国地位进一步巩固。与此同时，2002 年以来，我国遭遇贸易摩擦案件总数为 1857 件，特别是 2018 年以后，每年遭遇贸易摩擦案件总数均超过三位数。2020 年，全球 29 个国家（地区）对我国发起 131 起贸易救济调查，同比增长 29.7%，达到历年来最高值。从整体趋势来看，随着我国出口金额逐年上升，贸易摩擦数量及金额也快速增加。

2. 贸易摩擦措施极端化、政治化、多样化趋势明显。一是贸易摩擦强度增加。主要出口市场对我国贸易救济措施多，2002—2021 年，美国共对我国发起 301 起案件，占比 16.2%；欧盟共发起 144 案件，占比 7.8%。欧盟最近公布的报告显示，其目前实施的贸易救济措施中，90% 是针对中国产品。美国的双反调查也主要是针对中国产品，且对我国企业多次裁出畸高税率。如 2023 年 5 月，美国铁路货运车辆耦合器系统和组件双反调查一案发布终裁结果，裁定我国企业补贴率高达 256.99%，倾销率高达 147.11%。2022 年 3 月，美国对华手扶式扫雪机双反案中，中国企业被裁定补贴率均为 203.06%。二是贸易摩擦工具

化、政治化特征明显。百年变局最突出的特点就是"东升西降"，亚洲 GDP 占全球比重从 2001 年的 26.5% 增长至 2021 年的 47.4%，中国更是在国际力量对比中大步走进世界舞台中央。与此同时，美西方不断加大对我国遏制围堵，联合盟友企图从产业链、供应链层面构建排挤中国的包围圈，贸易问题政治化趋势明显，不仅以贸易摩擦限制我国产品出口，还借此攻击我国招商引资政策、产业政策、国有企业体制、"一带一路"合作等，将贸易摩擦的负面影响从外贸领域蔓延到外资、走出去等政策领域，并逐渐演化为一种价值观博弈，来干扰我国发展进程。贸易摩擦政治化特征在中美博弈过程中体现得尤为明显。三是贸易摩擦多样化、新型贸易标准浮现。以美欧为代表的国家（地区）推动的以技术标准为核心的新型贸易壁垒，增加了企业的出口成本和不确定性，由于在执行上具有隐蔽性和自由裁量空间，已成为制约我国企业拓展国际市场的重要障碍。2023 年 6 月 22 日，欧洲议会表决通过了碳边境调节机制（CBAM）法案的修正案，旨在对自碳排放限制相对宽松的国家和地区进口的钢铁、水泥、铝等高耗能产品征税。美国也在当月提交了"碳关税"立法提案，"碳标准"很有可能将成为我国产品进入国际供应链的硬门槛。此外，以《全面与进步跨太平洋伙伴关系协定》（CPTPP）、《数字经济伙伴关系协定》（DEPA）为代表的新一代自贸协定中对数字贸易、电子商务、知识产权、劳工保护等制定了高标准，这些都将成为影响我国参与全球经贸体系和国际竞争新的重要因素。

3. 贸易摩擦领域已成为多边经贸规则博弈的重要试验场。美欧在对我国滥用现有贸易救济规则的同时，不断翻新花样，但"项庄舞剑、意在沛公"，意图对我国经济发展模式"定点打击"，创设新的经贸规则限制我国发展空间。2023 年 6 月 28 日，以美、日、欧为代表的七国集团峰会启动全球基础设施伙伴关系（PGII），力争在 2027 年前为发展中国家提供发展基础设施的 6000 亿美元投资和贷款，对标抗衡中国"一带一路"倡议。7 月，欧洲议会和欧盟各国谈判代表达成一

致，对外国补贴采取更严厉的措施，意图将反补贴调查中的对华旗帜性做法延伸到投资和政府采购的领域。同时，美西方多次发表立场文件和提案，在世贸组织改革中炒作市场导向、国有企业、产业补贴等议题，意图为中国量身定制规则，从根本上遏制我国制度优势和竞争优势。

二、浙江是贸易摩擦高发频发的前线大省

作为开放大省，回顾浙江的经济社会发展史，在外贸领域可以说取得了令人瞩目的辉煌成就，规模、质量和层次都有明显提升，开放型经济走在全国前列。2021 年，外贸进出口规模首次超过上海，居全国第三；出口规模突破 3 万亿元，在全国的份额不断提高，占比从 2002 年的 9.0% 上升至 2021 年的 13.9%。

在外贸取得长足发展的同时，与我国整体面临的贸易摩擦形势一致，浙江的外贸环境同样严峻复杂，是贸易摩擦高发频发的前线大省。2002—2021 年期间，浙江共遭遇来自美国、欧盟、印度等 43 个国家和地区发起的反倾销、反补贴、保障措施、反规避、337 调查等贸易摩擦案件 1922 起，涉及金额 508.3 亿美元，其中原审案件 1275 起，涉及金额 377.2 亿美元。目前仍在执行的各类原审贸易救济措施 578 起，占全国近八成（76.9%），涉案金额 112.4 亿美元。总体而言，贸易摩擦案件数量呈快速增长态势，已从产业、行业层面上升至规则和体制层面并呈现政治化倾向。

入世以来，浙江遭遇贸易摩擦案件有三个高峰，第一次是 2008 年，美国次贷危机演变为全球性的金融危机，将全球经济拖入全面持续衰退；第二次是 2018 年，美国为践行其贸易保护主义政策挑起贸易战，对进口自中国的 5500 亿美元商品加征关税；第三次是 2020 年，世纪疫情叠加中美经贸摩擦，逆全球化思潮泛起，贸易摩擦案件数量达到峰值。

2022 上半年，受大国博弈、全球通胀、供

应链短缺等因素影响，浙江贸易摩擦总体案件数量和金额较2021年同期有所下降，共遭遇来自美国、欧盟、澳大利亚等20个国家和地区发起的贸易摩擦案件（含复审）83起，涉及金额35.6亿美元，原审案件占全国原审案件的100%。其中，欧盟立案14起，同比增长180.0%，涉及金额5.3亿美元，同比增长1744.5%，是对浙江发起调查数量最多的地区。美国立案13起，涉及金额12.5亿美元，同比增长23.5%，是涉案金额最高的国家。

纵观入世这20年，浙江遭遇的贸易摩擦案件（原审）主要呈现出以下趋势：

1. 浙江贸易摩擦原审案件数量和涉及金额总体呈上升趋势。入世以来，浙江共涉及全球对华发起的贸易摩擦案件共1275起，占全国原审案件近一半（47.6%）；涉及金额从2002年的2亿美元增长至2021年的52.2亿美元；浙江遭遇案件数量和整体金额均呈上升趋势，且在2020年达到峰值。遭遇的贸易摩擦案件覆盖全省所有地市，其中案件数量累计排名前三的分别为杭州、金华和宁波。

2. 涉及金额1亿美元以上的大案要案数量在近两年迅猛上升。2002年以来，浙江遭遇的贸易摩擦案件中涉案金额超过1亿美元的案件共89起，共涉及金额260.4亿美元，占浙江总涉案金额的74.5%。其中单个涉及金额最大的案件为2012年的欧盟晶体硅光伏组件及关键部件反倾销调查。1亿美元以上大案数量在2020年和2021年大幅增长，其中美国是发起大案要案最多的国家，20年来累计45起，占比超过一半（50.5%），涉及金额130.0亿美元。

3. 美国是案件主要发起国家，同时也是涉及金额最高的国家，发展中国家近年来发起调查的数量和金额也明显上升。2002—2021年期间，涉及浙江贸易摩擦案件立案数前三位的国家和地区分别为美国、印度和欧盟，共592起。其中，美国立案297起，占比23.0%，涉及金额158.3亿美元。值得注意的是，发展中国家发起调查数量不断上升，2002年仅8起，在2020年达到峰值，

为66起；涉及金额也从2002年的2346万美元增至2021年的31.4亿美元，其中印度涉及金额60.4亿美元，是对浙江发起数量最多、涉及金额最高的发展中国家。

4. 反倾销仍是主要案件类型，保障措施调查涉及金额骤增。2002年以来，浙江遭遇的贸易摩擦原审案件类型中，反倾销调查864起，占比近七成（67.8%），涉及浙江金额共215.3亿美元；反补贴158起，涉及金额68.0亿美元。近年来，以印度、印度尼西亚为代表的东南亚国家发起保障措施调查数量和金额骤增，从2002年的1起增至2020年的20起，涉及金额66.1亿美元，占比超过17.5%。与此同时，随着中美经贸摩擦的持续升级，337调查数量也达到73起，涉及金额27.9亿美元。

5. 金属制品工业、化学工业、轻工业是贸易摩擦多发领域，近年来纺织行业亦有上升趋势。浙江主要出口产业为机电产品、纺织服装和轻工产品，集中分布在杭州、宁波和金华等地市。2002—2021年期间，浙江遭遇的贸易摩擦案件共涉及19个行业，排名第一位的为金属制品工业，为211起，占比16.5%；其次为化学工业，为185起，轻工业，为164起。近年来，纺织行业遭遇贸易摩擦数量和金额大幅上升，从2015年的1起增至2020年的13起，需要引起关注。

三、中美经贸摩擦严峻性、长期性、不确定性不断上升

自1997年起，美国开始将我国部分企业、机构和个人划入其"黑名单"，企业和机构被列入"清单"后，美国政府可根据《出口管制条例》限制对这些机构出口、进口或转口。2018年"中美贸易战"爆发，美国将中兴、华为、海康、大华、中芯国际等多家中国实体和个人频繁地列入美国各类制裁"黑名单"。经梳理，目前有6张"清单"，包括"实体清单""SDN黑名单""军方拥有或控制清单""被拒绝人员清单""未经核实清单""最终军事用户清单"等，许多行业和企

业受到美国不公正对待。如 2018 年 3 月 22 日至今，美国政府及其职能部门共把 635 家中国公司、机构及个人纳入实体清单中，涉及央企及其下属机构、高等院校、建设兵团、众多民营行业领军企业。

自 2018 年以来，浙江累计有 32 家次企业 / 机构被美国列入"黑名单"：3 家被列入"未经证实名单"的企业已成功移除；21 家被列入美"实体清单"企业 / 机构；4 家被列入美"军事最终用户清单"；3 家被列入"中国军民融合企业清单"；2 家被列入美"经济制裁名单"。

整体看，浙江涉及 6 张"清单"中的 4 张，其中实体"清单"涉及企业最多，占 65%。截至目前除了 3 家未经证实实体清单企业在商务部及浙江省商务厅指导下已成功移除外，其余企业均暂未移除。但被列入的企业都在千方百计谋生存求发展，目前没有一家被打垮。

美国在精准打压我国高科技企业的同时，近年来在立法上也强化推行遏华制华战略，经对《芯片和科学法案》《2022 美国竞争法案》《防止强迫维吾尔族人劳动法》《2021 年美国创新与竞争法案》等法案的初步梳理，可以看出美国以提升科技创新能力和"人权"为由不遗余力地抗衡中

国的发展，势必会对美国自身、中国和整个世界带来巨大且深远的影响，也必将给浙江未来科技和产业发展、外贸进出口、双向投资等健康可持续发展带来不可预期的负面影响和长期挑战（见表 1）。

2022 年以来美制衡我国发展方向呈现三个新特点：

1. 美国设置对华关税将更具战略性。美国对 2018 年依据所谓"301 调查"结果加征的首批 500 亿美元部分对华到期关税启动复审程序，主要涉及航空航天、机器人和机械等行业，并将考虑取消目前约 3700 亿美元中国输美商品中 100 亿美元日常消费品加征的关税。针对中国进口商品还将启动需政府审批的新关税豁免程序，但将针对半导体和电池等高科技行业启动新的 301 条款调查，且涉及金额更大的 3000 亿美元的清单 4 的关税将于 2023 年 9 月到期，对华关税仍将是美国制衡我国出口重要战略工具。

2. 美国拉拢盟友合作遏华制华。拜登政府构建多个排华新框架，企图牵制中国影响力。七国集团峰会启动全球基础设施伙伴关系（PGII），力争在 2027 年前为发展中国家提供发展基础设施的 6000 亿美元投资和贷款，对标抗

表 1　美国遏华制华法案

法案名称	发布时间	法案内容	法案目的
《芯片和科学法案》	2022 年 7 月	共投资 2800 亿美元加强人工智能、机器人技术、量子计算等关键领域的研究，建设 20 个"区域技术中心"以及促进基础研究及先进半导体制造能力等的投资	振兴美国的半导体芯片制造业，并在科技创新方面加强美国在未来产业的领导地位
《2022 美国竞争法案》	2022 年 2 月	对半导体芯片制造、能源、科研创新、同盟贸易和外交等多个领域提出系统性的竞争战略和刺激计划，提供 1900 亿美元财政拨款，加速美国的创新发展。且该法案为中国量身定制了诸多限制性措施	为了与中国进行长期的政治、经济、技术和军事竞争，加速中美在科技和经济领域的"脱钩"
《防止强迫维吾尔族人劳动法》	2021 年 12 月	除例外情况，美国海关和边境保护局长应推定，全部或部分在新疆或由法案黑名单上的实体开采、生产或制造的产品违反《关税法》307 条款规定，不得入境美国	将举证责任倒置给进口商，降低美国海关的执法门槛。对涉疆企业产生巨大影响，潜在影响中国整个产业链对全世界的出口
《2021 年美国创新与竞争法案》	2021 年	集合若干制华法案，内容十分宽泛，集成了产业、科技、安全、外交、教育等方方面面的内容，涉及 2500 亿美元的投资	提升美国在国际上的科技创新竞争力，显示美国在转变产业创新政策思路，重塑国家创新体系，维护先进技术全球领先地位

衡中国"一带一路"倡议。推动"印太经济框架"（IPEF），13个成员国在供应链韧性、清洁能源和数字贸易等领域紧密联系，设定共同标准围堵中国。拜登政府还提出包含团结盟友、友岸外包、战略储备、投资美国这四种工具的供应链战略，其中，友岸外包倡导在可信赖的盟友国家之间开展供应链合作和贸易关系，可能会危及几十年来全球化成果。

3. 美国打压我国企业更有针对性。以"支持俄军方""支持伊朗石化产品销售""从事导弹技术扩散""侵犯新疆人权"等为由制裁多家中国企业和中国机构，多个实体和个人被加入SDN名单，浙江舟山某企业涉及在内，33家中国实体被纳入出口管制清单。同时美考虑对向中国出口的芯片制造设备实施新的有针对性的限制，审查对华芯片出口管制政策，以破坏中国制造高端芯片的努力，确保先进技术不会落入中国。发布《中国涉军企业（CMIC）制裁法规》，限制美国投资者对清单内实体公开发行的证券进行投资。推动限制对华投资新法案，提议对美在华投资进行审查，保护美国的技术并重建关键供应链。

四、下一步工作谋划

外贸是开放的重要标志，贸易救济工作"内护产业、外拓市场"，是保障产业链供应链畅通运转的重要支撑，是高水平对外开放的重要标志。随着浙江贸易规模、经济体量、市场吸引力和国际影响力不断上升，贸易救济领域多年来已经成为对外经贸摩擦的矛盾交汇点，工作责任和风险防范难度加大。

（一）在统筹发展和安全中积极服务高水平对外开放

贸易救济工作身处贸易摩擦前哨，要密切关注主要贸易伙伴的政策动向，及时发出预警信息，增强主动防范风险的能力。一是加强预警研判和对策研究。进一步加强对贸易摩擦形势的密切跟踪、深入分析，利用数字化平台拓展信息来源，与各部门、多主体沟通探讨、共同加强研究。

同时要深入了解产业状况，探查风险，分析原因，提前预警，结合形势变化提出有针对性的应对措施，减少风险隐患。二是全方位推进外经贸企业合规体系建设工作。各市要落实《外经贸企业合规体系建设三年行动计划》，落实属地责任，聚焦企业出口、境外经营、境外上市和跨境电子商务四个重点领域，按照"公共服务＋培训＋评估＋指导推进"工作框架，抓好合规培训、先行企业培育和有关风险处置工作，切实将这项工作落到实处。

（二）在斗争与合作中积极捍卫浙江发展利益

一是深入做好中美经贸摩擦应对攻坚。中美博弈是一场持久战，仍需高度关注，开展"六个被"风险应对工作，持续开展301关税企业预警和应对指导工作。加强中美经贸摩擦应对形势研判，进一步做好美西方供应链调查应对工作。深入做好涉美"黑名单"优质企业帮扶，组织开展列单企业"回头看"工作，探索形成浙江涉及企业帮扶救济新通道。密切关注美出口管制和经济制裁新动向，及时预警，及时帮扶。二是推进贸易调整援助试点工作。贸易调整援助作为我国《国民经济和社会发展第十四个五年规划和2035年远景目标纲要》和《中共中央、国务院关于推进贸易高质量发展的指导意见》明确要求研究推动的新型贸易政策工具，在"双循环"新格局下构建"稳外贸、保就业"风险防范体系开展制度性探索提供有力的工作抓手。各地可以结合自身产业特点和优势，尤其是针对受进口冲击、贸易摩擦影响、国际贸易环境变化等非市场因素导致的对产业造成的严重冲击，通过贸易调整援助，援助一批有市场竞争力的支柱产业，援助一批领军企业，以及广大中小企业渡过难关，稳定外贸大局。

（三）在转危为机中积极推动贸易高质量发展

新时期，贸易摩擦复杂性、多样性上升，涉及范围广泛，对浙江支柱性产业影响严重，做好案件应对工作，对稳外贸、保就业、保障地方经济社会发展意义重大。因此，更要积极、妥善应对好贸易摩擦，促进贸易和产业安全联动。一是加强多主体协同应对贸易摩擦。各市商务部门要加强与政府各部门之间的协同合作，加强与行业商协会之间的沟通协调，加强与高校、研究机构之间的交流探讨，在组织应诉、培训指导、产业预警、法律咨询等方面协同发力。杭州作为试点地区，要抓紧抓实抓细综试区各项先行先试工作内容的落地，探索形成可复制、可推广的典型做法和示范经验。二是提升运用贸易救济调查能力水平。在妥善应对贸易摩擦的同时，也要加强进口产品对产业损害的监测分析，合理运用贸易救济措施，为重点产业提供必要保护，支持浙江企业提起调查申请维护权益，保障产业链供应链安全。

课题组组长：高秉学
课题组成员：戴连俊、贾春仙、徐嘉遥、
　　　　　　李雪玲

新发展格局下浙江省数字经济企业国际化现状和对策研究

为深入贯彻落实党的二十大精神，深入实施数字中国战略，研究举措落实商务部、中央网信办、工业和信息化部联合印发的《数字经济对外投资合作工作指引》，推动数字经济对外投资合作高质量发展，服务构建新发展格局，特开展本课题研究。课题通过调研分析浙江省数字经济企业国际化趋势，以培育并提升浙江企业在国内、国际两个市场的竞争优势为核心要义，提出切实可行的举措和路径建议，为提高数字经济产业国际竞争力和抗风险能力，助力浙江商务高质量发展提供参考。

一、浙江省数字经济对外投资合作现状分析

根据国家统计局公布的《数字经济及其核心产业统计分类（2021）》相关规定，省商务厅从全省经备案（核准）的一万多家境外企业和机构中，梳理了由 380 家境内主体对外投资的 486 家数字经济相关的境外企业，涉及行业均为数字经济四大核心产业，分别是：数字产品制造业、数字产品服务业、数字技术应用业和数字要素驱动业。截至 2022 年 5 月底，全省累计备案的 486 家数字经济类境外企业和机构对外直接投资备案总额 58.49 亿美元，占同期浙江省对外直接投资备案总额的 5.57%。主要涉及数字产品或数字服务的销售、软件和信息技术服务业、互联网和相关服务等行业，集中在中国香港、美国、新加坡等 55 个国家或地区。浙江省数字经济对外投资合作主要呈现四个特点：

一是从投资行业看，软件和信息服务业领域投资占比最大（见表 1）。截至 2022 年 5 月底，全省数字经济对外投资共涉及 27 个行业，备案额位居前列的是软件和信息技术服务业，互联网和相关服务，计算机、通信和其他电子设备制造业，分别为 15.69 亿美元、13.09 亿美元和 5.74 亿美元。

其中，软件和信息技术服务业备案额占全省数字经济行业比重达到 26.83%，占比最大。单个项目最大的是中手游移动科技有限公司以 7.09 亿美元设立中手游移动科技集团有限公司从事互联网和相关服务。

二是从投资国别看，对共建"一带一路"国家和 RCEP 区域投资持续活跃。截至 2022 年 5 月底，全省数字经济对外投资区域集中在"一带一路"沿线国家，投资项目数 258 个，备案额为 25.60 亿美元，占全省数字经济对外直接投资备案总额的 43.77%。在签署 RCEP 国家投资数字经济项目 254 个，备案额为 24.64 亿美元，占全省数字经济对外直接投资备案总额的 42.13%，集中在中国香港、韩国和马来西亚等国家或地区。

三是从项目类型来看，以境外营销网络建设项目为主（见图 1）。截至 2022 年 5 月底，全省经备案、核准设立的数字经济境外营销网络项目共 364 个，备案额为 36.20 亿美元；非境外营销网络项目共 20 个，备案额为 3.87 亿美元；研发类项目 23 个，备案额为 4.15 亿美元。以并购形式实现的数字经济境外投资项目共 83 个，并购额 14.35 亿美元，并购额占同期备案总额的 24.53%。

表 1　数字经济对外投资行业分布情况

行业统计	境外投资企业数 / 个	中方投资额 / 万美元
软件和信息技术服务业	163	156930.71
互联网和相关服务	54	130875.03
计算机、通信和其他电子设备制造业	40	57432.66
科技推广和应用服务业	21	46069.78
电气器械和器材制造业	8	44073.99
研究和试验发展	23	41488.38
商务服务业	9	25062.95
批发业	64	16958.94
专用设备制造业	13	13239.77
其他制造业	12	12781.53
电力、热力生产和供应业	2	11689.32
广播、电视、电影和影视录音制作业	2	5233.36
仪器仪表制造业	4	3530
通用设备制造业	4	3528.11
电信、广播电视和卫星传输服务	2	3168.36
专业技术服务业	8	2923.59
计算机服务业	14	2526.31
零售业	13	2468.91
进出口贸易	14	1473.7
其他服务业	9	1456.87
铁路运输业	1	950
金属制品、机械和设备修理	1	582
教育	1	303.06
电子家电	1	60
机动车、电子产品和日用产品修理业	1	49.79
研发	1	5.26
文化艺术业	1	4.32

并购项目数位居前三的国家和地区分别是美国、开曼群岛和中国香港；并购额位居前三的国家和地区分别是英属维尔京群岛、美国和开曼群岛。并购行业主要集中在软件和信息技术服务业、互联网和相关服务、科技推广和应用服务业等行业，1000 万美元以上并购项目 15 个。

四是从地市分布来看，数字经济对外直接投资主要集中在杭州市（见表 2）。截至 2022 年 5 月底，全省数字经济对外直接投资主要集中在杭州市，累计项目数 306 个，备案总额 27.14 亿美元，占全省数字经济对外直接投资备案总额的 46.40%。除杭州市之外，备案额位居前三的地市还有宁波市和绍兴市，投资项目数分别为 77 个和 13 个，备案额分别为 12.66 亿美元和 11.69 亿美元。

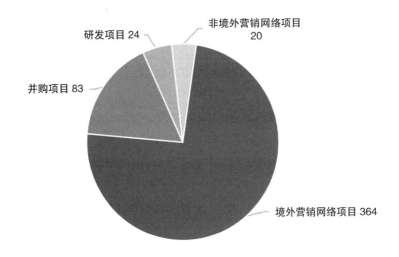

图1 数字经济对外直接投资项目类型分布

表2 全省数字经济对外直接投资情况

地区	境外投资企业数/个	中方投资额/万美元
杭州市	306	271429.89
宁波市	77	126619.16
绍兴市	13	116880.68
嘉兴市	44	42855.86
湖州市	19	15040.11
金华市	12	8393.65
台州市	7	1867.48
丽水市	1	1108.27
温州市	4	466
衢州市	3	205.6

二、浙江省数字经济企业"走出去"动因分析

当前，各国数字化转型正在加速，全球数字经济规模不断扩大，数字化已成为各行业转型升级的必然选择。浙江企业在全球数字化进程中广泛受益，涌现出大量如吉利集团、中国巨石、万丰奥特等完成数字化智造工厂建设的高端制造企业。他们通过获取海外先进的数字技术、数字人才、数字设备和数字化应用等提升生产工艺水平和生产效益，是企业实现弯道超车成为全球高端制造龙头的基础。我们对若干家代表性的"走出去"的数字经济企业进行了走访和调研，希望从

他们"走出去"的动因中总结成功经验，为数字经济企业下一阶段"走出去"提供了实践参考。总体而言，他们"走出去"的动因除了获取技术和人才，还有三方面原因：

（一）在海外建立营销网络，拓展国际市场

在海外拓展市场、获得更高的产品收益和规模效应是浙江省企业海外扩张的首要原因。从数据统计来看，在浙江省数字经济对外投资合作项目中，营销网络建设项目数占了总数的75%左右，中方投资备案额则占了总数的62%。比如数字安防企业海康威视的海外投资，主要以拓展海外市场为主，海康威视的国际业务从最初的对外

贸易模式，逐步发展为设立区域中心开展本地化销售，再到建立遍布全球的销售和服务渠道，开展基于"一国一策"战略的本地化营销。公司已在全球 40 多个国家建立 62 家分支机构。2022 年上半年，海康威视承受住美国打压以及疫情影响，境外主业实现营收 96.86 亿，同比增长 18.89%，境外主业营收占公司总营收的 26%。比如以移动游戏为主的数字文娱企业杭州电魂网络海外投资目的主要是将在国内自主研发的游戏产品宣发至海外，电魂网络的《梦三国》已覆盖 20 多个国家和地区，在越南坐拥大批粉丝。2019 年公司收购专注于东南亚出海、擅长养成模拟类手游公司游动网络，进一步加大游戏出海布局。据统计，2018 年以前电魂网络收入结构中海外收入占比仅为 2%～3%，2019—2021 年海外收入占比从 8.16% 跃升至 14.71%，2021 年实现海外收入 1.44 亿元，同比增长 40.36%。

（二）海外寻求先进技术和高端人才，补齐产业链短板

我国部分先进技术的研发相对落后，数字经济企业在进行生产、研发活动时常会存在"卡脖子"风险。为了寻求技术、品牌以及先进的管理经验等以弥补发展短板，浙江省数字经济企业以跨国并购的形式获取海外战略资源，尤其是半导体行业，企业通过新设、并购等多种形式，抢抓时间窗口，获取芯片领域的设计、制造等稀缺资源。浙江省已有数家企业通过并购国外先进半导体公司，成功进入半导体设计制造领域，甚至具备先进的设计、制造、组装和测试能力。同时，数字经济企业对技术型和经验型人才需求大，而海外市场对此类人才的供应更加充足。浙江省数字经济企业通过并购等方式获取全球新技术人才，向全球价值链中的高端环节迈进，逐步实现企业的国际化布局。

（三）向共建"一带一路"国家输出数字经济模式和技术能力，打造数字"丝绸之路"

数字服务依托浙江省优质商品"走出去"，加快走进共建"一带一路"国家。比如连连科技在 2022 年上线了"印度尼西亚本地收款账户"，位于印度尼西亚的跨国公司可以直接收取当地货款，在线完成结汇，缩短了转汇周期。目前，连连科技的跨境支付服务已在新加坡、泰国等共建"一带一路"国家上线；同时，乒乓科技等浙江省移动互联网领域的精准服务商也在积极"走出去"，他们利用自身精准营销的技术能力，服务和推动相关移动互联网产品在国外的推广应用。

三、当前存在的问题和风险

浙江省数字经济对外投资合作势头良好、成效初显，但也面临一些问题和风险。

（一）数字经济企业海外并购面临政策风险

在美国联合其他发达国家围堵我国科技创新的情况下，国内企业并购互联网流量平台、大数据分析、人工智能、半导体相关项目面临巨大的政策风险。比如芯片企业，在美国对我国半导体产业的制裁和打压不断升级的背景下，浙江省企业海外研发或并购新技术受到极大障碍，人才培训成本增高，国内设备关键零件断供无法生产先进产品等。

（二）部分企业在"走出去"过程中存在合规问题

一是部分企业"走出去"未履行相关程序。如在东南亚有较多中国背景的互联网金融平台企业，在东南亚开展网贷业务，往往未经国内政府部门备案，相关人员在境外也未取得工作签证，存在法律风险。二是产品运营过程中存在合规问题。如国内部分视频社交类网站在东南亚的运营有"打擦边球"的现象存在。三是相关国家缺乏相应法律法规，带来较大的不确定性风险。印度尼西亚、泰国等东南亚国家在数字经济领域的相关法律法规不健全，企业的经营行为存在较大的合规风险。四是数据收集与数据本地化存储是数字经济企业出海面临的风险。根据《中华人民共和国数据安全法》，非经中华人民共和国主管机关批准，境内的组织、个人不得向外国司法或者执法机构提供存储于中华人民共和国境内的数据。数

字经济企业的重要数据，无论是否构成"关键信息基础设施运营者"，数据出境均需严格遵循合规义务。数字经济"走出去"企业的合规建设严重不足，很多相关企业对数据合规的需求很大。

（三）缺乏相关技术人才

数字经济相关行业对技术型人才的要求较高、需求较大，常常要通过海外引进的方式来弥补企业在高精尖人才方面的空缺，这也导致了浙江省数字经济企业在人才方面容易被"牵着鼻子走"。在人才引进的政策方面，据数字经济企业反映，浙江省政府对于技术人才的补贴力度、个税优惠、人才落户及子女上学等方面与设想的有一定差距。对从事数字产品制造的企业来说，高技术人才面临艰苦的工作环境，亟须出台更有吸引力的优惠政策以防止人才流失。

四、浙江省数字经济企业国际化发展面临的新形势

（一）国际形势

当前，数字经济迅猛发展，正成为驱动全球经济增长的强劲引擎。数字经济企业有了更广的开拓领域，跨境运营也更加便利。在新冠疫情席卷全球的背景下，数字经济企业更是成为保持活力、保障产业链供应链畅通的关键力量。然而，随着数字经济激发出强大的市场经济活力，中国国际影响力的与日俱增，一些欧美国家担心中国数字经济的崛起会对其产生威胁，便倾向于通过立法或行政命令来限制中国数字经济企业对外投资（见表4）。

美国近年来明显加大了在数字领域打压中

表4　近年来部分国家（地区）出台的数字经济管制措施

实施主体	时间/年	措施
美国	2018	美国联邦通信委员会（FCC）全票通过，禁止电信公司利用联邦补贴购买华为和中兴等中国制造商生产的任何电信设备
	2018	美国通过一项国防政策法案，禁止美国政府使用华为和中兴设备
	2019	特朗普签署《确保信息和通信技术及服务供应链安全的行政命令》，授权商务部部长协同联邦调查局、国防部和中央情报局等政府机构的高级官员，禁止或改变涉及对美国国家安全构成不当风险的通信技术产品和服务的交易
	2019	美国国会通过《约翰·麦凯恩2019财年国防授权法》，禁止联邦机构采购华为技术公司、中兴通讯公司、海康威视数字技术公司、深圳的海能达通讯股份有限公司以及大华技术公司的任何设备、系统或服务
	2019	美国商务部工业与安全局将28家中国企业及机构列入制裁名单
	2020	美国商务部工业与安全局将33家中国企业及机构列入制裁名单，新增5家
	2021	《2021美国创新与竞争法案》明确宣称美国与盟友和伙伴将利用所掌握的所有经济和外交手段，打击数字威权主义行为
	2021	美国商务部工业与安全局将包括上海高性能集成电路技术中心、天津飞腾信息技术有限公司在内的7家中国数字技术企业列入"实体清单"
	2021	以美国为首，全球有40多家上游半导体厂商宣布涨价，各类芯片上涨幅度是之前的5—20倍左右
欧盟	2018	欧盟《通用数据保护条例》（GDPR）规定了严格全面的数据处理规则和"长臂管辖"原则
	2019	欧盟与英国以"用户参与理论"作为理论基础在全球征收数字服务税
	2020	欧盟公布《数字服务法案》和《数字市场法案》，对数字企业加强监管
	2021	发布《2030数字指南针：欧洲数字十年之路》，从个人数据维护和网络安全等方面构建数字主权
德国	2016	制定"数字战略2025"
英国	2017	启动"英国数字战略"
印度	2020	6月以来，以"国家安全"为由陆续封禁了150多款中国手机应用程序

国的力度，在市场准入、投资审查等多方面对中国进行限制。不仅对中国相关数字产品进入欧美发达市场进行限制，并且美国外国投资委员会（CFIUS）对来自中国企业的投资和收购的审查也更加严格。同时，还加强了对中国数字企业尤其是向海外提供数字技术和产品的企业的制裁力度。2019 年 10 月 7 日和 2020 年 5 月 22 日，美国商务部工业与安全局先后将 28 家和 33 家中国企业及机构列入制裁名单，包括华为及其子公司、海康威视、科大讯飞、云从科技等数字技术企业。2021 年 4 月 12 日，美国商务部工业与安全局又将 7 家中国数字技术企业列入"实体清单"，在产业链上游对中国实施"卡脖子"，对部分企业经营造成较大冲击。

欧盟同样加大了对我国数字经济企业的管制力度。欧盟为构建自身数字生态，抵御外部数字巨头的威胁，从个人数据维护和网络安全等方面构建数字主权。2018 年 5 月 25 日正式实施的欧盟《通用数据保护条例》（GDPR）使我国的数字经济企业面临极大的合规运营挑战，拓展经营业务方面也将受到一定限制，并可能遭遇以隐私保护为由的贸易壁垒。欧盟与英国以"用户参与理论"作为理论基础在全球征收数字服务税，这势必会导致中国数字企业税负增加，并将在一定程度上制约中国数字企业"走出去"的战略布局。2020 年 10 月，欧盟公布《数字服务法案》和《数字市场法案》，随着海外版图的扩大，我国数字经济企业可能会面临西方更多的监管压力。

（二）国内形势

我国高度重视数字经济发展。党的二十大报告中提出，要加快建设数字中国。自 2015 年我国提出"国家大数据战略"以来，推进数字经济发展和数字化转型的政策不断深化和落地。2020 年 11 月，国家主席习近平在 APEC 领导人非正式会议上首次宣布中方将积极考虑加入《全面与进步跨太平洋伙伴关系协定》（CPTPP）。2021 年 9 月，我国正式提交申请加入 CPTPP。该协定通过负面清单方式对各领域投资做出较高水平开放承诺，其中的电子商务条款，对解决数字贸易问题开创了新局面，或将成为构建全球数字经济规则的基石。同年 11 月，中国向《数字经济伙伴关系协定》（DEPA）保存方新西兰正式提出申请加入 DEPA。作为全球首个专门的数字经济治理协定，DEPA 比《全面与进步跨太平洋伙伴关系协定》（CPTPP）中电子商务条款的涵盖内容更广，更符合数字经济发展总体趋势，其中规定了解决数字经济和贸易相关问题的若干基本原则。中国申请加入 DEPA，依循协定相关条款开展数字经济合作，对标 DEPA 设定的数字贸易高标准改善国内规则制定，积极推动国内数字化转型提速，为数字经济企业国际化发展提供机遇。

此外，国务院印发的《"十四五"数字经济发展规划》，明确了"十四五"时期推动数字经济健康发展的指导思想、基本原则、发展目标、重点任务和保障措施，规划提出到 2025 年，数字经济迈向全面扩展期，数字经济核心产业增加值占 GDP 比重达到 10%。作为我国数字经济领域的首部国家级专项规划，《"十四五"数字经济发展规划》致力于夯实我国数字基础设施，挖掘数据资源价值，积极推动产业数字化转型、数字产业化发展和公共服务数字化发展，健全数字经济治理体系、数字经济安全体系、数字经济国际合作，是我国发展数字经济的重要任务和行动指南。规划的及时出台，为我国各行业明确了数字经济发展的目标，有利于提升我国数字经济整体实力，拓展我国数字经济国际合作，为数字经济企业国际化提供强有力的制度保障。

（三）省内形势

近年来浙江省抢抓数字经济发展的新机遇，深入贯彻落实习近平总书记对浙江工作的系列重要指示精神，深入实施数字经济"一号工程"2.0 版，以数字化改革为牵引，推动产业链、创新链、供应链深度融合，高水平推进国家数字经济创新发展试验区和"三区三中心"建设，着力构建以数字经济为核心的现代化经济体系，率先形成与数字变革时代相适应的生产方式、生活方式、治理方式，奋力打造数字中国示范区、全球数字变革高地，为高质量建设共同富裕示范区提供动力支撑。2022 年 7 月 13 日，全省召开了数字经济高质量发展大会，会上原省委书记袁家军强调大力实施数字经济"一号工程"升级版，打造引领支撑"两个先行"关键力量，对浙江省数字经济发展提出了新要求。

从数据上看，2021 年浙江省数字经济核心产业增加值总量突破 8000 亿大关，达到 8348.27 亿元，同比增长 13.3%；核心产业营业收入达 29780.8 亿元，同比增长 25.4%；数字贸易进出口额达到 5279.0 亿元。目标 2022 年增加值突破 9000 亿元，同比增长 12%，营业收入突破 3 万亿元。在各项政策的支持下，浙江省数字经济蓬勃发展，已然成为浙江省稳增长、促发展的"新动能"和"加速器"。同时，为浙江省数字经济企业"走出去"创造了好时机，未来发展前景广阔。

今后浙江省将继续深化国家数字经济创新发展试验区建设，持续推进数字产业化、产业数字化、治理数字化，力争到 2027 年实现数字经济核心产业增加值再翻番，全力以赴建设数字变革高地，打造一批具有浙江辨识度、全国影响力的数字化改革硬核成果，持续擦亮数字经济"金名片"。

五、促进数字经济稳步健康"走出去"的对策和建议

（一）强化政策引领

数字经济引领未来全球经济发展，也是全球竞争的新领域及制高点。开展国际合作，构建数字经济时代的国际规则成为各国关注的焦点。未来几年，将是国际数字经济发展和规则形成的时期，也是我国要发挥主动引领作用的关键时期。浙江省作为数字化先行省份，要主动对接国家层面的战略谋划，积极承接相关任务，建议省市层面出台相应配套政策，鼓励数字经济企业"走出去"，在国际市场中率先建立数字经济规则，为打造全球网络空间共同体打下基础。

（二）加强主体培育

在浙江省本土跨国公司培育中，要聚焦云计算、大数据、集成电路、人工智能、数字安防、

电子商务等数字经济领域，优先推动数字经济企业加快布局海外研发中心、产品设计中心，获取大数据、5G、人工智能、区块链等战略资源，推动企业融入数字经济全球产业链，打造具有国际竞争力的数字经济企业。

（三）重视合规经营

行业主管部门要加强对"走出去"企业的合规培训和指导，借助商协会平台、专业服务机构的力量，帮助企业充分了解东道国的法律、政策、文化和宗教情况，督促企业在运营过程中要严格遵守和尊重相关国家的法律法规和宗教信仰，降低企业运营风险，确保"走出去"的企业在国（境）外安全、健康发展。企业要加强境外经营合规管理，要全面把握法律法规和监管规则的发展变化，要健全合规管理体系，加强合规文化建设，提升企业的合规软实力。

（四）完善公共服务

政府部门要利用自身优势，整合资源，发挥行业合作平台、智库机构的作用，为"走出去"的数字经济企业提供法律、税务和政策等多维度的专业服务；要打造好"浙企出海+"综合服务平台，利用数字化手段，提供信息、项目、服务等"一站式"对接工作，帮助企业更好地防范、应对和化解境外风险。

（五）注重标准引领

发挥标准在推进数字产业高质量发展中的基础性、引领性作用，鼓励企业牵头或参与制定数字经济国际标准，提升国际规则制定权和话语权。建立数字科技创新成果转化机制，助推产业升级和绿色发展，提升数字经济的产业基础能力和产业链国际化水平，支撑国内国际双循环建设。加大数字经济标准的宣传和推广，支持企业将数字经济标准应用于国际合作各个行业领域。

（六）创新合作方式

创新数字经济领域合作方式，关注各国对数字经济发展的政策导向，更多与所在国在基础设施建设、产业转型需求、解决民生问题等方面开展合作，着力助推所在国经济社会数字化发展。坚持共商共享共建原则，积极参与数字经济国际

产业分工与合作。加强与东道国数字经济龙头企业的合作，鼓励第三国合作，提高利用国际数字产业资源的能力，稳步推进数字经济建设。

（七）防范新型风险

统筹数字经济产业的发展和安全。坚持以数据开发利用和产业发展促进数据安全，以数据安全保障数据开发利用和产业发展。注重数据安全保护工作，主动做好数据合规工作，提升数据保护能力。加强数据安全措施，确保数据处于有效保护和合法利用的状态。主动配合主管部门做好数据安全审查，不得危害国家安全和公共利益，不得损害个人和组织的合法权益。

（八）加强人才储备

鼓励跨国公司和高校在共建"一带一路"国家共建"数字丝路学院"，在所在国培养数字应用型人才。加大国际管理人才培养，提升境外投资合作企业数字化管理能力。支持境外经贸合作区提升园区数字化管理水平和服务能力，引导企业进行数字化转型升级，积极创建数字型产业园区。

课题组组长：朱　军

课题组成员：杨颖俊、黄佳玫、汤浩锋、
　　　　　　陈婉婷、倪丽娟、郑燕婷、
　　　　　　潘远洲

浙江省单用途商业预付卡规范治理研究

单用途商业预付卡（以下简称预付卡）是指经营者面向消费者发行的，用于消费者在经营者及其所属集团、同一品牌特许经营体系内，兑付商品或者服务的预付凭证。预付卡的发行对便利消费者支付、商家筹集资金和活跃消费市场等起到了一定积极作用，是民生关键小事，但消费投诉纠纷频发，也是政府治理难题。相关部门应深入贯彻省十五次党代会精神，紧紧围绕"两个先行"奋斗目标，抓准袁家军书记对数字化改革工作指示精神，以数字化手段推动政府职能转变，集合各方力量共同破冰，积极探索构建系统化全流程规范治理新格局，为全国预付卡治理提供"浙江样板"。

一、预付卡的界定和特征

（一）预付卡消费界定

随着经济和市场发展，预付式消费的形式更趋多样、应用范围不断扩大。预付卡消费形式多样化。传统预付卡消费多为美容美发、商超零售、体育健身等行业的购物卡、美容美发卡和健身卡等。衍生型预付式消费大致有以下两类：一是经营者开发微信公众号或相应 App，消费者在其中进行充值和消费，多见于健身房、瑜伽馆以及教育培训等行业；二是课程（服务）购买合同，即消费者与商家签订协议，以预付资金形式购买课程或服务，多应用于教育培训、健身等行业。衍生型预付式消费虽淡化了"卡"的概念，但其基本特征与传统预付卡并无本质区别。预付卡覆盖行业广泛化。从调研情况看，除《单用途商业预付卡管理办法（试行）》中涉及的三大行业法人企业外，教育培训、医疗护理、体育健身、休闲娱乐等行业预付消费也日益普及，特别是生活服务、体育健身和非学科类教育培训成为预付卡发放较为集中的三大行业。个体工商户发卡普遍化。调研发现，浙江省个体工商户发卡数量、金额巨大，发卡个体工商户数量已远超发卡企业数量，在管理上应予以充分重视。因此，在后期的预付卡规范治理工作中，有必要覆盖教育培训、医疗护理、体育健身、休闲娱乐等多个行业，也有必要将发卡个体工商户纳入监管范围。

（二）预付卡的特殊商业属性

随着消费市场的不断扩大和支付手段日趋多元化，预付卡已成为消费者生活中常用的支付工具和消费凭证，体现出其较为特殊的商业属性特征：

一是资金预付性，预付价款是预付卡消费最突出的特点，消费者需先向经营者履行付款义务，方可要求发卡经营者按约定提供商品或服务。

二是流通范围有限性，预付卡适用范围有限，仅包括本企业所属集团及其自由经营场所，流动性较差。

三是风险单向性，消费者需先支付金钱，导致了风险单向性，部分经营者仅以信用背书，缺乏其他履约保证，消费者需要承担单向风险。

四是信息不对称性，在预付卡消费模式下，经营者对其履约能力、相关资质、信用情况及实际经营情况等往往并不全面展示，加之预付卡消费时间跨度大，信息失衡在时间要素影响下进一步扩大。

（三）预付卡的"模糊地带"

1. 预付资金归属不明晰。目前，社会各界对预付卡内资金归属问题存在不同意见。中国消费者协会副会长、中国人民大学教授刘俊海认为，预付卡建立的不是买卖合同关系，而是服务合同关系，卡内未使用的金额对应经营者未提供的服务，故理应属于消费者，发卡人不得随意使用。另有观点认为，持卡人与发卡经营者之间是债权债务关系，预收资金所有权属于发卡经营者，按此观点，发卡经营者可以使用预收资金。相关法律法规对预付卡内资金归属问题尚无明确界定，消费者与经营者各自从对自身有利的角度理解该问题，是大部分预付卡纠纷产生的根本原因。

2. 金融工具属性不明确。对于预付卡是否具有金融属性，社会各界也存在不同意见。一种观点认为，预付卡的本质是预付凭证，其基础法律关系是合同关系，消费者预付金钱是履行合同义务的行为，而银行借记卡或信用卡的基础法律关系是储蓄关系或借贷关系，因此预付卡不具备金融属性。另一种观点认为，预付卡是储存电子货币的载体，可用以替代实物货币进行支付结算，是一种象征商业信用的货币证券，其金融属性在以下特点中集中体现：一是预付卡无融资额度限制且发卡门槛低，面向大量不特定群体发行，实质上可迅速融资且不需受任何形式的审查；二是办卡享受折扣可看作支付利息，单笔债务少而分散，监管环境相对宽松、管控难度大；三是随着数字经济发展，预付卡网络虚拟化进程加快，基于移动端的卡券应用大大便利电子卡的充值、售卖、转赠和消费，进一步增强了预付卡的资金融通能力。

二、浙江省预付卡发展现状

（一）发卡经营者多，涉卡资金体量较大

从全省各地市摸底数据看，浙江省预付卡发卡和使用规模日益增大。

一是涉卡经营者多。综合商务部预付卡业务信息管理平台和各地市摸底数据，截至 2021 年底，9 个主要行业 [①] 经营者摸底数约为 169.9 万家，其中企业 26.1 万家，个体工商户 143.7 万家；预付卡发卡经营者约 43.3 万家，占市场经营者总数比例达 25.5%，其中，预付卡发卡企业约 5 万家，预付卡发卡个体工商户约 38.3 万家（见表 1）。从发卡经营者类型看，个体工商户是预付卡发放的"主力军"，占发卡经营者总数的 88.4%。

二是涉卡金额大。综合商务部单用途商业预付卡业务信息管理平台和摸底数据，2021 年，浙江省样本发卡经营者发卡金额为 626.4 亿元，其中企业发卡金额为 252.4 亿元，个体工商户发卡金额为 374.0 亿元，占发卡总金额比例分别为 40.3% 和 59.7%（见表 1）。可见，预付卡经营模式在市场中占据了举足轻重的地位，尤其成为小微企业、个体工商户集聚资金、扩大经营的主要手段。

三是备案企业少。商务部预付卡业务信息管理系统显示，浙江省备案的集团、品牌和规模发卡企业为 269 家，与摸底中 5 万家发卡企业的底数相差较大。虽然备案的 269 家企业均是规模较大的企业，但其均为零售、餐饮和生活服务企业，

表 1　2021 年全省预付卡相关主体数据摸底

行业主体总数 / 万家			发卡主体数量 / 万家			估算发卡金额 / 亿元		
企业	个体	总数	企业	个体	总数	企业	个体	总数
26.1	143.7	169.9	5.0	38.3	43.3	252.4	374.0	626.4

① 9 个主要行业：前期研究整理了涉及预付卡发放行为较多的 9 个行业，分别为商品零售、餐饮美食、生活服务、教育培训（非学科类）、医疗护理、休闲娱乐、汽车服务、旅游住宿、体育健身。

未能覆盖其他行业以及小微经营者，不足以全面反映预付卡消费发展情况。

（二）涉及行业多，教育和服务行业集中

分行业看，预付卡已涵盖商品零售、生活服务、非学科类教育培训、体育健身等多个行业。

一是生活服务和教育休闲行业发卡较为集中。数据显示，在进行摸底的几大行业中，4个行业发卡行为相对集中，发卡经营者占比均超过35%，分别是生活服务（50.5%）、休闲娱乐（49.7%）、非学科类教育培训（38.8%）和体育健身（35.1%），其余行业发卡经营者占比相对较低。从发卡经营者类型看，各行业发卡个体工商户数量均远超发卡企业数量，其中生活服务、商品零售和餐饮美食行业发卡个体工商户占比较高，依次为96.0%、95.7%和90.7%（见表2）。

二是服务型行业个体户对发卡依赖度较高。从估算发卡金额看，教育培训、生活服务和医疗护理行业个体工商户发卡金额占比较高，依次为

表2　2021年全省分行业发卡主体数据

行业	行业主体总数	发卡主体数	发卡主体占行业主体比例/%	发卡主体情况		
				企业	个体	个体占比/%
商品零售	626878	150687	24.0	6442	144245	95.7
餐饮美食	316524	65014	20.5	6037	58977	90.7
生活服务	111602	56362	50.5	2270	54091	96.0
教育培训（非学科类）	8687	3374	38.8	643	2731	80.9
医疗护理	8160	2741	33.6	377	2364	86.2
休闲娱乐	10471	5208	49.7	871	4336	83.3
汽车服务	28958	6026	20.8	1502	4523	75.1
旅游住宿	33458	7650	22.9	831	6819	89.1
体育健身	5082	1785	35.1	373	1411	79.1
其他	549085	134265	24.5	30319	103888	77.4
合计	1698905	433052	25.5	49667	383385	88.4

表3　2021年全省摸底发卡经营者发卡金额数据

行业	发卡金额情况			
	企业/万元	个体/万元	总量/万元	个体发卡金额占比/%
商品零售	171225.8	141096.8	312322.6	45.2
餐饮美食	34817.1	54870.8	89687.9	61.2
生活服务	42652.1	114754.5	157406.6	72.9
教育培训（非学科类）	6282.5	20137.0	26419.5	76.2
医疗护理	10776.2	28577.9	39354.1	72.6
休闲娱乐	3213.1	6224.2	9437.3	66.0
汽车服务	8261.0	5835.2	14096.2	41.4
旅游住宿	4351.7	10412.5	14764.2	70.5
体育健身	14200.0	25293.6	39493.6	64.0
其他	6239.0	15879.0	22118.0	71.8
合计	239169.9	423081.5	662251.4	63.9

76.2%、72.9% 和 72.6%，商品零售和餐饮美食行业这一比例则仅为 45.2% 和 61.2%（见表 3）。说明在商品零售等行业，个体工商户发卡量虽多，但金额相对较小，连锁商超、大型百货等大型企业发行的购物卡占主导地位，而在生活服务、健身、非学科类教育培训等行业中，预付资金主要集中在个体工商户，说明其对发卡经营的依赖性更强。

（三）纠纷投诉多，服务质量类投诉占比高

随着预付消费模式不断发展，涉卡投诉纠纷处理成为预付卡管理中的突出问题。

一是发卡和服务类问题投诉多。据摸底数据，2021 年全省共收到预付卡相关投诉 37507 件。主要涉及发卡不规范、商品服务质量问题和跑路"暴雷"三大类问题，投诉量占比依次为 19%、48% 和 33%。由于跑路"暴雷"事件性质恶劣，常出现多个消费者对某一涉事主体集中投诉的情况，真正涉及跑路"暴雷"的发卡主体数量占比估计远小于 33%。从涉及金额看，摸底数据显示跑路"暴雷"导致预付卡无法兑现金额约 1.9 亿元，占摸底发卡总金额约 0.3%，占比虽不大，但由于其性质恶劣，往往会产生较大的社会影响。

二是生活服务和体育健身行业投诉相对集中。分行业看，六成以上的涉卡投诉发生在生活服务和体育健身两个行业，其投诉量占比分别达 40.0% 和 20.4%，成为投诉"重灾区"。上述两个行业也是因跑路"暴雷"事件造成预付资金无法兑付最多的行业。2021 年因经营者倒闭、跑路造成的消费者资金损失中，43.1% 来源于生活服务行业，18.2% 来源于体育健身行业（见表 4）。

三是涉卡纠纷处置率超过 80%。各地相关部门通过加强协同联动和协调配合，积极解决投诉争端。据全省各地市摸底，2021 全省年投诉争端处置率达 84.4%，对净化行业风气、优化预付卡市场环境起到一定的积极作用。如杭州市富阳区2021 年共处置预付卡投诉 1253 件，投诉处置率超 80%；舟山市定海区 2021 年共处置投诉 1962件，处置率达到 93.7%。

三、预付卡的积极作用和存在问题

（一）预付卡消费对商业发展的积极作用

1. 有助于经营者缓解资金压力，扩大经营规模。对发卡经营者特别是自身资金量较小的小微企业和个体工商户而言，预付卡消费方式有效缓解了日常运营、扩大经营规模中面临的资金压力。

表 4　2021 年全省预付卡相关投诉及处理情况摸底

行业	预付卡相关投诉情况		各类投诉问题占比情况 /%			跑路"暴雷"导致无法兑现金额情况		相关投诉处置率 /%
	投诉量 / 件	投诉量占比 /%	发卡不规范	商品和服务质量问题	倒闭、跑路等致无法退款	无法兑现金额 / 万元	无法兑现金额占比 /%	
商品零售	3608	9.60	25.40	64.60	10.00	456.4	2.40	83.20
餐饮美食	3409	9.10	21.10	67.50	11.40	951.2	5.10	87.80
生活服务	15016	40.00	10.80	45.30	43.90	8095.4	43.10	84.90
教育培训	737	2.00	20.70	72.40	7.00	1433.2	7.60	80.10
医疗护理	941	2.50	18.20	17.30	64.50	196.5	1.00	82.30
休闲娱乐	1293	3.40	8.70	45.80	45.40	328.2	1.70	90.10
汽车服务	1735	4.60	32.70	65.80	1.50	205	1.10	90.00
旅游住宿	463	1.20	25.90	70.90	3.10	55.8	0.30	97.40
体育健身	7637	20.40	20.60	17.20	66.90	3420.5	18.20	80.30
其他	2376	6.30	56.50	31.10	12.40	3649.9	19.40	94.70
合计	37507	100.00	19.00	48.00	33.00	18792	100.00	84.40

使用发放预付卡的形式从消费者手中提前获得资金，可最大程度提升经营者的流动资金收入，用以进行店面扩张、升级和服务优化等，进而吸引更多的消费者，保持不断的客源，维持正常运转。前文数据显示在所有发卡主体中，有88.4%的发卡经营者是个体工商户，充分说明了预付卡发放对小微经营者筹集资金、维持经营的重要性。有连锁美发企业在调研中表示，预付卡发卡金额占本企业营业额比例超过七成，而某大型非学科类教育培训机构发卡金额占营业收入比例则达到九成以上。

2.有助于经营者增强客户黏性，促进良性发展。规范的预付卡消费方式能够以相对优惠的价格为消费者提供优质商品或服务，帮助经营者在客户心中树立良好的形象，打造忠实的客户群体，增加客户黏性，出于此目的，经营者有较强的发卡意愿。上文数据表明此现象在生活服务、非学科类教育培训、体育健身等行业中尤为明显。同时，优质经营者比较注重客户体验，会根据消费者意见持续提升产品和服务质量，使消费者和经营者之间信任关系进一步巩固，形成良性循环，对优化行业风气起到一定作用。

3.有助于提升顾客消费意愿，激发消费潜力。预付卡办理手续相对简单，仅需交付购卡金额，就可使用等价值或超值的预付卡，享受折扣消费，办理便捷，对消费者有较强的吸引力。预付卡办理后，可激发消费者长期消费意愿，对活跃消费市场起到了一定积极作用。预付卡转让方便，大部分预付卡采用不记名不挂失的处理方法，拓展了消费者消费渠道。有力激发了持卡消费者消费意愿，也利于带动消费者的持续性消费。

（二）预付卡发放使用过程存在的问题

1.经营者发卡不规范问题突出。目前，发卡个体工商户占发卡经营者总数的70%以上，但现行法规中仅对零售业、住宿和餐饮业、居民服务业法人企业预付卡发放备案做出了强制规定，使大量个体工商户发卡行为游离于监管之外，极易借助大量发卡进行融资，但小微主体本身经营资金不多、抗风险能力较弱，易出现因资金链断裂

而导致预付金额无法兑付等问题。同时，消费者易受经营者许诺的较大优惠力度诱导而盲目办卡，忽略了经营者购卡合同不规范甚至不提供合同带来的风险，为后期预付卡纠纷埋下隐患。

2.经营者服务质量问题多发。调研中地市普遍反映预付卡发卡经营者存在不规范经营问题，经营者以各种理由拒绝兑现办卡时承诺的优惠条件、服务质量达不到顾客要求、强制捆绑搭售等侵害消费者权益行为时有发生，而顾客在提出退卡退款要求时，大多数经营者会以各种理由拒不退卡，消费者权益得不到保障，此类事件在员工平均受教育程度不高、依法经营意识相对淡薄的个体工商户中往往更为常见。监管部门并无精力监督日常涉卡经营行为，只能在收到消费者投诉后进行事后处置，难以起到风险预警作用。

3.预付消费"套路""陷阱"频现。近年来预付消费新模式不断涌现，也衍生出了各种消费陷阱。各地市调研数据和相关材料反映，发卡经营者实际经营人员与市场监管部门登记信息不符现象较多；一些门店经营者多次变更，每次均强制消费者充值后才可继续使用预付卡；某些经营者通过大量发卡迅速增开门店，再突然关闭大部分门店，变相侵占消费者资金。各种"陷阱式"经营侵害了消费者合法权益，严重干扰了市场正常秩序。

4.跑路"暴雷"类事件社会影响较大。在预付卡相关纠纷中，跑路"暴雷"导致顾客预付卡余额损失类事件涉及消费者数量和资金金额较大，不但造成消费者资金损失，还会造成较大的社会影响。部分经营者因自身经营不善等客观原因倒闭，造成预付卡无法退款，如2021年5月，舟山定海钻石楼蛋糕店关闭导致尚未使用的预付卡余额600余万元无法兑付。在此类事件中，即使商家按法定程序申请破产，消费者往往也难以得到补偿。经营者恶意跑路行为性质最为恶劣。部分区县商务部门反映，个别经营者在发卡之初即存在敛财跑路的意图，此类经营者往往在未给办卡消费者任何通知、也无明显经营不善迹象的情况下突然关店，在关店前1—2周内仍有大规模发卡

行为，其做法带有明显的欺诈色彩，但事发前又难以甄别预警。

5. 不规范经营者挤占优质经营者市场。从市场影响看，不规范发卡主体会对整个行业造成较大的负面影响。由于近年来预付卡相关纠纷多发，导致消费者对预付卡消费模式产生了一定的抵触心理，甚至爆发"信任危机"。调研走访中经营者反映，不良经营者对行业的消极影响已经扩大到正规经营的发卡主体，对其正常开展预付卡业务产生了负面影响。同时，在疫情影响下，优质发卡经营者运营成本不断提升，而违法经营者通过预付卡短期敛财、逃避处罚却相对容易，助长了部分经营者的投机钻营思想，造成"劣币驱逐良币"现象。

（三）预付卡管理面临的重点问题

1. 预付卡监管法律法规缺位。2012 年 11 月，商务部颁布《单用途商业预付卡管理办法（试行）》，规定零售、住餐、居民服务三大类行业法人企业发卡需到商务部门备案，并明确资金存管、发卡服务等要求，但国家层面并无专门针对预付卡的法律法规。2017 年 5 月，《浙江省实施〈中华人民共和国消费者权益保护法〉办法》（以下简称《实施办法》）出台，但涉及预付卡的规定仅有三条，对发卡金额、退卡退款有所规定，但对发卡行为备案、资金存管、行业主管部门职责、联合监管机制、行政执法及数字化监管等重点方面仍缺乏具体可行的要求，导致各部门对发卡经营者底数、预收资金情况较难掌握，加大了管理难度。同时，现行法规对商家恶意卷款跑路等有诈骗犯罪、非法集资嫌疑的行为，也缺乏是否构成犯罪的界定。

2. 现有法规惩罚威慑力不够。2012 年颁布的《单用途商业预付卡管理办法（试行）》属于部门规章，《浙江省实施〈中华人民共和国消费者权益保护法〉办法》是地方性法规，二者限于规制层级，对违法行为震慑作用不够。一是处罚力度过低。《单用途商业预付卡管理办法（试行）》顶格罚款数额仅 3 万元，对发卡金额动辄数百万乃至上千万的经营者，起不到威慑作用。二是立案处

罚数过少。2021 年浙江省发生预付卡相关纠纷投诉数万起，但最终立案处罚的仅 5 起，对绝大多数的纠纷仅采用调解、责令改正的手段处理，不足以对恶性行为形成震慑。

3. 各部门纠纷处理职责不清。2021 年 3 月，省政府办公厅印发《关于商务、盐业执法事项纳入市场监管综合行政执法范围的复函》（以下简称《复函》），将预付卡行政处罚事项纳入市场监管综合行政执法，其中商务部门负责日常监管、责令改正、投诉受理，市场监管部门负责立案查处，行业主管部门职责未能明确，造成监管过程割裂。同时，各部门对文件要求理解角度不一，造成配合不畅。另外，目前基层在处理预付卡相关纠纷时，通常需要文广旅体、教育等多个行业主管部门协同配合，但各部门间并无明确的具体职责划分，往往出现互相推诿现象。

4. 商务部门处理投诉力不从心。《复函》中规定商务部门负责预付卡投诉受理、责令改正，但商务部门主要负责行业政策制定、发展方向指引、市场体系建设等较为宏观的任务，非主要承担消费纠纷和执法等行政性任务的部门，在管理中缺乏强制手段，在发生纠纷后的调查取证阶段即面临经营者不配合等困难，更遑论责令改正。同时，基层商务部门需要处理消费促进、商贸流通、疫情防控、安全生产等诸多事项，基本没有专门的预付卡管理人员，普遍存在一人对应众多经营者、一人处理多起投诉的情况，如宁波海曙区商务局仅有一名工作人员负责预付卡投诉处理，每年需处理数百甚至上千件纠纷，工作量与人员配比严重失衡。各级消保委是承担各类消费纠纷调解任务的主要组织，与市场监管部门关系也十分紧密，但目前其在预付卡纠纷处理领域介入不够，对预付消费领域投诉的调查、调解职能有待进一步发挥。

四、浙江省预付卡数字化治理探索

针对预付卡发放和使用中的诸多问题，浙江省多地以数字化改革为契机，积极探索建立了预

付卡全周期治理体系。目前已在多地进行预付卡数字化改革试点，各地纷纷形成专班化工作机制、协同化执法流程、数字化治理平台，积累了一定经验。

（一）富阳区实施预付卡全周期治理改革

富阳区以消费者、经营者、政府三端需求为导向、以多跨协同为抓手，建立常态化协同机制，重塑监管流程和监管方式，着力推动构建政策有力、管理有序、监督有效、社会有感的预付卡全周期治理新格局。

一是建立专班机制。成立富阳区单用途预付卡全周期治理改革工作领导小组，并进行集中办公，领导小组下设综合协调组、市场推广组、宣传组、金融组、系统开发组、理论成果组，明确阶段性目标，厘清部门职责，加强协调协作，形成了治理攻坚合力。

二是明确规章依据。根据上位法精神，出台《富阳区单用途商业预付卡全周期治理数字化管理办法（试行）》，明确监管对象及主体，细化备案规则。

三是明晰处置机制。按照"谁审批、谁监管""管行业必管预付卡"的原则，通过文件形式厘清不同行业预付卡监管部门职责，并建立部门间全流程业务协同机制。投诉处理方面，设立经营负责人协商—行业协会协调—行业主管部门调解—市场监管部门处置—多部门联动调处（执法）等5个层级的消费调解处置流程，分级分类防控风险。

四是搭建线上平台。搭建单用途商业预付卡信息管理平台，贯通消费者、经营者、政府部门三端功能，联通商务、市场监管、人力社保、法院、税务、12345、信访、矛调等多部门数据，勾勒经营者精准画像，实现了全流程监管和风险预警。

（二）南浔区上线"浙里单用途商业预付卡监管"应用

南浔区上线的"浙里单用途商业预付卡监管"应用围绕健全部门协同机制、创新资金监管模式、探索多元共治路径等方面进行改革突破，以数字化平台应用为抓手，构建预付卡消费多元共治新格局。

一是健全预付消费协同监管机制。根据"谁审批、谁监管""谁主管、谁监管"的原则，制定出台《南浔区单用途预付卡消费风险预警及投诉处置工作方案》，明确职责分工、建立多跨协同机制，实现从商务部门单独管理向各行业主管部门、乡镇（街道）联动管理的转变，切实压实主管部门责任。

二是创新预付消费资金监管模式。改革后，南浔区将中小微经营者也纳入资金监管范畴，通过数字化手段，推动预付卡消费资金存管向"数智治理"转变，降低消费者风险。

三是探索预付消费多元共治路径。通过线上平台消费者端、商户端、治理端功能集成，在加强监管的同时强化了对消费者和经营者的服务功能，通过引流锁客、低息贷款等市场激励方式，推动经营者主动进行线上发卡，引导消费者理性购卡，实现从"政府监管"单向管理转向"政府监管＋市场驱动＋公众参与"的共治模式。

（三）椒江区建设"付省心"预付卡监管平台

椒江区以全省数字化改革为契机，围绕预付消费痛点，率先形成椒江特色模式的改革路径，构建多部门协同综合监管体系，实现预付式消费的集中管理和动态监测。

一是建立专班化工作机制。椒江区以数字化流程再造推动"付省心"平台机制重构，形成改革办、发改、国资办、商务、市场监管等14个部门参与的合署办公，推动预付卡治理工作全方位、多层次、立体化运行。

二是打造多部门协同业务流程。构建以商务局、教育局、交通局、文化和旅游局、体育局为主体，以市场监管局、银行、公安等部门协同的监管网络。针对纠纷事件，由"付省心"系统管理平台工作人员向涉事部门进行告知，商务局协同涉事部门进行线上多方会商，通过线上取证、线上处置、执法结案等环节，打造消费纠纷事件处置一体化闭环。

三是强化预付卡金融服务协同。金融机构依托"付省心"商家管理模块分析入驻商家日常业务数据，综合研判其信用资质情况，提供金融服务。同时，引入保险机构，为银行、商家提供预付消费保险业务。

四是强化平台服务功能。构建"政府监管＋暖心服务"相结合的新模式，在加强经营者预付卡监管的同时，"付省心"应用还依托平台的"商家服务"子场景，推出"省心券""省心贷""省心榜"，带动受疫情影响较严重的行业迅速回暖。

五、浙江省预付卡规范治理下一步工作建议

在预付卡规范治理工作中，要落实好省领导相关批示要求，以"法制＋执法""服务＋管理""金融＋治理""整体智治＋数字化增效"为导向，理顺各个政府部门关系，平衡多方主体利益，围绕法治化、系统化、数字化三方面开展预付卡规范治理工作，提升监管效能，提供预付卡治理"浙江样板"。

（一）加快立法进程，以可行的法规建立托底保障

完善现有预付卡规范管理法律法规，在做好现有法律法规修订基础上，加快研究出台《浙江省商业预付卡管理实施细则》，进一步细化预付卡管理条例，做到有法可依。一是明确预付卡相关界定和属性。将文化、教育、体育、交通、旅游、医疗卫生等行业的预付消费纳入监管范围。明确将发卡个体工商户纳入强制备案，并明确对未备案发卡经营者的处罚措施和标准。明确预付卡内余额所有权归属于消费者，建立消费者资金损失由经营者补偿的法律依据。二是明确发卡经营者运营规范。以法规形式确定建设省级监管平台，明确建设、管理、推广主体责任，利用数字化监管平台对经营者预收资金存管、经营行为等进行管理。明确预付卡购卡格式合同内容、违法违规行为界定、退卡退费规则及处罚措施，发布各行业预付卡购卡合同范本。探索将利用店面转

手、直接停业实施卷款跑路行为的商家定性为非法集资、诈骗犯罪，加大处罚力度，更好地起到震慑犯罪作用。三是明确各部门监管职责。以法律条款形式明确商务、教育、文旅、卫健、体育、交通等行业主管部门在预付卡备案登记、行业管理方面的职责，以及消保委负责受理消费者投诉，市场监管等相关行政执法部门负责行政处罚，商务、文广旅体、教育等行业管理部门配合的日常监管及投诉处理体制机制，并对执法程序做出系统、详细的规定，明确监管责任。

（二）做好普法宣传，以多元化方式提升法治意识

通过线上线下结合的多种宣传手段，对预付卡发卡经营者和消费者普及相关法律知识，形成知法、懂法、依法、守法的良好氛围。一是强化经营者依法经营意识。立法部门在出台相关法律法规后，可配套出台简版法条、规章制度解读、法规执行手册等相关解释性文本，并推出电子版，方便经营者和消费者阅读、了解。各相关部门可组织主管行业内发卡经营者进行法律知识宣传培训，对预付合同、违规行为界定及处罚、资金存管要求等重点内容进行解读，帮助经营者树立依法依规经营意识。二是培养消费者依法维权理念。注重利用新闻媒体、微信、微博等线上多媒体平台手段，对消费者进行预付卡相关普法宣传，以宣传漫画、具体案例等较为生动的形式向消费者普及法律知识，引导其树立依法维权理念，同时让消费者认识到办理预付卡的风险性，引导消费者理性办卡。

（三）强化监督执法，以强硬的手段规范商家行为

对执法部门、执法流程等进行适当调整重塑，充分发挥强势部门作用，加大执法力度。一是建立有力的执法队伍。加强市场监管部门专业执法队伍建设，争取做到定编定员。省、市两级市场监管部门可依托自身资源，聘请专家开展基层人员集中组织执法专题培训，帮助其正确解读预付卡相关规定和处罚原则、措施。利用公安、市场监管部门力量，加强对发卡经营者的前期摸

排，进一步摸清具体情况。二是建立规范的执法流程。规范办案流程、相关文书，统一明确受理投诉、立案调查、处理处罚、案件归档等相关执法要求，对专业执法人员配备执法专车、规范执法证和统一执法着装。基层监管部门可定期组织交流会，交流办案经验做法，提升执法效率。三是加强公安部门执法参与度。对于卷款跑路涉及较大资金、不遵守预付卡办理合同造成较为严重后果等类似案件，依法依规移交公安机关处理，依托强势部门加大对预付卡相关违法行为的惩处力度。

（四）加强多跨协同，以顺畅的协作完善治理体系

建立健全部门协调、区域协同治理体系，理顺相关部门治理职责，共创完善的预付卡规范治理体系。一是建立顺畅的部门合作机制。按照"谁最适合做、谁最需要做、谁做最有效就由谁来做"的原则，明确各部门间职责界限，建立由各级消保委负责投诉受理，市场监管和公安部门负责行政执法，商务、文广旅体、教育等部门协同配合的预付卡规范治理体系，形成专班化运作机制，形成部门合力。二是完善消保委投诉处理机制。进一步加强各级消保委组织建设，充分发挥消保委解决涉卡类消费投诉纠纷的主体作用。坚持以纠纷调解为主的原则，支持各地消保委配备专门人员调解预付卡相关纠纷，明确纠纷处理标准化流程。对于涉嫌诈骗犯罪、非法集资等情节较为严重的纠纷案件，由消保委移交市场监管或公安部门处理，明确案件移交程序，提升纠纷处置效率。三是提升区域协同执法水平。针对发卡主体连锁经营情况普遍的现状，制定纠纷归属地标准，明确纠纷处理牵头地区与配合地区界定，畅通不同地区间调查取证、移交纠纷案件材料的渠道和机制，做到案件归属地明晰，调查、执法责任明确，推动区域乃至省域共治。

（五）增强信用约束，以合理的存管保障资金安全

以资金存管和信用约束相结合的方式，强化对预收资金的监管，保障消费者资金安全。一是严格实施预收资金监管。建立预收资金存管制度，保障消费者资金安全。相关政府部门要加强与各大商业银行的合作，建立经营者预收资金存管制度和预收资金担保机制，根据经营者日常经营、顾客投诉等情况设置合理的预收资金存管比例，在消费者权益受损时先行从存管账户进行补偿，存管资金不得挪作他用。二是利用信用手段加强约束。对预付卡发卡经营者纳入信用监管体系，将经营中存在恶意侵害消费者权益、卷款跑路、非法集资等严重失信行为的经营者列入信用联合惩戒对象名单，实施联合惩戒，并及时向社会公示处罚信息，加强信用处罚手段应用。

（六）搭建线上平台，以数字化手段提升治理效率

以数字化改革为导向，以法律法规为依据，以统一、集成、规范为核心，构建"事前预警—事中监管—事后处置"全周期管理闭环。一是成体系构建数字监管平台。按照"一个体系、两级架构、开放多元"原则，由省级商务主管部门会同有关部门建设管理全省单用途预付卡监督管理平台（以下称监管平台），形成由省级层面制定平台建设各项标准并统筹管理运营，各市、县（市、区）负责辖区内发卡经营者备案登记、日常管理及监管平台推广应用的运行架构。二是多元化集成管理服务功能。打造面向经营者、消费者、管理者的不同功能模块，消费者和经营者端集成发卡买卡、用卡核销、信息查询、投诉应诉等功能；管理者端集成备案审核、资金监管、数据监测、纠纷处置等功能。

（七）注重政策服务，以多样性措施优化行业环境

以切实有效的政策和服务措施保障经营者利益，用市场化手段为经营者赋能。一是加强对纳入监管经营者的服务功能。强化政银企合作，鼓励银联、商业银行发卡经营者合作，为接受监管的经营者提供融资利率优惠及预付资金保险优惠等政策，以实用的功能吸引经营者主动上线接受监管。完善线上平台对上线经营者的各类服务功能，通过增加活动推送、消费者点评、线上活动

组织等功能，强化对上线商家的宣传作用。二是以激励警示机制引导良好风气。建立诚信经营"红黑榜"机制，通过张榜公布、舆论引导等手段，为规范经营者营造公平竞争、良性发展的行业环境；发挥社会和舆论监督作用，曝光典型案例，让市场主体自觉树立规范经营意识。三是发挥行业龙头和协会带头作用。鼓励规模企业、行业协会会长单位发挥作用，率先垂范接受监管，吸引其他企业和个体工商户参与。加强对协会会员的培训和教育，加强行业自律和职业操守规则引导，助力形成良好行业风气，共同整治行业乱象。推动组建预付卡协会，吸收各行业发卡经营者加入，强化协会的日常管理、数字化管理系统运营维护以及非行政性事务处理功能。

课题组组长：朱　军
课题组成员：肖　奋、孙世华、毛连城、
　　　　　　张希明、尚　玄

散装水泥产业绿色产业对"碳达峰、碳中和"的贡献研究

习近平总书记在党的二十大报告中指出，推动绿色发展，促进人与自然和谐共生。尊重自然、顺应自然、保护自然，是全面建设社会主义现代化国家的内在要求。必须牢固树立和践行"绿水青山就是金山银山"的理念，站在人与自然和谐共生的高度谋划发展。"十四五"是实现碳达峰的关键期，也是迈向碳中和的重要窗口期，根据省委、省政府《浙江省碳达峰碳中和科技创新行动方案》的要求，浙江省散装水泥行业把握新发展阶段、贯彻新发展理念、构建新发展格局，围绕推动水泥产业绿色低碳发展助推减碳工作，为浙江省实现"碳达峰、碳中和"的高质量发展中促进共同富裕做出行业贡献。

一、水泥产业绿色低碳发展与"碳达峰、碳中和"的内在关系

（一）实现"碳达峰、碳中和"是一场广泛而深刻的经济社会系统性变革

这场变革会带来巨大挑战，但也是倒逼经济结构优化升级的机遇。在为发展拓展新空间的时期，它有助于深化供给侧结构性改革，推动产业重组整合和优化转型，发展绿色低碳经济，增加绿色投资需求，更好把生态优势转化为发展优势，将"绿水青山"转变为"金山银山"。因此，这场变革为水泥行业转型提供新动能的机遇，有助于水泥产业实现绿色化低碳化变革和数字化智能化创新"双轮驱动"，催生行业新技术新产业新业态新模式，构建绿色低碳的水泥产业链供应链价值链，使水泥从传统行业转变为参与未来竞争新的动力源。同时，这也为新型基础设施建设带来新的机遇，有助于在零碳转型过程中节约能源资源，改善城乡人居环境，带来城市低碳新生活，带动乡村振兴和农民富裕，在浙江省先行探索推动共同富裕中贡献行业力量。

（二）水泥行业绿色发展是实现"碳达峰、碳中和"的重要环节

水泥是基础设施建设中最主要的胶凝材料，与粉煤灰、矿渣粉、烧黏土、火山灰、硅灰等辅助性胶凝材料一起，为文明社会发展提供了"基础粮食"。以水泥为核心的胶凝材料，加之砂石骨料等辅助性材料构成的混凝土材料是世界上仅次于水的第二大人类消耗材料。据估算，我国目前年产23亿吨水泥，制成混凝土后接近200亿吨，其生产全周期有获取原材料、配比生产、运输、建造、维护、拆除六个阶段，每个阶段都会消耗大量的能源并产生大量的二氧化碳。为此，加快水泥产业绿色低碳发展是散装水泥管理机构亟须研究的课题，如何在水泥的全生命周期打造绿色循环产业真正实现低碳绿色发展，浙江省散装水泥行业交出了一份高质量的"答卷"，在推动行业绿色低碳发展中形成了辐射全国的"浙江经验"。

二、水泥产业绿色低碳发展的做法及成效

（一）大力推动散装水泥的发展和应用

散装水泥的发展和应用对于发展循环经济、促进清洁生产、节约能源和资源、保护和改善环境以及提高工程质量等，具有重要意义。根据中国散装水泥推广发展协会的数据，每生产万吨散装水泥，可节约标准煤 153.29 吨，减排粉尘 100.5 吨、二氧化碳 450 吨。另据测算，在生产阶段，每吨水泥二氧化碳排放量为 567～606 公斤，水泥出厂后进入流通领域，从袋装改为散装，节能减排效果显著，每吨散装水泥要比每吨袋装水泥减排二氧化碳 45 公斤。同时推动预拌商品混凝土，保护了施工环境，提高了施工效率，按照每层 120 平方米计可节省劳力 8 人以上，减少砂石损失 15%、水泥损失 10%。近年来省散装中心致力于水泥的散装化，开展禁止现场搅拌混凝土，为减碳做出积极贡献。"十三五"时期，全省散装水泥供应量累计 5.09 亿吨，预拌混凝土供应量累计 11.45 亿立方米，预拌砂浆产量累计 5206.77 万吨。折合节约标准煤 1820 万吨，减排二氧化碳 2331 万吨、二氧化硫 1.72 万吨，循环综合利用工业固体废弃物 1.54 亿吨，创综合经济效益 233 亿元。

通过上述数据，可以看出，散装水泥、预拌混凝土和预拌砂浆作为建筑主材在生产和运输阶段消耗了大量能源资源，产生温室气体。大力发展散装水泥，在节约能源资源、减少温室气体排放方面起到积极显著的作用。

（二）出台"十四五"规划引导行业有序发展

2021 年 4 月 25 日，省商务厅联合省发改等 6 部门发布《关于印发浙江省散装水泥、预拌混凝土和预拌砂浆发展"十四五"规划的通知》（浙商务联发联〔2021〕48 号），规定到 2025 年散装率要达到 88%，明确了"十四五"各市预拌混凝土、预拌砂浆规划产能分年度指标，鼓励各市对行业企业进行兼并重组，要求各市在满足市场供应的前提下力争避免重复无序建设，坚持推动预拌混凝土、预拌砂浆产能利用率，落实绿色低碳的集约化发展思路。

（三）积极推动行业企业的清洁化改造

省商务厅于 2016 年启动预拌混凝土行业清洁化生产至 2022 年，全省 599 家预拌混凝土生产企业完成清洁化改造提升，加快推广应用先进成熟的清洁生产技术工艺，降低污染物排放强度，逐步建立基于技术进步的清洁生产高效模式。"十三五"期间因清洁化生产节约水泥用量 1.1 万吨，减排二氧化碳 2331 万吨、二氧化硫 1.72 万吨、废水 1688 万吨，减排类碱性污泥、废渣 68 万吨，减排粉尘 3000 吨，循环综合利用工业固体废弃物 1.54 亿吨，综合经济效益 233 亿元，取得了阶段性成果。

2020 年省商务厅联合 5 部门出台《浙江省预拌干混砂浆行业清洁化生产实施方案的通知》，2021 年 5 月 26 日召开了全省预拌砂浆清洁化生产改造推进会，部署行业的"碳达峰"工作，要求各市 2021 年底前全面完成预拌砂浆清洁化改造工作，要求持续开展行业绿色工厂、绿色供应链创建，实现散装水泥行业绿色发展。截至 2022 年 9 月，全省 87% 的预拌干混砂浆企业已通过清洁化验收，清洁化生产改造前约 50% 企业采用生物质类燃料和煤炭，改造后 90% 以上的企业已采用天然气作为燃烧质，单位产品烘干能耗由改造前的 8.31 降至 6.94 标煤耗（kgce/t）。按照浙江省 2022 年 1—6 月份合计 918 万吨产量计算，清洁化生产改造后浙江省 2022 年上半年份累计降低二氧化碳排放约 3.4 万吨。

（四）推动水泥企业"走出去"开展国际产能合作

当前，我国水泥产业为贯彻落实中央"碳达峰、碳中和"决策部署，由原来单一的向全球市场供货，向"走出去"赴市场潜力大、生产能力不足的共建"一带一路"国家开展国际产能转变。红狮集团 2013 年启动国际化战略，在老挝、尼泊尔、印度尼西亚、缅甸等国家投资约 20 亿美元建设大型水泥项目，其中 2020 年 5 月投产的印度尼

西亚抹红红狮水泥项目年产高标号水泥300万吨。通过推动建材行业"走出去"开展国际产能合作，发挥能耗成本低、原材料丰富等优势，为当地基础设施建设提供优质建材，更实现了浙江省外贸的优进优出，为"碳达峰"做出了行业贡献。

三、浙江省水泥产业绿色低碳发展存在的问题

一是散装率仍有提高的空间。按国际惯例，一个国家（地区）水泥散装率达到70%即可以被称为达到基本水泥散装率，而90%以上才是全面和高水平的水泥散装化。尽管2021年浙江省散装率达到85.38%，但离排名第一的江苏（93%）仍有一定差距，离高水平的水泥散装化（90%）也有差距。二是散装水泥行业区域发展不平衡，局部地区产能严重过剩、重复建设，造成设备闲置、资源浪费，而散装水泥、预拌混凝土和砂浆在偏远的山区、海岛仍没有充分的推广和应用。三是行业装备自动化水平和自主创新能力仍有较大提升空间，新工艺、新材料、新技术、新设备、新工法的推广应用有待加强，知识产权保护的力度有待提高。四是市场环境有待进一步优化，行业自律有待进一步增强。

四、推动水泥产业绿色低碳发展的目标任务

一是要建立水泥产业绿色低碳发展的体制机制和政策框架。要形成新的工作体系，增强散装水泥管理部门队伍力量，形成新的统一的组织体系；以数字化改革推动水泥产业的转型升级，破除制约水泥行业高质量发展的体制机制障碍，形成绿色低碳、节能减排的目标体系、政策体系、评价体系。

二是要形成水泥行业高质量的发展模式。行业企业亩均产值进一步提升，产品质量和工艺进一步提高，能源消耗进一步降低，达到或接近西方发达国家水平。水泥产业升级与大基建消费升级协调共进，推动水泥行业成为国内大循环的战略支点、国内国际双循环的战略枢纽行业。

三要实现水泥全生命周期绿色低碳发展。水泥全生命周期有六个阶段，从水泥产品由矿山原料或二次资源制备原料开始，经过配比、煅烧、粉磨形成水泥产品，再到发送运输，进入子流通阶段（生产砂浆、混凝土、预制构件等），再到为基础设施建设提供"基础粮食"，以及最后的建筑固废阶段。力争在每个阶段将碳排放降至最低，真正实现行业绿色低碳发展。

五、进一步推动水泥产业绿色低碳发展的工作重点

（一）提高水泥散装率

2021年浙江省水泥散装率为85.38%，按照2021年全省1.36亿吨水泥用量计算，水泥散装率每提高1个百分点，就可节约水泥468万吨，减排二氧化碳283.61万吨。而从十一个地市来看，金华市作为浙江省水泥生产大市散装率拉低了全省的整体水平。接下来一是要通过政策引导鼓励水泥生产企业提升袋装水泥价格，下调散装水泥价格，发挥市场调节作用；二是要通过宣传引导居民减少使用袋装水泥，推广应用散装水泥。

（二）大力推动预拌混凝土、预拌砂浆双下乡（海岛）工作

积极引导预拌混凝土、预拌砂浆生产企业，建立农村预拌混凝土供应服务体系，加大海岛、山区农民建房的供给，扩大农村使用混凝土的使用比例，鼓励企业研究设计适合农村、山区、海岛的小型运输车辆保障山区海岛的供应。

（三）深化行业清洁化生产

到2021年底，全省预拌混凝土、预拌砂浆清洁化生产改造将全面完成，但清洁生产永无止境，当前浙江省行业清洁生产的"全面完成"只是第一步，下阶段要加强对清洁生产常态化"回头看"，巩固深化改造成果。在设施设备的改造基础上，引导行业企业在日常生产管理上下功夫，同时省商务厅将承担起行业主管部门的责任，凝

聚部门合力，协同自然资源、环保、建设等职能部门深入督导行业的清洁生产。

（四）探索构建行业碳排放监测统计体系

依托散装水泥数字化应用平台，将碳排放监测内容嵌入平台场景应用，利用大数据对各个阶段的业务和要素进行数字孪生，围绕产能、煤耗、电耗、余热发电等重点指标，实时进行海量数据的分类、处理、匹配和计算，实时监控行业企业生产运行中的排碳路径，实现可视化动态监控。通过监测统计体系，精准测算浙江省水泥行业企业的实时排碳数据，展示行业绿色低碳发展成果。

课题组组长：朱　军
课题组成员：胡兴远、李方文

浙江开发区体制机制改革创新路径探索与思考

建立和完善开发区管理体制机制是开发区健康发展的重要保障。近年来，党中央、国务院高度重视经济开发区工作，出台了系列重要政策，对开发区体制机制创新提出了具体要求。浙江省委、省政府出台了《关于整合提升全省各类开发区（园区）的指导意见》（浙委发〔2020〕20 号），明确了新时代浙江省开发区打造高能级战略平台的目标，对开发区发展做出了具体部署。2021 年 8 月，省商务厅联合浙江大学公共政策研究院 / 浙江省公共政策研究院、浙江省开发区研究会成立课题组，联合开展"浙江省开发区体制机制改革创新性研究"课题研究，通过全面调查，选取杭州、嘉兴、龙港等各具特色的十余家开发区为研究样本，对比国内外先进开发区做法，系统梳理总结浙江省开发区体制机制特点、现状及问题，并探索性提出新时期浙江开发区体制机制改革路径。

一、浙江省开发区体制机制基本情况

自 1984 年浙江省成立第一个国家级经济技术开发区以来，浙江开发区以体制改革创新为引领，不断激活平台活力，各项经济指标逐年上扬。"十三五"期间，浙江开发区以全省 7% 土地面积贡献了全省 60% 实际使用外资、52% 进出口总额、40% 税收和 74% 工业增加值。

（一）浙江省开发区管理体制类型

开发区管理体制是行政管理体制的重要组成部分，是管理主体对开发区进行管理、建设时所采取的管理方法与模式，是机构设置、管理制度、管理权限、职能范围、运行机制等方面相互关系的总称。浙江省开发区在改革实践和借鉴国外先进管理经验的基础上，形成了各具特色的管理体制（见表 1）。按照浙江省开发区管理体制采用率从高到低分别为：政府主导型、政府参与型、政府服务型。

（二）浙江省开发区运行机制基本情况

开发区运行机制是保障开发区管理体制高效

表 1　浙江省开发区管理体制类型

序号	管理体制类型	特点	具体类型	代表开发区
1	政府主导型	由地方政府授权组织设置专门的派出机构负责开发区的主要公共事务和经济事务的管理体制，开发区管理委员会对开发区的土地开发、招商引资、基础设施建设等事务进行全面综合的管理	管委会 + 乡镇	金华经开区
			政区合一	杭州经开区
2	政府参与型	由地方政府的派出机构负责管理开发区的主要公共事务，经济事务和次要的公共事务由综合性公司机构负责管理	政企合一	富阳经开区
			政企分离	宁波石化开发区
3	政府服务型	由具有法人地位的经济实体（开发总公司）负责管理开发区的主要经济事务和大部分公共事务，地方政府只负责管理重要公共事务	政府服务	杭州经开区新加坡科技园

运作的助推器，与管理体制密不可分，缺一不可。主要包括开发区招商引资机制、人事薪酬机制、财政管理机制、综合评价机制等。伴随着体制的不断创新，浙江省开发区开创实施了一批具有全国示范性的创新举措（见表 2）。

二、浙江省开发区体制机制创新的必要性

（一）适应宏观政策与经济环境变化的需要

一是随着改革开放全面推进，开发区作为本地"经济特区"的地位逐步衰落，国家、地方针对开发区的优惠政策逐渐减少，国发〔2019〕11 号、浙委发〔2020〕20 号等文件明确要求"推动开发区从政府主导向市场主导的管理体制转型""深化体制机制改革"等。浙江开发区建设实现了从享受政策红利向制度优势竞争转变。二是随着政府职能转变的不断深入推进，开发区不断深化重点领域和关键环节"放管服"改革，推进开发区绿色低碳发展，浙江开发区建设向治理能力现代化发展。三是我国经济发展从高速增长阶段转向高质量发展，要求开发区建设高能级的开放平台为高质量发展"赋新能"，需要依靠体制机制的支撑。

（二）浙江省开发区自身发展的需要

一是浙江省开发区空间需要进一步优化。空间结构上，受浙江土地资源的局限，开发区存量土地有限，迫切需要空间优化和土地利用的有机更新，以提高"亩均"效益促进开发区的"提质增量"。产业结构上，开发区需要进一步强化平台作用，发挥浙江"块状"经济的优势，促进产业链和价值链优化升级。二是开发区创新能力需进一步激活。浙江省开发区内创新载体和平台有限，缺乏具有国际先进水平的重大科技平台和创新平台，开发区创新发展生态体系需要进一步增强。三是开发区争先进位需进一步强化。浙江省开发区虽然整体发展水平稳中有进，但与上海、江苏、广州等地先进开发区在经济规模、发展质量等方面存在较大的差距，还有优化和发展空间，特别是国家级经开区在全国 230 家开发区队列中头部示范作用不强，需要通过体制机制创新推动开发区整体水平提升，强化开发区争先进位。

（三）浙江省开发区体制机制存在的问题

对标国内先进开发区体制机制，浙江省开发区体制机制存在活力不足、放权不足、管理不精等问题，需进一步优化提升。

1. 战略性顶层设计需进一步明确。一是浙江尚未出台"开发区条例"，浙江省开发区机构尚无明确的法律地位，省内各级开发区缺乏规范和引导，体制机制、政策举措等缺乏稳定性、规范性和连续性。相较于天津、江苏等 6 个已出台"开发区条例"的兄弟省市而言，浙江省开发区缺乏制度统一性和规范性。二是浙江开发区尚未出台新时期整体发展规划。浙江省开发区建设新使命、新地位、新目标缺乏战略性的引领。

2. 体制机制"四对关系"需进一步理顺。一是开发区与省级部门之间的关系不够清晰。目前浙江省开发区类型较多，平台叠加现象频繁。出于主管部门不一的客观原因，存在一家开发区与

表 2 浙江省开发区运行机制创新情况（部分）

序号	运行机制名称	特点	运行情况
1	产业链"链长制"	发挥开发区所在地党政主要领导作用，建立健全"九个一"工作机制，赋能经济开发区招商引资、招大引强，推进开发区产业链稳定，被商务部作为典型创新案例，在全国推广	已经在杭州、宁波等地的 80 家开发区开展
2	整合提升	优化开发区发展空间、提升开发区产业质量、优化开发区管理体制	2021 年 1059 家开发区（园区）整合成 134 家
3	综合评价	印发《浙江开发区综合评价办法》，开展综合评价，实施"有进有出"的动态管理，提高开发区综合竞争力	全省经济开发区开展

多家省级部门对接工作等情况，基层工作压力加大，需要进一步理顺开发区全生命周期管理的关系图。二是开发区与所在地政府关系不符合开发区精简要求。受浙江省开发区管理体制的约束，存在地方政府授权不充分，财权与事权不匹配等情况，与开发区经济建设的高要求不匹配，开发区有行政区之"实"，而无行政区之"名"。三是开发区与所在乡镇之间利益协调尚未有效解决。协调机制不清，社会事务繁重等情况，开发区难以聚焦经济发展主业。四是开发区与国有平台之间关系尚待明确，管理机制市场化不足而行政化色彩浓。开发区出现管理模式逐渐向传统体制回归，出现人事管理制度僵化等现象。

3. 市场化运营机制需进一步激活。一是浙江省开发区体制机制呈向行政体制回归趋势，与国家对开发区发展要求不符，需要进一步激活体制机制创新，在人才选拔、竞争机制、绩效考核等多方面推动以市场化为核心的改革。二是开发区投资服务体系改革仍保留行政管理模式的特点，负面清单尚未确立，事中事后监管不能完全执行。三是开发区国有平台公司市场化活力不足，与江苏、上海等先进省份开发区差距明显。浙江省国资平台经营范围仍集中于基础设施建设、土地开发等范围内，投资主体不够多元化、融资渠道不够多样化、运营管理市场化不足。目前，长三角地区共有 11 家开发区运营主体公司上市，浙江省一直空缺。

三、浙江省开发区体制机制创新路径与建议

浙江省开发区体制机制创新，应全面贯彻落实党中央、国务院和省委、省政府关于开发区工作的系列文件精神，聚焦经济建设主责主业，依托浙江发展新优势，以市场化运营、数字化改革、"链长制"为抓手，探索开发区体制机制新路径，明确开发区职能，推进浙江省开发区高水平开放、高质量发展，助力共同富裕示范区建设。

（一）推进开发区制度体系建设

一是推动《浙江开发区条例》立法，为开发

区高质量发展提供法制化保障。实施开发区法定机构改革，探索试行以市场运作为重点的开发区法定机构组建。

二是根据区域资源禀赋和产业基础，设计制定省级层面开发区发展战略规划，明确浙江省开发区发展的总体原则、方向、目标。

（二）推动开发区管理体制优化

1. 明确省级部门职责，建立统筹协调管理机制。一是建立省级层面组织统筹协调机制。建立由省政府领导挂帅的省级层面主管部门联席会议制，统筹推进开发区规划实施、建设管理和考核评价。二是建立对开发区动态管理机制。探索省级层面的开发区重大项目全生命周期管理。三是加强省级主管部门之间沟通协调，统筹财税、用地、金融、产业、科技、人才政策资源，完善政策体系，加强政策协同。

2. 明确属地政府职能，加大开发区赋权力度。一是根据各地开发区的实际情况和发展阶段，"因地制宜""因时制宜"探索灵活适用的开发区管理模式，高效推进浙江省开发区特别是山区 26 县开发区建设进程，明确发展路径（不同开发区情况见表 3）。

二是健全属地政府与开发区协调管理机制。严格按照国务院、商务部对国家级经开区的"副厅级"机构配置要求，全力推进浙江省国家级经开区主要领导高配全覆盖，建议设区市国家级经开区由副市级以上领导担任开发区党工委书记、主任，设在县（区、市）的国家级经开区由县（区、市）主要领导担任开发区党工委书记、主任，领导级别相应提升，全面协调管理地方优势资源向开发区集聚，增强开发区干部干事热情；划定属地政府与开发区职责边界，明确权责分配；完善开发区以经济管理、招商引资、市场监管等 7 大职能为核心的考核机制，推动开发区聚焦经济发展主责主业。

三是深入推进赋权管理。建立权力清单、责任清单和负面清单制度，力求"权责一致、职能匹配、能放尽放、精准赋权"；推行省级开发区行使县（区）经济管理权限，国家级开发区探索赋

表 3　浙江省各类开发区管理模式探索路径

序号	管理体制类型	适用开发区	特点	对标开发区
1	区政合一	发展比较成熟的开发区，如富阳、萧山、海盐等	管辖涉及乡镇街道、列入当地城市规划的由开发区管委会统筹开发建设，赋予其一级政府的法定地位，形成开发区与行政区管理体制叠加的新体制，保持开发区体制优势，化解开发区管委会社会管理主体资格问题	苏州工业园
2	行政区＋功能区	适用于有开发区的新区，如袍江、台州湾等	新区政府负责行政、社会事务管理，开发区管委会负责项目引进、经济管理，两者合署办公，明确行政主体，使开发区具有较大决策权	天津开发区
3	区（县）镇合一	适用于山区 26 县新设开发区，如庆元、泰顺等	由县、镇政府直接服务于开发区，开发区与镇政府融合，妥善处理好并轨后"功能综合化"与"机制灵活化"的关系。适当保留社会服务职能	镇江开发区

予设区市经济管理权限试点；以开发区需求为导向，推动菜单式赋权，可采用"一次下放、分步承接"方式逐步下放。

四是完善开发区的财政体制。建立开发区投入产出核算体制，提高土地利用和财政资金使用效率；实行"划分收支、核定基数、超收分成"财政激励，将市及市以下留成的新增财政收入按一定比例返还开发区；管委会和下属国有公司实行"政企分开"，支持开发区运营主体公司独立运营，以市场化运作方式实现资产增值。

3. 明确开发区与乡镇街道协作关系。一是明确开发区作为当地经济主平台，将乡镇园区的经济建设和规划纳入开发区；二是探索实施"管委会＋属地乡镇街道"模式，开发区专注于经济职能，社会事务将其交由属地乡镇街道管理，乡镇（街道）书记兼任管委会党工委委员；三是探索乡镇街道税收增加值分成机制，开发区一部分税收与乡镇街道共享，形成利益联结机制。

（三）推进开发区市场化运营

1. 建立相对独立的管委会体制。一是探索实施"管委会＋公司"管理模式，将开发运营职能赋予国有开发公司市场化运营。国有公司探索建立"1+N"市场运作体系，即 1 个国有平台公司下设 N 个园区运营、产业招商、基础设施建设等国有子公司，探索系统、专业的运作模式。二是探索建立"园区服务主体＋公司管理主体"的管理模式，引进专业园区运营商专业化管理、市场化运营，负责园区内招商引资和产业整合。三是探索"开发区＋专业化平台＋社会资本"的开放合作模式，推动建立开发区与社会资本合作的平台，打造开放式、专业化园区运行生态圈。四是探索实行"区中园"的企业化管理模式，开发区内分类建立专业化产业园区。

2. 探索国有平台公司资本运作。一是拓宽融资渠道，探索政府、银行和融资担保公司合作的新型融资模式。二是优化 PPP 运行环境，探索建立市场准入的"负面清单"，吸引社会资本。三是利用产业基金引导产业发展，联合产业龙头企业、知名投资机构等，引导社会资本参与开展投资业务。四是鼓励支持开发区运营主体申报 IPO 上市，拓宽融资渠道。

3. 深入推进人事制度改革。鼓励各开发区因地制宜探索人事管理体制。一是探索建立干部管理和人事制度的改革试验区，对开发区管委会领导成员实行公开竞聘和任期制。二是探索全员聘用制，特殊岗位和优秀人才实行政府雇员制。三是探索搭建"小政府、中办事、大平台"的组织管理体系，纵向设置"一产业、一处室、一平台、一政策体系"的组织架构，提高服务专业性。

（四）推动建设跨区域开放平台

一是加强开发区、自贸区、综保区等开放平台的互联互通、资源共享，构建集产业链、投资链、创新链、人才链、服务链于一体的开放协同创新体系。二是主动对接自贸区相关改革试点，实现自贸区和开发区优势叠加，探索设立自贸区特别合作区。三是推动开发区深度融入"一带一路"等国家倡议，依托国际产业合作园、境外合作园等，探索与对应国家经济、产业、商贸互惠共赢的合作方式。四是构建全省开发区协同发展新平台，以"双链长制"推进先进开发区与山区26县开放平台共建共享，践行高质量建设共同富裕示范区的光荣使命。创新"飞地"园区模式，探索在空间不转移情况下的税收转移，统筹调配土地、环境容量等指标，实施"飞地"园区建设用地跨市县公开竞价交易制度。

课题组组长：胡真舫
课题组成员：钱水凤、王一鸣、蔡　宁、
　　　　　　陆　军、杨　威、郑宁海、
　　　　　　裘　俊、赵丽娜、王琬鹃、
　　　　　　楼　昕、朱炜钦

中国（浙江）自由贸易试验区
建设"自由贸易先行区"创新定位和实践路径

　　浙江省一直把自贸试验区建设作为全省对外开放的重要载体和平台。时任省委书记袁家军在 2020 年 11 月的浙江自贸试验区建设推进大会上指出，要"着力推进制度创新，加快打造自由贸易先行区"，提出积极推进贸易、投资、资金、运输、人员五个方面的自由便利化先行先试。为此，2021 年省自贸办成立专门课题组，对浙江自贸试验区建设"自由贸易先行区"的创新定位和实践路径开展研究，形成课题研究报告，现将报告主要观点总结如下。

一、推动大宗商品、小商品、数字贸易三大贸易先行，打造自由贸易先行区

　　课题组通过对标国际国内先进自贸试验区（港）建设经验，发现每个先进自贸试验区（港）都走出了一条符合自身实际的特色化发展道路。浙江自贸试验区的建设也应该立足浙江发展实际，在已有基础和特色优势上迭代升级，围绕特色优势持续创新突破，以特色带动全域开放发展。具体来说，是充分发挥浙江贸易发展排头兵和对外开放桥头堡的优势，重点聚焦"大宗商品、小商品、数字贸易"三大特色领域，着力打造贸易便利化投资自由化营商环境。它具有以下三方面特征：一是"自由贸易先行区"重点聚焦贸易大发展，通过吸引全球资源要素，推动浙江省贸易领域的大改革、大创新。二是"自由贸易先行区"重点实现特色发展带动全面发展，以特色带动全域、以局部拉动整体，全面提升自贸试验区发展和全省对外开放。三是"自由贸易先行区"重点推动自由化便利化创新，探索建立以投资贸易自由化便利化为核心的制度体系，稳步扩大重点领域规则、规制、管理、标准等制度型开放。

二、浙江省具备建设"自由贸易先行区"的基础

（一）浙江省及自贸试验区贸易优势突出，具备"贸易先行"的综合实力

　　一是对外贸易优势突出。加入世界贸易组织 20 多年来，浙江省对外贸易快速发展。2021 年，全省进出口总额突破 4 万亿元，跻身全国第三；自贸试验区以占全省不到 1/400 的国土面积，贡献了全省 18.6% 的进出口额。二是大宗商品贸易蓬勃发展。自贸试验区原油储备能力、炼油能力、LNG 接收能力、铁矿石吞吐量分别占全国的 21%、8%、12%、16%；保税燃料油加注量跃升全球第五；油气贸易额突破 1 万亿元，粮食进口额超 80 亿元，镍钴等新能源核心原材料贸易量 1300 万吨，居全球第一。三是小商品自由贸易发达。小商品买卖全球，浙江省拥有行销全球的丰

富产品、覆盖全球的营销网络和汇聚全球的货物流、资金流、数据流。有效推动各类新业态新模式蓬勃发展，市场采购贸易成为全国标杆，新型国际离岸贸易成长迅速，进口贸易规模不断扩大，积极探索新型易货贸易等。四是数字贸易全国领先。自贸试验区集聚了全省45%以上的人工智能企业、60%以上省级重点实验室和70%的国家级服务出口基地，数字安防产业市场占有率全球第一。集聚了全国2/3以上的跨境电商进出口平台和头部直播企业，跨境支付额占全国1/2以上，海外仓数量占全国1/4。集聚了吉利、海亮、海康威视、大华技术、阿里云计算等一大批数字贸易领军企业。

（二）改革创新走在全国前列，具备"自由贸易"创新发展的制度软环境

围绕贸易、投资、金融、人员、运输"五大自由"和数据安全有序流动，推动一批重大改革创新、承接一批国家级试点，累计形成制度创新成果382项，其中全国首创113项，入选国务院复制推广名单11项，入选国务院自贸试验区"最佳实践案例"5项，13项成果被国家各部委复制推广。投资自由便利方面，承接国际航行船舶保税加油许可权下放，放宽市场采购经营主体准入限制和离岸贸易汇兑限制，落地跨境贸易投资高水平开放试点。资金自由便利方面，推动油品贸易跨境人民币结算便利化试点，落地"合格境外有限合伙人"和"合格境内有限合伙人"试点。贸易自由便利方面，获批原油非国营贸易进口资质和成品油出口资质，探索进口日用消费品免证正面清单管理制度，获批国家知识产权服务出口基地、数字服务出口基地，打造数字贸易会展平台。运输自由便利方面，建设全国首个船舶进出境通关无纸化口岸，创新LNG、LPG罐箱多式联运，实施提（运）单物权化改革，推动落地首单航空运输第五航权业务，国际快递经营许可权下放自贸试验区。数据流动和人员自由便利方面，创新开展外国人来华工作和居留许可"一件事"办结制度，承接"企业外联"App试点，打造自贸试验区数据国际交易平台等。

三、国际国内先进自贸试验区（港）的发展历程为建设"自由贸易先行区"提供了经验借鉴

（一）新加坡自贸港对大宗商品全产业链创新发展进行总体制度设计，出台促进大宗商品投资自由化、贸易便利化的一系列政策安排

一是行业准入门槛低、市场竞争充分。新加坡对油品进出口资质和数量均不设限制，贸易投资完全自由，而我国对除"四桶油"以外的企业实施非国营贸易资质与配额管理模式，外资企业、民营企业无法自由参与国内大宗商品市场竞争。二是贸易融资便利、资金成本低。新加坡实施自由化的融资政策，企业融资成本仅2%左右，而我国企业融资成本普遍高于5%。三是油气交易政策限制少、场内场外交易活跃。新加坡大宗商品交易平台多达500多家，没有交易主体、交易模式、交易品种等方面的政策限制，企业可以通过现货期货交易市场锁定交易风险，而我国期货交易平台需国家证监会审批，审批难度大，同时禁止国际通用的集中竞价、"T+0"等交易模式。四是税制单一、企业综合成本低。新加坡实施单一税制，无中间环节税，企业所得税率仅有15%；我国有现行税种有18个，除海南自贸港、上海临港等少数区域外，企业所得税率为25%，企业经营成本较高。

（二）海南自贸港依托特殊综保区，实施最大力度对外开放，不断优化小商品自由贸易营商环境

一是在洋浦保税港区实行零关税、零关税正面清单等管理方式，计划到2035年全岛封关运作，实施零关税、负面清单进出口管理，最大程度取消或简化货物贸易的限制措施。对鼓励类企业实施企业所得税和个人所得税"双15%"的政策，增值税、印花税等返还力度居全国前列。二是实施"区内"自由政策，海关对自贸港企业实施低干预、高效能的精准监管；对由境外启运，经海南换装、分拣集拼再运往其他国家的中转货物，

简化办理海关手续；海关对实施"零关税"的货物免于实施常规监管；在海南自贸港实施我国首张跨境服务贸易负面清单。三是创新离岸贸易政策。依托离岛便于监管的优势，探索资金流、货物流、订单流三流分离状态下的离岸贸易政策创新，建立与国际惯例接轨的转口贸易和离岸贸易税收制度；吸引跨国公司把地区总部、结算中心、贸易中心和订单中心落户海南。

（三）上海临港新片区集聚数字贸易全球高端要素，主动开展先行先试，培育厚植产业生态

一是数据场景资源积淀深厚。集聚特斯拉、图森未来等多家智能网联车企，产生大量自动化驾驶数据；集聚了一批人工智能技术研发平台和企业，支撑工业互联网领域发展；引进喜马拉雅、阅文集团、哔哩哔哩、智联招聘等一批数字内容企业，数字内容不断丰富。二是数字贸易平台功能凸显。推动建设"信息飞鱼"全球数字经济创新岛，在人工智能、生物医药、智能制造、总部经济等关键领域，探索国际化数据流通机制；依托国内首个"跨境数字新型关口"试验站，重点发展云计算、智能网联汽车、金融科技、工业互联网等产业；建设"东方芯港"，聚焦超越摩尔技术突破、装备材料领域，集聚了60余家亿元以上规模的集成电路企业。三是数字贸易政策创新走在全国前列。成功争取到国家数据跨境流动试点，并率先建立数据流动事前安全评估机制。在电信等重点领域加大对外开放力度；成功搭建临港首个本外币合一跨境资金池，实现跨境人民币结算便利化。

四、围绕重点领域重点方向，推动"自由贸易先行区"建设

（一）推进大宗商品自由贸易先行，打造大宗商品自由贸易港，推动油、气、铁、矿为主的大宗贸易在"自由贸易先行区"做强做大

一是持续深化油气领域改革创新。争取更多企业获得原油非国营贸易进口资质和配额、成品油出口资质和配额。努力引进一批世界知名油气做市商、生产商、贸易商、服务商，争取1—2个优势交易品种在通关、税收等方面的综合政策优势全国最优，实现单品贸易交易量全国第一。推动跨区域"期现合作""产能预售""保税交割""订单通"等业务合作；深化油气贸易结算便利化试点。二是推动镍、钴等战略性矿石贸易战略性布局。鼓励重点企业向境外上游拓展和布局镍矿资源，推动从镍矿开采、冶炼加工、中转贸易，到不锈钢锻造、新能源电池生产的全产业链发展；力争自贸试验区镍矿储量、贸易量、下游新能源电池市场占有量居全球前列；大力发展硫酸镍、硫酸钴等精细化工品的生产、仓储、贸易。三是强化招引国际铁矿石巨头。推动铁矿石国际中转基地建设，加快铁矿石码头资源整合；加快建设铁矿石集疏运网络；建设铁矿石国际交易平台，加大对巴西淡水河谷、澳大利亚必和必拓等全球铁矿石巨头的招商引资与合作开发力度，打造集铁矿石装卸、保税混配、保税堆存、现货分销、期货交割、供应链融资等功能于一体的亚太铁矿石保税混矿分销中心。

（二）推进小商品自由贸易先行，建设国际小商品自由贸易中心，推动市场采购贸易、新型易货贸易、新型离岸贸易在"自由贸易先行区"创新发展

一是迭代"市场采购＋"业务模式创新，拓展市场采购贸易出口新通道，促进市场采购贸易转型升级。加快市场采购贸易向高端化、品牌化升级；以组货人制度为切入口，推动贸易数据的供应链金融发展；以自贸试验区为节点，深化跨区域贸工联动，放大全球销售网络和现代制造业集群叠加优势；以小商品的自由贸易撬动国内国际大市场。二是积极发展离岸转手买卖、委托境外加工、承包工程境外购买货物等新业态新模式。大力推动政银企合作搭建新型离岸国际贸易服务平台，引导银行实施差异化管理，提升服务效率，便利银行开展客户尽调和贸易真实性审核；研究出台相关扶持政策和税收优惠政策；推进长三角离岸贸易大数据共享。三是鼓励企业在自贸试验

区开展新型易货贸易试单。聚焦非洲、"一带一路"等的外汇短缺的国家，出口日用消费品、五金工具等小商品，进口农产品、矿产、木材等大宗商品。创新海关、外汇、税务等监管方式，搭建打通跨部门数据的易货贸易联网监管平台。推动易货贸易供应链金融创新发展，建立易货贸易人民币计价体系。

（三）推进数字贸易先行，建设全球数字贸易中心，推动数字贸易市场准入、产业、平台等在"自由贸易先行区"创新发展

一是进一步扩大数字贸易各领域的开放力度。实施自贸试验区跨境服务贸易负面清单管理制度，建立与负面清单相适应的事中事后监管制度。参考原油非国营贸易进口资质和配额管理机制，在自贸试验区内探索文化产品进口资质和配额机制；针对以出海为导向的数字文化产品，争取审批"绿色通道"和审批权限下放。争取第二类基础电信业务和增值业务方面扩大开放。大力引进境外金融机构，积极开展数字人民币跨境交易结算。积极接轨 DEPA、RCEP、CPTPP 等高标准国际经贸规则，积极参与数字贸易国际规则制定，率先开展压力测试。提升贸易数据跨境流动便利性，探索数据出境分级分类审核和数据出境便利化的一整套举措。二是建设全链路数字贸易产业体系。大力发展数字产业，做强集成电路、数字安防、高端软件、网络安全等关键基础产业，做实生物医药、新材料、云计算、大数据、物联网、人工智能等优势支柱产业，超前布局量子信息、元宇宙、虚拟现实等前瞻未来产业；推进产业数字化转型，大力引进一批国际一流数字贸易链主型企业，推动自贸试验区产业集群工业互联网平台全覆盖。三是建设内生动力强劲的数字贸易平台体系。加快国家数字服务出口基地、知识产权出口基地、地理信息服务出口基地、文化出口基地等数字贸易平台建设；加快建设虚拟数字资产、艺术品、知识产权、游戏等领域的数字交易平台；加快建设面向 RCEP 的物流通道和贸易平台；培育一批具有国际影响力的数字技术服务和数字文化 IP 以及品牌。

课题组组长：胡真舫

课题组副组长：任锦群、王君英

课题组成员：傅　阳（执笔）、查浙雨（执笔）、张灵茜（执笔）、彭觉浅（执笔）

大力推进服务业扩大开放综合试点建设
全力打造高质量外资集聚地

　　服务业扩大开放综合试点是党中央、国务院为建设更高水平开放型经济新体制、全面提高我国对外开放水平作出的重要部署。党的二十大报告提出，要稳步扩大规则、规制、管理、标准等制度型开放。2022 年 12 月，杭州等 6 个城市获批服务业扩大开放综合试点，浙江省利用外资工作迎来新机遇。下一步，将以试点建设为牵引，实施"地瓜经济"提能升级"一号开放工程"，持续加大服务领域制度开放力度，扎实推进贸易投资自由化便利化，强力推进创新深化、改革攻坚、开放提升，加快构建现代服务业国际竞争和合作新优势，持续放大引领示范效应，全力推进浙江省打造高质量外资集聚地。

一、浙江省服务业扩大开放现状

（一）全省外资服务业发展量质齐升

　　2022 年，全省服务业实际使用外资 134.7 亿美元，同比增长 2.4%，占全省实际使用外资的 69.8%，其中高技术服务业实际使用外资 66.9 亿美元，同比增长 12.9%。2022 年，金融业实际使用外资同比增长 404.8%，住宿和餐饮业同比增长 181.6%，租赁和商务服务业同比增长 47.8%。至今，吸引了包括嘉兴凯宜医院、宁波诺丁汉、中外运敦豪等一批医疗、教育、科技、商务、物流领域的重大服务业外资企业，助力浙江省形成了以物产中大、阿里巴巴等为首的头部力量强劲、腰部力量稳固、尾部力量庞大的服务业产业集群。

（二）浙江省数字经济发展优势突出

　　近年来，浙江省全力推进数字化改革和科技创新，以数字化改革引领系统性变革，全力推进数字经济、数字社会等建设，在数字经济与实体经济的深度融合中不断变化迭代。2022 年，浙江省规模以上工业中，数字经济核心产业制造业增加值比上年增长 10.7%。高技术、战略性新兴、装备和高新技术等产业制造业增加值分别增长 11.5%、10.0%、6.2% 和 5.9%，数字经济核心产业增加值占地区生产总值比重从 9.5% 提高到 11.7%。数字经济已成为浙江省经济高质量发展的金名片，为服务业扩大开放提供了扎实的数字化支撑。

（三）全省服务业区域异质化特征显著

　　全省生产性服务业在浙北地区主要集中于杭州、嘉兴、湖州等，浙中地区主要集中于金华等，浙西南地区主要集中于温州等。其中，杭州以软件和信息服务、科技服务、金融科技、数字贸易等为主，宁波以港航物流、高端航运等为主，温州以小微金融、商务服务、创意设计等为主。生活性服务业分布相对均衡。其中，以浙北杭州、浙中金华等地为代表的商贸服务业发达，以浙西南丽水、温州等为代表的文旅业基础扎实，发展势头良好，全省服务业差异化发展格局初步形成。

（四）服务业创新发展体制机制逐步完善

依托浙江省自由贸易试验区平台，积极抢抓服务业扩大开放综合试点契机；大力开展杭州、宁波国家服务业综合改革试点。对接高标准国际规则，加快简政放权，进一步破除了人才、数据、资本等服务业发展要素流动壁垒。扩大金融等领域服务业开放，积极开展嘉兴、湖州、温州等地QFLP试点，吸引了康桥资本（新加坡）、绅湾资本（香港）等优质外资私募基金，并招引了云顶新耀等一批优质企业。

二、"1+4"服务业扩大开放综合试点经验借鉴

继北京之后，天津、上海、海南、重庆4省市纳入服务业扩大开放综合试点，初步形成"1+N"试点格局。5地服务业扩大举措既有共同之处，又充分体现了地区特色和差异，对杭州市申建服务业扩大开放综合试点具有重要参考。

（一）聚焦重点行业，打造服务业开放高地

科技、医疗、教育、物流运输等是服务业扩大开放重点领域，同时也是5地政策重点发力领域。其中，科技领域共计出台了17条政策，金融领域共计出台了57条政策，医疗领域共计出台了20条政策，物流运输领域24条政策，远高于商务、会展、旅游等其他领域。由此可见，未来科技创新、金融、医疗和物流运输等领域开放将成为各地打造服务业开放高地的主要发力方向。此外，北京市十分注重推进专业服务领域开放改革，对会计、金融、建筑设计、规划、金融等多个领域执业资格认可、国际商事服务等都明确了具体施政策略。

（二）聚焦重点领域，推动体制机制变革

简政放权、完善当地规则体系、促进贸易投资便利化是体制机制突破的重点。包括全面实施不动产登记、交易和缴税线上线下"一窗受理、并行办理"、开展服务业企业投资项目"区域评估＋标准地＋承诺制＋政府配套服务"改革、推

动"非禁即入"普遍落实等系列措施。与其他地方相比，上海市十分注重推进贸易投资便利化，共计出台了13条措施，包括支持发展以现货贸易、保税交割及相关配套服务为基础的综合性油气交易平台等，对油气产业链发展予以重点支持。另外，天津、海南两地提出要探索建立政务诚信评价机制，加大政府失信专项治理力度，首次将地方政策纳入信用考核范畴。

（三）聚焦重点政策，强化要素保障

加大人才保障力度、加强知识产权保护、提升资金跨境流动便利化是政策和要素保障的重点。在人才保障方面，第二批试点的四地均十分注重招引服务业领域"高精尖缺"外国人才，并相应地提供了人才签证、工作许可、社会保障等业务办理便利措施和"绿色通道"服务。此外，北京、重庆两地试点推出"推荐制"人才引进模式，进一步扩大人才招引网络渠道。在强化知识产权保护方面，北京市提出在特定区域开展技术转让所得税优惠政策试点，将技术转让所得免征额由500万元提高至2000万元，与此同时还放宽享受税收优惠的技术转让范围和条件，将有效提升当地技术转让市场的活跃度。值得关注的是，北京、天津、海南、重庆四地均提出对符合条件的企业在进行高新技术企业认定时实行"报备即批准"方式，并提出加强事中事后监管，有效地缩短了高新技术企业认定周期，降低认定成本，显著提升企业获得感。

三、服务业扩大开放综合试点建设面临的形势

（一）全球服务业开放水平不断提高

当前，随着经济全球化深入发展，全球服务业开放水平稳步提高，服务业在全球跨国投资中逐渐占据主导地位，服务贸易成为国际贸易中最具活力的组成部分。经济合作与发展组织（OECD）发布的服务贸易限制指数（STRI）显示，STRI平均值从2015年的0.272下降到2021年的0.199。同时，随着全球新一轮科技革命和产业变革加速

演进，数字服务贸易成为全球服务业开放发展的重要引擎。2021年全球跨境数字服务贸易规模超过 3.8 万亿美元，同比增长 14.3%，占服务贸易比重达 63.6%。

（二）我国服务业外资准入限制不断放宽

近年来，随着我国逐步在全国推进自由贸易试验区、海南自由贸易港建设，以及在北京、上海、天津、重庆、海南 5 个省市开展服务业扩大开放综合试点示范，我国服务业扩大开放水平不断提升。2017 年至 2021 年，我国连续五年修订全国和自贸试验区负面清单，外资准入特别管理措施分别缩减至 31 项、27 项，其中涉及服务业领域的外资准入特色管理措施分别缩减至 23 项和 22 项。但是，与发达国家相比，我国服务业开放水平提升仍有较大空间，特别是在金融、电信等有限竞争和自然垄断行业领域以及数字服务等新兴领域，尚存在一些准入、准营限制。

（三）服务业开放面临更高的要求

随着全球数字服务贸易的快速发展，特别是随着《区域全面经济伙伴关系协定》（RCEP）、《全面与进步跨太平洋伙伴关系协定》（CPTPP）、《数字经济伙伴关系协定》（DEPA）等区域自由贸易协定的签署和实施，高标准的服务贸易规则成为新一轮国际经贸规则重构的重点。这不仅对我国服务业扩大开放提出了更高的要求，也使我国在数字贸易规则建立、数字治理体系建设、数字安全风险防范等方面面临诸多挑战，迫切要求我国对标国际经贸规则，进一步扩大服务业开放。

四、杭州市创建服务业扩大开放的主要优势

杭州市作为"互联网+"和电商发展的重要聚集地，数字经济优势领先，将发展高端服务业、服务贸易、服务外包作为推动全市经济转型升级的重要抓手，服务业规模和质量稳步提升。

（一）服务业规模实力居全国前列

2022 年，杭州市服务业增加值 12787 亿元，比上年增长 2.0%。2021 年，杭州市服务业增加值为 12287 亿元，居全省第一，在长三角地区仅次于上海，在全国 36 个主要城市中位列前七。2021—2022 年，杭州服务业增加值占地区生产总值的比重均超过 65%，明显高于除广州等之外的其他省会城市。

（二）数字经济优势明显

杭州市围绕打造"全国数字经济第一城"目标，召开全市数字经济高质量发展大会，着力推动数字经济发展。在数字自贸区的带动下，2022 年，杭州市数字经济核心制造业增加值 1180 亿元，占规模以上工业的 28.1%，增长 4.4%；2022 年前三季度，杭州的数字贸易额、数字经济核心产业营收、跨境人民币结算量分别占浙江省 41.2%、54.8%、55.5%。数字基础设施建设、数字产业化、产业数字化、新业态新模式和政府与社会数字化发展五项指数连续四年位列全省第一，数字经济整体实力全国领先。2021 年杭州市数字经济核心产业增加值占 GDP 比重在全国数字经济一线城市（上海、深圳、北京、成都、杭州、广州）中位列第二。

（三）重点服务行业特色优势突出

在信息服务领域，杭州市信息传输、软件和信息技术服务业集聚发展优势突出，2021 年规模以上信息传输、软件和信息技术服务业营业收入 10889 亿元，占全国比重为 12.5%。在金融服务领域，作为技术驱动型全球金融科技中心，杭州金融科技发展领跑全国，稳居全球第一梯队。2021 城市金融科技发展指数显示，杭州金融科技产业领域的上市企业数量位居全球第四，上市企业市值总额分别位居中国第二、全球第六。在文化服务领域，浙江数字文化国际合作区获批全国唯一数字文化贸易功能区。拥有国家文化和科技融合示范基地 5 家，居全国副省级城市第一。

（四）服务业对外资吸引力较强

2016—2021 年，杭州服务业实际利用外资金额年均增速 8.3%，占全行业实际利用外资金额比重保持在 80% 左右。其中，高端生产性服务业利用外资占比持续提升，信息传输、软件和信息技术服务业利用外资占比由 2016 年的 24.3% 提升

至 2021 年的 40.5%。吸引 128 家世界 500 强企业投资 225 个项目，设立外资总部共 13 家。

（五）先进制造业有力支撑

近年来，杭州始终把制造业作为立市之本、强市之基，2020 年提出打造"未来工厂"，2021 年启动全市新一轮"腾笼换鸟、凤凰涅槃"攻坚行动，推动制造业高质量发展，杭州市制造业高质量发展指数连续三年位居全省第一。2022 年，全市规模以上工业增加值 4198 亿元，医药制造业、仪器仪表制造业实现两位数增长，分别增长 15.1%、12.7%。2022 年全国先进制造业百强市中，杭州位列第五。制造业产业集群优势明显。目前，杭州市已形成电子信息制造业、高端装备、生物医药等重点产业集群，并创建了国家先进制造业集群、国家电子信息（物联网）产业示范基地、国家级战略性新兴产业集群、国家创新型产业集群试点（数字安防产业）等国家级试点示范。

（六）先行先试经验丰富

自 2015 年获批全国首个服务贸易创新发展试点以来，杭州市围绕完善管理体制、健全促进机制、创新发展模式等方面积极探索、先行先试，现已形成多项可复制可推广经验，6 个案例入选全国"最佳实践案例"，最佳案例数居全国第一。杭州自贸片区自 2020 年挂牌以来，率先开展以数字自由贸易为特色的创新探索，现已形成 15 项优秀改革试点经验，两个国家级案例。杭州跨境电商综试区发展位列全国第一梯队，在制度、模式创新等方面形成 10 项创新成果并向全国推广。杭州市改革开放向纵深推进，先行先试经验和成果丰富，为服务业扩大开放综合试点提供成熟的经验借鉴。

五、杭州市推进服务业扩大开放综合试点建设思路

经过 3 年试点，杭州市将通过放宽市场准入、改革监管模式、优化市场环境，努力形成市场更加开放、制度更加规范、监管更加有效、环境更加优良的服务业开放新格局，对标全球一流，加快探索与国际接轨、具有国际话语权的制度体系，积累在全国可复制可推广的试点经验，为国家全方位主动开放和服务业的开放创新发展发挥示范带动作用，以制度创新开创高水平开放新局面。

（一）抢抓契机强化顶层设计

一是推动完善规则制度体系。以自贸区为依托，加大规则规制压力测试，加速制度藩篱突破进程，全方位打造国际化、法治化、市场化、便利化的营商环境。发挥杭州市在电子商务、文化旅游、数字金融等方面的特色优势，推动服务贸易双边合作机制在杭州市率先进行地方示范，探索建立服务贸易国际合作地方（杭州）示范区。

二是主动对接国际经贸规则。深入研究《数字经济伙伴关系协定》（DEPA）等数字经济领域专业国际协定，积极开展数据开发利用、数据安全治理等领域的国际合作，探索建设国家数字安全规则。根据《内地与港澳关于建立更紧密经贸关系的安排》（CEPA），将涉及港澳服务和服务提供者的单独优惠措施纳入框架下实施。

三是发挥先行先试作用。围绕营商环境建设，重点产业培育，重大项目招引等，根据"1+4"试点先进经验、杭州市实际情况、国际通行经贸规则等，探索建立省级、市级及省市两级工作协调机制。在满足试点经验复制推广的要求和实施范围的前提下，支持复制推广各自由贸易试验区成熟试点经验。分类放宽准入限制，促进消除行政壁垒，完善监管体系，深化重点领域改革，提升服务业国际竞争力和发展水平。

（二）彰显特色聚焦重点领域

一是聚焦数字经济重点领域。发挥数字经济先发优势，支持高等学校、科研院所和中央企业等在杭州市布局，探索赋予科研人员职务科技成果所有权或长期使用权，推动完善市场化赋权、成果评价、收益分配等制度。鼓励以领军企业为主体，组建开源联盟、开源基金，加强软件开源代码创新驱动，有序开展开源软件开发的国际合作。加强知识产权保护，提高监管水平，规范探索知识产权证券化，通过委托等方式试点下放专

利代理监管执法权至县一级，探索构建接轨国际的知识产权综合服务体系。开展科创企业专利保险试点，促进科技保险及相关再保险业务发展，采取灵活方式探索建立多方参与的风险共担模式。推进国家知识产权服务出口基地建设，依托现有交易场所开展交易。探索数字价值的实现，依托现有交易场所开展交易，建设数字交易生态体系，促进跨领域、跨地区、跨主体数据融合应用。

二是聚焦生产性服务业发展。在专业服务领域，探索专业服务业职业资格互认互通，包括建立职业资格单向认可清单，允许具有国家认可的境外职业资格的金融、建筑设计、规划、文化等领域符合条件的专业人才经备案后酌情认可其境外从业经历等。在物流运输服务领域，支持发展国际航空货运，参照深圳模式探索赋予城市货站安检功能；发展现代物流，支持杭州市建成全球eHub物流骨干网络的核心节点，搭建海外仓融资服务平台，探索海外仓、保税仓、前置仓等"多仓联动"集运模式。在能源服务领域支持民营企业以控股或参股形式开展发电、增量配电和售电业务，推进用能权、排污权市场化交易。在电信服务领域酌情取消信息服务业务等增值电信业务外资股比限制，向外资开放国内互联网虚拟专用网业务，为杭州市外商投资企业提供国内互联网虚拟专用网业务；探索相关标准，以云计算平台建设为抓手，分级分类推动数据中心建设。

三是聚焦外资大项目招引。加大金融科技、生物医药、境外旅游等领域开放力度，有效招引高质量服务业外资，尤其注重招引生产性服务业高质量外资。吸引一批中高端消费品牌跨国企业与头部商业综合体等落户本土，设立全球总部、区域总部和功能型总部。切实落实外资研发中心相关税收优惠政策。对新认定的跨国公司地区总部和外资研发中心等功能性机构，给予开办和研发投入支持。进一步发挥自贸试验区招引高质量外资龙头作用，围绕自贸试验区汽车及零部件、数字安防、集成电路等先进制造业集群，开展产业链集成创新，重点引进一批具有延链补链强链效应的链主型企业和标志性引领性重大项目。

四是聚焦推动争创国际消费中心城市。发挥数字经济和高端服务业发展优势，在电子商务综合服务体系建设方面开展探索，支持跨境电商零售业务发展。挖掘医疗康养消费需求，允许符合条件的公立医院设立国际医疗诊疗区域，允许外商捐资举办非营利性养老机构，大型医用设备、医药生产企业及所属研发机构结合自身业务设立健康体检中心等医疗机构，与研究机构合作，为居民提供病历信息共享和会诊、远程手术直播等解决方案。支持互联网医疗发展，依托杭州市城市大脑建设，鼓励发展影像云诊断（AI检测）、云医院、在线诊疗等新模式，支持国家中医药服务出口基地和中医药服务贸易重点机构搭建中医药健康养生国际综合服务平台。加大文化消费产业开放力度，下放艺术品进出口经营活动，放宽外资设立娱乐场所、演出场所经营单位、演出经纪机构的审批权限，按程序探索允许非公有制企业参与对外出版。

五是聚焦提升服务配套。放宽设立外籍人员子女学校准入，允许内资企业和中国公民申办，探索开展省市联合审批试点；鼓励普通中小学（幼儿园）按规定招收外籍人员子女入学。支持跨国资产管理机构在杭州市依法设立外资资产管理区域总部、外商独资财务公司。深化本外币合一银行账户试点，探索本外币一体化资金池试点，支持银行按相关规定优化金融服务，为真实、合规的新型离岸国际贸易提供跨境资金结算便利。推进绿色金融标准体系建设，鼓励绿色金融产品创新，完善激励约束，开发绿色信贷、绿色债券、绿色保险等相关金融工具，推动供应链金融创新发展。

（三）融合发展挖掘创新动能

一是夯实先进制造业与现代服务业融合发展基础。探索建立科学的"两业"融合统计方式和监测评价体系。发挥龙头企业、骨干企业等主体作用，制定先进制造业适应"两业"融合发展需要的技术、流程。深入推进新一代信息技术与制造业融合发展，培育融合发展新产品新模式新业态，积极推广数字化设计、智能化生产、网络化协同、共享化制造、个性化定制、服务化延伸新场景应用，加快制造业产业模式和企业形态变革。

二是以服务业扩大开放推动制造业高质量发展。深化制造业、服务业和互联网融合发展，推进国家区块链创新应用试点、工业互联网试点项目建设。创新用地供给，探索功能适度混合的产业用地模式，融合研发创意、设计、中试、无污染生产等多种创新型产业功能，保障创新发展用地需求。鼓励金融机构按照商业化原则，向融合发展企业和项目提供适应其生产和建设周期特点的中长期融资，支持符合条件的制造业企业通过债券融资、股权融资、项目融资、并购重组等多种方式获得服务化转型所需的资金支持，降低融资成本。对于融合创新要素平台的开发投入和新技术、新产品（服务）的研发活动，酌情给予研发费用加计扣除政策。

（四）做强平台发挥比较优势

一是打造数字贸易示范区。依托"数字自贸区"建设，支持杭州打造全球数字贸易中心，加快区块链、云计算等数字技术在国际贸易交易流程中的应用，探索建立数字交易规则、标准。对接国际高水平自由贸易协定数字贸易规则，支持以市场化方式推进世界电子贸易平台（eWTP）全球布局，高标准建设高新区（滨江）物联网产业园国家数字服务出口基地建设。

二是打造数字文化先行区。引领中国数字文化贸易发展，支持浙江数字文化国际合作区、中国（浙江）影视产业国际合作区等国家文化出口基地建设。探索开展数字文化产品交易，打造数字文化特色集聚区。

三是打造金融科技引领区。发挥金融创新对实体经济和外资招引的支撑作用，争取设立与金融科技相关的国家重大基础设施、新型研发机构和重大创新平台。积极融入长三角一体化发展战略，整合长三角地区创新资源，建立金融领域共性技术和关键技术供给平台，吸引国际金融科技双创优质资源。探索依法设立金融科技公司，依规有序开展金融科技业务。

四是打造临空经济样板区。大力支持生产性服务业创新发展，在符合条件时，在充分发展好现有综合保税区的基础上探索设立杭州空港综合保税区。支持生物医药等战略性新兴产业发展，适时设立"首次进口药品和生物制品口岸"。在临空经济样板区内，探索发展航空租赁公司，开展"两头在外"航空器材包修转包区域流转业务，鼓励飞机维修企业承揽境外航空器材保税维修。

（五）统筹监管优化营商环境

一是强化统筹发展和安全意识。强化风险意识和底线思维，进一步完善风险评估和预警机制，建立完善服务业相关产业发展统计监测和风险评价体系，不断提升保障产业安全的风险防控能力。

二是深化"放管服"改革优化监管机制。开展服务业企业投资项目"区域评估+标准地+承诺制+政府配套服务"改革，积极推行涉企经营许可事项、不动产登记领域证明事项告知承诺办理，通过信息共享实现工业用地房地首次登记全程网办和即来即办。支持企业申请海关"高级认证企业标准"认证，对符合条件的境内外服务贸易企业所需的货物给予享受更加便利的通关优惠措施。放宽跨境交付、境外消费、自然人移动等模式下的服务贸易市场准入限制。简化港澳投资者办理商事登记流程，将更多涉外审批服务事项纳入"一网通办"。开展数字营商环境建设工作，优化提升数字营商环境。

三是加强区域互联互通。推动与长三角城市政务服务通办端口跨区域互通、市场主体资质类信息跨区域共享、审批结果跨区域互认。优化杭州市与上海市、宁波市等主要口岸城市合作，探索建立长三角一体化海关跨关区风险布控与协同处置配合机制。实现不动产抵押贷款业务异地可办和跨省通办。

四是推动贸易投资自由化便利化。提高跨境贸易投资开放水平，积极参与国家级服务业标准化试点建设，深化贸易外汇收支便利化改革。依托中国人民银行的贸易金融区块链平台，构建贸易金融区块链标准体系，进一步推动中小微企业跨境货物贸易、服务贸易结算便利化。

（六）加强支持保障试点落地

一是强化人才支撑。优化境外高层次人才服务，优化外国人来华工作许可和工作类居留许可审批流程，持续推动外国人工作许可和工作类居留许可"一件事"办理，为境外人才出入境及生活就业作出便利安排。鼓励通过共建国际化协同创新机制、引进国际学术合伙人等方式"用才引智"，并优化相关证件审发程序，允许外籍人才通过"以才荐才"等推荐方式申请在华永久居留。在按照主管部门要求履行必要手续的前提下，优化外籍人才投资创业、讲学交流、经贸活动出入境和工作居留流程，杭州市内高校、科研院所、重点企事业单位可根据实际需要，为邀请的外籍高层次人才换发入境有效期较长的多次入境有效签证。

二是强化数据安全有序流动支撑。明确数据交易权责关系，完善政策标准、优化技术服务、积极探索数据资产化相关规则，推动数据资产确权、评估、定价、质押、抵押等机制建设，探索利用区块链等技术进行跨境数据流动全流程监管，保障数据流动的安全性和透明性。探索构建数据保护能力认证体系，推动建立企业数据保护能力第三方认证机制。支持特定区域建设国家数据安全治理试验区，集中开展数据安全治理相关政策试点示范工作。加快推动公共数据开放，编制公共数据共享目录，分类制定共享规则，引导社会机构依法开放自有数据，支持在特定领域开展央地数据合作。

三是强化金融体系支撑。坚持金融业务持牌经营要求，运用大数据、人工智能等技术建立非法金融活动风控模型，通过风险提示、风控指标计算、信息报送和信息披露等，加强对金融领域企业风险防控的指导服务，优化技术监测、预警、处置等手段，提升金融风险防范化解能力。开展金融领域管理信息共享、监管协作和风险跨境处置合作。深化实施金融科技创新监管工具，鼓励金融机构为产业链供应链提供结算、融资和财务管理等综合金融解决方案。推进跨境金融区块链服务平台建设，培育发展出口信用保险保单融资业务。

课题组组长：石琪琪

课题组成员：殷立峰、陈芳芳、戴争光、
　　　　　　江　玮、彭玉波、周禄松、
　　　　　　孙彩虹、黄　丽、宗其霖、
　　　　　　杨若雨、蔡　洁、沈宏婷

政府赋能推动劳动密集型出口企业数字化转型的对策研究

依赖有形生产要素驱动经济的粗放模式虽曾有效实现出口长期高位增长，然而，随着物质资本投入逐步滑向边际效益递减区间，传统要素驱动的出口增长模式引致了全球价值链的低端锁定、过度竞争等一系列问题，进一步凸显出口增长模式转型的必要性。如何实现出口增长模式转型？这无疑需要驱动战略的有效实施，特别是随着数字技术的广泛运用，数字化转型已然成为推动经济增长模式转型的新引擎，大力推动数字技术与传统生产要素的融合，对于提升微观企业出口绩效、优化中观产业布局、助力宏观经济增长都具有非常重要的战略意义。

结合宁波、金华和丽水三个地区的具体调研案例，本研究探讨在要素禀赋结构调整背景下，劳动密集型出口制造企业数字化转型遇到的问题，并研究政府在其中的作用。主要回答以下问题：1. 劳动密集型出口企业的经营现状如何，由什么原因导致？2. 劳动密集型出口企业需要转型到什么程度以及选择什么样的数字化转型？3. 劳动密集型出口制造业数字化转型的影响因素和驱动因素是什么？

一、调研设计

本次调研地区为制造业发展程度较高的宁波、劳动密集型制造业还在升级过程中的金华和丽水三个地区。在宁波市调研的行业主要为纺织服装产业和金属制造业的劳动密集型产业，发放调查问卷 105 份，金华市调研行业为五金工具及金属加工产业、纺织服装产业，共发放调查问卷 102 份，丽水调研主要涉及木制玩具、家具和金属制品行业，共发放调查问卷 86 份，三个地区共获得有效问卷 293 份，行业分布上纺织服装产业占比 45.3%，木制品行业占比 32.6%，金属制品行业占比为 22.1%。涉及行业都是各地区主导的劳动密集型产业，也是浙江省出口的主要产业，具有较强代表性。在企业规模上，规模以上的企业占比超过 82.3%，小规模企业占比 17.7%；企业性质全部为民营企业；企业类型包括已尝试数字化转型的企业，以及尚未尝试数字化转型的企业。

为更好地了解劳动密集型出口企业数字化转型的真实情况，我们采用定量问卷加定性深度访谈的实证调研方式开展研究。调研遵循周期性、逻辑性、结构性与合理长度原则，围绕劳动密集型出口企业行业属性、经营情况、数字化转型举措等方面进行了结构化的调研设计，力求通过样本问卷了解劳动密集型出口企业数字化转型的现状、格局和关键问题点，形成较为全面的结构化梳理。调研问卷共包括 9 个问题，涉及企业背景、数字化转型工具、数字化转型效用、政策诉求等方面情况。具体参见表 1。

表1 调研问卷内容

调研信息	问卷内容
企业背景信息	所处地区
	所处行业
	规模
数字化转型认知和诉求	企业经营状况
	对待数字化转型态度
	数字化转型达成度
	数字化转型工具
	数字化转型驱动因素
	制约因素

定性深度访谈方面，与纺织服装、家具、木制玩具、金属制品等4个行业的代表性企业负责人或高层管理人员进行深度访谈，深入了解企业自身及所在行业近两年来的发展状况、数字化转型状况、政策诉求等。

二、企业经营状况分析

当前，世界经济环境剧烈变化，逆全球化趋势和贸易保护主义抬头，原材料价格高位、大宗商品价格高位、疫情多点散发等因素，对我国经济发展产生一定程度的冲击。2021年以来，虽然疫情反复但是中国具有全产业链优势，特别是浙江出口企业竞争优势明显，企业经营收入显著得到提升，但企业经营业绩却没有得到明显增长，调研数据发现，多达87.3%的企业经营收入相比

较2020年得到较大增长，但只有31.3%的企业表示经营业绩有一定程度的增长。究其原因，出口企业面临人力成本上升、原材料上升、汇率升值以及运输费用高企等问题（详见表2），利润空间压缩、经营业绩提升有限。

受访企业普遍反映，人力成本上涨和招工难是2021年企业面临的主要压力之一。某木制玩具出口企业负责人表示，劳动力一直是企业发展较大的压力，一方面大量的年轻劳动力不愿意在工厂就业，工厂目前招聘的主要是年纪较大的男性和妇女劳动力，而且本地就业人口较少，主要从云南和贵州等地招聘员工；另一方面，劳动力成本一直居高不下，占据企业生产成本的较大比例。目前企业主要通过在稳定专职员工的基础上，利用灵活雇佣和小时工的方式控制和管理人力成本。

2022年以来，由于疫情反复、外部需求减少

表2 企业经营困难原因及其占比

单位：%

面临的困难	总样本	纺织服装	木制玩具	金属制品
没有困难	3.30	2.37	3.62	4.19
用工难	52.91	48.71	58.21	49.4
技术创新难	49.88	38.5	44.6	78.22
市场压力大	89.35	92.1	87.4	88.7
融资难	51.22	46.87	52.4	55.9
供应链压力	38.79	46.13	37.12	30.3
原料成本高	78.59	87.5	64.2	92.1

和订单外流，企业竞争压力加大，市场压力成为目前企业最大的难题，多达 89.5% 的企业表示市场压力大为其面临的主要困难，这在三个行业中表现都非常明显。为保住基本订单和上游供应链规模优势，企业不得不降低产品价格，尽量稳住客户，导致其经营业绩显著下滑。

当前，外部供给也存在诸多不确定性。大宗商品涨价贯穿了 2021 全年，原油、天然气、铜等全球定价的大宗商品、资源品价格暴涨，引起了全球范围内的输入性通胀，主要原因是海外过于宽松的流动性和供应链受阻所致。在疫情笼罩下，美国、欧盟等海外发达国家为了挽救经济，从 2020 年底起实施大额财政补助和宽松货币政策，导致全球流动性异常宽松，同时疫情引发的海运运价暴涨和劳动力短缺也从供给端推升了大宗商品价格，压低了企业利润。

在疫情反复和美国友岸外包等背景下，劳动密集型出口中小企业供应链管理存在许多问题，主要问题是中小企业不具备供应链风险管控能力与供应链风险意识。调研中，不少企业也认识到供应链管理的重点在于通过采用系统方法来协调供应链成员以使整个供应链总成本最低，部分企业也正在探索通过数字化手段优化供应链管理。但是，大多数企业分布在传统产业和价值链中低端，面临资源能源利用效率、创新能力和专业化水平不高的现实困境，加之内部治理结构不完善、财务不规范等历史遗留问题，亟须甩开"旧包袱"，通过产业链和内部管理的数字化转型，获取业务发展新契机。

三、企业数字化转型的现状分析

（一）数字化转型的态度

1. 愿意积极布局数字化转型。调研中，愿意积极布局数字化转型且积极拥抱数字化转型的企业占比为 51.6%，并且部分企业已经采取各种措施进行数字化转型，在设备投资、软件投资、流程改造上积极进行转型，也已取得一定成效。云和县木制玩具部分企业如浙江亲顾玩具有限公

司、浙江优贝尔玩具有限公司的数字化管理系统在仓储、进销存、生产管理、财务管理等多个方面提供智能化服务，推进关键环节、关键工序数字化改造，提高采购、生产、销售、财务等管理智能化水平，提高生产管理效率。宁波部分纺织服装企业构建 ERP、MES、LIMS、PIMS、DCS、SCADA、PLC 等涵盖研发设计、工艺设计、生产执行、计划排产、运行优化、执行监控、数据采集、操作控制、生产调度、设备管理、安全防护等多个环节的数字化转型环节。

另外，企业也清楚认识到数字化转型的最终目的是帮助优化企业的生产、经营和管理，企业成功的关键还是在于自身要具备强大的产品研发能力、强大的产品供应链等，数字化转型只是企业完善其生产经营管理的手段。

2. 经历过数字化转型但遇到一定困难。这类企业约占 31.9%。在数字化转型浪潮下，不论是出于外在环境的压力，还是企业数字化转型的内在需求，部分企业积极主动进行数字化转型，但是由于种种原因，数字化转型的效果并不如预期。如调研中发现，包括纺织服装和木制产品行业在内，由于生产需要的非标产品比较多，企业自动化生产设备投入比较大，一旦生产设备出现故障，后续环节的生产就要停工，导致企业无法正常运营，所以企业无论是生产环节还是运营环节，都尽量减少自动化流程。另有部分企业在转型过程中只注重技术转型，但对于商业模式和经营模式没有调整和优化，也没有取得预期效果。还有一些企业面临的是营销平台或者营销工具选择使用能力的局限性，部分企业则对其投入的数字化转型产出的结果与预期仍存在一定的心理差距。

3. 对数字化转型的结果存疑，态度较为消极。这类企业约占 16.5%，数字化转型往往需要从根本上转变企业的生产经营思路，甚至组织体系运作方式，同时还意味着需要持续的资金投入到数字化系统建设。尤其是工业数字化转型，探索设备数字化、产线数字化、车间数字化、工厂数字化的发展路径都需要企业的管理层具有战略性思维，并且对数字化转型的效果有充分的了解

和信心。但管理层数字化意识和观念相对保守恰恰是本次调研中发现的中小企业数字化转型面临的最大障碍之一。很多被调研企业认为短期很难清晰评估投入收益，难以在短期内看出数字化带来的影响是正面还是负面的，因此在说服领导进行数字化相关投入时很难，企业主要领导的数字化意识是企业进行数字化转型的关键。

（二）数字化转型的达成度

如图1所示，仅有2.2%调研企业完全不了解数字化转型，基本上所有企业都认识到在数字经济时代，企业必须进行数字化转型，但是目前已经基本完成数字化转型的企业只占到1.2%。大部分企业都处于部分业务上实施数字化转型的阶段（占比64.32%），说明国内传统劳动密集型企业数字化转型已成一种新常态，企业持续加大数字化转型资金投入。较大范围实施数字化转型改造的企业占比为20.5%，部分企业对设计、生产、物流、销售、服务等核心环节进行数字化业务设计，对核心装备和业务活动进行数字化改造的部分劳动密集型制造出口企业，大部分是从代加工发展起来的，经过多年的努力形成了自身的生产、研发、运营优势，这类企业一方面继续从事授权贴牌生产，另一方面也通过自己的技术优势、标准优势，同时通过电商平台、自建小程序、官方网站等形式，运营品牌知名度，打造消费者品牌认知度和口碑美誉度。

（三）数字化转型的主要环节

企业数字化转型的具体内容涵盖企业经济活动的全要素和全流程，主要包括供应（采购、仓储、物流）、研发、生产（制造、质控）、销售、管理（运营、财务）五大环节，见图2。只有把每个环节的数字化贯通起来形成"链路"，构建数字化转型的网络化体系，企业数字化转型才能发挥最大效益。调查结果显示，五大环节中数字化

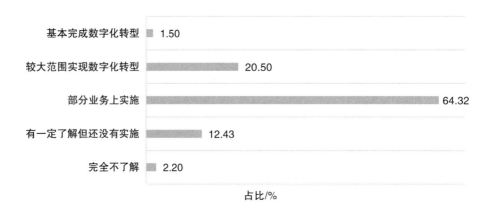

图1 劳动密集型出口企业数字化转型现状

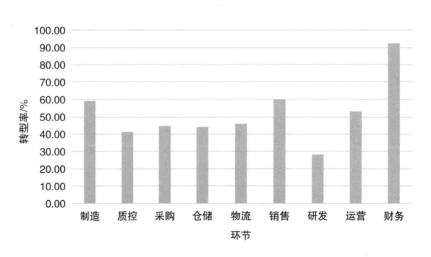

图2 样本企业数字化转型环节数字化转型率

转型率最高的财务与最低的研发相差近64个百分点，企业基本在财务环节实现了数字化转型，采用财务软件，实现了财务各环节的数据化流程，但是研发还基本采用原始的研发方法，金属制品和纺织服装的研发数字化水平稍高。生产环节中的制造数字化水平较高，这也与政策的积极促进和劳动力成本不断上升下的机器替代有关，企业更多的是采购机器设备进行自动化改造，对其他环节的数字化水平重视程度不高。供应环节中最高的采购与最低的物流相差22.2个百分点。这说明企业对于数字化转型缺乏全局统筹，只在工业流程的某些节点加以部署，造成数据"链路"出现断点或瓶颈，各节点之间的数据互联互通存在障碍。另外企业在某些节点上分散推进、分时实施，导致数字化转型中数字技术标准不统一，数据传输的通信协议不匹配，需要"桥接"技术打通各节点之间的数据"链路"，促进企业内部实现数据的有序交换。

在企业访谈的环节发现，企业数字化转型的环节上存在重"硬"轻"软"的现象，数字化赋能程度不深。多数企业认为数字化转型就是购买更多的机器设备，生产过程中原先由工人完成的，更多地采用自动化设备，降低对劳动力的使用。事实上，数字化转型重点在于数据的赋能，推动企业发展由要素驱动向数据驱动转变，实现"数字赋能"。但从调查的情况看，部分企业存在"重功能实现、轻数据利用"的现象：由于缺乏数据集成技术与平台的有力支撑，难以将数据资源进行高效而准确的解析、整合，并把相应结果合理运用到生产过程，因此数据总体利用效率低，数字技术应用尚不深入，只是被作为工业流程节点管理的辅助性工具。从工业软件来看，企业应用企业经营管理类软件（包括ERP、SCM、CRM等）的较多，应用产品研发设计类软件（包括CAD、CAE、CAPP、PLM、PDM等）和应用生产制造控制类软件（包括MES、CAM、SCADA等）的企业都非常少，这都说明现实工业流程的运转尚未转到数据驱动上来，企业仍不善于利用数据分析指导经营决策。

通过到企业走访座谈发现，样本企业制造装备联网率、制造工艺数字化率和关键工序数控化率等智能制造重要指标完成值普遍很低。

（四）数字化转型的驱动因素

数字化转型的驱动因素，以及各驱动因素在各行业中的占比情况见表3。

1. 政策促进因素是劳动密集型出口企业数字化转型的主驱动因素。从调研结果可以看出，各地区积极促进企业的数字化转型，在资金、税收等方面提供优惠，并且按照投入给予一定的资金奖励，这些是促使劳动密集型企业进行数字化改造的主要原因，有45.88%的企业选择这个选项。如宁波鼓励企业积极参与以"产业大脑+未来工厂"为核心的数字经济系统建设，加强企业侧场景应用的开发建设，鼓励中小企业积极"上脑用脑"，引导企业使用行业产业大脑在产业生态、"新智造"、共性技术等领域的特色应用，对以企业为主体开发建设的行业产业大脑、场景应用等由市区两级政府共同给予相关政策支持。丽水云和县制定出台《云和县关于加快推进生态工业和数字经济高质量发展若干政策的意见（试行）》，给予数字化改造企业及服务商软硬件30%的补助，对数字化标杆工厂、"N+X"试点示范企业

表3 数字化转型的驱动因素及其占比

单位：%

驱动因素	总样本	纺织服装	木制品	金属制品
供应链压力	15.96094	18.3	12.83	18.26
扩大销售	35.2002	45.9	32.3	23.7
降低生产成本	35.6498	27.4	33.9	52.2
政府政策促进	45.879	41.3	50.7	43.9

提高到 50%，进一步激励企业推进数字化改造提升，云和木制玩具产业入选全省首批 24 个中小企业数字化改造试点县（市、区）创建名单。金华市婺城区出台《关于加快推进工业企业数字化转型升级的实施方案》，以数字经济"一号工程"为引领，推进产业数字化改造，对应用数字管理系统、集成控制装置软件以及对设备实施数字化改造（包括新购设备）提升的，给予专项财政资金激励，来积极推进实施数字化技术改造。

2.降低生产成本是促使劳动密集型出口企业数字化转型的第二大因素。部分劳动密集型出口企业重点关注降本增效，企业把原有通过外部扩张的增收方式逐渐转变为通过向内节约成本增加效率的增利手段。原来供应链管理水平不高、部门间沟通复杂，导致无法通过销售的月 / 季 / 年度预测对供应链进行精细化管理，其使用的系统无法进行自动化的物料需求计划预算。通过数字化转型改造，也通过推进独立核算，并逐步推动联合系统云管理，从人、价格流、系统等数字化经营层面发力，精细化管理订单、采购费用和制造费用，逐步实现了盈利。

满足市场需求是劳动密集型出口企业进行数字化转型的重要驱动因素，35.2% 的企业基于这方面的考虑进行数字化转型。另外还有 15.96%的企业选择"供应链压力导致"。

（五）数字化转型的制约因素

什么因素制约了劳动密集型出口企业的数字化转型发展？从调研结果（见图 3）可以看出：

1.资金是制约数字化转型的首要因素。从硬件装备升级到数字技术应用，需要投入大量经费，而劳动密集型出口企业财务压力很大。企业数字化转型是一项系统工程，不仅需要加大研发投入、人才储备，还要全面升级各生产环节基础设施，然而劳动密集型出口企业与大型高科技企业相比融资较为困难，企业自身"造血"机能偏弱，外部"输血"机制滞后。企业在难以利用资金杠杆和借助专项扶持的基础上，靠企业自身的资本投入几乎难以为继。在生存压力下中小企业多存在成本顾虑。

2.数字化转型见效慢、风险大。企业数字化转型能够驱动整个商业模式创新和商业生态重构，却很难在短期内为企业带来直接收益，传统制造领域的企业对于数字化转型仍处于观望状态。一是对数字化转型如何盈利、未来能否盈利缺乏清醒的认识。数字化转型初级阶段要应对新兴信息技术对商业模式的冲击，如何利用新一代信息技术实现企业跨越式发展，需要企业管理者具备敏锐的观察力。二是企业数字化转型见效周期长，企业关心转型后是否能真的解决业务痛点问题，实现降本增效。以 2020 年初的新冠疫情为例，受疫情影响，市场预期不稳、需求疲软、订单下降、生产下滑，造成企业信心不足、投资意愿下滑。推进产业升级改造的过程中，企业由于规模有限、资金投入有限，在转型人才、数据采集以及新一

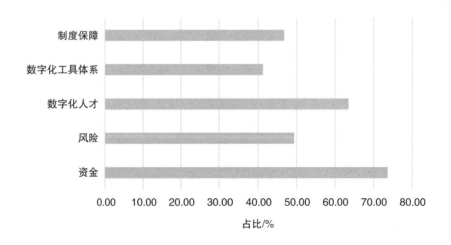

图 3　数字化转型制约因素

代信息技术应用等方面能力不足。

3. 缺乏数字化转型的人才。在转型人才方面，数字化人才匮乏，人才培养机制不健全是阻碍企业转型的一个重要因素。从生产工人到技术人员，再到管理团队人员，均在一定程度上缺乏数字化知识和能力储备；而且企业在数字化人才引进中也存在竞争力不强的问题。调研中发现，多数数字化人才更愿意到大城市、大企业就业。数字化人才是企业数字化转型的直接参与者，他们通常会主导或参与数字化基础架构或应用的设计、开发、维护和运营以满足业务需求，团队构成以技术人员或项目人员为主。如果说管理层数字化意识和观念相对落后是企业对数字化转型"不敢转"的原因，数字化人才的缺乏则是企业"不会转"的原因。即使对于作为数字化转型入门级应用的数字化营销业务，大部分企业也都认为"数字营销人才技能或能力不足"，只会选择外部平台进行营销。在人才结构性短缺的大背景下，只靠从外部引进数字化人才是远远不够的，企业需要逐步着手自身数字化人才发展体系的构建。内部人才培养机制相对不完善，更加需要外部平台和政府的相关支持与辅助。

4. 行业数字化转型缺乏标准和配套工具。被调研企业普遍缺乏相应的技术积累，需要数字化服务商提供技术支撑，但是数字化服务商往往不懂本行业专业知识，难以将不同行业的知识和经验沉淀到数字化平台上，难以在数字化转型中发挥强大的作用。

基础性工业互联网平台以及行业级、区域级、企业级工业互联网平台建设没有系统谋划，尚未形成梯级层次清晰、功能匹配合理的格局，更没有把相关制造业中小企业紧紧吸附在平台上，形成共生的"生态"链。另外对新智造标准体系的探索比较滞后。劳动密集型出口制造业企业数字化转型尚缺乏标准引领，缺少行业级应用标准成果。

现在国内提供工业信息平台服务企业数量多，但缺乏具备整体综合解决方案和全领域覆盖能力的行业龙头。无论是纺织服装行业还是木制品行业的企业都有整体数字化改造需求，但是面向市场上大而全的技术供给，劳动密集型出口企业需要的是小切口式的技术，无法找到熟悉与其产业相适应的工业互联网平台服务提供商。因为企业规模普遍偏小，没有大供应商原意为小企业量身定做与企业核心业务相匹配的数字化技术、针对企业运营关键节点的数字化改造。企业在选择数字化技术时容易盲目跟风，有的直接套用大企业的复杂系统，很难找到适合自己的数字化系统。被调研企业的数字化转型也普遍存在缺乏有效的系统工具和缺乏成功经验案例。

四、构建促进劳动密集型出口企业数字化转型的政府赋能政策框架

（一）一企一策，提升数字化转型促进政策的匹配度

不同行业、不同生产阶段、不同定位的企业，其数字化转型的重点和实现路径有所差异，尽管部分业务可参考已有的案例，但核心业务如研发、生产阶段和供应链，应该根据企业的发展战略、所处产业链位置等设计数字化转型的促进政策，聚焦生产制造、供应链管理和研发等领域，以"一企一策"推动产业数字化转型，指导企业找准最具价值、最需突破的场景进行数字化转型，形成典型案例，在资金、税收、创新等方面给予重点支持。

（二）打破"信息孤岛"，打造产业数字生态

产业数字化转型涉及技术在制造业领域场景化落地的实践，从数据层到知识层再到产业层，协调发展，集群内企业通过数字化系统，形成一个紧密合作的数字生态。产业数字化转型最大的挑战是上下游对接的非标准化，需要解决上下游的数据对接问题，而信息孤岛的普遍存在，使得产业难以形成合理的分工体系。因此，一是政府不同部门间要突出一体融合，迭代深化统一体系构架，扩大部门间系统互联互通和数据共享范围；二是要加大"政府赋能＋市场活力"的开发运

营运维模式建设力度，强化政企合作，推动"产业数字化平台"建设和产业大脑等数字赋能平台建设，促进数据集约管理、共享流动、有效利用，不断推进产业数字化；三是要筑牢数据安全底线，加强数据安全技术保障能力，强化对网络系统和数据资源的管理和风险防控等。

（三）政府市场相结合，多渠道筹措数字化转型资金

建立政府主导、企业和社会资本参与、多渠道筹措的产业数字化转型基金，加大对产业数字化智能化转型升级的信贷投放，采取"直投＋母基金"的投资策略，重点投向产业数字化转型关键项目。引导金融机构加快研发产业数字化转型专属融资产品，重点支持产业加工制造企业的数字化智能化设备及其配套装置、数字化系统、工控软件等数字化智能化转型升级项目。

（四）以引为主以育为辅，加快数字化转型人才建设

制定切实有效的人才招引规划和政策，重点面向数字化转型成熟地区引进经营管理人才，同时把企业急需的一线技术工人也列入人才引进政策范围，打造产业人才梯队。对于数字化经营管理人才，构建"磁吸式"数字化人才政策体系，给予住房、生活补贴，健全数字化人才评价体系等；建设"高能式"数字经济平台载体，打造数字化转型典范，培育企业数字化人才的黄埔军校。对于数字化员工，通过"引进来，走出去"等方式，人力资源部门、团委、妇联等部门，引进专家授课，举办数字技能培训以及其他方式，加大本地职技校产业技术人才培育力度，积极开设自动化和数字化专业课程。同时鼓励企业"走出去"和人员"走出去"，建立人才飞地、技术飞地，加强双向交流，提升行业数字技术人才储备。

（五）树立数字化转型标杆，引领推广优秀经验

加快培育"工业 4.0"标杆企业、工业互联网深度应用典型企业等数字化转型优秀企业，选择有代表性的企业实施智能车间、未来工厂等一批示范性强的数字化转型项目，评选一批数字化应用场景最佳实践案例，充分发挥这些企业、项目和案例对制造业中小企业数字化转型的引领和示范作用，并向其他企业复制推广数字化转型的成功经验。

课题组组长：陈志成
课题组成员：周建华、干　露、孟　祺

2022 年海关工作情况

2022 年，杭州海关坚持以习近平新时代中国特色社会主义思想为指导，全面贯彻党的十九大、十九届历次全会和党的二十大精神，以数字化改革为引领，围绕"忠实践行'八八战略'，奋力打造'重要窗口'"主题主线，统筹打好疫情防控、稳进提质组合拳，不断提升监管服务质效，努力为全省经济社会高质量发展作贡献。据海关统计，浙江省全年外贸进出口总值 4.68 万亿元，同比增长 13.1%（全国增长 7.7%，下同指全国增长）。其中，出口 3.43 万亿元，增长 14.0%（10.5%）；进口 1.25 万亿元，增长 10.7%（4.3%）。进出口、出口和进口占全国份额为 11.1%、14.3% 和 6.9%，较 2021 年分别提升 0.5、0.4 和 0.4 个百分点。2022 年浙江省进出口、出口、进口规模分别居全国第三、第三、第六位。进口增速居东部沿海主要外贸省市首位，进出口和出口增速均居第二位。对全国出口增长贡献率达 18.5%，居各省市首位；进出口、进口贡献率分别为 18.0%、16.3%，仅次于北京市，居第二位。

与浙江省开放型经济发展相适应，2022 年，杭州海关主要业务保持稳定健康发展，累计监管进出口货运量 2.29 亿吨，增长 0.7%；两税入库 872.2 亿元，增长 28.9%；监管进出境运输工具 2.78 万（艘次、架次），减少 0.2%；检验检疫进出境动植物及其产品 35.48 万批，下降 13.0%；检验检疫进出口食品及化妆品 11.41 万批，增长 3.0%；完成进出口商品法定检验 22.88 万批，下降 13.1%。与浙江省商务厅合作开发上线全国首个省级 RCEP 公共服务平台，RCEP 原产地证书签发量居全国之首。

一、全力筑牢国门安全屏障

一是严密口岸疫情防控。坚持"人、物、环境"同防、多病同防、水陆空同防，建立全方位全链条外防输入工作体系，全年累计检疫入境航空器 4266 架次、入境船舶 5489 艘次、入境人员 32.14 万人次，检出新冠病毒阳性病例 1956 例，检出全省入境人员首例新冠病毒奥密克戎 BA.2.12.1、XBB、BQ.1 亚型变异株感染者。完善口岸公共卫生事件突发应急处置机制，与宁波海关、浙江省卫健委签订口岸公共卫生安全合作备忘录，妥善处置"盛运来""宝宏 8""同茂 1"等入境船舶聚集性疫情 9 次。应对口岸入境大客流疫情，完成撤侨包机、央企包机、上海分流国际航班等重点航班入境检疫。加强对猴痘、疟疾、黄热病、拉沙热、中东呼吸综合征等其他口岸重点关注传染病的检疫查验，检出传染病 11 例。检疫审批出入境特殊物品 9242 批次，增长 42.6%。强化病媒生物监测，口岸区域捕获病媒生物 4851 只。监测发现输入性病媒 87 批次 173 只。推动入境特殊物品安全联合监管机制试点，辖区纳入试点生物医药企业 4 家。

二是严守国门生物安全。制定马术测试赛监管方案和团队方案，组织开展杭州亚运会马术项目海关检疫监管全要素、全流程、全过程测试工作，保障杭州第 19 届亚运会马术测试赛。成立进境粮食检疫专班，实施船边检疫便利措施，全年累计检疫监管进口粮食 743.10 万吨，价值

44.60 亿美元。开展国门生物安全监测，设置监测点 494 个，监测到红火蚁等多种有害生物。抽采动物疫病监测样品 1.20 万个，检出阳性样品 23 个。开展"国门绿盾 2022""异宠"综合治理专项行动，邮递渠道截获甲虫 12 批次 66 只，处罚违法邮寄甲虫案件 3 起；截获非法入境外来物种 227 种次，处罚违法邮寄活体星球属仙人掌案件 1 起。促进柑橘、活鱼等优质农产品出口，助力农产品企业引进优质种牛 1.18 万头，检出二类动物疫病 3 种。

二、全力促进高水平对外开放

一是推进署省合作备忘录签署落实。主动融入浙江高水平开放高质量发展大局，依据《海关总署 浙江省人民政府共同推进浙江省高质量发展建设共同富裕示范区合作备忘录》，编制重点任务清单 15 个方面 58 条，细化对接事项 63 个，推动备忘录确定合作事项落地落实。9 月 30 日，台州获批全国首个进口再生金属原料检验试点城市；10 月 27 日，嘉兴立讯智造获准开展综保区外保税维修业务，试行"跨部门协同＋智慧监管"模式，成为全国首批开展此类业务的 3 家企业之一；12 月 29 日，义乌海关完成内陆地区"先查验后装运"监管模式首单实单测试，解决了浙江中小微企业出口拼箱难问题。

二是开展"十地百团助千企"精准服务。以杭州海关"关企互动平台"作为问题收集与处置总枢纽，由关区各业务领域专家组成"十地百团助千企急诊室"，开发上线"十百千问题处置在线"，依托数字化手段快速处置、动态清零企业疑难杂症。全年累计组建助企服务团 157 个，走访辖区 10 个地级市及其所属县（市、区），调研企业 2424 家，解决地方和企业困难诉求 1659 个。建立入境特殊物品联合监管机制及"白名单"制度，助力生物医药企业特殊物品入境。采取"企业自我承诺＋产品风险评估"审批模式，助力猴痘病毒检测试剂抢抓国际市场商机。促成"内资企业外资项目"享受减免税政策，623.5 万欧元进口冻

干机减免税享惠。推广高新技术货物一体化布控查验模式试点，扩大"市场采购小额小批量出口检验检疫自动审单、快速签发电子底账"企业适用范围，形成"进境动物源性生物材料企业检疫监管优化""申请再签发竹木草制品出口电子底账"等 4 个长效机制。

三是支持中国（浙江）自贸试验区发展。创新自贸试验区监管服务模式，"国际航行船舶转港数据复用模式"在全国复制推广，实现上下港船舶申报数据共享和协同调用。创新举措"移动查验单兵集成知识产权商标智能识别应用""长三角海关特殊监管区域进境货物木质包装检疫监管新模式"，获海关总署备案。"移动查验单兵集成知识产权商标智能识别应用""市场采购出口预包装食品监管创新""综保区一般纳税人资格试点精准化服务模式"入选浙江自贸试验区最佳制度创新案例。全年浙江自贸试验区进出口总值 7131.3 亿元，增长 28.8%。

三、全力助推新业态发展

一是推动辖区综合保税区（以下简称"综保区"）开放平台建设。促成绍兴综保区封关运作，协助温州综保区二期和台州综保区做好验收准备，支持温州、台州、绍兴、杭州等地市申报保税物流中心。与省商务厅共同起草《促进全省综合保税区高水平开放高质量发展实施意见》。关区综保区全年累计进出口 1244.1 亿元，增长 37.8%。

二是助推跨境电商发展。牵头海关总署跨境电商东部联动监管协作区工作，制定协同联动工作机制。成为首批跨境电商零售进口支付信息核验试点直属海关，推进跨境电商 B2B 出口试点，优化海外仓备案模式。截至 2022 年底，关区累计备案海外仓企业 321 家；全年累计验放跨境电商零售进口清单数量增长 23.6%，验放跨境电商零售出口清单数量下降 29.0%，辖区跨境电商 B2B 出口货值增长 1.29 倍。

三是支持市场采购贸易发展。完善市场采购

出口申报前监管，简化优化"小额小批量检验检疫自动审单、快速签发电子底账"监管措施的企业适用条件等政策。复制推广"市场采购预包装食品出口"监管模式。推动中小微企业、海外侨商采购小件、散杂食品出口便利化。关区全年市场采购贸易出口 4217.2 亿元，增长 16.8%，居全国首位，占比 47.5%。

四、全力推进智慧海关建设

坚持以数字化改革引领、撬动、赋能改革创新，推进"监管过程上链、服务对象赋码"，加快多跨场景应用步伐，按照"迭代一批、启动一批、谋划一批"的规划，持续推动"数字监管赋能未来工厂""口岸疫情防控在线"等 31 个场景应用建设。3 月，帮助浙江某高新技术企业进出口供应链系统申报模块完成规范化改造，该项目入选杭州市首批营商环境创新试点改革事项和浙江自贸试验区重点工作任务并参加首届全球数字贸易博览会"数字治理"应用场景展示。5 月，杭州海关"口岸疫情防控在线"1.0 版本在萧山机场海关旅检现场上线试运行，该系统通过与联防联控部门数据贯通，形成从企业到个人、从线下到线上、从现场到中心的全链条监管闭环，依托该系统，入境旅客凭海关码"一码通关"，平均通关时间从 20 分钟压缩至 9 分钟左右。

五、全力提升监管效能

一是提升口岸监管服务效能。开展"离港确认""联动接卸"等模式试点，扩大"船边直提、抵港直装"业务范围，提高水路物流效率。落实杭州海关支持中欧班列发展举措，推广二次转关，支持开通"义新欧"班列"台州号""柯桥号"特色专列。开展"口岸危险品综合治理"百日专项行动，2 家涉危仓储场地退出海关监管作业场所，查获各类危险品 21 批次。联合浙江省公安厅打击整治烟花爆竹非法出口，健全烟花爆竹非法出口打防管控联动机制。

二是维护良好进出口秩序。保持打击走私高压态势，开展"国门利剑 2022"联合专项行动。重点打击"洋垃圾"走私，象牙等濒危物种及其制品走私，"水客"走私，海南离岛免税"套代购"走私，跨境电商进口走私，农产品走私，成品油、烟草等重点涉税商品走私，涉枪涉毒走私等违法行为。与浙江省公安厅、国家税务总局浙江省税务局、中国人民银行杭州中心支行等部门联合开展"惊雷 46 号"暨打击"买单配票型"骗税犯罪集中收网行动。全年累计立案走私违法违规案件 1906 起，案值 25.9 亿元。完成"浙江省反走私智慧综治应用平台"（一期）建设，设立全国反走私综合治理调查研究中心宣传教育基地，设立杭州海关缉私局、杭州市烟草专卖局涉烟走私情报研判中心。

2022 年外汇管理工作情况

2022 年以来，国家外汇管理局浙江省分局全面深入学习贯彻落实党的二十大精神和习近平总书记重要系列讲话精神，坚持党建引领，以外汇支持"六稳""六保"工作为主线，高质量、高标准贯彻落实金融助企纾困政策，深化外汇领域改革，优化外汇对外服务，强化风险防范化解，夯实基础工作质效，以实际行动助力浙江开放型经济平稳健康发展。

一、强化党业融合，全面发挥党建牵头引领作用

（一）坚持把党的政治建设摆在首位

深入系统学习贯彻党的二十大精神，制定下发《浙江省分局党总支全面深入学习宣传贯彻党的二十大精神工作计划》，确定党建引领外汇改革、红船精神领航外汇服务等 20 余项学习主题和青年群体创新学、"追随足迹"现场学等 8 方面学习模式，组织开展"党建引领 汇及万家 学习党的二十大"主题征文等活动，分管副局长为全体党员上二十大精神学习贯彻专题党课。

（二）提升全省外汇局系统党建合力

制定下发关于进一步推动分支机构落实"一岗双责"、着力解决党建与业务两张皮问题的通知，就基层外汇局党组织设置等工作提出具体要求。引导全省上下发挥浙江"三个地"政治优势，积极探索党建与业务融合方式，加强与地市分支局的党建联动，围绕汇率避险服务、贸易投资便利化等开展多次主题党日活动，通过一年的努力，全省各级共形成 39 个党建与业务较好融合的案例，通过微信公众号等渠道宣传推广。

（三）持之以恒深化党风廉政建设

持续深化"以案促改"，严格落实中央八项规定精神和总行正风肃纪"十条禁令"。强化审计整改质效，加大谈心谈话力度和广度，强化干部"八小时以外"管理，加强员工异常行为排查和管控。加强基层党支部建设，继续利用"汇学笃行"支部品牌、微党课、双周学习等系统性制度，加大支部联学共建和交流力度。

二、全面助企纾困，精准落地助企便利政策试点

（一）聚力深化外汇助企纾困

推动贸易收支便利化试点银行增至 27 家，试点企业较 2021 年末翻两番，中小微企业家数占比 63.64%。试点业务规模占全省贸易外汇收支总额 12.76%，同比提升 8.3 个百分点。深化跨境融资便利化试点，为 39 家企业办理外债签约 1.1 亿美元，其中中小微企业占比 97%，做法成效获央视专题报道。推动资本项目收入支付便利化业务增量扩面，笔数与金额分别占资本项目支付业务的 84.4% 和 47.7%。

（二）聚力提升跨境投融资便利化水平

落地宁波北仑跨境贸易投资高水平开放试点，宁波落地全国首家余额管理制 QFLP 试点基金，成效居同批试点地区前列。7 家跨国公司加入本外币一体化资金池试点，153 家跨国公司完成跨国公司资金池业务备案，数量居全国前列。个人侨汇结汇便利化试点服务个人 3026 名，海外人才用汇便利化试点为 817 名海外人才提供薪酬购付汇等服务。

（三）聚力支持贸易新业态新模式发展

推动地方政府建设新型离岸国际贸易公共信息服务平台，支持舟山探索自贸区油品贸易结算便利化，全省新型离岸国际贸易收支总额同比增长 16%。深化跨境电商外汇结算"双通道"建设，持续推进"系统直连"结算模式，资金结算效率提高近 40%，结算成本降低 30% 以上。落地市场采购贸易线上结汇政策，全省市场采购出口收汇率 85.88%。

（四）聚力推动跨境人民币使用扩面增量

围绕"一带一路"、外贸新业态、大宗商品、对外承包工程等重点区域和重点领域，扎实开展跨境人民币"首办户"专项拓展行动。全省跨境人民币首办户拓展超 1 万户，将 8192 家企业纳入跨境人民币优质企业贸易投资便利化试点名单，受惠企业增长 6.3 倍。推动外贸新业态跨境人民币业务发展，完成 2 家支付机构跨境人民币业务备案，推动义乌与沙特首笔跨境人民币业务落地，全省跨境电商人民币结算量 1751 亿元，占全国比重达到 19%。人民币对印度尼西亚卢比交易累计超过 30 亿元，印度尼西亚卢比成为最为活跃的小币种。

三、聚焦为民解难，着力提升外汇服务实效

（一）增强企业汇率避险能力

实施汇率避险三年行动，推广政府性融资担保汇率避险政策，为市场主体节约资金占用成本超 4 亿元人民币。汇率避险首办企业数量全国第一，市场获得感持续增强。强化汇率避险宣传，印制宣传折页 4 万余份和汇率避险产品手册 2 万余本送至企业。开展优质银行和服务在线及现场评比活动，形成比学赶超的良好氛围。

（二）做实联络指导工作

全省 5000 余名外汇局系统和银行员工走访企业 6 万余家次，涉外企业数覆盖率达 43%。组织开展线上和线下各类宣传培训 1100 余场次，惠及企业 1.5 万余家次。经常项下明察暗访银行网点 1300 余家次，资本项下查访银行网点近 700 家次。全力支持杭州亚运支付服务环境建设，做好外币兑换服务指导。持续跟踪本外币特许兑换机构停业复业情况，指导合规开展兑换服务。

（三）提升数字赋能质效

在央行浙江数字化平台建设跨境电商交易信息数据库，实现材料线上传输，为企业节约时间超过 80%。推广跨境金融服务平台，累计为 6000 余家企业办理出口应收账款融资近 7.5 万笔，服务企业数和业务笔数全国第一；为 149 家企业办理出口信保单融资 3633 笔，金额超过 3.8 亿美元，业务笔数和融资金额全国第一。做好银企融资对接新场景的试点工作，短短 2 个月已有近 900 家企业通过银企融资对接发起 900 余笔融资授信申请，总授信金额超过 12 亿美元。

2022 年出口退税管理工作情况

2022 年，浙江省共办理出口退（免）税 3265.31 亿元，同比上升 15.7%。其中出口退税 2490.30 亿元，同比上升 9.3%，退税规模居全国第二位。

一、聚焦政策更优，进一步支持外贸稳增长

围绕省委省政府"两稳一促"等重点工作，全方位谋划推进出口退税工作，积极助力自贸区等高能级开放平台新一轮高质量发展。用足用好外贸政策工具箱。强化出口信用保险与出口退税政策衔接，218 户企业享受"信保赔款视同收汇"新政办理出口退（免）税款 3292 万元。完善加工贸易出口退税政策，快于全国平均进度四个月，为 461 户加工贸易企业结转抵扣进项税额 6216 万元，彻底解决长期挂账问题。挖掘离境退税政策潜力，开展第三批退税商店备案，实现退税商店十地市全覆盖。绍兴综保区一般纳税人资格试点获三部委批复，杭州"综保区一般纳税人资格试点精准化服务模式"入选浙江自贸区最佳制度创新案例。全省试点企业开具增值税专票 362.8 亿元，办理出口退（免）税 9.7 亿元。国际航行船舶加注燃料油出口退（免）税达 3.39 亿元，助力宁波舟山港跻身全球第五大加油港。

二、聚焦施策更准，进一步培育外贸新业态

聚焦"三新一高"和外贸新业态特点开展调研，以强有力的政策落实助力外贸新业态做大做优。支持跨境电商健康持续创新发展，辅导跨境电商"9710""9810"等新监管模式办理出口退（免）税 47.49 亿元，指导跨境电商综试区免税管理系统功能建设，综试区内企业享受"无票免税"政策出口额 2.05 亿元。引导外贸综合服务企业健康成长。简化外贸综合服务企业代办退税备案流程，推行实地核查"容缺办理"，进一步提高集中代办退税备案及实地核查效率。外综服企业办理出口退（免）税 14.75 亿元。做细做实市场采购贸易方式免税管理，出口企业享受市场采购贸易免税政策出口 624 亿美元。

三、聚焦服务提质，进一步帮助企业降成本

2022 年全省正常出口退税平均办理时长稳固在 4 个工作日内，其中一类、二类出口企业正常退税平均办理时间缩短至 3 个工作日内，快于国务院确定的 6 个工作日的目标。退税便利度再提高。大力推行申报资料影像化提交、无疑点即办、"容缺办理"等便企服务。实现出口退税备案类、证明类、申报类等 20 项业务实现线上"一键办结"，在线申报渠道增至 3 个。取消 7 类出口退税事项的 11 种申报资料，优化调整了 6 类出口退（免）税证明开具和使用方式，简并业务表单三分之一，减少填报数据项五分之一，减少报

送纸质资料 6.8 万份，减少开具纸质证明 3 万份。备案单证数字化成效显著。出口退税备案单证数字化管理试点实现省域全覆盖，惠及 5.72 万户出口企业，完成数字化备案单证 2320.24 万份，大幅降低企业纸质单证收集、管理和仓储占用费用。2022 年，浙江省出口退（免）税办理便捷服务满意度位列全国第一。

四、聚焦管理增效，进一步优化税收营商环境

运用大数据开展精准分析，及时掌握企业涉税动态和涉税诉求，为地方党委政府决策建言献策，在更好服务纳税人缴费人上想实招、谋实策、求实效。加强出口退税工作调研。围绕海外仓、启运港、新型易货贸易等稳外贸重点工作深入调研，积极研提务实有效的意见建议，形成调研分析专报 50 余篇，形成 26 篇优秀课题成果。持续关注出口企业难点堵点问题。针对出口企业关注的出口退税问题开展专题调研，找准问题症结，逐一推动解决。用好直联企业等渠道，广泛收集各方意见建议，在出口退税领域主动推进工作创新。夯实风险管理基础。升级"互联网+便捷退税"功能，优化出口退税申报、数据自检、审核、批量处理和风险监管功能。强化对新增出口商品、新增供应商和新办企业的事前监控，优化风险指标模型，推动风险防控从经验管理向智能防控转变。倾力打造"三三智检"风险精准监管模型，实现对市场主体干扰最小化、监管效能最大化。增强风险管控合力。加强与海关、商务、外汇等监管部门合作，及时与国际税收、稽查等业务部门沟通，合力提升风险管理效能。

2022 年世界经济贸易形势报告

2022 年以来，全球疫情反复，通胀高企，主要发达经济体加快收紧货币政策，地缘政治冲突影响持续外溢，粮食和能源安全风险凸显，全球经济承压加大、贸易增长放缓。

一、当前世界经济贸易总体形势

1. 世界经济增长动能减弱

世界经济面临严峻挑战，通胀压力持续，金融环境收紧，地缘政治冲突复杂化长期化，全球产业链供应链仍受新冠肺炎扰动，主要经济体经济增长放缓。据国际货币基金组织（IMF）预计，占全球经济三分之一左右的国家将在 2022 年或 2023 年发生经济萎缩。

国际组织相继预测世界经济增长将进一步放缓。IMF2022 年 10 月预测 2022 年世界经济将增长 3.2%，2023 年放缓至 2.7%（见表 1）。联合国贸发会议（UNCTAD）10 月预测 2022 年世界经济将增长 2.5%，2023 年放缓至 2.2%。经济合作与发展组织（OECD）9 月预测 2022 年世界经济将增长 3.1%，2023 年放缓至 2.2%。世界银行 10 月将 2023 年全球经济增长预期从 6 月的 3% 下调至 1.9%。

表 1　2020—2023 年世界经济增长趋势

单位：%

经济体	经济增长			
	2020 年	2021 年	2022 年	2023 年
世界经济	−3.0	6.0	3.2	2.7
发达国家	−4.4	5.2	2.4	1.1
美国	−3.4	5.7	1.6	1.0
欧元区	−6.1	5.2	3.1	0.5
英国	−9.3	7.4	3.6	0.3
日本	−4.6	1.7	1.7	1.6
新兴经济体和发展中国家	−1.9	6.6	3.7	3.7
俄罗斯	−2.7	4.7	−3.4	−2.3
中国	2.2	8.1	3.2	4.4
印度	−6.6	8.7	6.8	6.1
巴西	−3.9	4.6	2.8	1.0
南非	−6.3	4.9	2.1	1.1

注：2022 年和 2023 年数值为预测值；印度数据为财年数据。
数据来源：国际货币基金组织，《世界经济展望》，2022 年 10 月。

2. 国际贸易增速大幅下滑

世界贸易组织（WTO）10月发布的《贸易统计与展望》报告显示，预计2022年全球货物贸易量增长3.5%（见表2）。其中，以出口计，中东地区贸易量增速最高为14.6%，其后是非洲（6.0%）、北美（3.4%）、亚洲（2.9%）、欧洲（1.8%）和南美（1.6%）。同时，该机构还发出预警，自2022年下半年以来全球贸易景气下滑，预计2023年全球货物贸易量增速将大幅降至1.0%，远低于4月预测的3.4%。

3. 全球投资下行压力加大

UNCTAD发布的《2022年全球投资报告》显示，2021年全球FDI总额达1.58万亿美元，增长64%，超过疫情前水平。但发达经济体和发展中国家分化明显，发达经济体吸引外资增长200%，发展中国家仅增长30%，南北发展不平衡问题进一步加剧。乌克兰危机、能源和粮食价格上涨以及全球债务压力加剧将对2022年全球FDI形成较大下行压力。

二、世界经济贸易发展中需关注的问题

1. 全球通胀保持高位

全球通胀压力持续，影响宏观经济稳定。IMF10月预计，全球通胀率将在2022年底见顶，但通胀水平保持高位的时间将比预期更长。预计2022年全球通胀率从2021年的4.7%升至8.8%，2023、2024年通胀率分别降至6.5%和4.1%。粮食和能源价格涨幅较高，世界银行10月发布《大宗商品市场展望》报告预计，2022年能源价格上涨约50%、农产品价格上涨约18%，2023年分别下降12%、8%，但仍保持相对高位。同时，此轮通胀波及较广，全球核心通胀率从2021年底的4.2%上升到2022年7月的6.7%。

2. 发达经济体紧缩政策影响外溢

2022年以来，主要发达经济体加速收紧货币政策，负面溢出效应不断显现，全球金融市场波动加大，跨境资本流动不稳。2022年约90个发

表2 2020—2023年世界贸易增长趋势

单位：%

地区		贸易增长			
		2020年	2021年	2022年	2023年
世界货物贸易量		−5.2	9.7	3.5	1.0
出口	北美洲	−8.9	6.5	3.4	1.4
	中南美洲	−4.9	5.6	1.6	0.3
	欧洲	−7.8	7.9	1.8	0.8
	亚洲	0.5	13.3	2.9	1.1
进口	北美洲	−5.9	12.3	8.5	0.8
	中南美洲	−10.7	25.4	5.9	−1.0
	欧洲	−7.3	8.3	5.4	−0.7
	亚洲	−1.0	11.1	0.9	2.2

注：2022年和2023年数值为预测值。
数据来源：世界贸易组织，《贸易统计与展望》，2022年10月。

展中国家的货币对美元贬值，其中超过 1/3 的国家货币贬值幅度超过 10%。UNCTAD《贸易和发展报告》指出，美国等经济体加息将使发展中国家收入大幅减少。

3. 全球贸易壁垒增多

WTO 报告显示，2022 年 5—10 月，G20 成员贸易限制措施增加，给全球经济增长和就业造成负面影响。其中，常规贸易限制措施维持高位，新实施 47 项与疫情无关的措施，月均新增 9.4 项，创 2012 年以来新高，影响贸易额 1601 亿美元；仍有 20 项疫情相关措施正在实施，影响贸易额 1220 亿美元。IMF 总裁格奥尔基耶娃表示，过去一年贸易壁垒增多，将使全球经济损失 1.5%，即 1.4 万亿美元。对亚洲地区来说，潜在损失可能超过 GDP 的 3%。

4. 地缘冲突及疫情影响持续

俄乌冲突复杂化长期化，欧洲能源价格大幅波动，生产成本上升，制造业尤其是能源密集型产业受到冲击，供应链局部中断。其中波罗的海和东欧国家等抗风险能力较弱的国家受影响相对更大，二、三季度经济急剧放缓。同时，疫情持续影响部分地区产业链供应链，病毒变异等因素仍将给全球经济带来较大不确定性。

三、主要国家和地区经济展望

美国高通胀、高利率对美国经济影响较大，美联储 2022 年 3 月以来已 6 次累计加息 375 个基点至 4%，幅度之大、节奏之快历史罕见。上半年美经济连续两个季度萎缩，2022 年一、二季度实际 GDP 环比去年分别下降 1.6% 和 0.6%，三季度反弹，增长 2.9%。10 月美 CPI 上涨 7.7%，涨幅为 2022 年 1 月以来最低，但仍处于历史高位。

美联储加息步伐或将放缓，但利率峰值仍未到来。美联储 9 月预计 2022、2023 年美国经济将分别增长 0.2% 和 1.2%，较 6 月预测下调 1.5 和 0.5 个百分点。

欧元区受到俄乌冲突直接冲击，经济发展前景不确定性上升，经济金融风险增加，下行压力加大。同时疫情管控放松，也给该地区旅游等服务业带来较大提振。前三季度欧元区 GDP 环比分别增长 0.6%、0.8% 和 0.2%；为控制通胀、对冲美联储加息外溢影响，欧洲央行 7 月以来 3 次累计加息 200 个基点。11 月欧元区通胀率仍高达 10%。欧盟委员会 11 月预计 2022 年欧元区经济增速为 3.2%，2023 年将大幅降至 0.3%。

日本仍保持超宽松货币政策，虽对经济起到一定刺激作用，但日元大幅贬值也不断推高能源等商品进口成本，经济走势不稳。前三个季度日本 GDP 环比分别下降 0.1%、增长 0.9%、下降 0.3%。企业信心受到打击，核心机械订单 9 月环比下降 4.6%。IMF 预计 2022 年日本经济将增长 1.7%，2023 年增长 1.6%。

新兴经济体和发展中国家面临财力不足、债务违约和货币贬值等多重挑战，经济下行风险较高。IMF 预计，2022、2023 年新兴经济体和发展中国家经济总体均增长 3.7%。从重点国别看，印度仍将是增速最快的国家，IMF 预计其 2022、2023 财年经济分别增长 6.8%、6.1%。俄罗斯采取应急措施避免经济崩溃，但制裁负面影响持续显现，俄经济发展部 9 月预计 2022、2023 年俄经济分别下降 2.9%、0.6%。南非经济恢复动能不足，失业问题极为严重，IMF 预计 2022 年南非经济将增长 2.1%，2023 年增长 1.1%。巴西经济表现好于预期，巴经济部 9 月将 2022 年巴经济增速预期从 2% 上调至 2.7%，2023 年预期维持 2.5%。

2022 年中国宏观经济形势报告

面对更趋复杂严峻的国际环境和国内疫情新发多发等多重挑战，在以习近平同志为核心的党中央坚强领导下，各地区各部门坚决贯彻落实党中央、国务院决策部署，按照疫情要防住、经济要稳住、发展要安全的要求，高效统筹疫情防控和经济社会发展，扎实落实稳经济各项举措，积极释放政策效能，国民经济总体上延续了恢复态势，经济社会发展大局保持稳定。

一、国民经济延续恢复，发展质量不断提升

2022 年前三季度，国内生产总值（GDP）为 870269 亿元，按可比价格计算同比增长 3.9%，比上半年加快 0.5 个百分点（见图 1）。分产业看，第一产业增加值为 54779 亿元，增长 4.2%，占 GDP 比重为 6.3%，与上年同期持平。第二产业增加值为 350189 亿元，增长 3.9%，占 GDP 比重达

40.2%，较上年同期提升 1.1 个百分点。第三产业增加值为 465300 亿元，增长 2.3%，占 GDP 比重为 53.5%。现代服务业增势较好，信息传输、软件和信息技术服务业增加值增长 8.8%，金融业增加值增长 5.5%。第一、二、三产业对经济增长的贡献率分别为 9.3%、48.8%、41.9%。能源消费结构继续改善，非化石能源消费占能源消费总量比重较上年同期提高 0.6 个百分点。

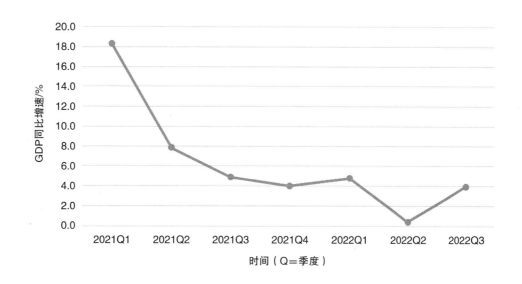

图 1　2021 年以来 GDP 增速

数据来源：国家统计局，下同。

二、农业生产总体稳定，秋粮有望再获丰收

前三季度，全国夏粮早稻合计 17553 万吨，同比增加 155 万吨。秋粮生产总体稳定，全年粮食产量有望丰收。畜牧业生产平稳发展，猪牛羊禽肉产量增长 4.4%，其中猪肉、牛肉、禽肉、羊肉产量分别增长 5.9%、3.6%、1.7%、1.5%。三季度末，生猪存栏 44394 万头，增长 1.4%，其中能繁殖母猪存栏 4362 万头，连续 5 个月增长，产能处于合理区间。

三、工业生产持续增长，新动能引领作用凸显

2022 年 1—10 月，全国规模以上工业增加值按可比价格计算增长 4.0%（见图 2）。新动能引领作用凸显，高技术制造业增加值增长 8.7%，持续快于整体工业。电气机械和器材制造业增加值增长 11.9%，增速快于规模以上工业 7.9 个百分点。绿色低碳智能产品增长较快，新能源汽车、太阳能电池产量分别增长 108.4% 和 35.6%。受疫情影响，11 月制造业景气度有所回落，中国制造业采购经理指数（PMI）为 48.0%，低于临界点。

四、固定资产投资稳定增长，高技术产业投资增长较快

2022 年 1—10 月，固定资产投资（不含农户）471459 亿元，增长 5.8%。从投资主体看，国有控股投资增长 10.8%；民间投资增长 1.6%，占总投资比重为 54.8%。分产业看，第一产业投资增长 1.4%；第二产业投资增长 10.8%，其中制造业投资增长 9.7%；第三产业投资增长 3.7%，其中基础设施投资增长 8.7%，连续六个月回升。高技术产业投资增长 20.5%，其中，高技术制造业投资增长 23.6%，增速高于全部投资 17.8 个百分点。全国房地产开发投资 113945 亿元，下降 8.8%。前三季度，资本形成总额对经济增长贡献率为 26.7%，拉动 GDP 增长 0.8 个百分点。

五、消费市场基本平稳，线上消费占比提升

2022 年 1—10 月，社会消费品零售总额 360575 亿元，增长 0.6%。分地区看，城镇消费品零售额 312649 亿元，增长 0.5%；乡村消费品零售额 47926 亿元，增长 0.8%。分消费类型看，餐饮收入 35348 亿元，下降 5.0%；商品零

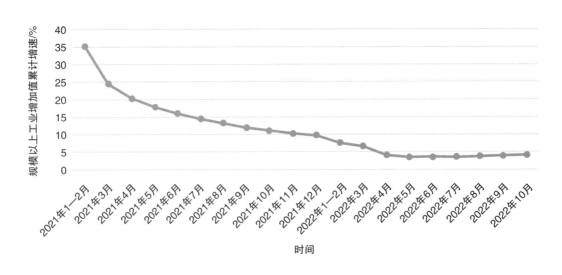

图 2　2021 年以来规模以上工业增加值累计增速

售 325227 亿元，增长 1.2%。基本生活消费稳定增长，限额以上单位粮油食品类、饮料类商品零售额分别增长 9.0%、6.6%。实体店铺零售逐步改善，1—10 月，限额以上实体店零售额增长 2.0%，其中超市、便利店零售额分别增长 3.7% 和 4.6%。线上消费需求持续释放，全国网上零售额增长 4.9%，其中实物商品网上商品零售额增长 7.2%，占社会消费品零售总额的比重为 26.2%，较上年同期提升 2.5 个百分点。前三季度，最终消费支出对经济增长贡献率为 41.3%，拉动 GDP 增长 1.2 个百分点。

六、开放型经济稳步发展，贸易投资持续优化

2022 年 1—10 月，进出口总额 34.62 万亿元，增长 9.5%。其中，出口 19.71 万亿元，增长 13.0%；进口 14.91 万亿元，增长 5.2%。一般贸易进出口占进出口总额的比重为 63.8%，较上年同期提高 2.1 个百分点；民营企业进出口占比为 50.4%，较上年同期提高 2.2 个百分点。随着 RCEP 正式生效实施，对东盟进出口占外贸总额比重提高至 15.2%。

2022 年 1—10 月，实际使用外资金额 10898.6 亿元，增长 14.4%。从行业看，高技术产业实际使用外资金额增长 31.7%，其中高技术制造业增长 57.2%，高技术服务业增长 25.0%。从区域分布看，中、西部地区实际使用外资分别增长 33.6% 和 26.9%，增速分别较东部地区快 21.2 个和 14.5 个百分点。

2022 年 1—10 月，对外非金融类直接投资 6274 亿元，增长 10.3%。其中，流向租赁和商务服务业 320.8 亿美元，增长 22.2%，制造业、批发和零售业、建筑业等领域对外投资保持增长。对共建"一带一路"国家非金融类直接投资 172.5 亿美元，增长 6.7%，占总额的 18.3%。对外承包工程完成营业额 7909.9 亿元人民币，增长 5.8%。"一带一路"国家承包工程完成营业额 641.7 亿美元，占总额的 53.9%。

七、居民消费价格温和上涨，工业生产者价格涨幅回落

2022 年 1—10 月，居民消费价格（CPI）上涨 2.0%。其中，城市和农村居民消费价格均上涨 2.0%。分类别看，交通通信价格上涨 5.6%，教育文化和娱乐价格上涨 1.9%，食品烟酒价格上涨 2.3%，生活用品及服务价格上涨 1.1%，居住价格上涨 0.8%，医疗保健价格上涨 0.7%，衣着价格上涨 0.5%。扣除食品和能源价格后的核心 CPI 上涨 0.6%。生产领域价格涨幅有所回落，1—10 月，工业生产者出厂价格上涨 5.2%，工业生产者购进价格上涨 7.5%，涨幅分别比上半年回落 2.5 和 2.9 个百分点。

八、就业形势总体稳定，居民收入增速回升

2022 年 1—10 月，全国城镇调查失业率均值为 5.6%。农民工就业状况有所改善，三季度末，外出务工农村劳动力总量 18270 万人，比二季度末增加 146 万人。居民收入持续增长，前三季度，全国居民人均可支配收入 27650 元，实际增长 3.2%，与经济增长基本同步。其中，城镇居民人均可支配收入 37482 元，实际增长 2.3%；农村居民人均可支配收入 14600 元，实际增长 4.3%，较城镇居民快 2.0 个百分点。

九、财政金融运行稳定，宏观调控持续发力

2022 年 1—10 月，全国一般公共预算收入 17.34 万亿元，下降 4.5%，扣除留抵退税因素后增长 5.1%；一般公共预算支出 20.63 万亿元，增长 6.4%。财政支出结构持续优化，民生等重点领域保障有力，教育、社会保障和就业、卫生健康支出分别增长 6%、7.4%、12.6%。稳健货币政策精准发力，金融运行总体平稳，流动性保持合理充裕，10 月末，广义货币（M2）余额 261.29 万

亿元，增长 11.8%；狭义货币（M1）余额 66.21 万亿元，增长 5.8%；流通中货币（M0）余额 9.84 万亿元，增长 14.3%。金融体系有力支持实体经济，10 月末，对实体经济发放的人民币贷款余额为 209.84 万亿元，增长 10.9%。外汇储备余额 3.05 万亿美元。

2022 年中国对外贸易形势报告

2022 年以来，受复杂严峻的国际环境和多重超预期因素影响，进出口保持稳定增长压力加大。随着党中央、国务院部署的多轮稳外贸政策出台实施，前 10 个月进出口保持增长，结构持续优化，展现出较强韧性，为稳定宏观经济大盘做出了积极贡献。

一、2022 年以来中国对外贸易发展情况

2022 年以来月度进出口金额及增速见图1。前 10 个月，货物进出口总额 34.6 万亿元，同比（下同）增长 9.5%。其中，出口 19.7 万亿元，增长 13.0%；进口 14.9 万亿元，增长 5.2%；顺差 4.8 万亿元，扩大 46.7%。按美元计价，货物进出口总额 5.3 万亿美元，增长 7.7%。其中，出口 3.0 万亿美元，增长 11.1%；进口 2.3 万亿美元，增长 3.5%；顺差 7277 亿美元，扩大 43.8%。前

三季度，货物和服务净出口对经济增长贡献率为 32.0%，拉动 GDP 增长 1 个百分点。

（一）对主要贸易伙伴保持增长

如图 2 所示，2022 年前 10 个月，东盟继续保持第一大贸易伙伴地位，对东盟进出口 5.3 万亿元，增长 15.8%，占同期进出口总额的 15.2%，较上年同期提高 0.8 个百分点。其中，出口 3.1 万亿元，增长 22.7%；进口 2.2 万亿元，增长 7.5%。对欧盟、美国进出口分别为 4.7 万亿元、4.2 万亿元，分别增长 8.1%、6.8%。对 RCEP 其他成员国进出口 10.6 万亿元，增长 8.0%，占同期进出口

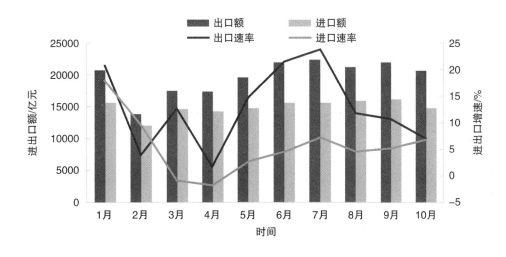

图1 2022 年以来月度进出口金额及增速

数据来源：中国海关统计，下同。

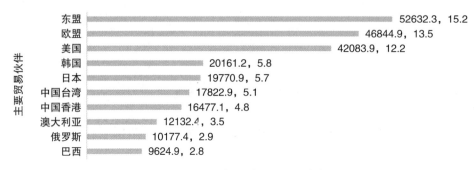

图 2　2022 年前 10 个月与前十大贸易伙伴进出口金额及总额占比

总额的 30.7%。对非洲和拉丁美洲进出口分别增长 16.2% 和 13.1%。

（二）区域布局更趋均衡

2022 年前 10 个月，中西部地区进出口 6.3 万亿元，增长 13.6%，高于进出口总体增速 4.1 个百分点；占进出口总额的 18.2%，较上年同期提高 0.7 个百分点。其中，出口 4.0 万亿元，增长 19.7%，高于出口总体增速 6.7 个百分点；进口 2.3 万亿元，增长 4.3%。中部 6 省进出口 3.1 万亿元，增长 16.6%，高于进出口总体增速 7.1 个百分点，占进出口总额的 9.0%。西部 12 省

（区、市）进出口 3.2 万亿元，增长 10.9%，高于进出口总体增速 1.4 个百分点，占进出口总额的 9.1%。东部地区进出口 28.3 万亿元，增长 8.4%，占进出口总额的 81.8%。

（三）商品结构持续优化

如表 1 所示，2022 年前 10 个月，机电产品出口 11.3 万亿元，增长 9.6%，占出口总额的 57.1%。高质量、高技术、高附加值产品出口增长较快，其中汽车（包括底盘）、集成电路、手机出口分别增长 72.0%、8.1%、8.7%。纺织纱线、织物及其制品，服装及衣着附件，塑料制品，家

表 1　2022 年前 10 个月出口主要商品数量、金额及增速

商品名称	单位	数量	同比增长 /%	金额 / 亿元	同比增长 /%
自动数据处理设备及其零部件	–	–	–	13189.3	0.5
服装及衣着附件	–	–	–	9747.5	8.6
集成电路	亿个	2303.8	−10.8	8511.5	8.1
纺织纱线、织物及其制品	–	–	–	8259.5	8.5
手机	万台	68987.1	−10.2	7790.4	8.7
塑料制品	–	–	–	5867.8	14.2
钢材	万吨	5635.8	−1.8	5392.8	27.4
家用电器	万台	284323.1	−11.4	4772.1	−10.2
汽车零配件	–	–	–	4441.6	11.3
家具及其零件	–	–	–	3798.9	−1.4
鞋靴	万双	768850.2	8.7	3123.1	27.2
汽车（包括底盘）	万辆	261.5	52.8	3091.7	72.0
通用机械设备	–	–	–	3059.9	11.3
玩具	–	–	–	2712.3	13.1

商品名称	单位	数量	同比增长/%	金额/亿元	同比增长/%
灯具、照明装置及其零件	-	-	-	2503.5	-2.2
成品油	万吨	3990.9	-24.5	2387.5	33.8
音视频设备及其零件	-	-	-	2084.9	-1.9
箱包及类似容器	万吨	248.4	27.3	1926.1	34.6
陶瓷产品	万吨	1496.7	-1.1	1731.4	10.9
液晶平板显示模组	万个	137295.6	-	1526.2	-
未锻轧铝及铝材	吨	5676246.1	24.9	1489	50.9
水产品	万吨	302.3	0.1	1226.5	10.1
船舶	艘	4394.0	8.6	1161.5	-0.1
医疗仪器及器械	-	-	-	1038.9	-2.6
肥料	万吨	2019.3	-31.1	632.9	-5.8
粮食	万吨	259.1	-5.5	98.6	6.1
中药材及中式成药	吨	119277.3	8.1	73.2	12.2
稀土	吨	41471.0	3.8	60.0	74.1
农产品★	-	-	-	5302.7	22.2
机电产品★	-	-	-	112505.7	9.6
高新技术产品★	-	-	-	52609.9	4.8

注：★表示包括本表中已列名的有关商品。

具及其零件，鞋靴，玩具，箱包及类似容器等七大类劳动密集型产品合计出口 3.5 万亿元，增长 11.2%，占出口总额的 18.0%。农产品出口 5302.7 亿元，增长 22.2%。

（四）大宗商品进口量减价扬

除铁矿砂进口量价齐跌，原油、煤、天然气和大豆等进口量减价扬。如表 2 所示，2022 年前 10 个月，进口铁矿砂及其精矿 9.2 亿吨，减少 1.7%，进口均价（下同）每吨 796.1 元，下跌 29.1%。进口原油 4.1 亿吨，减少 2.7%，每吨 4812.7 元，上涨 53.1%；煤及褐煤 2.3 亿吨，减少 10.5%，每吨 976.7 元，上涨 56.3%；天然气 8873.7 万吨，减少 10.4%，每吨 4095.4 元，上涨 58.5%；大豆 7317.7 万吨，减少 7.4%，每吨 4429.7 元，上涨 25.6%；初级形状的塑料 2526.6 万吨，减少 10.8%，每吨 1.24 万元，上涨 8.0%；成品油 1990.5 万吨，减少 10.9%，每吨 5141.9 元，上涨 31.7%。

（五）民营企业带动作用增强

2022 年前 10 个月，民营企业进出口额 17.5 万亿元，增长 14.4%，高于进出口总体增速 4.9 个百分点；占进出口总额的 50.4%，较上年同期提升 2.2 个百分点。其中，出口 11.9 万亿元，增长 19.0%，占出口总额的 60.2%；进口 5.6 万亿元，增长 5.7%，占进口总额的 37.4%。外商投资企业进出口额 11.6 万亿元，增长 1.5%，占进出口总额的 33.4%。国有企业进出口 5.6 万亿元，增长 14.5%，占进出口总额的 16.0%，较上年同期提高 0.7 个百分点。

（六）贸易方式更加优化

如表 3 所示，2022 年前 10 个月，一般贸易进出口 22.1 万亿元，增长 13.3%，占进出口总额的 63.8%，较上年同期提升 2.1 个百分点。其中，出口 12.6 万亿元，增长 18.4%，占出口总额的 63.7%，较上年同期提高 2.9 个百分点；进口 9.5 万亿元，增长 7.2%，占进口总额的 63.9%，较上

表 2　2022 年前 10 个月进口主要商品数量、金额及增速

商品名称	单位	数量	同比增长 /%	金额 / 亿元	同比增长 /%
集成电路	亿个	4580.2	−13.2	23107.8	3.0
原油	万吨	41353.3	−2.7	19902.1	48.9
铁矿砂及其精矿	万吨	91741.6	−1.7	7303.3	−30.3
粮食	万吨	12233.4	−11.3	4459.9	12.5
天然气	万吨	8873.7	−10.4	3634.1	42.1
大豆	万吨	7317.7	−7.4	3241.5	16.2
自动数据处理设备及其零部件	−	−	−	3204.3	−9.0
铜矿砂及其精矿	万吨	2076	8.4	3178.4	5.5
初级形状的塑料	万吨	2526.6	−10.8	3129.8	−3.7
未锻轧铜及铜材	吨	4817770.1	8.8	3003.7	11.6
汽车（包括底盘）	万辆	74.6	−6.6	2979.7	3.5
医药材及药品	吨	232481.9	25.2	2357	0.0
煤及褐煤	万吨	23009.8	−10.5	2247.3	39.9
汽车零配件	−	−	−	1722.2	−16.3
肉类（包括杂碎）	万吨	603.4	−25	1714.6	−2.8
二极管及类似半导体器件	亿个	5168.9	−16.2	1590	1.0
美容化妆品及洗护用品	吨	354257.3	−10.9	1260.8	−5.2
纸浆	万吨	2431.7	−3.2	1205.3	10.5
成品油	万吨	1990.5	−10.9	1023.5	17.4
钢材	万吨	911.5	−23	958.3	−2.5
原木及锯材	万立方米	5806	−24.8	897.3	−13.5
干鲜瓜果及坚果	万吨	648.6	−7.1	860.7	2.2
液晶平板显示模组	万个	125056.1	−	845.9	−
医疗仪器及器械	−	−	−	790.7	−3.8
天然及合成橡胶（包括胶乳）	万吨	586.1	7.1	702.8	11.1
纺织纱线、织物及其制品	−	−	−	670.1	−20.6
食用植物油	万吨	442.8	−50.2	430.4	−26.8
机床	台	80724	−10.9	401.1	−9.6
空载重量超过 2 吨的飞机	架	96	−40.7	353.7	−33.0
肥料	万吨	758.5	−2.9	272.2	85.7
稀土	吨	103837.2	14.5	88	46.7
农产品 ★	−	−	−	12713.3	8.5
机电产品 ★	−	−	−	57804.1	−3.5
高新技术产品 ★	−	−	−	42246.7	−3.3

注：★ 表示包括本表中已列名的有关商品。

表3　2022年前10个月进出口贸易方式情况

贸易方式	出口			进口		
	金额/亿元	同比增长/%	占比/%	金额/亿元	同比增长/%	占比/%
总值	197112.7	13.0	100	149052.8	5.2	100
一般贸易	125628.7	18.4	63.7	95303.2	7.2	63.9
加工贸易	44720.9	5.0	22.7	25516.8	0	17.1
其他贸易	26763.1	3.5	13.6	28232.8	3.3	19.0

年同期提高1.2个百分点。加工贸易进出口7.0万亿元，增长3.2%，占进出口总额的20.3%，较上年同期下降1.2个百分点。其中，出口4.5万亿元，增长5.0%；进口2.6万亿元，与上年同期基本持平。以保税物流方式进出口4.3万亿元，增长9.2%，占进出口总额的12.4%，较上年同期下降0.1个百分点。其中，出口1.7万亿元，增长13.2%；进口2.6万亿元，增长6.8%。

（七）服务贸易继续保持增长

2022年前10个月，服务进出口总额4.92万亿元，增长17.2%。其中，出口2.36万亿元，增长18.1%；进口2.56万亿元，增长16.4%；逆差2022.6亿元。剔除旅行服务，服务进出口增长18.6%，其中出口增长19%，进口增长18.1%。知识密集型服务进出口2.05万亿元，增长10.3%，其中出口1.15万亿元，增长14.3%，出口增长较快的领域是知识产权使用费、电信计算机和信息服务，分别增长17.3%、16.3%；进口8978.8亿元，增长5.6%，进口增长较快的领域是保险服务，增长57.1%。前10个月，中国企业承接离岸服务外包合同额8757亿元，执行额6170亿元，分别增长14.6%和11.1%。

二、中国对外贸易发展环境

（一）国际环境

当前，百年变局和世纪疫情交织叠加，世界经济增长放缓，全球化遭遇逆流，地缘政治风险上升，国际能源资源供需不平衡加剧，产业链供应链格局深刻调整，中国外贸发展面临的不稳定、不确定性增多。

全球经济衰退风险上升。国际货币基金组织（IMF）2022年10月发布《世界经济展望报告》，预计2022年全球经济增长3.2%，与7月预测持平，并下调2023年全球经济增速0.2个百分点至2.7%。IMF指出，当前全球经济面临诸多挑战，通货膨胀水平达到几十年来最高，主要发达经济体货币政策收紧，地缘冲突加剧，新冠疫情持续，新兴市场债务风险上升。联合国贸发会议（UNCTAD）2022年10月发布《2022年贸易和发展报告》，预计2022年全球经济增长2.5%，2023年增长2.2%，其中发展中国家平均增速将降至3%以下。经济合作与发展组织（OECD）11月发布《经济展望报告》，预计2022年全球经济增长3.1%，2023年将进一步放缓至2.2%。

全球贸易增速大幅放缓。世界贸易组织（WTO）2022年10月发布《贸易统计及展望》报告指出，全球贸易增长动能减弱，预计2022年全球货物贸易量增长3.5%，2023年仅增长1%。联合国贸发会议（UNCTAD）7月发布《全球贸易更新》报告指出，短期看，俄乌冲突、利率上升、债务问题、经济刺激措施逐步退出将带来负面影响；中长期看，全球供应链加快调整，绿色转型挑战增多，也将影响贸易发展。

全球通胀压力持续。IMF10月预计2022年全球通胀率将升至8.8%，较7月预测上调0.5个百分点，远高于2021年的4.7%，2023、2024年将分别为6.5%和4.1%。欧洲央行9月预计欧元区2022年通胀率将高达8.1%，2023年将回落至5.5%。美联储9月预计美国2022、2023年通胀率将分别为5.4%和2.8%。

全球产业链供应链加速调整。两链本土化、

区域化、多元化趋势明显，跨国公司更多采取"中国+N"战略，美欧等国寻求供应链重组，由"离岸外包"转向"在岸外包""近岸外包""友岸外包"，将对全球产业和贸易格局产生深远影响。

（二）国内环境

党的二十大擘画了以中国式现代化全面推进中华民族伟大复兴的宏伟蓝图，中国经济韧性强、潜力足、回旋余地广，长期向好的基本面不会改变，产业基础坚实有力，高水平开放深入推进，创新动能持续释放，企业韧性不断增强，政策合力加快形成，推动贸易高质量发展仍具备诸多有利条件。

经济长期向好的基本面不会改变。党的十八大以来，中国经济实力实现历史性跃升，经济增速高于世界平均水平。2013—2021年，中国经济年均增长6.6%，居世界主要经济体前列，高于同期世界平均增速（2.6%）和发展中经济体平均增速（3.7%），对世界经济增长的平均贡献率达38.6%，超过G7国家贡献率的总和。2022年以来，中国经济克服多重超预期冲击的不利影响，主要指标恢复回稳。前三季度国内生产总值（GDP）按不变价计算增长3.0%，比上半年加快0.5个百分点。居民消费价格温和上涨，就业形势总体稳定，国际收支基本平衡。

高水平开放为外贸发展提供动力。党的十八大以来，中国实行更加积极主动的开放战略，截至目前，中国经贸伙伴230多个，是140多个国家和地区的主要贸易伙伴，累计与26个国家和地区签署19个自贸协定，成功举办中国国际进口博览会等重大展会，形成更大范围、更宽领域、更深层次对外开放格局。党的二十大报告提出，推进高水平对外开放，稳步扩大规则、规制、管理、标准等制度型开放，推动货物贸易优化升级，创新服务贸易发展机制，发展数字贸易，加快建设贸易强国，将为外贸发展注入新的活力。

对外贸易创新发展动能持续增强。中国加快发展外贸新业态新模式，培育外贸发展新动能。截至目前，已设立全国市场采购贸易方式试点39个、跨境电子商务综合试验区165个，外贸新业态先行先试"试验田"不断扩大。在全国增设29个国家进口贸易促进创新示范区，累计达43个，覆盖东中西部和东北地区。服务贸易创新发展试点全面深化，知识密集型服务贸易以及文化、中医药等特色服务出口快速发展，数字贸易方兴未艾，将进一步拓展服务贸易发展空间。

稳外贸政策合力加快形成。面对复杂严峻的国际形势，党中央、国务院部署实施了一系列政策举措，为稳外贸提供了有力支撑。5月17日，国务院办公厅印发《关于推动外贸保稳提质的意见》，帮扶外贸企业应对困难挑战，助力稳经济稳产业链供应链。5月24日，国务院公布扎实稳住经济一揽子政策措施，对重点外贸外资企业复工达产作出部署。9月13日，国务院常务会议通过了支持外贸稳定发展若干政策措施。9月27日，商务部等6单位印发《海运 航空 铁路口岸外贸进口货物标准作业程序参考》，统筹各类口岸在疫情条件下提升进口货物流转效率。

2022 年浙江省国民经济和社会发展统计公报

　　2022 年，浙江坚持以习近平新时代中国特色社会主义思想为指导，全面贯彻党的十九大、十九届历次全会和二十大精神，认真落实习近平总书记"疫情要防住、经济要稳住、发展要安全"的重要指示，忠实践行"八八战略"，奋力打造"重要窗口"，统筹打好疫情防控、稳进提质组合拳，经受住了超预期的冲击和挑战。全年经济运行总体保持恢复态势，新动能持续成长，市场价格平稳，民生保障有力，高质量发展特征进一步显现，高水平全面建设社会主义现代化、高质量发展建设共同富裕示范区扎实开局。

一、综合 [1]

　　根据国家统一初步核算，2022 年全省生产总值 [2] 为 77715 亿元，比上年增长 3.1%（见图 1）。分产业看，第一、二、三产业增加值分别为 2325 亿元、33205 亿元和 42185 亿元，比上年分别增长 3.2%、3.4% 和 2.8%，三次产业结构为 3.0∶42.7∶54.3（见图 2）。人均地区生产总值为 118496 元（按年平均汇率折算为 17617 美元），比上年增长 2.2%。

　　据 2022 年全省 5‰人口变动抽样调查推算，年末全省常住人口 6577 万人，比上年末增加 37 万人。其中，男性人口 3436 万人，女性人口 3141 万人，分别占总人口的 52.2% 和 47.8%。

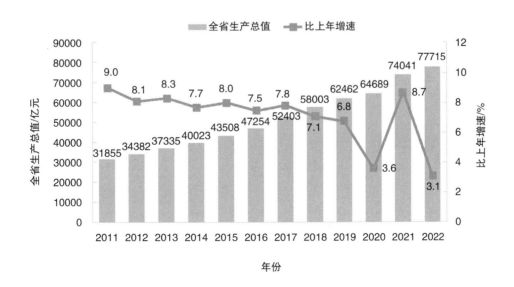

图 1　2011—2022 年全省生产总值及增速

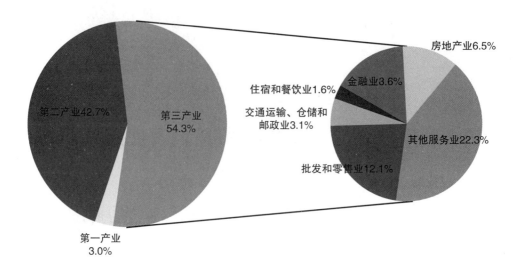

图 2　2022 年各产业、行业增加值占生产总值比重

全年出生人口 41.2 万人，出生率为 6.28‰；死亡人口 40.9 万人，死亡率为 6.24‰；自然增长率为 0.04‰。城镇化率为 73.4%。

全年居民消费价格比上年上涨 2.2%，其中，食品类价格上涨 2.7%（见表 1）。城市上涨 2.2%，农村上涨 2.2%；消费品价格上涨 3.0%，服务价格上涨 1.0%。商品零售价格上涨 3.2%。全年工业生产者出厂价格上涨 4.0%，工业生产者购进价格上涨 6.1%。

年末就业人员 3930 万人[3]，比上年增长 0.8%，占常住人口的 59.8%。全年城镇新增就业 115.6 万人。帮扶困难人员就业 12.8 万人，城镇调查失业率低于 5.5% 的控制目标。农民工总量为 1368 万人，增长 2.1%。

新动能持续引领增长。全年以新产业、新业态、新模式为主要特征的"三新"经济增加值占 GDP 的 28.1%。数字经济核心产业增加值 8977 亿元，比上年增长 6.3%。数字经济核心产业制造业增加值增长 10.7%，增速比规模以上工业高 6.5 个百分点，拉动规模以上工业增加值增长 1.7 个百分点。高技术产业、战略性新兴产业、装备制造业和高新技术产业增加值分别增长 11.5%、

表 1　2022 年居民消费价格指数情况（上年为 100）

指标	全省	城市	农村
居民消费价格指数	102.2	102.2	102.2
食品烟酒	102.6	102.6	102.5
食品	102.7	102.8	102.5
粮食	101.4	101.3	101.6
衣着	100.4	100.2	101.2
居住	100.7	100.6	101.1
生活用品及服务	101.8	101.6	102.2
交通通信	105.1	105.1	105.0
教育文化娱乐	103.1	103.4	101.5
医疗保健	100.3	100.2	100.9
其他用品及服务	101.8	101.8	101.8

10.0%、6.2% 和 5.9%（见表 2），分别拉动规模以上工业增加值增长 1.9、3.1、2.8 和 3.9 个百分点。在战略性新兴产业中，新能源、生物、新能源汽车、新一代信息技术产业增加值分别增长 24.8%、10.0%、9.4% 和 9.3%。

高质量发展持续推进。全年全员劳动生产率[4] 为 19.9 万元 / 人，比上年提高 2.2%。规模以上工业劳动生产率为 29.6 万元 / 人，比上年提高 4.2%。一般公共预算收入 8039 亿元，扣除留抵退税因素后增长 5.5%，总量居全国第三位，地方政府一般债务收入 1059 亿元，转移性收入 5530 亿元。其中，税收收入 6620 亿元，扣除留抵退税因素后增长 2.0%，占一般公共预算收入的 82.3%，收入质量居全国前列。一般公共预算支出 12018 亿元，增长 9.1%。其中，卫生健康、科学技术、社会保障和就业、文化旅游体育与传媒、教育、农林水等重点支出分别增长 36.1%、17.7%、8.9%、8.0%、7.8% 和 4.5%。规模以上工业企业中，有研发费用的企业 4.2 万家，占规上工业企业的比重为 76.6%，比上年提高 4.3 个百分点；研发费用支出增长 14.5%，增速比营业收入高 7.1 个百分点；研发费用相当于营业收入的比例为 2.9%，比上年提高 0.2 个百分点。新产品产值增长 12.3%，对工业总产值增长的贡献率为 67.9%；新产品产值率为 42.2%，比上年提高

1.9 个百分点。

服务业运行稳中有进。全年服务业增加值 42185 亿元，比上年增长 2.8%，拉动全省生产总值增长 1.5 个百分点，对经济增长的贡献率为 50.4%。规模以上服务业[5] 企业营业收入 27167 亿元，增长 0.9%，见表 3。10 个服务业行业门类中，9 个门类两年平均实现增长。其中，租赁和商务服务业，卫生和社会工作，科学研究和技术服务业营业收入分别比上年增长 10.3%、8.3% 和 6.6%。规模以上服务业企业户均营业收入 2.1 亿元。年营业收入 10 亿元以上企业合计 315 家，比上年增加 11 家，占规模以上服务业企业数的 2.4%，营业收入占规模以上服务业的 63.5%，对全省规模以上服务业营业收入增长的贡献率为 43.6%，拉动全省服务业营业收入增长 0.4 个百分点。

民营经济活力增强。全年民营经济增加值占全省生产总值的比重为 67%。规模以上工业中民营企业数量突破 5 万家，占比 92.2%；增加值突破 1.5 万亿，占比 70.3%；增长 5.2%，增速比规模以上工业高 1.0 个百分点，对规模以上工业增加值的增长贡献率为 83.2%。规模以上服务业民营企业营业收入增长 2.0%，增速高出规模以上服务业 1.1 个百分点。民间投资占固定资产投资总额的 56.4%。民营企业进出口增长 16.9%，占

表 2　2022 年规模以上工业分产业增加值及增速

产业	增加值 / 亿元	比上年增长 /%
规模以上工业增加值	21900	4.2
高技术产业	3683	11.5
高新技术产业	14291	5.9
装备制造业	9744	6.2
战略性新兴产业	7331	10.0
数字经济核心产业制造业	3532	10.7
节能环保制造业	2585	4.1
健康产品制造业	1137	6.4
时尚制造业	1682	−1.9
高端装备制造业	6411	5.4
文化制造业	606	−2.2

表3 2022年规模以上服务业企业主要行业营业收入情况

行业	营业收入/亿元	比上年增长/%
总计	27167	0.9
交通运输、仓储和邮政业	6432	−2.2
信息传输、软件和信息技术服务业	11611	−1.0
房地产业（除房地产开发经营）	932	−0.3
租赁和商务服务业	4698	10.3
科学研究和技术服务业	2091	6.6
水利、环境和公共设施管理业	289	−8.9
居民服务、修理和其他服务业	269	−3.2
教育	74	−32.1
卫生和社会工作	373	8.3
文化、体育和娱乐业	397	−3.7

全省78.3%，比重提升2.5个百分点，拉动全省进出口增长12.8个百分点。在册市场主体943万户，比上年增长8.6%，新设民营企业46万户，占新设企业数的93.5%，私营企业308万户，占企业总量的92.5%。民营经济创造的税收占全省税收收入的71.7%。

二、农业和农村

主要农产品稳产保供。全年粮食播种面积1020千公顷，比上年增长1.4%，总产量621万吨，与上年基本持平；油菜籽播种面积124千公顷，增长3.4%；蔬菜671千公顷，增长1.0%；中药材46.6千公顷，下降1.6%；瓜果类83.7千公顷，下降4.5%。猪牛羊禽肉总产量108万吨，增长4.8%，其中，猪肉产量71.4万吨，增长9.6%；禽蛋产量31.7万吨，增长2.5%；牛奶产量19.6万吨，增长5.7%。水产品总产量648万吨，增长3.6%，其中，海水产品产量501万吨，增长3.6%；淡水产品产量147万吨，增长3.5%。年末生猪存栏644万头，增长0.7%，其中，能繁母猪存栏71.1万头，增长2.6%。全年生猪出栏851万头，增长9.9%。

农业现代化效果显现。高标准建设现代农业园区和粮食生产功能区。累计创建省级现代农业园区90个，严格保护好810万亩粮食生产功能区，累计建成万头猪场138家，核定产能748万头。农业"双强"行动持续推进，全省农作物耕种收综合机械化水平76.5%以上，其中，水稻耕种收综合机械化率85.5%以上。新育成省级审（认）定农业新品种83个，推广新品种97个，良种覆盖率98%。实施农业领域"双尖""双领"重点研发计划项目78项。深化"肥药两制"改革，全年推广配方肥45万吨以上，全省主要农作物测土配方施肥覆盖率90%，推行绿色防控1000万亩次。强化"三品一标"建设，新认定绿色食品537个，有效期内绿色食品2687个；新建国家农产品地理标志保护工程10个，累计40个；新建省级精品绿色农产品基地10个，累计45个。统筹推进百链千亿农业全产业链创建、十万农创客培育和乡村产业"一县一平台"建设。

新时代和美乡村建设率先推进。持续深化"千万工程"，农村生活垃圾分类处理年度任务目标顺利完成，全省农村生活垃圾分类覆盖面达100%，无害化处理率达100%，生活垃圾回收利用率达60%，资源化利用率达100%。全域推进"五美联创"，创建美丽乡村示范县14个、示范乡镇114个、示范带22条、特色精品村335个，全省美丽乡村覆盖率达到93%。全年开展未来乡村、美丽乡村、示范带、历史文化村落等项目

8989 个。健全自治法治德治智治"四治融合"的乡村治理机制，累计建成善治（示范）村 8097 个。

农民农村共富有效提升。实施农民扩中提低行动计划，推进强村惠民，全省村级集体经济收入 30 万元以上且经营性收入 15 万元以上行政村占比达到 85% 以上。推进城乡公共服务均等化，农村一、二级幼儿园在园幼儿占比 74.2%，城乡义务教育共同体覆盖所有农村学校；组建县域医共体 162 家，建成规范化村级医疗机构 1249 家；累计建成居家养老服务中心 1456 家、社区照料中心 2.2 万家，实现乡镇（街道）和社区全覆盖；新增村级全民健身广场 110 个。打造 8288 个覆盖全省的"15 分钟品质文化生活圈"。深入实施先富带后富"三同步"行动，深化构建新型帮共体；加强低收入农户帮扶，全省低收入农户年人均可支配收入增长 14.6%，高出全省农民收入增速 8.0 个百分点。开展农村实用人才和高素质农民培训 11.4 万人次。

三、工业和建筑业

全年规模以上工业增加值 21900 亿元，比上年增长 4.2%。分经济类型看，国有及国有控股企业比上年增长 4.2%，外商投资企业增长 2.9%，港澳台商投资企业下降 1.3%。17 个传统制造业增加值增长 2.4%。38 个工业行业大类中，19 个行业增加值比上年增长，8 个行业呈现两位数增长。其中，医药、化学原料、计算机通信电子、汽车等行业分别增长 16.2%、14.7%、14.6% 和 13.7%，合计拉动规模以上工业增加值增长 4.1 个百分点。数字经济核心产业制造业增加值 3532 亿元，占比 16.1%，对规模以上工业增加值增长的贡献率为 40.3%。高技术、战略性新兴、装备等产业制造业增加值对规模以上工业增长的贡献率分别为 44.9%、73.1% 和 67.6%。规模以上工业企业营业收入 107956 亿元，首次突破 10 万亿元大关，增长 7.4%。

全年建筑业增加值 4388 亿元，占 GDP 的比重为 5.6%。

四、固定资产投资和房地产业

全年固定资产投资比上年增长 9.1%。第二产业投资带动作用明显，第三产业投资占比近八成。第二产业投资增长 18.9%，高出全部投资 9.8 个百分点，占比为 23.7%，提高 1.9 个百分点。第三产业投资增长 6.6%，占比为 76.1%。制造业投资增长 17.0%，增速比全部投资高 7.9 个百分点，占全部投资的 20.0%，拉动全部投资增长 3.2 个百分点。基础设施投资增长 7.6%，占全部投资的 22.9%，拉动全部投资增长 1.8 个百分点。其中，电力热力燃气及水的生产和供应业、水利环境和公共设施管理业（除土地管理）投资分别增长 29.7%、16.8%。高新技术产业制造业投资增长 23.9%，计算机通信电子、通用设备、医药、专用设备等高端制造业投资分别增长 35.7%、31.4%、30.5% 和 28.1%。

全年房地产开发投资 12940 亿元，比上年增长 4.4%，总体保持平稳增长态势。住宅投资增长 3.2%，拉动房地产开发投资增长 2.3 个百分点；办公楼投资增长 15.9%；商业营业用房投资下降 0.2%。商品房销售面积 6815 万平方米，比上年下降 31.8%。商品房销售额下降 33.6%。

五、国内贸易

全年社会消费品零售总额 30467 亿元，比上年增长 4.3%，规模首次站上 3 万亿元新台阶。按经营所在地分，城镇消费品零售额 25940 亿元，增长 4.5%；乡村消费品零售额 4527 亿元，增长 3.4%。按消费类型分，商品销售 27280 亿元，增长 5.0%；餐饮收入 3187 亿元，下降 1.0%。

在限额以上单位商品零售额中，日用品类、粮油食品类、饮料类、中西药品类等生活类商品消费稳定增长，商品零售额比上年分别增长 4.8%、10.2%、10.3% 和 14.2%。升级类商品消费加快增长。化妆品类、智能手机类零售额分别增长 9.0%、8.2%。汽车类零售增长 13.7%，其中新能源汽车增长 1.1 倍；石油及制品类零售增长

10.2%。全省实物商品网上零售额 17307 亿元，比上年增长 9.8%，其中限额以上单位通过公共网络实现的零售额增长 19.8%。

全省各类商品交易市场 2813 家，全年商品成交额达 2.1 万亿元。其中，年成交额超十亿元、超百亿元、超千亿元的商品市场分别有 262 家、41 家和 2 家。中国社会科学院发布的"2022 年中国商品市场综合百强榜单"和"中国商品市场十大数字化领跑者榜单"，浙江分别获 33 席和 6 席，领跑全国。

六、对外经济

全年货物进出口 46837 亿元，其中，出口 34325 亿元，进口 12511 亿元，分别比上年增长 13.1%、14.0% 和 10.7%（见表 4）；规模分别居全国第三、第三和第六位，占全国份额分别为 11.1%、14.3% 和 6.9%，比上年提高 0.5、0.4 和 0.4 个百分点；对全国的增长贡献率分别为 18.0%、18.5% 和 16.3%，其中，出口的贡献率居全国首位，进出口、进口贡献率居全国第二位。市场布局持续优化，对欧盟、美国进出口分别增长 10.3% 和 5.4%，有进出口贸易的国别（地区）达 235 个，对中东、非洲、东盟、拉美进出口分别增长 39.3%、21.2%、19.6% 和 14.4%，均保持两位数增长，合计拉动全省外贸增长 9.1 个百分点。对共建"一带一路"国家、RCEP 其他成员进出口分别增长 21.3% 和 12.5%，拉动全省外贸增长 7.3 和 3.1 个百分点。出口商品结构转型升级，高新技术、机电产品出口分别增长 26.8% 和 11.1%，占比分别为 10.1% 和 44.7%，高新技术产品出口增速高于全省出口 12.8 个百分点，占比首次超过 10%。

中欧（"义新欧"）班列开行 2269 列。高质量推动中国（浙江）自由贸易试验区建设，区内新增注册企业 31935 家，浙江自贸试验区所在 10 个县市区固定资产投资合计比上年增长 11.3%。

全年新设外商投资企业 2910 家，合同外资 434 亿美元，比上年增长 12.7%，实际使用外资 193 亿美元，增长 5.2%。制造业实际使用外资 49.0 亿美元，增长 9.8%。第三产业外商投资项目 2557 个，占外商直接投资项目总数的 87.9%，合同外资 365 亿美元，增长 29.1%，占合同外资总额的 84.0%，实际使用外资 135 亿美元，增长 2.4%，占实际外资总额的 69.8%。

全省经备案核准的境外企业和机构共 934 家，比上年增长 16.5%；对外直接投资备案额（中方投资额）130 亿美元，增长 45.0%。经备案（核准）在共建"一带一路"国家及地区的境外企业 568 家，增长 30.0%；备案额为 79 亿美元，增长 45.1%，占全省比重为 60.2%；在签署 RCEP 国家的境外企业 293 家，增长 32.0%，备案额为 63 亿美元，增长 66.1%。

表 4　2022 年货物进出口主要分类情况

指标	金额 / 亿元	比上年增长 /%
货物进出口总额	46837	13.1
货物出口额	34325	14.0
一般贸易	26928	13.7
加工贸易	2239	7.2
机电产品	15326	11.1
高新技术产品	3454	26.8
货物进口额	12511	10.7
一般贸易	10055	13.4
加工贸易	955	5.8
机电产品	1892	5.1

七、交通运输和邮电业

全年交通运输、仓储和邮政业增加值2375亿元，比上年下降1.1%。

年末全省公路总里程12.29万公里，其中，高速公路5289公里。共有民航机场7个，全年旅客吞吐量3471万人，其中发送量1786万人。铁路、公路和水运货物周转量13544亿吨公里，比上年提高4.7%；旅客周转量491亿人公里，下降31.2%（见表5）。全省港口[6]货物吞吐量19.2亿吨，下降0.4%，其中，沿海港口15.4亿吨，增长3.4%。宁波舟山港货物吞吐量12.6亿吨，连续14年居全球第一，集装箱吞吐量3335万标箱，连续5年全球第三，仅次于上海港、新加坡港。

年末全省小型载客汽车保有量1852万辆，其中私家车（个人小型、微型载客汽车）保有量1710万辆。

邮电业总量继续稳居全国前列。全年邮政业务总量[7]2187亿元，稳居全国第二，比上年下降2.0%。快递业务量229亿件，比上年增长0.5%，占全国比重20.7%。全年电信业务总量[8]1122亿元，居全国第三，增长19.5%。移动电话用户9024万户，比上年增加164万户，普及率达138.0部/百人，居全国第三，比上年末提高0.8部/百人，其中，5G移动电话用户达到3263万户，占移动电话用户的36.2%，比上年末提高

23.9个百分点。5G基站总数[9]达到17.1万个，每万人拥有5G基站数达26.2个，除北京、上海、天津三个直辖市外，居全国省（区）第一。固定互联网宽带接入用户3400万户，比上年增加283万户，普及率达52.0%，居全国第二。

八、金融、证券和保险

如表6所示，年末全部金融机构本外币各项存款余额196340亿元，比上年末增长14.9%，其中人民币存款余额增长15.5%。住户本外币存款余额82242亿元，增长21.9%。全部金融机构本外币各项贷款余额189808亿元，增长14.5%，其中人民币贷款余额增长14.7%。年末主要农村金融机构（农村信用社、农村合作银行、农村商业银行）人民币贷款余额28991亿元，比年初增加4674亿元。

年末境内上市公司657家，累计融资17887亿元。其中，主板444家，占全国主板总数的13.9%，位居全国第二；创业板156家，占全国创业板总数的12.7%，位居全国第三；科创板43家，占全国科创板总数的8.6%，位居全国第五；北交所14家，占全国北交所上市公司总数的8.6%，位居全国第四。新三板挂牌企业608家，占全国新三板挂牌企业总数的9.2%，位居全国第四。

全年保险业保费收入3129亿元，比上年

表5　2022年交通客货运输量

指标	单位	绝对数	比上年增长/%
货物周转量	亿吨千米	13544	4.7
铁路	亿吨千米	285	5.8
公路	亿吨千米	2650	0.5
水运	亿吨千米	10608	5.8
旅客周转量	亿人千米	491	−31.2
铁路	亿人千米	348	−34.6
公路	亿人千米	139	−21.3
水运	亿人千米	4	−28.5
民航旅客吞吐量	万人	3471	−33.0

表6 2022 年金融机构本外币存贷款情况

指标	年末数 / 亿元	比上年末增长 /%
各项存款余额	196340	14.9
住户存款	82242	21.9
非金融企业存款	72326	15.6
各项贷款余额	189808	14.5
住户贷款	75678	8.0
企（事）业单位贷款	113239	19.3

增长 9.4%。其中，财产险保费收入 1010 亿元，增长 9.7%；人身险保费收入 2119 亿元，增长 9.3%。各类赔款及给付 1076 亿元，增长 4.5%。其中，财产险赔付 637 亿元，人身险赔付 438 亿元。

九、人民生活和社会保障

根据城乡一体化住户调查，全体及城乡居民人均可支配收入分别为 60302 元、71268 元和 37565 元，比上年增长 4.8%、4.1% 和 6.6%（见表 7）；扣除价格因素实际增长 2.5%、1.9% 和 4.3%。城乡收入比 1.90，比上年缩小 0.04。全省低收入农户人均可支配收入 18899 元，其中，山区 26 县低收入农户人均可支配收入 17329 元，比上年增长 15.8%，增速比全省低收入农户平均水平高 1.2 个百分点。

全年居民人均生活消费支出 38971 元，比上年增长 6.3%，扣除价格因素增长 4.0%。按常住地分，城镇居民人均生活消费支出为 44511 元，增长 5.5%；农村居民人均生活消费支出 27483 元，增长 8.1%，扣除价格因素分别增长 3.2% 和 5.8%。

年末全省参加基本养老保险人数 4520 万人，参加基本医疗保险人数 5577 万人，参加失业保险、工伤保险、生育保险人数分别为 1851 万人、2767 万人和 2186 万人。城乡居民养老保险基础养老金最低标准提高到 190 元 / 月。

年末在册低保对象 56.4 万人（不含五保），其中，城镇 5.68 万人，农村 50.7 万人。全年低保资金（含各类补贴）支出 61.4 亿元，比上年减少 13.2%；城乡低保同标，平均每人每月 1083 元。全年发行各类福利彩票 124.4 亿元，比上年增加 8.1 亿元，筹集公益金 37.5 亿元。

表7 2022 年居民人均收支主要指标

指标	全省居民		城镇常住居民		农村常住居民	
	绝对数 / 元	比上年增长 /%	绝对数 / 元	比上年增长 /%	绝对数 / 元	比上年增长 /%
人均可支配收入	60302	4.8	71268	4.1	37565	6.6
工资性收入	34177	4.1	39718	3.4	22687	5.8
经营净收入	9880	6.3	10233	5.8	9149	7.3
财产净收入	7397	7.1	10397	6.5	1177	8.8
转移净收入	8848	3.8	10919	2.6	4552	8.3
人均生活消费支出	38971	6.3	44511	5.5	27483	8.1

十、教育和科学技术

年末全省共有幼儿园7709所，在园幼儿197.3万人，比上年减少1.8%。共有小学3204所，招生66.2万人；在校生393.1万人，增长2.5%，小学学龄儿童入学率为99.99%。小学生均校舍建筑面积10.8平方米，生均图书35册，体育运动场（馆）面积达标的学校比例为99.4%。共有初中1782所，招生57.6万人；在校生169.3万人，比去年增加2.92万人，初中入学率为99.99%。初中生均校舍建筑面积24平方米，生均图书92册，体育运动场（馆）面积达标的学校比例为99.6%。全省各类中等职业教育学校355所（含技工学校），招生23.8万人，在校生73.0万人；普通高中641所，招生30万人，在校生86.44万人，毕业生26.9万人。

全省共有普通高校109所（含独立学院）。研究生（含非全日制）、本科、专科招生比例为1∶4∶3.8；高等教育毛入学率为66.3%。全年研究生（含非全日制）招生51477人，其中，博士生5667人，硕士生45810人。幼儿园专任教师15.6万人，比上年增加0.38万人；幼儿教师学历合格率为99.99%。义务教育中小学专任教师36.9万人，增长1.3%。中等职业教育（不含技工学校）专任教师3.9万人，生师比13.7∶1；专任教师学历合格率为98.4%。双师型教师占专任教师和专业（技能）教师的比例分别为44.9%和87.2%。普通高等学校专任教师中副高及以上职称教师比例为43.1%；具有硕士及以上学位教师比例为89.2%。

全年研究与试验发展（R&D）经费支出2350亿元，与生产总值之比为3.02%，比上年提高0.11个百分点[10]。全省有国家认定的企业技术中心137家（含分中心）。新建省实验室4家，累计10家；新建省技术创新中心4家，累计10家。新认定高新技术企业8174家，累计有效高新技术企业35418家。新培育科技型中小企业20252家，累计98744家。全年专利授权量44.4万件，其中发明专利授权量6.1万件，比上年增长7.9%。科技进步贡献率预计为68%。新增"浙江制造"标准421个，累计3029个。

十一、卫生和文化体育

年末全省卫生机构3.6万个（含村卫生室），其中，医院1520个，卫生院1046个，社区卫生服务中心（站）4382个，诊所（卫生室、医务室）14059个，村卫生室11388个，疾病预防控制中心102个，卫生监督所（中心）100个。卫生技术人员61.5万人，比上年末增长6.3%，其中，执业（助理）医师24.8万人，注册护士26.8万人，分别增长6.5%和7.1%。医疗卫生机构床位数38.2万张，增长3.2%，其中，医院33.9万张，卫生院1.9万张。医院全年总诊疗3.11亿人次，比上年增长4.1%。

年末全省县级以上公共图书馆102个，文化馆102个，文化站1360个，博物馆432个，世界遗产4个，县级文化馆和图书馆覆盖率均达100%，乡镇文化站和行政村文化活动室覆盖率均达100%，公共图书馆虚拟网络基本全覆盖。广播人口覆盖率为99.81%，电视人口覆盖率为99.88%。全年制作完成影片55部，获得公映许可证影片11部，电影票房收入22.5亿元。图书出版社15家，公开发行报纸66种，出版期刊236种。

浙江运动员全年共获取全国一类比赛冠军30个。经常参加体育锻炼[11]（不含学生）人数占总人口的31.0%，城乡居民国民体质合格率保持在94.2%以上。截至年底，省级全民健身中心46个、中心村全民健身广场（体育休闲公园）1018个、社区多功能运动场1537个。国家级体育后备人才基地18个，2021—2024周期省级体育后备人才基地64个。国家级体育传统项目学校17个。2019—2022周期省级体育传统项目学校阳光后备人才基地172所。国家体育产业示范基地（运动休闲示范区）38个、体育旅游示范基地3个。省级运动休闲基地31个、运动休闲旅游示范基地30个。

全年销售体育彩票 217.9 亿元，比上年增长 28.8%。

十二、资源、环境保护和社会安全

全省全年降水量 1556 毫米，比上年减少 21.9%，比多年平均降水量减少 4.1%。全省水资源量 908 亿立方米。

全年完成造林更新面积 47.5 万亩，其中人工更新 8.6 万亩。建设战略储备林和美丽生态廊道 90.3 万亩，其中战略储备林 56.1 万亩，美丽生态廊道 34.2 万。根据 2022 年浙江省森林资源年度监测结果，全省森林覆盖率为 61.24%（含灌木林）。完成水土流失治理面积为 420.6 平方公里。

年末有新一代天气雷达站 15 个，气象卫星接收站 15 个，地面自动气象观测站 5203 个。全年霾平均日数 27 天。11 个设区城市环境空气 PM2.5 年平均浓度为 24 微克 / 立方米，与上年持平；日空气质量优良天数比例为 77.8% ～ 97.8%，平均为 89.3%。66 个县级以上城市日空气质量优良天数比例为 77.8% ～ 100%，平均为 94.2%。

296 个省控断面中，Ⅲ类及以上水质断面占 97.6%，比上年提高 2.4 个百分点；满足水环境功能区目标水质要求断面占 99.0%，提高 0.4 个百分点。按达标水量和个数统计，11 个设区城市的主要集中式饮用水水源以及县级以上城市集中式饮用水水源水质达标率为 100%。143 个跨行政区域河流交接断面满足水环境功能区目标水质占 99.3%，与上年持平。近岸海域共发现赤潮 17 次，累计影响面积 1552 平方千米，其中有害赤潮 1 次，累计面积 20 平方千米，未造成直接经济损失。与上年相比，全年赤潮发现次数减少 5 次，累计影响面积减少 5531.6 平方千米。

全年城市（县城）污水排放量 45.3 亿立方米，污水处理量 44 亿立方米，污水处理率为 97.2%，与上年基本持平；城市（县城）生活垃圾无害化处理率 100%；用水普及率 100%；燃气普及率 100%。

累计建成国家生态文明建设示范区 42 个，国家"绿水青山就是金山银山"实践创新基地 12 个，省级生态文明建设示范市 8 个，省级生态文明建设示范县（市、区）81 个。

全省规模以上工业能耗总量比上年增长 11.9%，单位增加值能耗上升 7.4%。其中，千吨以上和重点监测用能企业能源消费量分别增长 10.1% 和 11.8%，单位增加值能耗分别上升 5.4% 和 5.7%。

全年发生各类生产安全事故（包括工矿商贸、道路运输、水上运输、渔业船舶、铁路运输事故）861 起、死亡 707 人，比上年分别下降 31.2%、30%，其中，道路运输共发生事故 584 起、死亡 439 人，比上年分别下降 36.9%、34.1%。

注释：

[1] 本公报所列各项数据均为年度初步统计数据，最终核实数以中国统计出版社出版的《浙江统计年鉴 2023》公布的数据为准。部分数据因四舍五入原因，存在与分项合计不等的情况。

[2] 地区生产总值、三次产业及相关行业增加值、人均地区生产总值绝对数按现价计算，增长速度按不变价格计算。

[3] 就业人员为预计数。

[4] 全员劳动生产率为地区生产总值（现价）与全部就业人员年平均人数的比率。

[5] 辖区内年营业收入 2000 万元及以上服务业法人单位，包括：交通运输、仓储和邮政业，信息传输、软件和信息技术服务业，水利、环境和公共设施管理业三个门类和卫生行业大类。辖区内年营业收入 1000 万元及以上服务业法人单位，包括：租赁和商务服务业，科学研究和技术服务业，教育三个门类，以及物业管理、房地产中介服务、房地产租赁经营和其他房地产业四个行业小类。辖区内年营业收入 500 万元及以上服务业法人单位，包括：居民服务、修理和其他服务业，文化、体育和娱乐业两个门类，以及社会工作行业大类。

[6] 统计范围是全部港口。

[7] 邮政业务总量按 2020 年不变价计算。

[8] 电信业务总量按 2021 年不变价计算。

[9]5G 基站总数为建设部门口径数据。

[10]2022 年研究与试验发展（R&D）经费支出为预计数；根据国家统计局对 2021 年 GDP 最终核实结果，2021 年浙江省 R&D 经费与 GDP 之比相应修订为 2.91%。

[11] 经常参加体育锻炼的人指每周参加 3 次及以上、每次锻炼时间 30 分钟以上、锻炼强度达到中等及以上的人。

索 引

浙江商务年鉴 2023

协办单位

杭州钱江经济开发区　　　　　德清经济开发区

富阳经济技术开发区　　　　　柯桥经济技术开发区

杭州余杭经济技术开发区　　　吴兴经济开发区

建德经济开发区　　　　　　　上虞曹娥江经济开发区

宁波经济技术开发区　　　　　江山经济开发区

乐清经济开发区　　　　　　　常山经济技术开发区

海宁经济开发区　　　　　　　永康经济开发区

桐乡经济开发区　　　　　　　舟山高新技术产业园区

百步经济开发区　　　　　　　路桥经济开发区

湖州南太湖新区　　　　　　　仙居经济开发区

南浔经济开发区　　　　　　　中国电建集团华东勘测设计研究院有限公司

杭州钱江经济开发区

杭州钱江经济开发区位于杭州市人民政府所在地以北26公里，"1小时通勤圈"能够覆盖上海、宁波、嘉兴等主要城市，是杭州融入长三角一体化发展的北门户和"城市客厅"。钱江经济开发区东依京杭大运河、南临拱墅区、西靠东苕溪与西塘河、北至东苕溪与杭宁高速交叉口，现批复面积为12.1平方公里。2022年12月，钱江经济开发区单元详细规划启动编制，规划面积为34.65平方公里。

俯瞰开发区

钱江经济开发区于2019年挂牌成立，是浙江省人民政府批准成立的省级经济开发，是连接杭州城东智造大走廊和杭州城西科创大走廊的重要节点。钱江经济开发区坚持"环境立区、科技兴区、智造强区"的发展理念，致力于打造长三角智能智造示范区、长三角创新发展总部基地引领区、杭州产城人文融合发展样板区，正在争创国家级经济技术开发区。

俯瞰开发区

在坚持新制造业和数字经济"双引擎"发展基础上，钱江经济开发区以智能制造为主攻方向，大力发展新材料、新装备、新能源产业，持续加大招商引资力度，提升区域发展动能，成功引进吉利科技车规级功率半导体模块项目、北京真芯半导体材部装产业集群项目、正泰工商业分布式光伏总部项目、和顺科技双向拉伸聚酯薄膜生产线项目、慧博云通拟上市企业总部项目等重点产业项目，拥有上市企业5家、规上工业企业109家，先进制造业的规模效益日渐成型。

茶锦公寓

开发区入口道路

俯瞰开发区

开发区规划馆

争创国家级经济技术开发区誓师大会

智荟动力公园稻田画

钱江经济开发区坚持创新驱动，现已集聚国家高新技术企业 244 家、省级新型研发机构 1 家、省级重点企业研究院 1 家，省科技型中小企业 277 家。辖区内企业获国家科技进步奖一等奖、全国制造业单项冠军示范企业、中国机械工业科学技术特等奖等各类荣誉。2023 年，钱江经济开发区在杭州市开发区（园区）考核中蝉联一至三季度开发区组第一，彰显出蓬勃的生机与活力。

围绕打造"最美开发区"的目标，钱江经济开发区不断优化配套设施，着力完善生产、生活和生态环境，建设"产城融合、职住平衡、生态宜居、交通便利"的仁和新城，随着功能配套建设的加快推进，开发区职住平衡优势也已初步显现。

卡涞科技自动化生产车间

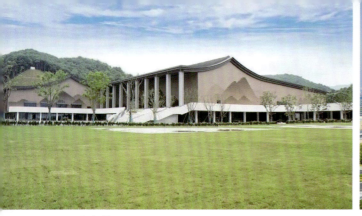
亚运场馆

富通集团

富阳经济技术开发区

富阳经济技术开发区成立于1992年5月，是经浙江省人民政府批准成立的首批省级开发区之一。2012年10月，经国务院批准，升级为国家级开发区，并定名为富阳经济技术开发区，为杭州市四个国家级经开区之一。2022年被省政府授予"稳外资和开发区建设突出集体"称号。

富阳经济技术开发区是富阳经济发展的主平台、主阵地、主战场，也是富阳融杭融廊发展的桥头堡。总面积为106平方公里，主要特点是"一区多园"，呈"一主两翼两新区"的空间格局，"一主"即银湖科技城，"两翼"即东洲新区、金桥鹿山新区，"两新区"为场口新区、新登新区，各园区组团开发、特色鲜明，不同业态产业在辖区内即可梯度布局。

截至2022年底，实际经营企业共有8405家，其中工业企业1618家，规上工业企业376家，占全区的53%。按集团口径，产值百亿级企业2家（和鼎铜业、富通集团），十亿级企业11家，亿元企业134家。中国制造业企业500强3家（富冶集团、富通集团、富春江集团），上市企业6家（金固股份、中泰深冷、星帅尔电器、张小泉股份、天铭科技、润歌互动），重点上市后备企业16家，国家专精特新"小巨人"企业18家，省级专精特新企业37家，省智能工厂5家，省绿色低碳企业2家。

2022年，富阳经济技术开发区"四上企业"（规模以上工业企业、资质等级建筑业企业、限额以上批零住餐企业、规模以上服务业企业）实现营业收入2184亿元，比上年增长7.7%。实现规模以上工业总产值1102.4亿元，占富阳区的74.6%；规模以上工业增加值211.9亿元，增长2.6%，占全区的74.2%；高新产业增加值160.4亿元，增长3.3%，占全区的84.2%。制造业投资额39.4亿元，占全区的39.9%；高新产业投资额32.8亿元，占全区的34.9%。实现税收56.5亿元，同比下降3.6%。全年实际利用外资0.58亿美元，其中

银湖科技城

金桥园区

制造业利用外资 695 万美元。

抢抓融杭融廊新机遇，凝心聚力发展银湖科技城。会同专业机构启动大走廊南翼特别合作园课题研究，梳理总部楼宇产业导入政策，截至 2022 年底已累计注册企业 2400 余家，集聚上市培育企业 9 家，楼宇办公人员超过 1.5 万人。瞄准生物科技、信息技术、数字新零售三条赛道加快产业培育：生物科技产业集聚比格飞序等 20 余家企业，全年实现营收超 9 亿元；信息技术产业引入了图南、巨峰等专精特新企业 30 余家，全年实现产值 40 亿元以上；数字新零售企业累计达到 100 余家，全年实现营收 45 亿元以上。不断完善"一心三谷九园"产业空间结构布局，持续加快总部园、产业园招商和建设，共规划总部项目 120 个、总面积 2358 亩，目前已建成 11 个，在建 34 个，拟建 75 个，拟用地 1360 亩。

富春江集团

主动转型谋发展。围绕高质量发展这一主线不动摇，进一步聚焦主导产业、优化空间布局、加快腾笼换鸟，推动园区产业重整、空间重构、环境重生，被省政府授予"稳外资和开发区建设突出集体"称号。全年累计招引产业项目 67 个、总投资 186 亿元，其中高新产业项目 51 个、总投资 170 亿元。紧盯"链主型"和平台型、央企国企和上市公司项目，全力抓好"大好高"项目，已引进 10 亿元以上项目 6 个，抢抓吉利控股集团战略项目签约契机，持续深化与吉咖智能、智芯科技等一批重点项目的洽谈工作。聚焦生物医药、高端装备等重点产业链上下游，针对性建链、补链、强链，富海生物、高品自动化、航驱汽车、省商业集团等一批优质项目顺利推进，支撑"五年倍增计划"的准上市、准独角兽项目库稳步做大。

大华智联产业园

万达广场

余杭经济技术开发区鸟瞰

杭州余杭经济技术开发区

杭州余杭经济技术开发区成立于1993年。2012年7月30日，经国务院批准，升级为国家级经济技术开发区，定名为杭州余杭经济技术开发区，是杭州四大国家级经开区之一。余杭经济技术开发区区域面积76.94平方公里，北至京杭大运河、南到星光街、东至京杭运河杭州段二通道、西临超山风景区，下辖东湖街道，托管48个村（社区），常住人口超33万人。

历经30年发展，余杭经济技术开发区已形成以高端装备制造和生物医药两大特色产业为主导、家纺布艺产业提升发展的"2+1"特色产业体系，集聚了老板电器、运达风电、春风动力、西奥电梯、贝达药业、众望股份等实体经济头部企业。截至2022年底，共有百亿元企业2家，十亿元以上企业20家，亿元以上企业135家，规模工业企业384家，上市企业19

家，国家高新技术企业572家；先后打造全省唯一的省级生物医药高新区和首个省级智能制造示范基地，创建浙江省第一批"现代服务业和先进制造业深度融合发展"试点，被评为浙江省国家级开发区亩均效益领跑者10强，智能制造产业链列入全省首批开发区产业链"链长制"试点和省级双创示范基地。2022年实现规上工业总产值1141.32亿元，实现工业增加值320亿元；完成制造业投资75.42亿元，增长40.2%，创历史新高。

2022年，余杭经济技术开发区积极应对复杂多变的宏观发展环境，统筹疫情防控和经济社会发展，总体保持了稳进提质的发展态势。实现规上工业总产值1141.32亿元，增长1.0%；实现工业增加值317.88亿元，增长0.1%；全年完成制造业投资75.42亿元，增长40.2%；完成地方财政收入36.99亿

元，增长20.09%；实现规模高新技术产业增加值281.10亿元，增长0.1%。实现有效投资166.73亿元，增长7.1%，其中制造业投资75.42亿元，增长40.2%，创历年新高；实现财政总收入91.82亿元，同比增长37.8%；实现地方财政收入48.20亿元，同比增长37.0%。引进固定资产总投资亿元以上制造业项目17个，其中10亿元以上项目5个。

西奥电梯有限公司

浙江大学高端装备研究院

浙江理工大学临平校区　　　　浙江立镖机器人有限公司机器人物流分拣

建德经济开发区

国际香料香精（杭州）有限公司

建德经济开发区创建于 2002 年 5 月。2006 年 3 月，通过第四批省级开发区审核，核准面积为 4.5 平方公里；2018 年 2 月，通过国家六部委的审核，核准面积为 3.74 平方公里。经过多轮扩容提升，面积及规模不断扩大。2019 年整合提升后形成总面积共 117.66 平方公里的区域，其中省政府批准面积 3.74 平方公里，托管面积 113.92 平方公里。

2021 年，根据省市有关文件精神，建德市启动开发区管理机构整合工作，将建德经济开发区和建德功能性新材料高新技术产业园区的管理机构合并

杭州澳赛诺生物科技有限公司

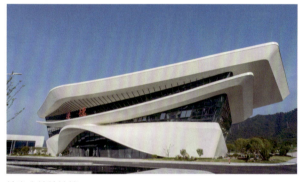
航空小镇航站楼

为建德经济开发区管委会，统一管理两个片区。在省政府原批复面积的基础上整合提升优化后，缩减了一部分无法开发的面积，包括高山、永久农田和水域等，共计 34.88 平方公里；同时新增了一部分面积，共计 48.51 平方公里，最终规划总面积为 131.29 平方公里，其中省政府批准面积 3.74 平方公里，托管面积 127.55 平方公里。

航空小镇核心区全景

格林生物科技股份有限公司

新安化工集团生产基地

浙江省航空产学研基地全景图

整合以后的建德经济开发区资源要素更加集聚，发展优势更加明显，发展信心更加坚定。建德经济开发区深入贯彻党的二十大关于制造强国战略的决策部署，紧紧围绕打造战略高能级平台的目标定位，聚焦主要经济指标，狠抓优质项目招引，加快传统产业转型和发展环境优化，以精细化工、新材料、高端装备制造（通航）为主导产业，培育新材料、新能源、生物医药、通用航空等新兴产业集群，激发建德经济开发区高质量发展的新活力、新动能、新优势，努力成为浙西地区工业经济和特色产业的重要增长极，为建德高质量发展建设共同富裕示范区"县域样板"和打造杭州"新制造业"重要产业基地贡献强大力量。

2022年，建德经济开发区实现规上工业总产值492.9亿元，规上工业增加值111.7亿元，实现总税收53.7亿元；完成固定资产投资88.3亿元，其中制造业投资完成37.9亿元；进出口总额75.06亿元。

2022年，建德经济开发区顺利完成6年以来制约化工园区发展的化工园区规划环评报批。成功完成化工园区风险评估等级调整，顺利通过应急管理厅复核，化工园区风险等级从原B级（较高风险）顺利调整成C级（较低风险）；同时顺利通过省级合规化工园区复评工作。被列入2022年度省级标杆工业园区"污水零直排区"培育名单，获评2022年度浙江省商业秘密保护示范区。作为建德经济开发区的特色产业平台之一，2022年建德航空小镇连续六年获评省级特色小镇年度考核优秀等次；新开通"建德—芜湖"短途运输航线；航空小镇通用航空产业成功入选浙江省交通与旅游融合发展试点名单；位于小镇的浙江省通用航空运行技术研究重点实验室通过培育期考核，正式纳入省级重点实验室管理序列。

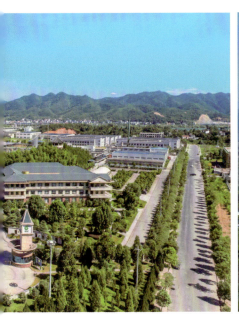

杭州东方雨虹建筑材料有限公司厂区鸟瞰

大榭化工园区

宁波经济技术开发区

宁波经济技术开发区位于宁波市东部，三面环海，北临杭州湾，南临象山港，是全省全市对外开放的主战场、产业集聚的主平台、创新发展的主阵地。2022 年，实现地区生产总值 2630.8 亿元，财政总收入 905.35 亿元，一般公共预算收入 424.1 亿元，规上工业总产值 5499 亿元，规上工业增加值 1169.2 亿元，限上商品销售额 19623.1 亿元，外贸进出口总额 4518.6 亿元，实际利用外资 13.29 亿美元。在全国 217 家国家级经开区 2022 年综合考评中，宁波经济技术开发区位列第 17。

1984 年 10 月，国务院批准设立宁波经济技术开发区，宁波经济技术开发区是全国首批 14 家国家级经开区之一。经过几次扩区融合，2022 年 1 月，新的宁波经济技术开发区管委会挂牌运作，整合了原宁波经济技术开发区、宁波保税区、北仑港综合保税区、梅山综合保税区、大榭开发区等 5 个国家级开发园区，以及浙江自贸试验区宁波片区，形成了"一套班子、六块牌子"的管理体制。新的宁波经济技术开发区面积 618 平方公里，与所在行政区北仑区全面融合，一体运作。

中海油浙江 LNG

浙江自贸区进口商品保税展示直播中心

经过多年发展积累，持续整合提升，宁波经济技术开发区形成了四方面的发展优势和特色成效。

一是区位条件优势突出。宁波经济技术开发区地处浙江省陆地最东端和全国海岸线中部，是"一带一路"重要战略支点、长三角"金南翼"前沿。全区岸线总长 173 公里，其中深水岸线 120 多公里，是宁波舟山港主要作业泊位所在地，设有北仑、大榭、穿山、梅山四大港区，与 100 多个国家和地区的 600 多个港口有贸易往来。2022 年，区内集装箱吞吐量 2986.4 万标箱、货物吞吐量 5.36 亿吨，分别占宁波舟山港总量的 89.5% 和 42.5%。

二是开放能级持续提升。集聚了 2 个国家级开发区，3 个国家级海关特殊监管区，1 个自贸试验区宁波片区，"港口 + 自贸区 + 保税区"的功能政策叠加效应明显。2022 年，自贸区宁波片区 3 项改革创新案例被生态环境部发文复制推广，形成制度创新"宁波经验"，9 项成果入选省"十大建设成果"，11 项改革创新案例入选省级制度创新"最佳案例"，居全省 4 个片区前列。

三是主导产业基础雄厚。临港产业和现代服务业齐头并进。临港大工业基础好、规模大，全区拥有工业门类 34 个，规上工业企业 1008 家，高新技

保税东区夜色

术企业 506 家，形成以绿色石化、钢铁、造纸、电力、纺织服装、专用装备、通用装备、汽车及零部件制造为主的八大重点行业。拥有一批头部企业，包括百亿级企业 11 家，国家级专精特新"小巨人"及单项冠军企业 44 家，市级"大优强"培育企业 22 家。先后获批全国首批"两业融合"发展试点单位、国家级双创示范基地、国家新型工业化产业示范基地、国家循环经济试点园区、国家注塑机高新技术产业化基地、国家智能装备高新技术产业化基地等荣誉。现代服务业发展快、潜力大，港航物流、国际贸易、服务贸易、跨境电商、金融服务等发展迅速，现有规上服务业企业近 2000 家、中国 500 强企业 3 家、总部型服务业企业 66 家。

四是营商环境高效优越。对标国际一流标准，系统化、集成化推进营商环境改革，打造市场化、法治化、国际化的最优营商环境。提高行政审批效能。2022 年以来，省、市分别下放 32 项、140 项管理权限到自贸试验区宁波片区，涵盖贸易、投资、金融、人员流动等多个方面。深化投资贸易便利化改革。高水平建设自贸试验区宁波片区，加强制度创新集成，跨境贸易投资高水平开放 13 项试点全部落地，成效"领跑"全国四个试点区域。QFLP、QDLP 余额管理制，保税天然气加注试点、集体土地地下空间确权试点、数字人民币试点工作等积极推进。

集疏运高速互通立交

日出电力科技小镇

乐清经济开发区

乐清经济开发区东濒乐清湾，南临七里港，北接乐清市城市中心区，西联柳白经济圈，现已发展成为浙江省先进制造业重要基地、乐清海峡两岸经济合作试验区建设重要平台。开发区于1993年11月经省人民政府批准设立，是浙江省首批19个省级经开区之一。2014年，根据《浙江省人民政府办公厅关于建德等6家省级经济开发区深

化整合提升工作方案的复函》，乐清经济开发区形成"一区六园"的发展格局，规划面积扩展到158平方公里，其中核准区域4.48平方公里。2022年乐清经济开发区进一步深化整合提升，授权后可使用面积约141.92平方公里。2022年乐清经济开发区完成地区生产总值总额1501.95亿元，同比增长3.8%。外贸进出口额214.62亿元，实际使用外资1668万美元，固定资产投资额391.98亿元。目前，乐清经济开发区形成了电工电气、高端装备、数字经济核心制造业三大主导产

业，产业集聚度高达81.9%。区内汇聚了一批行业龙头企业，如正泰集团作为行业龙头企业和新能源领军企业，是全球知名的智慧能源系统解决方案提供商，于2010年A股上市，2022年入列中国企业500强，为第235位；德力西集团主要从事电气机械和器材制造，员工2万余人，境内门店超6万家，产品和服务支持网络覆盖60多个国家和地区，2022年入列中国企业500强，为第340位。近年来，乐清经济开发区坚持创新引领发展，综合实力不断提升。园区先后获得国家

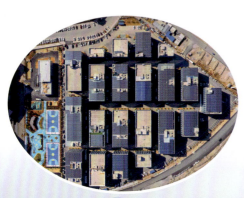

乐清湾电力科技小镇

电力小镇之夜

小型微型企业创业创新示范基地、国家新型工业化产业示范基地等"国字头"荣誉；同时积极打造省级产业发展新标杆，先后获得浙江省省级循环化改造示范试点园区、省首批美丽园区示范园区、省级产业链"链长制"示范单位、省级高新技术产业园区、省制造业高质量发展示范园区、省级绿色低碳工业园区等荣誉。2012 至 2020 年，乐清经济开发区连续九年被评为年度先进经济开发区（2021 年浙江省开发区综合考评暂停）。2020 年乐清经济开发区在浙江省开发区综合考评中跃居省级开发区第 1 名。

乐清晨曦

正泰物联网传感器产业园

海宁经济开发区

海宁经济开发区于 1992 年成立，位于海宁市东片，主导产业为泛半导体、新能源新材料、航空航天等，为省级开发区、长江经济带国家级转型升级示范开发区。全区区域面积 131.75 平方公里（其中规划控制范围 100.96 平方公里）。2022 年，实现地区生产总值 705.32 亿元，实现税收收入 92 亿元，完成固定资产投资 337 亿元。2022 年度，海宁泛半导体产业平台入选第四批"万亩千亿"新产业培育平台，泛半导体产业链入选浙江省开发区产业链"链长制"示范试点单位，海宁泛半导体产业群入选第一批省级"新星"产业群培育名单，海宁第三代半导体未来产业先导区入选第一批浙江省未来产业先导区培育创建名单。

近年来，随着漕河泾海宁分区、泛半导体产业园、东区智慧港、航空产业园等区域性平台建设发展，开发区产业不断"强链、延链、补链"，产业规模进一步扩

园区夜景

园区全景

大，科技水平进一步提升，综合竞争实力进一步增强。特别是以泛半导体、新材料、新能源、新厨电等为核心的战略性新兴产业得到大力发展，已形成产业集聚优势，汇集了晶科能源、正泰新能源、万凯新材料、海利得新材料、海象新材料、火星人厨具、美大实业、卡森实业、长海包装、天通控股、晨丰科技、芯能科技、安正时尚、红狮宝盛、日本铁三角、宝捷机电、立昂东芯、博菲电气等一批世界500强和行业龙头企业。

海宁（中国）泛半导体产业园

海宁开发区围绕重点优势产业，聚焦上下游产业链，以"基金+平台+产业"的模式强化招商，从线上"云招商"到线下"面对面"，从国内"招项目"到海外"抢外资"，多措并举全力推进招商工作。2022年完成合同外资4.38亿美元，实到外资2.43亿美元。共签约项目100个，总投资410亿元，引进世界500强、超亿美元项目9个。

精密制造生产车间

大力助推转型发展，促进提质升级。支持企业向"高精尖"前进，推动国家专精特新"小巨人"创建。推进智能化、绿色化改造，推进企业管理水平评价。2022年，新增规上工业企业47家，现有规上企业1076家；新增国家级专精特新"小巨人"企业12家；新增省专精特新中小企业6家，累计43家。天通控股、英德赛2家企业的产品被认定为国内首批次新材料。规上工业总产值1907亿元，同比增长6%，规上工业亩均增加值101万元；数字经济核心产业增加值102亿元；规上服务业营业收入534亿元，同比增长17%；全年实现进出口总额577亿元，同比增长17%。

莎特勒智能仓库

鹃湖科技城

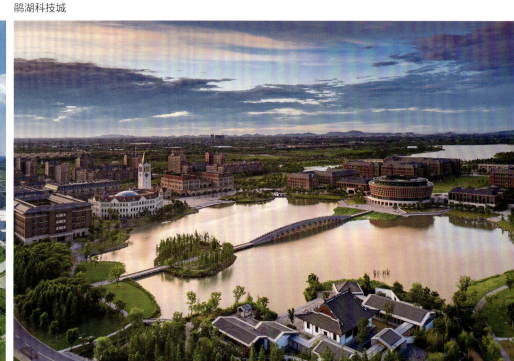

桐乡经济开发区俯瞰

桐乡经济开发区

"地瓜经济"代表——振石、巨石总部大楼

桐乡经济开发区成立于1992年7月，1993年11月经浙江省人民政府批准为浙江首批省级经济开发区，经国家发改委等审核并公告，核准面积7.23平方公里。2014年10月，经浙江省人民政府同意，桐乡经济开发区深化整合提升方案，总规划面积为152.34平方公里，总体空间架构为"一核两翼三区"，即以桐乡经济开发区为核心区，延伸推进振东新区和高桥新区，辐射带动梧桐工业园区、临杭经济区和崇福经济区。2017年8月，与高桥街道实施"区街合一"，坚定不移地打造"先进制造集聚区、创新驱动示范区、产城融合新城区"。桐乡经济开发区（高桥街道）行政管辖面积为93.31平方公里，下辖（含托管）25个行政村（社区），其中已开发28平方公里，成为地处上海"一小时经济圈"和杭州"半小时经济圈"，拥有高速、高铁"双门户"的开放窗口。区街总人口14万人，其中户籍人口7.2万人、新居民人口6.8万人。

数字经济双创中心

经过多年来的坚实积累和砥砺奋进，桐乡经济开发区（高桥街道）已成为桐乡市招商引资的主战场、经济发展的主平台。2022年，核心区块即桐乡经济开发区（高桥街道）实现地区生产总值252.42亿元，增长4.3%；规上工业总产值800.7亿元，同比增长18%；完成实缴税金43亿元，固定资产投资112亿元，均实现正增长。连续五年跻身全省省级开发区综合考评前三位，连续15年位居省级经济开发区"十强"，是省优秀开发区、省智慧园区示范开发、省产城融合示范区、省示范美丽园区、省开发区产业链"链长制"试点示范单位、省级绿色低碳园区。

平台建设日益提升。在持续提升浙江省工业循环经济示范园区、浙江省知识产权示范园区、浙江省外商投资新兴产业基地、浙江省开发区特色品牌园区、国家级玻璃纤维出口示范基地等基础上，明确"一区四园五中心"的功能布局，加快推进智能装备产业园、前沿材料产业生态园（中韩国际合作产业园）、高铁产业新城、高桥农业科技产业园以及数字经济双创中心、桐乡科创中心、新能源汽车智造中心、湾谷健康医疗创业中心、视觉物联创新中心建设。

产业集群发展壮大。桐乡经济开发区紧紧围绕以先进制造业为核心的实体经济，大力发展以汽配为主的高端装备制造业、前沿材料、数字经济三大主导产业开展招商选资和产业培育，已成为拉动区街乃至全市经济发展的重要动力。桐昆集团、振石控股是中国民营企业500强，桐昆集团和华友钴业是中国民营企业制造业500强。巨石集团是全球最大的玻纤生产企业，曾荣获中国工业大奖。

未来社区

科创园

开放水平显著提高。桐乡经济开发区充分发挥桐乡对外开放"主阵地"和窗口作用，加快转变对外经济发展方式，全面提升开放型经济发展水平。按照"引龙头、强链条、促集聚"的原则，大力开展精准招商，引进了包括合众新能源、双环传动等成长性好、带动力强的优质大项目。同时高度重视全球化战略，不断打造更具韧性、活力、竞争力的"地瓜经济"，积极鼓励区内企业开展"根植本土、丝路全球"经营模式，境外投资走在全省前列。

高铁产业新城

百步经济开发区

百步经济开发区（百步镇）地处杭嘉湖平原，素有"鱼米之乡、丝绸之府"的美誉。区域面积 59.25 平方公里，下辖 10 个行政村、1 个居委会，总人口 5.3 万人（常住人口 3.3 万人，新居民 2 万人）。

百步是全国重点镇、国家卫生镇、国家生态镇、省级经济开发区、省级文明镇、省级特色小镇、省级小城市培育试点镇。2022 年，百步实现地方生产总值 41.08 亿元，税收总收入 4.66 亿元，农村居民人均可支配收入达到 51239 元，增速 5.8%。实现规上工业产值 100.05 亿元，首次突破百亿元大关，同比增长 8.3%；实现规上工业增加值 20.5 亿元，同比增长 11.9%；完成制造业投资 12.04 亿元，同比劲增 53.7%。

百步是四通八达、创新活力之地。百步位于长三角城市群中心地带，与沪、杭、苏、甬四大城市距离均在 100 公里左右，形成"1 小时交通圈"。作为全省最年轻的省级经济开发区之一，拥有本土上市企业 4 家，亿元企业 20 家，规上企业 95 家，累计培育工信部专精特新"小巨人" 3 家，工信部单项冠军省级培育企业 1 家，省级"隐

百步经济开发区交通主动脉

俯瞰百步经济开发区

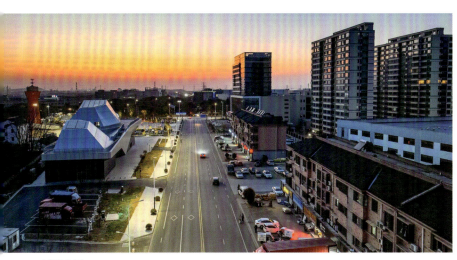

城镇夜景

形冠军"3家，省级专精特新企业15家。百步作为中国集成吊顶源发产业基地，国内市场占有率40%以上，被誉为"中国集成吊顶第一镇"。小镇以生产、生活、生态"三生融合"为导向加快升级步伐，2022年实地命名验收并顺利获评第六批省级特色小镇。

百步是要素集聚、山海协作之地。2021年百步成功引进百亿级项目——冠宇动力锂电池，2022年6月30日，浙江冠宇电池有限公司年产10GWh锂离子动力电池项目一期正式开工。2022年8月，

占地1.3平方公里的海盐—景宁山海协作"产业飞地"顺利"飞入"百步，打造"造血式"帮扶的山海协作工程升级版。百步将以冠宇项目为锚点、山海协作为基点，着眼未来推动"地瓜经济"提能升级，特色产业由"一枝独秀"到"百花齐放"，小微企业由"铺天盖地"到"顶天立地"，多点支撑、布局合理的经济发展框架基本形成，积极培育发展新动能。

百步是宜居宜业、人文幸福之地。百步深化产城融合，是宜业宜居的乐活新城，建有3A级景区和

省级工业旅游示范点（格莱美），总部商务、文化旅游等功能设施完善；2022年百步经济开发区幼儿园、百联村居家养老服务中心等各项民生实事项目建成投用。美丽乡村、美丽河湖、美丽厂区、美丽田园等一批美丽建设让百步这座小镇焕发出新的生机。强化诉源治理，推进"信访超市"工作机制，努力把矛盾问题在源头和萌芽阶段解决，省市县三级信访积案全面清零。推进"大综合一体化"行政执法改革，结合智慧园区建设，构建问题发现、交办、处置的快速响应机制。

作为最年轻，也是最具活力的省级经济开发区之一，百步将坚持以更高标准、更高水平、更高质量打造产业特色鲜明、生态环境宜居、民生福祉普惠、历史文脉清晰、治理水平高效的在市域有影响力的中心镇、杭州湾现代产业强镇、浙北富裕乐活美镇，争当共同富裕示范样板、排头兵，奋力书写"重要窗口"中"最精彩板块"海盐样板的百步新画卷，在谱写中国式现代化海盐新篇章中贡献更多百步力量。

百步经济开发区两创中心

湖州南太湖新区

未来城CBD

　　湖州南太湖新区是浙江省大湾区首批"四大新区"之一，2019年4月30日经省政府批准成立，6月2日正式挂牌运行，保留国家级湖州经济技术开发区、国家级湖州太湖旅游度假区两块牌子。总面积225平方公里，下辖6个街道，人口30万人左右。2022年，湖州南太湖新区入选全省首批高能级战略平台培育名单，湖州经济技术开发区进入全国国家级开发区综合排名前50强；实现地区生产总值297.9亿元，增长3.2%；财政总收入69.8亿元，其中地方财政收入42.7亿元；社会固定资产投资326.3亿元，增长11.7%；规上工业增加值78.4亿元，增长6.3%；实现外贸进出口总额120.8亿元，增长17.6%。

见闻录科技有限公司

　　围绕"产城融合典范、绿色金融样板、低碳居住标杆"三大定位，高质高效推进南太湖未来城片区开发建设。全年完成新引进项目32个，CBD区域26栋产业楼宇签约入驻面积约33.85万平方米，总部经济园14栋产业楼宇签约入驻面积约27.5万平方米，协议去化率41%。40幢产业大楼快速建设，CBD项目除主地标外基本实现结顶，总部经济园14幢大楼外立面装饰基本完成；"五纵三横"交通骨架体系已基本成形，北片路网10条道路已全面进场施工。

　　全力做优滨湖度假品牌，持续擦亮国家级旅游度假区金字招牌。2022年全域共接待游客896万人次，同比恢复90.2%，旅游收入107.5亿元，同比恢复90%。住宿业营业额达3.07亿元，餐饮业营业额达3.15亿元。24个重点文旅项目完成投资45.5亿元，完成率120%；新开工入库亿元以上文旅项目7个，总投资约52亿元，风帆酒店项目桩基施工、基坑维护已完成，南太湖山庄2期竣工并对外试运营。成功承办湖州市度假产业大会、中国警察

太湖旅游度假区

南太湖山庄2期

孔辉汽车

久立永兴特种合金材料有限公司

卫蓝新能源

马拉松赛、长三角水域泳渡赛等文体旅赛事。

聚焦"3+1"主导产业项目招引，以项目高水平建设助推新区高质量发展。固投亿元以上项目签约92个，举办第四届投资贸易与科技人才洽谈会，完成30个新签约项目，总投资达319.5亿元。全年新增亿元以上开工项目48个，其中3亿元以上项目开工20个；完成亿元以上项目竣工51个，3亿元以上项目竣工17个。完成工业投资65.0亿元，同比增长

69.8%，增幅连续19个月排名全市第一。

85家签订培大育强协议的企业总产值增长19.2%，孔辉汽车、华飞电子和生力液压3家企业获评国家专精特新"小巨人"企业。三大主导产业占规上工业总产值比重较2021年提升3.8个百分点。新能源汽车锂电池产业群成功入选省级"新星"产业群。卫蓝新能源取得国家新能源领域核心技术攻关专项，为全省唯一。

秀美南太湖

南浔经开区日出

南浔经济开发区

南浔经济开发区位于浙江省北部湖州市南浔区，管辖面积75平方公里。1992年7月，湖州市委、市政府成立湖州市南浔经济开发区；1993年11月，湖州市南浔经济开发区经省政府批准成为浙江首批省级经济开发区之一，更名为浙江省南浔经济开发区；1999年被国务院侨办确定为国家级华侨投资区；2006年1月通过国家发改委审核保留为省级开发区，并更名为浙江南浔经济开发区；2020年9月，成立新城集团，将开发区管委会梳理出的开发建设、资本运作、公用事业等15项运营职能剥离给新城集团。2021年3月，成立东迁街道，将开发区管委会的社会事务和城市管理职能剥离给东迁街道。

经过多年发展，浙江南浔经济开发区已形成了智能物流装备、绿色家居等两大传统优势产业以及新能源汽车核心零部件、光电通信及半导体等两大特色产业。2022年外贸进出口总额164.55亿元，规上工业总产值1112.87亿元，规模以上工业增加值168.57亿元，实到外资1.9亿美元。历年来获得了"国家火炬计划特色产业基地""长三角最具投资价值开发区""浙江省省级产业示范基地（电梯产业

太阳酒店

园）""湖州市优秀特色产业工业园（电梯产业园）""平安南浔十连冠""2021年度浙江省开发区产业链链长制优秀示范单位"、第四批"万亩千亿"新产业培育平台、浙江省节水标杆园区等多项荣誉。

现在，南浔经济开发区正紧紧围绕创建"实力、现代、富裕、美丽"的国家级经济开发区的目标，高水平谋划打造新能源汽车

水晶晶公园

电梯小镇

万亩千亿产业平台

汽车核心零部件生产车间

沪苏湖铁路在建

核心零部件、光电通信及半导体、智慧物流装备、绿色家居等 4 个"新兴+传统"百亿级产业集群。

一是新能源汽车核心零部件产业。围绕打造长三角新能源汽车核心零部件生产基地的目标，加强项目招引，推动产业集聚。做大做强发动机、变速器、底盘等关键核心部件和悬架、减震器等行驶系统，光学摄像模组、传感器、智能网联等电子产品，现有屹丰集团、旭升股份、天津津荣等龙头企业 13 家，其中上市企业 4 家。

二是光电通信及半导体产业。围绕光电通信产业链，大力发挥以东通光网、苏州同兴广等为代表的龙头企业带动优势，将光电显示、半导体设备、电子元器件等作为先导性产业，健全产业链发展。原材料方面重点发展光纤预制棒、纳米铜等；半导体设备以晶圆片检测设备、划片机等为主；电子元器件以偏光片、导光板、传感器等为主；终端应用重点聚焦触控屏、电子纸等产品。

三是智慧物流装备产业。围绕智慧物流领域，集聚了巨人通力、沃克斯迅达、北自科技、南洋电机、联大科技、洲泰机械等一批物流装备制造企业，形成了集设计、研发、制造、安装、调试为一体的全产业链物流装备产业，其中电梯产量约占全省的 40%、全国的 12%，洗衣机电机占全国市场的 60%。当前，正以龙头企业为引领，以标准化、智能化、绿色化为主攻方向，强化工业设计、控制软件等协同创新，提升智能物流装备的协同发展能力，着力打造长三角智能物流装备产业集群。

四是绿色家居产业。培育形成了以世友木业等为代表的绿色家居企业 130 余家，实木地板产量占全国的 60% 以上，南浔被誉为"中国木地板之都"，已发展成中国生产规模最大、品牌数量最多、产业链最完整、最具行业影响力的木业生产基地。随着消费的不断升级，正积极向高端整屋定制迈进，着力打造集设计、检测、制造、安装于一体的高端整屋定制产业，着力打造"中国高定家居之都"。

德清经济开发区

浙江德清经济开发区是湖州市"2+8"平台之一,2019年4月经省政府批复整合设立,2020年1月正式挂牌运行,位于德清县东部,包括新市、钟管、禹越、新安四个区块,规划面积8.89平方公里。

2022年,德清经济开发区在湖州市"2+8"平台考核中获评四星级平台,全年完成规上工业产值425.6亿元,同比增长2.2%;完成税收22.9亿元;完成固定资产投资65.4亿元,同比增长18%,其中,工业投资47.3亿元,同比增长12.4%,高新投资33.2亿元,同比增长22.5%;实现外贸出口75.5亿元,同比增长12.4%,全年实到外资12578万美元。目前共有规上企业415家,产值超10亿元工业企业4家,主板上市企业6家。成立以来,德清经济开发区先后荣获6项省级荣誉:获评全省第二批美丽园区示范;电子信息装备制造产业链获批全省首批产业链"链长制"试点;数字园区"云治理"中枢入选浙江省"第二届县域高质量发展创新案例";入选2022年度省级标杆工业园区"污水零直排区"培育名单;获批2022年浙江省级绿色低碳工业园区;省级循环经济示范试点通过验收,达到良好等级。

德清经济开发区批复运行后,围绕高新材料、高

德清经济开发区经开科创中心

端装备、电子信息三大主导产业,加大精准选商引资力度,产业发展呈现集聚化、高新化、智能化发展态势,列入湖州市"2+8"平台后,进一步聚焦工程机械和光电通信两大主导产业链,以数字化改革、产业链"链长制"试点为抓手,积极探索机制体制创新,着力培育提升标志性产业链,与县内湖州莫干山高新区、莫干山国际旅游度假区形成三大平台错位发展格局。

对比德清经济开发区成立之初,核心区块新市片区主要经济指标方面:规上工业产值由2019年的

德清经济开发区标准化厂房

德清经济开发区经开服务中心

141 亿元增长至突破 200 亿元，增幅 42.1%；固定资产投资由 18.8 亿元增长至 30.2 亿元，增幅 60.6%，其中工业投资由 10 亿元增长至 17.7 亿元，增幅 77.0%，高新投资由 7.5 亿元增长至 14.1 亿元，增幅 88.0%，民间投资由 11.7 亿元增长至 17.8 亿元，增幅 52.1%；外贸进出口由 15.3 亿元增长至 34 亿元，增幅超 100%，全年实到外资由 2044 万美元增长至 6243 万美元，增幅超 200%。

固定资产投资 50 余亿元的浙江五龙新材股份有限公司年产 400 万吨新型绿色建材外加剂项目开工仪式

德清经济开发区新市蚕花庙会

项目双进双产方面：签约亿元以上项目 21 个，比 2019 年增长 50.0%，其中 3 亿元以上项目 13 个，增长 550%；亿元以上在库工业项目由 34 个增加至 58 个，增长 71%，竣工数由 8 个增加至 18 个，创历史新高；规上企业数从 2019 年的 116 家增长至 126 家。

科技创新方面：高新技术企业数由 16 家增加至 36 家，省级科技型企业由 63 家增加至 139 家，均超额实现倍增；省级以上人才认定由仅 1 人增长至 8 人；研发经费突破 4 亿元，R&D 占比突破 4%。

柯桥经济技术开发区

绍兴柯桥经济技术开发区前身是绍兴柯桥经济开发区，1993年11月经省政府批准成立，为第一批省级经济开发区。2012年10月，经国务院正式批准升格为国家级经济技术开发区。历经三次整合提升，2019年规划面积调整为198.7平方公里，柯桥经济技术开发区地处杭州湾南岸湾区经济带的核心区域，是绍兴柯桥的北大门，西邻杭州，距萧山国际机场25公里，东连宁波，北接上海，杭州湾环线高速、沪杭甬高铁、嘉绍跨海大桥和浙东大运河贯穿互通。经过20多年发展，开发区已拥有全国生产规模最大、产业链最完整、市场销量最大和设备最先进的大纺织产业集群，基本形成了PTA（化纤）、纺织印染、新材料（薄膜、碳纤维）、金属制造（装备机械、汽车核心配件）和环保能源等五大主导产业。

科创大厦

辖区内入驻企业4万多家，现已拥有规模以上工业企业780家，其中上市企业14家，国家高新技术企业378家，省级以上研发机构104家。

中国轻纺城创意园

2022年，柯桥经济技术开发区实现规上工业总产值1845亿元，同比增长3.5%；限上批零销售额1466亿元，增长23.77%；固定资产投资202亿元，其中工业投资160亿元；规上工业增加值412亿元；财政总收入110亿元；自营出口1084亿元。

围绕"1+3"支柱性产业，深入实施"老绍兴回归工程"，全年签约引进宝武碳纤维、建信佳人新材料、长鼎光学膜等重大产业项目18个，其中100亿元以上项目2个，总投资达378.5亿元，完成实到外资1.6亿美元。全市首个全职落户院士团队创业项目迈亚塔有益菌研究院成功揭牌，两大高能级研究院重庆医科大学绍兴柯桥医学检验技术研究中心、天津工业大学绍兴柯桥研究院落地运营加速推进；成功举办第七届海创大赛，18强项目中17个为博士领衔，12个项目已完成注册，第六届大赛项目已落户15个，超额完成指标任务；全年累

柯北商贸中心

跨境电商中心

亚运攀岩馆

中纺 CBD

计引进落户高质量人才科技项目 38 个，其中估值 1 亿元以上项目 7 个，累计完成产业化人才项目 4 个，预计供地 137 亩。

以"重大项目攻坚年"为抓手，清单式推进 63 个重点项目建设，全年新落户亿元以上项目 18 个，开工入库项目 19 个，累计完成有效投资 78 亿元，现代产业项目、政府性投资项目、扩大有效投资三项竞赛持续保持优胜。宝万碳纤维、宇越光学膜、旗滨新材料三个百亿级项目全面动工，跨域集聚五大印染组团全面收官；柯北科创新城约 3000 亩有机更新加速启动，总投资约 30 亿元；民营科技园新建结顶 26 万平方米，引进落户人才科技项目 44 个；柯桥区科技园成功创建省侨界创新创业基地；蓝印时尚广场、勤业未来城商业综合体建设蓬勃发展，成功引入万达广场、开元酒店等高品质新业态。

鸟瞰吴兴经开区

吴兴经济开发区

工业园区

　　吴兴经济开发区于 2015 年 12 月 21 日经省政府批准，在原吴兴工业园基础上整合埭溪分区后设立，核准开发面积为 19.35 平方公里，其中织里分区面积为 11.35 平方公里，埭溪分区面积为 8 平方公里。

　　2020 年 10 月 12 日，经省政府批准进行整合提升，此次整合提升在原织里分区 11.35 平方公里的基础上就近新整合 9.42 平方公里区域，原埭溪分区 8 平方公里基础上就近新整合 1.46 平方公里区域。同时，新增东林分区 9.44 平方公里、道场分区 3.11 平方公里，整合提升后形成总面积 42.78 平方公里的区域。分为 A 区块和 B 区块，A 区块总面积 22.01 平方公里，包括东林分区 9.44 平方公里、埭溪分区 9.46 平方公里、道场分区 3.11 平方公里；B 区块包括织里分区，总面积 20.77 平方公里。

　　吴兴经济开发区位于湖州中心城区，紧邻湖州市主城区，地处长三角都市圈、环太湖经济圈和沪杭都市圈建设的战略节点位置，交通发达，200 公里半径交通圈覆盖了上海、杭州、南京等城市，长湖申航道沿区顺势而流，申嘉湖高速和申苏浙皖高速为园区产业发展提供了便捷陆路交通，随着沪苏湖高铁建设，半小时可直达上海、杭州两个国际大都市，区位优势明显。自成立以来，吴兴经济开发区坚持围绕打造省内一流省级开发区的奋斗目标，深入推进产业转型升级，

国际美妆时尚博览中心

珀莱雅

积极做大工业经济总量,加快产业集中集聚,大力拓展平台空间,以"链长制"的理念,构建以纺织童装、时尚美妆、智能装备三大产业为主导的现代产业体系。一是打造外向型先进制造业产业集群。A区块着重打造以珀莱雅等龙头企业为主的美妆产业集群、以新凤鸣等龙头企业为主的现代纺织产业集群;B区块打造智能制造产业集群、以童装产业为主的新型现代纺织产业集群。二是促进传统产业转型升级。围绕童装、铝合金、印染等传统产业,以建链、强链、补链为方向,引进国际先进品牌、技术和渠道等,打造传统制造业改造提升的开发区样本;培育配套产业,重点做好美妆产业的原料生产、产品研发、检验测试、物流等相关项目配套和童装边角料与制造业的废弃物再利用等项目配套。三是打造绿色产业示范基地。以高效节能装备制造、资源循环利用产业为主导,同时涵盖先进环保装备制造、节能改造、污染治理等类别。

2020年,吴兴经济开发区成功列入国家绿色产业示范基地、省级美丽园区示范,吴兴美妆小镇获省政府批复命名,且连续三年考核获优秀等次;2021年,吴兴经济开发区成功列入年度全省开发区产业链"链长制"试点单位;2022年,吴兴经济开发区获评浙江省绿色低碳工业园区。

2022年,吴兴经济开发区完成规上工业总产值517.7亿元,增长16%;规上工业企业营业收入571.3亿元,增长12.3%;规上工业增加值102.3亿元,增长6.3%;规上工业企业利润总额25.8亿元;财政收入31.4亿元;固定资产投资130.3亿元,增长3.4%;进出口总额114.3亿元,增长35.8%,其中出口总额102.4亿元,增长54.6%。

吴兴田园风光

上虞曹娥江经济开发区

2021年12月，上虞曹娥江经济开发区获得省政府批复，规划面积为23.25平方公里，分江西（6.77平方公里）、江东（10.25平方公里）、虞东（6.23平方公里）三个区块，涉及百官、东关、道墟、梁湖、崧厦、小越、丰惠7个乡镇街道。为进一步加强对原九大工业园区统筹管理，将章镇、上浦、永和、驿亭和谢塘5个乡镇的工业园区按照集中托管模式，由曹娥江经开区进行一体化管理。

上虞曹娥江经济开发区已经发展形成了风机、伞业、环保设备、仪器仪表、智能家居等5个特色产业，现有规上工业企业469家，2022年规上工业产值为484.85亿元，规模以上工业增加值81亿元，占全区的22.3%。上虞曹娥江经开区围绕打造"杭州湾南翼高端智造产业基地、长三角新材料应用产业基地、全省开发区产业转型升级示范区"这一战略定位，扎实推进新一轮制造业"腾笼换鸟、凤凰涅槃"攻坚行动，以工业全域治理为突破口，2022年淘汰出清企业31家，整治提升193家，兼并重组2家，国资运作3家，出让工业用地8宗（90亩）。上虞曹娥江经开区围绕"2+X"战略体系，重点打造上虞青春智创谷和智能装备生态园两个重点地块，全力打造制造业"腾笼换鸟"省级示范区、产城融合样板区和龙头企业转型升级样板，以排头兵姿态全面开启"青春之城"建设，奋力走好上虞高质量发展之路。

上虞智创青春谷位于百官工业园区，建设用地1004亩，意在打造生态开放、制造引领、创新理想的"数智之谷、青创之园"。产业赋能引领发展，按照工业上楼3.0模式和"高、轻、新、融"的发展思路，立足"自动化、高科技、无污染、产出高"的企业标准，以人

园区俯瞰

永和精亮

园区俯瞰

工智能、集成电路、大数据等数智产业为主攻产业，吸引数字经济头部企业和创新型都市工业企业落地发展，截至2022年底签约及在谈项目累计39个，计划总投资123.53亿元。

智能装备生态园建筑面积1485.6亩，位于常台高速、绍诸高速交界处，是江西高端制造产业绿谷重要组成部分。重点招引培育单项冠军、专精特新、产业链关键节点中等规模企业，形成先进交通装备及关键零部件、关键机械基础部件、自动化专业设备、高性能自动化控制系统及检测设备、特色装备领域隐形冠军集群。同时以"未来产业"场景融合为特色打造产业邻里中心，为整个智能装备生态园提供相关属性的配套设施及服务，完善园区功能。

以促进产业发展、破解土地综合整治难题为突破口，计划在全域范围至少打造10个未来产业社区，通过新建，对现有连片低效区块进行大力度的推倒重建，重新进行规划布局、统一招商，建成具有地标意义的未来产业社区；通过改建，在现有工业园区相对成熟的区块，根据未来产业社区建设要求，提升区域内重点企业，淘汰低散乱企业，布局生产生活配套设施，统一改造区域风貌形象，实现区域产业、风貌的二次提升。

上虞曹娥江经开区将集中力量推进两大重点区块攻坚突破，力争项目早落地、早建成、早见效，为建设"青春之城"注入上虞曹娥江经开区经济高质量发展新活力。

江山经济开发区

江山经济开发区成立于1988年7月，1994年8月经省政府批准设立省级经济开发区，2005年12月通过国务院设立审核，是衢州地区首家通过国家审核的省级经济开发。2006年11月经省委、省政府确认为首批"山海协作示范区"，2011年江山经济开发区莲华山工业园组团列入省级产业集聚区大平台。2013年与绍兴市柯桥区共建成立"江山—柯桥山海协作产业园"。2015年市委、市政府将原江山经济开发区、原中部开发办、原高新办等"三区"合并，成立新的浙江省江山经济开发区。2018年12月成为衢州（县级）首个获批创建的省级高新技术产业园区。先后获评省级数字化示范园区、省级美丽园区示范园区、省级绿色低碳工业园区、省级军民融合产业示范基地和国家应急产业示范基地，连续六年荣获省级山海协作综合考核一等奖，实现"六连冠"。2020年江山市委、市政府对江山经济开发区进行整合创新，江山经济开发区成为江山工业经济唯一的主平台。

园区俯瞰

江东工业园

交通主干道

现园区规划面积为 57.8 平方公里，完成开发面积 28.5 平方公里，形成城南工业园、莲华山工业园和两新产业园"一区三园"发展格局。

2022 年，江山经济开发区工业企业 950 家，其中供地企业 523 家，规上企业 234 家，亿元以上企业 59 家。服务业企业 489 家，限上（规上）服务业 46 家。现有上市挂牌企业 8 家，其中主板上市企业 2 家（交科、江山欧派），香港上市企业 1 家（同景新能源）、北交所上市企业 1 家（科润智控）、新三板挂牌企业 5 家（希尔化工、恒亮蜂产品、三禾生物、驰骋控股、伦宝管业）。现有国家高新技术企业 103 家。全区实现规上工业总产值 243.5 亿元；完成固定资产投资 38.5 亿元，同比增长 40.9%，规上工业研发经费投入占营业收入的比例达 3.3%。主导产业为以欧派、百源建材、百家万安、王牌家居、名雅居为骨干的门业产业，以申达电气、科润智控、天际互感器、科力车控、永利百合传动为骨干的装备制造业，以健盛集团、娃哈哈、恒亮蜂业、航宇文体、为康制药为领军的健康生活产业，以超亿消防、援邦消防、辉煌消防、宇安消防为支撑的应急消防产业，以研一新材料、碳一新能源、金石资源、捷尔世阻燃、澳宇新材料为重点的新能源、新材料产业，重点聚焦发展锂电池新能源主导领域，着力打造千亿级新能源新材料产业园。

科技企业上市

常山经济开发区

常山经济开发区于 1999 年开始起步，2002 年正式启动开发建设，2003 年被农业部命名为全国乡镇企业科技园区，2006 年 3 月经省人民政府正式命名为省级开发区，核准面积 7 平方公里。2020 年 11 月，经省人民政府办公厅同意整合为浙江常山经济开发区，下辖新都片区、金川片区、辉埠片区和生态园区 4 个片区。

2022 年，常山经济开发区实现税收收入 12.14 亿元，比上年增长 12.5%，实现规模以上工业总产值 175.09 亿元，占全县总量的 86%，比上年增长 4.8%；工业增加值 43.24 亿元，比上年增长 11.6%。浙江省安全生产委员会办公室公布常山县生态工业园区安全风险评估复核得分 83.75 分，参照一般安全风险等级（C 类）管理；省发改委发文公布常山经济开发区列入第二批省级先进制造业和现代服务业融合发展试点区域名单；省生态环境厅与省经信厅、省治水办联合发文认定县生态工业园区入选 2022 年度省级标杆工业园区"污水零直排区"培育名单。

2022 年，常山经济开发区在建项目有 144 个，累计完成固定资产投资 37.34 亿元。其中，新入园区项目 64 个，完成投资 15.8 亿元；续建项目 80 个，完成投资 21.54 亿元。大和二期、宇帆化纤等一批重点项目建成投产。

2022 年，常山经济开发区累计决策入园区项目 58 个，计划总投资 136.5 亿元。其中，亿元以上项目 18 个，计划总投资 130.2 亿元，占通过决策项目总投资的 95.4%，亿元项目的"落地率""签约率"位列衢州市各县（市、区）前列。斯凯孚二期、大和三期、小

常山经济开发区俯瞰

柚香谷

乔二期等一批 10 亿元以上强链、补链型产业项目落地常山，其中斯凯孚二期、大和三期等项目厂房主体建筑结顶。

2022 年，常山经济开发区累计投入 2.2 亿元，完成相关基础配套设施建设。常山经济开发区生态园区实现产业提质、空间优化，永合新材料二期、利安隆科润二期等一批优质项目落地。常山经济开发区充分发挥"百个部门进园区、百名干部联百企""常青藤专班"等服务载体作用，积极搭建政企交流"直通车"，及时接收企业反馈问题并限期办理，真正做到有呼必应、有难必解。落实各项惠企政策，市场主体信心得到明显提振。

园区效果图

永康经济开发区

永康经济开发区位于永康市的东北部，地处永康经济最发达的黄金走廊和金华发展工业的"金腰带"上，于 2002 年 8 月经浙江省人民政府批准设立，前身为创建于 1999 年 11 月的永康五金科技工业园。2022 年，根据省政府要求和实际发展需要，开发区完成整合提升，区域面积调整为 66.7 平方公里，核心区面积 48 平方公里，设立古山片区、龙山西溪片区和五金物流港片区，形成"一区三片"开发区平台。

经过 20 多年的发展，永康经济开发区构建了以现代五金产业为支柱、以新能源汽车关键零部件制造和废旧资源再生利用为主导的复合型绿色产业发展格局，产业集聚度达 90% 以上，已基本形成现代五金、高端装备、新材料、五金电子

现代五金科技园效果

信息和生命健康的现代制造业体系，现已集聚工业企业近 5000 家，其中规上企业 701 家、亿元企业 174 家、上市公司 5 家，已成为浙江省 20 个重点示范工业园中最大的产业特色工业园，连续 10 年获评"优秀省级开发区"，是"中国制造 2025"浙江行动县级示范试区。

2022 年，永康经开区签约 3 亿元以上项目 7 个，总投资额 58 亿元，承接市里重大项目 3 个，落地 5 个。招引落地 10 亿元以上项目 4 个（其中 50 亿元项目 1 个），3 亿元以上项目 2 个。现代五金科技产业园基础设施配套工程项目计划总投资 20.85 亿元，全年完成投资 1.54 亿元；深伟业年产 2GWH 锂电池与储能产业化项目计划总投资 1.32 亿元，全年完成投资 1.2 亿元；伟创源"年产 400 万套'三电一体'核心部件生产建设项目"计划总投资 6.82 亿元，全年完成投资 2555 万元；保时捷汽车 4S 店建设项目计划总投资 1.26 亿元，全年完成投资 2220 万元；数字经济产业园区基础设施配套工程计划总投资 3 亿元，全年完成投资 5900 万元。

企业综合楼效果

南湖公园效果

全年实现规上企业总产值增速 8%，数字经济核心产业产值增速 10%，固定资产投资达到同比增长 34%，限额以上批发业销售额同比增长 12.45%，实现自营出口额同比增长 6%。

共培育了 293 家国家高新技术企业、23 家省级重点企业研究院、53 家省高新技术企业研发中心；国家级专精特新"小巨人"企业 6 家、省"隐形冠军"企业 2 家；省专精特新中小企业 19 家，创新型中小企业 52 家；引进国家级领军人才 8 人、省级领军人才 10 人。全年开展研发活动企业数量 268 家，申报省科技型中小企业 45 家，国家高新技术企业 28 家，完成轻

深伟业科技

量级数字化改造 9 家；全力完善上市培育机制，加快企业股改上市，按照"企业孵化、个转企、小升规、规改股、股上市、集群集聚"的发展链条，梯度建立"已辅导企业""上市后备企业""重点培育企业"等五级企业培育名单，已有新三板挂牌企业 1 家，股份制公司 30 家，已辅导企业 2 家，上市后备企业 4 家。

万达广场开业

孵化园效果

舟山高新技术产业园区
（舟山港综合保税区、舟山航空产业园）

舟山高新技术产业园区始建于1992年，前身为舟山经济技术开发区，2017年列入浙江省级高新技术产业园区。2021年，经整合提升命名为舟山高新技术产业园，规划总面积42.02平方公里，其中23.48平方公里划入浙江自贸区重点建设范畴，是舟山开发开放的桥头堡和创新发展的主阵地。园区已有企业近2万家，其中规上企业200余家，已培育国家级高新技术企业近50家，科技中小企业百余家。在全省48个高新区最新综合评价中，上升27位，列第19名。

园区聚焦新材料、新能源、新智造三大方向加快发展，努力建设千亿级产业集群工业平台。新材料方向依托绿色石化拓展区，发展电子信息材料及轻量化材料产业。已建成百万吨级聚苯乙烯生产基地、引入高性能合金和靶向溅射材料、光学显示材料、绿色阻燃原材料等项目。新能源方向，依托千万吨级LNG接收站、百亿投资太阳能光伏异质结生产基地等重大能源项目，打造清洁能源及装备制造基地。新智造方向发展船舶及海工装备、航空及汽车零部件制造、智能机械等产业，打造高精特新制造业集群，已建成全球继电器龙头宏

发东部生产基地、全省最大钢桥梁制造基地。

2022年园区经济发展稳中有进。实现规上工业产值95.6亿元，同比增长6.6%；完成固定资产投资42.6亿元，同比增长124.7%；限额以上批发业销售额1738亿元，同比增长15.3%；规上服务业营业收入63.3亿元，同比增长13%；高新技术产业投资20.4亿元，同比增长39.7%；累计实现财政总收入61.4亿元，同比增长19%，实现地方税收收入26.86亿元，同口径增长27.8%。

改革开放成果丰硕。数字化改革引领东北亚保税船燃加注中心建设，保税燃油直供量达602.4万吨，同比增长9.11%，保税燃油结算量达1183.19万吨，占全国的58.34%，舟山跃居全球第四大加油港。便利化投资引领油气贸易结算中心建设，全年新设油气企业1886家，实现油气贸易额5658.55亿元，约占自贸区舟山片区的75%。业态创新引领开放平台建设，完成了浙江自贸区舟山片区首单离岸经营性租赁业务，累计在册融资租赁企业94家，期末资产余额551.75亿元，约占全市额度的85%。

智能化生产车间

中铁宝桥钢桥梁制造基地

太阳能光伏异质结生产基地

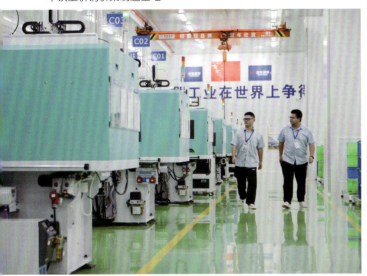

继电器智能化生产车间

保税船用燃料油加注

浙江舟山液化天然气（LNG）接收及加注站

高新区办公大楼

路桥经济开发区

路桥经济开发区位于台州市路桥区，于2019年12月24日由浙江省人民政府正式批复设立。2022年6月，根据新一轮省级开发区深化整合提升要求，路桥经济开发区优化调整区域范围及相关规划，形成东部、中部、西部等三个区块，共18.89平方公里。

2022年，路桥经济开发区实现规上工业总产值569.56亿元，约占全区规上工业总产值的64.23%，同比增长103.68%，其中高新技术行业产值364.77亿元，同比增长194.54%。全年完成固定资产投资45.37亿元，同比增长68.45%，其中工业性投资16.27亿元，同比增长350.98%。

2022年10月，路桥经济开发区循环化园区改造方案获得省发改委、省经信厅批准同意，成功入选浙江省第一批循环化改造园区。

路桥吉利汽车小镇连续四年入选浙江省特色小镇"亩均效益"领跑者，并成功通过省级第六批特色小镇验收。

立足路桥再生金属产业发展，制定"千亿产业平台、千亿产业集群"发展目标。按照"一平台五体系"建设思路，全面启动台州国际再生金属交易中心建设。与阿里巴巴合作开发线上交易平台，完成实体化运营主体组建及交易平台规章制定，并就平台交易

中国再生金属产业绿色发展峰会

金属资源再生产业基地

指数、标准化体系建设等与中国有色金属工业协会、上海钢联、华测检测等建立战略合作关系。2022 年路桥再生金属产业产值再创新高，金属再生产业基地规上企业实现产值 148.6 亿元，同比增长 20.68%。

立足无低效企业目标，推动低效用地整治和企业转型发展。2022 年，路桥经济开发区内 31 家低效用地企业全部完成整改签约，9 家省亩均高耗低效企业实现 100% 销号，总计盘活低效用地 1533 亩。新招引 10 个项目全部落地并纳入统计，实现总投资 5 亿元，新增产值 36.79 亿元。

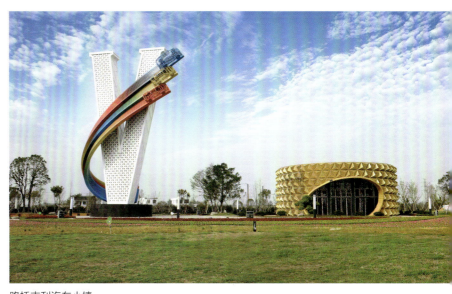

路桥吉利汽车小镇

路桥园区规划

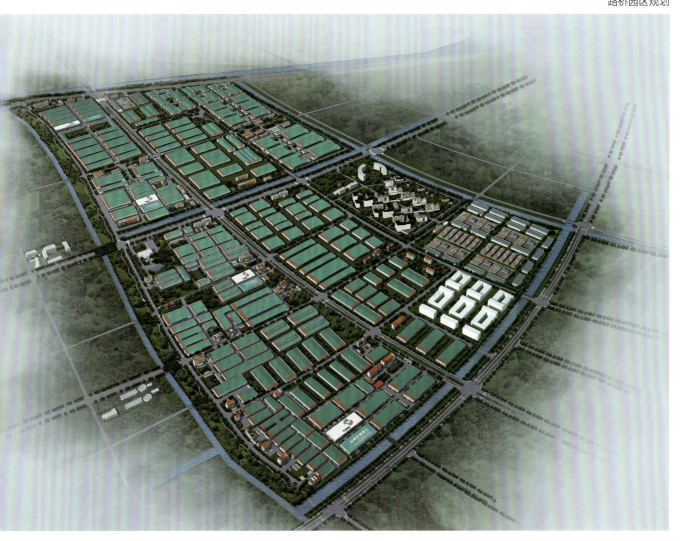

仙居经济开发区

仙居经济开发区前身为仙居工业园区，成立于 2003 年，2006 年经国家发改委核准为省级工业园区，2009 年在工业园区的基础上成立了经济开发区，2015 年升格为省级经济开发区。规划总面积 18.37 平方公里，形成以绿色医药（医疗器械）、智能制造、新材料为主导的产业格局和"一城一镇一园"的规划格局。

开发区先后入选"中国最具投资潜力开发区""浙江省十大最具投资价值工业园区""领跑'中国制造 2025'浙江省示范开发区"，被评为浙江省生态化建设与改造示范区、浙江省循环化改造示范试点园区、浙江省重点文化产业园区、浙江省双创区域示范基地、浙江省开发区产业链"链长制"试点示范单位、台州市十大创业创新服务平台、台州市"500 精英计划"创业创新园。拥有国家高新技术企业 66 家，国家级企业技术中心 1 家，省级企业研究院 11 家。

航拍仙居开发区

园区彩虹步道

仙居医械小镇

园区彩虹步道（上）
仙居医械小镇（下）

　　2022 年，仙居经济开发区区内企业实现销售 235.2 亿元，同比增长 11.83%；税收收入 10.35 亿元。区内 115 家规上工业企业，工业总产值 176.71 亿元，同比增长 9.31%。全年完成固定资产投资 32.09 亿元。仙居经济开发区列入"链长制"示范试点单位和特色示范试点单位。仙居绿色医药高新技术产业园区列入省级高新技术产业园区创建名单。比亚迪股份有限公司产 22GWh 新能源刀片电池项目落户仙居。浙江司太立制药股份有限公司、肯特催化材料股份有限公司上榜第四批国家级专精特新"小巨人"企业名单。仙居医械小镇入选 2022 "科创中国"浙江省级创新基地。2022 年"中国·仙居第五届全球医疗器械创业创新大赛"总决赛在仙居圆满落幕。

中国电建集团华东勘测设计研究院有限公司

中国电建集团华东勘测设计研究院有限公司（以下简称华东院）1954年建院，隶属于中国电力建设集团。中国电力建设集团位居世界500强第100位、ENR全球工程设计企业第1位。

华东院总部设在杭州，在国内设有东南、华南、西部、华东、华中、华北、东北等区域总部，在亚太、欧亚、非洲、美洲、中东北非设有五大区域总部，并在中西非、东南非设次区域，覆盖70多个国家和地区。业务范围包括水电与新能源、城乡建设、生态与环境等领域，努力打造具有工程全过程智慧化服务能力的一流国际工程公司。

作为国家大型综合性甲级勘测设计研究单位，华东院多年来一直名列中国工程设计企业20强、中

白鹤滩水电站

国承包商80强、中国勘察设计综合实力百强单位、中国监理行业十大品牌企业。华东院是国家高新技术企业、国家级工业化与信息化"两化"深度融合示范单位、中国对外承包工程业务新签合同额百强企业、住建部首批全过程工程咨询试点企业、全国实施卓越绩效模式先进企业、电力行业首批卓越绩效标杆AAAAA企业、浙江省工程总承包试点企业、浙江省"一带一路"建设示范企业和浙江省规模最大的勘测设计研究单位。2017年荣获第五届全国文明单位称号，2019年荣获全国五一劳动奖状。

华东院持有工程设计综合甲级资质、工程勘察综合甲级资质、工程咨询甲级综合资信和城乡规划编制单位甲级等工程建设领域国家最

长龙山抽蓄电站项目

高等级的资质资信，具有建筑工程施工总承包一级资质，市政施工总承包一级资质，以及规划、建筑、市政公用、电力、水利水电、轨道

华东院西溪院区

杭州亚运会亚运公园

新加坡大士污水处理项目

香港机场 BIM 项目

成都轨道交通 18 号线项目

越南油汀 500MW 光伏发电项目

埃及阿蒙内特 500MW 风电项目

交通、环境与生态、景观、水土保持、环境影响评价、压力管道设计（GA1、GA2）、水利建设工程监理、工程总承包、水文水资源调查评价、水资源论证、工程造价咨询、中国对外承包工程经营资格证书等 10 余项资质证书。设有 3 个国家级研发中心以及 10 多个省部级专业技术研发中心。

华东院现有员工约 5000 人，持有国家各类注册执业资格证书者 2200 余人。取得 1000 余项国家和省部级科技成果奖、4180 余项授权专利以及 1180 余项软件著作权。设有博士后科研工作站，在院博士后 170 余人；全国工程勘察设计大师 2 人，省级工程勘察设计大师 17 人；享受国务院特殊津贴专家、国家百千万人才、国家突出贡献中青年专家等 20 余人。